DIREITO INDUSTRIAL

FACULDADE DE DIREITO DE LISBOA
APDI – ASSOCIAÇÃO PORTUGUESA DE DIREITO INTELECTUAL

DIREITO INDUSTRIAL

VOL. IV

Cons. José Marques Vidal
Prof. Doutor Paul Lange
Prof. Doutor José Antonio Gómez Segade
Prof. Doutor José Joaquim Gomes Canotilho
Prof. Doutor Luís Alberto de Carvalho Fernandes
Dr. Augusto Lopes Cardoso
Dr. Carlos Olavo
Dr. Remédio Marques
Dra. Adelaide Menezes Leitão
Dra. Carolina Cunha
Dr. Pedro Sousa e Silva
Dr. Nuno Aureliano
Dr. Luís Miguel Pedro Domingues
Dr. Paulo R. Roque A. Khouri

ALMEDINA

TÍTULO: DIREITO INDUSTRIAL – VOL. IV

AUTOR: ASSOCIAÇÃO PORTUGUESA DE DIREITO INTELECTUAL

EDITOR: EDIÇÕES ALMEDINA, SA
Rua da Estrela, n.º 6
3000-161 Coimbra
Telef.: 239 851 904
Fax: 239 851 901
www.almedina.net
editora@almedina.net

EXECUÇÃO GRÁFICA: G.C. – GRÁFICA DE COIMBRA, LDA.
Palheira – Assafarge
3001-453 Coimbra
producao@graficadecoimbra.pt

FEVEREIRO, 2005

DEPÓSITO LEGAL: 222834/05

Toda a reprodução desta obra, por fotocópia ou outro qualquer processo, sem prévia autorização escrita do Editor, é ilícita e passível de procedimento judicial contra o infractor.

NOTA PRÉVIA

A A.P.D.I. tem a satisfação de apresentar ao público o volume IV de "Direito Industrial".
O facto dá-nos o ensejo para tecer algumas breves considerações.
Primeiro: a continuidade da publicação é um facto. A intervalos regulares surge um novo volume, com o que se realiza o aprofundamento e actualização desta matéria.
Segundo: está assegurada a constituição de um bloco de estudiosos que agrupa tendencialmente a totalidade dos melhores especialistas destas matérias em Portugal. Mas a equipa mantém-se uma equipa aberta, estimulando sempre o aparecimento e adesão de novas figuras.
Terceiro: é possível prosseguir, também no domínio do Direito Industrial e sectores afins, uma actividade completamente independente, porque não está submetida a nenhuns interesses nem deles recebe qualquer tipo de subsídio ou apoio.
É bom poder afirmá-lo, olhando o caminho percorrido. Exigiu muito esforço, mas o resultado obtido é real.
Temos hoje, no panorama português, pela primeira vez na história do Direito Industrial, o que podemos chamar um núcleo básico de estudos, que engloba todas as matérias fundamentais do Direito Industrial. Cobrimos o atraso crónico com que nos debatíamos.
O louvor vai para os que contribuíram com o seu esforço para este êxito. Eles são a garantia que a APDI está em condições de se lançar para novas metas. Não deixará de o fazer.

A APDI

MERCADORIAS EM CONTRAFACÇÃO E VIOLAÇÕES DE DIREITOS INDUSTRIAIS

por Cons. José Marques Vidal
Juiz Jubilado do STA

Começo a minha exposição com uma advertência: a de que ela será feita em linguagem comum, por vezes corriqueira, aqui e além esmaltada por terminologia jurídica, porque de vida e de direito se trata quando se aborda o tema da contrafacção de mercadorias. Será defeito do autor considerar a vida mais rica e importante que o direito, e de a este apenas conceder a virtude de ser um relevante regulador e harmonizador das relações concretas entre os homens. Do acasalamento do direito com a vida resulta a pacificidade social, escopo final do primeiro. O direito que não tenha em consideração a realidade da vida dos homens, por mais brilhante que seja a teoria expendida, não passa de abstracção de pouco ou nenhum préstimo.

Do marcante plebeísmo literário da exposição peço perdão aos que me escutam, em especial aos cultores do tecnicismo da linguagem jurídica. Mas, quem dá de boa vontade o que pode e tem, a mais não é obrigado, como sempre ouvi dizer, desde menino e moço, aos velhos e sábios camponeses da minha aldeia natal. E nesta emergência pode escassear-me o engenho e a arte, mas não a boa vontade. Como a vós não faltará a benévola paciência de me escutarem.

A troca de coisas que se possuem por outras mais agradáveis ou necessárias, constitui uma atitude de raiz estruturalmente individualista – troca-se o que se tem por aquilo que faz falta ou apraz – surgiu com o sentido de convivência e de conveniência do homem e transformou-se em motor da sua sobrevivência no âmbito da comunidade. Trocou-se no seio da família, do clã e da tribo inicialmente, trocou-se depois a nível nacional e internacional à medida que os povos e as nações se relacionavam de forma pacífica. Assim nasceu o comércio, baseado no respeito pelo trato ou pelo contrato e hoje essencialmente alimentado pela produção industrial em cavalgada globalizante.

No entanto, apesar da evolução cultural, científica e tecnológica dos povos o gesto primitivo da troca de bens e serviços mantém a sua natureza. A modernidade modificou as formas e modos de comercializar, criou regras e institutos e desenvolveu-se de maneira ampliadora e maciça, sem tocar a essencialidade do acto de troca que baseia o acto de comércio. O acto de compra no tasco da esquina não difere na essencialidade do acto de compra no supermercado mais sofisticado. Parafraseando a regra de Lavoisier, segundo a qual na Natureza nada se perde tudo se transforma, pode afirmar-se que no mundo do comércio nada se perde e tudo se troca, desde os bens materiais aos dons espirituais. A sociedade está em permanente evolução – "todo o mundo é mudança", como poetizava o nosso Sá de Miranda – num arquétipo em que a troca de bens materiais e imateriais continua a ser o eixo e o motor do desenvolvimento individual e social.

Assim, o comércio, que tem na base a troca e por operadores os comerciantes, é uma actividade tão antiga como o próprio mundo. Os comerciantes são homens e, como tal e apesar dos esconjuros, inquinados dos pecados bíblicos, em especial os da inveja e da ganância, que resistem a todas as modernidades e evoluções culturais. Desde tempos imemoriais que o comerciante e industrial pundonoroso, cioso do seu honrado nome e firma, tem convivido com o desonesto e artificioso – vulgarmente apelidado de traficante ou trafulha – propiciador das trocas e baldrocas da veniaga e no impingir gato por lebre. Daí que através dos tempos, na tribo o chefe, no reino o rei e na república o governo, inicialmente cada um "per si" e posteriormente em conjunto mediante a celebração de convenções internacionais, se tenham preocupado em estabelecer regras adequadas a proteger as actividades industriais e comerciais e a garantir a lisura e honestidade dos comportamentos dos comerciantes e industriais e, por decorrência, a qualidade dos produtos destinados ao consumo.

Cabendo-me a tarefa de vos massacrar com o tema "mercadorias em contrafacção e violações de direitos industriais", importa começar por definir em comum linguajar, o que seja mercadoria e, posteriormente, o que constitui contrafacção.

Ora, em linguagem comum, de todos os dias, mercadorias são os produtos artesanais, industriais, artísticos e intelectuais susceptíveis de serem objecto de troca ou venda, isto é, de serem mercadejados. Tanto é mercadoria o vinho vendido a copo, a meia artesanal de lã cardada, a caixa de fósforos e o caderno de linhas do tasco da aldeia serrana, como o é o vestido ou o perfume "Armani" da "boutique" de luxo, a carne e o peixe dos grandes espaços comerciais, o automóvel potente a reluzir nos expositores industriais do ramo, o livro de autor consagrado exibido nos escaparates das livrarias citadinas e a obra de arte exposta em galeria afamada. São bens ou serviços materiais ou imateriais que estão no mercado sujeitos à lei da oferta e da procura.

Em todos estes casos houve alguém que concebeu, produziu ou fabricou o produto ou mercadoria à venda, intermediários que os adquiriram para comercializar, portanto para revenda, e, por fim, indivíduos que os compraram para consumir ou utilizar.

Se na sua simplicidade se pode definir a mercadoria como algo que se produziu para ser posto à venda, que constitui a essência do comércio e nos pródromos da humanidade organizada em sociedade apenas requeria a troca de bens honrada pela palavra dada, a evolução das civilizações e os avanços da ciência e da tecnologia, com decisiva influência na quantidade e qualidade da produção industrial e nos processos comerciais, criaram uma teia de relações complexas e diversificadas que mereceram a atenção dos exegetas e a intervenção reguladora dos Estados, na medida em que a falta de honestidade nos procedimentos de industriais e comerciantes implica distúrbios de ordem social e económica lesivos do interesse público.

Acontece que, tanto no sector produtivo como no comercial, a mercadoria é susceptível de ser imitada, adulterada ou viciada nas suas qualidades, sinais e marcas distintivas, o que, ainda em linguagem comum, constitui uma contrafacção, permitindo que se dê gato por lebre ao consumidor. Com efeito, no seu significado usual a contrafacção é o acto de contrafazer, imitar, defraudar, disfarçar, enfim, uma forma de enganar o próximo, designadamente na mercancia.

A produção de bens e serviços, assim como o respectivo comércio, pressupõe a propriedade dos mesmos. Troca-se ou vende-se aquilo que nos pertence e de que podemos legítima e livremente dispor. E quando se vende um bem ou serviço o direito de propriedade transfere-se para o adquirente. Donde devermos ter em consideração os postulados da liberdade do comércio, traduzida na livre concorrência no mercado, o direito de propriedade sobre os bens e serviços que naquele são oferecidos e a possibilidade da sua contrafacção, tanto em sede produtora como comercial.

Logo, a propriedade industrial e os direitos de autor necessitam de um ordenamento jurídico de função eminentemente social, destinado a garantir a protecção das actividades integrantes e a lealdade da concorrência pela atribuição de direitos privativos aos industriais, autores e comerciantes.

A regulamentação em Portugal desta matéria está essencialmente inserida no Código de Propriedade Industrial, aprovado pelo Dec. Lei n.º 16/95, de 24 de Janeiro, e no Código do Direito de Autor, aprovado pelo Dec. Lei n.º 63/85, de 14 de Março.

Sem pretender imiscuir-me nas grandes controvérsias que sempre acompanham a definição dos conceitos jurídicos e a interpretação dos preceitos legais – aqui e nesta matéria sou tão estudante como vós o sois – interessa abordar determinados pressupostos legais e doutrinais indispensáveis à posterior compreensão da minha exposição, ligeira e necessariamente perfunctória, que incidirá essencialmente sobre o Código de Propriedade Industrial.

Assim, a livre concorrência, que se pode definir pela capacidade de acesso de cada um ao mercado, onde sujeita os seus produtos e serviços aos mecanismos da oferta e da procura em igualdade de condições com os demais, decorre do preceito fundamental da Constituição da República, que é o seu art. 61, n.º 1 ao garantir a liberdade da iniciativa privada com a finalidade do interesse geral.

E que a propriedade industrial e os direitos de autor integram a propriedade intelectual no âmbito do art. 1303, n. 1 do Código Civil, que os remete para legislação especial, no que agora nos interessa, o Dec. Lei n.º 16/95, anteriormente referido. Sendo direitos de carácter intelectual, incidem sobre realidades imateriais. Abrangem, designadamente, as invenções e patentes, as marcas, os desenhos industriais, os trabalhos literários e artísticos, como os romances, poemas, filmes, pinturas, fotografias, esculturas e desenhos de arquitectura, etc.

Deste modo, no escopo protector da lei enquadram-se actividades de relevo criativo, como as patentes de invenção, modelos e desenhos industriais e arquitectónicos, romances e pinturas, por exemplo, a par de outras de menor dignidade inventiva como são a marca, o nome ou a insígnia do estabelecimento comercial. E esta distinção entre a maior e menor dignidade das actividades ligadas à criatividade industrial, e como tal merecedoras de protecção legal, justifica-se inteiramente. Com efeito, criar um motor não poluente, elaborar uma obra de arte ou literária e conceber uma nave espacial, são tarefas que implicam um esforço intelectual com o qual não deve comparar-se o do sportinguista que baptiza o seu restaurante de "Casa do Leão" e o do benfiquista que põe ao seu café o nome de "Ninho da Águia".

Ora, num mundo de liberdade criativa industrial e comercial – sem considerar os limites, que ao há em tudo na vida – impõe-se a necessidade de determinar a propriedade do que se produz e se mercantiliza, e de distinguir os bens ou serviços que se oferecem e adquirem.

A marca do produto ou serviço é o sinal distintivo por excelência, a par de outros sinais como a firma, o nome, a insígnia e o logotipo do estabelecimento industrial ou comercial, na medida em que garante a sua proveniência e assegura a sua identificação aos olhos do consumidor.

Esta, segundo o art. 165, pode ser constituída por sinal ou conjunto de sinais susceptíveis de representação gráfica, nomeadamente palavras, incluindo nomes de pessoas, desenhos, letras, números, sons, a forma do produto ou da respectiva embalagem, que sejam adequados a distinguir os produtos ou serviços de uma empresa dos de outras empresas. Como marca podem ainda funcionar as frases publicitárias para produtos ou serviços a que respeitem e desde que possuam carácter distintivo, independentemente do direito de autor.

Donde resulta que a criação ou constituição da marca se subordina ao princípio da liberdade de composição, desde que respeite as excepções consignadas no art. 166. Podem as marcas, por conseguinte, ser classificadas de nominativas, figurativas ou mistas, consoante se reduzem a um nome ou a uma figura ou a um conjunto nominal e figurativo, ou de simples ou compostas quando constituídas por um só elemento nominativo ou figurativo ou por uma pluralidade de elementos do género.

A função da marca é a de indicar a proveniência do produto ou serviço respectivo e, como tal, evitar a confusão do consumidor que pretende adquiri-lo, como anteriormente se referiu.

O gozo da propriedade e do exclusivo da marca é assegurado essencialmente mediante o seu registo, tal como flui do art. 167, obtido através do processo delineado nos arts.º 181 e seguintes do diploma.

O registo no Instituto Nacional da Propriedade Industrial atribui ao registante a propriedade da marca. Só depois daquele registo, feito em conformidade com as formalidades da lei, se pode falar na plenitude do direito à marca e na capacidade do seu uso exclusivo por parte do titular.

Deve ainda considerar-se que a mesma marca, destinada ao mesmo produto ou serviço, só pode ter um registo, como estabelece o art. 184, em consagração do princípio da unicidade da marca. E que o registo é susceptível de ser recusado com os fundamentos assinalados nos arts.° 188, 189, 190 e 191.

Importa reter, quanto à recusa do registo, os fundamentos elencados nas alíneas do n.° 1 do art. 188.

Da análise destas normas, promana que há limites intrínsecos ao princípio da liberdade de composição das marcas, que fundamentam a recusa do registo respectivo, como são designadamente os do art. 166, n.° 1 conexionados com o art.188, n.° 1, que nos dizem não poder haver marca sem expressão gráfica inteligível ou sem capacidade identificadora dos produtos ou serviços. Assim como há limites extrínsecos a ponderar, como são os delineados no art. 189, n.° 1, alíneas f), g) e m), que impõem a recusa do registo designadamente nos casos em que a marca contenha elementos de firma, denominação social ou insígnia de estabelecimento que não pertença ao requerente do registo, ou que este não esteja autorizado a usar, ou apenas parte característica dos mesmos, se for susceptível de induzir o consumidor em erro ou confusão; nomes individuais ou retratos sem obter permissão das pessoas a que respeitem e, sendo já falecidos, dos seus herdeiros ou parentes até ao 4.° grau e, mesmo quando obtida, se produzirem desrespeito ou desprestígio daquelas pessoas; ou consistir na reprodução ou imitação no todo ou em parte de marca anteriormente registada por outrem, para o mesmo produto ou serviço, ou produto ou serviço similar ou semelhante, que possa induzir em erro ou confusão o consumidor.

Ainda dentro da problemática da liberdade e limites na composição da marca e da recusa do registo deve atender-se à protecção das marcas notórias e de grande prestígio, em conformidade com os arts. 190, n.° 1 e 191. Assim, é legítima a recusa do registo quando a marca a registar, no todo ou em parte essencial, constitua reprodução, imitação ou tradução de outra notoriamente conhecida em Portugal como pertencente a nacional de qualquer país da União Europeia, se for aplicada a produtos ou serviços idênticos ou semelhantes e com ela possa confundir-se. Como legítima é essa recusa, quando a marca, ainda que destinada a produtos ou serviços não semelhantes, for gráfica ou foneticamente idêntica ou semelhante a uma marca anterior que goze de grande prestígio em Portugal ou na comunidade e sempre que o uso da marca posterior procure, sem justo motivo, tirar partido indevido do carácter distintivo ou do prestígio da marca ou possa prejudicá-los.

Assente que o registo determina a propriedade da marca e o direito ao seu uso exclusivo, importa apurar como se garante o exercício desse direito.

Nesta matéria interessa dar especial atenção ao que dispõe o art. 193, que se transcreve:

"1. A marca registada considera-se imitada ou usurpada, no todo ou em parte, por outra quando, cumulativamente:
   a) A marca registada tiver prioridade;
   b) Sejam ambas destinadas a assinalar produtos idênticos ou de afinidade manifesta;
   c) Tenham tal semelhança gráfica, figurativa ou fonética que induza facilmente o consumidor em erro ou confusão, ou que compreenda um risco de associação com a marca anteriormente registada,, de forma a que o consumidor não possa distinguir as duas marcas senão depois de exame atento ou confronto.

2. Constitui imitação ou usurpação parcial de marca o uso de certa denominação de fantasia que faça parte de marca alheia anteriormente registada, ou somente o aspecto exterior do pacote ou invólucro com as respectivas cor e disposição de dizeres, medalhas e recompensas, de modo que as pessoas que os não interpretem os não possam distinguir de outros adoptados por possuidor de marcas legitimamente usadas, mormente as de reputação ou de prestígio internacional."

Esta norma dá-nos o conceito de imitação ou usurpação de marca, que constitui uma das possíveis formas de violação do direito dos industriais ao uso privativo da suas marcas.

Desde logo, exige-se a cumulação dos requisitos elencados no n.º 1 do artigo. Isto é, a existência de um só desses requisitos desgarrado dos restantes não enquadra a usurpação ou a imitação de marca. Exige-se a concomitância de todos eles para a tipificação legal.

Assim, e em primeiro lugar, requer-se a violação ou infracção ao direito de prioridade consagrado no art. 170, segundo o qual aquele que tiver apresentado regularmente, por si ou representante legal, em qualquer dos países da União, ou em qualquer organismo intergovernamental com competência para registar marcas que produzam efeitos em qualquer dos países da União, pedido de registo de marca, gozará, para apresentar o mesmo pedido em Portugal, do direito de prioridade estabelecido na Convenção da União de Paris para a Protecção da Propriedade Industrial; em segundo lugar, que sejam ambas as marcas destinadas a assinalar produtos ou serviços idênticos ou de afinidade manifesta; por fim, e em terceiro lugar, que tenham tal semelhança gráfica, figurativa ou fonética que induza facilmente o consumidor em erro ou confusão, ou que compreenda um risco de associação com a marca anteriormente registada, de forma a que o consumidor não possa distinguir as duas marcas senão depois de exame atento ou confronto.

Convenha-se que esta matéria do conceito de imitação ou usurpação de marca gera dificuldades de enquadramento legal, pelo recurso a outros conceitos de utilização comum, como são, por exemplo, "os produtos ou serviços idênticos", "semelhantes" ou de "afinidade manifesta" e o apelo ao "exame atento ou confronto", susceptíveis de interpretações de conteúdo mais restritivo ou mais amplo quanto à tipificação dos factos a neles serem incrustados.

Esquemática e sinteticamente poderá entender-se que a identidade e a afinidade dos produtos e serviços devem ser avaliadas em função da sua natureza, origem ou destino e da actividade real do titular das marcas respectivas. E, ainda, que a situação seja susceptível de gerar um risco efectivo de confusão no espírito do consumidor.

Esclareça-se que o consumidor que aqui se tem em vista não é o adquirente concreto, mas tão somente o cidadão normalmente ciente das coisas da vida e normalmente atento aos produtos que adquire ou consome. Há aqui um manifesto apelo ao conceito de cidadão comum, a quem se exige a mediania de conhecimento na matéria, isto é, nem muito sabedor nem muito ignorante.

Esta tem sido, aliás, a jurisprudência comunitária na matéria ao julgar que devem ser aquilatados todos os factores pertinentes, caracterizadores da relação entre os produtos e serviços com particular incidência nos que respeitam à sua natureza, destino e utilização, assim como ao seu carácter concorrencial ou complementar.

Para além da marca o Código da Propriedade Industrial protege ainda o nome e insígnia do estabelecimento, o logotipo e as denominações de origem e indicações geográficas, designadamente nos arts. 228 e seguintes, 246 e seguintes, e 249 e seguintes. Anote-se que um dos limites postos à liberdade de composição do nome e insígnia do estabelecimento é precisamente o conjunto de excepções vertidas nos arts. 188, n.º 1 e 189 para as marcas.

É neste mundo do direito respeitante à propriedade industrial e sua protecção jurídica, que o termo contrafacção assume significância específica como infracção punível.

O Código de Propriedade Industrial, a partir dos arts. 260 e seguintes, tipifica os ilícitos criminais e correspondentes molduras punitivas, com o objectivo de proteger os direitos dos industriais e comerciantes e de garantir a honestidade dos respectivos comportamentos.

É assim que prevê no art. 260 a concorrência desleal; no art. 261 a violação do exclusivo da invenção; no art. 262 a obtenção de patente por má fé; no art. 263 a violação dos direitos relativos a modelos; no art. 264 a contrafacção, imitação e uso ilegal da marca; no art. 267 a invocação ou uso ilegal de recompensa; e no art. 268 a violação dos direitos de nome e insígnia, todos qualificados como ilícitos criminais.

E prevê como ilícitos contra-ordenacionais no art. 269 o uso de marcas ilícitas; no art. 270 a falta de marca obrigatória; no art. 271 o uso indevido de nome ou insígnia; e no art. 272 a invocação ou uso indevido de direitos privativos.

Pelo confronto destas normas notar-se-á ser mais grave a penalidade prescrita para os crimes de concorrência desleal, de violação do exclusivo da invenção e de violação dos direitos exclusivos relativos a modelos e desenhos, do que a que sanciona a contrafacção, imitação e uso ilegal da marca. Com efeito, enquanto aqueles crimes são punidos com pena de prisão até três anos ou com pena de multa até 360 dias, aos últimos corresponde a moldura penal até dois anos de prisão ou de multa até 240 dias. Esta diferença de censurabilidade radica no critério legislativo de considerar merecedor de maior protecção jurídico-penal a honestidade profissional e as actividades intelectuais ligadas ao exclusivo da invenção, dos modelos e desenhos quando confrontados com a contrafacção, imitação e uso ilegal de marcas. Efectivamente, como atrás se disse, a dignidade e o esforço intelectual que demandam a invenção de patente e a elaboração de modelo ou desenho industriais sobreleva o empenho posto na congeminação de uma marca. Trata-se, assim, de uma valoração legiferante compreensiva.

Deste conjunto de disposições sancionadoras de actos ilícitos interessa-nos sobremodo o referido art. 264, que pune com prisão até 2 anos ou com multa até 240 dias quem, com a intenção de causar prejuízo a outrem ou de alcançar um benefício ilegítimo:

  a) Contrafizer, total ou parcialmente, ou reproduzir por qualquer meio uma marca registada sem consentimento do proprietário;

  b) Imitar no todo ou nalguma das suas partes características, uma marca registada;

  c) Usar as marcas contrafeitas ou imitadas;

  d) Usar, contrafizer ou imitar as marcas notórias ou de grande prestígio e cujos pedidos de registo já tenham sido requeridos em Portugal;

e) Usar nos seus produtos uma marca registada pertencente a outrem;

f) Usar a sua marca registada em produtos alheios, de modo a iludir o consumidor sobre a origem dos mesmos produtos.

Acrescenta o n.º 2 do mesmo artigo que", quem vender ou puser à venda ou em circulação produtos ou artigos com marca contrafeita, imitada ou usada nos termos do número anterior com conhecimento dessa situação será punido com pena de prisão até um ano ou com pena de multa até 120 dias".

Realça-se, para já, a referência à contrafacção feita nas alíneas a), c) e d) do n.º 1 e no n.º 2 deste artigo. O que nos leva a concluir ser este normativo legal fulcral para a tipificação conceptual da contrafacção. Acresce que ao lado desta, as alíneas b), c) e d) do n.º 1 do artigo citado, colocam a imitação, inculcando tratar-se de infracção diferente.

É no enquadramento fáctico-jurídico da contrafacção que a doutrina nem sempre está de acordo e a jurisprudência por vezes se divide.

Conforme se viu, a marca funciona como elemento diferenciador da proveniência do produto ou serviço a que respeita em relação aos produtos ou serviços congéneres, tal como promana do art. 167, n.º 1, e como sinais distintivos se têm o nome e insígnia do estabelecimento e respectivo logotipo. Visam a identificação e a distinção dos vários produtos ou serviços aos olhos do consumidor, como já se referiu.

Ora, a contrafacção pode verificar-se de vários modos nas actividades dos sectores industrial e comercial.

O Regulamento n.º 3842/86, de 1 de Dezembro, do Conselho da CEE (hoje União Europeia), cuja doutrina passou a vigorar em Portugal por força do Dec. Lei n.º 160/88, de 13 de Maio, define as mercadorias em contrafacção como: "qualquer mercadoria que se apresente indevidamente sob uma marca de fábrica ou comercial idêntica a uma marca validamente registada para tal mercadoria no ou para o Estado-membro em que a mercadoria foi declarada para colocação em livre prática ou que não se possa distinguir da mesma nos seus aspectos essenciais e que, por esse facto, viola os direitos do titular da marca em causa nos termos da legislação desse Estado-membro."

Trata-se de uma definição abrangente. A contrafacção existirá sempre que uma mercadoria se apresente sob uma marca validamente registada por outrem, ou sempre que desta não possa distinguir-se nos seus aspectos essenciais.

Esta noção, que hoje integra o direito português por força do art. 8 da Constituição da República, põe em cheque a dicotomia doutrinária tradicional entre contrafacção e imitação baseada nas alíneas a) e b) do n.º 1 do art. 264 do Código da Propriedade Industrial, que as contempla como realidades distintas e como tal as mantém, apesar de as punir com a mesma pena.

No entanto, não se vê razão lógica para a subsistência da distinção entre realidades que se sobrepõem, como são a contrafacção e a imitação, quando, ao fim e ao cabo, se reconduzem a uma adulteração de marca dos produtos ou serviços postos no mercado. Com efeito, contrafazer é reproduzir ou imitar qualquer coisa, ideia que promana da linguagem comum e deve vingar na linguagem técnico-jurídica.

A recondução à mesma sanção punitiva de duas realidades distintas à face do direito português, a contrafacção e a imitação, num mundo carregado de pragmatismo e de linear concretude implicava a inocuidade da discussão das diferenças conceptuais.

Certa corrente de pensamento francesa perfilha a tese de dever a expressão contrafacção qualificar qualquer tipo de atentado a uma marca. Segundo ela, envolvem actos de contrafacção a reprodução, o uso ou aposição ilícita de uma marca, bem como a imitação e o uso de uma marca imitada.

"À latere" realça-se que o art. 196 do nosso Código do Direito de Autor também classifica de contrafacção a utilização por alguém, como sua, de reprodução total ou parcial de obra alheia.

Não deixa de dizer-se que a contrafacção de que falamos, reportada ao acto de contrafazer, imitar, reproduzir ou falsificar uma marca não se diferencia, no aspecto conceptual, da expressão penal de contrafacção prevista nos arts. 262, 268 e 269 do Código Penal. O modo de falcatruar é idêntico.

Esclareça-se, porém, que o Regulamento comunitário remete para o direito nacional dos Estados-membros a punição das infracções ocorridas nos respectivos territórios, princípio em consequência do qual o art. 264 continua a ser aplicável para punir tanto a imitação como a contrafacção, nos termos espaciais do art. 4 do Código Penal. Deverá ainda ser considerada a aplicação do art. 5, alíneas c) I, II e III, e d) do mesmo Código, para o caso de as infracções serem praticadas fora do território nacional por portugueses, ou por estrangeiros contra portugueses, sempre que os agentes forem encontrados em Portugal, forem também puníveis pela legislação do lugar em que tiverem sido praticadas, salvo quando nesse lugar não se exercer poder punitivo e constituírem crimes que admitam extradição e esta não possa ser concedida ou forem cometidas contra portugueses, por portugueses que viverem habitualmente em Portugal ao tempo da sua prática e aqui forem encontrados.

A contrafacção constitui um crime público, no sentido de que o procedimento processual se desenrola sem necessidade de participação do lesado ou ofendido pela sua prática. Basta que o seu conhecimento chegue às autoridades públicas para o desencadeamento da acção penal visando a investigação e a punição dos seus autores.

Outro elemento relevante da existência do crime é o dolo, consistente na intenção de o autor causar prejuízo a outrem ou de alcançar um benefício ilegítimo, que enquadra o elemento subjectivo da infracção. Esta intenção dual e alternativa pressupõe que o elemento doloso a ter em consideração deverá ser o dolo genérico e não o dolo específico, o que implica uma apreciação objectiva na valoração dos factos que o integram. Isto é, nessa apreciação não será necessário demonstrar que o infractor teve a intenção específica de prejudicar ou de beneficiar ilegitimamente – abordagem subjectiva – bastará que objectivamente essa intenção resulte dos factos apurados. Donde a configuração do ilícito poder envolver o dolo eventual, sendo suficiente para a sua verificação ter o autor da contrafacção a noção de os seus actos poderem vir a prejudicar terceiros ou acarretar-lhe benefício ilegítimo próprio ou alheio.

Esta interpretação é, em minha modesta opinião, o modo de garantir da melhor forma o escopo legislativo de assegurar a lisura no trato comercial e industrial.

Pondere-se, ainda e no âmbito do mesmo escopo, a punição dos actos preparatórios relativamente ao crime de contrafacção, nos termos do art.265, a demonstrar o especial cuidado do legislador na protecção da confiança no relacionamento comercial, ao sancionar penalmente com prisão até um ano ou com multa até 120 dias o fabrico, importação, aquisição ou guarda de sinais constitutivos de marcas registadas com a intenção de preparar a execução dos actos referidos no n.º 1 do art. 264.

Por fim, deverá ter-se em conta que o crime de contrafacção pode ser agravado nos termos do art. 266, caso em que as penas sofrerão um acréscimo de um terço nos seus limites mínimo e máximo sempre que forem praticados ou comparticipados por quem seja ou tiver sido empregado do lesado. Compreende-se o agravamento pela maior censura que suscita o facto de a infracção ser praticada por quem goza ou gozou da confiança do lesado e dela ter abusado.

A contrafacção, como actividade perniciosa do comércio e da indústria, processa-se pelas formas mais diversas e menos ou mais engenhosas, quase feita manancial de muitas fontes de jorro abundante. No dia a dia da indústria e do comércio contrafazer, imitar e reproduzir produtos e serviços é o trivial, principalmente quando o mercado consumidor engloba grandes massas populacionais carecidas de poder económico, sem capacidade monetária para poderem sonhar com as marcas de prestígio.

É a vida, como está em moda dizer-se...

Chego ao fim. Peço-vos que me perdoem ter abusado da vossa paciência. Da minha parte agradeço-vos terem-me permitido estudar a matéria de quem tanto tempo andei arredado na minha vida. Confesso, humildemente, que nunca fui homem de comércio e indústria...

PS. O autor desta despretensiosa alocução declara, para não ser acusado de contrafacção, imitação ou plágio de obra alheia, que nela incluiu muito do saber de ilustres Mestres de Direito, designadamente dos Profs. Doutor José de Oliveira Ascensão, Ferrer Correia, Fernando Olavo e Carlos Olavo, e que passou os olhos sobre "Le Droit des Marques et des Signes Distinctifs" de André R. Bertrand.

THE SYSTEM OF TRADEMARK PROTECTION IN THE CASE LAW OF THE EUROPEAN COURT OF JUSTICE – AN ATTEMPT AT INTERPRETATION

por Prof. Dr. PAUL LANGE
Düsseldorf

SUMÁRIO:
A. Function of trade marks. B. Infringement alternatives. C. Art. 5 para. (1) and para. (2); I. Use indicating origin; II. New understanding as to previous German law; III. System of Limitations; IV. Indications concerning the kind, quality, intended purpose and other characteristics; V. The Hölterhoff Decision; VI. Signs within the meaning of Art. 3 para. (1)(b) and (d); VII. Comparative advertising; VIII. Use as Design; IX. Criticism of the System. D. Art. 5 para. (5). E. Conclusion.

Judgments of the European Court of Justice (*BMW*,[1] *Chiemsee*,[2] *Toshiba/Katun*,[3] *Hölterhoff*,[4]) have generated discussions about the system of protection set out in the Council Directive on trade marks 89/104/EEC. The recent decisions, *Arsenal/Reed*[5], *Robelco/Robeco*,[6] and *Gerolsteiner Brunnen*[7] also address these issues. I will attempt to analyze and systematically interpret this case-law.

---

[1] ECJ Case C-63/97, 23/02/1999, GRUR Int. 1999, 438 – BMW.
[2] ECJ Case C-109/97, 04/05/1999, GRUR 1999, 723 – Chiemsee.
[3] ECJ Case C-112/99, 25/10/2001, GRUR Int. 2002, 50 – Toshiba/Karun.
[4] ECJ Case C-2/00, 14/05/2002, WRP 2002, 664 – Hölterhoff.
[5] ECJ Case C-206/01, 12/11/2002, WRP 2002, 1415, 1418, Paragraph (Par.) (Rdnr.) 40 – Arsenal/Reed.
[6] ECJ Case C-23/01, 21/11/2002, Par. 31 – Robelco/Robeco.
[7] ECJ Case C-100/02, 07/01/2004 – Gerolsteiner Brunnen.

A. Function of trade marks

To interpret the provisions regarding trade mark protection, the European Court of Justice refers to the purpose and nature of trade marks as expressed in the law; this was the same method used by the German High Court when it interpreted the earlier German Trade Mark Act (Warenzeichengesetz).[8] The purpose and nature of a mark is set out in Art. 2 of the Directive, which provides that a mark as a sign must be capable of distinguishing the goods or services of one undertaking from those of other undertakings. The 10th recital in the preamble to the Directive emphasizes the purpose of guaranteeing the trade mark as an indication of origin. Furthermore, the European Court of Justice takes into account that the mark serves an essential role in the system of undistorted competition which the Treaty establishing the European Community seeks to establish.[9]

On this basis, the European Court of Justice deducts that the undertakings in such a system must be able to attract and retain customers by the quality of their products or services, which is made possible only by distinctive signs allowing them to be identified.[10] For this reason, the essential function of a trade mark is to guarantee the identity of the origin of the marked product to the consumer or end-user by enabling him, without any possibility of confusion, to distinguish the product or service from others which have another origin.[11] This guarantee of origin includes the proposition that the consumer or end user can be certain the trade-marked product offered to him has not been subject at a previous stage of marketing

---

[8] See, support in Starck GRUR 1996, 688 et seq.

[9] ECJ Case C-299/99, 18/06/02, GRUR 2002, 804, 809, Par. 78 – Philips/Remington; ECJ Case C-39/97, 29/09/1998, GRUR 1998, 922, 923, Par. 28 – Canon.

[10] ECJ C-349/95, 11/11/1997, GRUR Int. 1998, 145, 146, Par. 22 – Loendersloot/Ballantine.

[11] ECJ Case C-299/99, 18/06/02, GRUR 2002, 804, 809, Rdnr. 78 – Philips/Remington; ECJ Case C-39/97, 29/09/1998, GRUR 1998, 922, 923, Par. 28 – Canon; only the initial premise similar RGZ 109, 73, 76; BGHZ (German High Court) 8, 202, 206 – Kabel-Kennstreifen (translation): the so-called origin function – is that the trademark serves to differentiate the goods so marked from the same or similar goods of other origins. It guarantees the consistency of the place of origin and also, with regards to the goods, gives a guarantee of identical quality (RGZ 161, 29, 37). A trade mark's indication of origin is impaired each time the same trade mark or a confusingly similar trade is used, as long as the possibility exists that an average impartial observer draws a conclusion about the origins of the goods from the trade mark owner's business.

to interference by a third party, without the authorization of the trademark owner, in such a way as to affect the original condition of the product.[12]

The mark must offer a guarantee that all the goods or services bearing it have originated under the control of a single undertaking which is responsible for their quality.[13] The European Court of Justice also takes into account the interest of the trade mark owners in protecting the luxury image of their products and the considerable reputation they enjoy, since the marks protect them against competitors wishing to take unfair advantage of the status and reputation of the trade marks by selling products illegally bearing the marks.[14]

Damage to the reputation of the trade mark is also grounds under Art. 7 (2) to oppose the further marketing of a product which was placed in commerce in the Community by the trade mark owner or with the owner's permission.[15]

Among the purposes and functions of the mark, the "origin function" is the most basic.[16] The other protected[17] trade mark functions can be understood as being based on, and stemming from, the origin.[18] Thus the advertising value of mark cannot be damaged unless the sign is used as a

---

[12] ECJ C-349/95, 11/11/1997, GRUR Int. 1998, 145, 146, Par. 24 – Loendersloot/Ballantine.

[13] ECJ Case C-299/99, 18/06/02, GRUR 2002, 804, 809, Par. 78 – Philips/Remington; ECJ Case C-39/97, 29/09/1998, GRUR 1998, 922, 923, Par. 28 – Canon, as well as BGHZ 8, 202, 206 – Kabel-Kennstreifen.

[14] EuGH Case C-337/95, 04/11/1997, GRUR Int. 1998, 140, 143, Par. 39, 43 – Dior/Evora; ECJ C-349/95, 11/11/1997, GRUR Int. 1998, 145, 146, Par. 22 – Loendersloot/Ballantine.

[15] See ECJ C-349/95, 11/11/1997, GRUR Int. 1998, 145, 146, Par. 26, 33, 36 – Loendersloot/Ballantine.

[16] The German High Court used the expression the „distinguishing function" or „differentiation function" („Unterscheidungsfunktion"), GRUR 2002, 814, 815 – Festspielhaus. However, this expression does not include the reference to an undertaking, which the European Court of Justice does with its concept of use as a trade mark. It would be better to speak of „origin function," as in the 10th recital in the preamble to the Directive. See also *Fezer*, Markenrecht, Einl. MarkenG, Rdnr. 30 (translation): The basic function is understood to be the distinguishing function. This function of a mark refers to the goods or services of an undertaking which are distinguished from the goods or services of another undertaking.

[17] See, *von Mühlendahl*, Zum Schutz bekannter Marken im europäischen Markenrecht, FS Erdmann, 425, 431.

[18] *Fezer*, Markenrecht, 3. Aufl., Einleitung, Rdnr. 30; *Colomer*, Opinions of the Advocate-General, 13/6/01, in the Case C-206/01, Point 43 – Arsenal/Reed.

mark or otherwise and the origin function of the mark is thereby impaired. Also, the functions of trust, guarantee and quality, communications[19] and prestige emblem[20] are dependent on the origin function and thus the ability of the mark to distinguish the goods or services and identify them as those of a certain undertaking.

Contrary to the opinion of the EU Advocate-General Colomer[21] in the *Arsenel/Reed* case, it is not a contradiction to emphasize the origin function (function of that type of industrial property which is to indicate the trade origin of the goods or services which the trade mark represents) despite the fact that the European Court of Justice, in cases of exhaustion of trade mark rights cited by him,[22] took into account the ultimate objective of establishing in the internal market an undistorted system of competition which depends on protecting the proprietor of the trade mark and the quality of his goods against those who would take unfair advantage of his status and the reputation of the distinctive sign.

The Court indirectly stated in the *BMW* judgment that injury to the origin function of a mark is a prerequisite to finding that a party has taken unfair advantage of the status or reputation of a mark. Those matters are accordingly to be taken into account, not when classifying questionable use, but when assessing the legality of that use in the situations covered by Article 5 (2) or (5).[23] In the *BMW* case, a finding that the use of the mark violated the guarantee of origin was a precondition to a finding of trademark infringement.

B. **Infringement alternatives**

The European Court of Justice has thus held that "the right conferred upon the trade mark owner to oppose any use of the trade mark which is

---

[19] See survey of the mark functions in *Fezer*, Markenrecht, 3. Aufl., Einleitung, Rdnr. 30.

[20] *Colomer*, Opinions of the Advocate-General (concluding arguments) on13/6/01 in the Case C-206/01, Point 47 – Arsenal/Reed.

[21] *Colomer*, Opinions of the Advocate-General on 13/6/01 in the Case C-206/01, Point 38 – Arsenal/Reed.

[22] See ECJ Case C-102/77, 23/05/2978, NJW 1978, 1739, 1740, Par. 24 – Hoffmann-La Roche; ECJ Case C-145/88, 23/11/89. NJW 1991, 626, 627, Par. 14 – Hag GF; ECJ C-337/95, 04/11/1997, GRUR Int. 1999, 140, 143, Par. 42 – Dior/Evora.

[23] ECJ Case C-63/97, 23/01/1999, GRUR Int. 1999, 438, 441, Par. 38, 40 – BMW.

liable to impair the guarantee of origin, as so understood, forms part of the specific subject-matter of the owner's trade mark rights."[24] Since the guarantee of origin may not be disturbed, basically no use of a sign is allowed if it would impinge upon the origin function.[25]

The guarantee of origin can theoretically be impaired by the use of a sign which itself refers to origin and thereby serves to distinguish from other goods or services. The guarantee of origin can also be impaired by the use of a sign in a manner not similar to a mark, which distinguishes from other goods or services ("not as a trade mark in the formal sense")[26], but instead in a manner which takes unfair advantage of, or is detrimental to, the distinctive character or the repute of the trade mark. This would also impair the guarantee of origin because the mark could no longer fully serve its owner.

As understood by the European Court of Justice, the first alternative, concerning the use of the sign as an indication of origin, falls within the scope of Art. 5 (1) and (2). The second alternative, concerning the infringement of a mark through its use in a manner which does not refer to origin, falls within the scope of Art. 5 (5), as expressly stated in the law.[27] In the *BMW* case, the European Court of Justice formulated this concept as follows: "…(I)t is true that the scope of application of Article 5 (1) and (2) of the directive, on the one hand, and Article 5(5), on the other, depends on whether the trade mark is used for the purpose of distinguishing the goods or services in question as originating from a particular undertaking, that is to say, as a trade mark as such, or whether it is used for other purposes."[28]

Taking this as a framework, I will discuss now the case-law of the European Court of Justice regarding Art. 5(1) and (2), followed by a discussion of Art. 5(5).

---

[24] ECJ C-349/95, 11/11/1997, GRUR Int. 1998, 145, 146, Par. 24 – Loendersloot/Ballantine.

[25] For a case involving Art. 5(1)(a), ECJ Case C-206/01, 12/11/2002, WRP 2002, 1415, 1419 et seq., Par. 51 et seq., 60, Arsenal/Reed. An overview of the discussion on this issue is found in Althammer/Klaka/Ströbele, § 14, Rdnr. 66.

[26] *Colomer*, Opinions of the Advocate-General, ECJ Case C-23/01, 21/11/2002, Point 32, Robelco/Robeco.

[27] "protection against the use of a sign other than for the purposes of distinguishing goods or services".

[28] ECJ Case C-63/97, 23/02/1999, GRUR Int. 1999, 438, 441, Par. 38 – BMW.

C. Art. 5(1) and (2)

I. *Use indicating origin*

The European Court has frequently emphasized that Art. 5(1) and (2) requires as a precondition that a sign be used to indicate origin. This determination is evident in the *BMW* decision cited above, which explains that the trade mark must be used for the purpose of distinguishing the goods or services in question as originating from a particular undertaking. The Court furthermore expressly accepted in the *BMW* case that the sign was used within the meaning of the Article because the mark was used to indicate the source of the goods.[29] Also the *Hölterhoff* decision confirms that a third party must use the sign to indicate the undertaking of origin.[30] This can be inferred from the statement of the Court in this case that that there was no trademark infringement, in part, because "the reference to the trade mark cannot be interpreted by the potential customer as indicating the origin of the product."[31]

The requirement that the sign be used to indicate the origin of the product is justified not only in the express wording of Art. 5(5);[32] it is also necessary as a filter, in the interest of free marketing of goods or services, to remove from trademark protection signs which are needed in commerce.[33] The EU Commission gave an example of this, according to the statements of Advocate-General Jacobs in the oral proceeding in the Hölterhoff case:

If a sign consists simply of a question mark as a trade mark in respect of magazines, clearly the owner of such a mark cannot be entitled to prevent the use of question marks, even for purely grammatical purposes, on the covers of other magazines. Yet there is no relevant limitation of the trade mark rights in Article 6(1) or elsewhere which would preclude the trade mark owner from preventing the use of the question mark if Article 5(1) were interpreted as granting the trade mark owner the right in principle to prevent any use of his trade mark. Article 5(1) should therefore be

---

[29] Ibid., Par. 39.
[30] Also, *Ingerl*, WRP 2002, 861, 862.
[31] ECJ Case C-2/00, 14/05/2002, WRP 2002, 664, Par. 16 – Hölterhoff.
[32] "the use of a sign other than for the purposes of distinguishing goods or services."
[33] See, with regard to the earlier Trade Mark Act, *Knaak*, GRUR 1982, 67, 69.

construed as conferring only an entitlement to prevent use indicating or intended to indicate origin.[34]

II. *New understanding of use to indicate origin as to previous German law*

In the *BMW* decision, the **European** Court pointed out that "a trade mark as such" must be "used for the purpose of distinguishing the goods or services in question as originating from a particular undertaking"[35], which is use to indicate origin. The Court showed how this was to be understood in connection with the «indications to intend purpose" in Art. 6 (1) (c). Art. 6 (1) (c) prohibits a trade mark owner from challenging the use of a trade mark by third parties "where it is necessary to indicate the intended purpose of a product of service, in particular as accessories or spare parts." In the *BMW* decision, the advertising statements "repairs and maintenance of BMWs," "Specialist in BMWs" and "specialised in BMWs" are considered to be uses of signs as marks within the meaning of Art. 5 (1) (a). The BMW automobile trade mark, although not protected when used by third persons to indicate repair services,[36] was used by the advertiser "to identify the source of the goods in respect of which the services are supplied and thus to distinguish those goods from any others in respect of which the same services might have been provided."[37] The Court determined that, in order to describe the repair service, it was necessary to use the automobile's trade mark as such:[38] The court said"…the use of the trade mark in advertisements for the service … is undoubtedly intended to distinguish the subject of the services provided."[39]

The Court's conclusion is different from the holdings of the German High Court, although both began with the same initial premise. Both acknowledged that a trade mark's function is to indicate origin, and the Ger-

---

[34] See Jacobs, Opinions of the Advocate-General in the ECJ Case C-2/00, Points 29, 37 – Hölterhoff.

[35] ECJ Case C-63/97, 23/01/1999, GRUR Int. 1999, 438, 441, Par. 38 – BMW.

[36] *Jacobs*, Opinions of the Advocate-General of 02/04/1998 in the ECJ Case C-63/97, Pt. 31 – BMW; see ECJ Case C-63/97, 23/01/1999, GRUR Int. 1999, 438, 441, Par. 37 – BMW.

[37] ECJ Case C-63/97, 23/01/1999, GRUR Int. 1999, 438, 441, Par. 39 – BMW.

[38] ECJ Case C-63/97, 23/01/1999, GRUR Int. 1999, 438, 441, Par. 60 – BMW.

[39] ECJ Case C-63/97, 23/01/1999, GRUR Int. 1999, 438, 441, Par. 39 – BMW.

man Court also asked if the sign served to distinguish the marked goods from the same or similar products from another undertaking.[40] The German Court assumed, however, that a trade mark's function of origin would be impaired if there was an objective possibility that the public would conclude that the goods originated from the owner of the trade mark[41]. In contrast to the European Court, the German Court did not find that a sign used to indicate purpose had been used as a trade mark, if it was clear that the spare parts or attachments did not come from the trade mark owner's company.[42]

Under the former German trade mark law it was decisive whether the place of origin of the trade mark owner and trademark mark user were clearly different,[43] whereas for Art. 5 (1) and (2) of the Directive, it is sufficient if a mark is mentioned as an instrument of distinguishing the goods or services of a particular undertaking for the purpose of marketing a product.[44] Contrary to the holdings of the German High Court,[45] it is not necessary for there to be confusion about the places of origin of the trade mark owner and the trade mark user or their business relationship to each

---

[40] BGHZ 8, 202, 206 – Kabel-Kennstreifen; GRUR 1961, 280, 281 – Tosca; GRUR 1984, 352, 354 – Ceramix; GRUR 1984, 354, 356 – Tina-Spezialversand II; GRUR 1984 813, 814 – Ski-Delial; BGH GRUR 1990, 274, 275 – Klettverschluss; GRUR 1991, 609, 610 – SL.

[41] See *Fezer*, Markenrecht, 3. Aufl., § 3 Rdnr. 98 et seq; trade mark owner and owner of the company not identical.

[42] BGH GRUR 1958, 343, 344 – Bohnergerät (floor polisher) with comments *Bußmann*; GRUR 1962, 537 – Radkappe; RGZ 110, 339, 343 – *Tallquist*; see BGH GRUR 1996, 781, 782 – Verbrauchsmaterialien (consumables); see Starck, GRUR 2000, 688, 690; see *Schulz*, GRUR 1997, 408, 413; *Krieger*, GRUR 2000, 927, 928. Since there would have been improper advertising pursuant to § 1 Unfair Competition Act (UWG) when a mark is mentioned in this way, the need to mention the mark would also have to be examined under unfair competition law, BGH GRUR 1958, 343, 344 – Bohnergerät; see *von Gamm*, Warenzeichengesetz, Einführung, Rdnr. 84.

[43] BGH GRUR 1958, 343, 344 – Bohnergerät (floor polisher) with comments *Bußmann*.

[44] *Fezer* indicated this result earlier, although he disputed the requirement of use as a mark, only formally, within the meaning of the earlier German Trade Mark Act, *Fezer*, GRUR1996, 566, 570; Markenrecht, 3. Aufl., 23, Rdnr. 30; also, Starck GRUR 1996, 688, 692 et seq.

[45] See, concerning the trade mark's task, under the former German Trade Mark Act, as protecting the mark's function to indicate origin, in order to avoid confusion in the market, BGH GRUR 1969, 683 – Isolierte hand; GRUR 1983, 467, 468 – Photokina; GRUR 1984, 684m 685 – Mordoro.

other in order for a trade mark to be used as such. As the European Court expressly stated, the mark must be used literally in its capacity "as a trade mark"[46] in order to indicate origin within the meaning of the Directive. There must be the message that the used sign is a trade mark.

The *Hölterhoff* decision further elaborates on the use of the mark as an indication of origin. The European Court in this decision analyses the interest of the trade mark owner, who is protected under Art. 5(1).[47] There can be a trade mark infringement only if the mark's function in relation to the trade mark proprietor is impaired[48] and the mark's roll as a significant part of the system of undistorted competition is affected. Analyzing only whether the mark used to distinguish goods and services from those of another company is not sufficient to lead to a conclusion about whether the function of a mark is impaired. It is necessary to further examine the limitations on the protection, for example in Art. 6 and 7, which set out the boundaries within which trade mark protection can take effect.

To conclude, the concept of use within the meaning of Art. 5(1) and (2), as interpreted by the European Court, can be paraphrased to mean the use in a way which violates any interests of the trade mark owner for the purpose of selling products. Although it is a broader concept of the mark's "origin function" than that developed by the German High Court, the conclusion of the European Court is justified since the rights to a mark are assigned solely to its proprietor who is basically the only one who can decide how the mark will be used.

III. *System of Limitations*

On the basis of this concept of use, the European Court of Justice laid out its framework of limitations in the *BMW* decision. First the Court requires under Art. 5(1) and (2), quasi as a first step, that a sign be used as a mark to indicate origin. If all of the factual elements required under Art. 5(1) or (2) are present, the rights granted to trade mark owners under these provisions can be further limited in a second step. The European Court formulated it in this manner in the *BMW* decision: since "...the use of the

---

[46] ECJ Case C-63/97, 23/02/1999, GRUR Int. 1999, 438, 441, Par. 38 – BMW.
[47] ECJ Case C-2/00, 14/05/2002, WRP 2002, 664, Par. 16 – Hölterhoff.
[48] Also ECJ Case C-206/01, 12/11/2002, WRP 2002, 1415, 1419 et seq., Par. 60 – Arsenal/Reed; *Nägele*, MarkenR 1999, 177, 181.

trade mark ... falls within the scope of Article 5(1)(a) of the directive, the use in issue may be prohibited by the trade mark proprietor unless Article 6, concerning the limitation of the effects of a trade mark, or Article 7, concerning exhaustion of the rights conferred by a trade mark, are applicable."[49]

Both Art. 6 and 7 seek "to reconcile the fundamental interests of trade-mark protection with those of the free market in such a way that trade mark rights are able to fulfill their essential role in the system of undistorted competition which the EU Treaty seeks to establish and maintain."[50] In order that the interests of trade marks and market can be balanced, the scope of the rights to be connected with the mark must be analysed. This is the justification for the step system: In the first step, the basic interests of the trade mark proprietor in maintaining exclusive trade mark rights considered, by applying a broad concept of "use" and whether the other required elements under Art. (5)(1) and (2) are met; this first step only gives an indication of whether the function of the mark may be impaired. The Court stated in the *BMW* decision that classifying the use of the mark "as falling under one specific provision or another of Article 5, as the case may be, is not necessarily determinant as regards the assessment as to whether the use in question is permissible."[51] In order to answer the question of whether the function of the trade mark is impaired, which assumes a "use" within the meaning of Art. 5(1) or (2), the limitations on trade mark protection must be examined in the second step, in particular by applying the provisions of Art. 6 and 7, and thereby weighing the basic interests of the trade mark owner against the interests of the market.

This system of limitation was not challenged in the *Arsenal/Reed* decision, although the European Court did write that "certain uses for purely descriptive purposes are excluded from the scope of Article 5(1) of the Directive."[52] This statement was not intended to allude to the interaction between Art. 5 and the system of limitations, but only to refer to the results of the analysis of use as basic to the plaintiff's claim. This is evident in the preceding sentence of the Court: "The proprietor may not prohibit the use of a sign identical to the trade mark for goods identical to those for which

---

[49] ECJ Case C-63/97, 23/02/1999, GRUR Int. 1999, 438, 441, Par. 45 – BMW.
[50] ECJ Case C-63/97, 23/02/1999, GRUR Int. 1999, 438, 441, Par. 62 – BMW.
[51] ECJ Case C-63/97, 23/02/1999, GRUR Int. 1999, 438, 441, Par. 30 – BMW.
[52] ECJ Case C-206/01, 12/11/2002, WRP 2002, 1415, 1419, Par. 54 – Arsenal/Reed; see additional discussion under V.

the mark is registered if that use cannot affect his own interests as proprietor of the mark, having regard to its functions."[53]

IV. Indications concerning the kind, quality, intended purpose and other characteristics

This logically consistent system of protection described in the *BMW* case appears to break down with marks which indicate characteristics of goods or services ("Beschaffenheitsangaben"). These indications are to be taken into account pursuant to Art. 6(1)(b) within the framework of limiting the effect of trade marks, that being the second step according to the European Court's system of protection. But this system assumes that they basically will be used in the first step to distinguish goods and identify their origin.[54] Characteristics do not, however distinguish goods and identify their origin, and therefore are not relevant elements in an analysis under Art. 5(1) and (2).

Nevertheless, in the *Chiemsee* decision, the European Court stated with regard to indications of geographic origin, that «Article 6(1)(b), does not confer on third parties the right to use the name as a trade mark to distinguish goods and identify their origin but merely guarantees their right to use it descriptively, that is to say, as an indication of geographical origin, provided that it is used in accordance with honest practices in industrial and commercial matters."[55] For an examination within the framework of Art. 6, there needs to be a use designating origin within the meaning of Art. 5(1) or (2). That seems to be contradictory at first glance.

Indications of characteristics can be inserted, however, without problems into the European Court's system of protection, if the particular situation is taken into account in which a trade mark and a characteristic indication collide and, in addition, in which the sign is seen as trade mark, according to the European Court, as soon as it is used as one.

In a situation where the trade mark is identical to the indication of a characteristic within the meaning of Art. 5(1)(a), it is assumed that the

---

[53] ECJ Case C-206/01, 12/11/2002, WRP 2002, 1415, 1419, Par. 54 – Arsenal/Reed.
[54] Also *Schultz* GRUR 1997, 408, 409.
[55] ECJ Case C-108, 109/97, 04/05/1999, GRUR 1999, 723, 726 Par. 28 – Chiemsee; German version: sondern nur das Recht, die Bezeichnung beschreibend zu benutzen; French version: ne confere pay aux tiers l'usage d'un tel nom en tant que marque mais se borne à assyrer qu'ils peuvent l'utiliser de manière descriptive.

mark has acquired a distinctive character.[56] With regard to such a mark, the European Court elaborated that the mark has two meaning to the public: the original meaning as an indication of a characteristic and also the trade mark function which it acquired later through its use as a mark[57]. The indication of a characteristic takes on almost by reflex a secondary meaning as a trade mark use within the meaning of Art. 5(1) and (2) and is crucial in determining, according to the circumstances of the case, whether a sign is used descriptively pursuant to Art. 6(1)(b) and whether this occurred in a manner consistent with fair trade practices, as examined in a third step. The use as a trade mark is a necessary prerequisite in this type of case, which apart from this is exclusively descriptive.[58] The European Court thus pointed out that Art. 6(1)(b) "merely" guarantees to third parties their right to use a mark descriptively, provided it is used in accordance with honest practices in industrial and commercial matters.[59]

This analysis seems to be in line with the values reflected in the European Court's system; the trade mark is used with the indication of a characteristic. This affects the basic purpose of trade mark protection as an important aspect of a system of undistorted competition. This aspect must, therefore, also be taken into consideration in applying the provisions of Art. 5(1)(a). In the second step of the analysis, a final examination can be made if the mark was affected in a manner contrary to the interests of the trade mark owner; this would involve an analysis of the market aspect at the same time.

There were differing views in Germany whether the use of an indication mentioned in Art. 6 as a trade mark means that Art. 6 does not apply. The German High Court suggested in its order of 07 February 2002 concerning the *Gerolsteiner Brunnen* case referring the matter to the European Court that the element of use as a trade mark not be taken out of the scope of Art. 6(1)(b).[60] The European court stated that an expression such as «as a trade mark» cannot be regarded as appropriate for determining the scope of Article 6 of Directive[61]. The only test mentioned in Article 6(1) of Directive is whether the indication of geographical origin is

---

[56] Art. 3(3) Trade Mark Directive 89/104/EEC, § 8(3) MarkenG.
[57] ECJ Case C-108, 109/97, 04/05/1999, GRUR 1999, 723, 726 Par. 47 – Chiemsee.
[58] Also, *Fezer*, WRP 1996, 973, 974.
[59] See, Footnote 55.
[60] BGH Vorlagebeschluss von 7.2.02, GRUR 2002, 613, 615 – Gerri/Kerry Spring.
[61] ECJ Case C-100/02, 07/01/2004, Par. 13 – Gerolsteiner Brunnen.

used in accordance with honest practices in industrial or commercial matters. The condition of honest practice constitutes in substance the expression of a duty to act fairly in relation to the legitimate interests of the trade mark owner[62].

The mere fact that there exists a likelihood of aural confusion between a word mark registered in one Member State and an indication of geographical origin from another Member State is therefore insufficient to conclude that the use of that indication in the course of trade is not in accordance with honest practices[63]. It is for the national court to carry out an overall assessment of all the relevant circumstances[64].

V. *The Hölterhoff Decision*

The Hölterhoff decision is consistent with the European Court's system of protection described above. In this case, the trade marks "Spirit Sun" and "Context Cut," which are not descriptive marks, were used by a third party exclusively in a descriptive manner to a specialist who could not misunderstand this. In the Arsenal/Reed case, the European Court held: "The proprietor may not prohibit the use of a sign identical to the trade mark for goods identical to those for which the mark is registered if that use cannot affect his own interests as proprietor of the mark, having regard to its functions. Thus certain uses for purely descriptive purposes are excluded from the scope of Article 5(1) of the Directive because they do not affect any of the interests which that provision aims to protect, and do not therefore fall within the concept of use within the meaning of that provision.... In this respect, it is clear that the situation in question in the main proceedings is fundamentally different from that in Hölterhoff. In the present case, the use of the sign takes place in the context of sales to consumers and is obviously not intended for purely descriptive purposes."[65] This explanation shows that the European Court addresses the concept of use within the meaning of Art. 5(1)(1) merely as related to the results, under the viewpoint of whether the use can be considered an infringement. The system of limitations described in III above is not questioned here.

---

[62] ECJ Case C-100/02, 07/01/2004, Par. 24 – Gerolsteiner Brunnen.
[63] ECJ Case C-100/02, 07/01/2004, Par. 24 – Gerolsteiner Brunnen.
[64] ECJ Case C-100/02, 07/01/2004, Par. 24 – Gerolsteiner Brunnen.
[65] ECJ Case C-206/01, 12/11/2002, WRP 2002, 1415, 1418, Par. 54. 55 – Arsenal/Reed.

In particular, the European Court cannot be understood as indicating in the *Hölterhoff* case that naming the mark could be categorized as an outright descriptive designation only, and could never be seen as affecting the mark under the first step of the analysis. Distinctive marks were, after all, used in this case, as they were in the *BWM* case. The marks "Spirit Sun" and "Context Cut" were used to indicate origin, as described in the *BMW* decision, because these signs referred to the goods (jewelry) actually registered for the trade mark, and so the trade marks were used at first sight. There was not at this point a final determination of impairment of the mark function; this impairment was only indicated in principle here. Since the use "as a trade mark" was a necessary prerequisite in order that individual properties of the marked jewelry could be reasonably described, the use of the mark at first sight served as only an indication of a characteristic within the meaning of Art. 6(1)(b), because only this jewelry showed the particular cuts to be described. The business partner should have understood the mark usage as being merely a description of types of stone cuts, which is why it was justified to exempt the use of the mark and, as a result, there was no finding of an impairment of the mark's function. If the circumstances had been different, and the mark had been in an advertisement directed at the general public, instead of in a commercial negotiation with a specialist, there would have been reason for an examination of the unfair practices provisions in Art. 6, in particular the question of whether the mark was used as a necessary description in accordance with honest practices in industrial or commercial matters.

VI. *Signs within the meaning of Art. 3(1)(b) and (d)*

The European Court system of protection seems problematic with regards to "signs" which are devoid of any distinctive character or which have become customary in the current language or in the bona fide and established practices of the trade, if they do not fall within the scope of Art. 6. These signs mentioned in Art. 3(1)(b) and (d) of the Trade Mark Directive lack the ability to distinguish, but can through intensive use acquire distinctiveness and trade mark protection according to Art. 3(3). If perception of this type of sign were influenced by the perception of an identical mark with acquired distinctiveness, then, as with indications of characteristics, this could be considered a trade mark infringement; however, there would not be the possibility of limiting rights to the mark in this case, although this is possible with indications of characteristics under Art. 6(1)(b). With these types of signs, there is basically no need for a limitation of the trade mark rights, because this limitation is not required to balance the interests between trade marks and the marketplace; this is different from the situation where a character designation is needed to describe goods or services.

Remaining with the above example suggested by the EU Commission, when a question mark acquires distinctiveness under Art. 3(1)(b) for an isolated situation, the public has no justified interest in using the question mark in the acquired-distinctiveness form. It is sufficient if the public must be able to use the question mark so that it will not be perceived as a trade mark and therefore it will not be used to designate origin.

Signs under Art. 3(1)(d) consist exclusively of indications which have become customary in the current language or in the bona fide and established practices of the trade to designate goods or services, even if they are used in advertising slogans, indications of quality or incitements to purchase goods or services.[66] The rules above also apply to generic signs, generic names, and all graphic representations which have become synonymous in the perception of the public with the goods or services to which they refer.[67] When, for example, the generic name "vaseline"[68] for mineral oil or "Aeskulapstab"[69] for medical and pharmaceutical goods become marks for the goods and services of an undertaking again, then these signs should not be used by the public as generic terms. This use would be an infringement of trade mark rights under Art. 5(1)(a), unless the way the sign is used precludes that the generic name which became a trade mark be used to distinguish goods or services as being from a particular undertaking.

VII. *Comparative advertising*

The European Court system of protection set out in the *BMW* decision needs to be analyzed in light of the rules of comparative advertising,

---

[66] ECJ Case C-517/99, 04/10/2001, GRUR 2001, 1148, 1149, Par. 31, 39 – Bravo; BGH GRUR 1998, 465, 468 – Bonus.
[67] *Colomer*, Opinions of the Advocate-General of 18/01/2001 in the Case C-517/99, Par. 51 – Bravo.
[68] RGZ 73, 229, 230 – Vaseline.
[69] RG GRUR 1936, 955 – Aeskulapstab.

regulated in the EU Directive regarding misleading and comparative advertising.[70] Comparative advertising under 2a of the Directive is prohibited unless it is permitted under the provisions of Art. 3a. Relating to the use of marks, Art. 3a declares amongst others that comparative advertising is basically allowed only if it does not take unfair advantage of the reputation of a trade mark (g), and it does not imitate goods or services bearing a protected trademark (h).

In the *Toshiba/Katun* case, the European Court first interpreted literally Art. 2a and 3a of the Directive relating to misleading and comparative advertising, and concluded this would render unlawful any reference enabling a competitor, or the goods or services which he offers, to be identified in a representation which did not contain a comparison within the meaning of Art. 3a. The Court determined, however, that a literal interpretation would conflict with Art. 6(1)(c) of the Trade Mark Directive,[71] which permits the use of a mark beyond that allowed in Art. 2a, 3a of the Comparative Advertising Directive if this is necessary to inform the public about the nature of the goods in the sense of an indication of an intended purpose[72] and the intended purpose of the service offered.[73]

The European Court did not attempt to resolve the conflict by interpreting the Trade Mark Directive, for example, by limiting the concept of use as a trade mark by excluding comparative advertising. Instead it interpreted the Directive relating to misleading and comparative advertising broadly[74] and in a manner most favorable to its stated objectives.[75] Contrary to the opinion of the Advocate-General,[76] the Court considered it to

---

[70] Council Directive 84/450/EEC of 10 September 1984 relating to the approximation of the laws, regulations and administrative provisions of the Member States concerning misleading advertising, and Directive 97/55/EC of European Parliament and of the Council of 6 October 1997 amending Directive 84/450/EEC concerning misleading advertising so as to include comparative advertising; GRUR 1998, 117.

[71] ECJ Case C-112/99, 25/10/2001, GRUR Int. 2002, 50, 54, Par. 33, 35 – Toshiba/Karun.

[72] Sceptical *Ingerl*, WRP 2002, 861, 866; however the European Court in a similar case wrote about information given about the „purpose" of the offered services („Bestimmungsangabe").

[73] ECJ Case C-112/99, 25/10/2001, GRUR Int. 2002, 50, 54, Par. 34 – Toshiba/Katun.

[74] See Recital No. 6 of the Directive's preamble.

[75] ECJ Case C-112/99, 25/10/2001, GRUR Int. 2002, 50, 54, Par. 36 et seq. – Toshiba/Katun.

[76] Léger, Opinion of Mr Advocate General of 08 February 2001 in Case C-112/99, Point 61 – Toshiba/Katun.

be a product comparison under Art. 31(1)(c) when specifications of the product numbers of an equipment manufacturer are referenced alongside a competing supplier's product numbers. The reason was that this does "constitute a positive statement that the two products have equivalent technical features, that is to say, a comparison of material, relevant, verifiable and representative features of the product within the meaning of Art. 3a(1)(c) of Directive 84/450 as amended."[77] Art. 3a(1)(c) of the Directive relating to misleading and comparative advertising and Art. 6(1)(c) of the Trade Mark Directive led to the same results in the *Toshiba* case, permitting the use of the mark, because of the broad interpretation of the concept of comparison advertising.

The European Court's broad interpretation of the concept of product comparison did not, however, create a solution for the conflict between the Directives beyond the facts of the *Toshiba* case.[78] Not every permitted product comparison is combined with a necessary and fair indication of the intended purpose of the goods or services within the meaning of Art. 6(1)(c). The same is true for indications of characteristics of goods or services under Art. 6(1)(b), which is often applied with product comparisons.[79]

Ingerl therefore suggests that the concept of a trade mark's use to show origin in Art. 5 of the Trade Mark Directive be limited to cases of indications of the origin of the user's own goods or services, in order to separate the scopes of application of the two Directives in this manner.[80] If there would be a use as a trade mark under Art. 5 of the Trade Mark Directive only if the mark referred to the user's goods or services, the Directive relating to misleading and comparison advertising would not be applicable because the mark would be used in relation to a third party's goods or services. This interpretation conflicts with the case-law of the European Court in the *BMW, Chiemsee* and also *Hölterhoff* decisions and also with the substantive law considerations behind these decisions; in the interest of protecting trade marks, the Court includes many types of use in the initial analysis, and then, in the second step of analysis, exempts individual types of use. *Ingerl*'s suggestion merely shifts the problem to the

---

[77] ECJ Case C-112/99, 25/10/2001, GRUR Int. 2002, 50, 54, Par. 38, 39 – Toshiba/Katun.
[78] Also *Sack*, WRP 2002, 363, 366.
[79] Compare *Nägele*, MarkenR 1999, 177, 181.
[80] WRP 2002, 861, 866.

scope of Art. 5(5), which relates to the protection of trade marks against a use which does not indicate origin.

Comparative advertising should be judged according to both Directives. First this is a case of Art. 5(1)(a) of the Trade Mark Directive, as in the *BMW* decision, and therefore is basically prohibited at first sight under Art. 5(1). To the extent that the use is permissible under Art. 3a of the Directive relating to confusing and comparative advertising, it is indispensable for effective comparative advertising and is therefore not considered a breach of the exclusive right of the trade mark owner.[81] Art. 2 together with Art. 3a of the Misleading and Comparative Advertising Directive act as a limitation on trade mark protection, in the same way that Art. 6 and Art. 7 of the Trade Mark Directive serve this function. There is no need to create an inherent limitation for trade marks by restricting the concept of use to indicate origin.

To review the legality of a trade mark reproduction within the framework of comparative advertising, the basic prohibition under Art. 2a in connection with Art. 6(1)(c) of the Directive should be interpreted. *Sack* correctly suggests that Art. 2a be construed so that it only sets up certain prerequisites when goods or services are compared.[82] This follows from Art. 3a(1), which provides that comparative advertising under Art. 2a is permitted literally "as far as the comparison is concerned," when specific conditions are met. Art. 3a does not state that all other references to origin, namely, in connection with indications of intended purpose, should be prohibited; Art. 2 a should not be interpreted this way.

The European Court's *Hölterhoff* decision seems to support this understanding by taking into account that none of the interests protected in Art. 5(1)(a) should be impaired. As Advocate-General Jacobs showed in his Opinion, the use of the marks Spirit Sun and Context Cut were permitted under both Art. 3a of the Directive relating to misleading and comparative advertising as well as Art. 6(1)(b) of the Trade Mark Directive.[83]

---

[81] Recitals Nos. 14, 15 of Preamble.
[82] *Sack*, WRP 2002, 363, 367.
[83] *Jacobs*, Opinion of the Advocate-General of 20/09/01 in Case C-2/00, Pt. 72 – Hölterhoff.

VIII. Use as Design

The protective system is also justified in situations where the mark is used as a product design. In the relevant *Arsenal/Reed* case, the European Court assumed that the use of the trade mark as a design served to indicate origin within Art. 5(1)(a), without analyzing this issue.[84] However, the Court did explain, on the basis of the concept of the trade mark use at first sight described above, that "the use of the sign identical to the mark is indeed use in the course of trade, since it takes place in the context of commercial activity with a view to economic advantage and not as a private matter."[85] It furthermore noted that the use of the mark "is 'for goods' within the meaning of Article 5(1)(a) of the Directive, since it concerns the affixing to goods of a sign identical to the trade mark and the offering of goods, putting them on the market or stocking them for those purposes within the meaning of Article 5(3)(a) and (b)."[86]

IX. Criticism of the System

Criticism has been raised against the European Court's system of determining infringement, which first applies an expansive concept of use of the mark to indicate origin and then in a second step examines whether it is necessary to limit trade mark protection in the interest of free competition. It has been argued that this could result in a significant deterioration of the legal position of a sign user since an exemption is allowed only in connection with restrictions on trade mark protection, with the accompanying burden of proof and pleading requirements.[87] This objection does not seem to be convincing with regard to Art. 6 of the Trade Mark Directive or Art. 3a of the Directive relating to misleading and comparative advertising, since the requirements for these provisions can be easily set forth and proven. Regarding Article 7 Trade Mark Directive, the European Court of Justice decided that there should be an exception to the general rule that the defendant trade mark user has to plead its case and bear the burden of proof under the exhaustion of rights provisions.[88]

---

[84] ECJ Case C-206/01, 12/11/2002, WRP 2002, 1415, 1418, Par. 40 – Arsenal/Reed.
[85] ECJ Case C-206/01, 12/11/2002, WRP 2002, 1415, 1418, Par. 40 – Arsenal/Reed.
[86] ECJ Case C-206/01, 12/11/2002, WRP 2002, 1415, 1418, Par. 40 – Arsenal/Reed.
[87] *Ingerl*, WRP 2002, 861, 866, with reference to BGH GRUR 2000, 879 – stüssy.
[88] ECJ Case C-244/00, 08/04/2003, Par. 34 – Van Doren/ Lifestyle sports (Stüssy).

D. Art. 5 (5)

Along with Art. 5(1) and (2), which require use of the mark to indicate origin, Art. 5(5) serves an important additional function in protecting trade marks.

Art. 5(5) is a trade mark law provision which does not apply outside of trade-mark law and does not serve different normative purposes.[89] As discussed above, a mark's guarantee of origin can be damaged not only through a use which indicates origin but also through a use which does not serve to distinguish goods or services.[90] The court however stressed in *Robelco/Robeco* that this aspect of the origin function of the trade mark is not harmonized. So we need to wait what Europe brings next to us in this respect.

E. Conclusion

The analysis has shown that, despite criticism, the system of trade mark protection which the European Court derived from the Trade Mark Directive, is justified. The concept of use within the meaning of Art. 5(1) and (2) of the Trade Mark Directive requires that the mark is used at first sight and as such for marketing purposes. This however will give only an indication of possible damage to the function of the mark in principle, and then a final determination is made of whether this damage has occurred; this can involve a further examination of the limitations on trade mark protection in Art. 6 and Art. 7 of the Trade Mark Directive or in Art. 2 together with Art. 3a of the Directive relating to misleading and comparative advertising.

---

[89] But *Fezer*, GRUR 1996, 566, 573; The European Court speaks of a reinforced protection of a trade mark's distinctive character or reputation, ECJ Case C-23/01, 21/11/2002, Par. 31 – Robelco/Robeco; in *Colomer*, Opinions of the Advocate-General, ECJ Case C-23/01, 21/11/2002, Point 29, Robelco/Robeco, this question is left open.

[90] Above, Footnote 26.

ACTIVIDAD INVENTIVA Y DOCTRINA DE LOS EQUIVALENTES

por el Prof. Dr. Dr. h. c. JOSE ANTONIO GOMEZ SEGADE
Catedrático de Derecho Mercantil
Director del Instituto de Derecho Industrial (IDIUS)
Universidad de Santiago de Compostela

SUMÁRIO:
1. Nociones previas. Concepto y funciones de la teoría de los equivalentes. 2. Las dos posiciones fundamentales sobre el valor de las reivindicaciones. 3. Reconocimiento legal de la doctrina de los equivalentes y la relación con el valor de las reivindicaciones; el artículo 69.1 del CPE. 4. Definición y requisitos de los equivalentes. 5. Momento relevante para determinar la existencia de equivalentes.

1. Nociones previas. Concepto y funciones de la teoría de los equivalentes.

En el lenguaje ordinario, la palabra "equivalente" significa "de igual valor"o de "idénticos efectos". La utilización de "equivalente" como sinónimo de "igual valor" es muy frecuente en la vida ordinaria y en diversos sectores científicos. En la propia Ciencia del Derecho basta recordar el principio de equivalencia de las prestaciones en los contratos bilaterales. La equivalencia implica la posibilidad de intercambio entre las cosas que, por ser equivalentes, tienen igual valor. Pero también cabe el intercambio cuando dos cosas producen el mismo efecto, en cuyo caso también se afirma que son equivalentes. Por ejemplo, el hombre, para su nutrición consume carne y pan; una determinada cantidad de pan es equivalente a una determinada cantidad de carne teniendo en cuenta los efectos nutritivos y el aporte calórico de cada uno de estos elementos.

El concepto de los equivalentes tiene una gran importancia en el campo de las patentes, a diferencia de otros bienes inmateriales, dado que su objeto es una invención que, como es sabido, constituye una regla técnica para el obrar humano. Siempre es absolutamente relevante la función que un determinado elemento realiza en el conjunto de la invención, y frecuentemente es factible que dicho elemento sea sustituido por otro, estructuralmente distinto, pero que realiza la misma función. Pues bien, la doctrina de los equivalentes esencialmente consiste en extender el ámbito de protección de la patente a todas aquellas hipótesis en que un elemento de la invención es sustituido por otro elemento, que tiene diferente estructura pero que cumple la misma función en el conjunto de la invención. Por su gran importancia para el Derecho de patentes, esta teoría ya fue considerada por un clásico como KOHLER como el "núcleo del Derecho de patentes"[1]. Aunque también es verdad, que su enorme desarrollo en algunos países como Alemania, ha permitido la elaboración de numerosas construcciones y clasificaciones de los equivalentes, que constituyen lo que con cierto se ha calificado como un ejemplo de "acrobacia intelectual"[2] por sus tintes claramente conceptualistas.

Como ya he señalado en otra ocasión[3], la teoría de los equivalentes cumple dos funciones esenciales en el Derecho de Patentes. En primer lugar, ayuda a determinar si una invención es patentable. NO existe ninguna pauta objetiva exacta para determinar cuando una invención posee actividad inventiva y por tanto es patentable. Lo que es indiscutible es que no puede concederse una patente para cualquier pequeño avance o modificación de detalle de una regla técnica, que se producen continuamente en el proceso industrial. Si se extendiera la patentabilidad hasta comprender innovaciones de escaso relieve se contradeciría el objetivo de fomentar el progreso técnico, fundamento del derecho de patentes, porque cualquier avance se vería frenado por la existencia de innumerables derechos de exclusiva. Y en este punto, el concepto de los equivalentes juega un papel fundamental; si la regla técnica para la que se solicita protección tiene un

---

[1] KOHLER, J., *Handbuch des deutschen Patentrechts*, Mannheim 1900, p. 153.
[2] TROLLER, J., *Immaterialgüterrecht*, t. I, Basilea 1968, p. 210.
[3] GOMEZ SEGADE, J.A. *La violación de la patente por un uso equivalente*, Cuadernos de jurisprudencia sobre Propiedad Industrial (en lo sucesivo CJPI)núm. 2, Barcelona 1988, p. 14 y ss.

equivalente claro carecerá de novedad, y si existen otros equivalentes que, por ejemplo, permitan resolver el mismo problema con otros medios ya conocidos, normalmente la invención carecerá de actividad inventiva. Y hay que recordar que tanto la novedad como la actividad inventiva constituyen requisitos objetivos de patentabilidad de acuerdo con lo dispuesto en el artículo 4.1 de la Ley de Patentes española, y en el artículo 47 del Codigo da Propriedade Industrial portugués, que siguen lo dispuesto en el Convenio sobre la Patente Europea (en lo sucesivo CPE). A estos efectos, y siguiendo las pautas proporcionadas por la doctrina y la jurisprudencia alemana, que es la que más ampliamente se ha ocupado del tema, se han definido los equivalentes como "aquellos medios que, de acuerdo con los conocimientos normales de un perito en la materia, son capaces de realizar la misma función para la consecución de un mismo resultado o para la producción de un mismo efecto, sin que su recíproca sustitución suponga ninguna modificación esencial a la solución dada"[4].

En segundo lugar, la teoría de los equivalentes, y éste es, a mi juicio, su papel fundamental, también cumple la función de ayudar a determinar el ámbito de protección de la patente y, por tanto, precisar si ha existido o no violación de la misma. El problema fundamental radica en concretar si sólo está protegida la invención descrita en la solicitud y en el certificado de patente, o si también, de forma refleja, resultan amparadas por la patente formas de ejecución semejantes, que por consiguiente estarían prohibidas a terceros. En este sentido, un clásico español en materia de patentes ha señalado que "en todas las legislaciones se reconoce más o menos expresamente y en mayor o menor medida que dentro de lo patentado se han de estimar comprendidos todos los cambios y todas las variantes accidentales y todas las posibilidades de sustituir la forma, tamaño, proporciones del objeto por cualquiera otros *equivalentes*, es decir, por cualesquiera otros igualmente eficaces en cuanto al desarrollo y a la solución del problema objeto del invento"[5].

---

[4] BERCOVITZ, A., *Los requisitos positivos de patentabilidad en el Derecho alemán*, Madrid 1969, p. 325.

[5] DIAZ VELASCO, *La nota reivindicatoria en las patentes de invención*, en el volumen "Estudios sobre Propiedad Industrial", edición realizada por el grupo español de la AIPPI, Barcelona 1987, p. 145 y ss. [152].

2. Las dos posiciones fundamentales sobre el valor de las reivindicaciones.

Para determinar el ámbito de protección de la patente, y por tanto, precisar cuándo y como debe entrar eventualmente en juego la teoría de los equivalentes, hay que partir de dos posturas fundamentales sobre el valor de las reivindicaciones existentes en el derecho comparado.

Por un lado, hay que mencionar la postura tradicional angloamericana, en la que las reivindicaciones establecían con claridad los límites del derecho de exclusiva, y por eso su texto constituye el referente definitivo para delimitar la amplitud del derecho de exclusiva conferido por la patente. En este sentido, dejando a un lado la jurisprudencia norteamericana, que en términos generales adopta una postura restrictiva[6] la jurisprudencia inglesa elaboró la doctrina de la "esencialidad" de la invención (*pith and marrow*)[7]. Según esta doctrina, se entendía que se producía una infracción del derecho de patente, cuando el demandado hacía uso de la esencia de la invención, aunque no reprodujera exactamente el contenido de las reivindicaciones. El problema radica en precisar en qué consiste la esencia de la invención, y de esta tema se han ocupado numerosas sentencias, aunque la que se ha convertido en una pieza fundamental es la dictada en el caso *Catnic v. Hill & Smith*[8]. En esta sentencia se rechaza que todas las características contenidas en las reivindicaciones puedan considerarse esenciales, y únicamente se reconoce este carácter a las que se deduzcan de un interpretación finalística realizada por un experto en la materia (*purposive construction*). Y esta es la tesis que se ha mantenido en el Reino Unido, incluso tras la promulgación de la Ley de Patentes de 1977, porque se considera compatible con lo dispuesto en el artículo 69 del CPE[9].

Por contraste con lo que sucedía en Inglaterra, en Alemania la protección de la patente desbordaba ampliamente el contenido de las reivin-

---

[6] Resulta esclarecedora la reciente sentencia del Tribunal Supremo norteamericano en el caso *"Warner-Jenkinson Company Inc. V. Milton Davis Chem.Co*, en 41 USPQ2nd 1865 (1997). Para una versión castellana de esta sentencia con un amplio comentario vid. COLERA RODRIGUEZ, J.M., *La doctrina de los equivalentes en los Estados Unidos*, en CJPI núm. 17, Madrid 1998, p. 57 y ss.

[7] Para una amplia y correcta exposición de la doctrina del "pith and marrow", vid. SALVADOR JOVANI, CARMEN, *El ámbito de protección de la patente*, Edit. Tirant lo Blanc, Valencia 2002, p. 312 y ss.

[8] RPC 1982, p. 183 y ss.

[9] Para un análisis de sentencias recientes en las que se acogen los principios elaborados en "*Catnic*" vid. SALVADOR JOVANI, CARMEN, Ob. Cit., p. 318 y ss.

dicaciones. Se llegaba a proteger "la idea general de la invención" (*allgemeiner Erfindungsgedanke*), con lo que resultaban amparadas como equivalentes, formas de ejecución que ni siquiera había imaginado el propio inventor. De esta forma, para determinar el ámbito de protección de la patente y posibles violaciones de la misma, había que aplicar constantemente la teoría de los equivalentes, lo que explica su enorme desarrollo en Alemania.

Estas dos posiciones extremas, que podríamos sintetizar bajo el rotulo de "doctrina de la esencialidad de la invención", y "doctrina de los equivalentes" implican un extensión del ámbito de protección de la patente, y por tanto benefician al titular de la patente, y resultan perjudiciales para los terceros y la seguridad jurídica. Sin embargo, ante la necesidad de optar por una de ellas, parece aconsejable optar por la teoría de los equivalentes por su reconocimiento en la mayoría de los países y su mayor elaboración, aunque no se puedan aceptar los excesos conceptuales en que ha incurrido la doctrina alemana. De cualquier forma, incluso en la mayoría de los países europeos en los que se aplica la doctrina de los equivalentes no existe total acuerdo sobre sus características, momento temporal de aplicación o extensión de su aplicación.[10]

3. Reconocimiento legal de la doctrina de los equivalentes y la relación con el valor de las reivindicaciones; el artículo 69.1 del CPE.

La doctrina de los equivalentes ha experimentado una enorme expansión. En la actualidad prácticamente todos los países de la UE y muchos otros conocen esta doctrina, como se ha puesto de relieve en los informes de los diversos grupos nacionales de la AIPPI para el Congreso de Rio de Janeiro de mayo de 1988[11], y la misma ha sido también aplicada frecuentemente por los tribunales[12].

---

[10] Vid. Entre otros, BECHTOLD, *Die Äquivalenzlehre als Mittel zur Bestimmung des Schutzumfangs im deutschen und europäischen Patentrecht*, Munich 1986. También resultan interesantes para comprobar las diferencias y matices de la legislación y la práctica de cada país, los informes elaborados por los distintos grupos nacionales de la AIPPI para el Congreso de Buenos Aires, en contestación a la cuestión 60"Interpretación de las reivindicaciones de las patentes", vid. Annuaire AIPPI 1980, II, p. 1 y ss.

[11] Annuaire AIPPI 1998, V, pp. 1-142.

[12] Vid. A títulos de ejemplo, las sentencias citadas por SALVADOR JOVANI, CARMEN, ob. Cit., p. 263, nota 525.

A pesar de su notable eco y de su trascendencia, no existen referencias expresas a los equivalentes prácticamente en ninguna ley de patentes vigente, pues tras la reforma de 1976 ha desaparecido la mención expresa contenida en el artículo 53 de la Ley suiza de patentes aunque se aplicaba únicamente a los procedimientos de fabricación de substancias químicas. Una amplia referencia se contenía en el artículo 21 del Tratado suplementario al Convenio de la Unión de París en relación con las patentes[13], pero dicho Tratado lamentablemente no ha llegado a buen puerto. Y tampoco aparece ninguna referencia en los últimos trabajos sobre el Tratado sobre el Derecho Sustantivo de Patentes, que se está preparando en el seno de la OMPI[14]

En el caso concreto de los países miembros del CPE, entre los que figuran todos los miembros de la Unión Europea, la incorporación implícita de la doctrina de los equivalentes ha venido forzada por el intento de unificar el Derecho de Patentes en Europa. Por razones de seguridad jurídica en aras de la unificación resultaba imprescindible determinar con claridad el alcance de la protección conferida por la patente. Y para ello debía precisarse el significado de las reivindicaciones con objeto de permitir mayor o menor margen para la aplicación de la doctrina de los equivalentes. Con esta finalidad, el artículo 69.1 del CPE, coincidente en lo esencial con el

---

[13] El texto del citado Proyecto puede consultarse en Prop.Ind. 1991, p. 43 y ss. En concreto el artículo 21.2 que llevaba por título "Equivalents", tenía el siguiente tenor:

(a) Notwithstanding paragraph (1)(b), a claim shall be considered to cover not only all the elements as expressed in the claim but also equivalents

(b) An element ("the equivalent element") shall generally be considered as being equivalent to an element as expressed in a claim if, at the time of any alleged infringement, either of ther following condition sis fulfilled to the invention as claimed

(i) the equivalent element performs substantially the same function in substantially the same way and produces substantially the same results the element as expressed in the claim, or

(ii) it is obvious to a person skilled in the art that the same result as that achieved by means of the element as expressed in the claim can be achieved by means of the equivalent element.

(c) Any Contracting Party shall be free to determine whether an element is equivalent to an elements as expressed in a claim by reference to only the condition referred to in subparagraph (b)(i) or to only the conditions referred to in subparagraph (b)ii), provided that, at the time of depositing its instrument of ratification of or accession to this Treaty, it so notifies the Director General.....

[14] Vid. Los documentos preparados para las diversas reuniones del Comité Permanente en materia de Patentes (SCP), puede verse en el sitio web de la OMPI.

artículo 8.3 del Convenio de Estrasburgo de 1963 sobre la unificación de ciertos elementos materiales del Derecho de patentes, señala:

"El alcance de la protección que otorga la patente europea o la solicitud de patente europea, estará determinada por el tenor de las reivindicaciones. No obstante, la descripción y los dibujos servirán para interpretar éstas"

La versión oficial española del CPE, como puede comprobarse, emplea la expresión "tenor de las reivindicaciones", igual que las versiones inglesa (*the term of the claims*) y la francesa (*la teneur des revendications*); por el contrario, en la versión alemana se habla "contenido de las reivindicaciones" (*Inhalt der Patentansprüche*), y lo mismo sucede en la versión portuguesa (*conteúdo das reivindicações*). Esta misma diferencia terminológica, pues parece claro que si se hubiera querido podría haberse dicho en inglés o francés *"content"* o *"contenu"*, con significado inequívocamente idéntico al alemán *"Inhalt"*, pone de manifiesto la diversidad de enfoques tradicionales entre el sistema alemán, más extensivo del ámbito de aplicación de la patente, y otros sistemas más restrictivos y por tanto, más ligados al texto concreto de las reivindicaciones. Para llegar a la unificación europea había que conseguir un equilibrio entre las posiciones extremas del derecho alemán y del derecho inglés. Con esta finalidad se adoptó el protocolo interpretativo del artículo 69 del CPE, que según el artículo 164 forma parte del CPE, y a cuyo tenor:

El artículo 69 no debe interpretarse en el sentido de que el alcance de la protección otorgada por la patente europea está determinado en el sentido estricto y literal del texto de las reivindicaciones y que la descripción y los dibujos sirven únicamente para disiparlas ambigüedades que podrían encerrar las reivindicaciones. No debe interpretarse más como si significara que las reivindicaciones sirven únicamente de pauta y que la protección alcanza también a lo que el titular de la patente ha pretendido proteger, a juicio de un perito en la materia. Debe interpretarse, en cambio, que el artículo 69 define entre esos extremos una posición que asegure a la vez una protección justa al solicitante y un grado razonable de certeza a los terceros.

La mayoría de las modernas leyes de patentes europeas, siguiendo el ejemplo del CPE, han incorporado un precepto semejante el artículo 69.1., y entre ellas, cabe citar el artículo 60.1 de la Ley española de patentes de

1986, y el artículo 93.1 del Codigo da Propriedade Industrial portugués. Por el contrario, el Protocolo interpretativo del artículo 69, aunque forma parte del CPE y por tanto es de obligado cumplimiento para las patentes europeas en cada país, no ha sido incorporado expresamente a ninguna Ley de patentes. El legislador alemán, en la Exposición de Motivos por la que se justifica el artículo 14 de la nueva Ley de patentes, se refiere expresamente al Protocolo interpretativo del artículo 69 del CPE y, en consecuencia, parece dar a entender que las pautas consignadas en el citado Protocolo también deben utilizarse en la aplicación del artículo 14 de la Ley alemana. En España hay que llegar a la misma conclusión, y concluir además que la pauta establecida en el Protocolo interpretativo debe aplicarse no sólo a las patentes europeas sino también a las patentes nacionales, a pesar de que no existe un precepto semejante a la sección 130 de la Ley inglesa de patentes, ni el legislador ha hecho una declaración expresa en este sentido como en Alemania. Pero carecería de sentido que las patentes españolas, según el procedimiento de concesión fuese puramente nacional o europeo, pudieran tener distinto ámbito de protección. Por lo demás esta parece ser la voluntad implícita del legislador, y no sólo porque el artículo 60.1 de la Ley de patentes reproduce el artículo 69.1 del CPE, sino porque en la Memoria explicativa que acompañaba al Proyecto de Ley, aunque no se cite expresamente, se asume la doctrina del Protocolo interpretativo del artículo 69 del CPE[15].

Tras la promulgación y entrada en vigor del CPE, en la aplicación de las nuevas leyes de patentes en los diversos Estados miembros de la Unión Europea esencialmente se han mantenido las posiciones anteriores. Por eso en Alemania sigue aplicándose la teoría de los equivalentes pero de forma mucho más restringida por la necesidad de que las reivindicaciones sean el elemento decisivo para determinar el ámbito de protección de la patente y no simplemente el punto de partida para concretar dicho ámbito

---

[15] Textualmente se afirmaba en la citada Memoria: "a la hora de determinar la extensión del objeto protegido, las reivindicaciones no pueden ser tomadas literalmente, sino que obligatoriamente deben ser interpretadas dentro del contexto que aportan la descripción y los dibujos. Interpretar no significa aportar elementos no reivindicados ni siquiera implícitamente, aunque estén descritos, al ser las reivindicaciones y no la descripción, las delimitadoras de la invención protegida". Y a continuación se añade: "se trata de salvaguardar así el principio de seguridad jurídica, pues es necesario que los terceros conozcan lo que está protegido y lo que no, pero conciliando la seguridad con la equidad que exige también proteger al titular de la patente contra fáciles usurpaciones, se imponen la interpretación de las reivindicaciones".

de protección; y así se ha puesto de manifiesto en el caso *"Formstein"*, resuelto por sentencia del Tribunal Federal Alemán (BGH) de 29 de abril de 1986[16]. En España no ha sido muy importante la aplicación jurisprudencial de la doctrina de los equivalentes, aunque últimamente se han hecho eco de la misma varias sentencias, como la de la Sección 15ª de la Audiencia Provincial de Barcelona, de 18 de septiembre de 2000[17]. Por lo demás en bastantes estudios recientes, realizados fundamentalmente por técnicos en diversos sectores industriales y no por juristas, se aboga por la aplicación de la doctrina de los equivalentes, tomando en consideración las decisiones de la OEP y la jurisprudencia de otros Estados europeos[18].

Así las cosas, la situación actual en Europa sigue siendo insatisfactoria, porque sigue existiendo una lamentable falta de coincidencia en torno a la medida para delimitar el ámbito de protección de la patente, y en torno al significado y alcance de los equivalentes en los países que optan por acoger esta doctrina. Esta situación no sólo provoca que los tribunales de los distintos países puedan adoptar soluciones distintas, sino que es el germen de una notable inseguridad jurídica. Dado que con lo dispuesto en el artículo 8.3 del Convenio de Estrasburgo, y en el artículo 69 del CPE justamente se trataba de cerrar el paso a la inseguridad jurídica, no puede extrañar que se haya intentado modificar el artículo 69 del CPE y su Protocolo Interpretativo.

En efecto, en los trabajos preparatorios de la Conferencia Diplomática para revisar el CPE se propone modificar el artículo 69 y su Protocolo Interpretativo con los siguientes argumentos:

"3. Se ha estimado que las disposiciones actuales del CPE que se ocupan del ámbito de protección de la patente europea, es decir, el artículo 69 del CPE y su Protocolo interpretativo, no han conseguido en la medida deseada el objetivo deseado de garantizar una aplicación e interpretación lo más uniformes posible. Así sucede en particular con los denominados **"equivalentes"** *y con la trascendencia que debe otorgarse a las declaraciones anteriores del solicitante o del titular de la patente.........*

---

[16] Para una versión castellana de esta sentencia, junto con un amplio comentario vid. GOMEZ SEGADE, J.A., *La violación de la patente por un uso equivalente*, cit. CJPI núm. 2, p. 5 y ss.

[17] Vid. Aranzadi-RJC 2001, p. 67 y ss.

[18] Vid. Las citas de diversos autores que se pronuncian en este sentido en SALVADOR JOVANI, CARMEN, ob. Cit., p. 268, nota 535.

4. Con el fin de consolidar y precisar el ámbito de protección previsto en el artículo 69 del CPE, y con el ánimo de contribuir a una jurisprudencia uniforme en Europa, convendría completar el protocolo interpretativo del artículo 69 con ciertas reglas relativas a la importancia de los equivalentes y de las declaraciones anteriores......

Las normas propuestas se inspiran en el Proyecto de la OMPI de 1991 para elaborar un Tratado sobre el Derecho Sustantivo de Patentes"[19].

Los puntos más importantes de las modificaciones propuestas eran los siguientes. En primer lugar, se suprimía el término "tenor" o "contenido" de las reivindicaciones en el núm. 1 del artículo 69, con lo que el nuevo texto pasaba a señalar que el ámbito de protección de la patente estaba "determinado por las reivindicaciones". En segundo término, se introducían también ciertas precisiones en el artículo 69.2 en relación con las afirmaciones del titular de la patente en el momento de presentar la solicitud de patente. Por último, y esto era quizá lo más trascendente, se proponía añadir dos nuevos artículos al Protocolo Interpretativo: el artículo 1 recogía el contenido actual del Protocolo bajo el rótulo de "principios generales", el artículo 2 llevaba por título "Los equivalentes", y un artículo 3 titulado "Declaraciones anteriores"[20]. En concreto, el artículo 2 del Protocolo, en la propuesta base decía textualmente:

"(1) Para la determinación del ámbito de protección conferido por la patente europea, se tendrán debidamente en cuenta los medios que, en la fecha de la infracción alegada, sea equivalentes a los medios indicados en las reivindicaciones.

(2) Con carácter general un medio se considera como equivalente si es evidente para el experto medio en la materia que la utilización de este medio permite obtener esencialmente el mismo resultado que el obtenido por el medio indicado en la reivindicación"[21].

---

[19] Vid. Conférence Diplomatique 2000, *Proposition de base pour la révision de la Convention sur le brevet européen*, Documento MR/2/00, Oficina Europea de Patentes, Munich 2000, p. 59 (la versión castellana ha sido realizada por el autor sobre el original francés).

[20] Vid. El texto de estos preceptos y de las modificaciones del artículo 69 del CPE en Documento MR/2/00, cit. Nota 18, p. 60-62.

[21] Ob. ci. En nota anterior, p. 60 (la versión castellana se ha realizado por el autor sobre los originales en las lenguas oficiales de la OEP).

Como es sabido, la Conferencia Diplomática celebrada del 20 al 29 de Noviembre de 2000 en Munich concluyó con un relativo fracaso, sin que proceda en estar lugar entrar en mayores detalles. Por lo que concierne al tema que nos ocupa, en la Conferencia Diplomática se aprobaron las propuestas de modificación del artículo 69.1 y 2[22]. En cambio las modificaciones introducidas en el Protocolo interpretativo del artículo 69 fueron menores, porque no se aprobó la propuesta de un nuevo artículo 3.°, y el artículo 2.°, que lleva por título "Equivalentes", quedó notablemente reducido[23]. El nuevo artículo 2 del Protocolo dice así:

"*Para la determinación del ámbito de la protección conferida por la patente europea, se tendrá debidamente en cuenta todo elemento equivalente a un elemento indicado en las reivindicaciones*".

Es evidente que la modificación introducida queda muy por debajo de las expectativas generadas por la propuesta base. No sólo se rechazó la introducción de una definición de los equivalentes, sino que también se eliminó del artículo aprobado la referencia al momento temporal en que se debe apreciar la equivalencia. Esto ha provocado un cierto desánimo en algún autor, que se cuestiona si la revisión del CPE servirá para conseguir una mayor armonización a la hora de determinar el ámbito de protección de la patente[24]. Sin embargo, en mi opinión, cuando entre en vigor la modificación del CPE llevada a cabo en la Conferencia Diplomática de Munich en noviembre del año 2000[25], se habrá producido un importante avance: por primera vez habrá un reconocimiento legal expreso de los equivalentes y de su importancia para determinar el ámbito de protección de la patente. Es verdad que quedan abiertas importantes cuestiones, como la definición y requisitos de los equivalentes, momento para determinar la existencia de la equivalencia, o incluso qué debe entenderse por "se tendrá debidamente en cuenta…". Pero la propia propuesta fracasada puede proporcionarnos pautas interesantes para resolver algunos de estos problemas. Veamos a continuación alguna de estas cuestiones.

---

[22] Vid. Edition spéciale n.° 1 du Journal Officiel 2001 (edición trilingüe en francés, alemán e italiano), Oficina Europea de Patentes, Munich 2001, p. 16.

[23] Vid. Loc.cit. en nota anterior, p. 45.

[24] En este sentido BRINKHOF, J., *Is there a European Doctrine of Equivalence*, 33 IIC 2002, p. 911 y ss.

[25] De acuerdo con los criterios establecidos en el artículo 8.° del Acta de Revisión del CPE, vid. Edition spéciale n.° 1 du Journal Officiel 2001, cit. *Supra* nota 21, p. 49.

4. Definición y requisitos de los equivalentes.

Como punto de partida para poder afirmar que dos elementos son equivalentes es que éstos realicen *la misma función* y que se pueda obtener *el mismo resultado*. Esta es la opinión que defienden algunos autores[26], y que también latía en la propuesta de modificación del Protocolo interpretativo del artículo 69 del CPE, debatida en la Conferencia Diplomática antes citada. Pero como se ha señalado acertadamente, si se introducen matices en este concepto básico de equivalentes, "la protección se extendería a todos aquellos medios que realizaran la misma función en vista a la obtención de un determinado resultado y de este modo la protección se extendería mucho más allá de lo que el titular de la patente ha dado a conocer en el folleto de patente"[27]. Y todo ello naturalmente se traduciría en una pérdida de estímulos para continuar en la investigación, lo que en la práctica ocasionaría un bloqueo del desarrollo tecnológico contradictorio con los fundamentos del derecho de patentes. Por lo tanto es preciso que para estar incluidos en el ámbito de protección de la patente, los equivalentes cumplan ciertos requisitos:

En primer lugar tiene que haber **igualdad en la función,** o dicho con otras palabras, tiene que existen dos elementos intercambiables que producen el mismo efecto[28] (lo que la doctrina y jurisprudencia alemanas denominan *Gleichwirkung*). Piénsese, por ejemplo, en que en las reivindicaciones se plantea un sistema de empaquetado en el que se emplea goma; la misma función podría ser desempeñada por otros elementos que diariamente se utilizan para el empaquetado como cinta elástica, cinta aislante, muelles metálicos etc.

En segundo termino, es necesario que con la utilización del medio intercambiable se consiga la **solución del mismo problema**. Si el elemento intercambiable resuelve un problema distinto aunque cumpla la misma función técnica, no podrá admitirse la equivalencia[29]. No basta con que el problema resuelto sea el mismo, sino que la solución propuesta también tiene que ser la misma, aunque pueden admitirse pequeñas variantes. Si la

---

[26] HAAS, M., *La théorie des equivalents*, en el volumen «Aspects actuels de la contrefaçon», 3 Recontre de Propriété Industrielle, Librairies Techniques, Paris 1975, p. 69 y ss. '70-71].

[27] SALVADOR JOVANI, CARMEN, Ob. Cit. p. 271.

[28] SALVADOR JOVANI, CARMEN, Ob. Cit., p. 282.

[29] SALVADOR JOVANI, CARMEN, Ob.Cit., p. 283-285.

solución es bastante peor, normalmente ya estará comprendida en el estado de la técnica, pero si mejora notablemente la solución anterior puede constituir un equivalente incluido en el ámbito de protección de la patente, si se cumple el tercer requisito que mencionaremos a continuación.

Por último, el tercer requisito para que pueda existir equivalencia, es que la misma pueda ser detectada por parte del experto medio en la materia sin necesidad de realizar ninguna actividad inventiva. Como subraya la doctrina[30], "al recurrir al experto en la materia y a lo que el mismo puede deducir de las reivindicaciones, sin llevar a cabo actividad inventiva, adquiere una enorme importancia el estado de la técnica. Por lo demás, el juicio del experto medio en la materia, y la igualdad de la función técnica puede apreciarse en cualquier rama de la técnica, aunque es cierto que en algún campo como la química, será más difícil que haya equivalentes porque la sustitución de un elemento por otro frecuentemente dará lugar a un producto nuevo, y por tanto a un resultado distinto.

5. Momento relevante para determinar la existencia de equivalentes.

La determinación del momento en que debe apreciarse la existencia de equivalentes es muy importante, si tenemos en cuenta que desde que se presente la solicitud de patente hasta que se extingue el derecho de patente, el estado de la técnica puede variar notablemente, igual que los conocimientos del experto medio. Por tanto, es evidente, que la consideración de un elemento como equivalente o no equivalente muy probablemente variará según se tome en cuenta la fecha de prioridad, la fecha de solicitud, la fecha de concesión, o el momento en que se produce una presunta violación de la patente.

En este punto, existen notables diferencias entre los diversos países. Así, en Alemania se entiende mayoritariamente que la fecha relevante para determinar la equivalencia es la fecha de prioridad, en el Reino Unido la fecha decisivo es la de publicación de la patente, y en los Estados Unidos se toma en consideración el momento de la presunta infracción de la patente[31]. Es interesante subrayar que una solución semejante a la norteamericana era la que figuraba en la propuesta de modificación del Protocolo interpretativo del artículo 69 del CPE, que fue rechazada en la Conferen-

---

[30] SALVADOR JOVANI, CARMEN, Ob. Cit., p. 289.
[31] SALVADOR JOVANI, CARMEN, Ob. Cit., p. 294-296.

cia Diplomática de Munich, a la que antes hicimos referencia. Mientras que la solución alemana, y en menor medida la inglesa, son más beneficiosas para los terceros, la solución norteamericana favorece fundamentalmente los intereses del titular de la patente, y consecuentemente esta denominada "equivalencia dinámica", porque va mudando a lo largo de la vida de la patente, ha sido objeto de una fundada crítica porque ni resulta conforme con la justa protección del titular ni con la seguridad jurídica de que deben gozar los terceros[32]. Por tanto parece que lo más adecuado es que la fecha que debe tenerse en cuenta para apreciar si existen equivalentes es la fecha de presentación de la solicitud, o la fecha de prioridad si se reivindica la prioridad. Además de otros argumentos a favor de esta tesis[33], optar por la fecha de la presunta infracción de la patente seria contradictorio con los objetivos y el fundamento del Derecho de Patentes. Un solicitante que puede haber incluido en la solicitud reivindicaciones que cubriesen las distintas alternativas y no lo hizo, hay que presumir que actuó voluntariamente. Los terceros están legitimados para suponer que el solicitante tiene algún tipo de razones para solicitar menos de lo que podía. No cabe favorecer una solución que implica una ampliación del ámbito de protección de la patente, porque en definitiva la concesión es una limitación necesaria y conveniente de la competencia; es, pues, una excepción y como toda excepción debe interpretarse restrictivamente. No hay nada que justifique la ampliación del ámbito de protección de la patente cuando no se ha incluida una reivindicación que eventualmente podría haber sido aceptada, pues o bien se trata de algo que debe estar incluido en el estado de la técnica, o bien el inventor puede incurrir en una causa de nulidad por no haber descrito de forma suficiente la invención, como señala el artículo 112 de la Ley española de patentes. A mi juicio, a efectos de una posible infracción de la patente, con carácter general ni siquiera deben tenerse en cuenta presuntos "equivalentes" aparecidos con posterioridad a la fecha de la solicitud o de prioridad en su caso. Es verdad que la doctrina admite en casos excepcionales que pueda apreciarse la "equivalencia" en la fecha de la presunta infracción de la patente[34]. Pero, en mi opinión, dejando abierta la puerta a casos verdaderamente excepcionales, no debiera seguirse esta tesis porque simplemente favorece al titular de la patente pero olvida los

---

[32] KÖNIG, R., *Statische oder dynamische Äquivalenz- die Verabschiedung der Rehtssicherheit, Mitt. 2000, p. 379 y ss. [390].*
[33] Cfr, con amplia argumentación SALVADOR JOVANI, CARMEN, Ob.Cit. p. 297-299.
[34] En este sentido, SALVADOR JOVANI, Carmen, Ob. Cit. P 300 y ss.

intereses de la generalidad en el incremento del acervo tecnológico que deben ser prioritarios. Si debido al rápido progreso de la técnica en los últimos tiempos, el titular de la patente se encuentra con la competencia de un tercero que utiliza un "equivalente" que no era conocido ni podía ser deducida por el experto medio en la materia, tendrá que soportar esa competencia. Por supuesto semejante competencia puede resultar ruinosa, pero es un riesgo que deber asumirse cuando se asume la explotación de una patente.

Lisboa, 23 de Janeiro de 2003

LIBERDADE E EXCLUSIVO NA CONSTITUIÇÃO*

Prof. Doutor José Joaquim Gomes Canotilho

SUMÁRIO:
§ 1.º Um desafio e um caso. § 2.º O Direito de troncalidade autoral. § 3.º Exclusivo e liberdade; 1. A ideia de exclusividade; 2. A ideia de liberdade de utilização; 3. Requisitos das leis restritivas dos direitos de autor; 4. A exclusão de protecção. § 4.º A liberdade de forma. § 5.º Dominialidade e liberdade de circulação de obras.

§ 1.º Um desafio e um caso

"O espírito cria o pensamento. Cria-o ele só, é só seu"

L.B. Almeida Garrett, Intervenção a propósito do projecto de lei sobre propriedade literária e artística, apresentado na Câmara dos Deputados em 18 de Maio de 1838)

"Não se diga que o segredo comercial ou industrial, bem como o segredo relativo à propriedades científica se protege através do sistema de publicidade e de controlo da utilização por terceiros que caracteriza o regime das patentes e os direitos de autor. O que se protege através das patentes e dos direitos de autor não é o segredo, mas a ex-

---

* Tópicos para uma intervenção no 4.º Curso de Pós-Graduação em Propriedade Industrial 2002/2003, Faculdade de Direito de Lisboa, Associação Portuguesa de Direito Intelectual.

clusividade de fruição de vantagens dos produtos de propriedade industrial e intelectual nomeadamente científico. O proprietário tem o direito de optar pela protecção da patente ou do direito de autor"

(Acórdão do Tribunal Constitucional n.º 254/99, de 4.5.99, in Acórdãos do Tribunal Constitucional, vol. 93 (1999), p. 387)

O tema que me foi proposto – liberdade e exclusivo na Constituição – é uma verdadeira intriga. Em primeiro lugar, ele constitui um desafio que há pelo menos dois anos, me foi lançado pelo coordenador destes cursos de pós-graduação sobre propriedade intelectual. Se bem nos recordamos, propôs-nos o Professor Doutor José de Oliveira Ascensão, a descodificação do nosso comentário constante da obra **Constituição da República Portuguesa Anotada**[1] e que dizia respeito aos **direitos de autor**. Sustentávamos aí, numa anotação referente aos direitos de autor, que a protecção destes direitos tinha um duplo significado: (a) o produto de criação cultural (obra de arte, investigação, invenção científica) é considerado como propriedade espiritual do autor; (b) a liberdade de criação cultural protege, nas vestes de direito de comunicação fundamental, todas as formas de mediação comunicativa (livros, figuras, discos, etc.). Acrescentávamos, porém, "Daqui não resulta imediatamente uma 'valorização económica' e um direito à publicação do produto de criação cultural, mas é evidente que a sua utilização (para fins comerciais, industriais, publicitários, pedagógicos, etc.) cria um valor económico que cai também no âmbito da protecção do direito à criação cultural." Devemos ter humildade para reconhecer que esta anotação não é, em si, incorrecta e parece mesmo apontar em sentido semelhante ao que o Professor Oliveira Ascensão defendeu em trabalhos dedicados precisamente ao tema sobre liberdade e exclusivo na propriedade intelectual. Carece, porém, de outros desenvolvimentos que ponham em relevo os **direitos de personalidade** e os **direitos morais**, por um lado, e os **direitos patrimoniais** por outro. Trata-se, como se sabe, de uma distinção constante da lei (cfr. Código do Direito de Autor e Direitos Conexos, art. 9.º) e de várias convenções internacionais (cfr. sobretudo, Convenção de Berna, art. 6.º-bis, a Convenção Universal sobre Direito de Autor, arts. I, IV-bis, o Tratado de OMPI sobre Direito de Autor, art. 3.º, Acordo TRIPS/APDIC, art. 2.º). A isto acresce a necessidade de tornar

---

[1] Escrita em co-autoria com Vital Moreira. Cfr. J.J. Gomes Canotilho/Vital Moreira, *Constituição da República Anotada*, 3ª ed., Coimbra, 1993.

mais claro que o sistema constitucional está aberto a uma compreensão moderna de direito de autor, entendido como sistema global construído em torno de quatro subsistemas: o direito de autor material (e dos respectivos limites), o direito contratual de autor, o direito das entidades de gestão e os direitos conexos[2].

Depois da revelação do desafio, interessará também explicitar outros momentos importantes da intriga. O primeiro momento, momento incontornável deste diálogo, é este: o que se pretende com a temática de liberdade e exclusivo na Constituição? Em primeiro lugar, e em rigor, estamos perante várias liberdades e vários exclusivos. Desde logo, quando se fala em liberdade, nesta sede, a liberdade primeira é a liberdade de criação intelectual, artística e científica (CRP, art. 42.º). Em segundo lugar, é a liberdade inerente à propriedade intelectual (CRP, art. 62.º). No que respeita a exclusivos, veremos adiante que não há um exclusivo mas vários exclusivos (de publicação, de reprodução, de distribuição, de aluguer, de comunicação). Também não há hoje exclusivo apenas para os autores. Os titulares de direitos conexos (artistas, intérpretes ou executantes, produtores de programas e de videogramas) beneficiam igualmente de direitos exclusivos.

Um segundo momento da intriga diz respeito à transposição dos planos de liberdade. Se no começo está a **liberdade de criação** intelectual, artística e científica, passa-se depois para a **liberdade de utilização** de obras literárias, artísticas e científicas. Esta é a intriga das intrigas: a de transmutar "restrições" ou "limites" aos direitos de autor em liberdades. O Código do Direito de Autor e dos Direitos Conexos escolhe como enunciado linguístico para exprimir estas restrições "Da utilização Livre" (arts. 75.ºss). Noutros quadrantes jurídicos (francês) fala-se de "usos legítimos" e "excepções aos direitos pecuniários". Noutros ainda (ex.: no ordenamento alemão) fala-se de "usos ou utilizações das obras, livres de autorização e de pagamento". Se tivermos de estreitar o horizonte da nossa comunicação, a delimitação dos conteúdos da intervenção passará certamente por aqui: articula os direitos de autor e direitos conexos com outros direitos e interesses constitucionalmente protegidos (interesse na liberdade de circulação de obras literárias e artísticas, interesse na publicidade de aquisições científicas).

---

[2] Realça bem este "sistema total" Adolf Dietz, *El Derecho de Autor en España y Portugal*, Madrid, 1992, p. 11.

A terceira intriga relaciona-se com o objecto concreto da liberdade e exclusivo. Como talvez se poderá intuir das considerações precedentes, a orientação que estamos a tomar vai no sentido de alargarmos o discurso a toda a propriedade intelectual. Mas os escolhos são grandes. Alguma doutrina constitucional inclui no âmbito normativo dos direitos de propriedade a "propriedade espiritual" ou "intelectual" de forma a alargar o âmbito de protecção deste direito aos **direitos de autor**, às **marcas** e às **patentes**[3]. Algumas convenções (cfr. Acordo TRIPS/ADPIC), estatuem de forma explícita, que a expressão "propriedade intelectual" se refere a todas as categorias de propriedade intelectual, abrangendo, assim, direitos de autor e direitos conexos, marcas, desenhos e modelos industriais, patentes, configurações (topografia) de circuitos integrados. Em todas as categorias de propriedade intelectual se colocam, com efeito, questões de "liberdade" e de "exclusivo", não obstante as especificidades dos direitos de autor e dos direitos das marcas e patentes.

O esquiço das intrigas está feito. Tentaremos agora desenvolver algumas tramas dessas intrigas. Começaremos pela localização do problema em sede jurídico-constitucional. Vê-se já, com a transcrição de um passo do Acórdão do Tribunal Constitucional ("caso Astra Portuguesa"), que as coisas ainda não se encontram clarificadas. Basta olhar para as 'opções do proprietário' referido no Acórdão – opção pela protecção do segredo, opção pela protecção da patente, opção pela direito de autor – para verificarmos que se podem colocar aqui problemas complexos e delicados de concorrência de direitos.

Nos tópicos subsequentes tentaremos compreender o **direito de troncalidade autoral** com várias irradiações:

1. direito de autor como **direito unitário**
2. direito de autor como **direito de personalidade**
3. direito de autor como **direito humano**
4. direito de autor como **direito de propriedade**
5. direito de autor como **direito privado**
6. direito de autor como "**direito de liberdade**"
7. direito de autor como **direito exclusivo**.

A simples inventariação tópica insinua já que a nossa preferência teórica aponta no sentido de **teoria monista** em desfavor. Isto significa que preferimos enveredar pelos trilhos de Eugen Ulmer para quem o direito de

---

[3] Cfr. a anotação de Otto Depenheuer ao art. 14.º da *Grundgesetz* em Mangoldt//Klein/Starck, GG, *Bonner Grundgesetz*, vol. I.

autor se concebia como um direito *sui generis* englobador de elementos jurídico-pessoais e de elementos jurídico-patrimoniais[4]. Os elementos jurídico-patrimoniais e jurídico-pessoais são, por isso mesmo, dimensões imanentes ou constituídas de um direito unitário. Desta posição resulta já que os pontos de partida deste trabalho se afastam das **teorias dualistas** alicerçadas numa compreensão do direito de bens imateriais desdobrado: (1) num **direito exclusivo à obra** concebido como bem imaterial economicamente valorável; (2) num **direito individual** ou **direito de personalidade** que representa a relação pessoal do autor com a sua obra e que é um direito autónomo ao lado do direito de propriedade[5]. Também não nos parecem ser enquadramentos teóricos satisfatórios para a compreensão das normas constitucionais referentes aos direitos de autor a "teoria do privilégio" (também chamada, por vezes, "teoria do monopólio") e a "teoria do direito de edição". Na verdade, a "teoria do privilégio" reduz o direito de autor a um direito ou faculdade exclusivo de profissão ou indústria que garante ao criador espiritual uma remuneração pelo seu trabalho e as suas ideias. A "teoria do direito à edição", por sua vez, desloca o direito de autor para o direito de editor, já que o direito de edição não é um direito derivado do direito de autor, desenvolvendo-se a faculdade de publicação e a proibição de impressão não autorizada em sede do editor ou através do editor[6]. A discussão do problema da liberdade e exclusivo na Constituição deve ter, como **centro,** o direito de autor e não o **direito de invenção** e o **direito de propriedade intelectual**. O primeiro, embora integrado, como se verá, no direito de troncalidade autoral, pode deslocar o problema do exclusivo nos direitos de autor para o conhecido "movimento anti-patentes" que, ao lado da categórica rejeição da raiz jusnaturalista dos direitos de invenção, reivindica a liberdade económica de utilização das invenções como expressão de um estádio civilizacional relativamente aos bens comuns. Esta ideia está subjacente à liberdade de utilização de determinadas obras, mas não pode, a nosso ver, servir de matriz à construção dos direi-

---

[4] Cfr. Eugen Ulmer, *Urheber und Verlagsrecht*, 3ª ed., Berlin, 1980. Cfr., hoje, Hubman/M. Rehbinder, *Uhrheber und Verlagsrecht*, 4ª ed., München, 1995, Parágrafo 3.º, VII.

[5] É este, como se sabe, o ponto de partida de Joseph Kohler, "Die Idee des geistigen Eigentums", AcP, 82 (1894), P. 141 ss Cfr. W. Bappert, *Wege zum Urheberrecht*, Frankfurt, 1962.

[6] Cfr., sobre isto, a desenvolvida exposição de Bappert, *Wege zum Urheberrecht*, p. 281 ss.

tos de autor e dos direitos conexos[7]. Por sua vez, a ideia de propriedade espiritual ou intelectual tende a menosprezar a dimensão pessoal dos direitos de autor[8].

§ 2.º **O Direito de troncalidade autoral**

A Constituição da República Portuguesa não utiliza a fórmula (de resto, clássica, a partir da Constituição de 1838) de "propriedade literária, artística e científica" ou, mesmo, a de "propriedade intelectual". Adopta a expressão "direitos de autor" e o mesmo faz o Código de Direito de Autor e dos Direitos Conexos. Esta formulação textual tem relevante significado jurídico-constitucional. Permite-nos conceber o direito de autor como um **direito unitário** e mais do que isso, como um **direito de troncalidade**[9] subjectivamente radicado na **pessoa do autor** e não apenas na **obra do autor**. Neste contexto, o direito de autor compreende-se não apenas como um direito, liberdade e garantia, mas como um **direito de personalidade** que faz apelo à dignidade de pessoa humana e ao desenvolvimento de personalidade (CRP, arts. 1.º e 2.º).

O direito de autor representa também um complexo patrimonial que, como "candidato positivo", se inclui inequivocamente no âmbito normativo do direito de propriedade constitucionalmente garantido (CRP, art. 62.º). Por isso, os chamados "direitos morais" e os designados "direitos patrimoniais" são apenas duas expressões fundamentais do conteúdo subjectivo do direito de autor. A distinção entre uns e outros é útil e necessária para identificar e individualizar as dimensões subjectivas assentes em bens, valores ou interesses ideais do autor (direitos morais) ou em bens ou interesses materiais do mesmo (direitos patrimoniais).

A sugestão no sentido de um "recorte monista" do direito de autor permite ainda uma outra aproximação à natureza deste direito[10]. A nosso ver, trata-se de um direito fundamental, ou se se preferir, de um **direito constitucional fundamental**. Esta ideia é tanto mais necessária quanto ela

---

[7] Ver, por exemplo, W. Bernhardt/R. Krasser, *Lehrbuch des Patentemrechts*, 4ª ed., München, 1986, p. 52.

[8] Cfr., por exemplo, Hubmann/Rehbinder, *Uhrheberecht*, ob. e loc. cit.

[9] Cfr., precisamente, Heinz Püschel, *Urheberrecht*, 1ª ed., Freiburg/Berlin/München, 1997, p. 59 que alude a *"ein einheitliches Stammrecht"*. Mais recentemente, cfr. Frank Fechner, *Geistiges Eigentum und Verfassung*, Tübingen, 1999, p. 51.

[10] Em sentido semelhante, cfr. F. Fechner, ob. cit., p. 503.

se desvia da afirmação rotunda constante do **Anexo IV** ao Acordo que instituiu a Organização Mundial do Comércio (Acordo TRIPS/APDIC). Aqui proclama-se, embora em sede preambular de 'considerandos', que "os direitos de propriedade intelectual são direitos privados". O facto de serem direitos subjectivos privados não significa que deixem de ser **direitos fundamentais**, no plano do direito constitucional positivo, e **direitos humanos**, no plano jusinternacional. A acentuação dos direitos de propriedade intelectual como direitos privados pretende salientar o enquadramento dos direitos patrimoniais de autor no âmbito da Organização Mundial do Comércio (OMC). Não podemos esquecer, porém, que muitas das "restrições" aos direitos de autor em prol de outros direitos, bens ou interesses juridicamente protegidos, significam, na nossa perspectiva, restrições a **direitos fundamentais** e não restrições a direitos subjectivos desprovidos de positividade e fundamentalidade constitucional. Daí que os pressupostos da chamada "utilização livre" assentem numa cuidadosa **ponderação** legislativa (e convencional) entre os interesses do autor e os interesses da comunidade. Daí também que as restrições devam ser entendidas como o que verdadeiramente são: restrições "agressivas" de dimensões jurídico-subjectivas de um direito fundamental, com a natureza de direitos, liberdades e garantias, e não apenas com a natureza de um direito económico, social e cultural. Não admira, assim, que as restrições aos direitos de autor devam obedecer aos princípios constitucionais "restritivos das leis restritivas" de direitos, liberdades e garantias, designadamente o **princípio da proporcionalidade** e da **igualdade**.

§ 3.º Exclusivo e liberdade

1. *A ideia de exclusividade*

Aproximamo-nos do tema que nos foi proposto: **liberdade e exclusivo na Constituição**. A Constituição, porém, parece conhecer apenas a liberdade. É-lhe estranha a ideia de exclusivo. Impõe-se, assim, uma primeira tentativa de afinação jurídio-dogmática.

O "carácter exclusivo", o "direito exclusivo", só pode ter como referente os direitos patrimoniais de autor (cfr. CDA, art. 9.º, 2, 42.º, 56.º), dado que os direitos morais (exs.: direito de reivindicar a paternidade da obra, direito de assegurar a genuidade e integridade desta) são direitos de personalidade inalienáveis, irrenunciáveis e imprescritíveis (cfr. art. CDA, art. 56.º, 2).

O carácter exclusivo dos direitos patrimoniais significa basicamente duas coisas:

(1) **exclusividade**, a favor do autor, do exercício dos direitos patrimoniais (ou a favor das pessoas, individuais ou colectivas) a quem ele tenha conferido o direito de exclusivo;

(2) **proibição** de utilização da obra por parte de todos aqueles a quem o autor não ceder, a qualquer título, os direitos de utilização[11].

Estas duas dimensões do "direito exclusivo" da propriedade intelectual I – direito de autorizar e direito de proibir – transparecem claramente, por exemplo, nos direitos conferidos aos titulares de marcas registadas (TRIPS/APDIC, art. 16.º) e nos direitos conferidos aos titulares de patentes (TRIPS/APDIC, art. 28.º). O **direito exclusivo** é também caracterizado pelo CDA (art. 9.º, 2) como o "direito exclusivo de dispor da sua obra e de frui-la e utilizá-la, ou autorizar a sua fruição ou utilização por terceiros, total ou parcialmente". Não fica, porém, realçada a segunda dimensão da exclusividade – o direito de impedir – como acontece na regulação internacional do direito de marcas e patentes. Este princípio da exclusividade ganha mais densificação no art. 67.º, 2.

Analisemos o direito exclusivo em termos jurídico-constitucionais. Facilmente se verificará que o direito exclusivo desempenha uma função instrumental na protecção dos direitos de autor (cfr. CRP, art. 42.º). Apesar desta natureza instrumental do "direito exclusivo", continua a entender-se, como se pode ler numa obra francesa dedicada à propriedade literária e artística[12], que a exclusividade é "a melhor amiga dos direitos de autor". Quem cria uma obra deve poder decidir sobre a sua utilização. Já é mais questionável saber se a protecção constitucional dos direitos de autor implica a existência de um direito de exclusivo absoluto. Como irá ver-se, o direito de exclusividade não pode manter-se quando existirem relevantes interesses da comunidade em transformar um "bem individual" num "bem colectivo cultural"[13]. Mas se o direito de exclusividade como

---

[11] Cfr., por todos, Ch. Hauptmann, *Die Vergesellschaftung des Urheberechts. Das ausschliessliche Recht, Entindividualisierung und Vergesellschaftung bei Wahrnemung durch Verwertungsgesellschaften am Beispiel der GEMA und der VG Wort*, Baden-Baden, 1994, p. 39; G. Schricker, *Uhrehberecht, Kommentar*, München, 1987, Introdução, 18.

[12] Referimo-nos a Pierre-Yves Gautier, *Propriété Littéraire e Artistique*, 3ªed. Paris, 1999, p. 283.

[13] Vide, precisamente, P. Kirchhof, "*Der Verfassungsrechtliche Gehalt des geistigen Eigentums*", in W. Fürst (org.) Fs *Wolfgang Zeidler*, Vol. 2, Berlin, 1987, p. 1639 (1660).

direito absoluto não pode nem deve manter-se, então isso implica que se reforcem as formas de compensação económica pela "desindividualização" e "socialização" dos direitos patrimoniais de autor.

2. A ideia de liberdade de utilização

Sob um ponto de vista jurídico-constitucional é dificilmente compreensível falar de liberdade como uma dimensão (bem, valor) constitucional oposto ao direito de autor. A ideia, porém, não é nova e acompanhou sempre as querelas sobre a propriedade literária, artística e científica. Almeida Garrett referia-se já ...., à teoria do privilégio": "E daqui pretenderam deduzir que o que nós chamamos propriedade literária não eram senão um direito de privilégio dado pela sociedade a favor das letras que a ilustram e enriquecem"[14].

Os "monopólios intelectuais" surgem também, em tempos presentes, como obstáculos às "autoestradas da informação". A lógica da liberdade "deve assentar em premissas conscionais mais rigorosas. A "utilização livre" é uma restrição aos direitos de autor e como tal deverá ser tratada. E como se trata de um direito, liberdade e garantia é jurídico-constitucionalmente problemático discutir o problema dos limites a estas restrições a partir da ideia de simples direitos patrimoniais privados. Em conformidade com a sugestão atrás feita de uma construção unitária do direito de autor assente na ideia de **troncalidade autoral comum**, as restrições ao direito subjectivo de autor devem obedecer aos requisitos constitucionais das leis restritivas de direitos, liberdades e garantias. Quais são, em termos jurídico-constitucionalmente fundados, as razões justificativas de excepções ao direito de exclusivo"?

Basta ler os textos legais e internacionais – desde os de direito de autor por criação de obras artísticas e literárias até aos de direito de autor por invenção comercial e industrial (marcas, patentes, desenhos e modelos industriais) para verificarmos que os pressupostos da chamada "utilização livre" são determinados **interesses da comunidade** cuja ponderação poderá levar a soluções de concordância prática ou mesmo de prevalência relativamente aos direitos de autor. Esses interesses da comunidade podem sistematizar-se em vários grupos:

a) **interesses públicos** relacionados com a protecção da saúde pública e com o desenvolvimento sócio-económico e tecnológico (cfr., por exemplo, Acordo TRIPS/APDIC, art. 8);

---

[14] J. B. Almeida Garrett, Trabalho referido em epígrafe no § 1.º.

b) **interesses públicos** de informação científica e de ensino (cfr., por exemplo, art. 75.º do CDA);
c) **direitos de informação** dos cidadãos (cfr., por exemplo, art. 75.º CDA);
d) **direitos de fruição comunitária** de obras artísticas.

A lei portuguesa sobre direitos de autor (CDA, arts. 75.º e ss) não recorta os casos de utilização livre como restrições aos direitos de autor. Preferiu outra técnica: individualização das utilizações da obra consideradas lícitas sem o consentimento do autor. De qualquer forma, a "excepção ao direito de exclusivo" não pode deixar de obedecer a requisitos das leis restritivas de direitos, liberdades e garantias. Vejamos alguns destes requisitos.

3. *Requisitos das leis restritivas dos direitos de autor*

a) *Salvaguarda dos direitos de personalidade (direitos morais)*
As restrições ao direito de autor, traduzidas na admissibilidade de utilização livre da obra, deve deixar imperturbados os direitos morais (indicação do nome do autor, do editor, do título da obra e demais sinais identificadores, proibição de alteração da obra).

b) *Observância do princípio da proporcionalidade*
As excepções ao direito de exclusivo devem pautar-se pelo princípio da proporcionalidade, ou seja, devem ser legal ou convencionalmente consagradas nos termos estritamente necessários à salvaguarda de outros bens ou direitos constitucionalmente protegidos (cfr. Acordo TRIPS/APDIC, arts. 17.º, 20.º, 30.º, 31.º, referentes a marcas e patentes).

c) *Exigência da salvaguarda do núcleo essencial*
Embora não expressamente formulado ou, pelo menos não formulado em termos idênticos aos consagrados na Constituição, verifica-se que o princípio está subjacente a muitas normas relativas à propriedade intelectual. Sirva de exemplo o art. 10.º do Tratado da OMPI sobre direito de autor (1996). Aí se explicita, sob a epígrafe de "limitações e excepções" que as limitações e excepções aos direitos concedidos aos autores de obras literárias e artísticas em casos especiais não podem atingir a exploração normal da obra". Da mesma forma, no Acordo TRIPS/APDIC, consagra-se (art. 30.º) as excepções ao discurso exclusivo conferidas por patentes

não devem "colidir de modo injustificável com a exploração normal da patente" (cfr. também, art. 17.° referente às excepções aos direitos exclusivos conferidos por uma marca).

 d) *Justa remuneração ou remuneração equitativa pelo sacrifício dos direitos de exclusivo*
A "utilização livre" configura-se como um sacrifício especial aos direitos de autor que, no caso de ser feito em nome do interesse público, (cfr. CDA, arts. 75.°, d e 76.°, b), justifica uma remuneração equitativa.

4. *A exclusão de protecção*

Quando se fala de "utilização livre" no direito ordinário português (cfr. CDA, Cap. II) isso não significa que a utilização da obra não reentre na qualidade de 'candidato positivo' no âmbito de protecção do direito de autor entendido como direito fundamental qualificado *expressis verbis* pela Constituição como dimensão essencial da liberdade de criação artística, literária e científica. A **utilização livre** corresponde a uma restrição legal ao direito de autor. Se a lei não considerasse expressamente (CDA, arts. 75.° e ss) essas utilizações como lícitas, mesmo sem consentimento do autor, deveríamos entender que se estaria perante a violação do direito de autor e dos direitos conexos. Colocada a questão de outra forma: as **utilizações livres** não se equiparam a **utilizações excludentes** da protecção (cfr. CDA, art. 7.°). No último caso, recortam-se "candidatos negativos" não enquadráveis no âmbito normativo-constitucional do direito de autor. No primeiro caso, as utilizações reentram no âmbito normativo de direito de autor como **candidatos positivos**. Neste contexto, no direito português as utilizações livres são **utilizações especiais** autorizadas por lei. É importante salientar este ponto, pois a expressão "livre utilização" aparece nos documentos internacionais como **limites** aos direitos de autor. Na verdade, a lei "proíbe o autor de proibir" certos actos de utilização da sua obra. Por via de lei, ele perde o direito exclusivo assim como o direito à remuneração. Esta "perda legal" do exclusivo configura-se, dogmaticamente, como uma restrição de um direito fundamental, devendo, por isso, ser objecto de interpretação restritiva[15].

---

[15] Neste sentido, cfr., por exemplo, Heinz Püschel, *Urheberecht*, cit., p. 90.

A comparação dos casos considerados por lei como não merecedores de protecção (CDA, art. 7.º) e dos casos merecedores de protecção mas com regime de utilização livre demonstra que não é fácil descortinar um critério delimitador do exclusivo e da liberdade. Dir-se-á, por outras palavras, que a definição dos níveis de protecção carece de um critério material diferenciador suficientemente preciso. Estas dificuldades resultam, em primeiro lugar, da impossibilidade de avançar **critérios materiais** definitivos para a caracterização da liberdade artística, literária e científica. Em segundo lugar, deve salientar-se que o texto constitucional não contem quaisquer limites expressos quer em relação à **liberdade** de criação intelectual, artística e científica (CRP, art. 42.º, 1), quer em relação ao **direito de invenção**, produção e divulgação científica, literária ou artística (CRP, art. 42.º, 2). A única abertura para uma concretização legal reside, de resto, na referência à **protecção legal dos direitos de autor** (CRP, art. 42.º, 2). Esta tríade de direitos incorporada na liberdade de criação cultural – **liberdade de criação, direito de invenção** e **direito de autor** – permite-nos fazer uma aproximação tendencial em relação aos problemas dos limites da protecção dos direitos de autor e, consequentemente, aos direitos de exclusivo. Desta forma:

a) *Distinção entre "âmbito da obra e acto da criação" e "âmbito de eficácia da obra ou da invenção*

Esta distinção entre "âmbito do acto da criação" e "âmbito da eficácia do acto" é tributária da jusconstitucionalistica alemã[16]. O primeiro diz respeito ao acto de criação. Relativamente a este âmbito pode dizer-se que há um exclusivo quase absoluto. A liberdade de criação e de invenção só em casos muito excepcionais pode ser limitada ou restringida. Já no que respeita ao âmbito de eficácia da obra (publicação, divulgação, utilização) o problema reconduz-se a admissibilidade ou não de limites quanto à **dimensão público-comunicativa** do produto de criação.

b) *Distinção entre protecção de formas de conformação ou expressão e protecção de ideias*

O problema da liberdade e do exclusivo em sede de propriedade intelectual só se coloca em relação à **forma de expressão ou conformação**

---

[16] Aí se distingue, com efeito, entre *Werkebereich* (âmbito do acto de criação) e *Wirkbereich* (âmbito da eficácia do acto de criação). Cfr. R. Scholz, anotação 65 ao art. 5/III da *Grundgesetz*, no comentário de Maunz/Dürig, *Grundgesetz Kommentar*, vol. I, p. 130.

da obra e não relativamente a ideias, processos, sistemas, métodos de execução, conceitos e princípios (cfr. CDA, art. 1.°; Acordo TRIPS/APDIC, art. 9.°, 2). Só por si, o que é protegido ou restringido, o que é exclusivo ou é livre, reporta-se ao produto de criação ou da invenção. A criação intelectual susceptível de protecção deve estar exteriorizada objectivamente (manuscrito, filma, disco, original de obra artística, marcas, desenhos, modelos, patentes, fotografia). Isso significa que, em princípio, enquanto a **obra** estiver apenas na cabeça do criador ela não é existente e merecedora de protecção no campo dos direitos de autor e da propriedade intelectual. Isto em via de princípio, pois em certos campos (no âmbito das invenções, das patentes) pode estar em causa a protecção de processos intelectuais. Por outro lado, é preciso ver o que é que se entende por "ideias", ..., "processos" (um argumento de um filme com cinco páginas, um esquiço de arquitecto já são expressões dignas de protecção). Esta problemática obriga a passar por um outro princípio típico da liberdade de criação intelectual e dos direitos de autor: a **liberdade da forma**.

§ 4.° A liberdade de forma

Deve distinguir-se, na realidade, entre ideias e conhecimentos científicos como tais e **exposição e tratamento conformadores** de ideias ou de conhecimentos. A concepção trabalhada de um princípio científico é uma verdadeira obra, convencional e legalmente protegida em sede de direito de autor e de direito de invenção e não uma simples ideia de juridicamente irrelevante.

Além disso, as **obras** literárias, artísticas e científicas começam a ser obras a partir do acto de criação mesmo que não estejam publicados. A liberdade tem aqui uma forma: o **princípio da liberdade da forma**. Neste sentido, o direito de autor e os direitos deste derivados adquirem-se independentemente do registo (CDA, arts. 213.° ss). Isto, *prima facie*. Pode ser exigido registo constitutivo (CDA, art. 214.°) e sujeitarem-se a registo certos factos ou actos (CDA, art. 215.°). Além disso, no direito da invenção, designadamente, no campo do direito de marcas e patentes, a propriedade intelectual é um direito protegido enquanto "direito registado" (ou "patenteado", cfr. Acordo TRIPS/APDCI, art. 15.°, no que respeita a marcas, art. 27.° para as patentes). A liberdade da forma exprime bem a ideia da protecção quase automática do direito de autor a partir do nascimento da obra (CDA, art. 12.°), mas já é menos adequado a outras revelações da propriedade intelectual (marcas, patentes).

§ 5.º Dominialidade e liberdade de circulação de obras

A ideia de liberdade pode ser trazida à colação quando se fala de utilização livre e gratuita de obras caídas no domínio público por caducidade dos direitos de autor (CDA, art. 38.º). O problema que aqui se coloca é o de saber se, extintos os direitos de exclusivo do autor e suas famílias, poderá restringir-se a liberdade de utilização através da exigência de pagamento de taxas. Ou seja: o domínio público intelectual transformava-se em "domaine public payant".

As normas constitucionais pouco arrimo fornecem a este respeito. Este "domínio público intelectual" não foi sequer constitucionalizado (CRP, art. 84.º), pelo que pertence à categoria de bens do domínio público legalmente classificados como tais. No sentido do **princípio da liberdade de circulação de obras** (cfr. DL 155/82, de 29/4) apontarão os princípios da democratização da cultura (CRP, art. 73.º, 3), o princípio da circulação de obras e de bens culturais de qualidade (CRP, art. 78.º, 2, b). Compreender-se-á, porém, a subsistência de um **direito de exclusivo** estritamente ligado aos direitos de personalidade do autor, como, por exemplo, o direito à paternidade do autor e direito à integridade e genuinidade das obras (CDA, art. 56.º, 2).

DIREITO DE AUTOR E DIREITOS CONEXOS

DURAÇÃO DA PROTECÇÃO

Dominialidade e Liberdade

| Direitos de Personalidade | Direitos Exclusivos | Direitos de Remuneração |

Direitos de Personalidade
Direitos Morais

Direitos Patrimoniais

Direito de Troncalidade Autoral (Construção Unitária Direito de Autor)

| Dimensões pessoais na obra | DIREITO DE AUTOR
DIREITO DE INVENÇÃO
PROPRIEDADE INTELECTUAL | Direitos patrimoniais pela utilização da obra |

A NOVA DISCIPLINA DAS INVALIDADES DOS DIREITOS INDUSTRIAIS

Prof. Doutor Luís Alberto de Carvalho Fernandes

SUMÁRIO:
Capítulo I – **Preliminares**; 1. Objecto da exposição; 2. Razão de ordem. Capítulo II – **Descrição do Regime da Invalidade**; Secção I – *Regime Geral*; 3. Considerações prévias; 4. A invalidade; 5. A anulabilidade; 6. Pontos comuns à nulidade e à anulabilidade; enumeração; 7. Pontos comuns à nulidade e à anulabilidade; âmbito; 8. Pontos comuns à nulidade e à anulabilidade; modo de invocação; 9. Pontos comuns à nulidade e à anulabilidade; efeitos; Secção II – *Regimes Particulares*; § 1.º Patentes; 10. Considerações prévias; 11. Causas da nulidade; 12. Invalidade parcial; § 2.º Modelos de utilidade; 13. Considerações prévias; 14. Causas da nulidade; § 3.º Topografias de produtos semicondutores; 15. Considerações prévias; 16. Causas da nulidade; § 4.º Desenhos ou modelos; 17. Considerações prévias; 18. Causas da nulidade; 19. Causas da anulabilidade; 20. Invalidade parcial; § 5.º Marcas ou direitos derivados; 21. Considerações prévias; 22. Causas da nulidade; 23. Causas da anulabilidade; 24. Regime da anulação; § 6.º Recompensas; 25. Anulabilidade; § 7.º Nome ou insígnia de estabelecimento; 26. Considerações prévias; 27. Causas da nulidade; 28. Causas da anulabilidade e regime da anulação; § 8.º Logótipo; 29. Remissão; § 9.º Denominações de origem e indicações geográficas; 30. Considerações prévias; 31. Causas da nulidade; 32. Causas da anulabilidade e regime da anulação. Capítulo III – **Análise Crítica do Regime da Invalidade**; 33. Razão de ordem; 34. A dicotomia nulidade/anulabilidade; 35. A invalidade como causa da extinção dos direitos de propriedade industrial; 36. O objecto da invalidade; 37. A articulação entre o regime da recusa e da invalidade dos direitos industriais.

Capítulo I
Preliminares

1. Objecto da exposição*

O objecto da minha intervenção neste Curso de Pós-Graduação em Propriedade Industrial respeita a uma matéria – a invalidade – em si mesma situada na Teoria Geral do Direito, tendo a sua sede própria na função do negócio jurídico, quando esta se mostra afectada por vícios genéticos desse acto. Por isso, o seu regime comum se situa no Código Civil, nos arts. 286.º a 294.º.

Ela não é, contudo, privativa destes actos jurídicos nem deste ramo do Direito, antes tem cabimento em muitos outros domínios, muito embora não possa deixar de ser influenciada pela maneira de ser dos institutos a que se liga nas suas variadas aplicações concretas.

Assim se explicam as frequentes intervenções do legislador na fixação de regimes particulares da invalidade, como justamente acontece na área da propriedade industrial.

Nesta base, a nosso ver, o estudo monográfico de tais regimes não se deve circunscrever à sua descrição, mas ter como preocupação dominante averiguar se os desvios à teoria geral, que ela nos revele, se justificam pela índole da matéria onde operam, e a ela se adequam. Neste plano, a visão de um *generalista* pode trazer achegas úteis e só por esta razão nos *atrevemos*, distantes como temos andado do direito da propriedade industrial, a aceitar o honroso convite que nos foi dirigido e dar o contributo ao nosso alcance neste *Curso*, ao lado de tão ilustres especialistas.

---

* Este texto assenta nos tópicos que serviram de base à lição proferida, em 11 de Dezembro de 2002, na Faculdade de Direito da Universidade de Lisboa, no *4.º Curso de Pós-Graduação em Propriedade Industrial 2002/2003*, desenvolvendo-os e actualizando--os. Com efeito, essa lição foi proferida na vigência do Código da Propriedade Industrial de 1995 e, embora já então estivesse anunciada a aprovação de novo Código, não o podia ainda levar em conta, pois só veio a ser publicado meses mais tarde (Dec.-Lei n.º 36/2003, de 5 de Março).

O Código que vai passar a vigorar dois meses após a data em que se escreve este texto introduz várias alterações na matéria de que este estudo se ocupa, umas mais significativas do que outras, mas mantém o modelo de regulamentação adoptado no Código de 1995, como no texto logo de seguida se dirá. Podemos, por isso, ao reduzir a escrito a exposição naquela data feita sobre o regime das invalidades dos direitos industriais, seguir a sistematização que presidiu à sua exposição oral.

2. Razão de ordem

I. As considerações anteriores servem também para explicar a ordenação básica que vai presidir à exposição subsequente.

A descrição das soluções adoptadas pelo direito constituído impõe-se em primeiro lugar, pois só após o seu conhecimento podemos partir para a sua apreciação crítica.

Cada um destes temas será objecto de um capítulo próprio: *descrição do regime* e sua *análise crítica*.

Só em relação ao primeiro se justificam algumas notas prévias sobre a arrumação das matérias por ele abrangidas.

II. Acontece que no novo Código da Propriedade Industrial[1] – que neste campo não se afasta do anterior –, o tratamento da invalidade aparece fragmentado, repartindo-se pelos seus dois primeiro títulos. Assim, na "Parte Geral" (Título I) estabelecem-se regras gerais para todos os direitos industriais (arts. 33.º a 36.º[2]). Por seu turno, no Título II, que, sob a epígrafe «Regimes jurídicos da propriedade industrial», se ocupa dos vários direitos industriais privativos[3], estatuem-se regras particulares para a grande maioria deles.

Por assim ser, na descrição do regime da invalidade em propriedade industrial, seguindo o direito positivo, vamos distinguir esses dois momentos: *regime geral* e *regimes particulares*.

Em relação a cada um deles, há, porém, diferentes exigências de sistematização que, embora sucintamente, devem ainda ser dadas a conhecer.

III. Na propriedade industrial, seguindo, nesta matéria, o Código Civil, o legislador distingue, na invalidade, os seus dois regimes típicos: nulidade e anulabilidade[4].

---

[1] Adiante designado por *Código*.

[2] São deste *Código* os preceitos legais citados sem indicação de origem, sempre que do contexto não resulte algo diferente; quando sejam necessárias referências ao Código anterior, ele será identificado como *Código de 1995*.

[3] Sobre a natureza jurídica dos direitos privativos e a sua tipicidade, cfr. Carlos Olavo, *Propriedade Industrial*, Almedina, 1997, págs. 20 e segs. e 30 e segs..

[4] Seguimos aqui a construção que defendemos em *Teoria Geral do Direito Civil*, vol. II, 3.ª ed., rev. e aum., UCE, Lisboa, 2001, págs. 463 e segs.; dela daremos nota adiante (n.º 34), a propósito de matéria a que mais interessa.

Esta distinção, como é manifesto, releva tanto no tratamento comum a todos os direitos industriais como no dos direitos privativos. Logo, em qualquer destes dois planos não podemos deixar de a ela atender, sem prejuízo de, por economia de tempo, ser conveniente abordar conjuntamente certos aspectos em que o regime se aplica tanto à nulidade como à anulabilidade.

São, porém, diversas as preocupações que dominam cada um dos momentos por que se divide a exposição.

Na parte comum a todos os direitos industriais trata-se de descrever o regime da invalidade nos diversos aspectos de que o *Código* se ocupa. E, no que seja omisso, apurar até onde é legítimo – e em que termos – preencher a lacuna com o regime civilístico da invalidade.

Diferentemente se passam as coisas quanto aos regimes particulares dos vários direitos privativos. Aí, o que interessa destacar são os aspectos próprios de cada um, tanto mais quanto é certo, como de seguida melhor se verá, que eles podem respeitar apenas a um tipo de invalidade, e nem sempre ao mesmo para esses diversos direitos.

Capítulo II
Descrição do Regime da Invalidade

Secção I
Regime Geral

3. Considerações prévias

A preceder a exposição do tratamento da invalidade no *Código*, duas notas merecem referência, por se relacionarem tanto com a nulidade como com a anulabilidade.

Respeita a primeira ao enquadramento legal da matéria.

Os preceitos que dela se ocupam (arts. 33.º a 36.º) estão integrados no Capítulo IV do Título I e são subordinados à epígrafe «Extinção dos direitos de propriedade industrial».

Abrangem-se, assim, no mesmo capítulo, além da invalidade, a caducidade e a renúncia de direitos industriais, solução sobre cujo rigor técnico-jurídico oportunamente teremos de nos pronunciar.

A segunda nota respeita ao objecto da invalidade.

Os arts. 33.º a 36.º referem-na aos *títulos de propriedade industrial*. O destaque deste ponto justifica-se, não tanto para avaliar a justeza da solução – matéria de que nos ocuparemos no último capítulo da exposição –, mas para chamar desde já a atenção para o facto de não ser ela a perfilhada em relação aos direitos privativos.

4. A invalidade

I. O regime geral da nulidade em propriedade industrial contém-se no art. 33.º do *Código*.

Regulam-se aí três pontos: âmbito da nulidade, suas causas e prazo de arguição.

Verifica-se, porém, quanto ao primeiro, que ele tem larga correspondência no regime da anulabilidade, pelo que reservamos a sua análise para quando nos ocuparmos do regime comum aos dois tipos de invalidade.

II. As causas da nulidade dos títulos de propriedade industrial, segundo o artigo citado, reduzem-se a três categorias.

Por força da al. a) do n.º 1 desse preceito, o título de propriedade industrial é nulo quando o objecto do correspondente direito privativo não seja susceptível de protecção.

É, pois, em função da noção de cada um destes direitos e dos requisitos a que ele deve obedecer que esta causa de nulidade tem de ser apurada. A seu tempo veremos que o *Código*, coonestando este entendimento, acaba por reeditar, para os direitos privativos, esta causa geral, embora sob vestes distintas.

Para além desta, é também causa da nulidade a «preterição de procedimentos ou formalidades imprescindíveis para a concessão do direito»[5].

Trata-se, pois, numa formulação sintética, de se verificar a inobservância de *formalidades essenciais* do procedimento de concessão do direito. Já se deixa ver que estamos perante um *conceito geral* que há-de ser

---

[5] Embora a redacção desta alínea peque por nela se fazer, dupla e desnecessariamente, referência à *concessão* do direito, ela tem o mérito de afastar um texto manifestamente *infeliz* – para sermos generosos – do preceito correspondente do *Código de 1995* (art. 32.º, n.º 1, al. b)), quando nele se fazia referência à preterição de formalidades «susceptíveis» (*sic*) de pôr em causa o resultado final do processo de concessão; ora, não são as formalidades a causar esse resultado – estas propiciam-no, espera-se, por isso são exigidas –, mas a sua preterição!

preenchido em função das exigências procedimentais estatuídas para cada direito privativo.

Finalmente, a al. c) do n.º 1 do art. 33.º considera nulos os títulos de propriedade «quando forem violadas regras de ordem pública».

Este preceito, que não tinha correspondência na lei anterior, não faz mais do que explicitar uma solução que sempre resultaria do regime comum da invalidade, seja pela via mais directa do art. 294.º do Código Civil, seja pela menos directa do art. 280.º, n.º 2, deste mesmo Código.

Como nota final, comum a todas as causas da nulidade enumeradas no art. 33.º, pode dizer-se ser este o valor a elas adequado, mesmo se consideradas na perspectiva dos critérios civilísticos que presidem à distinção entre nulidade e anulabilidade.

III. Sobre o prazo de arguição da nulidade rege o n.º 2 do art. 33.º, estatuindo que ela é invocável a todo o tempo.

Explicitou assim o legislador a solução que já se devia considerar consagrada do n.º 2 do art. 32.º do *Código de 1995*, afastando eventuais dúvidas que ele podia suscitar[6].

Em suma, quanto a este ponto, o *Código* segue, na nulidade em direito da propriedade industrial, o regime comum estabelecido no art. 286.º do Código Civil.

5. A anulabilidade

I. À semelhança do que ocorre na nulidade, o *Código* dedica também um preceito específico à anulabilidade: art. 34.º.

Ocupa-se ele, tal como o anterior, do âmbito deste valor negativo, em termos que, como atrás foi dito a respeito da nulidade, nos levam a reservar a sua análise para momento ulterior. Para além disso, enumeram-se as causas gerais da anulabilidade e estabelece-se, para uma delas, uma solução alternativa à anulação.

---

[6] Dispunha-se nele que «a declaração de nulidade pode ocorrer enquanto subsistir o interesse nessa declaração». O alcance do preceito seria o de significar que a nulidade podia ser invocada para além do prazo de caducidade dos direitos de propriedade industrial (cfr. Oliveira Ascensão, *A Segunda Versão do Projecto de Código da Propriedade Industrial*, sep. da Revista da Faculdade de Direito, Lisboa, 1992, págs. 76-77, em escrito dirigido especialmente às patentes, tendo por objecto o Projecto relativo ao que viria a ser o *Código de 1995*).

II. Os vícios que geram anulabilidade dos títulos de propriedade industrial vêm enumerados no n.º 1 do art. 34.º, em termos que exigem clarificação.

O *corpo* desse número identifica como causa da anulabilidade a circunstância de o titular não ter direito aos títulos.

Trata-se de uma causa genérica, porquanto logo se acrescenta: «e nomeadamente», por referência às alíneas desse número. Importa, pois, verificar que causas da anulabilidade nelas se contêm e como se articulam com o *corpo* do número em análise.

A al. a) determina a anulabilidade do título quando o direito não pertença àquele a quem está atribuído. Há-de entender-se que está aqui em causa o direito privativo a que o título se refere.

Em si mesma, esta alínea limita-se a dizer, no plano dos direitos de propriedade industrial, o que o corpo do preceito genericamente diz quanto aos respectivos títulos.

É, assim, discutível a sua necessidade, dúvida que se adensa quando a articulamos com a al. b).

Com efeito, esta prevê a anulabilidade dos títulos se forem concedidos com preterição «dos direitos previstos nos artigos 58.º, 59.º, 121.º, 122.º, 156.º, 157.º, 181.º, 182.º e 226.º», remissão que, a nosso ver, só pode ser vista com profunda estranheza.

Desde logo, os arts. 58.º e 59.º definem precisamente quem tem direito à patente; e os restantes três pares de artigos limitam-se a dizer o mesmo, sucessivamente, para os modelos de utilidade, as topografias de produtos semicondutores e os desenhos ou modelos, porquanto mais não fazem do que remeter para os arts. 58.º e 59.º!

Por seu turno, o art. 226.º rege sobre os termos em que o agente ou representante do titular de uma marca registada num dos países membros da União ou da OMC, mas não registada em Portugal, pode obter registo dessa marca em seu próprio nome[7].

Depende tal registo de autorização do titular da marca; se não for obtida, o titular da marca tem o direito de se opor ao registo, salvo se o agente ou representante justificar o seu procedimento.

---

[7] Sobre a situação regulada nesta norma, ainda que escrito para o preceito correspondente do *Código de 1995*, *vd.* o estudo de Carlos Olavo, *Marca Registada em Nome Próprio por Agente ou Representante*, sep. da Revista da Ordem dos Advogados, ano 59, II (Abril de 1999).

O registo da marca em nome próprio do agente ou representante, com violação do disposto neste preceito, torna o título anulável, segundo a al. b) do n.º 1 do art. 33.º.

Isto é, se não estamos a ver mal, esta norma nada acrescenta de substancial à al. a) do mesmo artigo[8]. De facto, aquela alínea diz que o título de propriedade industrial é anulável se for concedido com preterição dos direitos daquele a quem o direito privativo pertence. O que só pode significar que a concessão é feita a quem o direito não pertence, caso em que a anulabilidade já resultava da al. a), se não mesmo do *corpo* do art. 34.º.

Não compreendemos, por isso, o que levou o legislador a optar por esta formulação da al. b) do n.º 1 do art. 34.º, afastando a da al. b) do n.º 1 do art. 33.º do *Código de 1995*. Embora a sua redacção pudesse, se tal se entendesse necessário, ser melhorada, ela tinha, a nosso ver, um sentido útil. Dela resultava a anulabilidade quando os títulos «tiverem sido concedidos com preterição dos direitos de terceiros». Segundo a mesma alínea, não relevava aqui apenas a titularidade desses direitos, porquanto a lei esclarecia que a posição prevalente dos terceiros podia fundar-se «em prioridade ou outro título legal»[9].

Para além do exposto, a al. b) do n.º 1 do art. 34.º merece ainda outros reparos. Desde logo, estabelecendo o preceito um regime comum aos direitos de propriedade industrial, não se vê justificação para ele remeter para o regime específico dos direitos privativos. E, a adoptar-se tal solução, qual a razão para a remissão ser feita apenas para alguns deles e não para todos?

III. Não se contém, no art. 34.º, como já não se continha no artigo correspondente do *Código de 1995*, qualquer norma, paralela da do n.º 2 do art. 33.º, sobre o prazo de arguição da anulabilidade.

Assim, no plano geral em que ora nos situamos, entendemos dever recorrer-se ao regime comum do art. 287.º, n.º 1, do Código Civil, aplicado correspondentemente. Daí resulta ser tal prazo, em regra, de um ano, contado do momento em que a pessoa com legitimidade para invocar a anulabilidade tem conhecimento da causa em que ela se funda. Não po-

---

[8] E esta, por seu turno, também não traz algo de substancialmente novo em relação ao *corpo* do artigo.

[9] A subsistir o preceito, seria aconselhável que o legislador evitasse aqui o emprego da palavra "título", por referência a *fonte* ou *causa jurídica* do direito, pois a ela já recorre, com sentido diferente, para identificar os ... *títulos de propriedade industrial*.

derá, porém, deixar de se atender, para o efeito do início de contagem do prazo, quando a causa do vício esteja relacionada com actos sujeitos a publicação, ao disposto nos n.ºs 1 e 2 do art. 29.º do *Código*.

IV. Como alternativa à anulação, o n.º 2 do art. 34.º atribui ao «interessado» em fazer valer a anulabilidade a faculdade de pedir a reversão, a seu favor, do título anulável, no todo ou em parte.

Todavia, diversamente do que previa o n.º 2 do art. 33.º do *Código de 1995*, onde esta faculdade era estabelecida sem restrições, o n.º 2 do art. 34.º limita-a aos casos da al. b) do seu n.º 1.

Em face, porém, do que ficou dito, a respeito desta norma, em II, não se vê razão para o regime do n.º 2 do art. 34.º não se aplicar também aos casos da al. a) do n.º 1.

Como é manifesto, seja qual for o alcance do preceito, o exercício da faculdade nele prevista depende de, em relação ao *interessado*, se verificarem os requisitos da concessão do título de propriedade industrial anulável.

Ocorre aqui uma situação que apresenta certa afinidade com a que, na anulabilidade do negócio jurídico, corresponde à possibilidade de confirmação. Temos em vista sobretudo a circunstância de ao *interessado* serem atribuídos dois direitos potestativos: *in casu*, o de anulação e o de reversão. Mas também a de, por esta via, o título não ser anulado, mas subsistir.

Dependendo da modalidade da anulabilidade, quanto ao seu âmbito, a reversão pode ser total ou parcial. Assim estatui expressamente a norma em análise.

6. Pontos comuns à nulidade e à anulabilidade; enumeração

O art. 35.º regula, sem distinção do tipo da invalidade, aspectos relativos a duas das questões que se compreendem no seu regime de arguição: modo de a fazer valer e legitimidade para a invocar.

Noutro plano, o art. 36.º ocupa-se dos efeitos da declaração da nulidade e da anulação.

Finalmente, incluímos aqui a matéria que deixámos atrás em aberto, para agora ser exposta: a solução adoptada pelo *Código* quanto ao âmbito da nulidade e da anulabilidade. Por esta questão, iniciamos a exposição dos pontos comuns à nulidade e anulabilidade em direito da propriedade industrial.

7. Pontos comuns à nulidade e à anulabilidade; âmbito

I. Em termos inteiramente sobreponíveis, os n.os 1 dos arts. 33.º e 34.º admitem que a nulidade como a anulabilidade dos títulos de propriedade industrial revistam duas modalidades: *total* ou *parcial*.

Por outro lado, com igual sintonia, nenhum dos preceito fornece qualquer dado relativo ao critério de determinação do âmbito a atribuir à invalidade. Esta abstenção do legislador tem implicações menos significativas do que a um primeiro exame se poderia supor, pois nos regimes particulares dos direito privativos desenham-se situações relevantes de invalidade parcial[10]. Nelas se tem, pois, de encontrar o critério para determinar se é total ou parcial.

II. Tendo presente a posição que adoptamos quanto à invalidade parcial, como figura genérica, que pode assumir várias modalidades[11], não temos qualquer dificuldade em admitir esta aplicação daquela figura jurídica. No limite, estaremos, apenas, em presença de mais uma dessas modalidades, para além das que identificamos no seu regime civilístico.

De resto, a articulação deste ponto do regime da invalidade em propriedade industrial com o modo da sua arguição, de que de imediato nos ocupamos, conduz-nos a atribuir, ao juiz, poderes para fixar a modalidade da nulidade ou da anulabilidade – total ou parcial – que ao caso convenha.

Para tanto, na falta de critério imposto pela lei para cada direito privativo, deve ele atender ao modo como a causa da invalidade se projecta sobre o título da propriedade industrial, viciando-o no todo ou apenas em parte e, nesta segunda hipótese, em que medida. Ser-lhe-á lícito, nomeadamente, recorrer ao princípio comum enumerado no art. 292.º do Código Civil, salvo se as circunstâncias particulares do caso a isso se opuserem.

8. Pontos comuns à nulidade e à anulabilidade; modo de invocação

I. O modo de arguição da invalidade vem regulado no n.º 1 do art. 35.º. Dele resulta que a declaração da nulidade ou a anulação «*só* podem resultar de decisão judicial».

---

[10] Assim acontece relativamente às patentes (art. 114.º), aos modelos de utilidade (art. 152.º), às topografias de produtos semicondutores (art. 171.º) e aos desenhos ou modelos (art. 210.º).

[11] Cfr. *Teoria Geral do Direito Civil*, vol. II, cit., págs. 486 e segs..

Fica, assim, excluída a invocação extrajudicial, seja por declaração unilateral da parte interessada, seja por acordo das partes envolvidas[12].

Sendo a invocação judicial, as questões mais relevantes do seu regime são as relativas à competência do tribunal e à legitimidade das partes.

II. A competência, em razão da matéria, para a correspondente acção cabe aos tribunais de comércio, como tribunais de primeira instância de competência especializada (art. 78.º da Lei da Organização e Funcionamento dos Tribunais Judiciais – L.O.F.T.J. –, Lei n.º 3/99, de 13 de Janeiro)[13]. Assim dispõe a al. h) do n.º 1 do art. 89.º da L.O.F.T.J..

Por força do n.º 3 deste mesmo preceito, têm também os tribunais de comércio competência para julgar os incidentes e apensos dessas acções.

III. As acções de declaração da nulidade ou de anulação de direitos privativos estão sujeitas a averbamento no Instituto Nacional da Propriedade Industrial (art. 30.º, n.º 1, al. d)).

Também a decisão definitiva proferida nas acções de declaração da nulidade ou de anulação, uma vez transitada em julgado, deve ser averbada no Instituto Nacional da Propriedade Industrial e publicada no *Boletim da Propriedade Industrial*. Além do respectivo texto, deve ser publicado o correspondente averbamento (n.º 3 do art. 35.º; cfr., também, art. 30.º, n.º 1, al. e)).

Segundo o n.º 3 do art. 35.º, deve, para o efeito, a secretaria do tribunal enviar ao Instituto uma cópia da decisão, dactilografa ou em suporte adequado.

O averbamento é feito, em qualquer dos casos, no título, a requerimento de quem seja interessado e só depois dele os factos correspondentes produzem efeitos em relação a terceiros (n.os 4 e 2, respectivamente, do art. 30.º). A falta de averbamento não afecta, porém, a eficácia desses factos, nas relações entre as partes ou seus sucessores (n.º 3 do mesmo preceito).

---

[12] Partimos aqui da admissibilidade da solução de fazer valer a invalidade por acordo, tal como a sustentamos perante o art. 291.º do Código Civil, sem deixar de assinalar ser este um ponto controvertido do regime civilístico da invalidade (cfr. *Teoria Geral do Direito Civil*, vol. cit., pág. 473).

[13] Sobre esta matéria, cfr. Carlos Olavo, *A Propriedade Industrial e a Competência dos Tribunais de Comércio*, sep. da Revista da Ordem dos Advogados, ano 61, I (Janeiro 2001), em especial, págs. 203-205.

Uma vez feito o averbamento, manda o n.º 6 do art. 30.º que dele seja publicado aviso no *Boletim da Propriedade Industrial*.

O regime de averbamento que assim fica genericamente descrito não pode, porém, deixar de ser articulado com o disposto no art. 5.º, al. j), dos Estatutos do Instituto da Propriedade Industrial, aprovados pelo Decreto-Lei n.º 400/98, de 17 de Dezembro. Determina, na verdade, este preceito que o Instituto deve «manter actualizado o registo dos direitos atribuídos, procedendo à inscrição dos respectivos actos de modificação e manutenção, de modo a garantir a veracidade da certificação e a existência de outros meios de prova documental necessários à resolução de eventuais conflitos no âmbito da propriedade industrial». Daqui decorre que, para ser atingido o objectivo previsto neste preceito, as acções de declaração da nulidade e de anulação, bem como as decisões finais nelas proferidas, devem, também, ser inscritas neste registo.

IV. A legitimidade das partes relativamente à arguição da invalidade tem de ser analisada nos seus dois momentos: activa e passiva. Qualquer deles, na acção de declaração da nulidade ou de anulação, vem regulada no n.º 2 do art. 35.º.

Se, nesta matéria, o preceito correspondente do *Código de 1995* (art. 34.º, n.º 2) não merecia encómios[14], a situação não melhorou no *Código*.

Os motivos de reparo verificam-se sobretudo na legitimidade activa, mas em termos distintos na declaração da nulidade e na anulação.

V. Na acção de declaração da nulidade, o n.º 2, primeira parte, do art. 35.º, mantendo o regime anterior, atribui legitimidade ao Ministério Público e a qualquer interessado.

Este regime não levantava qualquer dúvida, por referência aos casos de nulidade dos títulos, quando confrontado com o estatuído no art. 286.º do Código Civil. O *Código*, porém, complicou a questão, pois, inadvertidamente, o legislador não só regulou também esta matéria no n.º 2 do art. 33.º, como o fez aí em termos diferentes dos do n.º 2 do art. 35.º. Com efeito, naquele preceito estatui-se que a nulidade é invocável ... por *qualquer interessado*, sem mais.

Não pretendemos, ao assinalar esta desarmonia, levantar dúvida quanto à legitimidade do Ministério Público, mas lá que estamos longe de um exemplo de bem legislar, estamos ...

---

[14] Dele também resultava que a legitimidade na acção de anulação cabia ao Ministério Público e a qualquer interessado.

VI. Pelo que respeita à acção de anulação, a legitimidade activa é igualmente atribuída, pelo n.º 2 do art. 35.º, ao Ministério Público e a qualquer interessado.

Também neste caso o *Código* reproduz o regime anterior; daí que, tal como então, a matéria não possa passar sem uma análise mais atenta.

Como é sobejamente sabido, o n.º 1 do art. 287.º do Código Civil limita a legitimidade para arguir a anulabilidade às pessoas no interesse de quem a anulabilidade é estabelecida.

Tendo presente este regime, logo se deixa ver que o n.º 2, primeira parte, do art. 35.º abre significativamente o leque da legitimidade, nesta matéria, não só quando a atribui ao Ministério Público, mas ainda, e sobretudo, quando admite *qualquer interessado* a fazer valer a anulabilidade. É, na verdade, fora de dúvida que esta fórmula, que o art. 286.º do Código Civil reserva para a nulidade, tem um alcance muito mais amplo do que a utilizada no seu art. 287.º, n.º 1.

A benefício de demonstração ulterior, quando nos ocuparmos da análise crítica do regime legal da invalidade em propriedade industrial, deixamos já referido não nos parecer haver para tanto justificação.

VII. Em sede de legitimidade passiva na acção de declaração da nulidade ou de anulação, a segunda parte do n.º 2 do art. 35.º estatui que ela deve ser proposta contra o titular inscrito do direito.

Todavia, o preceito manda citar[15] para a acção «todos os que, à data da publicação do averbamento previsto na alínea d) do n.º 1 do artigo 30.º, tenham requerido o averbamento de direitos derivados no Instituto da Propriedade Industrial».

Como a remissão deixa perceber, trata-se da publicação do averbamento da acção, em si mesma, mediante o aviso referido no n.º 6 do art. 30.º. Percebe-se a intenção do legislador, mas não pode deixar de se chamar a atenção para o facto de as pessoas a citar poderem não ser *todas* conhecidas no momento da propositura da acção. Na verdade, entre este e o da publicação do aviso decorre necessariamente algum período de tempo, durante o qual pode *ainda* ter sido *requerido* o averbamento de direitos derivados.

---

[15] Aplaude-se aqui o texto do *Código*, corrigindo uma imperfeição da redacção do Código anterior, onde se mandava *notificar* os interessados em causa, o que, em termos técnico-jurídicos processuais, não era adequado (cfr. art. 228.º, n.º 1, 2.ª parte, e n.º 2, do Código de Processo Civil).

Como é manifesto, as pessoas que aqui se mandam citar são chamadas a intervir no processo para defesa dos seus interesses, relativamente aos direitos de que são titulares.

9. Pontos comuns à nulidade e à anulabilidade; efeitos

I. O art. 36.º do *Código* ocupa-se dos *efeitos da declaração da nulidade ou da anulação*, suprindo assim – e bem – uma lacuna do *Código de 1995* que regulava a matéria apenas em sede de nulidade, no art. 35.º.

Em rigor, o art. 36.º estabelece os limites à eficácia retroactiva da declaração da nulidade ou da anulação. Manifestamente, porém, o preceito pressupõe a eficácia retroactiva da invalidação – seguindo, aliás, o regime civil nesta matéria (cfr. art. 289.º do Código Civil) –, e daí parte para estabelecer certas restrições às consequências que tal regime acarreta.

II. Resulta, na verdade, do art. 36.º que, afastando a retroactividade da declaração da nulidade ou da anulação, se mantêm efeitos que, antes dela, se tenham produzido, em resultado:

a) do cumprimento de obrigações;
b) de sentença transitada em julgado;
c) de transacção, mesmo que não homologada;
d) de actos de natureza análoga.

Por actos de *natureza análoga* devem entender-se aqueles que, quanto a uma situação jurídica, produzam efeitos semelhantes aos emergentes dos enumerados nas restantes alíneas.

No seu conjunto, estabelece, portanto, o art. 36.º significativas limitações à retroacção da declaração da nulidade ou da anulação, que domina o instituto[16].

Deixa, porém, em aberto o seguinte problema: os efeitos ressalvados da retroactividade subsistem mesmo que os actos de que emergem sejam posteriores à publicação do averbamento da acção de declaração da nulidade ou de anulação?

Tendemos para a resposta negativa, invocando, correspondentemente, o n.º 1 do art. 291.º do Código Civil.

---

[16] Era este o alcance que Oliveira Ascensão entendia dever ser atribuído ao preceito que, no Projecto relativo ao *Código de 1995*, regulava a matéria quanto às patentes (*A Segunda Versão*, cit., pág. 77).

SECÇÃO II
Regimes Particulares

§ 1.º
Patentes

10. Considerações prévias

I. Os arts. 113.º e 114.º estabelecem o regime particular da invalidade relativamente às patentes, em termos que merecem um esclarecimento prévio.

Dispõe o art. 113.º que, ressalvado o regime do art. 33.º, «as patentes são nulas» nos casos enumerados nas alíneas daquele preceito.

A referência da nulidade às *patentes* suscita, desde logo, o problema do ajustamento do seu objecto ao regime geral do art. 33.º. Esta é, porém, apenas uma manifestação de questão mais ampla de que teremos de nos ocupar na apreciação crítica das soluções consagradas nesta matéria[17].

Por ora, para além de alertarmos para a necessidade de apurar o alcance desta diferente conformação da invalidade, não há mais do que assinalar que, de qualquer modo, se o legislador pretendia manter aqui a solução adoptada nos arts. 33.º e 34.º, referindo a invalidade aos títulos de propriedade industrial, a redacção adoptada traiu o seu pensamento, pois sugere algo diverso.

II. O regime particular da invalidade das patentes resume-se a dois pontos, regulados separadamente nos arts. 113.º e 114.º.

No primeiro são estabelecidas causas específicas da nulidade; o segundo rege sobre a invalidade parcial, em qualquer dos seus dois tipos.

11. Causas da nulidade

I. As causas particulares da nulidade das patentes vêm enumeradas nas alíneas do art. 113.º. Delas decorre que há nulidade da patente, quando se verificam vícios que correspondem, no plano dos negócios jurídicos, a situações de inidoneidade do objecto (cfr. art. 280.º do Código Civil).

---

[17] *Infra*, n.º 36.

II. Assim, nos termos da al. a), a patente é nula, quando o seu objecto não preencher os requisitos de novidade, actividade inventiva e aplicação industrial.

Estes requisitos são exigidos pelo n.º 1 do art. 51.º, desenvolvidos nos seus n.ᵒˢ 2 e 3 e definidos nos arts. 55.º e seguintes.

III. A al. b) do art. 113.º, que representa uma inovação em relação ao direito anterior, estabelece a nulidade da patente, «quando o seu objecto não for susceptível de protecção, nos termos dos artigos 51.º, 52.º e 53.º».

Compreende-se e aceita-se a remissão para os arts. 52.º e 53.º, porquanto neles se estabelecem limitações quanto à concessão de patentes, por razões decorrentes, directa ou indirectamente, do seu objecto.

Mas o mesmo se não pode dizer já do art. 51.º, porquanto nele se definem os requisitos *positivos* do objecto da patente e não limitações ao mesmo. Por certo, a sua falta gera nulidade da patente, mas tal resulta já da al. a) do art. 113.º.

Destas causas de nulidade deve ser aproximada a da al. d) do art. 113.º. O vício respeita agora à descrição do objecto (cfr. art. 62.º, n.º 1, al. b), e n.º 4) e prende-se com o requisito de aplicação industrial.

O preenchimento deste requisito implica, segundo o n.º 3 do art. 55.º, a possibilidade de o objecto da correspondente invenção ser fabricado ou utilizado em qualquer género de indústria ou na agricultura.

No caso, verificando-se embora esta exigência, a descrição do objecto está feita em termos tais que, não obedecendo ao exigido no n.º 4 do art. 62.º, não permitem que a sua execução seja feita por qualquer pessoa competente na matéria.

IV. A outra causa particular da nulidade da patente respeita à epígrafe ou título dado ao invento (al. c) do art. 113.º).

Para boa compreensão desta matéria, importa ter aqui presente a norma relativa aos elementos que devem integrar o pedido da patente. Um deles, segundo a al. b) do n.º 1 do art. 61.º, é uma «epígrafe ou título que sintetize o objecto do invento». Está em causa uma designação do invento que, em termos sintéticos, permita dar a conhecer, por si só, o seu objecto.

O vício gerador da nulidade da patente consiste, assim, em a sua epígrafe ou título, por não constituir uma síntese adequada, abranger objecto diferente do verdadeiro objecto da patente.

12. Invalidade parcial

I. O art. 114.º, aplicável tanto ao caso de nulidade como de anulabilidade da patente, respeita ao âmbito da invalidade.

O seu n.º 1, concretizando o que resulta do regime geral da invalidade dos direitos de propriedade industrial, determina quando se verifica a sua invalidade parcial. Ela ocorre sempre que o vício que afecta a patente respeita apenas a uma ou algumas das reivindicações.

As reivindicações definem o objecto da protecção pedida pelo requerente da patente e, como tal, respeitam ao que nela é considerado novo e caracteriza o invento (art. 62.º, n.º 1, al. a), e n.º 3).

Em suma, o disposto no art. 114.º significa que a invalidade da patente não se projecta necessariamente em todas as respectivas reivindicações, podendo afectar apenas uma ou várias. Já não é, porém, admissível a invalidação parcial de uma reivindicação, como expressamente estatui o art. 114.º.

II. A invalidade parcial da patente, para ter sentido, implica que a reivindicação ou reivindicações não viciadas possam por si só constituir objecto de uma patente, embora diferente da requerida pelo interessado.

É isso mesmo que o n.º 2 do art. 114.º estatui, embora em termos gramaticalmente não muito felizes, quando estabelece que, sendo invalidadas apenas uma ou mais reivindicações, «a patente continua um vigor relativamente às restantes, sempre que *esta* puder[18] constituir objecto de uma patente independente».

§ 2.º
Modelos de utilidade

13. Considerações prévias

I. O regime particular da invalidade relativamente aos modelos de utilidade é estabelecido nos arts. 151.º e 152.º, em termos análogos aos dos preceitos reguladores da patente.

---

[18] Devia dizer-se *estas puderem*, pois são as reivindicações válidas – e não a patente – que podem constituir objecto da *patente independente*.

Desde logo, o n.º 1 do art. 151.º diz que «os modelos de utilidade são nulos»; valem, por isso, aqui as considerações feitas a respeito de problema homógolo, nas patentes.

Mas a proximidade entre os regimes de invalidade das patentes e dos modelos de utilidade vai muito mais longe, em termos que permitem em larga medida tratar aqui a matéria por breve remissão para o que ficou dito no parágrafo anterior.

De resto, em parte significativa, a regulamentação dos modelos de utilidade é feita, no *Código*, por pura e simples remissão para o regime das patentes.

É fácil compreender esta similitude de regime, se tivermos presente que a protecção de uma invenção pode ser feita, à opção do requerente, a título de patente ou modelo de utilidade (cfr. art. 51.º, n.º 4, cujo conteúdo é reproduzido no art. 117.º, n.º 3). Mais: «a mesma invenção pode ser objecto, simultânea ou sucessivamente, de um pedido de patente e de um pedido de modelo de utilidade» (art. 51.º, n.º 5, repetido, *ipsis verbis*, no n.º 4 do art. 117.º).

II. As particularidades da invalidade dos modelos de utilidade, tal como acontece nas patentes, respeitam às causas da nulidade e ao âmbito da invalidade.

Todavia, quanto ao segundo ponto, o art. 152.º limita-se a remeter para o art. 114.º, pelo que, neste domínio, vale, *mutatis mutandis*, o que ficou exposto sobre as patentes.

Só as causas da nulidade dos modelos de utilidade justificam, pois, breve referência.

14. Causas da nulidade

I. As causas da nulidade enumeradas nas als. a), c) e d) do n.º 1 do art. 151.º correspondem, ponto por ponto, às contidas nas als. a), c) e d) do n.º 1 do art. 113.º, quanto às patentes.

Por assim ser, de particular, relativamente à nulidade dos modelos de utilidade, há apenas que assinalar que os requisitos referidos na al. a) do n.º 1 do art. 151.º são enumerados no n.º 1 do art. 117.º e definidos no art. 120.º.

Quanto à al. b) do n.º 1 do art. 151.º, ela só se demarca da al. b) do art. 113.º pelo que respeita, como é manifesto, às disposições legais para que remete. No mais, do que se trata é de estabelecer a nulidade do modelo de utilidade quando o seu objecto não for susceptível de protecção, «nos termos dos artigos 117.°, 118.° e 119.°». Por razões análogas às invocadas a propósito do art. 113.°, a remissão da al. b) do n.° 1 do art. 151.° para o art. 117.° não faz sentido, pois nele não se estabelecem limitações ao objecto dos modelos de utilidade, mas os seus requisitos positivos, já contemplados no n.° 1, al. a), do art. 151.°. Só nos arts. 118.° e 119.° constam limitações que afastam a protecção do objecto do modelo de utilidade[19].

II. O regime descrito na alínea anterior sofre, porém, uma limitação por força do n.° 2 do art. 151.°.

Restringe, com efeito, esta norma a declaração da nulidade dos modelos de utilidade aos casos em que eles tenham sido objecto de exame, regulado nos arts. 131.° e 132.°.

À compreensão da norma em análise importam os seguintes aspectos do regime de concessão dos modelos de utilidade.

Se o correspondente pedido for regular, segue-se a sua publicação no *Boletim da Propriedade Industrial*, abrindo-se então um prazo para reclamações (arts. 128.° e 129.°). No decurso desse prazo podem os interessados deduzir oposição e requerer exame.

Se nenhum destes meios for usado, é concedido provisoriamente o título do modelo de utilidade; todavia, a *validade* deste título[20] cessa quando tenha sido requerido exame (art. 130, n.os 1 e 4). Este regime implica que o exame possa ser requerido, não só na fase do pedido, mas ainda após a concessão do título provisório, enquanto ele se mantiver válido, como expressamente estatui o n.° 1 do art. 131.°.

Assim, o que o n.° 2 do art. 151.° acaba por significar é o seguinte: só os modelos de utilidade definitivos podem ser declarados nulos. O meio para reagir contra vícios do modelo provisório é o exame.

---

[19] No primeiro dos preceitos ultimamente citados, por simples remissão para o regime das patentes.
[20] A palavra *validade*, usada no texto legal, não deve ser aqui entendida no sentido técnico-jurídico estrito, mas antes, a nosso ver, no de relevância jurídica.

§ 3.º
Topografias de produtos semicondutores

15. Considerações prévias

I. Os arts. 170.º e 171.º estabelecem o regime particular da invalidade do direito industrial em epígrafe por referência ao seu registo.

Se, nas patentes e nos modelos de utilidade, se podem suscitar dúvidas quanto à incidência da invalidade, em relação às topografias de produtos semicondutores o afastamento em relação ao regime geral da invalidade em propriedade industrial surge com maior evidência[21]. E é, em qualquer caso, diferente do das patentes e dos modelos de utilidade.

Para além desta diversidade na configuração do objecto sobre que incide, a regulamentação contida naqueles preceitos não se afasta sensivelmente da invalidade das patentes.

II. Desde logo, à semelhança do que aí acontece, as normas acima referidas regem sobre as causas particulares da nulidade do registo de topografias de produtos semicondutores e sobre o âmbito da invalidade, em qualquer dos seus tipos: nulidade ou anulabilidade.

Acontece, porém, que neste segundo domínio o art. 171.º se limita a remeter para o art. 114.º, ou seja, para a regulamentação da invalidade parcial das patentes.

Deste modo, ainda neste caso, só as causas específicas da nulidade justificam algumas notas complementares.

16. Causas da nulidade

I. A análise das três alíneas do art. 170.º revela, logo a uma primeira leitura, quanto a sua redacção é próxima da do art. 113.º, que rege as causas da nulidade das patentes.

Pode ir-se mesmo mais longe e dizer que as als. b) e c) do art. 170.º reproduzem o texto das als. c) e d) do art. 113.º.

Em boa verdade, deve até acrescentar-se que estas normas não fazem mais do que uma aplicação específica de algo já resultante da remissão ge-

---

[21] De seguida veremos que a solução de referir a invalidade ao registo é adoptada nos demais direitos privativos de que nos vamos ocupar.

nérica contida no art. 159.º. Nele se manda aplicar às topografias de produtos semicondutores as disposições relativas às patentes, salvo se a isso se opuser a natureza daquele direito.

Por assim ser, no plano das causas da nulidade em referência vale, correspondentemente, quanto ficou dito em sede de patentes.

II. A respeito da al. a) do art. 170.º, a nota a assinalar é a de ela reduzir a um preceito único o que no art. 113.º se contém nas suas als. a) e b).

Em verdade, a nulidade aí prevista resulta de o objecto da topografia de produtos semicondutores não satisfazer os requisitos dos arts. 153.º a 155.º. Ora, os arts. 153.º e 154.º estabelecem, no seu conjunto, a definição de topografia de produtos semicondutores. Por seu turno, o art. 155.º regula o que, neste direito privativo, é objecto de protecção legal.

§ 4.º
Desenhos ou modelos

17. Considerações prévias

O regime próprio da invalidade, pelo que respeita aos desenhos ou modelos[22], é estabelecido nos art. 208.º a 210.º, que alargaram sensivelmente o que se continha no art. 164.º do *Código de 1995*, ainda que as matérias reguladas sejam as mesmas: causas da invalidade e âmbito desta.

Todavia, no primeiro caso, além de se verificarem modificações relevantes nas causas da nulidade, passaram a prever-se também causas particulares da anulabilidade; no segundo, foi desenvolvido o regime da invalidade parcial, em termos adiante esclarecidos.

Vamos analisar em separado as causas da nulidade, as causas da anulabilidade e a invalidade parcial.

A fechar estas notas preliminares, assinale-se que, tal como se verificou em sede de topografia de produtos semicondutores, a invalidade não é referida aos títulos de propriedade industrial, nem aos desenhos ou modelos, mas ao seu registo.

---

[22] Sobre esta categoria de direitos privativos, *vd.* M. Moura e Silva, *Desenhos e Modelos Industriais – Um Paradigma Perdido? In* Direito Industrial, vol. I, Almedina, Coimbra, 2001, págs. 431 e segs..

18. Causas da nulidade

I. As causas particulares da nulidade dos desenhos ou modelos vêm enumeradas nas alíneas do n.º 1 do art. 208.º e respeitam a vícios que na sua maior parte são relativos ao objecto do correspondente direito privativo, como resulta da exposição subsequente.

II. Segundo a al. a), o registo é nulo se a protecção pretendida não respeitar a um desenho ou modelo, tal como é definido no art. 173.º, para que o preceito expressamente remete.

Deve, porém, entender-se que a remissão há-de ser integrada pela definição de produto, contida no art. 174.º, pois este é um dos elementos da noção fixada no art. 173.º. Por muito amplo que seja – como é – o conceito de *produto* recebido no art. 174.º, ele só tem sentido se algumas *realidades*, potencialmente como tal qualificáveis, nele não couberem – são, neste sentido, *inidóneas*. Ora, o registo de um desenho ou modelo que tenha por objecto tais *realidades*, por não serem *relativas* a um *produto hoc sensu*, não pode deixar de ser nulo.

III. Por força da al. b) e da remissão nela contida para o art. 175.º, o registo é nulo se os respectivos desenhos ou modelos forem contrários à ordem pública ou aos bons costumes.

Este preceito estabelece uma causa da nulidade já em parte coberta pelo regime geral contido na al. c) do n.º 1 do art. 33.º, aditando-lhe a ofensa aos *bons costumes*.

IV. A al. c) identifica como vício do registo de desenho ou modelo, gerador de nulidade, a falta de requisitos deste direito privativo.

Em síntese, esses requisitos são a novidade e o carácter singular estatuídos nos n.ºs 1 e 2 do art. 176.º. A sua caracterização extrai-se dos restantes números deste preceito e dos arts. 177.º a 180.º. No fundo, é a não verificação dessas características que gera a nulidade do registo, se, ainda assim, for feito.

V. A al. d) do n.º 1 do art. 208.º demarca-se em alguma medida das anteriores, pois se prende com a relevância do princípio da prioridade em direito da propriedade industrial.

Está em causa o facto de o desenho ou modelo registado «interferir» com outro protegido desde data anterior, mas que só tenha sido divulgado após a data do pedido de registo ou da prioridade reivindicada.

VI. A al. e) identifica, em rigor, dois vícios diferentes, embora intimamente conexionados, por em qualquer deles estar em causa a (indevida) utilização, no desenho ou modelo, de certos elementos que não são admitidos. A distinção estabelece-se em função desses elementos e do fundamento que está na origem do carácter indevido da sua utilização.

A primeira parte da alínea contempla uma série de restrições emergentes do art. 6.°-ter da Convenção de Paris, para a Protecção da Propriedade Industrial[23], relativamente a vários elementos cujo uso deve ser impedido, salvo se obtidas as necessárias autorizações[24].

---

[23] A Convenção data de 20 de Maio de 1883, tendo sido várias vezes revista: Bruxelas, em 14 de Dezembro de 1900, Washington, em 2 de Junho de 1911, Haia, em 6 de Novembro de 1925, Londres, em 2 de Junho de 1934, Lisboa, em 31 de Outubro de 1958, Estocolmo, em 14 de Julho de 1967.

O Decreto-Lei n.° 22/75, de 22 de Janeiro, aprovou para ratificação o Acto de Estocolmo.

[24] Para mais completo esclarecimento, transcreve-se o art. 6.°-ter, na versão portuguesa aprovada pelo diploma referido na nota anterior: «1) – a) Os países da União acordam em recusar ou anular o registo e em impedir, por meio de providências adequadas, o uso, sem autorização das autoridades competentes, quer como marcas de fábrica ou de comércio, quer como elementos dessas marcas, de armas, bandeiras e outros emblemas de Estado dos países da União, distintivos e sinetes oficiais de fiscalização e de garantia por eles adoptados, bem como qualquer imitação do ponto de vista heráldico.

b) As disposições mencionadas na letra a) aplicam-se igualmente às armas, bandeiras e outros emblemas, iniciais ou denominações de organismos internacionais intergovernamentais de que um ou vários países da União sejam membros, com excepção de armas, bandeiras e outros emblemas, iniciais ou denominações que já tenham sido objecto de acordos internacionais vigentes, destinados a assegurar a sua protecção.

c) Nenhum país da União terá de aplicar as disposições referidas na letra b) em detrimento dos titulares de direitos adquiridos de boa fé antes da entrada em vigor nesse país da presente Convenção. Os países da União não são obrigados a aplicar as ditas disposições quando o uso ou o registo mencionado na letra a) não for de natureza a sugerir, no espírito do público, um elo entre a organização em causa e as armas, bandeiras, emblemas, iniciais ou denominações, ou se este uso ou registo não for de natureza a, com verosimilhança, induzir o público em erro sobre a existência de ligação entre o utente e a organização.

2) A proibição dos distintivos e sinetes oficiais de fiscalização e de garantia só se aplica aos casos em que as marcas que os incluem se destinam a ser usadas em mercadorias do mesmo género ou de género semelhante.

3) a) Para a aplicação destas disposições, os países da União acordam em dar a conhecer reciprocamente, por intermédio da Secretaria Internacional, a lista dos emblemas de Estado, distintivos e sinetes oficiais de fiscalização e de garantia que desejam ou desejarão colocar, de uma maneira absoluta ou em certa medida, sob a protecção do presente artigo, bem como todas as modificações ulteriormente introduzidas nessa lista. Cada país da União porá à disposição do público, em devido tempo, as listas notificadas.

A segunda parte prevê a nulidade do registo por utilização indevida de distintivos, emblemas e sinetes não compreendidos no referido artigo da Convenção, mas apenas quando esses elementos revistam particular interesse público em Portugal.

VII. A relevância dos vícios expostos, como causa da nulidade dos desenhos ou modelos sofre uma restrição semelhante à que ocorre nas topografias de produtos semicondutores, porquanto a declaração da nulidade do registo só pode verificar-se quando os desenhos ou modelos tenham sido objecto de exame.

Valem, por conseguinte, nesta matéria, *mutatis mutandis*, as considerações expostas nessa sede, com duas notas adicionais.

Esta notificação não é, todavia, obrigatória relativamente às bandeiras dos Estados.

b) As disposições referidas na letra b) da alínea 1) do presente artigo são unicamente aplicáveis às armas, bandeiras e outros emblemas, iniciais ou denominações das organizações internacionais intergovernamentais que estas comunicaram aos países da União por intermédio da Secretaria Internacional.

4) Qualquer país da União poderá, no prazo de doze meses, a contar da data do recebimento da notificação, transmitir, por intermédio da Secretaria Internacional, as suas eventuais objecções ao país ou à organização internacional intergovernamental interessados.

5) Em relação às bandeiras de Estado, apenas se aplicarão as medidas previstas na alínea 1) às marcas registadas depois de 6 de Novembro de 1925.

6) Em relação aos emblemas de Estado que não sejam bandeiras, aos distintivos e sinetes oficiais dos países da União, às armas, bandeiras e outros emblemas, iniciais ou denominações das organizações internacionais intergovernamentais, estas disposições só serão aplicáveis às marcas registadas mais de dois meses depois da recepção da notificação prevista na alínea 3).

7) Nos casos de má fé, os países terão a faculdade de anular o registo das próprias marcas registadas antes de 6 de Novembro de 1925 que contenham emblemas de Estado, distintivos e sinetes.

8) Os nacionais de cada país que forem autorizados a usar emblemas de Estados, distintivos e sinetes dos seus países poderão utilizá-los, ainda que sejam semelhantes aos de outro país.

9) Os países da União obrigam-se a impedir o uso não autorizado, no comércio, das armas de Estado dos outros países da União, quando esse uso possa induzir em erro acerca da origem dos produtos.

10) As disposições precedentes não obstam a que os países exerçam a sua faculdade de recusar ou anular, pela aplicação do n.º 3.º da letra B do artigo 6.º-*quinquies*, as marcas que contenham, sem autorização, armas, bandeiras e outros emblemas de Estado ou distintivos e sinetes oficiais adoptados por algum país da União, assim como sinais distintivos das organizações internacionais intergovernamentais, mencionados na alínea 1).

Visa uma chamar a atenção para as disposições que regem o exame, quanto aos desenhos ou modelos: arts. 193.º e 194.º.

Trata-se, na outra, de assinalar que a restrição do n.º 2 do art. 208.º deve ser entendida *cum grano salis*, pelo que respeita à causa da nulidade consagrada na al. e) do seu n.º 1, porquanto do art. 6.º-ter da *Convenção* resulta que os países da União devem «recusar ou anular o registo», havendo uso indevido dos elementos nele previstos.

19. Causas da anulabilidade

I. As causas particulares da anulabilidade do registo do desenho ou modelo constam do n.º 1 do art. 209.º, em duas alíneas de conteúdo bem diverso.

II. A al. a), de redacção pouco clara, refere-se ao caso de, num desenho ou modelo ulterior, ser utilizado um sinal distintivo, em relação ao qual exista o direito de proibir essa utilização. O direito a essa proibição pode, segundo as suas causas, ter duas fontes: ou o Direito Comunitário ou as disposições que regulem esse sinal. Mas deve entender-se que estamos perante um direito atribuído a certas pessoas, cujo interesse particular se considera digno de tutela.

Verificados estes requisitos, o registo do desenho ou modelo é anulável.

III. A al. b) do n.º 1 do art. 209.º estabelece ainda a anulabilidade do registo quando o desenho ou o modelo envolva a utilização de obra protegida pelos direitos de autor[25], e não haja para tanto sido obtida autorização.

Mais uma vez estão aqui presentes interesses privados que se destacam por a sua tutela derivar de direitos de autor e não de direitos de propriedade industrial.

IV. Similarmente ao que ocorre quanto às causas particulares de nulidade, o n.º 2 do art. 209.º restringe o recurso à anulabilidade do registo às situações em que o desenho ou modelo tenha sido objecto de exame.

---

[25] Sobre as relações entre a protecção de desenhos ou modelos e os direitos de autor, na vigência do *Código de 1995*, vd. Carlos Olavo, *Desenhos e Modelos: Evolução Legislativa*, sep. da Revista da Ordem dos Advogados, ano 61, II (Abril de 2001), págs. 658 e segs..

Assim, genericamente, prevalecem nesta matéria as notas relativas aos casos de nulidade, apenas com uma particularidade.

A restrição do n.º 2 do art. 209.º tem a sua aplicação limitada, *expressis verbis*, aos «casos previstos no número anterior». Tal não pode deixar de significar, para o preceito ter sentido útil, que ela não vale para as causas gerais da anulabilidade previstas no art. 34.º, solução que, todavia, suscita dúvidas quanto à sua justeza.

20. Invalidade parcial

O art. 210.º concretiza os termos em que pode ocorrer a invalidade parcial do registo do desenho ou modelo, aplicável tanto quando o correspondente valor negativo seja a nulidade como quando seja a anulabilidade.

Dele resulta que a invalidade parcial é admissível quando o registo respeite a vários objectos e o vício em causa afecte apenas um ou alguns deles. Como é manifesto, e o n.º 1 do art. 210.º deixa perceber, a invalidade opera então apenas quanto ao objecto ou objectos viciados.

Não é, porém, já admissível, segundo a mesma norma, a invalidação parcial de um objecto.

O n.º 2 do art. 210.º, explicitando o alcance do n.º 1, acrescenta que, se a invalidação for parcial, o registo invalidado continua em vigor quanto à parte não afectada.

É discutível a necessidade deste preceito, tal como está formulado, porquanto a invalidade parcial só nos termos daquele n.º 2 faria sentido.

§ 5.º
Marcas ou direitos derivados

21. Considerações prévias

As particularidades da invalidade das marcas ou direitos derivados do seu registo assumem carácter mais complexo do que nos outros direitos privativos e contêm-se nos arts. 265.º a 267.º; tem, contudo, de se atender ainda, na fixação do seu regime, ao art. 268.º.

Destes preceitos resultam desvios relativamente a vários pontos do regime geral da invalidade dos direitos industriais, como se passa a expor.

Tal como acontece com as topografias de produtos semicondutores e os desenhos ou modelos, a invalidade é referida ao registo da marca.

Pelo que respeita às matérias reguladas nos arts. 265.° e seguintes, a principal inovação, em relação ao *Código de 1995*, reside no facto de se terem passado a prever também causas específicas da nulidade.

Seguindo o esquema que temos vindo a usar, trataremos em separado o regime da nulidade e o da anulabilidade.

22. Causas da nulidade

I. As causas da nulidade do registo da marca e dos direitos dele derivados têm correspondência em fundamentos da recusa do registo, previstos nos arts. 238.° e 239.°. Tais fundamentos respeitam a elementos relevantes na caracterização da marca (als. a) a c) do n.° 1 do art. 238.°) ou relacionam-se com interesses de ordem geral (als. a) a e) do art. 239.°).

Por outras palavras: as als. a) e b) do n.° 1 do art. 265.° seleccionam, nos fundamentos da recusa contidos no n.° 1 do art. 238.° e no art. 239.°, aqueles em relação aos quais se adequa a nulidade do registo indevidamente feito.

Trata-se, como é manifesto, de uma solução correcta, pois, em tais circunstâncias, tendo sido feito um registo que devia ter sido recusado, seria desrazoável não o considerar nulo.

II. No mesmo plano de coordenação dos fundamentos da recusa e das causas da nulidade do registo se situa o n.° 2 do art. 265.°, ao remeter para o n.° 3 do art. 238.°.

Esta norma exclui a recusa do registo relativamente a marcas desprovidas de qualquer sentido distintivo ou constituídas exclusivamente por certos elementos que o legislador expressamente declara não satisfazerem os requisitos do art. 222.° (al. a) e als. c) e d), respectivamente, do n.° 1 do art. 223.°). A exclusão, todavia, em tais circunstâncias, só se verifica, se a marca «tiver adquirido carácter distintivo»[26].

Ao mandar aplicar o n.° 3 do art. 238.° à acção de declaração da nulidade, com as necessárias adaptações, tal significa que a remissão da al. a) do n.° 1 do art. 265.° tem de ser articulada com a do seu n.° 3. Assim, nem sempre a violação do disposto nas alíneas do n.° 1 do art. 223.° causa

---

[26] Cfr., também, n.° 2 do art. 223.°, com o qual o n.° 3 do art. 238.° se articula.

nulidade, pois nos casos acima identificados, em que a recusa do registo é excluída, a acção de declaração da nulidade não procede, se a marca assim constituída e registada tiver adquirido carácter distintivo.

23. Causas da anulabilidade

I. O regime particular de anulação do registo da marca e dos direitos dele derivados está fixado no art. 266.°. Nele se regulam, além das causas específicas da anulabilidade, vários pontos conexos com a anulação em si mesma.

Nesta última matéria tem ainda de ser atendido o art. 267.° que exclui, em certo caso, o direito à anulação.

II. As causas da anulabilidade, próprias deste direito privativo, vêm enumeradas nas als. a) e b) do n.° 1 do art. 266.°, em termos que corrigem alguma imperfeição do preceito correspondente do *Código de 1995* (art. 214.°, n.° 1)[27-28].

Todavia, o art. 266.° não é também isento de reparos, porquanto na al. a) do seu n.° 1 inclui, entre as normas para que remete, o art. 226.°; ora, a violação deste preceito consta já entre as causas comuns da anulabilidade enumeradas na al. b) do n.° 2 do art. 34.°.

Temos, pois, apenas que nos ocupar das mais causas da al. a) do n.° 1 do art. 266.°.

III. O registo da marca e dos direitos dele derivados é anulável, segundo a al. a) do n.° 1 do art. 266.°, se for efectuado com violação do disposto nas als. f) a h) e m) do art. 239.° e nos arts. 240.° a 242.°.

---

[27] O *corpo* do n.° 1 do art. 214.° começava por enumerar, em termos genéricos, como causa da anulação, o facto de o beneficiário do registo não ter direito a este. A necessidade desta referência genérica era mais do que discutível, por ela corresponder ao que constava no n.° 1 do art. 33.° desse mesmo Código. Nem o facto de a norma referir a invalidade ao registo e não ao título de propriedade industrial justificava essa menção, dada a ressalva do art. 33.°, feita na primeira parte do n.° 1 do art. 214.°, porquanto ela implicava já uma aplicação correspondente do regime contido naquele preceito.

[28] Em termos substanciais, há, porém, pontos de contacto entre os dois diplomas legais. Assim, a al. a) do n.° 1 do art. 266.° contempla causas que, sensivelmente, correspondem às antes descritas nas als. a) e b) do n.° 1 do art. 214.° do *Código de 1995*. Em verdade, os vícios que as geram consistem na infracção de várias normas que regulam o procedimento de registo, dirigidas à tutela de terceiros.

Nestas alíneas do art. 239.°, para além de outros requisitos, estão sempre em causa direitos ou interesses de terceiros, que se pretendem acautelar. Nesta base, feito o registo com infracção das normas que os tutelam, é o valor negativo anulabilidade perfeitamente adequado ao vício em causa.

Embora carecendo de alguns esclarecimentos adicionais, algo semelhante se passa quando o registo seja feito com infracção dos arts. 240.° a 242.°.

O primeiro prevê, no seu n.° 1, a recusa do registo se a marca em causa envolver reprodução ou imitação (nos termos das als. b) e c) do n.° 1 do art. 245.°[29]) «de determinado aspecto exterior, nomeadamente de embalagem, ou rótulo, com as respectivas forma, cor e disposição de dizeres, medalhas, recompensas e demais elementos comprovadamente usados por outrem nas suas marcas registadas».

No art. 241.° está pressuposta a tutela que merecem as chamadas *marcas notórias*. Segundo o n.° 1 do art. 241.°, são estas as marcas notoriamente conhecidas em Portugal, mas não registadas. Nesta base, deve ser recusado o registo de marca que, no todo ou em parte essencial, envolva reprodução, imitação ou tradução de marca notória, se:

a) a marca a registar se puder confundir com a notória na sua aplicação a produtos ou serviços idênticos ou afins;

b) por efeito da aplicação da marca a registar, for possível estabelecer uma associação com a marca notória.

Sendo o registo feito, quando devia ser recusado, é anulável.

O art. 242.° ocupa-se de matéria homóloga, mas relativa agora às denominadas *marcas de prestígio*. Está aqui em causa uma marca não registada, mas que goze de prestígio em Portugal ou na Comunidade Europeia, se for marca comunitária[30]. Se a marca a que respeita o pedido de registo constituir tradução ou for igual ou semelhante a uma *marca de prestígio*, ainda que destinada a produtos ou serviços sem identidade ou afinidade, o registo deverá ser recusado, se:

a) o uso da marca a registar tirar partido indevido do carácter distintivo ou de prestígio da *marca de prestígio*;

b) esse uso puder prejudicar esse carácter distintivo ou esse prestígio.

---

[29] Este preceito fixa o conceito de imitação ou usurpação da marca.

[30] Sobre a marca comunitária, *vd*. Oliveira Ascensão, *A Marca Comunitária*, sep. da Revista *O Direito*, ano 133.° (2001), III, e *Marca Comunitária e a Marca Nacional (Parte II- Portugal)*, sep. da Revista da Faculdade de Direito da Universidade de Lisboa, Coimbra Editora, 2000, e sobre a marca de grande prestígio, *O Conteúdo e a extensão do direito à marca: a marca de grande prestígio*, in Direito Industrial, vol. I, cit., págs. 79 e segs..

Sendo o registo feito contra o disposto no art. 242.°, é anulável.

A invocação da anulabilidade, com fundamento na infracção ao disposto nos arts. 241.° ou 242.°, sofre, porém, uma restrição, por força do n.° 2 do art. 266.°.

A anulabilidade só pode ser invocada se o interessado requerer o registo da marca em que se fundamenta a anulação para os produtos ou serviços que lhe deram notoriedade ou prestígio, consoante os casos.

Faz o n.° 2 do art. 266.° aplicação, em sede de anulabilidade, de um regime paralelo do que os n.ºˢ 2 dos arts. 241.° e 242.° estabelecem quanto à recusa do registo.

Mas, justamente por assim ser, estabelecendo o n.° 2 do art. 240.° regime equivalente para a recusa nele prevista, seria adequado que no n.° 2 do art. 266.° se fizesse também menção do art. 240.°.

IV. A al. b) do n.° 1 do art. 266.° regula uma causa da anulabilidade do registo da marca e de direitos dele derivados que, embora em plano diferente das da alínea anterior, mantém em relação a elas um elemento comum: estão em causa interesses predominantemente particulares.

Trata-se, agora, de o titular do registo pretender, com base nele, fazer concorrência desleal. A esta hipótese equipara a segunda parte da al. b) a de tal concorrência ser possível, independentemente de ser essa a intenção do titular do registo.

24. Regime da anulação

I. Um dos aspectos particulares do regime de anulação do registo da marca ou de produtos dele derivados consta do n.° 3 do art. 266.°.

Estabelece esta norma uma limitação à anulação do registo, quando o fundamento da anulabilidade esteja relacionado com a tutela que deva ser atribuída a uma marca anterior. Consiste ela em a anulabilidade do registo da marca posterior não poder ser invocada, se da marca anterior, que se invoca como fundamento da anulação, não estiver a ser feito uso sério, tal como é definido no art. 268.°.

A razão de ser desta restrição é manifesta: o titular da marca anterior, por não satisfazer o requisito de uso sério, não é digno da tutela que determina a anulação da marca posterior.

II. Para além desta limitação, há, porém, que ter ainda em conta o disposto no art. 267.º, por força do qual, seguindo a terminologia legal, ocorre uma *preclusão por tolerância* do direito de anulação.

A situação correspondente caracteriza-se nos seguintes termos.

O titular de uma marca registada tem conhecimento de estar a ser usada certa marca, registada posteriormente à sua, e tolera esse uso pelo prazo de cinco anos.

O n.º 2 do art. 267.º não qualifica o prazo fixado no n.º 1, ao contrário do que ocorria com o direito pregresso, que o entendia como caso de caducidade (art. 215.º, n.º 2, do *Código de 1995*).

Se, com o seu silêncio, o legislador pretendeu afastar esta qualificação, só o podemos aplaudir. Temos, na verdade, por correcto entender este prazo como de prescrição[31].

Certo é, porém, que o prazo se conta do momento em que o titular da marca anterior teve conhecimento do uso da marca posterior (n.º 2).

O verdadeiro alcance da *preclusão por tolerância* apura-se pelos efeitos por ela produzidos.

Destes, o primário é o de o titular da marca registada anteriormente deixar de poder invocar a anulabilidade do registo da marca posterior.

Mas deixa também de se poder opor à sua utilização, quanto aos produtos ou serviços em relação aos quais se verificou o uso tolerado da marca posterior[32].

A preclusão do direito à anulação apenas põe o titular da marca com registo posterior a coberto da invocação da sua anulabilidade. Com efeito, como se estatui no art. 267.º, n.º 3, daí não decorre a validação do registo posterior, porquanto o titular da correspondente marca não pode invocar a tolerância do uso, para ele, por seu turno, se opor ao direito do titular da marca registada anteriormente, «mesmo que este já não possa ser invocado contra a marca posterior».

A preclusão, estabelecida no n.º 1 do art. 267.º, não se verifica, em relação a qualquer dos efeitos acima identificados, «se o registo da marca posterior tiver sido efectuado de má fé». A razão desta ressalva assenta no facto de o titular da marca posterior não merecer tutela, por causa da sua má fé.

---

[31] *Vd.*, a propósito, o que escrevemos em *Teoria Geral do Direito Civil*, vol. cit., págs. 648-650, 651 e 661-662, sobre os conceitos de prescrição e de caducidade e a delimitação dos dois institutos.

[32] Cfr. art. 258.º.

III. Afastando-se do art. 35.º, que não se ocupa do prazo de interposição da acção de anulação dos títulos de propriedade industrial, o n.º 4 do art. 266.º regula especificamente essa matéria.

Estabelece este preceito que, em regra, as acções de anulação do registo de marcas ou de direitos dele derivados devem ser propostas no prazo de 10 anos. Este prazo conta-se da data do despacho que conceda o registo, afastando-se assim o que a respeito desta matéria ficou exposto no regime geral da invalidade dos direitos industriais[33].

A acção de anulação não depende, porém, de prazo, se o registo da marca tiver sido obtido de má fé. É este o sentido da segunda parte do n.º 4 do art. 266.º, quando nele se afirma que, neste caso, o direito de pedir a anulação «é imprescritível» (*sic!*).

A solução contida neste preceito, em si mesma, é correcta, pois o titular da marca anulável não merece a tutela que a limitação do prazo implica. Mas o mesmo não se pode já dizer da qualificação jurídica da natureza desse prazo.

Sugere, com efeito, a redacção do preceito – quando usa o adjectivo «imprescritível» – que na mente do legislador o prazo nele fixado é de prescrição. Sendo assim, a técnica legislativa do *Código* não pode deixar de merecer reparos, devendo entender-se, apesar da perturbação que o texto acima citado lança na matéria, que o prazo fixado no número anterior é de *caducidade*.

Apontam, neste sentido, os termos em que estabelecemos a distinção entre a prescrição e a caducidade, já acima referenciados.

Assim, o que, em termos correctos, o n.º 4 do art. 266.º significa é o seguinte: a invocação da anulabilidade, havendo má fé, não depende de prazo.

Nem esta solução é caso virgem no regime da anulabilidade[34].

§ 6.º
Recompensas

25. Anulabilidade

I. As especialidades da invalidade, pelo que respeita às recompensas, contêm-se no art. 280.º, que dispõe o seguinte: «o registo é anulável quando for anulado o título da recompensa».

---

[33] *Vd., supra*, n.º 5.III.
[34] Cfr. art. 287.º, n.º 2, do Código Civil.

Para além de um aspecto de pormenor[35], este artigo mantém a redacção da norma correspondente do *Código de 1995* (art. 226.°). Subsistem assim as dúvidas que a aparente simplicidade de qualquer dos preceitos a um primeiro exame encobre.

II. É manifesto que dele resulta, em primeira mão, a submissão da anulabilidade do registo da recompensa ao regime geral da anulabilidade do respectivo título, nos múltiplos aspectos oportunamente estudados.

Mas, na sua aplicação concreta, logo cabe perguntar como opera a anulabilidade, na sua invocação judicial.

O preceito implica a necessidade de distinguir entre anulabilidade do título da recompensa e do registo. Mas dele resulta a precedência daquela sobre esta, pois o registo só é anulável, quando, como se lê no texto legal, for *anulado* (e não simplesmente *anulável*) o título da recompensa. Daí a pertinência da seguinte pergunta: o pedido de anulação do registo tem de ser formulado autonomamente, após a anulação da recompensa ou pode ser cumulado na acção de anulação da recompensa, como consequência desta?

Razões de economia processual conduzem-nos a perfilhar a segunda solução.

III. Outra questão suscitada pelo art. 280.° consiste em saber se, ao fazer menção específica da anulabilidade, tal significa exclusão do regime da nulidade.

A pergunta vale, em particular, para esta modalidade da invalidade do registo, embora não seja também descabida quanto à do próprio título da recompensa.

Em relação a este, vistas as causas da nulidade dos títulos de propriedade industrial, não se pode dizer que elas não façam sentido quanto às recompensas.

Mas, sendo assim, seria muito estranho que o registo fosse anulável quando o título de recompensa seja anulado, mas não quando seja declarado nulo!

Não pode ser.

Mais razoável será entender, afastando embora a presunção do art. 9.°, n.° 3, do Código Civil, que o legislador, neste caso, fez uso menos correcto da expressão *anulado*, devendo entender-se que quis significar *invalidado*.

---

[35] Trata-se de agora se ressalvar expressamente o regime geral do art. 34.°.

§ 7.º
Nome ou insígnia de estabelecimento

26. Considerações prévias

O *Código* introduziu inovações relevantes no regime particular da invalidade do registo do nome ou insígnia de estabelecimento[36]. Na verdade, o art. 244.º do *Código de 1995* referia-se apenas à anulabilidade do registo, prevendo-o quando na sua concessão houvesse infracção de disposições que exigem autorização ou consentimento de terceiros.

A lei nova, nos arts. 298.º e 299.º, ocupa-se, sucessivamente, de causas particulares da nulidade e da anulabilidade do registo do nome ou insígnia de estabelecimento, mas cm termos que merecem alguma censura, pelas razões adiante expostas.

Para além disso, os preceitos acima citados regulam ainda alguns aspectos do regime da invalidade.

Como é habitual, as causas da nulidade e da anulabilidade serão analisadas em dois números separados. No segundo serão incluídos os desvios ao regime da anulação.

27. Causas da nulidade

I. A primeira causa da nulidade do registo do nome ou insígnia de estabelecimento, estabelecida no n.º 1 do art. 298.º, prende-se com a violação das normas que regulam a constituição de qualquer destes direitos industriais. Contêm-se elas, numa formulação positiva, nos arts. 283.º e 284.º e, numa formulação negativa, no art. 285.º.

Na verdade, os arts. 283.º e 284.º estabelecem, sucessivamente, os elementos que podem ser usados na constituição do nome e da insígnia.

Por seu turno, o art. 285.º, sob a epígrafe «fundamentos de recusa»[37], identifica, afinal, os elementos a que se não pode recorrer para constituir o nome ou a insígnia.

---

[36] Sobre este direito privativo, *vd*. Luis Menezes Leitão, *Nome e insígnia de estabelecimento*, *in* Direito Industrial, vol. I, cit., págs. 157 e segs..

[37] É manifestamente infeliz a epígrafe deste preceito – *fundamentos de recusa* –, em si mesma, mas também se tivermos em conta o art. 292.º; em verdade, não só este preceito tem por epígrafe «recusa», como, ao identificar os fundamentos da recusa, inclui o disposto, entre outros, no art. 285.º.

Todavia, a remissão do n.º 1 do art. 298.º para o art. 285.º é manifestamente incorrecta, nos termos genéricos em que se mostra feita.

II. O primeiro indício da inadequação desta norma encontra-se na própria lei: a al. a) do n.º 1 do art. 299.º, ao estabelecer as causas particulares da anulabilidade do registo do nome ou insígnia de estabelecimento, refere igualmente a infracção do «disposto no artigo 285.º»!

A harmonização de normas tão desavindas, o intérprete só pode fazê--la se for admissível distinguir, nas várias alíneas do n.º 1 do art. 285.º, elementos que não sejam admitidos, uns por razões de ordem pública, outros por razões de ordem particular.

Pensamos ser viável esta distinção, até por motivos que, mais uma vez, não abonam nada em favor do legislador.

Em verdade, por força do n.º 1 do art. 285.º além de outros, é considerado, como elemento que do nome ou insígnia não pode fazer parte, «tudo quanto, no n.º 1 do artigo 238.º e nas alíneas a) a e) e h) a j) do artigo 239.º, se refere às marcas» (al. f) do n.º 1 do art. 285.º).

Ora, acontece que a infracção do disposto nestes arts. 238.º, n.º 1, e 239.º é especificamente considerada causa da nulidade do registo, nas als. a) e b) do n.º 2 do art. 298.º, mas não em termos equivalentes aos que constam da al. f) do n.º 1 do art. 285.º!

Quer dizer: no que respeita a alíneas dos arts. 238.º, n.º 1, e 239.º, que estejam referidas na al. f) do n.º 1 do art. 285.º, mas não nas als. a) e b) do n.º 2 do art. 298.º, só pode entender-se haver uma causa de anulabilidade. É o que sucede com a al. d) do n.º 1 do art. 238.º e a al. h) do art. 239.º.

III. Invocando esta legitimação da letra da lei, embora deixando de lado a sua formulação bem incorrecta, consideramo-nos habilitados a repartir – para além do que respeita à al. f) – as alíneas do n.º 1 do art. 285.º em dois grupos, para efeitos de determinação das causas que em relação ao registo do nome ou insígnia de estabelecimento geram nulidade ou anulabilidade.

Pensamos que devem ser referidas à anulabilidade aquelas em que o elemento que não pode fazer parte do nome ou insígnia está directamente relacionado com o interesse de outra pessoa, que pode ser afectado com o seu uso. Pensamos ser isso o que se passa com a infracção do disposto nas als. c) a e), g) e h).

Deste modo, a remissão do n.º 1 do art. 298.º, ao fixar as causas da nulidade, deve entender-se restrita à infracção das als. a), b) e c) do n.º 1 do art. 285.º.

IV. Para além disso, o n.º 2, nas suas als. a) e b), estabelece a nulidade do registo do nome ou da insígnia de estabelecimento, mandando atender, correspondentemente, às causas da nulidade do registo das marcas e de direitos dele derivados, previstas nas als. a) a c) do n.º 1 do art. 238.º e als. a) a e) e i) a l) do art. 239.º[38].

Sem prejuízo do reparo a cima feito, relativamente à necessidade de concertar estas normas com a remissão que o n.º 1 do art. 298.º faz para o art. 285.º, em particular por referência à al. f) do n.º 1 deste preceito, vale aqui, *mutatis mutandis*, quanto em relação às marcas ficou exposto.

V. Mantendo, neste plano, o mesmo paralelismo entre o regime das marcas e o do nome ou insígnia de estabelecimento, o n.º 3 do art. 298.º (tal como o n.º 2 do art. 265.º) manda aplicar à acção de declaração da nulidade o disposto no n.º 3 do art. 238.º, quanto à recusa do registo.

Assim, ainda neste caso, não temos mais do que remeter para o regime da acção de declaração da nulidade do registo da marca.

28. Causas da anulabilidade e regime da anulação

I. As causas da anulabilidade do registo do nome ou insígnia de estabelecimento vêm enumeradas nas als a) e b) do n.º 1 do art. 299.º.

A respeito da al. a) e da sua remissão para o art. 285.º fomos forçados a antecipar o seu alcance, a respeito do n.º 1 do art. 298.º; para aí remetemos.

Quanto à al. b), reproduz, textualmente, a al. b) do n.º 1 do art. 266.º, relativo às marcas.

Valem, aqui, correspondentemente, as observações então feitas sobre esta norma.

II. As particularidades do regime da anulação do registo do nome ou insígnia de estabelecimento vêm reguladas nos n.ºs 2 e 3 do art. 299.º, que correspondem, no seu conjunto, ao n.º 4 do art. 264.º[39], quanto a marcas, cuja regulamentação reproduzem.

---

[38] As als. a) e b) do n.º 2 do art. 298.º reproduzem o texto das als. a) e b) do n.º 1 do art. 265.º, em matéria de marcas.

[39] Não pode, assim, passar sem uma breve referência a assimetria verificada entre estas normas, com prejuízo da técnica legislativa. Não deixa também de ser curioso o facto de no *Código* se ter perfilhado, nesta questão, em sede de nome ou insígnia de estabeleci-

Está em causa o prazo de propositura da acção de anulação para o qual vale, por esta coincidência, o que ficou exposto a respeito do segundo dos preceitos citados.

§ 8.º
Logótipo

29. Remissão

O art. 304.º manda aplicar aos logótipos «as disposições relativas aos nomes e insígnias de estabelecimento», com as necessárias adaptações.

O carácter genérico da remissão e a manifesta proximidade entre estas duas categorias de direitos privativos justificam o entendimento de nela se compreender o regime da invalidade estabelecido nos arts. 298.º e 299.º.

§ 9.º
Denominações de origem e indicações geográficas

30. Considerações prévias

O *Código de 1995* não continha normas específicas sobre a invalidade deste direito privativo[40]. Esta solução foi agora alterada, revelando, no legislador, uma manifesta preocupação de, nos vários direitos privativos, adoptar um tratamento uniforme.

Assim, os arts. 313.º e 314.º estabelecem causas particulares da nulidade e da anulabilidade do registo das denominações de origem e das indicações geográficas. No segundo tipo da invalidade identifica-se ainda um ponto particular do regime da anulação.

---

mento, uma divisão do regime do prazo em dois preceitos que o *Código de 1995* adoptava em matéria de marcas (art. 214.º, n.ºs 5 e 6), e agora foi abandonada quanto a este direito privativo.

[40] Sobre este direito privativo, *vd.* A. F. Ribeiro de Almeida, *Indicação Geográfica, Indicação de Proveniência e Denominação de Origem (Os nomes geográficos na Propriedade Industrial)*, in Direito Industrial, vol. I, cit., págs. 51 e segs., e *Denominações Geográficas e Marcas*, in Direito Industrial, vol. II, Almedina, Coimbra, 2002, págs. 341 e segs..

Seguindo o exemplo da lei, mantemos o esquema habitual na exposição destas matérias.

31. Causas da nulidade

A identificação das causas particulares da nulidade do registo das denominações de origem e das indicações geográficas é feita, no art. 313.º, como em outros direitos privativos, por referência aos fundamentos da recusa do correspondente registo.

Estes constam do art. 308.º, limitando-se o art. 313.º a destacar nesses fundamentos os constantes nas als. b), d) e f). Sendo o registo feito com violação do disposto nestas normas, ele é nulo.

Só temos que assinalar serem estas as alíneas que, do ponto de vista de valor negativo do registo, contemplam situações a cuja violação deve corresponder a nulidade. É, pois, correcto o critério adoptado pelo legislador.

32. Causas da anulabilidade e regime da anulação

I. O n.º 1 do art. 314.º segue, para a anulabilidade, a solução adoptada, na nulidade, no art. 313.º.

O registo de uma denominação de origem ou de uma indicação geográfica é anulável quando tenha sido concedido com violação do disposto nas als. a), c), e) e g) do art. 308.º. São estas as restantes alíneas que neste preceito estabelecem fundamentos da recusa do registo.

Em face do que ficou dito no número anterior, já se deixa ver que às situações nelas descritas, quando violadas na concessão do registo, quadra o valor negativo anulabilidade.

II. Em sede de normas particulares relativas ao regime da anulação, os n.os 2 e 3 do art. 314.º regem sobre o prazo de propositura da correspondente acção.

Reproduzem estes preceitos, ponto por ponto, o texto dos n.os 2 e 3 do art. 299.º, que regulam a mesma matéria quanto aos nomes ou insígnias de estabelecimento.

Ora, como então ficou anotado, qualquer destas duas normas, no seu conjunto, correspondem ao n.º 4 do art. 264.º, aplicável à anulação do registo das marcas e direitos dela derivados.

Por assim ser, só temos aqui que remeter para o que, no local próprio, dissemos sobre o n.º 4 do art. 264.º, com as necessárias adaptações.

Capítulo III
Análise Crítica do Regime da Invalidade

33. Razão de ordem

Encetamos agora, segundo o esquema oportunamente anunciado, uma análise do regime da invalidade dos direitos industriais, com o objectivo de avaliar a sua adequação, do ponto de vista técnico-jurídico.

Ao longo da exposição anterior, por necessidade de compreensão das soluções adoptadas pelo direito positivo, tivemos já oportunidade de pôr em destaque algumas imperfeições do *Código* no plano da técnica legislativa. Elas não deixam de ser relevantes quando se aprecia criticamente esse diploma legal, pois se projectam, por vezes, no tratamento substancial das matérias, e, por isso, devem aqui dar-se como presentes.

Todavia, a preocupação que agora nos domina é outra.

Trata-se de apurar, numa perspectiva global, e por referência a certos aspectos mais relevantes do regime da invalidade no domínio dos direitos industriais, se, na transposição do regime comum – civilístico –, o *Código* adoptou as soluções mais acertadas. Sem perder de vista, como logo de início referimos, que, ao aplicar-se a outras áreas do Direito, a *invalidade,* que o Código Civil constrói na perspectiva da função do negócio jurídico, há-de ajustar-se á maneira de ser dos institutos em que passa a funcionar.

Mas, trata-se também de apurar se, ressalvados estes ajustamentos, o regime da invalidade, visto no plano interno – sistemático – desses institutos, se apresenta como um todo coerente.

São estes, como já se deixa ver, dois planos diferentes, que, como tais, colocam questões diferentes. No primeiro, estão em causa, de um lado, a dicotomia nulidade/anulabilidade acolhida pelo *Código* e, do outro, a invalidade como causa da extinção dos direitos industriais. No segundo, situamos a análise do objecto da invalidade e a articulação do seu regime com o da recusa da concessão dos direitos industriais.

Estas são as matérias que passamos a analisar em números separados.

34. A dicotomia nulidade/anulabilidade

I. O *Código*, tal como o diploma que o antecedeu, distingue, na invalidade dos direitos industriais, a nulidade da anulabilidade.

O que nos propomos averiguar é se o regime de cada um desses valores negativos, na aplicação que o *Código* deles faz aos direitos industriais, respeita o que há de essencial na delimitação que entre eles deve ser estabelecida.

A compreensão das observações que esta tarefa nos sugere só se alcança plenamente se estiver presente a concepção por nós perfilhada na configuração da invalidade e, correspondentemente, da ineficácia.

Tendo já tido oportunidade de a expor em escritos anteriores, entendemos ser-nos permitido enunciá-la aqui nas suas linhas fundamentais, a preencher com os dados que naqueles constam[41].

II. É nossa convicção que a invalidade constitui, no quadro dos valores negativos do negócio jurídico, uma categoria dogmática *a se*, contraposta à ineficácia *stricto sensu*.

A invalidade reveste várias modalidades – absoluta ou relativa, insanável ou sanável, com eficácia automática ou sem eficácia automática[42] –, demarcadas pelo seu regime.

O Código Civil, por razões em que dominam preocupações pragmáticas, dirigidas a uma mais fácil regulamentação da matéria, a partir dessas várias modalidades, constrói dois *tipos* de invalidade: a *nulidade*, que caracteriza como uma invalidade absoluta, insanável e com eficácia automática; e a *anulabilidade*, que caracteriza como invalidade relativa, sanável e sem eficácia automática.

Como é manifesto a cada um destes *tipos* corresponde um *regime típico*, contido, no Código Civil, fundamentalmente, para a nulidade, no art. 286.° e, para a anulabilidade, nos arts. 287.° e 288.°.

Esta tipificação não é incompatível com aspectos de regime comuns a qualquer dos tipos, como claramente evidenciam os arts. 289.° a 293.° do Código Civil. Mas não é também incompatível com desvios ao regime típico da nulidade ou anulabilidade, situações comummente identificadas

---

[41] Cfr. *Teoria Geral do Direito Civil*, vol. cit., págs. 464-466.
[42] Há, ainda que distinguir entre *invalidade total* e *parcial*, mas estas modalidades situam-se num plano diferente das enunciadas no texto e não relevam para demarcar a nulidade da anulabilidade.

como *invalidades mistas*, que, da nossa parte, por uma razão de coerência com a construção adoptada, preferimos denominar como nulidades ou anulabilidades *atípicas*.

Uma das questões que nesta complexa matéria preocupam a doutrina, independentemente do modo como a nulidade e a anulabilidade são concebidas, é a do critério que preside à sua delimitação.

Não é este o local para entrarmos nesse ainda controvertido debate doutrinal[43], limitando-nos também a manifestar aqui o critério que temos por acolhido no Direito Civil português. Chama ele à colação, nesta matéria, a prevalência do interesse público ou privado, que se visa tutelar ao atribuir relevância invalidante a certos vícios do negócio jurídico[44]. Temos por relevantes, para o efeito, de um lado, a regra geral contida no art. 294.º do Código Civil e, do outro, o diferente regime da legitimidade para invocação da nulidade e da anulabilidade, patenteado pelo confronto dos arts. 286.º e 287.º, n.º 1, desse diploma legal.

III. Pressupostas as considerações da alínea anterior, vejamos como a questão da destrinça entre a nulidade e a anulabilidade dos direitos industriais se deve colocar.

Entendemos legítimo partir, para tanto, da função da propriedade industrial, tal como a concebe o art. 1.º do *Código*. Dispõe-se nele que «a propriedade industrial desempenha a função de garantir a lealdade da concorrência, pela atribuição de direitos privativos sobre os diversos processos técnicos de produção de riqueza».

Se desenvolvermos o conteúdo deste preceito, temos por correcto descortinar nele, lado a lado, uma *função social* e uma *função particular* ou individual da propriedade industrial. De resto, não estamos aqui a fazer

---

[43] Cfr., sobre este ponto, a nossa *Teoria Geral do Direito Civil*, vol. cit., págs. 466-467; para uma análise mais desenvolvida do problema, com referências, *vd*. Pedro Leitão Pais de Vasconcelos, *A Procuração Irrevogável*, Almedina, 2002, págs. 156 e segs..

[44] O critério da violação prevalente de interesses públicos ou privados, para distinguir a nulidade da anulabilidade, foi invocado por Oliveira Ascensão, em estudo dirigido ao Projecto do *Código de 1995* (*A Segunda Versão*, cit., pág. 76). O mesmo critério é mantido em estudo mais recente, também a respeito do regime da invalidade da patente (*Parecer sobre «Proposta de Alteração do Código da Propriedade Industrial»*, sep. da Revista da Faculdade de Direito da Universidade de Lisboa, Coimbra Editora, 2000, pág. 327), e retomado em *A reforma do Código da Propriedade Industrial*, in Direito Industrial, vol. I, cit., págs. 481 e segs.. A crítica era dirigida a normas da *Proposta* que estabeleciam a anulabilidade para situações a que melhor quadra a nulidade, solução que no *Código* foi corrigida.

senão uma aplicação específica do que é hoje entendimento corrente relativamente à função da propriedade em geral[45].

A *função social* da propriedade industrial prende-se com interesses gerais da economia e dos consumidores.

Pelo que respeita à sua *função particular*, conexa com a actividade dos empresários, a propriedade industrial partilha do princípio da autonomia privada, na sua projecção na liberdade de iniciativa económica privada, constitucionalmente consagrada (art. 61.°, n.° 1). Neste plano, estão em causa interesses privados que se prendem com o fomento e desenvolvimento do valor económico dos direitos industriais, o aumento da capacidade de ganho e o progresso técnico e económico.

Do nosso ponto de vista, à delimitação destes dois planos na função da propriedade industrial não podem deixar de corresponder *sanções* diferentes, consoante esteja em causa a violação dos interesses tutelados por uma ou outra das assinaladas funções.

Assim, vícios dos direitos industriais que afectem a sua função social hão-de gerar nulidade, enquanto a anulabilidade será o valor negativo adequado à afectação de interesses correspondentes à função particular.

IV. Se rememorarmos aqui, à luz das observações anteriores, as causas da nulidade e da anulabilidade dos direitos industriais, quer no seu regime geral, quer no regime particular dos direitos privativos, podemos assentar em que o *Código* não suscita reparos relevantes.

Na verdade, salvo alguns desacertos oportunamente assinalados, a repartição das causas da invalidade pelos dois tipos que ela reveste respeita em geral o critério acima definido.

O mesmo já se não pode dizer, porém, quando consideramos o regime geral da legitimidade para invocar a anulabilidade estatuído na primeira parte do n.° 2 do art. 35.°.

Essa legitimidade, para seguir o modelo fixado no n.° 1 do art. 287.° do Código Civil, devia ser limitada às pessoas cujos interesses são afectados pelo vício que gera o valor negativo, por serem elas as tuteladas com a *sanção* da anulabilidade; ou seja, por outras palavras, às pessoas no interesse de quem a anulabilidade é estabelecida.

---

[45] A nossa posição nesta matéria está expressa *in Teoria Geral do Direito Civil*, vol. I, 3.ª ed., rev. e act., U.C.E., Lisboa, 2001, pág. 93, e *Lições de Direitos Reais*, 4.ª ed., rev. e act., Quid Juris, Lisboa, 2003, págs. 198-199.

Ora, não é este o significado do art. 35.°, n.° 2, ao atribuir legitimidade a *qualquer interessado*. Basta para tanto ter presente que *qualquer interessado* – fórmula acolhida no art. 286.° do Código Civil para definir a legitimidade para invocação da nulidade – significa, como a doutrina assinala, o «sujeito de qualquer relação jurídica afectada, na sua consistência jurídica ou prática, pelos efeitos a que o negócio se dirigia»[46]. Transposta para a invalidade dos direitos industriais, esta noção identifica o titular de qualquer situação jurídica, afectada, nos termos expostos, pela manutenção do direito industrial a que a nulidade respeita.

Ora, esta é uma *posição* muito mais ampla do que a ocupada pelas pessoas a favor de quem a anulabilidade é estabelecida, sendo a diferença justificada, no regime do Código Civil, pela diferente natureza dos interesses envolvidos num caso e no outro.

Ficou atrás demonstrado que a distinção, na invalidade dos direitos industriais, entre causas geradoras da nulidade e da anulabilidade se ajusta ao critério da natureza prevalentemente pública ou privada dos interesses em jogo.

Nesta base, não se vislumbra razão para, com quebra da harmonia do sistema, o *Código*, insistindo numa solução inadequada que vinha do direito anterior – e para a qual Oliveira Ascensão repetidamente chamara a atenção[47] – atribuir legitimidade para arguir a anulabilidade a qualquer interessado.

Mas, por esta mesma ordem de razões, não temos também por correcta a atribuição, ao Ministério Público, de legitimidade para invocação da anulabilidade, uma vez que, por definição, não está em causa o interesse público, mas o privado.

35. A invalidade como causa da extinção dos direitos de propriedade industrial

I. A *arrumação* da matéria da invalidade no *Código*, indiciada na epígrafe deste número, suscita-nos uma nota de censura.

---

[46] É esta a noção de C. Mota Pinto (*Teoria Geral do Direito Civil*, 3.ª ed., act., 1.ª reimp., Coimbra Editora, 1986, pág. 611), que perfilhamos (*Teoria Geral do Direito Civil*, vol. II cit., pág. 470).

[47] Relativamente a textos preparatórios de qualquer desses dois Códigos; cfr. estudos citados na nota (44).

Trata-se de o regime da invalidade ser enquadrado, sob a epígrafe *extinção*, não só no regime geral (Capítulo IV, que começa no art. 33.º), sendo aí a invalidade tratada conjuntamente com a caducidade e a renúncia, mas também nos regimes particulares das marcas (Secção que começa no art. 265.º) e das recompensas (Secção que começa no art. 280.º), nestes dois casos surgindo, conjuntamente com a invalidade, a caducidade.

Como vício de sinal contrário, nas topografias de produtos semicondutores a Secção que começa no art. 170.º tem por epígrafe «invalidade», mas abarca também a caducidade.

O tratamento da invalidade em conjunto com outras figuras jurídicas ocorre ainda em relação ao nome ou insígnia de estabelecimento (transmissão[48] e caducidade) e às denominações de origem e indicações geográficas (efeitos e caducidade). Contudo, nestes casos, as epígrafes das correspondentes secções (com começo, respectivamente, nos arts. 297.º a 310.º), identificando todos os institutos que regulam, não usam uma designação genérica; escapam, assim, à censura de seguida feita.

O vício vinha já do *Código de 1995*, onde assumia maior projecção quantitativa, pois, além do regime comum, se situava ainda nos regimes particulares das patentes, dos modelos de utilidade, das marcas e das recompensas, com a agravante de nem sequer haver identidade entre as respectivas epígrafes, usando-se umas vezes *extinção* e outras *cessação*.

II. A sistematização acima identificada é, do ponto de vista da técnica jurídica, flagrantemente imperfeita.

Nem receamos ser acusados de excesso de rigor ou de pruridos jurídicos, ao assiná-lo, pois, como passamos a demonstrar, está em causa um mau uso da terminologia científica do Direito e esta é essencial à boa compreensão e aplicação das normas jurídicas.

Ao regular a invalidade por referência à extinção dos direitos de propriedade industrial, o legislador parece, pelo menos, atribuir à declaração da nulidade e à anulação um efeito incompatível com a maneira de ser destes valores negativos, fazendo, concomitantemente, mau uso da palavra *extinção*.

Começando por este aspecto, basta recordar que por *extinção* se entende o *desaparecimento*, da ordem jurídica, de uma determinada si-

---

[48] Não podemos deixar passar em claro quanto é incorrecto referir a transmissão ao registo (art. 297.º), erro em que o legislador cai mais vezes (cfr., *v.g.*, quanto às marcas, art. 262.º).

tuação jurídica que, assim cessa a sua *vida* e, por isso, sai também da esfera de certa pessoa.

Tal pressupõe que essa situação existia, do ponto de vista do Direito, antes da verificação do facto que é causa da sua extinção.

Ora, o que caracteriza a *invalidade* – demarcando-a da *simples ineficácia* – é a natureza genética dos vícios que a geram, que, por assim ser, andam ligados à formação da figura jurídica que afectam. Com esta nota, harmoniza-se perfeitamente o princípio que preside aos efeitos da invalidação: a retroactividade.

Por outras palavras, declarada nula ou anulada certa figura jurídica, tudo se passa, para o Direito, como se ela mesma nunca tivesse existido. Como bem assinala Oliveira Ascensão, embora referindo-se ao projecto de uma norma relativa às patentes, «por natureza, a declaração de nulidade ou a anulação desaproveitam o acto desde o início»[49]. Não faz, assim, sentido falar em extinção, por esta ser incompatível com a retroacção dos efeitos da invalidação.

Vimos, a seu tempo que, embora com restrições – que, de resto, também se verificam no regime comum da invalidade –, o *Código* consagra o princípio da retroacção (art. 36.º); assim, identificar, no caso, uma extinção dos direitos de propriedade industrial constitui um conflito intra-sistemático, que bem podia ter sido evitado.

36. O objecto da invalidade

I. A exposição do regime da invalidade revelou-nos que, segundo o texto da lei, ela aparece referida a *realidades* diferentes, o que não pode deixar de constituir, pelo menos a um primeiro exame, motivo de perplexidade. Com efeito, no regime geral fixado nos arts. 33.º a 36.º, a invalidade é reportada aos títulos de propriedade industrial; nos regimes particulares há a distinguir: nas invenções, objecto da invalidade são as patentes e os modelos de utilidade; nos restantes direitos privativos, para o *Código*, nulo ou anulável é o registo.

Esta divergência textual acentua-se se tivermos presente a prática adoptada pelo legislador, que de seguida exemplificamos com as patentes, mas surge repetida quanto a todos os regimes particulares. Estamos a referir-nos ao facto de no art. 113.º, ao fixar as causas da sua nulidade, se

---

[49] *A Segunda Versão*, cit., pág. 77.

começar por ressalvar o disposto no art. 33.º. Literalmente, tal significa que as causas enunciadas neste preceito como causa da nulidade dos títulos de propriedade industrial são também causas da nulidade ... das patentes[50].

Se para a diversidade verbal que vimos assinalando se não encontrar fundamento ou explicação, estaremos perante a mais criticável solução do *Código*, no plano específico da invalidade dos direitos de propriedade industrial, já se deixa ver.

E teremos também de concluir que o legislador não conseguiu evitar um dos riscos inerentes à inclusão de uma *parte geral* no Código da Propriedade Industrial[51-52]: imperfeita articulação entre o regime comum e os regimes particulares.

Vejamos mais de perto.

II. Deixando, por ora, de lado, o que respeita aos direitos privativos, seria de esperar que, nos preceitos onde é estabelecido o seu regime geral, a invalidade fosse referida a algo que permitisse abranger a generalidade daqueles direitos – na sua diversidade –, admitindo, por ora, que, aí, esta tem justificação.

A resposta a esta questão não pode ser dada sem previamente esclarecer o que se deve entender por *títulos* de propriedade industrial a que os arts. 33.º e seguintes referem a invalidade.

III. Invocando à letra a presunção do art. 9.º, n.º 3, do Código Civil, e para não atribuirmos ao legislador o vício legislativo de não traduzir o seu pensamento em termos técnicos adequados, a primeira solução a en-

---

[50] O exemplo dado no texto torna-se ainda mais significativo nos direitos privativos em que a invalidade é referida ao registo.

[51] O problema da adopção de uma parte geral foi suscitado, no processo legislativo que conduziu ao *Código*, por Oliveira Ascensão (*Observações*, cit., pág. 658).

[52] A sistematização do *Código*, repartindo o seu articulado em dois títulos – «Parte Geral» e «Regimes Jurídicos da Propriedade Industrial» –, foi recebida do *Código de 1995*.

Ela tem, por certo, a vantagem de formular uma série de preceitos comuns a todos os direitos industriais, evitando que certos pontos do seu regime sejam sucessivamente repetidos em relação a cada um deles, como sucedia no Código de 1940, que não tinha disposições gerais relativas à invalidade (cfr. art.s 32.º e 33.º, 69.º e 70.º, 122.º e 123.º, 138.º e 139.º e 159.º e 160.º, respectivamente, para as patentes, os modelos e desenhos, as marcas, as recompensas e o nome ou insígnia de estabelecimento.

Mas exige, em contrapartida, uma apurada técnica legislativa, na selecção do que deve caber na parte geral e na particular e na articulação entre os respectivos regimes.

saiar não pode deixar de ser a de recorrer ao art. 7.º do *Código*, onde se faz uso da palavra *título* por referência aos direitos de propriedade industrial.

Ora, segundo este preceito, no seu n.º 1, a prova desses direitos «faz--se por meio de títulos, correspondentes às suas diversas modalidades». Esclarecendo o alcance desta norma, o n.º 2 do mesmo artigo acrescenta que «os títulos devem conter os elementos necessários para uma perfeita identificação do direito a que se referem».

Embora o *Código* não o diga expressamente, não podemos deixar de considerar nele implícito que a emissão destes títulos cabe ao Instituto Nacional da Propriedade Industrial – e a al. j) do art. 5.º dos seus *Estatutos* confirma-o.

Em suma, os *títulos* são, afinal, documentos autênticos que fazem prova dos direitos de propriedade industrial e do seu conteúdo.

Neste sentido, o recurso à palavra *títulos*, adoptada pelos arts. 33.º a 36.º, mostrar-se-ia apto a abranger todos os direitos industriais, pois o art. 7.º a todos é aplicável; mas pecaria por outra razão.

Não temos, na verdade, por adequado referir a invalidade ao título, em si mesmo, enquanto documento, pois isso a situaria num plano meramente formal, quando os vícios que a geram respeitam a aspectos *substantivos* e *substanciais* ou *adjectivos* dos direitos industriais. Assim o revela a exposição feita no Capítulo II.

IV. Afastada a via que atrás tentámos percorrer, a referência a *títulos*, no regime geral da invalidade em propriedade industrial torna-se *nebulosa*, impondo-se tentar esclarecê-la pela articulação com o objecto da invalidade dos direitos privativos.

Ora, quanto a estes, as diferentes soluções acima anotadas podem explicar-se pelos diferentes tipos que a análise do regime da sua concessão nos revela.

Assim, às invenções respeitam as *patentes* e os *modelos de utlidade*; os restantes casos são objecto de *registo*. A esta tipificação, que o *Código* acolhe em vários preceitos (cfr. arts. 4.º, n.º 1, 5.º, n.º 1, 6.º e 29.º, n.º 1), correspondem dois procedimentos diversos[53]. Um para as patentes e mo-

---

[53] No *Código de 1995* referia-se um processo de patente (arts. 57.º e segs.), de modelo de utilidade (arts. 127.º e segs.) e um processo de registo para os modelos e desenhos industriais (arts. 150.º e segs.), as marcas (arts. 181.º e segs.), as recompensas (arts. 223.º e segs.), o nome e insígnia de estabelecimento (arts. 233.º e segs.) e as denominações de origem e indicações geográficas (arts. 252.º e segs.).

delos de utilidade, que podemos designar *processo de concessão* (respectivamente arts. 61.º e seguintes e 124.º e seguintes), outro para os demais direitos privativos, que a lei identifica, expressamente, como *processo de registo*[54-55].

V. As observações anteriores podem – assim o esperamos – ajudar a clarificar as soluções do *Código* e conduzir mesmo à conclusão de, afinal, ao referir a invalidade aos títulos de propriedade industrial, às patentes, aos modelos de utilidade e ao registo, o legislador não estar a significar realidades diferentes, sem prejuízo de o ter feito em termos pouco adequados, do ponto de vista formal.

Mas, a nosso ver, o principal vício que pode ser apontado ao Código é outro – e este é substancial. Pensamos que o Prof. Oliveira Ascensão *pôs o dedo na ferida* quando, em observações dirigidas a uma proposta surgida aquando da elaboração do *Código*, escreveu:

«O direito recai sobre a invenção, sobre o modelo de utilidade, sobre o desenho ou modelo industrial. Por ter esse direito é concedida a patente ou é realizado o registo. Mas o direito não recai sobre o registo; o direito ao registo ou à patente é um direito instrumental, para assegurar aquele direito substantivo»[56].

Na al. i) do art. 5.º dos *Estatutos* do Instituto da Propriedade Industrial faz-se ainda referência a *processo de depósito* para os vários direitos privativos, mas desta norma tem de ser feita interpretação actualista, para a integrar no sistema do Código.

[54] Cfr., para as topografias de produtos semicondutores, art.s 160.º e segs.; para os desenhos ou modelos, art.s 184.º e segs.; para as marcas, art.s 233.º e segs.; para as recompensas, art.s 274.º e segs.; para o nome ou insígnia de estabelecimento, art.s 286.º e segs.; e para as denominações de origem e indicações geográficas, art.s 307.º e segs..

Relativamente aos logótipos, dada a singeleza do seu regime, esta matéria não tem tratamento autónomo; todavia, a remissão genérica do art. 304.º para a regulamentação do nome ou insígnia de estabelecimento, faz que para que ele valha, igualmente, o que vai afirmado no texto.

[55] Deste procedimento de registo deve manter-se distinto o registo que outro preceito dos *Estatutos* prevê (al. j) do mesmo art. 5.º), cuja realização inclui entre as atribuições do Instituto da Propriedade Industrial: *registo actualizado* de todos os direitos industriais. É que este registo não respeita apenas à concessão dos direitos, mas a todos os actos a eles relativos, justamente para que se cumpra o objectivo expressamente previsto na lei, de resto necessário à sua função: a sua actualização para «garantir a veracidade da certificação e a existência de outros meios de prova documental necessários à resolução de eventuais conflitos no âmbito da propriedade industrial».

[56] *Observações*, cit., pág. 660.

Segundo cremos, o direito substantivo a que se refere Oliveira Ascensão – na generalidade dos direitos industriais[57] – tem a sua causa jurídica num acto que traduz uma exteriorização do espírito humano – *acto jurídico simples* – e tem por objecto um bem imaterial, sem prejuízo da sua *materialização* em coisas materiais e corpóreas (o chamado *corpus mechanicum*)[58].

Todavia, aquele acto só por si não faz surgir um *direito de propriedade industrial* (*stricto sensu*, digamos), pois este está dependente da *verificação* de certos requisitos, mediante um procedimento administrativo, que culmina na concessão da patente ou do modelo industrial, ou no registo. Nesta perspectiva, e segundo entendemos, a causa jurídica dos direitos industriais é complexa.

Ora, por assim ser, os *vícios* que são tratados como causas de invalidade dos direitos industriais tanto podem respeitar ao acto jurídico simples acima identificado, como ao procedimento, muito embora, no primeiro caso, ele não deixe, em regra, de inquinar também o procedimento. Em suma, podem ser vícios *substantivos* ou *adjectivos*.

Em rigor técnico jurídico o *Código*, devia, na invalidade, distinguir estes dois planos[59], o que não ocorre.

Todavia, tal não significa que nas causas da invalidade nele previstas não se identifiquem vícios *substantivos* e *adjectivos* dos direitos industriais. Reportando-nos apenas às causas comuns, respeitam a vícios *substantivos* as da nulidade contidas nas als. a) e c) do n.º 1 do art. 33.º e as da anulabilidade consagradas no art. 34.º. Mas liga-se a vício *adjectivo* a causa da al. b) do n.º 1 do art. 33.º.

---

[57] As excepções verificam-se quanto às recompensas e às denominações de origem e indicações geográficas.

[58] Sobre o objecto dos direitos privativos, cumpre ver, na doutrina portuguesa, Carlos Olavo, *Propriedade Industrial*, cit., págs. 21 e segs., ainda que a posição exposta no texto nem sempre coincida com a deste Autor.

[59] Em sentido próximo ao exposto se pronuncia Oliveira Ascensão quando afirma que a distinção entre o direito e o registo, a patente ou desenho «tem depois muita importância quando se passa ao capítulo de invalidade. É que a invalidade pode atingir o direito ou o registo. Se atinge o direito, comunica-se ou pode comunicar-se ao registo. Mas pode o direito estar impecável, e o acto de registo em si estar inquinado. O regime jurídico não pode deixar de corresponder a esta diversidade.» (*Observações*, cit., pág. 661).

37. A articulação entre o regime da recusa e da invalidade dos direitos industriais

I. A exposição do regime da invalidade dos direitos de propriedade industrial deu-nos o ensejo de verificar que, relativamente a alguns direitos privativos, as causas particulares da nulidade e da anubalibidade eram estabelecidas por remissão para causas da recusa.

A articulação entre as causas da recusa e da invalidade é, em tese geral, de louvar, porquanto, se um direito tiver sido concedido quando havia fundamento para ser recusado, foi-o indevidamente, mal se compreendendo que o seu valor jurídico não seja afectado. Em sentido favorável à manutenção da correspondência entre o motivo da recusa e a causa da invalidade pronuncia-se, embora incidentalmente, Oliveira Ascensão[60]. A nosso ver, só assim não deverá acontecer em casos muito contados, quando o fundamento da recusa a ela esteja especificamente ligado.

II. O que nos propomos, nesta última fase da análise crítica do *Código*, é apurar se essa articulação se mostra feita em termos adequados. Para tanto, tiramos partido de observações contidas no Capítulo II, relativamente a certas imperfeições então anotadas, por exigência de clarificação do correspondente regime, e que agora daremos como presentes.

III. A investigação dos fundamentos da recusa e das causas da invalidade tem de ser dirigida, tanto aos gerais como aos particulares.

Todavia, para evitar repetições, podemos antecipar que, dos «fundamentos gerais de recusa», contemplados no n.º 1 do art. 24.º, aqueles que relevam para efeito da invalidade, são os das als. c) e e).

Ora, aos das als. c) e e) correspondem – e bem – causas gerais da nulidade identificadas, respectivamente, nas als. b) e c) do n.º 1 do art. 33.º.

Fica, assim, de fora, o fundamento da al. d), onde se atende à intenção de o requerente fazer concorrência desleal ou à possibilidade de esta ocorrer independentemente dessa intenção. A nosso ver, este fundamento, que surge, por vezes, como causa particular da anulabilidade de certos direitos privativos, merecia ter correspondência numa causa geral da anulabilidade, ao lado das alíneas do n.º 1 do art. 34.º.

---

[60] *Observações ao Projecto de Alterações ao Código da Propriedade Industrial da CIP e da CCI*, sep. da Revista da Faculdade de Direito da Universidade de Lisboa, Coimbra Editora, 1998, pág. 659.

Análise mais desenvolvida tem de ser feita relativamente às causas particulares, pois nela temos de considerar separadamente as soluções estabelecidas no *Código* quanto a cada um dos direitos privativos.

IV. Os motivos da recusa da patente vêm consignados no art. 73.º. Feito o seu confronto com as causas da sua nulidade, verifica-se que as als. a), c) e d) do seu n.º 1 correspondem às als. a), c) e d) do n.º 1 do art. 113.º. Quanto à al. b) do n.º 1 do art. 113.º só se afasta da al. b) do art. 113.º, por nesta se fazer menção, além dos arts. 52.º e 53.º, ao art. 51.º. Esta diferença só confirma o que a seu tempo sustentámos a respeito da sua indevida inclusão no art. 113.º[61].

Por seu turno, a al. f) do n.º 1 do art. 73.º tem correspondência na al. b) do n.º 1 do art. 34.º, tal como o n.º 2 daquele preceito a tem no n.º 2 deste[62].

À al. e) do n.º 1 do art. 113.º não corresponde qualquer causa específica da invalidade das patentes; está nela em causa o facto de ser considerado como desenho ou modelo o que se pretende proteger como patente. Ora, sendo assim, tal significa que *esse objecto* não é digno de protecção como patente. Deve, consequentemente, entender-se que este motivo da recusa se encontra coberto pela causa geral da nulidade da al. a) do n.º 1 do art. 33.º: objecto insusceptível de protecção.

Em suma, sem prejuízo das notas anteriores, não há aqui reparos relevantes na articulação dos motivos da recusa com as causas da invalidade.

V. À semelhança do que, como oportunamente ficou demonstrado, ocorre quanto às causas da invalidade, o elenco dos motivos da recusa dos modelos de utilidade apresenta significativa proximidade dos das patentes.

Assim, já se deixa ver que as considerações que cumpre tecer quanto ao art. 137.º, que regula os motivos da recusa dos modelos de utilidade, não se afastam sensivelmente das relativas ao art. 113.º.

As als. a), c) e d) do n.º 1 do art. 137.º correspondem às causas particulares da nulidade das als. a), c) e d) do n.º 1 do art. 151.º.

---

[61] Cfr., *supra*, n.º 11.III.

[62] No n.º 2 do art. 113.º, por manifesto lapso, não se identifica a alínea do número anterior a que se pretende fazer referência; mas ela só pode ser a al. f), o que se apura por simples confronto com o n.º 2 do art. 34.º e, ainda mais nitidamente, com o n.º 2 do art. 137.º, que estabelece regime homólogo para os modelos de utilidade.

Até o momento em que escrevemos – Maio de 2003 –, este e outros lapsos do *Código* não foram ainda objecto de rectificação no *Diário da República*.

A al. b) do n.º 1 do art. 137.º apenas diverge da al. b) do n.º 1 do art. 151.º, por não incluir remissão para o art. 117.º, ao contrário do que neste acontece. Também aqui a solução mais correcta é a do art. 137.º[63].

Finalmente, vale para a al. f) do n.º 1 do art. 137.º o que ficou dito em relação à disposição equivalente em matéria de patentes (al. f) do art. 73.º)[64].

Em face do exposto, também em sede de modelos de utilidade a articulação do regime da recusa e da invalidade não merece reparos relevantes, para além das observações acima feitas.

VI. Os motivos da recusa das topografias de produtos semicondutores vêm estatuídos nas várias alíneas do n.º 1 do art. 161.º.

No seu confronto com as causas da invalidade deste direito privativo, fácil é apurar que nestas têm correspondência adequada aqueles motivos.

Assim acontece quanto às als. a) e b) do n.º 1 do art. 161.º, por referência à al. a) do n.º 1 do art. 170.º, em sede de nulidade. O mesmo se verifica entre as als. c) e d) do n.º 1 do art. 161.º, quanto às als. b) e c) do art. 170.º.

Finalmente, pelo que respeita ao motivo da al. e) do n.º 1 do art. 170.º, se o registo for concedido quando devia ser recusado por infracção dos preceitos nele citados, configura a al. b) do n.º 1 do art. 34.º uma causa geral da anulabilidade.

A favor da correcta coordenação entre os regimes da recusa e da invalidade das topografias, que a exposição anterior evidencia, acresce o facto de a mesma se verificar entre o n.º 2 do art. 161.º e o n.º 2 do art. 34.º.

VII. A avaliação positiva referida nas alíneas anteriores repete-se quando se passam a analisar, nos desenhos ou modelos, os motivos da sua recusa, fixados nos arts. 197.º, e a confrontá-los com as causas da invalidade.

Assim, as als. a), d) e g) do n.º 1 deste preceito têm correspondência adequada nas causas da nulidade das als. a), d) e e) do n.º 1 do art. 208.º; verifica-se a mesma situação quanto à al. b) do n.º 1 do art. 197.º, por referência, agora, às als. b) e c) do n.º 1 do art. 208.º.

---

[63] Cfr. os reparos feitos ao art. 151.º; *supra*, n.º 14.I.

[64] Por seu turno, o n.º 2 do art. 137.º estabelece, para a recusa, uma solução que tem correspondência no regime geral da anulabilidade (art. 34.º, n.º 2).

Se passarmos às causas da anulabilidade, há perfeita harmonia entre as als. e) e f) do n.º 1 do art. 197.º e as als. a) e b) do n.º 1 do art. 209.º. Neste mesmo domínio, ao motivo da recusa da al. c) do n.º 1 do art. 197.º corresponde a causa geral da anulabilidade prevista na al. b) do n.º 1 do art. 34.º.

VIII. O regime particular da invalidade das marcas e dos direitos dele derivados é estabelecido nos arts. 265.º e 266.º por remissão, tanto na nulidade como na anulabilidade, para os preceitos que estabelecem os fundamentos da recusa destes direitos privativos.

Assim, nesta matéria não temos mais do que remeter para o local onde essas causas particulares foram analisadas[65].

Só não se encontra correspondência, nos arts. 265.º e 266.º, para o motivo de recusa da al. d) do n.º 1 do art. 238.º, se ela devesse ser entendida tal como figura no texto publicado no *Diário da República*; mas como passamos a demonstrar, não deve ser assim.

Com efeito, este preceito prevê a recusa do registo se «houver infracção ao disposto no artigo 26.º». Todavia, esta remissão não pode estar correcta, não só por a matéria regulada no art. 26.º não o justificar, mas sobretudo por o regime do n.º 2 do próprio art. 238.º não fazer sentido por referência ao art. 26.º. Não pode deixar de tratar-se de um lapso, devendo a remissão entender-se feita para o art. 226.º, por várias razões.

Desde logo, este preceito consta também das causas particulares da anulabilidade das marcas, fixadas no n.º 1, al. a), do art. 266.º, o que estabelece uma plena coordenação do regime da recusa e da anulabilidade deste direito privativo.

Por outro lado, confrontando os preceitos que no *Código* actual e no *Código de 1995* regulam a matéria em causa, à al. d) do n.º 1 do art. 238.º só pode corresponder a al. c) do n.º 1 do art. 188.º da lei velha, sobretudo se se levar em conta o disposto nos n.º 2 de qualquer dessas normas. Ora, a al. c) do n.º 1 do art. 188.º remetia para o art. 169.º, que, no *Código de 1995*, regulava matéria homóloga da do art. 226.º do *Código*[66].

Em suma, corrigido o lapso, fica afastada a perplexidade causada pelo texto da al. d) do n.º 1 do art. 238.º e tudo se harmoniza.

---

[65] Cfr., *supra*, n.º 23.
[66] Para além do que vai exposto no texto, pode encontrar-se um argumento adjuvante no facto de o art. 226.º figurar entre os previstos na al. b) do n.º 1 do art. 34.º.

IX. Os fundamentos particulares da recusa do registo das recompensas constam no art. 276.º. No seu confronto com o regime da invalidade não pode deixar de pesar a feição que reveste o regime específico da anulabilidade deste direito privativo (art. 280.º[67]).

Assim, ao apurar como os fundamentos da recusa se articulam com as causas da invalidade da recompensa, é ao disposto nos arts. 33.º e 34.º que devemos atender.

A al. a) do art. 276.º determina que o registo seja recusado se a recompensa, por sua natureza, não puder incluir-se em alguma das categorias previstas pelo *Código*, o que equivale à situação prevista na al. a) do n.º 1 do art. 33.º: objecto insusceptível de protecção.

Mas com esta alínea pode também relacionar-se o fundamento da al. b) do art. 276.º. Nela se estatui a recusa do registo, se a recompensa estiver a ser aplicada a produtos ou serviços diferentes daqueles para que foi conferida. Ora, se conjugarmos esta norma com o disposto no art. 272.º, é ainda uma questão de objecto que está em causa[68].

A especificidade do fundamento da al. c) do art. 276.º retira-lhe significado do ponto de vista da nulidade; no máximo, o que pode ocorrer é uma preterição de formalidades na concessão do registo (cfr. al. b) do n.º 1 do art. 33.º).

Quanto à al. d) do art. 276.º, estando nela previsto o facto de a recompensa não pertencer ao requerente, se o registo ainda assim for feito, configura-se a causa da anulabilidade prevista no n.º 1, al. a), do art. 34.º.

Em suma, também em relação a este direito privativo não há censuras a fazer, do ponto de vista do ajustamento adequado entre o regime da recusa e da invalidade.

X. O regime particular da invalidade do registo do nome ou insígnia de estabelecimento é fixado, nos arts. 298.º e 299.º, por remissão para os arts. 283.º a 285.º. Para estes mesmos artigos remete o art. 292.º quando regula a recusa do registo deste direito privativo.

Assim, quanto a este aspecto, sem prejuízo dos reparos feitos relativamente ao regime da invalidade e dos acertos que em relação a ele se impõem[69], no que ao confronto entre a recusa e o registo respeita, verifica-se, portanto, concordância.

---

[67] Cfr., *supra*, n.º 25.

[68] Em verdade, o art. 272.º exclui a possibilidade de as recompensas serem «aplicadas a produtos ou serviços diferentes daqueles para que foram conferidas».

[69] Cfr., *supra*, n.ºs 27.I a III, e 28.I.

Acontece, porém, que o art. 292.º remete também para os arts. 288.º e 289.º, não abrangidas na remissão dos arts. 298.º e 299.º.

O art. 288.º limita-se a mandar aplicar o disposto no art. 243.º, relativo às marcas. Regula esta norma os requisitos do registo da marca susceptível de confusão com marcas ou outros direitos de propriedade industrial registados. Na parte que releva para a nossa matéria, é necessária declaração de consentimento dos titulares desses direitos, para o registo poder ser feito.

Na falta desse consentimento, quando encarada da perspectiva da invalidade, devia consagrar-se o valor negativo *anulabilidade*. Embora nas causas particulares da anulabilidade do nome ou insígnia de estabelecimento estejam previstas situações que com a acima descrita apresentam analogia, nenhuma lhe corresponde em termos exactos.

Nem, por isso, deve deixar de se entender que, sendo o registo feito com violação do disposto no art. 292.º, ocorre uma situação de anulabilidade.

O art. 289.º, por seu turno, estabelece o importante princípio da *unicidade*, no sentido de o mesmo estabelecimento só poder ter um nome ou insígnia registados.

O meio de reagir à violação deste princípio, quando o registo mesmo assim seja feito, não é a invalidação, mas a caducidade do registo ou registos além do primeiro. Extrai-se este regime dos n.ºs 3 e 4 do art. 289.º.

Assim, a remissão para o art. 289.º, contida no art. 292.º, em matéria de recusa do registo do nome ou insígnia de estabelecimento, não se justifica pelo que respeita à sua invalidade.

XI. Em matéria de logótipo, sendo o seu regime fixado, na generalidade, por remissão para as disposições relativas aos nomes e insígnias de estabelecimento (art. 304.º), nada há a referir na matéria que agora nos ocupa.

XII. A recusa do registo das denominações de origem ou das indicações geográficas, quanto aos seus fundamentos, é regida pelo art. 308.º.

Ora, acontece que o regime particular da nulidade ou anulabilidade do registo deste direito privativo, consoante os casos, é fixado, nos arts. 312.º e 313.º, por remissão para as alíneas do art. 308.º.

Fica assim assegurada a correspondência entre a recusa e a invalidade, prevalecendo, quanto ao acerto das soluções consagradas o que em tempo oportuno ficou exposto[70].

---

[70] Cfr., *supra*, n.ºs 31 e 32.I.

INVENÇÕES BIOTECNOLÓGICAS
3.ª SESSÃO – 21.11.2002

por AUGUSTO LOPES CARDOSO

1. O novo Código da Propriedade Industrial[1] não excluiu (nem sequer implicitamente, como se sustentava na legislação pregressa) a patenteabilidade das invenções biotecnológicas; as exclusões constam dos arts. 48.º[2] e 49.º[3] e não as contêm.

---

[1] Aprovado pelo DL. n.º 16/95, de 24.01.

Antes dele já se discutiam sucessivas Propostas de Directivas comunitárias sobre a patenteabilidade das invenções biotecnológicas. Sobre uma das últimas se pronunciara, em longo texto de grande valia científica e arrojo ético, o Conselho Nacional de Ética para as Ciências da Vida português (CNECV) (Parecer n.º 7/CNE/94 de 06.04.94, tendo como relatora Paula MARTINHO DA SILVA e também sob a nossa assinatura como colaboração redactorial e presidente ao tempo do Conselho, in «*Documentação – vol. II (1993-1994)*», ed. Imprensa Nacional-Casa da Moeda, Maio 1995).

Mas outras fontes legais existem, com aplicação a nível interno e a nível europeu, em matéria de direito de patentes, com relevo para:

– Convenção de Munique sobre a Patente Europeia (doravante CPE), de 05.10.73, integrada na legislação portuguesa pelo Decreto n.º 52/91, de 30.08 e com adesão de Portugal pelo DL. n.º 42/92, de 31.03;

– Convenção Internacional para a Protecção das Obtenções Vegetais (Convenção de Paris), de 02.12.61, revista em 23.10.78 (e os DL. n.º 213/90, de 28.06, Portaria n.º 940/90, de 04.10 e Portaria n.º 379/93, de 03.04 sobre essas obtenções – se bem que não se trate de uma verdadeira patente, uma vez que não estamos face à invenção de uma planta, mas, sim, à obtenção de um resultado de manipulação); e

– Tratado sobre o Reconhecimento Internacional do Depósito de Microrganismos para Fins de Processo em Matéria de Patentes (Tratado de Budapeste), de 28.04.77.

[2] Excluídos estão, sim, «*os métodos de tratamento cirúrgico ou terapêutico do corpo humano*» e «*os diagnósticos aplicados ao corpo humano*», já «*podendo contudo ser patenteados os produtos, substâncias ou composições utilizados em qualquer desses métodos*» (art. 48.º-2).

Pelo contrário, já na parte adjectiva do «Processo da patente» aquelas foram referidas *expressis verbis*[4] no art. 59.º. Todavia, era seguro que a legislação nacional em vigor, no preceituar daquele artigo, não abrangia a grande diversidade surgida nesta candente matéria das invenções biotecnológicas[5].

2. Deverá, porém, lembrar-se que mesmo este novo preceituar representava uma grande evolução nesta febricitante área do Direito Industrial das patentes de invenções.

Com efeito, é sabido que foi, tem sido, difícil, à luz dos critérios clássicos do Sub-Direito das Patentes, encarar as questões decorrentes da extensão do objecto daquelas às **invenções biotecnológicas**. Até há pouco considerava-se como exclusivo objecto de patente coisas ou produtos e não *matéria biológica* como é o que está agora em causa[6].

Está, pois, em crise o próprio conceito jurídico de propriedade, se bem que com as adaptações que tem sofrido ao longo dos séculos, face às novas realidades ditadas pela evolução do pensamento, da época e até do tipo de sociedade.

A questão de saber se *material vivo* (quiçá um ser vivo) pode ser patenteado aparece com o desenvolvimento de técnicas que possibilitaram a modificação do património genético de certos vegetais ou animais. Para-

---

[3] Completando as prescrições do art. 48.º, estabeleceu-se que «*não é excluída a patenteabilidade para a execução de um dos métodos citados no n.º 2 do art. 48.º, de uma substância ou composição compreendida no estado da técnica, com a condição de que a sua utilização para qualquer método aí referido não esteja compreendido no estado da técnica.*» (art. 49.º-2).

[4] No art. 59.º, precisamente sob a rubrica do legislador de «*Invenções biotecnológicas*». Aí nada se define quanto à matéria substantiva, mas tão-somente sobre o modo especial de proceder ao «*depósito*» e à comunicação ao INPI «*quando o pedido mencionar um material biologicamente reprodutível, que não pode ser divulgado de maneira a permitir que um técnico da especialidade possa executar o invento, e que não esteja à disposição do público*».

[5] No entanto, na Directiva, de que falaremos a seguir, tomou-se como pressuposto precisamente que «*nem o direito nacional nem o direito europeu de patentes (Convenção de Munique) estabelecem, por princípio, uma proibição ou uma exclusão da patenteabilidade da matéria biológica*» [seu Considerando (15)]. É óbvio que na referência a «*direito nacional*» se contém a dos países da U.E., e, logo, a lei portuguesa também, pelo que só em parte é exacto esse considerando a respeito do nosso País.

[6] A lei chama-lhe «*material biologicamente reprodutível*» em norma intitulada «Invenções biotecnológicas» (cit. art. 59.º CPI).

digma foi Pasteur, que, em 1873, registou a sua patente de uma levedura. É assim que, desde então, a pretensão de que os mecanismos de criação de matéria viva sejam protegidos pelo direito das patentes vai surgir de modo casuístico, com os riscos jurídicos e éticos que comporta[7].

Os clássicos postulados de propriedade vindos do direito romano, em que, por princípio, se inscrevia a Propriedade Industrial, com a dissociação clara entre o *sujeito* da propriedade (a *pessoa*, ela mesma titular de direitos subjectivos, insusceptível de apropriação por outrem e por isso do comércio) e o *objecto* da propriedade (a *coisa*, susceptível de uso e disposição de uma forma absoluta, a que equiparava, todavia, o escravo, sobre o qual o senhor detinha o *ius vitae necisque*), vem a revelar-se inadequada à nova realidade científica. Segue-se matização desta distinção radical, com os conceitos das *res sacrae*, consideradas já como

---

[7] Transcreve-se a narração histórica do cit. Parecer do CNECV, tem interesse registar: «A decisão do Supremo Tribunal Federal alemão no caso *Rote Taube* é a primeira a admitir que os processos de natureza biológica são, *a priori*, patenteáveis, se reunirem os requisitos gerais exigidos pelo direito das patentes. Em 1980, o Supremo Tribunal dos EUA decidiu no caso *Diamond v. Chakrabaty* (relativamente a microrganismos geneticamente modificados) que "microrganismos vivos e geneticamente modificados são patenteáveis" uma vez que a matéria viva, na medida em que deva a sua existência à intervenção do homem, é, em si, patenteável. Sete anos mais tarde, esta posição alarga-se a formas de vida superior, como é o caso de um determinado tipo de ostra Allen, da Universidade de Washington, que inseriu certos cromossomas numa ostra, modificando e melhorando o gosto deste molusco. Neste caso, a Agência de Marcas e Patentes de Washington (USPTO) proferiu a decisão de que os animais eram susceptíveis de ser patenteados se obedecessem aos critérios clássicos da patente. Nesta decisão excluíam-se os seres humanos do seu campo de aplicação. Em 1988, o US Patent Office aceitou patentear um rato transgénico (o rato Harvard). No ano seguinte, a Agência Europeia de Patentes de Munique recusava a patente deste rato transgénico, tendo sido invocada como razão principal a de que a invenção deveria apresentar um carácter técnico. No entanto, esta decisão veio a ser alterada por via de recurso e, finalmente, em 1992 foi obtida a patente pretendida, com o fundamento de que a mesma visa proteger "(...) um método para produzir um animal mamífero transgénico não humano contendo uma possibilidade acrescida de desenvolver neoplasmas (...)". Ainda em 1990, outro importante caso jurisprudencial foi apreciado pelo Supremo Tribunal americano, no *Moore v. Regents of lhe University of California*, ao reconhecer um direito de propriedade sobre os produtos derivados de uma linha celular removida do indivíduo, desde que este tenha dado o consentimento para a sua utilização para fins de pesquisa ou comerciais. Ainda recentemente, também, foi rejeitado pela Agência Europeia de Patentes o pedido de patente de um rato destinado a experimentação de produtos para a calvície.» [*in «Documentação – vol. II (1993-1994)»*, págs. 99 e 100, ed. Imprensa Nacional-Casa da Moeda, Maio 1995).

inapropriáveis por natureza, e das *res communes*, como inapropriáveis em função da sua utilidade pública[8].

Se, de seguida, são conceituadas novas formas de apropriação *imaterial*, como são as exercidas sobre os «direitos de autor» ou até, mais especificamente, as ligadas à informática, gerando um novo ramo do Direito (a Propriedade Intelectual), com o reconhecimento do monopólio de exploração ("fabrico", "comércio"), mantinha-se em limbo a delicadíssima matéria do *corpo humano*, ele próprio, de suas partes ou elementos, de *matéria biológica*, da *informação genética*.

Como coisificá-la? Ou antes, será disso que se trata, ou, porventura, de uma ultrapassagem definitiva de conceitos clássicos rígidos?

3. Ora, é sabido que as patentes dizem respeito, por natureza e definição legal, a «*invenções novas implicando actividade inventiva*», e que sejam «*susceptíveis de aplicação industrial*», ou então a «*processos novos de obtenção de produtos, substâncias ou composições já conhecidas*»[9].

Por outro lado, porque escapam aos requisitos assim descritos, as *invenções* não incluem «*descobertas*»[10], nem nelas nem nos ditos «processos» são conteníveis «*os materiais ou as substâncias já existentes na natureza e as matérias nucleares*»[11].

---

[8] Segundo o mesmo Parecer, «Os argumentos utilizados como crítica à patente biotecnológica propriamente dita têm a ver com a natureza dos seres vivos, insusceptíveis de instrumentalização, manipulação ou apropriação. Outros encontram-se na aplicação do princípio de justiça a nível mundial: a patente, pertencendo a uma lógica capitalista, aumentaria forçosamente as desigualdades entre Norte e Sul. A desadequação da pesquisa científica aos ideais de mercado parece também encontrar eco nas críticas ao direito das patentes, uma vez que, segundo os seus opositores, a investigação desinteressada, movida pelo ideal da busca do saber, contrapor-se-ia à promoção de investigações rentáveis.» (*ob. cit.*, pág. 102).

[9] art. 47.º-1 e 2 CPI.

[10] art. 48.º-1-a) CPI, que acrescenta: «*assim como as teorias científicas e os métodos matemáticos*».

Continua a ser muito discutida a diferença entre *invenções* e *descobertas*. Para, por simplificação, usarmos palavras de outrem, diremos «que as *descobertas* consistem no *reconhecimento* ou *desvelamento* de relações causais, fenómenos ou propriedades até aí ignorados, apesar de pre-existirem na Natureza, revestindo, dessa maneira, uma *natureza teórica* e *abstracta*. Já as *ideias inventivas industriais* (*invenções*) são *soluções* (*técnicas*), que utilizam *meios técnicos*, para resolver *problemas técnicos* e, por isso, também *práticos*, tendo em vista a satisfação, directa ou indirecta, de *necessidades humanas*.» (*in* J.P. REMÉDIO MARQUES 1.ª cit. bibliog., pág. 29).

[11] art. 48.º-1-b) CPI.

Em suma, toda a patenteabilidade exige os requisitos clássicos da origem na invenção, da novidade, da utilidade e da susceptibilidade de aplicação industrial, o que pressupõe, por sua vez, a repetibilidade. Por força da patente, o seu titular dispõe de um direito exclusivo e limitado no tempo de produzir ou utilizar a invenção patenteada[12].

4. A disparidade das legislações nacionais, a omissão de algumas delas e as divergências existentes entre os diversos países da Comunidade quanto à interpretação de conceitos ou no preenchimento de lacunas e a necessidade de criar formas de protecção uniformes tudo levou à necessidade de a Comissão Europeia vir a tentar, por aproximações sucessivas em projectos, e a legislar finalmente sobre a matéria da patente de invenções biotecnológicas através da **Directiva n.° 98/44/CE, de 06.07.98**, designada por da «Protecção jurídica das invenções biotecnológicas»[13].

O seu pequeno articulado[14] é antecedido de um largo conjunto de *considerandos*[15], que – como acontece em muitos diplomas – possuem forte carácter doutrinal e procuram ser aptos meios de interpretação das normas, dentro da velha dicotomia entre a *mens legislatoris* e a *mens legis*.

Por isso, pareceu-nos meio avisado, se bem que talvez não muito ortodoxo, apoiar a exposição que segue de alguma glosa, porventura modesta exegese, a muitos desses *considerandos*. Ao menos tentaremos,

---

[12] Também o artigo 52.° da CPE estabelece que «*as patentes europeias são concedidas para (...) as invenções novas que implicam uma actividade inventiva e são susceptíveis de aplicação industrial*». Por isso daí resultam igualmente os quatro requisitos essenciais no campo de aplicação da «patente europeia»: 1) uma invenção; 2) a novidade desta; 3) actividade inventiva, e 4) susceptibilidade de aplicação industrial. Certo é, porém, que esta Convenção é inaplicável quer às variedades vegetais quer às raças animais, quer aos processos essencialmente biológicos de obtenção de vegetais ou de animais, quer aos processos microbiológicos e aos produtos obtidos pelos ditos processos [seu art. 53.°-b)].

[13] *In* JO L 213, de 30.07.98, pág. 13.

[14] Apenas 18 artigos, de pequenos textos. É curioso verificar a justificação para tão pequeno acervo normativo no considerando (13): «Considerando que o enquadramento jurídico comunitário relativo à protecção das invenções biotecnológicas *se pode limitar à definição de certos princípios aplicáveis à patenteabilidade da matéria biológica enquanto tal*, princípios esses que tenham nomeadamente por objectivo determinar a diferença entre invenções e descobertas no que se refere à patenteabilidade de certos elementos de origem humana, ao âmbito da protecção conferida por uma patente sobre uma invenção biotecnológica, à possibilidade de recorrer a um sistema de depósitos que complete a descrição escrita e, finalmente, à possibilidade de obter licenças obrigatórias não exclusivas por dependência entre variedades vegetais e invenções».

[15] Nada menos que 56, de extensos textos.

assim, ir de encontro às preocupações manifestadas pela Comissão, o legislador, que, no fundo, são as grandes interrogações que vão surgindo e que irmanam reflexões jurídicas e éticas, tão caras à Bioética como ao Biodireito. Que nos seja perdoado certo casuísmo, que não seja daquele que tanto faz perigar um *bom* Direito como uma *boa* Ética! Na verdade, deverá desde logo ter-se em conta que para esta legislação específica contribuíram de maneira decisiva e declarada preocupações de carácter ético[16], como, aliás, é referido amiúde no preâmbulo do diploma, designadamente no seu Considerando (19)[17]. Mas isso é particularmente significativo na afirmação, feita pela primeira vez numa Directiva comunitária, de que está em causa o «respeito dos princípios que garantem *a dignidade e a integridade da pessoa humana*»[18] e de que «o n.º 2 do artigo F do Tratado da União Europeia prevê que a União respeitará os direitos fundamentais, tal como os garante a Convenção Europeia de Salvaguarda dos Direitos do Homem e das Liberdades Fundamentais, assinada em Roma em 4 de Novembro de 1950, e tal como resultam das tradições constitucionais dos Estados-membros, enquanto princípios gerais do direito comunitário»[19].

Por outro lado, na impossibilidade de abarcar nesta simples exposição, ainda que em esboço, a extensão do tema, confinar-nos-emos às invenções biotecnológicas relativas ao corpo humano.

5. Considera-se, *prima facie*, como motivações da legislação que «a biotecnologia e a engenharia genética desempenham um papel cada vez mais importante num número considerável de *actividades industriais* e que a protecção das invenções biotecnológicas terá certamente uma importância fundamental para o *desenvolvimento industrial*» da União[20], que

---

[16] Este aspecto constitui uma das importantes diferenças introduzidas na formulação da proposta submetida a parecer do CNECV, já alterada como reflexo do conteúdo do parecer do Parlamento Europeu.

[17] Segundo este foi tido «em conta o parecer n.º 8 do Grupo de conselheiros para a ética da biotecnologia da Comissão Europeia», presidido por Noëlle Lenoir e de que fez parte o português prestigiado que é Prof. Luís Archer (pioneiro da biologia molecular), Parecer este de 25.09.96, sob pedido de 01.04.96 da Comissão Europeia, todo ele eivado de princípios éticos, com destaque para os princípios da não patenteabilidade das invenções que atentem contra "*a ordem pública*" ou "*os bons costumes*" (*vide* seu ponto 1.6).

[18] Seu Considerando (16). A *dignidade da pessoa humana* volta a ser invocada como fundamento ético para proibir certas invenções de patenteabilidade no Considerando (38).

[19] Seu Considerando (43).

[20] *Vide* considerando (1).

nesta área «a investigação e o desenvolvimento exigem *investimentos de alto risco num montante considerável*», designadamente «*investimentos no domínio da biotecnologia*», que urge «preservar e incentivar», mas «*cuja rentabilização* só será possível através de protecção jurídica adequada» e «harmonizada no conjunto dos Estados-membros»[21], pois que as divergências e disparidades das respectivas leis e práticas «são susceptíveis de criar *entraves ao comércio* e obstar desse modo ao *funcionamento do mercado interno*», também «em detrimento do *desenvolvimento industrial das invenções*»[22].

Daqui se verifica a **natureza económica** assumida desta delicada matéria, por muito que possa chocar que ela, diferentemente do que até agora acontecia, se reporte a *matéria viva*, e ainda por cima a *material humano*.

É que *a patente*, por natureza, protege o *inventor* e permite ao *investidor* colher os *benefícios económicos dela em exclusivo*[23] (sob pena de terceiros alheios a este processo beneficiarem injustamente dos lucros destes produtos sem qualquer contribuição para o seu desenvolvimento), ainda que, normalmente, com limite de tempo[24], o que, no caso e como se verá adiante, não deixa de colocar problemas éticos ligados designadamente ao hoje designado *economicismo*.

Ora, as invenções biotecnológicas podem enquadrar-se nos «objectos» de patentes que são «*um produto*»; ou «*utilização de um produto*» (ex: plantas ou animais transgénicos; órgãos, tecidos, linhas celulares, células; produtos químicos ou similares sintetizados por plantas, animais, microrganismos, como as vacinas, antigenes, interférons, hormonas, enzimas; etc.); ou que são «*um processo*» para obtenção daqueles produtos ou de novas substâncias (ex: técnicas de engenharia genética).

No entanto, compreende-se que os enormes investimentos financeiros que a investigação nestas áreas exige, com a necessidade de promoção do desenvolvimento científico e económico e da defesa da concorrência com os países mais evoluídos fora da União Europeia estejam na base da

---

[21] *Vide* considerandos (2) e (3).
[22] *Vide* considerandos (5) e (7). *Vide* também o considerando (6), que pondera que as divergências legislativas e práticas entre os Estados «podem vir a acentuar-se à medida que os Estados-membros forem adoptando novas leis e práticas administrativas diferentes ou que as interpretações jurisprudenciais nacionais se forem desenvolvendo de forma distinta» – o que importa evitar que aconteça. *Vide* também o considerando (9).
[23] *Vide* art. 96.º CPI.
[24] *Vide* art. 94.º CPI.

pretensão da garantia pelo registo de patentes, ela mesma incentivo a esses vultuosos investimentos financeiros na investigação científica.

E é certo que neste momento não se conhecem mecanismos jurídicos mais aptos a esses fins do que a patente, apesar dos argumentos ético-jurídicos ligados à natureza dos seres vivos, que não devem ser instrumentalizados, manipulados ou apropriados.

Acresce que, noutra perspectiva, o público em geral, e até os países menos evoluídos, podem também ser beneficiários disso, aproveitando das invenções patenteadas, só possíveis com largos investimentos, e o bem estar social que lhes pode trazer[25]. Além disso, diz-se, o registo da patente é factor de evitar deixar a culpa solteira, pois que identifica à partida quem seja responsável por negligência nos efeitos da sua aplicação: quem colhe os benefícios deve suportar os ónus.

6. Pondera-se, todavia, que «a protecção jurídica das invenções biotecnológicas *não exige a criação de um direito específico* que substitua o direito nacional de patentes», embora este «deva ser adaptado ou completado em certos pontos específicos para tomar em consideração de forma adequada a evolução da tecnologia que utiliza matéria biológica, mas que preenche todavia os requisitos de patenteabilidade»[26], a ponto de se querer deixar claro que a «directiva não afecta os conceitos de invenção e de descoberta, tal como estabelecidos pelo direito de patentes, a nível nacional, europeu ou internacional»[27].

Do mesmo modo, e em matéria mais restrita, considera-se que, a despeito de o debate sobre a *patenteabilidade de sequências ou sequências parciais de genes* ser fonte de controvérsia, pretende-se que pela Directiva «a concessão de uma patente a invenções que se relacionam com essas sequências ou sequências parciais deve obedecer aos mesmos critérios de patenteabilidade aplicados a todos os outros domínios tecnológicos: novidade, actividade inventiva e aplicação industrial»[28].

---

[25] É nesta senda que se inscreve o considerando (11): «Considerando que o desenvolvimento das biotecnologias é importante para os países em vias de desenvolvimento, quer nos domínios da saúde e da luta contra as grandes epidemias e endemias quer no domínio da luta contra a fome no mundo; que cumpre incentivar igualmente, através do sistema de patentes, a investigação nesses domínios; que importa, paralelamente, promover mecanismos internacionais que assegurem a difusão dessas tecnologias no Terceiro Mundo, em benefício das populações visadas».
[26] *Vide* considerando (8).
[27] *Vide* considerando (34).
[28] *Vide* considerando (22).

Daqui resulta que a Directiva parece não visar introduzir conceitos novos, nem sequer requisitos novos, na definição de patente. Diremos, pois, que também nas invenções biotecnológicas se manteriam, desde logo, aqueles que foram acima referidos.

E também aqui, como em matéria de direito das patentes em geral, vamos poder encontrar três das quatro categorias de objecto das invenções visadas: (1)um produto, (2)um processo e (3)uma utilização do produto, combinando por vezes diversas categorias relativamente à mesma invenção.

Citando o Parecer do CNECV: «Quanto à primeira categoria apontada – *a patente de produtos* – ela tanto pode ser relativa a plantas ou animais transgénicos, como de órgãos, tecidos, linhas celulares, células, como ainda de produtos químicos ou similares sintetizados por plantas, animais, microrganismos, etc. (como as vacinas, antigenes, interférons, hormonas, enzimas). As invenções relativas a *processos* protegem o processo para obtenção dos produtos supra descritos ou para obtenção de novas substancias com o auxílio dos mesmos. É o caso, por exemplo, da cultura de células, a imunização dos micróbios, etc. Neste capítulo, deveremos também incluir as técnicas de engenharia genética (ex.: o processo de obtenção por transformação genética do antigénio do vírus da hepatite B).»[29].

7. Mas particular relevo e alguma perplexidade – dentro da *vexata quaestio* da distinção entre *invenção* e *descoberta* e apesar da referida pretensão da Directiva de não serem postos em causa os adquiridos conceitos de uma e outra – surge da concatenação do considerando (34)[30] com os considerandos (13)[31], (16)[32], (17)[33] e (20) a (25)[34] e também com os arts. 3.º e 5.º da Directiva.

---

[29] Ob. cit. pág. 101.

[30] «Considerando que a presente directiva *não afecta os conceitos de invenção e de descoberta*, tal como estabelecidos pelo direito de patentes, a nível nacional, europeu ou internacional».

[31] «Considerando que o enquadramento jurídico comunitário relativo à protecção das invenções biotecnológicas se pode limitar à definição de certos princípios aplicáveis à patenteabilidade da matéria biológica enquanto tal, princípios esses que tenham nomeadamente por objectivo *determinar a diferença entre invenções e descobertas* no que se refere à patenteabilidade de certos elementos de origem humana (...)».

[32] «Considerando que o direito de patentes deverá ser aplicado no respeito dos princípios fundamentais que garantem a dignidade da pessoa humana (...) segundo os quais *uma simples descoberta* não pode ser objecto de uma patente».

[33] Refere apenas os *«elementos isolados do corpo humano e/ou produzidos de outra forma»*.

Não haverá reservas em que se considera «implícito que os direitos conferidos pela patente não abrangem o corpo humano, incluindo os seus elementos, no seu ambiente natural»[35], do mesmo passo que «uma mera sequência de ADN sem indicação de uma função biológica não contém quaisquer ensinamentos de natureza técnica, pelo que não poderá constituir uma invenção patenteável»[36]. É que é segura a não patenteabilidade do «corpo humano, em todas as fases da sua constituição e do seu desenvolvimento, incluindo as células germinais, bem como a simples descoberta de um dos seus elementos ou de um dos seus produtos, incluindo a sequência parcial de um gene humano», porque isso é conforme com «os critérios de patenteabilidade previstos pelos direito das patentes, segundo os quais uma simples descoberta não pode ser objecto de uma patente»[37].

Mas, se, pelo art. 3.º [38], fica claro que a *matéria biológica* (mesmo que incida sobre um *produto* por ela *composto* ou nela *contido*), desde que sujeita a *actividade inventiva* e a aplicabilidade industrial, já é susceptível de patente (n.º 1), estipula-se que também o pode ser «*uma matéria biológica isolada do seu ambiente natural ou produzida com base num processo técnico*», «*mesmo que pré-exista no estado natural*» (n.º 2).

---

[34] «(...) estando implícito que os direitos conferidos pela patente não abrangem o corpo humano, incluindo os seus elementos, no seu ambiente natural» (20); «Considerando que um tal *elemento isolado do corpo humano ou produzido de outra forma* não se encontra excluído da patenteabilidade, uma vez que é, por exemplo, o resultado de *processos técnicos* que o identificaram, purificaram, caracterizaram e multiplicaram *fora do corpo humano*, *processos* que só o ser humano é capaz de executar e que *a natureza* é incapaz de realizar por si mesma» (21); «Considerando que o debate sobre a patenteabilidade de *sequências* ou *sequências parciais de genes* é fonte de controvérsia (...)» (22); «Considerando que *uma mera sequência de AND* sem indicação de uma função biológica não contém quaisquer ensinamentos de natureza técnica, pelo que não poderá constituir uma invenção patenteável» (23); «Considerando que, para que o critério da aplicação industrial seja respeitado *no caso de uma sequência parcial de um gene* ser utilizada para a *produção* de uma proteína ou proteína parcial, é necessária a especificação da proteína ou proteína parcial produzida ou da função assegurada» (24); «Considerando que, para a interpretação dos direitos conferidos por uma patente, *em caso de sobreposição de sequências* apenas nas partes que não são essenciais à invenção, cada sequência é considerada uma sequência autónoma para efeitos do direito de patentes» (25).

[35] Vide considerando (20) *in fine* e art. 5.º-1 CPI.

[36] Vide considerando (23) e art. 5.º-1 CPI.

[37] Segundo os dizeres do Considerando (16).

[38] «*1. Para efeitos da presente directiva, são patenteáveis as invenções novas que impliquem uma actividade inventiva e sejam susceptíveis de aplicação industrial, mesmo quando incidam sobre um* produto *composto de matéria biológica ou que contenha matéria biológica ou sobre um* processo *que permita produzir, tratar ou utilizar matéria biológica*».

E a dúvida também se agrava no art. 5.º, pois que, se aí é confirmado, dentro dos princípios, que «*o corpo humano, nos vários estádios da sua constituição e do seu desenvolvimento, bem como a simples descoberta de um dos seus elementos, incluindo a sequência ou a sequência parcial de um gene, não podem constituir invenções patenteáveis*» (n.º 1)[39], já se prescreve que «*qualquer elemento isolado do corpo humano ou produzido de outra forma por um processo técnico, incluindo a sequência ou sequência parcial de um gene, pode constituir uma invenção patenteável, mesmo que a estrutura desse elemento seja idêntica à de um elemento natural*» (n.º 2), a ponto de que «*a aplicação industrial de uma sequência ou de uma sequência parcial de um gene deve ser concretamente exposta no pedido de patente*» (n.º 3).

Ambas estas normas parecem conter, portanto, desvirtuamentos à distinção entre *invenções* e *descobertas*. Na verdade, devia considerar-se conceptualmente adquirido que «u*ma matéria biológica isolada do seu ambiente natural*» ou um «*elemento isolado do corpo humano*», sendo certo que «*pré-exista no estado natural*» ou sendo «*a estrutura desse elemento*» «*idêntica à de um elemento natural*», não deixaria de ser mais do que uma *descoberta* da Natureza, escapando, assim, à categoria de *invenção*.

Dir-se-ia que se procurou, em quadratura de círculo, conciliar várias correntes que têm subsistido sobre a questão, ou seja, que, se as sequenciações de DNA e, sobretudo, o nelas contido são património da humanidade[40], da «espécie humana» e, como tal, insusceptíveis de apropriação in-

---

[39] Como realçava o dito Parecer do CNECV: «(...) é sobretudo em relação à patente de genes, designadamente as sequências de DNA, que mais dúvidas, a nível ético, se apresentam. O acesso aos materiais e à informação contidos no genoma humano pode ter, indiscutivelmente, um enorme interesse científico, mormente na descoberta de doenças hereditárias e de meios para as combater ou de produtos terapêuticos, assim como, por outro lado, na apropriação de informações sobre o indivíduo "inscritas" nos seus genes. Para além do inevitável interesse daqueles materiais e informação em outras áreas, contra ou a favor do ser humano, como no direito criminal, laboral ou contratual, é muitas vezes o potencial valor comercial que pode trazer ao seu detentor o interesse na sua apropriação. Os interesses da comunidade científica poderão, por isso, não ser coincidentes com os da indústria. Se, quanto aos primeiros, a circulação de informação é indispensável para análise e trabalho, já a protecção dada pelo direito das patentes garante ao seu detentor a salvaguarda da sua invenção e as informações nela contidas, pelo menos durante vinte anos.» (*ob. cit.*, pág. 106).

[40] Em 1982 a Assembleia Parlamentar do Conselho da Europa recomendou o estabelecimento de um «direito a um património genético inalterado», sob os auspícios da dignidade da pessoa humana (Recomendação 934 (1982) Sobre Engenharia Genética – cf. cit. Parecer do CNECV, *ob. cit.*, pág. 107, nota 7).

dividual, já as sequenciações de DNA, na medida em que são obtidas por um processo tecnológico, são apropriáveis pelo respectivo investigador, escapando o processo tecnológico à categoria de descoberta e passando à de uma invenção susceptível do direito de patente.

É nesta perplexidade que o recurso aos *considerandos* pode ter maior utilidade. E destes resulta que se reputa que tal tipo de patente não contrariaria, antes se deve ter como «implícito», «que os direitos conferidos pela patente não abrangem o corpo humano, incluindo os seus elementos, no seu ambiente natural»[41].

Por isso, a justificação da patenteabilidade de «*um tal elemento isolado do corpo humano ou produzido de outra forma*» é buscada, mais do que num princípio geral (o que não deixa de ser anómalo), mas num exemplo[42], expressamente suscitado, o de que esse elemento, assim *isolado* ou *produzido*, é «o resultado de processos técnicos que o identificaram, purificaram, caracterizaram e multiplicaram fora do corpo humano, processos que só o ser humano é capaz de executar e que a natureza é incapaz de realizar por si mesma»[43]; e parece pressupor-se nestas afirmações e neste exemplo que o raciocínio é idêntico no caso da «sequência ou sequência parcial de um gene»[44].

Tal justificação, no entanto, parece contraditória nos seus próprios termos. Com efeito, o que aparece *justificada* não é a *patente* da matéria biológica isolada ou produzida preexistente no estado natural, nem do elemento isolado do corpo humano ou produzido de outra forma, incluindo a sequência ou a sequência parcial de um gene, cuja estrutura seja idêntica à de um elemento natural, mas, sim, a *patente* dos «*processos técnicos*»,

---

[41] Cf. cit. considerando (20).

[42] Diz-se como originalidade: «(...) não se encontra excluído de patenteabilidade, uma vez que, é, por exemplo, o resultado (...)» [considerando (21)].

[43] *Vide* considerando (21).

[44] Acrescentando-se, porém, [depois da já citada afirmação de que «uma mera sequência de ADN sem indicação de uma função biológica não contém quaisquer ensinamentos de natureza técnica, pelo que não poderá constituir uma invenção patenteável» – considerando (23)] dois considerandos de natureza mais técnica, ainda: «considerando que, para que o critério da *aplicação industrial* seja respeitado no caso de uma sequência parcial de um gene ser utilizada para a produção de uma proteína ou proteína parcial, é necessária a especificação da proteína ou proteína parcial produzida ou da função assegurada» (24); e «considerando que, para a interpretação dos direitos conferidos por uma patente, em caso de sobreposição de sequências apenas nas partes que não são essenciais à invenção, cada sequência é considerada uma sequência autónoma para efeitos de direito de patentes» (25).

que porventura os «identificaram, purificaram, caracterizaram e multiplicaram fora do corpo humano», processos esses «que só o ser humano é capaz de executar e que a natureza é incapaz de realizar por si mesma».

Quer dizer, parece-nos seguro que não mereceria dúvida patentear tais «*processos*», um dos tipos clássicos da patente, mas já a merece patentear aquilo que preexiste na Natureza e é nesta descoberto.

Por isso, dir-se-á que esta entorse conceitual – de consequências difíceis de imaginar – aparece como um "prémio" a quem investigou e investiu em tais *processos técnicos* «que só o ser humano é capaz de executar e que a natureza é incapaz de realizar por si mesma». Isto é, para além da patente do *processo*, é patenteável «*o resultado*», isto é, a «*matéria biológica*», o «*elemento do corpo humano*», a «*sequência de um gene*» ou a «*sequência parcial de um gene*», isolados ou produzidos[45]. É que, ao que parece, embora preexistentes na natureza, só a actividade do homem permitiu «*executar*», ou seja, isolar, separar, destacar, pois que estes resultados a natureza seria «*incapaz de realizar por si mesma*».

---

[45] Permita-se-nos aqui transcrever – por se tratar de matéria técnico-científica que nos escapa, mas para utilidade dos estudiosos como complemento da nossa exposição, e fazendo fé no que concluiu quem se abalançou a conhecê-la, para além do que a um jurista é comum – as conclusões, apenas sobre patenteabilidade genética, de J. P. REMÉDIO MARQUES: «(...) somente deverão ser, neste particular, *candidatos positivos* à patenteabilidade, as *invenções* relativas: (1) aos *processos* de identificação, isolamento e caracterização de genes ou de sequências parciais de genes; (2) aos *processos* que apliquem a sequência *completa* ou *parcial* de *cDNA* ou de *ADN genómico* (seja utilizando as *ESTs*, as *Open Reading Frames* ou, em geral, os *SNPs*); (3) aos *usos* destas sequências para a expressão de genes noutros organismos, para transformar células de organismos *procariotas* ou *eucariotas*; para a obtenção de uma vacina ou como *screening agents* para a identificação de *ADN genómico* ou *ARN mensageiro* que codifiquem para uma determinada proteína; (4) aos *genes* e às *sequências parciais* de genes *isolados* e, de alguma forma, *purificados*, seja por métodos tradicionais, seja por meio de técnicas de *AND recombinante*; (5) às sequências de *ADN complementar* (*cDNA*), fabricads por técnicas de *ADN recombinante*, por isso mesmo que são *cópias* de *ARN mensageiro*, aí onde os *intrões* se acham *excisados* ou removidos, relativamente ao *gene natural* que (...) os incorpora; (6) às sequências de *ARN transportador* e de *ARN ribossomal*, que, enquanto implicados no controlo da transcrição podem ser alteradas através da modificação das *proteínas* que com elas interagem (*partículas ribonucleoproteicas*); (7) aos demais *produtos biológicos* obtidos a partir da alteração da sequência dos genes (*v.g.*, da alteração dos *codões* de terminação), tais como os *amino-ácidos* não existentes, *como tal*, na Natureza (*v.g.*, através do controlo dos fenómenos de *metilação*, de amputação), as cadeias de *péptidos* ou de *oligopéptidos* e as proteínas, bem como os *processos químicos* adrede criados para a obtenção desses produtos.» (cit. bibliog., págs. 37 e 38).

E tanto é assim que também é objecto de fundamentação desta medida ter já sido «possível realizar progressos decisivos a nível do tratamento de doenças graças à existência de medicamentos derivados de *elementos isolados do corpo humano e/ou produzidos de outra forma*, medicamentos resultantes de *processos técnicos* destinados a obter elementos de uma estrutura semelhante à de elementos naturais existentes no corpo humano»[46], razão por que conviria «incentivar, mediante o sistema de patentes, a investigação tendente à obtenção e isolamento desses elementos, valiosos para a produção de medicamentos»[47].

Temos de convir que, face ao conceito de «*descoberta*», se trata de argumentação pouco convincente, pois que não faltarão exemplos científicos de situações semelhantes que não se qualificaram como «*invenções*», mas, sim, como «*descobertas*»[48].

Mas, se nos permitem, logramos alguma tranquilidade em matéria tão técnica da Biologia, remetendo na conclusão que, sobretudo neste plano, vimos tirar pela competência do CNECV, quando ponderou[49] que, afinal, «acertadamente não fica lugar, no esquema teórico da Directiva, para patentear genes cuja função e utilidade sejam desconhecidas, uma vez que não obedecem aos requisitos exigidos no direito das patentes. Assim, os pedidos de patente de fragmentos de gene humano com utilidade desconhecida[50], estaria excluído do âmbito da patente. Esta problemática agora abordada tem vindo a ser gradualmente discutida precisamente a respeito destes pedidos de patente de genes cuja utilidade é desconhecida e questiona este requisito essencial em direito das patentes. Os argumentos favoráveis situam-se basicamente na necessidade de promoção da investigação e nos grandes investimentos económicos que nela são feitos. Na realidade, o Projecto Genoma Humano envolve o mapeamento e a sequenciação do DNA de 100 000 genes humanos e das regiões intergenéticas e custará, pelo menos, 3 000 000 000 de dólares. A admissibilidade de patentear sequências de utilidade desconhecida permitiria, antes do mais,

---

[46] *Ut* considerando (17) – os itálicos são nossos.

[47] *Ibidem*.

[48] Por isso mais estranho se antolha verificar que uma das raras preocupações da *mens legislatoris* para o breve articulado da Directiva foi o «*objectivo*» de «*determinar a diferença entre invenções e descobertas*» [sic – considerando (13)].

[49] *Ob. cit.*, pág. 108.

[50] «[que, sobretudo nos EUA têm levantado uma enorme polémica, uma vez que o NIH (National Institute of Health) tem pedidos de patentes de cerca de 2000 fragmentos]» (*ibidem*).

e segundo os seus defensores, um maior empenho na busca das funções do referido gene e sua consequente utilidade.».

8. Na seguimento de considerando de teor muito semelhante[51], o art. 6.º da Directiva prescreve que «*As invenções cuja exploração comercial seja contrária à* **ordem pública** *ou aos* **bons costumes** *são excluídas da patenteabilidade*»[52] (n.º1). Dir-se-ia que neste particular a norma específica não diferia da norma geral que objectiva esses valores e que se contém no art. 49.º-1-a) do CPI[53]. Mas não é bem assim.

Antes de mais, ao prescrever que, todavia, não pode a exploração ser considerada como contrária àqueles valores «*pelo simples facto de ser proibida por disposição legal ou regulamentar*», tão pronto preserva a autonomia da legislação nacional em proibições como mantém aberto caminho a legislação de patentes de âmbito transnacional, não obrigando cada Estado a fixar-se na proibição como motivada necessariamente pelos ditos valores cimeiros (mas porventura por outros de menor monta).

Mas foi maior a ambição do legislador comunitário, já que considerou «que importa também incluir no articulado da presente directiva uma lista indicativa das invenções excluídas da patenteabilidade, a fim de fornecer aos juizes e aos serviços nacionais de patentes orientações gerais *para a interpretação da referência à ordem pública e aos bons costumes*»[54]. Este apelo ao casuísmo, ou à exemplificação se se quiser, só foi cumprido ou parece tê-lo sido no n.º 2 do art. 6.º que listou quatro casos de contrariedade. Mas na verdade, a mesma Directiva foi mais extensa na

---

[51] Considerando (37). Já o (36) pondera: «considerando que o Acordo TRIP prevê a possibilidade de os membros da Organização Mundial do Comércio excluírem da patenteabilidade as invenções cuja exploração comercial é necessário impedir no seu território, a fim de proteger *a ordem pública e os bons costumes*, incluindo a protecção da saúde e da vida dos seres humanos, dos animais e dos vegetais, ou no intuito de evitar danos graves no ambiente, desde que essa exclusão não decorra unicamente do facto de a exploração ser proibida pela respectiva legislação».

[52] Acrescentando-se: «*não podendo a exploração ser considerada como tal* (isto é, como contrária àqueles valores) *pelo simples facto de ser proibida por disposição legal ou regulamentar*». Dir-se-ia que, com este esclarecimento e cautela, se põe de sobreaviso sobre o perigo do *sociologismo jurídico*, abencerragem do *positivismo jurídico*, que acaba por reputar eticamente aceite ou rejeitado tudo o que vem a ser assim legislado.

[53] «*1. Não podem ser objecto de patente: a) As invenções cuja publicação ou exploração for contrária à lei, à* **ordem pública**, *à* **saúde pública** *e aos* **bons costumes**».

[54] Considerando (38) – os itálicos são nossos.

dita «lista indicativa» nos considerandos do que nas próprias normas, procedimento este manifestamente incomum[55].

Parece útil determo-nos um pouco sobre cada um dos *casos* que se contêm na Directiva e que podem ser considerados incursos de atentatórios da *ordem pública* e/ou dos *bons costumes*, se bem que não seja fácil distinguir qual seja destes genéricos valores o que serve de moldura a cada um desses *casos*.

9. Antes de mais referem-se apenas em *considerando* os processos «*que se destinam à produção de seres híbridos, obtidos de células germinais ou de células totipotentes humanas e animais*»[56].

A justificação encontrada é a de tais processos atentarem contra a dignidade do ser humano, o que obviamente inclui os dois valores pretendidos geralmente preservar. Ao concordarmos com esta motivação, acrescentaremos no nosso País o valor cimeiro considerado base da República pela própria Constituição[57].

Se as *células germinais* são as que se referem à continuação da espécie, como adiante referiremos, já as *células totipotentes* são as também chamadas *células estaminais* («*stem cells*») e têm capacidade para se reproduzirem em "reconstrução" de quaisquer outras e são hoje objecto de estudos "de ponta" científicos, éticos e jurídicos pela espantosa possibilidade de terapia e transplante que fazem prever. Mas aquilo que se considerou chocante foi, neste *caso*, a criação de seres híbridos, que, como é sabido, é possível em plantas e animais, mas se considera indigno quando pretendido com *material humano*.

10. Outra situação que atenta contra ambos os ditos valores[58] é a dos «*processos de clonagem de seres humanos*»[59], de que tanto se fala agora.

À cautela, o preâmbulo dá uma definição do conceito, «como todo e qualquer processo, incluindo as técnicas de cisão de embriões, que tenha

---

[55] Assim sucedeu desde logo com a parte final do mesmo considerando (38), enquanto já os casos contidos nos (40), (41) e (42) aparecem no articulado, mas menos desenvolvidos.

[56] Considerando (38) *in fine*, e sempre a título de exemplo, o tal casuísmo («*nomeadamente*»).

[57] «Portugal é uma República soberana, baseada na *dignidade da pessoas humana* (...)» (CRP, art. 1.º).

[58] Que são ambos di-lo expressamente o considerando (40).

[59] Considerandos (40) e (41) e art. 6.º-2-a) CPI.

por objectivo criar um ser humano que possua a mesma informação genética nuclear que outro ser humano vivo ou falecido»[60].

A questão da *clonagem*, com efeito, se não tem muitos particularismos à luz dos princípios que devem nortear a chamada *investigação genética* ou a hoje chamada «*engenharia genética*», foi significativamente objecto de uma rejeição muito mais universal e intensa do que as demais questões desse âmbito. Dir-se-ia que uma repugnância instintiva levou a tal rejeição.

É que, como diz Eser, «a obtenção de uma mórula através da divisão provocada do núcleo enquanto este se encontra num estádio de desenvolvimento totipotente (aberto, portanto, a todas as direcções e ainda não diferenciado) parece, a uma primeira comparação, inofensiva; efectivamente, nada parece suceder, desse modo, que não ocorra também, de forma espontânea, na Natureza.». Mas, no entanto, nesse caso, e por maioria de razão nas formas de clonagem (essas as mais referidas ultimamente), em que a intervenção genética conduz a intercâmbios de núcleos celulares totipotentes, está-se a possibilitar a *produção* (no sentido mais material e industrial) de indivíduos com padrões genéticos idênticos, porventura a outros de pessoa já desaparecida e pretendida *produzir*, ou *reproduzir* qual fotocópia, anulando, deste jeito, de forma arbitrária e indigna, a individualidade e unicidade do sujeito.

11. Também se considera exemplificativamente protegido pelos mesmos valores a não patenteabilidade dos «*processos de modificação da identidade genética germinal do ser humano*»[61]. De tal maneira a matéria é delicada que o legislador houve por bem ser radical na estatuição. Deste modo, cremos que esta não pode ser lida senão no sentido de que se proíbe a patente mesmo de processo de terapia genética das chamadas *células germinais*, já que tal terapêutica pressupõe «*modificação da identidade genética*» dessas células.

Estamos certos de que tal cuidado teve como causa, como ponderou o CNECV «(...) a convicção de que, não se encontrando delimitadas as "barreiras" impostas à terapia génica, esta se encaminhará para formas de eugenismo e melhoramento da espécie eticamente reprováveis.»[62].

---

[60] Considerando (41).
[61] Considerando (40) e art. 6.º-2-b) CPI.
[62] Cit. Parecer, seu ponto 4.3. Em abono desta convicção o Parecer cita: «A Recomendação 934 da Assembleia Parlamentar do Conselho da Europa (1982) refere que "[...] os direitos à vida e à dignidade humana [...] incluem o direito a herdar um património

Trata-se afinal da tradução correcta para o campo jurídico, do pensamento expresso por João Paulo II, quando, limitando as intervenções ao estrito nível terapêutico, observa: «A natureza biológica de cada homem é intangível, no sentido de que ela é constitutiva da sua própria identidade no curso da sua história pessoal. Cada pessoa humana, na sua singularidade absolutamente única não é constituída apenas pelo seu espírito, mas pelo seu corpo. Assim, no corpo e através do corpo é atingida a própria pessoa na sua realidade concreta (...). É sobre a base desta visão antropológica que devem ser encontrados os critérios fundamentais para as decisões a tomar, como são as intervenções que visem o melhoramento da condição biológica humana.».

Não parece, porém, que deva rejeitar-se, sem mais, a própria terapia génica germinal, enquanto se tratar efectivamente de uma verdadeira "terapia" – isto é, enquanto a intervenção sobre as células germinais tiver apenas como escopo a eliminação de situação patológica e evitar a transmissão hereditária duma doença. Aqui revela-se mais uma vez a necessi-

---

genético que não tenha sido artificialmente alterado", abrindo todavia uma excepção para a terapia de doenças genéticas nas células da linha germinal.

«Igualmente a Declaração da Conferência Internacional de Tóquio, de 1990, parece aceitar a terapia génica em células germinais quando não se vislumbre outro tipo de terapia.

«Por seu lado, o Comité Nacional de Ética francês [cita o «Avis sur la Thérapie Génique de 13 Decembre 1990»], no seu parecer sobre a terapia génica, de 1990, recomenda a proibição de qualquer tentativa de modificar deliberadamente o genoma das células germinais, assim como toda a terapia génica que acarrete o risco de tal modificação.

«O direito a um património genético inalterado é ainda defendido no Relatório Lenoir [cita «LENOIR, Noëlle, «Aux Frontières de la Vie, Rapport au Premier Ministre», 1991, La Documentation Française vol. I, pp. 74-82»], propondo, no entanto, que este princípio não condenaria as manipulações genéticas, tendo como objectivo rectificar um gene doente.

«No mesmo sentido, legislações recentes como a espanhola e a alemã, respectivamente de 1988 e 1990, interditam formalmente qualquer manipulação na linha germinal.

«Também entidades de reconhecido mérito, como o prémio Nobel Jean Dausset, propõem, por exemplo, um aditamento à Declaração Universal dos Direitos do Homem, segundo o qual "os conhecimentos científicos devem ser utilizados somente para servir a dignidade, a integridade e o futuro do Homem".

«No mesmo sentido, podemos ainda referir a opinião do Prof. Luís Archer [cita «ARCHER, Luís, "Terapia Génica 92", *Brotéria Genética*, Lisboa, 1993, p. 79»], com a qual este Conselho concorda: "[...] é evidente que, tecnicamente, a terapia génica em células da linha germinal, está ainda muito longe de se poder realizar em condições de segurança e probabilidade de êxito, e que, por essa razão, não seria ético tentá-la por agora. Mas isto não implica uma condenação de princípio, que, aliás, não parece ter sido jamais formulada, com excepção só para o argumento de que essa terapia génica pudesse degenerar em eugenismos extremistas [...]".» (*ob. cit.*, págs. 109 e 110).

dade de o Direito não ir à frente da Ciência ou duma reflexão bioética interdisciplinar. Para essa reflexão é razoável perguntar, não obstante ser certo cientificamente que uma *engenharia genética* das células germinais tem reflexos inexoráveis sobre a identidade prevista dos futuros seres, se poderá falar-se numa violação de um «direito à identidade» se esta, a identidade, está afectada por uma doença cuja transmissão genética pode, porventura, ser evitada; ou então se não se contribuirá para uma maior dignidade da pessoa humana podendo ser precavidas as anomalias, no sentido médico mais restrito, através de terapia germinal.

Ao lado destas interrogações não poderá, pois, no estádio actual de imprecisão científica, deixar de alertar-se para os enormes riscos que representam o carácter incontrolável das consequência imagináveis e a irreversibilidade dos efeitos nas gerações futuras, merecendo grave alerta o perigo da perversão do eugenismo[63]. E por isso é avisado não admitir patentear *processos* que levem a tanto.

A contrario dir-se-á, então, que não é proibida a patente de processos de modificação da identidade genética de *células somáticas*, ou melhor, de processos de modificação da identidade genética *não germinal*, e em especial processos relativos à terapia génica daqueloutra natureza. Por princípio, esta terapia terá efeitos semelhantes aos que ocorrem com tratamentos médicos convencionais.

Justifica-se, pois, a afirmação conclusiva do CNECV sobre a terapia génica em geral, segundo a qual «Sustentada pelo princípio da beneficência (o alívio do sofrimento humano), a utilização da terapia génica com objectivos terapêuticos e não contrários à dignidade da Pessoa Humana é eticamente aceitável – logo patenteável.»[64]. Por isso, a *teleologia da dignidade da pessoa humana* leva à necessidade de análise dos pedidos de patentes com o máximo de rigor.

A Directiva não incluiu, porém, a recomendação do mesmo CNECV de criação de uma linha limitadora, a «*da terapia génica para tratamento de indivíduos com "doenças graves"*, conforme «*os dados científicos disponíveis*»[65], o que deveria entender-se, como se concretiza no mesmo Parecer, como sendo a da «*cura ou tratamento de doenças de tal modo graves que possam causar morte prematura ou sofrimento significativo*»[66].

---

[63] Cf. conclusões 13.ª e 14.ª do dito Parecer do CNECV, que se aplica à terapia génica em geral (*ob. cit.*, pág. 118).

[64] Sua conclusão 15.ª, aplicável à terapia génica em geral (*ob. cit.*, pág. 118).

[65] Sua conclusão 16.ª, também aplicável à terapia génica em geral (*ob. cit.*, pág. 118).

[66] *Vide* seu ponto 4.5., último parágrafo: «Somos de parecer de que, enquanto não

Tampouco a Directiva restringiu a patente a outros aspectos como o da eventual "perversão" de, com base no princípio geral admitido, a intervenção genética em células somáticas poder abrir as portas para o fornecimento de uma característica específica que o indivíduo gostaria de ter para si, que não seja o evitar ou curar uma doença[67], e bem assim as intervenções para acentuação de certas características do indivíduo, «terapia de melhoramento»[68], ou as de tipo eugénico[69], umas e outras não podendo considerar-se intervenções terapêuticas, o que parece dever ser balizado por princípios éticos quer na prática médica quer aquando dos pedidos de registo.

Cremos, no entanto, que procederá este casuísmo, a integrar na apreciação de cada pedido de patente. Com efeito, estabelece a mesma Directiva que «*O Grupo europeu de ética para as ciências e as novas tecnologias da Comissão avalia todos os aspectos éticos ligados à biotecnologia*»[70], o que pressupõe uma avaliação casuística.

12. É excluída a patente, pelos mesmos fundamentos axiológicos, das «*utilizações de embriões humanos para fins industriais ou comerciais*»[71].

Sem tomar partido explícito, mas só implícito, dentro da extensa e delicada matéria do hoje designado «estatuto jurídico do embrião», designadamente sobre a experimentação sobre embriões humanos, certo é que a Directiva não duvidou de que aquele tipo de *utilização* é contra valores

---

forem conseguidos mais alargados consensos, o melhor caminho será no sentido de limitar os referidos procedimentos tão-somente aos que visem a cura ou tratamento de doenças de tal modo graves que possam causar morte prematura ou sofrimento significativo. Aceitando a utilização da terapia génica para tratamento de indivíduos como doenças graves, não deveremos, com os dados científicos de que dispomos, ultrapassar esta linha limitadora» (*ob. cit.*, pág. 111).

[67] *Vide* conclusão 12.ª do dito Parecer do CNECV (*ob. cit.*, pág. 118).

[68] O dito Parecer do CNECV, citando o estudo do reputado biólogo (e membro do CNECV), Prof. Luís Archer, a cuja opinião o Conselho adere, diz que «iniciar (por agora) uma engenharia genética de melhoramento iria ofender a igualdade dos seres humanos e, portanto, a dignidade de muitos, assim como causar fortes discriminações». E interroga-se, citando o mesmo autor: «De que modo iria a sociedade olhar para aqueles poucos indivíduos que, através dessas tecnologias, se fizeram melhores que os outros?» (*ob. cit.*, pág. 110).

[69] *Vide* conclusão 14.ª do mesmo Parecer (*ob. cit.*, pág. 118).

[70] Seu art. 7.º.

[71] Para além do art. 6.º-2-c) CPI dir-se-á que a doutrina se contém no considerando (37) quando salienta o princípio da exclusão de patente das invenções «*cuja exploração comercial*» atenta contra os referidos valores.

cimeiros ético-jurídicos. Por isso que o resultado de experimentação em embriões que provoque a tentação daquela utilização está condenado a não obter protecção de patente, o que já é significativo.

Com efeito, é óbvio que uma *utilização* de embrião para aqueles *fins* pressupõe a destruição dos mesmos, e vai por isso muito para além da sua *crio-preservação*, e, antes, inclui a sua *fabricação* utilitária. Se aquela não está em causa com a norma comunitária, já esta última está implícita na proibição, ou a montante desta. Deste modo, produzir embriões para além do necessário à procriação de novos seres só poderá significar a dedicação a futura utilização dos mesmos para os aludidos fins, eliminando o seu destino normal, fazendo terminar o sopro de vida humana, com todas as potencialidades genéticas, que nele se contém. Por isso, é manifesto que o legislador de patentes não vê com bons olhos a destruição do embrião, que não quer fomentar no seu campo específico do Direito Industrial.

Entendemos, por outro lado, que, no conceito de «*embriões humanos*» se contêm os mesmos em qualquer fase do seu desenvolvimento, isto é, os fetos e materiais fetais, pois que o verdadeiro conceito científico não distingue fases do embrião[72].

13. Uma breve referência deve ainda fazer-se a um "considerando" que não tem tradução no articulado, aquele segundo o qual «(...) se uma invenção disser respeito a matéria biológica de origem humana ou utilizar matéria desse tipo, no âmbito do depósito de um pedido de patente, a pessoa na qual são realizadas as colheitas deve ter tido oportunidade de manifestar o seu consentimento informado e livre sobre as mesmas, nos termos do direito nacional»[73]. Bastou-se o legislador comunitário com a remissão para o direito nacional de cada Estado membro, e parece que fez bem. Na verdade, nenhum requisito foi estabelecido no art. 13.º para o depósito ou para o acesso a uma matéria biológica.

Em causa está, pois, o conceito de consentimento informado ou esclarecido, tão grato aos princípios da liberdade e da autonomia em Bioética. Devemos, assim, fazer apelo ao regime português do consentimento informado ou esclarecido. Ele encontra-se presente quer no Direito Penal[74], a propósito do crime de «intervenções e tratamentos médico-ci-

---

[72] Não esquecemos que legislações precipitadas, com a espanhola de 1988, fizeram distinções anti-científicas entre pré-embriões, embriões e fetos.

[73] *Vide* Considerando (26).

[74] Nos arts. 156.º e 157.º CPenal. Enquanto o primeiro artigo, através da exigência do consentimento, evita a prática de intervenções e tratamentos médico-cirúrgicos arbitrá-

rúrgicos arbitrários», quer na regulamentação dos ensaios clínicos[75], quer na da colheita e transplante de órgãos e tecidos humanos de origem humana[76].

rios que resultarão de o acto médico e cirúrgico ser praticado sem consentimento, salvo as excepções que expressamente prevê («*quando o consentimento a) só puder ser obtido com adiamento que implique perigo para a vida ou perigo grave para o corpo ou para a saúde; ou b) tiver sido dado para certa intervenção ou tratamento, tendi vindo a realizar-se outro diferente por se ter revelado imposto pelo estado dos conhecimentos e da experiência da medicina como meio para evitar um perigo para a vida, o corpo ou a saúde; e não se verificarem circunstâncias que permitam concluir com segurança que o consentimento seria recusado*»), o segundo teve o cuidado de esclarecer que tal consentimento «*só é eficaz quando o paciente tiver sido esclarecido sobre o diagnóstico e a índole, alcance, envergadura e possíveis consequências da intervenção ou tratamento, salvo se isso implicar a comunicação de circunstâncias que, a serem conhecidas pelo paciente, poriam em perigo a sua vida ou seriam susceptíveis de lhe causar grave dano à saúde, física ou psíquica.*».

[75] DL. n.º 97/94, de 09.04, seu art. 10.º: «*1 – O consentimento para a participação em ensaios clínicos deve ser livre, esclarecido, expresso e dado por escrito. 2 – É ineficaz o consentimento obtido sem observância do disposto no n.º 1 no artigo anterior* [art. 9.º: «*1. O investigador está obrigado a informar de modo simples, inteligível e leal o sujeito do ensaio clínico dos riscos, das consequências e dos benefícios previsíveis, bem como dos métodos e objectivos prosseguidos.*» e bem assim deve informá-lo de um conjunto de elementos, de entre os quais «*precauções a observar na realização do ensaio clínico e reacções previsíveis*» (n.º 2) e ainda esclarecê-lo «*quanto ao regime de responsabilidade civil aplicável*» (n.º 3)]. *3 – O consentimento é livremente revogável a todo o tempo, não incorrendo o sujeito na obrigação de indemnizar os prejuízos daí decorrentes. 4 – No caso de menores ou incapazes, só é permitida a realização do ensaio clínico quando resultar benefício directo para o sujeito. 5 – Tratando-se de sujeitos menores ou incapazes, o consentimento deve ser prestado pelos seus representantes legais, sem prejuízo da necessidade do consentimento dos menores que disponham de capacidade de entendimento e manifestação de vontade.*».

[76] Lei n.º 12/93, de 22.04: quanto à colheita em vida «*1 – O consentimento do dador e do receptor deve ser livre, esclarecido e inequívoco (...). 2 – O consentimento é prestado perante médico designado pelo director clínico do estabelecimento onde a colheita se realize e que não pertença à equipa de transplante. 3 – Tratando-se de dadores menores, o consentimento deve ser prestado pelos pais, desde que não inibidos do poder paternal, ou, em caso de inibição ou falta de ambos, pelo tribunal. 4 – A dádiva de tecidos ou órgãos de menores com capacidade de entendimento e de manifestação de vontade carece também da concordância destes. 5 – A colheita em maiores incapazes por razões de anomalia psíquica só pode ser feita mediante autorização judicial. 6 – O consentimento do dador ou de quem legalmente o represente é livremente revogável.*» (seu art. 8.º); quanto à colheita em cadáveres «*1 – São considerados como potenciais dadores* post mortem *todos os cidadãos nacionais e os apátridas e estrangeiros residentes em Portugal que não tenham manifestado junto do Ministério da Saúde a sua qualidade de não dadores. 2 – Quando a indisponibilidade para a dádiva for limitada a certos órgãos ou tecidos ou a certos fins, devem as restrições ser expressamente indicadas nos respectivos registos*

Face a esta legislação nacional, parece poder ter solução a questão[77] de poder existir uma colisão de interesses entre o indivíduo cujo genoma foi modificado e o detentor da patente, podendo a oposição entre ambos poder tomar ainda maiores proporções no caso de a pessoa em questão desejar procriar, reproduzindo, assim, o gene modificado. Afigura-se-nos que o direito do detentor da patente deve sempre ceder frente à oposição do indivíduo na continuação da utilização do seu material genético, mediante revogação do consentimento dado.

14. Por último, como atrás se referiu, prevê-se em mera disposição genérica que: «*O Grupo europeu de ética para as ciências e as novas tecnologias da Comissão avalia todos os aspectos éticos ligados à biotecnologia*»[78].

Trata-se de norma vaga, que não permite concluir que o referido Grupo tenha passado a ser arvorado com órgão oficial de consulta obrigatória em todos os casos de depósito de invenção biotecnológica.

Admitimos que se preferiu, assim, alertar para a necessidade de a nível nacional ser criado, na fase de transposição da Directiva, um órgão próprio para essa apreciação ética, aliás na sequência do recomendado pelo nosso Conselho Nacional de Ética para as Ciências da Vida[79].

---

e cartão. 3 – A indisponibilidade para a dádiva dos menores e dos incapazes é manifestada, para efeitos de registo, pelos respectivos representantes legais e pode também ser expressa pelos menores com capacidade de entendimento e manifestação de vontade.» (seu art. 10.º). *Vide* ainda, quanto à dita colheita em cadáveres, o regime do Registo Nacional de Não Dadores (RENNDA) no art. 11.º da mesma Lei n.º 12/93 e o DL. n.º 244/94, de 26.09 e o regime legal dos Critérios de Morte Cerebral, em conformidade com o art. 12.º da cit. Lei, a Declaração do Conselho Nacional Executivo da Ordem dos Médicos de 01.09.94.

[77] Justamente soerguida pelo CNECV no por demais citado parecer (*ob. cit.*, pág. 106).

[78] Art. 7.º.

[79] Isso na conclusão 7.ª do por demais cit. Parecer, em que se recomendou que era desejável «(...) a criação de um Comité de Ética específico, que se pronuncie sobre todos os pedidos de PATENTE solicitados neste âmbito das invenções biotecnológicas» (*ob. cit.*, pág. 118). Para tanto, ponderara o que vale a pena transcrever: «A obrigatoriedade do respeito a princípios como o da dignidade da pessoa humana, por exemplo, deverá ser, em nosso entender, de obrigatória menção em qualquer diploma normativo versando o corpo humano, cabendo às legislações nacionais e aos intérpretes a margem de adaptar esses princípios consoante os critérios morais existentes em cada país. E, assim, como refere Bergmans [cita *Bergmans, Bernhard, "La Protection des Innovations Biologiques", Maison Larcier, S.A., 1991, p. 101*], a resposta mais correcta, com a qual concordamos, consistiria em partir de pareceres e recomendações de diferentes comissões de ética oficiais, semi-oficiais ou privadas no que respeita às intervenções genéticas ou outras manipulações

Este aspecto de razoável controlo ético-científico de toda a matéria em que se enquadra esta delicada área do Direito Industrial é mais uma razão de esperança, mas que exige seja passada à prática. Se é certo que os departamentos de registo de patentes têm poderes de controlo dentro dos referidos valores cimeiros cada vez que um registo seja pedido, não é menos verdade que tais departamentos não deixam de estar imbuídos dos princípios de carácter económico que alicerçam o regime, e que por isso são motivo de apreensão. Deste modo, é desejável, para bem dos Direitos Fundamentais da Pessoa, com relevo para o respeito pela dignidade da pessoa humana, que se constituam órgãos totalmente independentes e isentos, por princípio interdisciplinares, que coadjuvem uma análise permanente desta e de outras matérias.

---

do ser humano moralmente defensáveis, e de recusar o deferimento de pedidos de patente a todas as invenções que correspondessem a actos julgados inaceitáveis. Isto é, cada caso deve ser apreciado separadamente no plano ético, mediante parecer prévio a obter de entidade considerada idónea, eventualmente a criar para este expresso efeito. No entanto, e segundo ainda o citado autor, esta opção não está isenta de «pontos fracos», dado que seria por vezes difícil a obtenção de posições uniformes para todos os países, uma vez que as concepções morais podem ser variáveis. Mas, e apesar dos aspectos apontados, afigura-se-nos ser aquela uma das formas possíveis mais correctas para apreciação das questões de ordem ética que se colocam.» (seu n.º 4.7, *ob. cit.*, págs. 112 e 113).

Breve Bibliografia

ARCHER, Luís, «*Terapia Génica 92*», *in* Brotéria Genética, Lisboa, 1993.
BERGMANS, Bernhard, «*La Protection des Innovations Biologiques*», ed. Maison Larcier, 1991.
CLAES, Tom, e E. Vermeersch, «*Biotechnology, Patents and Morality*», *in* http://allserv.rug.ac.be/~tclaes/tomsplace/Ikke/biotechnologiy.htm.
COMITÉ CONSULTATIF NATIONAL D'ÉTIQUE POUR LES SCIENCES DE LA VIE ET DE LA SANTÉ, «*Avis sur la Trérapie Génique*» de 13.12.90.
CONSELHO NACIONAL DE ÉTICA PARA AS CIÊNCIAS DA VIDA, «*Parecer sobre a protecção jurídica das invenções biotecnológicas (7/CNE/94)*», de 06.04.94, *in* "Conselho Nacional de Ética para as Ciências da Vida – Documentação", vol. II (1993-1994), ed. Imprensa Nacional-Casa da Moeda, Presidência do Conselho de Ministros, Maio 1995; «*Relatório e Parecer sobre implicações éticas da Genómica (40//CNECV/01)*», de 06.11.01.
CORTE-REAL, Ruy de Matos, «*Código da Propriedade Industrial*» actualizado, 5.ª ed. melhorada, ed. Coimbra Editora, 1982.
CRUZ, Justino, «*Código da Propriedade Industrial*», 2.ª ed., com a colaboração de Jorge Cruz, ed. Livraria Arnado, 1985.
LENOIR, Noëlle, «*Aux frontières de La Vie, Rapport au Premier Ministre*», ed. La Documentation Française, 1991, vol. I; «*Avis sur les questions éthiques soulevées para la proposition de la Commission pour une Directive du Conseil concernant la protection juridique des Inventions Biotechnologiques*», sob seu relato, de 30.09.93, Parecer n.° 3 do «*Avis du groupe de conseillers pour l'Éthique de la Biotechnologie auprès de la Commission européenne (1991/1997)*».
LOPES CARDOSO, Augusto – «*Breves notas sobre el Dictamen del Consejo Nacional de Ética para as Ciências da Vida de Portugal en relación con la proteccion jurídica de las invenciones biotecnológicas*» (em espanhol e inglês), *in* "Law and the Human Genome Review' / 'Revista de Derecho y Genoma Humano", n.° 3, págs. 271 a 278, ed. Universidad de Deusto, Jul./Dez. 1995); «*Da dimensão jurídica da intervenção genética*», *in* "Actas do IV Seminário do C.N.E.C.V. de 1997", Colecção Bioétiva IV – Poderes e Limites da Genética, págs. 147 segs., ed. Presidência do Conselho de Ministros, 1998; «*Dimension Juridique de l'intervention génétique*», *in* "Juriste International', n.° 2000/4, ed. e órgão da U.I.A., págs. 30/36, 2000; e também «*Da Dimensão Jurídica da Intervenção Genética*» *in* "Revista da Ordem dos Advogados", ano 61, págs. 485 segs., Jan. 2001
MARTINHO DA SILVA, Paula, «*Genes y Patentes. Estará desfasado el Derecho Tradicional*», *in* "Revista de Derecho y Genoma Humano", n.° 3, págs. 149 segs., 1995.
NETO, Abílio, e Miguel Pupo Correia, «*Código da Propriedade Industrial*» anotado, ed. Liv. Petrony, 1982.
OLIVEIRA ASCENSÃO, José de, «*A segunda versão do Projecto de Código da Propriedade Industrial*», *in* "Revista da Faculdade de Direito de Lisboa", XXXIII, págs. 37 segs., 1992; «*O Projecto de Código da Propriedade Industrial e a Lei de autorização legislativa*», *in* "Revista da Faculdade de Direito de Lisboa", XXXVI, págs. 35 segs., 1995; «*A reforma do Código da Propriedade Industrial*», *in* "Direito Industrial", vol. I, da APDI – Associação Portuguesa de Direito Intelectual, ed. Almedina, págs. 481 segs., 2001.

PROPRIÉTÉ (LA) INTELECTUELLE DANS LE DOMAINE DU GENOME HUMAIN, documento de análise preliminar no «*Colloque international 'Éthique, Propriété Intelectuelle et Génomique*» na UNESCO, em 30.01/01.02.2001.

PUPO CORREIA, Miguel, e Abílio Neto, «*Código da Propriedade Industrial*» anotado, ed. Liv. Petrony, 1982.

REMÉDIO MARQUES, J. P., «*Patentes de genes humanos?*», n.º 4 Centro de Direito Biomédico da Faculdade de Direito da Universidade de Coimbra, ed. Coimbra Editora, 2001; «*Introdução ao problema das invenções biotecnológicas – Algumas considerações*», *in* "Direito Industrial", vol. I, da APDI – Associação Portuguesa de Direito Intelectual, ed. Almedina, págs. 177 segs., 2001.

WODARG, Wolfgang, «*Déclaration des membres sociaux démocrates de la Comission sur le droit et l'éthique dans la médicine moderne du Bundestag allemand*», documento apresentado na Comissão de Ciência e Tecnologia sobre «La Directive européenne sur les brevets» à Assembleia Parlamentar do Conselho da Europa em 13.11.00.

VERMEERSCH, E, e Tom Claes «*Biotechnology, Patents and Morality*», *in* http://allserv.rug.ac.be/~tclaes/tomsplace/Ikke/biotechnologiy.htm.

INTRODUÇÃO AO DIREITO INDUSTRIAL

por Dr. CARLOS OLAVO

SUMÁRIO:
1. Relevância do Direito Industrial; 2. Fontes Legislativas do Direito Industrial; 3. Âmbito do Direito Industrial; 4. Direitos Privativos da Propriedade Industrial e Concorrência Desleal; 5. O Registo dos Direitos Privativos; 6. O Conteúdo dos Direitos Privativos; 7. Natureza Jurídica dos Direitos Privativos; 8. A Tipicidade dos Direitos Privativos; 9. A Internacionalização da Protecção dos Direitos Privativos; 10. A Integração Europeia e o Direito Industrial; 11. O Direito Industrial na Enciclopédia Jurídica.

1. Relevância do Direito Industrial

O Direito Industrial reconduz-se, no essencial, à protecção do valor da inovação e da capacidade distintiva.

O princípio da liberdade de iniciativa económica privada implica, ou pelo menos possibilita, a existência de uma pluralidade de sujeitos económicos que actuam em direcção a um mercado.

Como à liberdade de iniciativa de um se contrapõe a liberdade de iniciativa dos demais, da liberdade de iniciativa económica privada decorre, normalmente, a existência de uma multiplicidade indiscriminada de empresários actuando no mesmo mercado.

Havendo, por parte de uma pluralidade de empresários, a susceptibilidade de livremente intervirem num determinado mercado, todos eles estarão em igualdade de circunstâncias no que toca ao acesso a esse mesmo mercado e, portanto, numa posição de concorrência uns em relação aos outros.

Subjacente à concorrência existe uma pluralidade de actuações convergentes, na medida em que existe uma pluralidade indiscriminada de fornecedores de bens e serviços que se dirigem a uma pluralidade indiscriminada de consumidores.

Mas cada consumidor dispõe de meios limitados para satisfazer as suas necessidades, teoricamente ilimitadas.

Daí a importância, para o consumidor, de poder escolher, de entre os produtos e serviços que lhe são propostos, os que melhor satisfaçam as suas necessidades.

A concorrência representa competição entre os vários empresários para atingirem a supremacia no mercado em relação aos demais, captando a preferência dos consumidores, dada a possibilidade de flutuação de escolha por parte destes.

O modelo de mercado concorrencial caracteriza-se por ser um mercado aberto, no qual as modificações da oferta e da procura se reflictam nos preços, a produção e a venda não sejam artificialmente limitadas e a liberdade de escolha dos fornecedores, compradores e consumidores não seja posta em causa.

Ora, num mercado cada vez mais competitivo e globalizado, a capacidade que cada empresário tenha de inovar e de se distinguir dos demais constitui indiscutível vantagem.

E é vantagem acrescida a circunstância de os consumidores reconhecerem, com facilidade, essa capacidade de inovação e de distinção.

A Propriedade Intelectual representa a atribuição, a cada um, dos valores correspondentes às inovações que fazem, bem como à respectiva capacidade distintiva, em termos de tais valores poderem ser imediatamente apreendidos pelo mercado.

Quando os mencionados valores são realidades susceptíveis de utilização empresarial, ou seja, de satisfazer necessidades económicas, integram-se no Direito Industrial; quando esteja em causa essencialmente o aspecto criativo, a individualidade própria da obra de arte, integram-se nos Direitos de Autor.

A lei portuguesa faz assim a distinção entre os direitos de propriedade industrial e os direitos de autor, ainda que certas realidades possam ser simultaneamente protegidas por ambos os institutos.

2. Fontes Legislativas do Direito Industrial

Em Portugal, o diploma inicial sobre propriedade industrial é o Decreto de 16 de Janeiro de 1837 sobre a propriedade de novos inventos e de sua introdução, embora antes disso já se dessem privilégios a inventores, mas sem uma forma de processo normal.

Esse diploma foi substituído pelo Decreto de 31 de Dezembro de 1852, o qual foi, em parte, revogado pelos artigos 613.º a 640.º do Código Civil de 1867, mantendo-se em vigor o respectivo processo administrativo para a concessão da carta ou patente do privilégio, nos termos do Decreto de 17 de Março de 1867.

Posteriormente, a matéria das marcas de fábrica e de comércio foi objecto da Carta de Lei de 4 de Junho de 1883, regulamentada pelo Decreto de 23 de Outubro do mesmo ano.

O serviço completo da Propriedade Industrial foi organizado pela publicação do Decreto ditatorial de 15 de Dezembro de 1894, regulamentado em 28 de Março de 1895, e substituído pela Carta de Lei de 21 de Maio de 1896, que reproduz, com ligeiríssimas diferenças, esse Decreto, e mantém em vigor o Regulamento.

Por seu turno, a Lei de 21 de Maio de 1896 foi substituída pelo Código de Propriedade Industrial, elaborado e publicado ao abrigo da Lei n.º 1.972, de 21 de Junho de 1938, e aprovado pelo Decreto n.º 30.679, de 4 de Agosto de 1940.

A legislação especial em que o Código da Propriedade Industrial consistia foi ressalvada aquando da entrada em vigor do Código Civil de 1966, cujo artigo 1303.º preceitua:

"1. Os direitos de autor e a propriedade industrial estão sujeitos a legislação especial.
2. São todavia, subsidiariamente aplicáveis aos direitos de autor e à propriedade industrial as disposições deste código, quando se harmonizem com a natureza daqueles direitos e não contrariem o regime para eles especialmente estabelecido".

O mencionado Código foi substituído pelo Código de Propriedade Industrial, aprovado pelo Decreto-Lei n.º 16/95, de 24 de Janeiro, para entrar em vigor em 1 de Junho de 1995.

Previa o relatório deste diploma a promoção, pelo Governo, da imediata constituição de uma comissão de especialistas para acompanhar a aplicação do Código e propor as alterações necessárias[1].

Na sequência dos vários trabalhos produzidos, foi publicado novo Código da Propriedade Industrial, aprovado pelo Decreto-Lei n.° 36/2003, de 5 de Março, para entrar em vigor em 1 de Julho de 2003[2].

De acordo com o respectivo artigo 316.°, de teor idêntico, quer ao artigo 257.° do Código de 1995, quer ao artigo 211.° do Código de 1940, a propriedade industrial tem as garantias estabelecidas por lei para a propriedade em geral e é especialmente protegida, nos termos do Código e demais legislação e convenções em vigor.

Em sede de direito internacional, a propriedade industrial vai encontrar, pela primeira vez, tratamento autónomo e sistemático com a Convenção de Paris para a Protecção da Propriedade Industrial, de 20 de Março de 1883, habitualmente designada apenas por Convenção da União de Paris.

Portugal foi, conjuntamente com a Bélgica, o Brasil, a Espanha, a França, o Guatemala, a Itália, os Países-Baixos, o Salvador, a Sérvia e a Suíça, um dos fundadores da União, tendo a Convenção sido por ele confirmada e ratificada por Carta de Lei de 17 de Abril de 1884.

A Convenção da União de Paris foi posteriormente revista em Bruxelas (14 de Dezembro de 1900), em Washington (2 de Junho de 1911), na Haia (6 de Novembro de 1925), em Londres (21 de Junho de 1934), em Lisboa (31 de Outubro de 1958), e em Estocolmo (14 de Julho de 1967), tendo esta última revisão sido aprovada para ratificação pelo Decreto n.° 22/75, de 2 de Janeiro, e ratificada conforme Aviso publicado no Diário da República, 1.ª série, de 15 de Março de 1975.

Prevê o artigo 19.° da Convenção que os países da União se reservam o direito de, separadamente, celebrar entre eles acordos particulares para a protecção da propriedade industrial, contanto que esses acordos não contrariem as disposições da mesma Convenção.

No âmbito dessa disposição, numerosas outras convenções internacionais têm sido aprovadas.

---

[1] A este respeito, cfr. José de Oliveira Ascensão, A Reforma do Código da Propriedade Industrial, in Direito Industrial, Vol. I (obra colectiva), Almedina 2001, pág. 481 e segs.; Jorge Cruz, Comentários ao Código da Propriedade Industrial, 1995, e Sugestões para a Revisão do Código da Propriedade Industrial, 1996.

[2] É a este Código que se reportam os artigos que não indiquem o respectivo diploma legal, referindo-me ao aprovado pelo Decreto n.° 30.679 como Código de 1940 e ao aprovado pelo Decreto-Lei n.° 16/95 como Código de 1995.

A nível do comércio internacional, é particularmente sensível a necessidade de promover uma protecção eficaz e adequada dos direitos de propriedade industrial e de simultaneamente garantir que as medidas e processos destinados a assegurar a aplicação efectiva dos direitos de propriedade industrial não constituam obstáculo ao comércio legítimo.

Tal necessidade foi naturalmente sentida no âmbito do " Uruguay Round", de que resultou o Acordo que criou a Organização Mundial do Comércio, designado por Acordo OMC, seus anexos, decisões, declarações ministeriais e Acto Final, assinados em Marraquexe em 15 de Abril de 1994, aprovados, para ratificação, por Portugal, pela Resolução da Assembleia da República n.º 75-B/94, e ratificados pelo Decreto do Presidente da República n.º 82-B/94, ambos de 27 de Dezembro.

Um dos anexos ao Acordo OMC é o Acordo sobre Aspectos dos Direitos de Propriedade Intelectual Relacionados com o Comércio, designado por TRIPS[3], que inclui disposições pormenorizadas em matéria de protecção dos direitos de propriedade intelectual, as quais têm por objectivo estabelecer disciplinas de âmbito internacional neste domínio, a fim de promover o comércio internacional e impedir a ocorrência de distorções ao comércio, bem como evitar o desenvolvimento de tensões devido à inexistência de uma protecção adequada e eficaz da propriedade intelectual[4].

Também no âmbito da União Europeia existe abundante legislação sobre propriedade industrial, com vista a uniformizar os respectivos regimes e evitar compartimentações de mercados[5].

3. Âmbito do Direito Industrial

Dispõe o artigo 1.º:

"A propriedade industrial desempenha a função de garantir a lealdade de concorrência pela atribuição de direitos privativos sobre os diversos processos técnicos de produção e desenvolvimento da riqueza."

---

[3] Embora a versão portuguesa do Acordo se designe a si própria por TRIPS, há quem prefira a designação ADPIC, que corresponde à sigla portuguesa do Acordo.

[4] Além da cláusula geral de conformidade contida no artigo XVI, n.º 4, do Acordo OMC, prevê-se, no artigo 1.º, n.º 1, do TRIPS, que os Membros implementarão na sua ordem interna, as disposições dele constantes.

[5] Cfr. infra n.º 10.

E acrescenta o artigo 2.°:

"Cabem no âmbito da propriedade industrial a indústria e comércio propriamente ditos, as indústrias das pescas, agrícolas, florestais, pecuárias e extractivas, bem como todos os produtos naturais ou fabricados e os serviços."

Analisando os textos legais, verifica-se que a propriedade industrial se reconduz essencialmente a duas ordens de ideias:
– a atribuição da faculdade de explorar economicamente, de forma exclusiva ou não, certas realidades imateriais;
– a imposição do dever de os vários agentes económicos que operam no mercado procederem honestamente.

A primeira das duas indicadas ordens de ideias abrange os chamados direitos privativos da propriedade industrial; a segunda, a repressão da concorrência desleal.

Esta dicotomia encontra-se claramente estabelecida na Convenção da União de Paris, cujo artigo 1.° estabelece:

"1) Os países a que se aplica a presente Convenção constituem-se em União para a protecção da propriedade industrial.

2) A protecção da propriedade industrial tem por objecto as patentes de invenção, os modelos de utilidade, os desenhos ou modelos industriais, as marcas de fábrica ou de comércio, as marcas de serviço, o nome comercial e as indicações de proveniência ou denominações de origem, bem como a repressão da concorrência desleal.

3) A propriedade industrial entende-se na mais larga acepção e aplica-se não só à industria e ao comércio propriamente ditos, mas também às indústrias agrícolas e extractivas e a todos os produtos fabricados ou naturais, por exemplo: vinhos, grãos, tabaco em folha, frutos, animais, minérios, águas minerais, cervejas, flores, farinhas."

Também o Código consigna, com igual clareza, e à semelhança do que se verificava perante os Códigos de 1940 e 1995, as duas referidas modalidades de propriedade industrial.

No Título II do Código, prevê-se a atribuição de diferentes categorias de direitos privativos[6], a saber, patentes (artigo 51.°), modelos de utilidade

---

[6] Existem ainda direitos privativos em legislação avulsa, como é o caso, a meu ver, da firma, regulada pelo regime do Registo Nacional de Pessoas Colectivas, aprovado pelo Decreto-Lei n.° 129/98, de 13 de Maio (RNPC).

(artigo 117.º), topografias de produtos semicondutores[7] (artigo 153.º), desenhos ou modelos (artigo 173.º), marcas (artigo 222.º), recompensas (artigo 271.º), nomes e insígnias de estabelecimento (artigo 282.º), logótipos (artigo 301.º) e denominações de origem e indicações geográficas (artigo 305.º).

E, no Título III, Capítulo I, sob a epígrafe "Infracções", prevê a obrigação de proceder honestamente no exercício da actividade económica, obrigação cuja violação dá origem à concorrência desleal.

Se o empresário pretender interferir na liberdade de escolha dos consumidores por meios contrários às normas e usos honestos, pratica um acto que a lei reprime enquanto concorrência desleal[8].

Assim, o artigo 317.º define concorrência desleal nos seguintes termos:

"Constitui concorrência desleal todo o acto de concorrência contrário às normas e usos honestos de qualquer ramo de actividade económica, nomeadamente:

a) Os actos susceptíveis de criar confusão com a empresa, o estabelecimento, os produtos ou os serviços dos concorrentes, qualquer que seja o meio empregue;

b) As falsas afirmações feitas no exercício de uma actividade económica, com o fim de desacreditar os concorrentes;

c) As invocações ou referências não autorizadas feitas com o fim de beneficiar do crédito ou da reputação de um nome, estabelecimento ou marca alheios;

d) As falsas indicações de crédito ou reputação próprios, respeitantes ao capital ou situação financeira da empresa ou estabelecimento, à natureza ou âmbito das suas actividades e negócios e à qualidade ou quantidade da clientela;

e) As falsas descrições ou indicações sobre a natureza, qualidade ou utilidade dos produtos ou serviços, bem como as falsas indicações de proveniência, de localidade, região ou território, de fábrica, oficina, propriedade ou estabelecimento, seja qual for o modo adoptado;

---

[7] A protecção jurídica das topografias dos produtos semicondutores estava anteriormente prevista em legislação avulsa, na Lei n.º 16/89, de 30 de Junho.

[8] É actualmente pacífico que, em sede de direito privado, existe uma cláusula geral que proíbe a concorrência desleal; cfr., por todos, Adelaide Menezes Leitão, Estudo de Direito Privado sobre a Cláusula Geral da Concorrência Desleal, Almedina 2000, pág. 192.

f) A supressão, ocultação ou alteração, por parte do vendedor ou de qualquer intermediário, da denominação de origem ou indicação geográfica dos produtos ou da marca registada do produtor ou fabricante, em produtos destinados à venda e que não tenham sofrido modificação no seu acondicionamento."

Acrescenta o artigo 318.º, relativamente à protecção de informações não divulgadas:

"Nos termos do artigo anterior, constitui acto ilícito, nomeadamente, a divulgação, a aquisição ou a utilização de segredos de negócios de um concorrente, sem o consentimento do mesmo, desde que essas informações:

a) Sejam secretas, no sentido de não serem geralmente conhecidas ou facilmente acessíveis, na sua globalidade ou na configuração e ligação exactas dos seus elementos constitutivos, para pessoas dos círculos que lidam normalmente com o tipo de informações em questão;

b) Tenham valor comercial pelo facto de serem secretas;

c) Tenham sido objecto de diligências consideráveis, atendendo às circunstâncias, por parte da pessoa que detém legalmente o controlo das informações, no sentido de as manter secretas."

Paralelamente a estes artigos, as actuações de concorrência desleal são também definidas e proibidas pelo artigo 10.º – bis da Convenção da União de Paris, cujo teor actual é o seguinte:

«1. Os países da União obrigam-se a assegurar aos nacionais dos países da União, protecção efectiva contra a concorrência desleal.

2. Constitui acto de concorrência desleal qualquer acto de concorrência contrário aos usos honestos em matéria industrial ou comercial.

3. Deverão proibir-se especialmente:

1.º – Todos os actos susceptíveis de, por qualquer meio, estabelecer confusão com o estabelecimento, os produtos ou actividade industrial ou comercial de um concorrente;

2.º – As falsas afirmações no exercício do comércio, susceptíveis de desacreditar o estabelecimento, os produtos ou a actividade industrial ou comercial de um concorrente;

3.º – As indicações ou afirmações cuja utilização no exercício do comércio seja susceptível de induzir o público em erro sobre a na-

tureza, modo de fabrico, características, possibilidades de utilização ou quantidade de mercadorias».

A pluralidade de actuações susceptíveis de serem qualificadas como concorrência desleal levou a doutrina a agrupá-las em diferentes categorias. Neste sentido, podem-se referir actos de confusão, actos de apropriação, actos de descrédito, actos de desorganização e actos parasitários[9].

São, pois, duas as modalidades de propriedade industrial previstas no Código: a disciplina dos direitos privativos e a repressão da concorrência desleal.

Por seu turno, a disciplina dos direitos privativos abrange duas grandes categorias: a protecção das inovações e a protecção dos sinais distintivos do comércio.

Com efeito, de entre o número considerável de semelhantes direitos, há que distinguir consoante o bem imaterial cuja faculdade de utilização a lei atribui é uma inovação ou um sinal de diferenciação.

No primeiro caso, integram-se as patentes, os modelos de utilidade, as topografias de produtos semicondutores e os desenhos ou modelos.

No segundo caso, integram-se as marcas, as recompensas, os nomes e as insígnias de estabelecimento, os logótipos, as denominações de origem e as indicações geográficas, que constituem os chamados sinais distintivos do comércio[10].

Há ainda que distinguir consoante a lei atribui a faculdade de utilização de determinada realidade de forma exclusiva ou, ao invés, a atribui a uma generalidade indiscriminada de pessoas ou a uma colectividade.

Só na primeira hipótese se deverá falar, em sentido jurídico rigoroso, de direito privativo da propriedade industrial, pois só aí se está perante um verdadeiro e próprio direito subjectivo.

---

[9] Cfr. o meu Propriedade Industrial, Almedina 1997, pág. 161.

[10] O nome comercial a que a Convenção da União de Paris se refere não tem autonomia perante o direito positivo português, pois corresponde, quer ao nome de estabelecimento, quer à firma, quer ainda aos elementos nominativos que constituam o logótipo; cfr. o meu Propriedade Industrial, pág. 104 e segs., e Acórdão n.º 079322 do Supremo Tribunal de Justiça de 6 de Julho de 1989 (www.dgsi.pt).

4. Direitos Privativos da Propriedade Industrial e Concorrência Desleal

Foi já muito discutido se a disciplina dos direitos privativos da propriedade industrial e a repressão da concorrência desleal são ou não realidades autónomas.

De facto, a protecção contra a concorrência desleal surge historicamente como uma expansão da protecção das várias modalidades de direitos privativos, especialmente das marcas[11], pelo que a diferenciação entre umas e outras figuras exigiu esforço legislativo, jurisprudencial e doutrinal[12].

Actualmente, pode ser considerado pacífico o entendimento segundo o qual a protecção contra os actos de concorrência desleal tem, no nosso direito, um tratamento jurídico distinto da protecção dos direitos privativos da propriedade industrial, que permite considerá-la como constituindo um instituto autónomo[13].

Ao passo que a disciplina dos direitos privativos da propriedade industrial procura proteger uma utilização exclusiva de determinados bens imateriais, através da repressão da concorrência desleal pretende-se estabelecer deveres recíprocos entre os vários agentes económicos[14].

A concorrência desleal está definida nos artigos 317.º e 318.º, e punida no artigo 331.º; os direitos privativos da propriedade industrial estão definidos no Título II do Código e a sua violação punida por outras disposições legais: a violação do exclusivo da patente, do modelo de utilidade ou da topografia de produtos semicondutores, pelo artigo 321.º, a dos desenhos ou modelos, pelo artigo 322.º, a das marcas, pelos artigos 323.º e 324.º, a das denominações de origem ou de indicação geográfica[15], pelo

---

[11] Cfr. Alberto Bercovitz, Apuntes de Derecho Mercantil, 3.ª ed., 2002, pág. 345.

[12] Mais desenvolvidamente, cfr. o meu Propriedade Industrial, pág. 15 a 20.

[13] Cfr., perante o Código de 1940, Acórdão do Supremo Tribunal de Justiça de 21 de Novembro de 1951 (Bol. Min. Just., n.º 22, pág. 347); Ferrer Correia, Propriedade Industrial, Registo do Nome de Estabelecimento, Concorrência Desleal, in Estudos Jurídicos II, 1969, págs. 235 e segs., e Jorge Patrício Paúl, Concorrência Desleal, 1965, págs. 43 e segs. e págs. 73 e segs.; perante o Código de 1995, Acórdão do Supremo Tribunal de Justiça n.º 97A692 de 24 de Setembro de 1996 (www.dgsi.pt); José de Oliveira Ascensão, Concorrência Desleal, Almedina 2002, págs. 69 e segs..

[14] Cfr. Paul Roubier, Le Droit de la Propriété Industrielle, Vol. I, 1952, pág. 307 e segs..

[15] O actual Código corrigiu assim o regime anterior, no qual a violação das denominações de origem ou das indicações geográficas era punida apenas pelo n.º 7 do artigo 212.º, enquanto acto de concorrência desleal.

artigo 325.º, a das recompensas, pelo artigo 332.º, a do nome e da insígnia do estabelecimento, pelo artigo 333.º, a do logótipo, pelo artigo 334.º, sendo a falsa invocação ou o uso indevido de direitos de propriedade industrial punidos pelos artigos 336.º, 337.º e 338.º.

A autonomia dos dois institutos ressalta ainda muito claramente do artigo 24.º, n.º 1, alínea d), que prevê, como fundamento geral de recusa de registo, o reconhecimento de que o requerente pretende fazer concorrência desleal ou de que esta era possível independentemente da sua intenção.

Dado que, em outras disposições, se indicam, como fundamento de recusa, situações que representam protecção de direitos privativos, esta alínea d) do n.º 1 do artigo 24.º contempla um fundamento autónomo de recusa de registo, que é precisamente a concorrência desleal, o que implica estar-se perante realidades distintas.

Não se encontra, pois, a repressão da concorrência desleal subordinada necessariamente à existência de um direito privativo violado, isto é, pode haver acto de concorrência desleal sem que haja violação de direito privativo.

De igual modo, pode haver violação do direito privativo sem que haja qualquer situação de concorrência.

Mas se, em tese, a diferenciação entre uma e outra figura é facilmente apreensível, em concreto tal diferenciação não reveste igual clareza.

De facto, a autonomia dos dois institutos não impede que, na prática, um acto possa infringir simultaneamente um direito privativo e a proibição de concorrência desleal, por haver actos que simultaneamente constituem violação de direito privativo e concorrência desleal[16].

A protecção dos direitos exclusivos de propriedade industrial e a protecção contra a concorrência desleal formam dois círculos concêntricos, como escreve Alberto Bercovitz[17]. O círculo interior, o mais pequeno, é o que protege os direitos absolutos. E o mais amplo representa a protecção contra a concorrência desleal. Isto significa que o empresário tem o seu núcleo de protecção mais forte nos direitos exclusivos de propriedade industrial, nos direitos que conferem as suas patentes ou as suas marcas.

---

[16] O Código de 1995 veio criar algumas dificuldades a esse respeito; cfr., sobre essa problemática, o meu Propriedade Industrial, pág. 20, e Adelaide Menezes Leitão, Imitação Servil, Concorrência Parasitária e Concorrência Desleal, in Direito Industrial, Vol. I (obra colectiva), Almedina 2001, pág. 136 e segs..

[17] Aut. cit., Apuntes, pág. 345.

E tem, além disso, um círculo de protecção mais amplo, ainda que menos sólido, que é o da concorrência desleal, porque essa protecção não se dá em qualquer caso, pois depende das circunstâncias em que o concorrente actue.

Além disso, os critérios que levam o legislador a integrar uma dada situação na disciplina dos direitos privativos ou na concorrência desleal nem são uniformes, nem são constantes.

A lei não demarca com rigor as fronteiras entre um e outro instituto.

Exemplo paradigmático dessa situação era o artigo 193.º, n.º 2, do Código de 1995.

Segundo este artigo, constitui imitação ou usurpação parcial de marca o aspecto exterior do pacote ou invólucro com as respectivas cor e disposição de dizeres, medalhas e recompensas, de modo que pessoas que os não interpretem os não possam distinguir de outros adoptados por possuidor de marcas legitimamente usadas, mormente as de reputação ou prestígio internacional.

O artigo 193.º, n.º 2, reproduzia, com ligeiríssimas alterações[18], o disposto no § único do artigo 94.º do Código de 1940.

Já em face deste artigo, a doutrina era unânime em considerar que, na parte final do § único do artigo 94.º, o que se previa era um acto de concorrência desleal[19].

Perante o Código de 1995, podia-se também concluir que a imitação do pacote ou invólucro de um produto pelo pacote ou invólucro de outro produto idêntico ou semelhante, em termos de permitir a confusão entre ambos, constituía acto de concorrência desleal[20], embora a lei a qualificasse como imitação de marca.

O Código actual suprimiu a disposição constante da parte final do artigo 193.º, n.º 2, do Código de 1995, pelo que a situação nele descrita se enquadra de pleno na concorrência desleal[21].

---

[18] Tais alterações consistem na substituição da expressão "pessoas analfabetas", constante do Código de 1940, pela expressão "pessoas que os não interpretem", e na adição da referência às marcas de prestígio internacional.

[19] Cfr. J.G. Pinto Coelho, Lições de Direito Comercial, 1.º vol., 3.ª ed., 1957, pág. 438; A. Ferrer Correia, Lições, pág. 353, nota (1); Patrício Paul, ob. cit., pág. 58; José de Oliveira Ascensão, Concorrência Desleal, 1994, pág. 117; Justino Cruz, Código da Propriedade Industrial, 2.ª ed., pág. 380.

[20] Cfr. Oliveira Ascensão, o Princípio da Prestação: Um Novo Fundamento para a Concorrência Desleal?, in Concorrência Desleal (Curso Promovido pela Faculdade de Direito de Lisboa), 1997, pág. 15, e Concorrência Desleal, 2002, pág. 424.

[21] Continua, porém, a considerar relevante a imitação do aspecto exterior do pro-

O próprio conceito de imitação de marca, fundamental na disciplina dos sinais distintivos do comércio, não é imune a alguma imprecisão.

Nos termos do artigo 193.º do Código de 1995, bem como do artigo 94.º do anterior Código de 1940, era requisito da imitação de marca que os sinais em confronto tivessem tal semelhança gráfica, figurativa ou fonética que induzisse facilmente o consumidor em erro ou confusão.

Não previam esses artigos o caso de haver risco de erro ou confusão por semelhança intelectual ou ideológica (sem existir semelhança gráfica, figurativa nem fonética), na qual o risco de erro ou confusão surge da associação de ideias por os sinais em confronto serem passíveis de suscitar a mesma imagem ou sugestão.

No entanto, considerava-se pacificamente ser ilícita a utilização, em produtos ou serviços idênticos ou de manifesta afinidade, de sinal que tivesse tal semelhança intelectual ou ideológica com marca anteriormente registada que induzisse facilmente o consumidor em erro ou confusão.

Dado o enquadramento penal do conceito de imitação de marca[22], não era possível aplicar analogicamente os referidos artigos à semelhança intelectual ou ideológica entre sinais[23].

Deste modo, a ilicitude tinha por fundamento a repressão da concorrência desleal, enquanto acto susceptível de criar confusão[24], sem que, em termos técnico – jurídicos, representasse imitação de marca.

Actualmente, o artigo 245.º abrange, no conceito de imitação de marca, a semelhança intelectual ou ideológica entre sinais, ao consignar, como requisito do mesmo, a semelhança gráfica, figurativa, fonética ou outra.

A imprecisão da linha divisória entre a disciplina dos direitos de propriedade industrial e a repressão da concorrência desleal revela-se ainda em outras disposições legais.

O artigo 312.º, tal como o anterior artigo 251.º do Código de 1995, ao definir os direitos conferidos pelo registo das denominações de origem ou das indicações geográficas, expressamente consigna, na alínea b) do n.º 1, que tal registo confere o direito de impedir a utilização que consti-

---

duto, mas no âmbito do direito das marcas, enquanto fundamento de recusa de registo das marcas que constituam semelhante imitação, como consigna o artigo 240.º.

[22] Cfr. artigo 264.º do Código de 1995.

[23] Cfr., por todos, Germano Marques da Silva, Direito Penal Português, Vol. I, Verbo 2001, pág. 270.

[24] Neste sentido, Acórdão do Supremo Tribunal de Justiça de 1 de Junho de 1969 (Bol. Min. Just., n.º 89, pág. 298).

tua um acto de concorrência desleal, no sentido do artigo 10.°-bis da Convenção de Paris, tal como resulta da Revisão de Estocolmo, de 14 de Julho de 1967.

Aliás, o uso de uma denominação de origem registada fora das condições tradicionais, usuais ou regulamentares encontrava-se previsto e punido, enquanto acto de concorrência desleal, pela alínea g) do artigo 260.° do Código de 1995.

E a supressão, ocultação ou alteração, por parte do vendedor ou de qualquer intermediário, da denominação de origem dos produtos, também se encontravam previstas, como actos de concorrência desleal, na alínea h) do artigo 260.° do Código de 1995, sem embargo de violarem o correspondente direito – tal como sucede na alínea f) do actual artigo 317.°.

O mesmo se verifica quanto à supressão, ocultação ou alteração da marca registada do produtor ou fabricante, em produtos destinados à venda e que não tenham sofrido modificação no seu acondicionamento, previstas, como actos de concorrência desleal, na mesma alínea h) do artigo 260.° do Código de 1995, e actualmente na alínea f) do artigo 317.°.

No entanto, a supressão, ocultação ou alteração da marca, lesando o respectivo valor económico, representa sempre violação, ainda que indirecta, do correspondente direito à marca[25].

A flutuação de critérios diferenciadores é, aliás, uma realidade dinâmica, que acompanha a evolução legislativa[26].

Com efeito, actos considerados de concorrência desleal podem passar a integrar-se no âmbito da protecção dos direitos privativos e vice--versa.

É o caso da protecção das marcas notórias e de prestígio relativamente a produtos ou serviços que não sejam idênticos nem afins daqueles a que tais marcas se destinam.

O Código de 1940 era totalmente omisso sobre a matéria, pelo que, por força do princípio da especialidade das marcas, tal protecção apenas podia decorrer da repressão da concorrência desleal[27].

---

[25] Cfr., mais desenvolvidamente, o meu Propriedade Industrial, pág. 76 e segs..

[26] Alberto Bercovitz também indica, em face da lei espanhola, exemplos de tal flutuação de critérios; cfr. Apuntes, pág. 346.

[27] Sobre esta problemática, em face do Código de 1940, cfr. o meu Propriedade Industrial, in Colectânea de Jurisprudência, ano XII (1987), Tomo II, pág. 25 e Tomo IV, pág. 19.

A Directiva n.º 89/104/CE, que harmoniza as legislações dos Estados-membros em matéria de marcas, veio, porém, alargar a protecção das marcas de prestígio[28].

Em sintonia com o artigo 4.º da Directiva, o artigo 191.º do Código de 1995 previa a recusa de registo se a marca, ainda que destinada a produtos ou serviços não semelhantes, fosse gráfica ou foneticamente idêntica ou semelhante a uma marca anterior que gozasse de grande prestígio em Portugal ou na Comunidade e sempre que o uso da marca posterior procurasse, sem justo motivo, tirar partido indevido do carácter distintivo ou do prestígio da marca ou pudesse prejudicá-los.

Deste modo, o fundamento de recusa do registo de marca consistente em, injustificadamente, tirar partido indevido do carácter distintivo ou do prestígio de marca de prestígio anteriormente registada para produtos ou serviços não semelhantes, ou em poder prejudicá-los, que, no Código de 1940, se inseria no âmbito da concorrência desleal, passou a inserir-se, no Código de 1995, no âmbito do direito das marcas[29].

No entanto, esse artigo 191.º apenas se referia à recusa de registo.

Baseando-se os conceitos de reprodução e imitação de marca no requisito de ambos os sinais se destinarem a assinalar produtos ou serviços idênticos ou afins, e sendo esses conceitos de índole penal, não era possível aplicá-los analogicamente, prescindindo do supracitado requisito relativamente às marcas de prestígio.

Em consequência, a protecção dessas marcas contra outros actos lesivos, nomeadamente o uso, devia ser encontrada nos princípios gerais atinentes às marcas ou através da concorrência desleal[30].

O actual Código contém, no artigo 242.º, disposição idêntica ao anterior artigo 191.º, apenas substituindo a referência às marcas de grande prestígio por simplesmente marcas de prestígio.

Alarga, porém, o conceito de uso ilegal de marca, prevendo e punindo, na alínea e) do artigo 323.º, quem, sem o consentimento do titular

---

[28] Neste sentido, a Directiva n.º 89/104/CE determina, no artigo 4.º, n.º 3 e n.º 4, alínea a), a recusa de registo da marca, ou tendo este sido efectuado, a nulidade do mesmo registo, se a marca for idêntica ou semelhante a marca anterior registada, comunitária ou nacional, ainda que para produtos ou serviços que não sejam semelhantes àqueles para os quais a marca anterior foi registada, sempre que a marca anterior goze de prestígio e que o uso da marca posterior procure, sem justo motivo, tirar partido indevido do carácter distintivo ou do prestígio da marca anterior ou possa prejudicá-los.

[29] Cfr. o meu Propriedade Industrial, pág. 63.

[30] Cfr. o meu Propriedade Industrial, pág. 63 e pág. 78.

do direito, usar, ainda que em produtos ou serviços sem identidade ou afinidade, marcas que constituam tradução ou sejam iguais ou semelhantes a marcas anteriores cujo registo tenha sido requerido e que gozem de prestígio em Portugal, ou na Comunidade Europeia se forem comunitárias, sempre que o uso da marca posterior procure, sem justo motivo, tirar partido indevido do carácter distintivo ou do prestígio das anteriores ou possa prejudicá-las[31].

Desta sorte, o uso ilegal de marca de prestígio em produtos ou serviços sem identidade ou afinidade com aqueles a que tal marca se destine, que, perante os Códigos de 1940 e de 1995, integrava concorrência desleal, passou a integrar o direito das marcas.

Não são, pois, uniformes, nem constantes, os critérios pelos quais o legislador integra uma dada situação ora na disciplina dos direitos privativos ora na concorrência desleal.

A autonomia entre a protecção dos direitos privativos e a repressão da concorrência desleal é assim uma autonomia mitigada.

Deste modo, sem embargo da autonomia que caracteriza estes institutos, a protecção dos direitos privativos e a repressão da concorrência desleal representam simples modalidades de propriedade industrial, tal como previstas no Código.

5. O Registo dos Direitos Privativos

A lei portuguesa consagra, por razões de certeza e segurança jurídicas, o sistema de registo constitutivo dos direitos privativos da propriedade industrial[32].

Por isso, determina o artigo 7.º, n.º 1, que *"a prova dos direitos de propriedade industrial faz-se por meio dos títulos, correspondentes*

---

[31] Passou assim a lei portuguesa a consagrar a faculdade prevista no artigo 5.º, n.º 2, da Directiva n.º 89/104/CE, que consigna, sob a epígrafe "Direitos conferidos pela marca", que qualquer Estado-membro poderá também estipular que o titular fique habilitado a proibir que terceiros façam uso, na vida comercial, sem o seu consentimento, de qualquer sinal idêntico ou semelhante à marca para produtos ou serviços que não sejam semelhantes àqueles para que a marca foi registada, sempre que esta goze de prestígio no Estado-membro e que o uso desse sinal, sem justo motivo, tire partido indevido do carácter distintivo ou do prestígio da marca ou os prejudique.

[32] Cfr. Ferrer Correia, Lições, pág. 334 ; cfr. ainda o meu Propriedade Industrial, pág. 65 e segs..

às suas diversas modalidades" – isto é, através da prova do correspondente registo[33].

Tais títulos devem conter os elementos necessários à perfeita identificação do direito a que se referem, de acordo com o n.º 2 deste artigo 7.º.

O sistema de registo constitutivo encontra-se explicitado relativamente a cada direito privativo.

No que respeita às patentes, preceitua o artigo 101.º, n.º 1, que a mesma confere o direito exclusivo de explorar a invenção em qualquer parte do território português.

Acrescenta o n.º 2 desse artigo 101.º que a patente confere ainda ao seu titular o direito de impedir a terceiros, sem o seu consentimento, o fabrico, a oferta, a armazenagem, a introdução no comércio ou a utilização de um produto objecto de patente, ou a importação ou posse do mesmo, para algum dos fins mencionadas.

Idêntico regime consigna o artigo 144.º para os modelos de utilidade.

Quanto à topografia de produtos semicondutores, preceitua o artigo 164.º, sob a epígrafe "Direitos conferidos pelo registo":

"1. O registo da topografia confere ao seu titular o direito ao seu uso exclusivo em todo o território português, produzindo, fabricando, vendendo ou explorando essa topografia, ou os objectos em que ela se aplique, com a obrigação de o fazer de modo efectivo e de harmonia com as necessidades do mercado.

2. O registo da topografia confere ainda ao seu titular o direito de autorizar ou proibir qualquer dos seguintes actos:

a) Reprodução da topografia protegida;

b) Importação, venda ou distribuição por qualquer outra forma, com finalidade comercial, de uma topografia protegida, de um produto semicondutor em que é incorporada uma topografia protegida, ou de um artigo em que é incorporado um produto semicondutor desse tipo, apenas na medida em que se continue a incluir uma topografia reproduzida ilegalmente."

Para os desenhos ou modelos, rege o artigo 162.º, cujo n.º 1 estabelece que o registo confere ao seu titular o direito exclusivo de o utilizar e de proibir a sua utilização por terceiros sem o seu consentimento.

---

[33] Neste sentido, cfr. Acórdão do Supremo Tribunal de Justiça de 12 de Janeiro de 1999 (Bol. Min. Just., n.º 483, pág. 214).

Relativamente às marcas, diz o artigo 224.°, n.° 1, que *"o registo confere ao seu titular o direito de propriedade e do exclusivo da marca para os produtos ou serviços a que esta se destina."*

No mesmo sentido, corrobora o artigo 258.°, do seguinte teor:

"O registo da marca confere ao seu titular o direito de impedir terceiros, sem o seu consentimento, de usar, no exercício de actividades económicas, qualquer sinal igual ou semelhante, em produtos ou serviços idênticos ou afins daqueles para os quais a marca foi registada, e que, em consequência da semelhança entre os sinais e da afinidade dos produtos ou serviços, possa causar um risco de confusão, ou associação, no espírito do consumidor."

O direito à marca é, pois, um direito que decorre do registo de um dado sinal distintivo que é a marca[34].

Também o direito ao nome e à insígnia do estabelecimento deriva do respectivo registo, conforme determina o artigo 295.°[35], aplicável ao logótipo por força da remissão constante do artigo 304.°, n.° 1.

Os direitos privativos da propriedade industrial estão, pois, sujeitos a um sistema de registo constitutivo.

Por conseguinte, o bem imaterial que é objecto de um direito privativo apenas se reconduz em termos directos e imediatos ao seu titular desde que tal conste do registo.

No entanto, se o registo é condição necessária para a existência do direito, não é condição suficiente.

De facto, a concessão de direitos de propriedade industrial implica mera presunção jurídica dos requisitos da sua concessão, nos termos do artigo 4.°, n.° 2.

Relativamente às recompensas e às denominações de origem e indicações geográficas, o registo não é constitutivo, uma vez que não se trata de direitos privativos em sentido estrito.

Qualquer dessas figuras é registável, de acordo com, respectivamente, os artigos 274.° a 277.° e 307.° a 309.°, ainda que o respectivo registo seja meramente enunciativo.

---

[34] Cfr. Acórdão do Supremo Tribunal de Justiça de 22 de Julho de 1986 (Bol. Min. Just., n.° 359, pág. 751); note-se que nem todas as legislações consagram o sistema constitutivo ou atributivo da propriedade da marca; a este respeito, cfr. o meu Propriedade Industrial, pág. 65 e segs..

[35] Cfr. Acórdão do Supremo Tribunal de Justiça de 2 de Outubro de 1964 (Bol. Min. Just., n.° 140, pág. 473); cfr. também o meu Propriedade Industrial, pág. 97.

Segundo o artigo 4.º, n.º 3, o registo das recompensas garante a veracidade e autenticidade dos títulos da sua concessão e assegura aos titulares o seu uso exclusivo por tempo indefinido.

A redacção deste preceito, idêntico, aliás, ao anterior artigo 5.º, n.º 2, é manifestamente infeliz.

Ao invés do que a lei parece inculcar, as recompensas não são de uso exclusivo, porquanto idênticas recompensas podem ser atribuídas a vários empresários.

Acresce que, nos termos do artigo 278.º, o uso de recompensas legalmente obtidas é permitido, independentemente de registo, o qual apenas tem por efeito possibilitar adicionar à referência da recompensa as designações características das recompensas registadas.

Trata-se, assim, de registo meramente enunciativo[36].

O mesmo se verifica relativamente às denominações de origem e indicações geográficas[37].

De facto, nos termos do artigo 310.º, n.º 1, a denominação de origem e a indicação geográfica têm duração ilimitada e a sua propriedade é protegida pela aplicação das regras previstas no Código, em legislação especial, bem como por aquelas que forem decretadas contra as falsas indicações de proveniência, independentemente do registo e façam ou não parte de marca registada.

Note-se que o simples pedido de patente, de modelo de utilidade ou de registo confere uma protecção provisória, para ser considerada no cálculo de eventual indemnização, nos termos do artigo 5.º.

O registo dos direitos previstos no Código da Propriedade Industrial[38], seja ele constitutivo, seja meramente enunciativo, é feito junto do Instituto Nacional da Propriedade Industrial (I.N.P.I.), actualmente regulado pelo Decreto-Lei n.º 400/98, de 17 de Dezembro, alterado pelo Decreto-Lei n.º 520/99, de 10 de Dezembro.

Dado o carácter constitutivo do registo, tem a maior importância definir a quem cabe a prioridade de tal registo.

---

[36] Neste sentido, Oliveira Ascensão, Lições, pág. 335.

[37] Neste sentido, Oliveira Ascensão, Lições, pág. 336; Alberto Francisco Ribeiro de Almeida, Denominação de Origem e Marca, Coimbra Editora 1999, pág. 300.

[38] É diferente o regime das firmas, que devem ser registadas no Registo Comercial e no Registo Nacional das Pessoas Colectivas, bem como dos nomes de domínio, que o devem ser junto da Fundação para a Computação Científica Nacional (FCCN).

A este respeito, preceitua o artigo 11.º, n.º 1, que, salvas as excepções previstas no Código, a patente, o modelo de utilidade ou o registo é concedido a quem primeiro apresentar regularmente o pedido com os elementos exigíveis.

O processo de registo é diferente consoante o direito privativo em causa.

Em termos genéricos, esse processo obedece a uma tramitação administrativa iniciada a requerimento do interessado, seguida por uma eventual fase de discussão (reclamação e contestação), finda a qual o processo é estudado e informado pelos serviços do I.N.P.I. e depois submetido a despacho, para a final o registo ser concedido ou recusado, no todo ou em parte[39].

Das decisões do Instituto Nacional da Propriedade Industrial que concedam ou recusem direitos privativos cabe recurso de plena jurisdição, seguindo-se o processo estabelecido nos artigos 39.º a 47.º[40].

Para tais recursos é competente o Tribunal de Comércio de Lisboa, em sintonia, aliás, com a alínea a) do n.º 2 do artigo 89.º da Lei n.º 3/99, de 13 de Janeiro (Lei da Organização e Funcionamento dos Tribunais Judiciais)[41].

6. O Conteúdo dos Direitos Privativos

Os direitos privativos representam, essencialmente, direitos de exclusivo[42].

De facto, a lei concede ao titular do direito privativo um exclusivo de exploração económica do bem imaterial objecto do seu direito, seja esse

---

[39] A lei actual alterou profundamente o processo de registo quanto aos modelos de utilidade e aos desenhos ou modelos, com vista a simplificar a respectiva tramitação, prevendo-se nos artigos 130.º e 192.º, respectivamente, uma concessão provisória sem exame prévio, caso este não tenha sido requerido e não haja oposição.

[40] Sobre a natureza desse recurso, cfr. Acórdãos do Supremo Tribunal de Justiça de 12 de Janeiro de 1999 (Bol. Min. Just., n.º 483, pág. 214) e, da mesma data, n.º 98A736 (www.dgsi.pt).

[41] Era esta a posição que, anteriormente ao actual Código, me parecia ser a melhor doutrina; cfr., mais desenvolvidamente, o meu A Propriedade Industrial e a Competência dos Tribunais de Comércio, in Direito Industrial – Vol. II (obra colectiva), Almedina 2002, pág. 131 e segs.; no mesmo sentido, Acórdão da Relação de Lisboa de 14 de Março de 2002 (Col. Jur., ano XXVII (2002), tomo II, pág. 76).

[42] Cfr. Oliveira Ascensão, Lições, págs. 404 e segs..

bem uma inovação ou um simples sinal de diferenciação, e qualquer que seja a modalidade de exploração económica que esteja em causa.

Desta sorte, os direitos privativos demarcam as actividades que são reservadas aos respectivos titulares[43].

É porque essa reserva existe que qualquer terceiro tem o dever de a respeitar sob todas as formas.

Daqui decorrem duas características:

1.ª – A tutela correspondente ao direito abrange qualquer manifestação que afecte a correspondente reserva;

2.ª – Em contrapartida, o "jus prohibendi" não afecta as utilizações do bem imaterial feitas por terceiros fora da actividade económica.

Da primeira apontada característica resulta que há violação do direito privativo, não só quando se reproduz o bem imaterial que dele é objecto, mas também quando, por qualquer forma, se utiliza uma realidade que comporte tal reprodução, nomeadamente importando, vendendo, pondo em circulação ou usando produto que o incorpore.

É o que decorre dos artigos 101.º, n.º 2 (patentes), 144.º, n.ºs 2 e 3 (modelos de utilidade), 164.º (topografias de produtos semicondutores), 203.º, n.º 2 (desenhos ou modelos) e 324.º (marcas).

Deste modo, o "jus prohibendi" típico dos direitos privativos abrange toda e qualquer manifestação que afecte o exclusivo de exploração económica que caracteriza o respectivo conteúdo.

Mas o exclusivo não exclui utilizações feitas por terceiros fora da actividade económica.

Assim, a tutela conferida pelos direitos correspondentes a patentes, modelos de utilidade, topografias de produtos semicondutores e desenhos ou modelos não abrange o uso privado da respectiva criação, por terceiro, sem finalidade comercial, como dispõem, respectivamente, os artigos 102.º, 145.º, 165.º e 204.º.

No que respeita às marcas, a lei também claramente delimita o correspondente direito através da exploração económica, porquanto, nos termos do artigo 258.º, a proibição de terceiro utilizar sinal igual ou semelhante a marca registada para produtos idênticos ou afins, reporta-se apenas ao uso em actividades económicas.

---

[43] Cfr. Oliveira Ascensão, Lições, págs. 404 e segs..

O núcleo fundamental dos direitos privativos é, pois, a protecção da respectiva exploração económica, uma vez que é a ela que o exclusivo se reporta.

Aliás, a susceptibilidade de exploração económica surge como requisito essencial do próprio direito.

Para ser objecto de patente, a invenção deve ser susceptível de aplicação industrial, nos termos do artigo 51.°, n.° 1.

Idêntico requisito decorre do artigo 117.°, n.° 1, quanto aos modelos de utilidade.

A referência, no artigo 225.°, n.° 1, às empresas cujos produtos ou serviços as marcas servem para distinguir, revela que este sinal distintivo se insere no âmbito das actividades empresariais, isto é, das explorações económicas.

No que toca ao nome e insígnia de estabelecimento, a própria menção desta forma organizativa, constante do artigo 282.°, implica a existência de exploração económica.

Mas a susceptibilidade de exploração económica não representa apenas requisito essencial da concessão dos direitos privativos; a protecção do direito privativo está intimamente associada à exploração económica do bem sobre que incide.

Daí as vicissitudes que a falta de exploração provoca no direito privativo.

Relativamente às inovações, e correspondentes direitos que as têm por objecto, a lei estabelece a necessidade da respectiva exploração.

Assim, no caso das patentes, a falta de exploração, pelo respectivo titular, implica a eventualidade de concessão a terceiros de licença de exploração obrigatória, de acordo com os artigos 107.° e seguintes, aplicáveis aos modelos de utilidade e às topografias de produtos semicondutores por força das remissões constantes, respectivamente, dos artigos 150.° e 169.°[44].

---

[44] Já foi muito discutido, em face do artigo 5.°-A)-2, da Convenção da União de Paris, nomeadamente quanto à eventualidade de serem concedidas licenças de exploração obrigatórias, se o exclusivo de exploração que a patente representa, seria apenas de natureza industrial ou também de natureza comercial; actualmente, o artigo 27.°, n.° 1, do TRIPS, ao determinar ser possível gozar dos direitos de patente sem discriminação quanto ao facto de os produtos serem importados ou produzidos localmente, define que a exploração de uma patente abrange, não só o fabrico local do produto ou processo patenteado, mas também a simples importação, venda ou mera manipulação, isto é, abrange, não só a exploração industrial, mas também a exploração comercial.

Noutros casos, a lei acolhe idêntica perspectiva, mas através de regime diferente.

No que toca aos sinais distintivos do comércio, não estando em causa uma inovação, mas apenas um elemento de diferenciação, se esse elemento não for utilizado na exploração económica do seu titular, caduca por não uso ao fim de certo prazo.

É o que preceituam o artigo 269.º, n.º 1, relativamente às marcas, e o artigo 300.º, n.º 1, alínea b), relativamente ao nome e à insígnia do estabelecimento, este aplicável aos logótipos por força do artigo 304.º[45].

Desta sorte, os direitos privativos têm por conteúdo o poder de exploração económica exclusiva de determinado bem, mas também o ónus de utilizar esse mesmo bem.

No cerne dos direitos privativos encontramos assim poderes e deveres de conduta, instituídos tendo em atenção a função que representam de salvaguarda do valor económico do seu resultado.

7. Natureza Jurídica dos Direitos Privativos

Quando se fala em direitos privativos, não se tem em vista uma realidade única; há direitos privativos que visam proteger inovações, como é o caso das patentes, modelos e desenhos, e direitos privativos que visam proteger sinais de diferenciação no mercado, como é o caso das marcas, dos nomes e das insígnias de estabelecimento e dos logótipos.

No entanto, é pacífico o entendimento que todos esses direitos são espécies do género denominado direitos privativos.

É também pacífico que os direitos privativos são, antes de mais, direitos subjectivos.

Estes direitos subjectivos têm por objecto realidades imateriais, consistentes em exteriorizações do espírito humano, sejam elas inovações ou sinais de diferenciação.

Não é, porém, pacífica qual seja a sua natureza.

Para se apreender essa natureza, é indispensável delimitar o respectivo conteúdo.

---

[45] Também relativamente à firma, a sua utilização é elemento essencial do correspondente direito, uma vez que este pode ser declarado perdido, nos termos dos artigos 60.º e 61.º do RNPC, quando o respectivo titular não tiver exercido actividade durante um período superior a 10 anos.

Ora, em face do conteúdo dos direitos privativos, tal como acima delimitado, deve ser-lhes atribuída a natureza de direitos de exploração económica exclusiva[46].

Nem se diga que esta concepção deixaria na sombra a vertente de direitos de personalidade que, com maior ou menor intensidade, estaria sempre presente nos direitos privativos.

De facto, as faculdades pessoais que surgem são independentes dos próprios direitos e têm escasso significado[47].

Tampouco se diga que a natureza jurídica dos direitos privativos não se pode basear apenas no exclusivo de exploração económica.

A susceptibilidade de semelhante exploração é, como se viu, requisito da concessão dos direitos, e a sua efectivação é requisito da manutenção da correspondente protecção, dadas as vicissitudes que a falta de exploração acarreta.

A concepção adoptada diferencia-se de outras doutrinas que têm sido defendidas sobre a natureza dos direitos privativos.

Assim, há autores que procuram reconduzir os direitos privativos ou a direitos de personalidade[48] ou a direitos de propriedade[49], havendo ainda quem considere tratar-se de "tertius genus", constituindo uma terceira classe de direitos patrimoniais, ao lado dos direitos reais e dos direitos de crédito, seja enquanto simples direitos de monopólio[50], seja enquanto direitos sobre bens imateriais[51], seja enquanto direitos de clientela[52].

É indesmentível a semelhança existente na protecção que a lei concede aos direitos privativos e aos direitos de personalidade, ou, mais correctamente, aos direitos pessoais.

---

[46] Neste sentido, Oliveira Ascensão, Lições, págs. 389 e segs..

[47] No âmbito dos direitos de autor, já esta afirmação pode não ser exacta; cfr. Pires de Lima e Antunes Varela, Código Civil anotado, Vol. III, 2.ª ed., Coimbra Editora 1984, pág. 86 e segs..

[48] Cfr. M. Ohen – Mendes, Direito Industrial – I, pág. 102 e segs. e autores aí citados.

[49] Neste sentido, A. Chavanne/J.J. Burst, Droit de la Propriété Industrielle, 3.ª ed., 1990, pág. 2; entre nós, Miguel Pupo Correia, Direito Comercial, 7.ª ed., Ediforum 2001, págs. 289 e segs. e Alberto Francisco Ribeiro de Almeida, Denominação de Origem e Marca, págs. 69 e segs..

[50] Neste sentido, Remo Franceschelli, Tratatto di Diritto Industriale, Vol. II, 1961, pág. 535 e segs..

[51] Neste sentido, A. Troller, Précis du Droit de la Propriété Immatérielle, 1978, págs. 32 e segs.; entre nós, M. Ohen – Mendes, Direito Industrial – I, págs. 90 e segs..

[52] Neste sentido, P. Roubier, ob. cit., págs. 104 e segs..

Ambos têm por objecto realidades imateriais.

Em qualquer dos casos, trata-se de direitos absolutos, isto é, oponíveis "erga omnes."

Em qualquer dos casos também, o "jus prohibendi" abrange toda e qualquer manifestação que afecte o âmbito de eficácia que a lei lhes reconhece.

No entanto, a tutela que a lei concede aos direitos privativos, que se integram, de pleno, no exercício de actividades económicas, não tem carácter pessoal.

Aliás, o carácter patrimonial dos direitos privativos ressalta do artigo 2.°, que insere o âmbito da propriedade industrial nas actividades económicas.

Acresce que a protecção correspondente aos direitos privativos beneficia o respectivo titular, independentemente de ele ser, ou não, o criador.

Tanto assim é que a prioridade decorrente das patentes, modelos de utilidade ou registos baseia-se na data da regular apresentação do pedido de registo com os respectivos documentos, como preceitua o artigo 11.°, n.° 1, e não na data da criação.

Mas mesmo quanto aos direitos privativos que têm subjacentes efectivas criações – v.g., as patentes – não é a este aspecto criativo que a lei dá protecção.

De facto, a protecção do direito não decorre do acto de criação, uma vez que nem toda a criação é protegida, mas apenas aquela que obedece a certos requisitos.

Para mais, uma patente pode ser pedida em nome diferente do do inventor, o qual goza apenas do direito de ser mencionado como tal no requerimento e no título de patente, de acordo com o artigo 60.°, e da faculdade de poder utilizar a sua invenção, no caso previsto no artigo 104.°; não é, nessa qualidade, titular de qualquer direito privativo.

Doutrina que já teve grande voga é a que reconduz os direitos privativos a direitos de propriedade, ainda que se trate de uma propriedade específica, por ter por objecto coisas incorpóreas.

Esta tese enformou, em grande parte, o Código de 1940[53], e reflecte-se na circunstância de o respectivo artigo 211.°, tal como o artigo 257.° do Código de 1995 e o actual artigo 316.°, remeterem para a propriedade em geral, e o artigo 1303.° do Código Civil mandar aplicar, com as necessá-

---

[53] Cfr. Parecer da Câmara Corporativa, pág. 27 e segs..

rias adaptações, as regras da propriedade aos direitos da propriedade intelectual, isto é, direitos da propriedade industrial e direitos de autor.

Teve ela, aliás, em termos históricos, o indiscutível mérito de representar a primeira tentativa de dar fundamento unitário ao instituto da propriedade industrial, afastando-o das situações de privilégio a que o espírito liberal do século XIX era avesso[54], e permitindo o respectivo enquadramento dogmático.

Há quem rejeite a possibilidade de direitos de propriedade sobre coisas incorpóreas.

Independentemente dessa perspectiva, julgo que actualmente a realidade legislativa não é compaginável com a concepção dos direitos privativos enquanto direitos de propriedade.

Não me impressiona o argumento segundo o qual o carácter temporário dos direitos privativos seria incompatível com a noção de propriedade. Em face do artigo 1307.º do Código Civil, a admissibilidade de propriedade temporária não pode ser fundadamente posta em causa; a lei pode sempre criar propriedades a termo[55].

Tampouco me impressiona a remissão que a lei faz para a propriedade em geral, pois o que está em causa não é determinar a que regime estão sujeitos os direitos privativos, mas apurar qual a natureza desses mesmos direitos.

Há que salientar que não existe, nos direitos de propriedade industrial, a apropriação exclusiva que caracteriza os direitos de propriedade sobre coisas corpóreas. A apropriação exclusiva é da natureza das coisas quando se trata de propriedade sobre coisas corpóreas; diferentemente, os bens incorpóreos podem ser utilizados simultaneamente por uma pluralidade de pessoas[56].

Desta sorte, o carácter exclusivo dos direitos privativos decorre, não da natureza das coisas, mas de pura criação do legislador.

E mesmo admitindo a existência de direitos de propriedade sobre coisas incorpóreas, é forçoso reconhecer que o conteúdo dos direitos privativos se afasta radicalmente do conteúdo dos direitos de propriedade.

---

[54] Anteriormente à Convenção da União de Paris, a disciplina dos direitos privativos era encarada essencialmente na perspectiva publicista como concessão de privilégios; cfr. Ascarelli, Teoria della Concorrenza e dei Beni Immateriali, 1960, pág. 43.

[55] Cfr. Oliveira Ascensão, Direitos Reais, pág. 385 e segs..

[56] O proprietário da coisa corpórea guarda para si o seu bem, ao passo que o proprietário de um direito privativo abre ao mundo o seu tesouro, como expressivamente escrevia Paul Roubier (ob. cit., pág. 95).

Consiste este, de acordo com o artigo 1305.º do Código Civil, na faculdade de gozar de modo pleno e exclusivo dos direitos de uso, fruição e disposição do bem sobre que incide.

Ora, no caso dos direitos privativos, o uso e a fruição constituem, não uma mera faculdade, mas também um ónus, uma vez que a falta de exploração do bem deles objecto determina, como se viu, consequências desfavoráveis, que podem ir até à caducidade do direito.

Diferentes são também o "jus prohibendi" típico destes direitos e o que se verifica em geral nos direitos reais.

Nestes, há apenas um poder de exclusão, ao passo que naqueles se abrange toda e qualquer manifestação que afecte o exclusivo de exploração económica que caracteriza o respectivo conteúdo.

Além disso, nos direitos privativos, o "jus prohibendi" não afecta o uso privado (isto é, fora da actividade comercial) feito por terceiro, mas, para efeitos do poder de exclusão próprio dos direitos reais, o carácter comercial ou privado do uso de terceiro é irrelevante.

A tese dos direitos de propriedade tampouco consegue explicar a doutrina do chamado "esgotamento" do direito[57], a qual se baseia na consideração do conteúdo específico dos direitos privativos ser a respectiva exploração económica exclusiva.

Com efeito, a circunstância de a exploração do objecto do direito privativo representar a realização do conteúdo desse mesmo direito, que fica consequentemente esgotado com aquela exploração, pelo que o titular do direito não se poderá opor a actos de terceiro subsequentes à exploração por ele mesmo efectuada, não se coaduna com o conteúdo dos direitos de propriedade.

Esta discrepância é tanto mais evidente quanto o esgotamento não implica a extinção do direito, continuando o titular a dispor dele relativamente aos produtos que, de futuro, venha a produzir ou a comercializar, e mantendo, mesmo quanto aos produtos em que o direito se esgotou, as faculdades que não representem prerrogativa exclusiva de introduzir o produto no comércio (ou seja, de explorar economicamente o objecto do seu direito).

Neste contexto, os direitos privativos, tendo por conteúdo a exploração económica de determinadas realidades, configuram-se, não como uma

---

[57] Mais desenvolvidamente, cfr. o meu Importações Paralelas e Esgotamento de Direitos de Propriedade Industrial: Questões e Perspectivas, in Revista da Ordem dos Advogados, Ano 61 – III, pág. 1416 e segs..

atribuição estática de bens ou situações jurídicas a determinada pessoa, mas como normas de conduta que, visando assegurar o respeito pelo valor económico das actividades de cada um, incidem também sobre a forma como essas actividades se devem processar.

Deste modo, a doutrina do direito de propriedade sobre coisas incorpóreas não reflecte adequadamente a realidade das coisas.

Afastando as doutrinas dos direitos pessoais e dos direitos de propriedade sobre coisas incorpóreas, há que analisar as doutrinas que entendem os direitos privativos como simples direitos de monopólio, direitos sobre bens imateriais e direitos de clientela.

A concepção dos direitos privativos como simples direitos de monopólio filia-se na perspectiva, vigente até finais do século XIX, de que os direitos privativos seriam privilégios concedidos pelo poder público.

Actualmente, semelhante concepção não permite apreender a realidade das coisas, maxime os poderes e deveres de conduta que integram o conteúdo dos direitos privativos, nem o valor económico que têm por função salvaguardar.

Outras doutrinas qualificam os direitos privativos como direitos sobre bens imateriais, tentando a unificação conceptual da propriedade industrial e dos direitos de autor numa única categoria[58].

Em sentido amplo, pode definir-se bem imaterial como toda e qualquer entidade incorpórea e imperceptível para os sentidos, susceptível de ser objecto de direitos.

Em sentido restrito, bens imateriais seriam apenas as exteriorizações do espírito humano objecto de tutela especial por parte do Direito.

Essa especial tutela configurar-se-ia como a atribuição de um direito exclusivo, oponível "erga omnes", assim se aproximando dos direitos reais, mas distinguindo-se desta categoria por profundas diferenças estruturais, maxime o desprendimento do bem imaterial relativamente ao espaço e ao tempo.

A concepção dos direitos privativos enquanto direitos sobre bens imateriais não é errada, mas não explica o respectivo conteúdo, nomeadamente a razão pela qual a lei estrutura determinados direitos sobre bens imateriais – os direitos privativos – de forma diferente de outros direitos cujo objecto são também bens imateriais – v.g., direitos sobre direitos.

Nem se diga que a especificidade do regime legal decorreria do carácter criativo subjacente aos direitos privativos.

---

[58] Cfr. A. Troller, Précis, págs. 32 e segs..

É certo que todos os direitos privativos representam exteriorização do espírito humano.

Nem todos, porém, representam criação, como é o caso dos sinais distintivos do comércio, relativamente aos quais o aspecto criativo pode ser quase inexistente.

Aliás, como se referiu, a protecção do direito não decorre do acto de criação, uma vez que nem toda a criação é protegida, mas apenas aquela que obedece a certos requisitos.

Além disso, a titularidade dos direitos privativos é atribuída através de regras próprias, maxime o registo, pelo que pode coincidir ou não com a pessoa que cria o bem imaterial objecto do registo.

O bem imaterial, enquanto objecto do direito, representa o ponto de referência do exclusivo de exploração económica que a lei estabelece, mas não define o respectivo conteúdo.

Outros autores entendem os direitos privativos como direitos de clientela[59].

Esclareça-se que direitos de clientela e direitos sobre a clientela são realidades distintas.

Em qualquer sistema de livre concorrência, como o português, que pressupõe que um empresário possa criar e expandir a sua clientela à custa de clientela alheia, esta não é, por isso, susceptível de ser objecto de um direito. Não existe, pois, um direito sobre a clientela[60].

Diversamente, direitos de clientela seriam aqueles que representam um meio de conquista e fixação de clientela, assegurando assim determinada posição aos agentes económicos em confronto com os concorrentes no exercício das suas actividades económicas.

É certo que os direitos privativos consistem em elementos de atracção de clientela, com vista à obtenção de benefícios na concorrência económica.

Esta perspectiva, porém, se reflecte a função económica dos direitos privativos, escamoteia o respectivo conteúdo[61].

Ainda que se considere a clientela como um valor, um bem em sentido jurídico, como não é objecto de qualquer direito, também não é, em bom rigor, o objecto da protecção.

---

[59] Neste sentido, P. Roubier, ob. cit., págs. 104 e segs..
[60] Cfr. Fernando Olavo, Direito Comercial Vol. I, 2.ª ed., pág. 266.
[61] Cfr. Oliveira Ascensão, Lições, pág. 391.

Não sendo a clientela susceptível de atribuição jurídica, a consideração dos direitos privativos como direitos de clientela nada nos diz sobre a estrutura jurídica criada, que se espera que venha a ter influência sobre a clientela.

De resto, também o dever de proceder honestamente no exercício de uma actividade económica tem influência sobre a clientela, mas estrutura-se juridicamente em termos diferentes e autónomos dos direitos privativos, como atrás se mencionou[62].

A tutela da clientela, enquanto valor, tanto pode fazer surgir um direito exclusivo, como não o fazer; por isso, é mera consequência da tutela concedida a determinados factores de clientela, quer se processe através da atribuição de direitos exclusivos, quer através de outros direitos ou de deveres, como a proibição de concorrência desleal.

Os direitos privativos da propriedade industrial têm, pois, a natureza de direitos de exploração económica exclusiva, cujo conteúdo se reconduz, simultaneamente, ao poder exclusivo de explorar economicamente o bem deles objecto e ao ónus de o fazer, constituindo uma terceira classe de direitos patrimoniais, ao lado dos direitos reais e dos direitos de crédito.

8. A Tipicidade dos Direitos Privativos

Os direitos privativos da propriedade industrial, enquanto direitos de exclusivo, introduzem elementos de monopólio na concorrência.

Mas, na medida em que fomentam a vontade de cada empresário de desenvolver o valor económico dos direitos de que é titular, em ordem a aumentar a sua capacidade de ganho, são também instrumento do progresso técnico e económico.

Daí a necessidade de conjugar devidamente o interesse individual do empresário com os interesses gerais da economia e dos consumidores por forma a que o elemento de monopólio contido nos direitos privativos da propriedade industrial não dê lugar a posições abusivas de limitação da concorrência[63].

Tal conjugação implica que os direitos privativos de propriedade industrial, tal como as demais situações de monopólio, fiquem sujeitos ao

---

[62] Cfr. supra n.º 4.
[63] Paulo Sendim, Uma Unidade do Direito da Propriedade Industrial?, in Direito e Justiça, Vol. II (1981/1986), pág. 196.

princípio da tipicidade, como resulta aliás do disposto no artigo 316.º e nos artigos 1303.º, n.º 2, e 1306.º do Código Civil.

Escreve Oliveira Ascensão[64]:

"Terá que ser a norma que delimite, figura por figura, quais os produtos do intelecto que podem ser juridicamente tutelados, através da atribuição de um direito privativo. Nesses sectores, deixou de haver liberdade. (...)

Os núcleos de exclusivo têm sido sucessivamente alargados; mas enquanto não surge a lei, por mais justificada que a tutela pareça, o direito não existe".

A este respeito, observa Ascarelli[65] que apenas podem ser objecto de direito absoluto aquelas criações cuja tutela se justifique pela promoção do progresso económico e cultural geral, o que portanto exclui a possibilidade de direito absoluto sobre toda e qualquer criação intelectual.

Uma vez que os direitos privativos estão sujeitos ao princípio da tipicidade, não é juridicamente possível criar outras situações de monopólio para além das previstas por lei, nomeadamente através da repressão da concorrência desleal.

O princípio da tipicidade implica ainda que não é possível criar situações de monopólio com conteúdo diverso do que a lei lhes atribui.

O conteúdo dos direitos privativos da propriedade industrial é, pois, delimitado por lei, e apenas dentro desses limites, podem os respectivos titulares exigir protecção.

9. A Internacionalização da Protecção dos Direitos Privativos

Os direitos privativos de propriedade industrial, tal como a lei portuguesa os prevê e configura, são direitos nacionais.

O mesmo se verifica relativamente aos direitos privativos regulados por cada lei nacional.

É cada Estado quem determina quais e como se constituem direitos privativos, concedendo a respectiva protecção típica apenas aos atribuídos perante as correspondentes normas legais.

---

[64] Para este autor, a tipicidade dos direitos privativos de propriedade industrial é uma imposição da natureza; cfr. Lições, págs. 24 a 26.

[65] Aut. cit., Teoria, pág. 193.

Isto significa que a protecção inerente a esses direitos, nomeadamente quanto aos respectivos conteúdos e efeitos, é feita por referência a um determinado sistema jurídico nacional, que é aquele à luz do qual são constituídos.

Estão consequentemente os direitos privativos de propriedade industrial sujeitos ao regime da territorialidade[66].

Por isso, o artigo 48.º, n.º 2, do Código Civil estabelece que a propriedade industrial é regulada pela lei do país da sua criação.

Mas a internacionalização dos mercados determina a necessidade de internacionalizar também as regras de propriedade industrial enquanto regras de funcionamento desses mesmos mercados, impondo que a protecção dos direitos privativos ultrapasse os limites geográficos de um determinado país.

Para tanto, têm sido utilizadas diversas modalidades, que correspondem, aliás, à evolução histórica do fenómeno da internacionalização.

A primeira dessas modalidades reconduz-se ao reconhecimento mútuo.

O reconhecimento mútuo consiste em um Estado (país da protecção) reconhecer eficácia a um direito constituído noutro País (país de origem). É o sistema instituído pela Convenção da União de Paris, ao prever, no artigo 4.º, que a apresentação de um pedido de registo num dos países membros da União permite reivindicar prioridade para esse mesmo pedido em todos os demais países membros, como, relativamente a Portugal, consigna o artigo 12.º do Código.

Com vista a permitir o alargamento do âmbito geográfico da respectiva protecção, a internacionalização dos direitos foi levada mais longe, dando origem a direitos privativos internacionais.

A modalidade para tanto utilizada consistiu na unificação de formalidades, a qual pode incidir sobre o pedido de registo, sobre as diligências instrutórias ou sobre a própria concessão do direito.

Esta evolução começou com os sinais distintivos mais utilizados no comércio internacional, a saber, as marcas e as denominações de origem.

Quanto às primeiras, o Acordo de Madrid de 14 de Abril de 1891 instituiu o Registo Internacional de Marcas, que visa permitir que, através de um só pedido de registo, a protecção de uma marca não se confine às fron-

---

[66] Cfr., mais desenvolvidamente, o meu Importações Paralelas e Esgotamento de Direitos de Propriedade Industrial: Questões e Perspectivas, pág. 1413 e segs..

teiras do país de origem do sinal, mas que funcione igualmente no âmbito de outros Estados, que serão, naturalmente, aqueles que façam parte desse Acordo[67].

Quanto às denominações de origem, o respectivo Registo Internacional foi instituído pelo Acordo de Lisboa de 14 de Outubro de 1958[68].

Deste modo, as marcas e as denominações de origem podem obter, além do registo nacional, um registo internacional que se processa na Secretaria Internacional da Organização Mundial da Propriedade Intelectual[69] (O.M.P.I. ou W.I.P.O.).

Em qualquer dos casos, porém, a unificação reporta-se apenas ao pedido, sendo o exame e concessão do direito, bem como o respectivo conteúdo, definidos pela lei nacional de cada país.

A este respeito, preceitua o artigo 254.º:

"É recusada a protecção em território português a marcas do registo internacional quando ocorra qualquer fundamento de recusa do registo nacional."

E determina o artigo 309.º, n.º 3:

"A protecção das denominações de origem registadas ao abrigo do Acordo de Lisboa fica sujeita, em tudo o que não contrarie as disposições do mesmo Acordo, às disposições que regulam a protecção das denominações de origem em Portugal."

Também as invenções vieram a ser objecto de registo internacional, efectuado pelo Instituto Europeu de Patentes, nos termos da Convenção de Munique de 5 de Outubro de 1973, que criou a chamada patente europeia[70].

---

[67] O Acordo de Madrid relativo ao Registo Internacional de Marcas, de 14 de Abril de 1891, foi ratificado pelo Decreto-Lei n.º 41.734, de 16 de Julho de 1958, e, conjuntamente com o Protocolo relativo ao Acordo de Madrid, adoptado pela Conferência Diplomática de 17 de Junho de 1989 e ratificado pelo Decreto n.º 31/96, de 25 de Outubro, e o Regulamento de Execução comum, constituem o Sistema de Madrid.

[68] O Acordo de Lisboa para a Protecção das Denominações de Origem e seu Registo Internacional, de 31 de Outubro de 1958, revisto em Estocolmo em 14 de Julho de 1967 e modificado em 28 de Setembro de 1979, foi aprovado pelo Decreto n.º 44/90, de 17 do Outubro.

[69] A Organização Mundial da Propriedade Intelectual foi instituída por Convenção de 14 de Julho de 1967, aprovada pelo Decreto n.º 9/75, de 14 de Janeiro.

[70] A Convenção de Munique sobre a Patente Europeia, de 5 de Outubro de 1973, foi aprovada pelo Decreto n.º 52/91, de 30 de Agosto, ratificada de acordo com o Protocolo

Neste caso, não só o pedido e o exame da patente são feitos internacionalmente, como a própria concessão da patente, quer nos seus aspectos formais, quer nos substanciais, é feita, não pelas administrações nacionais, mas por uma entidade internacional – o Instituto Europeu de Patentes.

Todavia, o conteúdo do direito concedido, ou seja, as faculdades que integram esse direito, é regulado por cada lei nacional, de acordo com o artigo 64.º da Convenção.

Por isso, o Código da Propriedade Industrial qualifica esse registo internacional como "Via Europeia", referida nos artigos 75.º a 89.º.

O Código da Propriedade Industrial menciona ainda, nos artigos 90.º a 96.º, a "Via Tratado de Cooperação em Matéria de Patentes" para obtenção de tal registo, também aplicável aos modelos de utilidade, nos termos do artigo 139.º.

Esse Tratado, vulgarmente designado por P.C.T., concluído em Washington em 19 de Junho de 1970[71], limita-se, porém, a estabelecer um sistema internacional de depósito e exame dos pedidos de patente, os quais produzem os efeitos que lhes corresponda em face das legislações nacionais perante as quais se pretende a protecção.

Caso essa legislação seja a portuguesa, os pedidos internacionais de patente produzem, em Portugal, os mesmos efeitos que um pedido de patente português apresentado na mesma data, como estabelece o artigo 93.º.

Trata-se, pois, de simples unificação de formalidades, a saber, dos pedidos e das diligências instrutórias para obtenção do registo.

Todos os mencionados sistemas internacionais se articulam, representando acordos particulares no âmbito da Convenção da União de Paris, ao abrigo do respectivo artigo 19.º.

A Convenção de Munique constitui um acordo particular, ou tratado de patente regional, aplicando-se ao processo da patente europeia as regras da Convenção da União de Paris, bem como, de acordo com o respectivo artigo 150.º, o Tratado de Cooperação em Matéria de Patentes, o qual, no artigo 45.º, prevê também a celebração de tratados de patentes regionais.

Por seu turno, o artigo 142.º da Convenção de Munique prevê acordos particulares entre os Estados Contratantes pelo qual uma patente europeia só possa ser concedida conjuntamente em todos esses Estados.

---

n.º 19 anexo ao Tratado de Adesão de Portugal às Comunidades Económicas Europeias, e regulamentada pelo Decreto-Lei n.º 42/92, de 31 de Março; abrange, além dos 15 Estados – membros da União Europeia, a Suíça, o Liechtenstein, o Mónaco, Chipre e a Turquia.

[71] O Tratado de Washington de Cooperação em Matéria de Patentes, de 19 de Junho de 1970, foi aprovado pelo Decreto-Lei n.º 107/93, de 7 de Abril.

10. A Integração Europeia e o Direito Industrial

A integração europeia representa, mais do que a simples internacionalização da protecção dos direitos privativos, a instituição de um sistema jurídico supranacional.

Sem embargo de o Tratado de Roma[72] admitir proibições e restrições à circulação de bens e serviços quando justificadas pela protecção da propriedade industrial e comercial[73], o certo é que a territorialidade dos direitos privativos cria compartimentações de mercado dificilmente conciliáveis com o mercado único que visa instituir.

Ora, se os direitos privativos podem ser utilizados para bloquear a importação de produtos cobertos por direitos de exclusivo no país de destino, não devem representar uma forma de compartimentação de mercados.

Daí a necessidade de uniformizar, a nível europeu, os regimes dos direitos privativos.

Uma das vias para o efeito seguidas, consiste na harmonização das diferentes legislações nacionais através de directivas[74].

Assim, a Directiva n.º 89/104/CEE, do Conselho, de 21 de Dezembro de 1988, harmonizou as legislações dos Estados – membros em matéria de marcas.

Em matéria de desenhos ou modelos, a harmonização das legislações dos Estados – membros foi objecto da Directiva n.º 98/71/CE, do Parlamento Europeu e do Conselho, de 13 de Dezembro de 1998.

---

[72] O Tratado de Amsterdão, de 2 de Outubro de 1997, deu nova numeração aos artigos do Tratado de Roma, sendo à actual numeração que me reporto.

[73] *Estabelece o artigo 30.º: "As disposições dos artigos 28.º e 29.º (que proíbem as restrições quantitativas à importação e à exportação, bem como todas as medidas de efeito equivalente) são aplicáveis sem prejuízo das proibições ou restrições à importação, exportação ou trânsito justificadas por razões de moralidade pública, ordem pública e segurança pública, de protecção da saúde e da vida das pessoas e animais ou de preservação das plantas, de protecção do património nacional de valor artístico, histórico ou arqueológico ou de protecção da propriedade industrial e comercial. Todavia, tais proibições ou restrições não devem constituir nem um meio de discriminação arbitrária nem qualquer restrição dissimulada ao comércio entre os Estados – membros."*

[74] A jurisdição nacional que aplica o direito nacional e é chamada a interpretá-lo, quer se trate de disposições anteriores ou posteriores a uma directiva, é obrigada a fazê-lo à luz do texto e da finalidade dessa directiva para atingir o resultado visado por esta, como é jurisprudência constante do Tribunal de Justiça das Comunidades Europeias e se escreveu no Acórdão desse Tribunal de 16 de Julho de 1998 (Caso Silhouette) (Colectânea de Jurisprudência do TJCE, 1998, pág. I – 4799).

As patentes de invenção não foram ainda objecto de directiva que, em geral, harmonize as legislações nacionais dos Estados – membros da União, encontrando-se harmonizada apenas a protecção das invenções biotecnológicas através do direito nacional de patentes, pela Directiva n.º 98/44/CE, do Parlamento Europeu e do Conselho, de 6 de Julho de 1998.

Outra das vias de uniformização dos regimes dos direitos de propriedade industrial consiste na criação de direitos privativos supranacionais.

Mas as necessidades do Mercado Único Europeu levaram ao reconhecimento da vantagem de instituir sistemas de protecção de direitos privativos que vigorem em todos os Estados-membros da União Europeia, em igualdade de condições.

Daí que, na União Europeia, tenham surgido direitos supranacionais, criados por referência à legislação comunitária, independentemente de qualquer legislação nacional, sendo consequentemente figuras totalmente autónomas dos equivalentes direitos privativos nacionais.

Tais direitos estão consequentemente sujeitos, quer em termos formais, quer em termos substanciais, à legislação europeia, e o respectivo âmbito geográfico de protecção coincide com a União Europeia.

A primeira tentativa de criação de um direito supranacional verificou-se com a Convenção do Luxemburgo de 15 de Dezembro de 1975, que instituiu a patente comunitária, a qual consiste num direito privativo supranacional, quer quanto à respectiva concessão, quer quanto ao respectivo conteúdo, que abrange a totalidade dos Estados-membros da União Europeia[75].

No entanto, a Convenção do Luxemburgo nunca chegou a entrar em vigor[76].

Hoje em dia, constitui direito privativo supranacional a marca comunitária, criada pelo Regulamento (CE) n.º 40/94, do Conselho, de 20 de Dezembro de 1993, sendo o respectivo registo efectuado pelo Instituto para a Harmonização no Mercado Interno (Marcas, Desenhos e Modelos) (IHMI), criado pelo mesmo Regulamento n.º 40/94/CE[77].

Também constituem direitos privativos supranacionais os desenhos ou modelos comunitários, criados pelo Regulamento (CE) n.º 6/2002, do Conselho, de 12 de Dezembro de 2001, a serem registados pelo IHMI.

---

[75] A Convenção do Luxemburgo constitui um acordo particular no âmbito da Convenção de Munique de 5 de Outubro de 1973, que criou a patente europeia.

[76] A patente comunitária está em vias de reformulação, enquanto direito supranacional, a ser registada pelo Instituto Europeu de Patentes.

[77] Sobre a marca comunitária, cfr. José de Oliveira Ascensão, A Marca Comunitária, in O Direito, ano 133.º – III, pág. 511 e segs..

Qualquer destas indicadas modalidades deixa incólume o princípio da territorialidade dos direitos privativos, e a possibilidade de representarem formas de compartimentação de mercados.

Para conciliar os mencionados princípios da livre circulação de bens e serviços e da protecção da propriedade industrial, a nível europeu, a jurisprudência, seguida pela doutrina, desenvolveram a teoria do esgotamento[78] (ou "exaustão"[79]) dos direitos[80].

Segundo esta teoria, restrições à livre circulação de bens na União Europeia só podem ter lugar quando o exercício dos direitos privativos da propriedade industrial, tal como definidos pelos direitos nacionais, corresponda à efectivação do objecto específico que lhes é reconhecido pelo direito comunitário[81].

O objecto específico dos direitos privativos consiste em assegurar ao respectivo titular a faculdade exclusiva de explorar economicamente o bem que é objecto do direito, com vista à correspondente produção e primeira comercialização, seja directamente, seja através da concessão de licenças de exploração a terceiros, bem como a faculdade de se opor à usurpação daquele bem[82].

Desta sorte, o objecto específico de um direito privativo de propriedade industrial legitima o seu titular em prevalecer-se dele, mesmo que seja à custa do princípio da livre circulação de bens.

Mas, logo que o titular exerça a faculdade de obter a remuneração que o objecto específico do direito representa, cessam as prerrogativas inerentes a tal direito.

Diz-se então que o objecto específico do direito se "esgotou" (ou exauriu) com a primeira comercialização do produto.

---

[78] É a expressão utilizada em Portugal; cfr. Pedro Sousa e Silva, Direito Comunitário e Propriedade Industrial – O Princípio do Esgotamento dos Direitos, Coimbra Editora, Coimbra 1996, e O Esgotamento de Direitos Industriais, in Direito Industrial, Vol. I, Almedina, Coimbra 2001, págs. 453 e segs..

[79] É esta a expressão utilizada no Brasil; cfr. Elisabeth Kasznar Fekete, Importações Paralelas: A Implementação do Princípio do Esgotamento de Direitos no Mercosul Diante do Contexto de Globalização, in Revista da ABPI, Anais 1997, págs. 76 e segs..

[80] Cfr., mais desenvolvidamente, o meu Importações Paralelas e Esgotamento de Direitos de Propriedade Industrial: Questões e Perspectivas, pág. 1413 e segs..

[81] Cfr. J.J. Burst e R. Kovar, Liberté des Echanges et Droit de Brevet et Savoir-Faire, in Traité de Droit Européen, vol. 5, fascículo 1720, 1994, pág. 8.

[82] A noção de objecto específico desenvolvida pela jurisprudência e doutrina comunitárias corresponde à noção de conteúdo do direito que perfilho, uma vez que me parece ser de guardar a designação de objecto para o bem sobre o qual o direito incide.

Esgotado que seja o direito sobre cada produto concreto que é colocado no mercado, extingue-se o poder de que o titular dispunha sobre ele, deixando a partir daí de poder controlar a circulação desse produto, nomeadamente em termos da sua importação em outros países da União Europeia[83].

Daqui decorre que, quando o titular do direito privativo comercializa o seu produto em qualquer dos Estados-membros da União, então esse produto deve poder circular livremente nos outros Estados-membros[84].

A regra do esgotamento dos direitos privativos de propriedade industrial tem hoje consagração legal generalizada nos Estados-membros da União Europeia, quer a nível do ordenamento jurídico europeu, quer a nível dos vários ordenamentos jurídicos nacionais.

A nível europeu, decorre ela dos artigos 28.°, 29.° e 30.° do Tratado de Roma.

Além disso, encontra-se previsto no artigo 13.° do Regulamento (CE) n.° 40/94, de 20 de Dezembro de 1993, no artigo 21.° do Regulamento (CE) n.° 6/2002, de 12 de Dezembro de 2001, que criaram, respectivamente a marca comunitária e os modelos e desenhos comunitários, e no artigo 32.° da Convenção do Luxemburgo de 15 de Dezembro de 1975.

Também as várias directivas de harmonização das diferentes legislações nacionais prevêem o esgotamento do direito privativo a que se reportam.

Em matéria de marcas e de desenhos ou modelos, o respectivo esgotamento encontra-se previsto, respectivamente, no artigo 7.° da Directiva n.° 89/104/CEE, do Conselho, de 21 de Dezembro de 1988, e no artigo 15.° da Directiva n.° 98/71/CE, do Parlamento Europeu e do Conselho, de 13 de Dezembro de 1998.

Relativamente à protecção das invenções biotecnológicas através do direito nacional de patentes, prevê o artigo 10.° da Directiva n.° 98/44/CE, do Parlamento Europeu e do Conselho, de 6 de Julho de 1998, que a protecção nela referida não abrange a matéria biológica obtida por reprodução ou multiplicação de uma matéria biológica colocada no mercado, no território de um Estado-membro, pelo titular da patente ou com o seu con-

---

[83] Cfr. P. Mathély, "Le Droit Français des Signes Distinctifs", Paris 1984, pág. 322.

[84] Actualmente, a regra do esgotamento aplica-se em todo o Espaço Económico Europeu, criado pelo Acordo do Porto de 2 de Maio de 1992, aprovado, para ratificação, pela Resolução da Assembleia da República n.° 35/92, de 18 de Dezembro, ratificado pelo Decreto do Presidente da República n.° 59/92, da mesma data, e que abrange, além dos 15 Estados-membros da União Europeia, a Islândia, o Liechtenstein e a Noruega.

sentimento, se a reprodução ou multiplicação resultar necessariamente da utilização para a qual a matéria biológica foi colocada no mercado, desde que a matéria obtida não seja em seguida utilizada para outras reproduções ou multiplicações.

No que toca ao direito interno português, o esgotamento dos direitos de propriedade industrial encontra-se previsto no artigo 103.°, quanto à patentes, no artigo 146.°, quanto aos modelos de utilidade, no artigo 166.°, quanto às topografias de produtos semicondutores, no artigo 205.°, quanto aos desenhos ou modelos, e no artigo 259.°, quanto às marcas.

11. O Direito Industrial na Enciclopédia Jurídica

Não é pacífica a inserção do Direito Industrial na enciclopédia jurídica.

De facto, discute-se, não só a designação do ramo de direito em que se integra, mas também as matérias por tal ramo de Direito abrangidas.

Direito da Propriedade Industrial é a designação que primeiro surgiu em termos históricos, por referência à da Convenção da União de Paris e à protecção da propriedade industrial que esta visou instituir.

Desta sorte, a regulamentação jurídica das matérias sobre que incide a referida Convenção era, e ainda o é por muitos, designada por Direito da Propriedade Industrial.

Há, no entanto, quem defenda a designação de Direito Industrial.

Esta designação surge em Itália, na sequência da absorção, levada a efeito pelo Código Civil italiano de 1942, das matérias anteriormente abrangidas pelo Código de Comércio de 1882.

Tal absorção retirou conteúdo à designação Direito Comercial, embora permanecessem algumas matérias insusceptíveis de serem integradas no Direito Civil, como foi o caso da disciplina dos direitos privativos e da regulamentação da concorrência[85].

Foi para preencher essa lacuna que surge a designação de Direito Industrial, o qual, tal como o Direito Comercial não corresponde ao comércio em sentido económico[86], tampouco corresponde à industria – ainda que seja nesse ramo que a disciplina dos direitos privativos e da regulamentação da concorrência tenham maior relevância.

---

[85] Cfr. Ascarelli, Teoria, págs. 41 e segs..
[86] Cfr. Fernando Olavo, Direito Comercial, pág. 10.

A designação de Direito Industrial rapidamente se expandiu, em paralelo com a expansão das doutrinas que rejeitavam a caracterização dos direitos privativos como direitos de propriedade, segundo as quais a expressão "propriedade industrial", ainda que tradicional, era tecnicamente incorrecta.

Não ficou, porém, resolvida a questão de saber se a disciplina dos direitos privativos e da repressão da concorrência desleal se integram, ou não, no mesmo ramo de Direito.

Como se viu[87], a disciplina dos direitos privativos e a repressão da concorrência desleal são institutos autónomos.

Mas trata-se de autonomia mitigada, que não impediu um tratamento unitário durante várias décadas.

De resto, é a própria lei que impõe uma visão unitária dessas duas figuras.

Assim, o reconhecimento de que o requerente pretende fazer concorrência desleal ou de que esta é possível independentemente da sua intenção, constitui fundamento de recusa de direito privativo, como preceitua o artigo 24.º, n.º 1, alínea d)[88].

Esta visão unitária, ou pensamento fundamental unificador, justifica-se plenamente tendo em atenção a função comum à disciplina dos direitos privativos e à repressão da concorrência desleal[89].

Como anteriormente referido, a lei ordena o funcionamento do mercado essencialmente de duas formas: por um lado, atribui determinados direitos que permitem aos seus titulares a utilização, de forma exclusiva ou não, de certas realidades, e, por outro, estabelece um dado número de deveres recíprocos entre os vários sujeitos económicos que operam no mercado, no sentido de todos eles procederem honestamente.

Em ambos os casos, trata-se de ordenar o funcionamento de um mercado que se pretende concorrencial pelos benefícios atinentes à melhor alocação de recursos que possibilita[90].

Quer na repressão da concorrência desleal, quer na disciplina dos direitos privativos, estamos perante normas de ordenação e controlo de con-

---

[87] Cfr. supra n.º 4.
[88] Cfr., em face do artigo 187.º, n.º 4, do Código de 1940, idêntico ao artigo 25.º, n.º 1, alínea d) Código de 1995 e ao actual artigo 24.º, n.º 1, alínea d), Paulo Sendim, ob. cit., pág. 199.
[89] Esta posição era já a expressa no meu Concorrência Desleal e Direito Industrial, in Concorrência Desleal (obra colectiva), pág. 80 e segs..
[90] Cfr. Paulo Sendim, ob. cit., pág. 196 e segs..

dutas dirigidas a um dado mercado, no qual, por pressuposto, existem outros intervenientes.

É destes terceiros intervenientes que há que proteger, relativamente a cada um, a exploração económica do resultado das suas criações do espírito, bem como da diferenciação das suas actividades, ou seja, o conteúdo dos direitos privativos de que se seja titular.

É também dos terceiros intervenientes que há que garantir que a concorrência se processa de forma leal.

Um e outro caso representam normas disciplinadoras das actuações dos participantes no mercado, entendidas estas em termos dinâmicos, isto é, as actividades de cada um em contraposição com as actividades dos demais.

Assim sendo, a tutela dos direitos privativos e a repressão da concorrência desleal disciplinam a actividade das empresas na sua relação dinâmica com o mercado.

Nem se diga que os titulares dos direitos privativos podem não ser empresas.

Enquanto direitos de exploração económica, os direitos privativos encontram o seu cerne e a sua razão de ser na prossecução de actividades económicas massificadas, que caracterizam precisamente o fenómeno empresarial.

Acresce que, no quadro das regras que regulam o funcionamento do mercado, como é o caso da propriedade industrial, o próprio conceito de empresa tende a expandir-se em termos de abranger qualquer entidade que exerça uma actividade económica, independentemente do seu estatuto jurídico ou do modo de financiamento[91] e de tal actividade económica ser dirigida a obtenção de lucros[92].

Para mais, há interesses comuns protegidos pelo regime jurídico dos direitos privativos e pelo da concorrência desleal, embora estes regimes actuem segundo processos diferentes e com base em requisitos distintos[93].

Pode-se, pois, afirmar que a protecção dos direitos privativos e a repressão de concorrência desleal são realidades distintas, mas unificadas através de uma função comum que é a garantia da lealdade de concorrência.

---

[91] Por isso mesmo as instâncias da União Europeia têm entendido que, no âmbito do Direito da Concorrência, o conceito de empresa é um conceito específico, definido em termos funcionais (cfr. caso Federação Francesa das Sociedades de Seguros (F.F.S.A.)).

[92] Neste sentido, Coutinho de Abreu, Curso de Direito Comercial, Vol. I, 1998, pág. 189.

Esta função comum justifica a integração da disciplina dos direitos privativos e da concorrência desleal no mesmo ramo de Direito, quer se apelide este de Direito da Propriedade Industrial ou de Direito Industrial.

Semelhante conclusão, alicerçada na apreciação das situações subjectivas que integram um e outro regime (maxime das que integram ambos os regimes), pode ser confirmada na perspectiva da autonomia dos ramos de Direito objectivamente considerados.

Para tanto, importa esclarecer previamente o que se entende por autonomia ou a qual dos sentidos que esta palavra comporta se pretende fazer referência.

A autonomia de um ramo de Direito pode ser considerada sob o aspecto formal ou legislativo e sob o aspecto substancial ou jurídico, e há quem fale ainda em autonomia científica e didáctica[94].

Conforme o entendimento comum, determinado ramo de Direito é legislativa ou formalmente autónomo quando as respectivas normas fundamentais se inserem em um código ou corpo de leis próprio.

No estado actual do nosso sistema jurídico, não há dúvida de que a repressão da concorrência desleal não tem autonomia formal relativamente à propriedade industrial.

De facto, as suas normas encontram-se vazadas no Código da Propriedade Industrial.

Estão também abrangidas, tal como a disciplina dos direitos privativos, pela Convenção da União de Paris.

E, mais recentemente, o TRIPS contempla, na Parte II, sob a epígrafe "Normas Relativas à Existência, Âmbito e Exercício dos Direitos de Propriedade Intelectual", a par de direitos privativos, matéria de concorrência desleal[95].

Não é unívoco o sentido de autonomia substancial ou jurídica, mas o conhecimento do passado e a observação do presente revelam que se constitui um ramo de direito autónomo, sob este ponto de vista, sempre que um conjunto de categorias jurídicas se subtrai à disciplina do direito comum e se regula por um complexo de regras investido em sistema, enquanto se baseia em certos princípios que lhe são inerentes.

---

[93] Cfr. Patrício Paul, ob. cit., pág. 161.
[94] Segue-se sobre esta matéria a lição de Fernando Olavo; cfr. Direito Comercial, pág. 17 e segs..
[95] Cfr. artigo 39.º do TRIPS, relativo à protecção das informações não divulgadas.

Segundo esta perspectiva, tampouco se verifica autonomia substancial entre as regras que protegem os direitos de propriedade industrial e as regras que reprimem a concorrência desleal.

Aliás, a circunstância de uma dada situação ser integrada pelo legislador, ora na disciplina dos direitos privativos, ora na concorrência desleal, segundo critérios que não são uniformes, nem constantes, revela não haver antinomia entre um e outro regime jurídico.

Acresce que há numerosos princípios que são comuns à disciplina dos direitos privativos e à repressão da concorrência desleal.

O conceito de risco de confusão é a este respeito paradigmático.

Com efeito, os actos susceptíveis de criar confusão, que o artigo 317.º prevê como concorrência desleal, são, as mais das vezes, concretizados em face da jurisprudência e doutrina desenvolvidas em torno do conceito de risco de confusão que constitui requisito da imitação de marca, tal como definida no artigo 245.º e anteriormente no artigo 193.º do Código de 1995.

Não se desconhece que, perante o artigo 30.º do Tratado de Roma, já se pretenderam retirar ilações quanto à inserção da disciplina dos direitos privativos e da repressão da concorrência desleal na enciclopédia jurídica.

Em face desta disposição, alguma jurisprudência comunitária entendeu que, sendo o direito comunitário que definia o objecto específico dos direitos privativos nacionais em termos de lhes permitir serem oponíveis à livre circulação de bens e serviços, no que respeitava à eventualidade de concorrência desleal, a respectiva apreciação devia ser deixada às jurisdições nacionais[96].

Tal entendimento encontra-se actualmente ultrapassado, uma vez que, a partir do Acórdão do Tribunal de Justiça das Comunidades Europeias de 6 de Novembro de 1984[97], as instâncias europeias passaram a considerar que o referido artigo 30.º abrangia também a concorrência desleal.

Além disso, tal perspectiva é irrelevante, uma vez que está em causa, não determinar o que possa ser, para a legislação europeia, "propriedade industrial e comercial", mas sim qual a autonomia, enquanto ramo de Direito, que possam revestir os institutos em análise.

---

[96] Cfr. Acórdão do Tribunal de Justiça das Comunidades Europeias de 22 de Junho de 1976 (Caso Terrafin/Terranova), in Colectânea de Jurisprudência do TJCE, 1976, pág. 1039.

[97] Caso Th. Kohl/Ringelhan, in Colectânea de Jurisprudência do TJCE, 1984, Vol. II, pág. 3651.

Não representam, pois, perante o Direito português, o regime dos direitos privativos e o da concorrência desleal, ramos de Direito autónomos, em qualquer das vertentes em que tal autonomia se manifesta[98].

Pode-se assim concluir que, sem embargo da autonomia que as caracteriza, a disciplina dos direitos privativos e a repressão da concorrência desleal constituem simples modalidades do mesmo ramo de Direito.

Já a integração do Direito Industrial num Direito geral da Concorrência levanta dificuldades decorrentes da definição do que seja semelhante ramo de Direito[99].

As regras sobre concorrência são da mais diversa índole, pois abrangem, além das regras sobre concorrência desleal, pelo menos as regras sobre práticas restritivas da concorrência, restrições negociais da concorrência e proibições de concorrência.

Ora, os interesses que norteiam essas regras são totalmente diversos.

E, mesmo segundo um conceito restrito de Direito da Concorrência, enquanto conjunto de regras que visa ordenar a competição económica, pela ordenação da actuação dos competidores, nele integram-se normas de índole totalmente diversa, consoante se tenha em vista facilitar ou salvaguardar a existência de competição, ou restringir ou mesmo proibir o exercício da competição.

---

[98] Cfr. Paulo Sendim, ob. cit., pág. 196 e segs.; Adelaide Menezes Leitão, ob. cit., pág. 133.

[99] Cfr., mais desenvolvidamente, o meu Concorrência Desleal e Direito Industrial, pág. 82 e segs..

PROPRIEDADE INTELECTUAL, EXCLUSIVOS E INTERESSE PÚBLICO

por Dr. J. P. REMÉDIO MARQUES
Assistente da Faculdade de Direito
da Universidade de Coimbra
Mestre em Direito

SUMÁRIO:
§ 1. Introdução; natureza e finalidades da propriedade intelectual; os interesses públicos associados à criação de exclusivos comerciais e industriais. 1.1. Remuneração da criação; estímulo à criação; as novas realidades. 1.2. O processo de constituição de certos direitos de propriedade intelectual e a satisfação da necessidade colectiva de produção e divulgação do conhecimento tecnológico e das expressões culturais. 1.3. O paradoxo de ARROW: a constituição de direitos de propriedade intelectual e o bem público "informação".

§ 2. A propriedade intelectual e as empresas; a criação enquanto acto humano cujos resultados são constitucional e legalmente protegidos. 2.1. Propriedade industrial e direito de autor. 2.1. A erosão da "dualidade epistémica" direito de patente/direito de autor; a proliferação de regimes especiais, 2.3. A fluidez dos regimes jurídicos; os "híbridos"; 2.4. A deslocação do centro de gravidade para as empresas.

§ 3. O uso e abuso dos direitos de exclusivo. 3.1. Práticas restritivas da concorrência e titularidade de direitos de propriedade intelectual. 3.2. Direitos de propriedade intelectual sobre 'tecnologias de informação e direito da concorrência.

§ 4. A confluência da prossecução de interesses públicos e de interesses privados no regime dos direitos de propriedade intelectual e o direito dos comportamentos no mercado (direito da concorrência). 4.1. A continuidade dos dois sistemas. 4.2. O frágil equilíbrio político-legislativo. 4.3. A função concorrencial inerente à permissão normativa de constituir e manter direitos de propriedade intelectual.

4.4. O conteúdo dos direitos de propriedade intelectual é também dirigido à protecção de interesses gerais da comunidade; a harmonização entre a tutela dos interesses individuais e o interesse público; alguns exemplos.

§ 5. A hodierna natureza "imperialista" e "colonizadora" do sistema dos direitos de propriedade intelectual; o alargamento do *licere* e do âmbito de protecção destes direitos; a criação de novos tipos de direitos de propriedade intelectual. 5.1. A expansão do licere dos direitos de propriedade intelectual. 5.2. O alargamento do conjunto de realidades que podem ser protegidas por direitos de propriedade intelectual; exemplificação. 5.3. A criação de novos "tipos" de direitos de propriedade intelectual.

§ 6. Liberdade, interesse público, direitos de exclusivo e desenvolvimento tecnológico; conclusões. 6.1. Explicações para o aumento da rede de "arame farpado". 6.2. O retorno a uma leitura pró-competitiva dos direitos de propriedade intelectual. 6.3. O parâmetro jurídico-constitucional dos direitos de propriedade intelectual.

§ 1.º
Introdução; natureza e finalidades da propriedade intelectual; os interesses públicos associados à criação de exclusivos comerciais e industriais.

Os direitos de propriedade intelectual constituem *direitos subjectivos patrimoniais privados* que protegem diversas formas de *criação intelectual* ou de *prestação empresarial*.

1.1. Remuneração da criação; estímulo à criação; as novas realidades

Essa protecção é commumente fundada na necessidade de remunerar o esforço criativo (individual ou empresarial) e incentivar essa mesma criação. Nos últimos anos têm sido realçadas das outras funções: a função de *estímulo à realização de investimento na pesquisa científica, maxime,* nos produtos farmacêuticos e fito-farmacêuticos), dados os elevadíssimos montantes que é necessário despender desde a *investigação básica*, passando pela *investigação aplicada*, e culminado na *autorização adminis-*

trativa de colocação dos produtos no mercado[1]; e a *função informativa*, a qual, aliada ao *princípio da transparência* (art. 63.º do Acordo TRIPS[2]), é desenvolvida pelo *sub-sistema* dos direitos de propriedade industrial, e radica na caracterização dos Institutos de Propriedade Industrial como *bases de dados* de enorme significado para todos os sectores tecnológicos, especialmente quando permitem seleccionar e orientar mais eficazmente as decisões respeitantes ao investimento e, em geral, a política económica[3]. Com o que se surpreende a adequação deste subsistema à mudança operada nos últimos anos nas estruturas jurídico-económicas: do *capitalismo industrial* para o *capitalismo informacional*[4].

Uma outra razão explica ainda, a nosso ver, a outorga destes "direitos de exclusivo". Estes *direitos subjectivos* constituem, na verdade, ainda a *forma* e o *instrumento jurídico* adequado através do qual a remuneração daquela *criação* ou da simples *prestação empresarial* pode ser alcançada no mercado económico[5]; eles constituem os *títulos jurídicos* que melhor

---

[1] Esta função é, parece-nos, bem mais antiga do que commumente se julga. Segundo W. MACLAURIN, "The Technological Progress in Some American Industries", in American Economic Review, Papers and Proceedings, Vol. 44, 1954, p. 178 e ss., as sociedades farmacêuticas germânicas exploraram, a partir do final do século XIX, a ideia do aproveitamento maximizante do sub-sistema do direito de patente no quadro da organização do financiamento da pesquisa e do desenvolvimento tecnológico. Cfr. KAUFER, Erich, "The Incentives to Innovate under Alternative Property Rights Assignments with Special reference to the Patent System", in TOWSE, Ruth/HOLZHAUER, Rudi (eds.), *The Economics of Intellectual Property*, Vol. II, Edward Elgar Publishing, Cheltenham, Northampton, 2002, p. 215 e ss., p. 220, citando um autor (Alfred North Whitehead), segundo o qual a maior invenção do século XIX consistiu na "invenção do método de inventar".

[2] Todavia, esta *transparência* institucionalizada por mor do disposto no artigo 63.º do Acordo TRIPS não é totalmente generalizável no que respeita às características do movimento globalizante de harmonização dos sub-sistema da propriedade industrial, pois que o regime do *dos segredos de negócios* (*id est*, o regime das "informações não divulgadas" previsto no artigo 39.º do referido Acordo TRIPS) tutela o valor oposto: o do *segredo*, que segrega a *transparência* do conhecimento científico-tecnológico. Cfr. BRAITHWAITE, John/ /DRAHOS, Peter, *Global Business Regulation*, Cambridge University Press, Cambridge, New York, 2000, p. 78.

[3] Tb. VANZETTI, Adriano/DI CATALDO, Vincenzo, *Manuale di Diritto Industriale*, 3ª edição, Giufré, Milano, 2000, p. 313.

[4] BRAITHWAITE, John/DRAHOS, Peter, *Global Business Regulation*, (…), cit., p. 31.

[5] SHERWOOD-EDWARDS, Mark, "The Redundancy of Originality", in *International Review of Industrial Property and Copyright Law* (IIC), 1994, 658 e ss., p. 676; PIRES DE CARVALHO, Nuno, *The Trips Regime of Patent Rights*, London, The Hague, New York, Kluwer Law International, 2002, p. 112; VANZETTI, Adriano/DI CATALDO, Vincenzo, *Manuale*³ᵃ, (…), cit., p. 313.

podem orientar as *escolhas racionais* dos consumidores (finais ou intermédios) e determinar os mecanismos de *avaliação económica* das *criações* ou *prestações empresariais* susceptíveis de ser objecto de direitos, que o mesmo é dizer, capazes de ser transaccionadas no mercado com menores *custos de transacção*.

De facto, de *per se*, o direito de exclusivo não tem *valor*. Todavia, se o bem intelectual se materializar num objecto (ou *processo*, no caso das invenções de *processo* e de *uso*) com um *valor de posição no mercado*, a preexistência de um bem jurídico – adrede *constituído* através da *criação* (no caso do direito de autor e dos direitos conexos), da *divulgação* (no caso dos desenhos ou modelos comunitários não registados) ou do *registo* (p. ex., no caso do direito de patente, modelo de utilidade) – torna possível a emergência de formas mais eficientes de *apropriação privada* do *valor* que essa criação ou prestação desfrutam no mercado.

1.2. O processo de constituição de certos direitos de propriedade intelectual e a satisfação da necessidade colectiva de produção e divulgação do conhecimento tecnológico e das expressões culturais

A *produção* e a *divulgação* do *conhecimento tecnológico*, tal como a produção e a divulgação de manifestações ou expressões culturais de *formas mentais imaginativas* apenas intelectualmente fruíveis (que não formas mentais descritivas de relações), traduz a *satisfação de necessidades colectivas cujo processo de satisfação é assumido pela colectividade*, ela própria[6], e não pelas entidades privadas, as quais não podem satisfazer *imediata* e *necessariamente* por *direito próprio* essas necessidades.

O processo de satisfação das referidas necessidades é assumido por certas entidades públicas governamentais ou institutos públicos, *incluindo*, entre nós, pelo Instituto Nacional da Propriedade Industrial, a quem compete, segundo o *princípio da territorialidade*, a outorga de títulos jurídicos através dos quais são constituídos *direitos subjectivos patrimoniais privados* sobre algumas das referidas criações ou prestações. Pois, casos há em que essa constituição resulta dos factos e condições previstas na lei de cuja verificação a lei faz depender o *nascimento* desses direitos subjectivos

---

[6] REBELO DE SOUSA, Marcelo, *Lições de Direito Administrativo*, Vol. I, Lisboa, Lex, 1999, p. 146.

– p. ex., através da *criação* da obra[7], da *divulgação* do modelo ou desenho comunitário não registado[8], a *conclusão do fabrico* de uma base de dados não criativa ou a sua *colocação pela primeira vez à disposição do público*[9].

1.3. O paradoxo de ARROW: a constituição de direitos de propriedade intelectual e o bem público "informação"

Pode, no entanto, questionar-se a razão de ser de a protecção dos chamados direitos de propriedade intelectual, através da criação de exclusivos comerciais e industriais, constituir a satisfação de *interesse públicos*. A *análise económica do direito* permite fazer alguma luz sobre este problema.

Na verdade, os economistas neo-clássicos opinam que a especificidade do *bem público* "informação" gera sérias *ineficiências* na repartição dos recursos em mercados concorrenciais, de tal modo que a criação de *direitos subjectivos privados* sobre as várias espécies de informações e conhecimentos tecnológicos é uma das possíveis medidas destinadas a minorar essas "falhas de mercado", internalizando-as[10].

Só que a criação destes exclusivos industriais e comerciais somente é justificável se propiciar a disseminação e utilização do conhecimento protegido com vista a permitir que terceiros produzam bens ou prestem serviços, que, doutra forma, não seriam levados a produzir ou prestar.

---

[7] Art. 12.º do Código do Direito de Autor e dos Direitos Conexos.

[8] Art. 11.º/1 do Regulamento (CE) n.º 6/202, de 12/12/2001, in *Jornal Oficial das Comunidades Europeias*, n.º L 3, de 5/01/2002, p. 1 e ss..

[9] Art. 16.º/1 e 2 do Decreto-Lei n.º 122/2000, de 4 de Julho.

[10] Cfr. KAUFER, Erich, *The Economics of the Patent System*, Harwood Academic PublishersLondon, Paris, New York, Camberwell, 1989, p. 19 e ss.; DAVID, Paul A., "Le Istituzioni della Proprietà Intellettuale e il Pollice del Panda, Brevetti, Diritti d'Autore, e Segreti Industriali nella Teoria Economica e nella Storia", in CLERICO, Giuseppe/RIZZELLO, Salvatore (a cura di), *Diritto ed Economia della Proprietà Intellettuale*, Cedam. Padova, 1998, p. 9 e ss., 19 e ss., 38 e ss.; GRANSTRAND, Ove, *The Economics and Management of Intellectual Property, Towards Intellectual Capitalism*, Edward Elgar, Cheltenham, Northampton, 1999, p. 82 e ss.; MACKAAY, Ejan, "Economic Incentives in Markets for Information and Innovation", in TOWSE, Ruth/HOLZHAUER, Rudi (eds.), *The Economics of Intellectual Property*, Vol. I, Edward Elgar Publishing, Cheltenham, Northampton, 2002, p. 8 e ss., pp. 20-26.

Mais: as condições (*v.g.*, legais, administrativas) por cujo respeito certas informações, dados ou conhecimentos são objecto de direitos de exclusivo devem permitir que os *custos sociais* do funcionamento de um sistema deste jaez sejam minimizados, de jeito a que o exclusivo jurídico não se transforme num peso morto (*deadweight burden*)[11].

O que vale por dizer que o melhor remédio para este tipo de "falha de mercado" (*rectius*, o facto de os indivíduos e as empresas não se acharem especialmente motivados para investir no *bem público* "informação", por exemplo sob a forma de conhecimento científico ou tecnológico) não é sempre aquele que importa na criação de direitos subjectivos patrimoniais privados sobre os bens intelectuais.

Não obstante se reconheça que a *informação* é um *bem de consumo não rival* (*id est*, pode ser simultaneamente usada por uma multiplicidade de pessoas, contrariamente à fruição que pode ser propiciada pelas coisas corpóreas); que tem custos marginais de reprodução e distribuição relativamente baixos; e que origina custos fixos de produção (*v.g.*, obtenção, disposição, apresentação, no caso das bases de dados não originais) relativamente elevados; nem sempre a criação de direitos de exclusivo é uma resposta social e economicamente *eficiente*[12] (para além de não ser, por vezes, a resposta *mais justa*). Isto é devido ao conhecido *paradoxo de ARROW* segundo o qual o *conteúdo* e os *atributos* da informação susceptível de ser transaccionada no mercado apenas podem ser conhecidos *ex post*; além de que o conhecimento tecnológico é *cumulativo* e *interactivo*, pelo que a exigência da *formulação de reivindicações* nos pedidos de patente ou modelo de utilidade pode gerar algumas ineficiências, dado que algumas das *reivindicações* podem ser objecto de patente independente (cfr. o art. 114.º/2 do CPI 03).

---

[11] DAVID, Paul A., "Intellectual Property Institutions and the Panda's Thumb: Patents, Copyrights, and Trade Secrets in Economic Theory and History", in TOWNSE, Ruth/HOLZHAUER, Rudi (eds.), *The Economics of Intellectual Property*, Vol. III, Cheltenham, Edward Elgar, 2002, p. 242 e ss., pp. 248, 257.

[12] DAVID, Paul A., "Intellectual Property Institutions", (...), Vol. III, cit., pp. 250--252, 25.

§ 2.º
A propriedade intelectual e as empresas; a criação enquanto acto humano cujos resultados são constitucional e legalmente protegidos

É verdade que o *direito de liberdade* de *criação intelectual, artística e científica* constitucionalmente protegida (art. 42.º da Constituição) compreende o "direito à invenção"[13], a produção e divulgação da obra científica, literária ou artística, incluindo a protecção legal dos *direitos de autor*. Esta protecção do parâmetro jurídico-constitucional do referido *direito de liberdade de criação* intelectual acentuaria os *aspectos pessoais* do acto da criação.

2.1. Propriedade industrial e direito de autor

Todavia, os *direitos de propriedade intelectual* reconduzem-se, hoje, a um acervo de matérias essencialmente referidas à actividade das *empresas* que actuam em *regime concorrencial*. E, como veremos, nem sempre poderemos dizer que os referidos direitos protegem *criações* do espírito humano.

Podemos, no entanto, subdividi-los em duas grandes áreas: a chamada *propriedade industrial*, de um lado, e o *direito de autor* e os direitos conexos, do outro.

A *propriedade industrial* engloba o conjunto de princípios e normas que atribuem uma protecção exclusiva (com um "círculo de poder" e um "círculo de proibição"[14]) aos novos resultados da actividade criativa no

---

[13] O qual, na vertente do "direito à patente" ou "direito ao modelo de utilidade" (enquanto *pretensão dirigida ao Estado*, que este pode satisfazer, ou não, através da prolação de um *acto administrativo* de conteúdo positivo ou negativo), pertence, como é sabido, ao *inventor* ou aos seus *sucessores* (arts. 58.º/1 e 121.º do CPI 03). Mas este é só o "direito à protecção da invenção". O "direito de patente" ou "direito sobre modelo de utilidade" nasce em momento posterior.

[14] As expressões são utilizadas por NOGUEIRA SERÉNS, M., "A Vulgarização da Marca na Directiva 89/104/CEE, de 21 de Dezembro de 1988 (Id Est, no Nosso Direito Futuro)", *Estudos em Homenagem ao Prof. Doutor A. FERRER CORREIA*, IV, Coimbra, 1997, p. 39, nota n. 1.

domínio *tecnológico* – um domínio que busca a consecução prática de *soluções de problemas técnicos* –, conquanto *estético utilitário*. Referimo-nos em particular aos regimes plasmados no *direito de patente* e no direito sobre *modelo de utilidade*, dirigidos à protecção das invenções industriais; e ao regime dos desenhos ou modelos destinados a tutelar a *criação estético-utilitária* aplicada a *artigos industriais*.

O *direito de autor* tutela uma *criação espiritual* captável através do espírito[15], que, pese embora constitua uma espécie de conceito *vago*[16], é *resultado* ou uma *expressão* de uma "forma mental imaginativa"[17] dirigida ao aproveitamento *meramente intelectual* da criação, qual sentimento mediatizado pelas ideias[18], mas perceptível pelos sentidos, susceptível de ser comunicada[19] (*forma mental sensível*); e os *direitos conexos* visam tutelar certas *prestações* ou de *actividades* que, regra geral, pressupõe a utilização de obras literárias ou artísticas (*v.g.*, artistas, intérpretes, produtores de fonogramas, fabricantes de bases de dados não originais, organismos de radiodifusão). Diferentemente, nas *ideias inventivas industriais* tuteladas por *direito de patente* ou por *modelo de utilidade*, o interesse dos terceiros vai dirigido aos actos de utilização da ideia inventiva, o que se precipita sobre a *forma externa*, o *corpus mechanicum;* e, outrossim, a solução técnica utiliza as forças da Natureza. As *ideias*, os *conceitos*, as *descobertas*, as *teorias científicas* e outras informações *como tal* de que o inventor se serve mais não são do que *instrumentos de ordenação* e de *actuação* sobre uma realidade preexistente, tendo em vista a consecução de uma nova *solução técnica*. O que não ocorre na *criação espiritual* tutelável por *direito de autor*: não se surpreende aí a organização de substâncias ou de matérias preexistentes na Natureza, com vista à satisfação de necessidades humanas.

---

[15] OLIVEIRA ASCENSÃO, *Direito de Autor e Direitos Conexos*, Coimbra Editora, Coimbra, 1992, p. 58.

[16] HERMITTE, Marie-Angéle, "Le rôle des concepts mous dans les techniques de déjuridicisation, L'exemple des droits intellectuels", in *Archives de philosophie du droit*, 1985, p. 331 e ss..

[17] GAUDRAT, Philippe, "Refléxions sur la forme des oeuvres de l'esprit", in *Propriétés Intellectuelles, Mélanges en l'honneur de André FRANÇON*, Paris, Dalloz, 1995, p. 195 e ss., pp. 196-197.

[18] RUBENFELD, Jed, "The Freedom of Imagination: Copyright's Constitutionality", in *The Yale Law Journal*, Vol. 112, n.°, 2002, p. 3 ss, pp. 37 ss..

[19] CHERPILLOD, Ives, *L'object du droit d'auteur*, Cedidac, Lausanne, 1985, n.° 122; LUCAS, André/LUCAS, Henri-Jacques, *Traité de la Propriété Littéraire et Artistique*, 2ª edição, Litec, Paris, 2001, p. 67 ss..

2.2. A erosão da "dualidade epistémica" direito de patente/direito de autor; a proliferação de regimes especiais

Uma nota que cumpre salientar é a que constata o tendencial apagamento da *dualidade*, outrora existente, marcada pelos paradigmas do *direito de patente* (invenções industriais e criações utilitárias) e pelo do *direito de autor*. A tendência de protecção de certos *resultados* da investigação reclamou nos domínios das *tecnologias da informação* e da *biologia* erodiu aquela dualidade.

Com o que se assiste, por um lado, à proliferação de *regimes especiais* resultantes do *reconhecimento legal* de novos *tipos* de direitos:

– *direitos de obtentor* de variedades vegetais (de jaez nacional e comunitário)[20];
– direitos relativos a *topografias de produtos semicondutores*[21];
– direitos relativos aos *conhecimentos tradicionais associados à utilização de* (comercial ou industrial) *de variedades vegetais locais* e restante material vegetal desenvolvido pelas populações lo-

---

[20] WUESTHOFF, Franz/LEBMANN, Herbert/WÜRTENBERGER, Gert, *Handbuch zum deutschen und europäischen sortenschutz*, Vol. I, Weiheim, New York, Chichester, Brisbane, Singapore, Toronto, Wiley-VCH, 1999, págs. 3 ss., 26 ss., 106 ss.; VAN DER KOOIJ, P.A.C.E., *Introduction to the EC Regulation on Plant Variety Protection*, London, The Hague, Boston, Kluwer Law International, 1997, pág. 7 e ss.; NEUMEIER, Hans, *Sortenshutz und/oder Patentschutz für Pflanzenzüchtungen*, Köln, Berlin, Bonn, München, Carl Heymanns Verlag, 1990, pág. 48 ss., 93 ss., 151 e ss.; VERMA, "Trips and Plant Variety Protection in Developing Countries", in *EIPR*, 1995, pág. 281 e ss.; KEUKENSCHRIJVER, Alfred, *Sortenschutzgesetz*, Köln, Berlin, Bonn, München, Carl Heymanns Verlag, 2001, Einleitung, Rdn. 31, págs. 45-46; SCHMIDT-SZALEWSKI, Joanna/PIERRE, Jean-Luc, *Droit de la Propriété Industrielle*, 2ª edição, Paris, Litec, 2001, pág. 352 e ss. (para a protecção comunitária); REMÉDIO MARQUES, "Patentes Biotecnológicas e Direitos de Obtentor de Variedades Vegetais – Diferenças de Regime e Pistas Para a Respectiva Articulação", in *Direito Industrial*, Vol. II, Coimbra, Almedina, 2002, pág. 163 e ss., pág. 193 e ss., 209 e ss..

[21] BUSSE, Rudolf, *Patentgesetz*, 5ª edição, Berlin, New York, Walter de Gruyter, 1999, pág. 12191 e ss.; NIRK, Rudolf/ULLMAN, Eike, *Gewerblicher Rechtsschutz und Urheberrecht*, 2ª edição, Vol. I, Heidelberg, C. F. Müller Verlag, 1999, págs. 167-169; WATAL, Jayashree, *Intellectual Property Rights in the WTO, and Develping Countries*, The Hague, London, Boston, Kluwer Law International, 2001, pág. 282 e ss.; SCHMIDT-SZALEWSKI, Joanna/PIERRE, Jean-Luc, *Droit de la Propriété Industrielle*, 2ª edição, cit., pág. 129 e ss.; DIAS PEREIRA, Alexandre Libório, "Circuitos Integrados: Protecção Jurídicas das Topografias de Produtos Semi-condutores", in *Direito Industrial*, Vol. II, Coimbra, Almedina, 2002, pág. 309 e ss..

cais[22], o que vale por introduzir no direito português as directrizes constantes do artigo 8.°, alínea j) da *Convenção sobre a Diversidade Biológica*, de 20/05/1992;

– direitos emergentes do registo de variedades vegetais e do restante material vegetal autóctone[23];

– "direito especial" do fabricante de *bases de dados não originais*, relativo à *extracção* ou à *reutilização* de *partes substanciais* do conteúdo dessas bases[24].

---

[22] Artigo 3.° do Decreto-Lei n.° 118/2002, de 20 de Abril. Cura-se de um direito industrial *sui generis* cujo "círculo de proibição" abrange os actos de reprodução, imitação ou utilização, directa ou indirecta desses conhecimentos (*rectius*, dos conhecimentos e das *expressões* desses conhecimentos) unicamente para *fins comerciais* (art. 3.°/4, alínea I), do citado decreto-lei. As *condições de protecção* contemplam um curioso requisito de *novidade* (faz-se mister que, até à data do pedido de registo, os conhecimentos não tenham sido objecto de utilização em actividades industriais ou não sejam objecto de conhecimento público fora da comunidade em que foram obtidos: art. 3.°/4, *idem*), uma peculiar exigência de *industrialidade* (é preciso que os conhecimentos, uma vez descritos pelo requerente, possam ser utilizados por terceiros, de jeito a obter resultados idênticos aos obtidos pelo requerente: art. 3.°/2, alínea b), *ibidem*), e um *requisito formal*, de acordo com o qual os conhecimentos deverão ser objecto de *descrição* junto da entidade que concede o registo: *Registo de Recursos Genéticos Vegetais*, que funciona no *Centro Nacional de Registo de Variedades Protegidas* da Direcção-Geral de Protecção das Culturas), a qual visa assegurar a *reproductibilidade e executabilidade constantes* da *expressões* desses conhecimentos.

[23] Cfr. os artigo 2.°, 4.° e ss. do citado Decreto-Lei n.° 118/2002, de 20 de Abril. Trata-se de um direito industrial, também ele *sui generis*, pois, a par da *apropriação pública estadual* do poder jurídico de condicionar o acesso às variedades vegetais e ao restante material vegetal objecto de registo (*v.g.*, germoplasma, partes de plantas: raízes, caule, folhas, etc.), para fins de *estudo, investigação* ou *aplicações biotecnológicas* – poder jurídico que é exercido através de uma autorização administrativa emitida pelo *Conselho Técnico do Ministério da Agricultura, do Desenvolvimento Rural e das Pescas, para os Recursos Genéticos Agrários, das Pescas e da Agricultura*, ou do organismo competente do Ministério do Ambiente –, a lei atribui ao *titular do direito registado* (o legislador fala impropriamente em "titular do registo": art. 7.°/4, *in fine* do citado decreto-lei) o poder de outorgar um *contrato de partilha de benefícios* com a pessoa ou entidade que pretenda usar o referidos materiais vegetais autóctones no quadro das referidas actividades reservadas. Contrato que deve preceder necessariamente a emissão da autorização administrativa de acesso e utilização

[24] BOUZA LÓPEZ, Miguel Ángel, *El Derecho Sui Generis del Fabricante de Bases de Dados*, Réus, Madrid, 2001; STROWEL, Alain/DERCLAYE, Estelle, *Droit d'auteur et numérique: logiciels, base de données, multimédia*, Bruylant, Bruxelles, 2001, pág. 311 e ss.; WIEBE, Andreas, "Rechtsschutz von Datenbanken und europäische Harmonisierung", in *Computer und Recht*, 1996, pág. 198 e ss.; OLIVEIRA ASCENSÃO, "Bases de Dados Electrónicas: O Estado da Questão em Portugal e na Europa", in *Direito da Sociedade da Informação*, Vol. III, Coimbra Editora, Coimbra, 2002, p. 9 e ss., p. 14 e ss.; OLIVEIRA ASCENSÃO,

2.3. A fluidez dos regimes jurídicos; os "híbridos"

Outrossim se constata a *fluidez* dos regimes jurídicos, revelando, por vezes, uma *função híbrida* de protecção: os *programas de computador* tanto podem ser protegidos por *direito de autor*[25] quanto por *direito de patente*[26], contanto que a sua actuação produza *efeitos técnicos* que se projectam para além das normais interacções mecânicas entre o programa e a máquina ou o sistema onde seja executado.

E, por outro lado, surpreende-se a tendência de consagração de soluções que atravessam *transversalmente* a referida *dualidade* revelada no modelo clássico – seja reconduzindo, ainda que com especialidades de tomo, a protecção dos *programas de computador* e das *bases de dados criativas* ao regime jurídico do *direito de autor*, seja estendendo a tutela do *direito de patente* às *matérias* e aos *processos biotecnológicos*; sem que, de igual sorte, pudesse ter sido evitada a *adaptação* das soluções tradicionalmente aplicadas no quadro deste tipo de exclusivo às novas *invenções biotecnológicas*[27].

Direito Intelectual, Exclusivo e Liberdade, separata da Revista da Ordem dos Advogados, ano 61, III, Lisboa, Dezembeo, 2001, p. 1195 e ss., pp. 1209 e ss; OLIVEIRA ASCENSÃO, José de, "As Novas Tecnologias e os Direitos de Exploração das Obras Intelectuais", in *Estudos sobre Direito da Internet e da Sociedade da Informação*, Almedina, Coimbra, 2001, p. 173 e ss., pp. 174-176; DIAS PEREIRA, Alexandre Libório, *Informática, Direito de autor e Propriedade Tecnodigital*, Studia Iuridica, 55, Coimbra Editora, Coimbra, 2001, p. 671 e ss.; GARRIGUES, Cristina, "Databases: A Subject-Matter for Copyright or for Neighbouring Rights Regime?", in *European Intellectual Property Review*, 1997, p. 4 e ss.; GUGLIELMETTI, Giovanni, "La tutela delle banche dati com il diritto sui generis nella direttiva 96/9/CE", in *Contratto e impresa/Europa*, 1997, p. 177 e ss.; CORNISH, William R., *Intellectual Property*, 4ª edição, Sweet & Maxwell, London, 1999, § 10.31, pp. 396-397, § 13.49 e ss., pp. 523-526; LIPTON, Jacqueline, "Dtabases as Intellectual Property: New Lwegal Aproaches", in *European Intellectual Property Review*, 2003, p. 139 e ss., pp. 140 e ss.; HERTIN, Paul W., in FROMM, Friedrich Karl/NORDEMANN, Wilhelm, *Urheberrecht, Kommentar*, 9. Aufl., Verlag W. Kohlhammer, Stuttgart, Berlin, Köln, 1998, p. 580 e ss.; VOGEL, Martin, in G. SCHRICKER, *Urheberrecht Kommentar*, 2 Aufl., C. H. Beck, München, 1999, Vor 87a ss., p. 1312 e ss.; SCHACK, Haimo, *Urheber- und Urhebervertragsrecht*, 2. Aufl., Mohr Siebeck, Tübingen, 2001, pp. 300-301; CORNISH, William/LLEWELIN, David, *Intellectual Property*, 5.ª edição, Sweet & Maxwell, 2003, § 19.38 e ss., p. 786 e ss., § 20.21, pp. 846-847.

[25] Decreto-Lei n.º 252/94, de 20 de Outubro.
[26] Artigo 52.º/1, alínea d) do CPI 03.
[27] Cfr., entre outros, os arts. 51.º/1, 53.º/2 e 3, 54.º, 63, 97.º/3 a 6 e 103.º/2, todos do CPI 03.

A par da defesa da *leal* e sã *concorrência* (art. 317.° do CPI 03), estas matérias desfrutam de um denominador comum: a protecção do *interesse essencialmente de jaez privado* de as empresas beneficiarem de uma posição jurídica de vantagem no mercado económico. Isto dito, embora deva ser reconhecido que os direitos de propriedade intelectual não geram, de *per se*[28], situações *anti-concorrenciais*: ao *exclusivo jurídico* não corresponde, *sic et simpliciter*, o *monopólio* (ou o oligopólio) *fáctico*. Pois, no que em particular concerne ao facto de ser-se detentor de certos *conhecimentos tecnológicos* ou *puramente fácticos*, esse "domínio" pouco ou nada conta se não estiver intimamente associado à produção e bens ou à prestação de serviços cuja procura seja uma realidade actual.

2.4. A deslocação do centro de gravidade para as empresas

São as essencialmente *empresas* que constituem o "centro de gravidade" destes direitos de exclusivo[29] – que não as *pessoas humanas* em cuja aptidão intelectual se baseou o acto da *criação*, ou em cuja *actividade* se fundou a *prestação* protegida –, quer quando as soluções vazadas na lei visam tutelar *interesses públicos*, quer quando têm vista proteger os *interesses privados do titular da empresa*.

Tal conclusão é caucionada, exemplificadamente, pelos seguintes motivos:
    (a) é negada a possibilidade de patentear os resultados da chamada *investigação pura* ou investigação primária (art. 52.°/1, alínea a) do CPI 03);
    (b) apenas são protegidas (por direito de patente e modelo de utilidade) as *invenções* susceptíveis de *aplicação industrial* (arts. 55.°/3 e 120.°/3, todos do CPI 03);

---

[28] CORNISH, William Rodolph, *Intellectual Property*, 4ª edição, cit., pp. 38-40; NUNES DE CARVALHO, Nuno, *The Trips Regime of Patent Rights*, (...), cit., p. 132 e ss..

[29] OLIVEIRA ASCENSÃO, José de, "E Agora? Pesquisa do Futuro Próximo", in *Estudos Sobre Direito da Internet e da Sociedade da Informação*, Coimbra, Almedina, 2001, p. 45 e ss., pp. 51-52; OLIVEIRA ASCENSÃO, José de, "O Direito de Autor no Ciberespaço", in *Estudos Sobre Direito da Internet e da Sociedade da Informação*, cit., p. 149 e ss., pp. 156-158; GUIDINNI, Gustavo, *Aspectos actuales del Derecho industrial – Propriedad intelectual y competencia*, Granada, Editorial Comares, 2002, pp. 3-5.

(c) não carecem de autorização do titular todos os actos de utilização da criação protegida por direitos de propriedade industrial que se destinem a um *uso privado*, a um "uso não industrial" ou comercial (arts. 102.º, alínea a), 145.º/1, alínea a), 165.º, alínea a), 204.º, alínea a), todos do CPI 03);

(d) os proveitos resultantes da outorga de direitos de propriedade industrial relativos a criações efectuadas no quadro do exercício de uma relação de *trabalho dependente* cabem à entidade patronal, caso esta exerça positivamente o *direito de opção*, tornando-se o titular activo do "direito de requerer" a outorga do direito industrial (art. 59.º/3, alínea a), 122.º, 157.º e 182.º, todos do CPI 03);

(e) a utilização económica das *obras colectivas* tuteladas por direito de autor pertence à entidade singular ou colectiva (à *empresa* individual ou colectiva) que a haja *organizado*, divulgado ou publicado (arts. 16.º/1, alínea b) e 19.º/1 e 3, do Código do Direito de Autor e dos Direitos Conexos).

Como se constata, a referência à disciplina da actividade da empresa representa um mínimo denominador comum das diversas áreas por que se expraiam os direitos de propriedade intelectual.

Na verdade, no que à *inovação tecnológica* diz respeito, aqueles direitos de exclusivo desempenham um protagonismo central e específico na amortização dos custos e na remuneração do investimento precipuamente efectuado pelos empresários e empresas que actuam com um desígnio concorrencial.

Neste sentido, a criação e a observância de direitos desta natureza satisfaz os *interesses privados* dos agentes económicos titulares de *empresas*. Pois, se estes actuassem em *regime absolutamente concorrencial* – em um sistema que, por exemplo, não conhecesse *exclusivos industriais* – seria incerta aquela amortização e a remuneração dos factores de produção dirigidos à inovação tecnológica, já que os concorrentes ou quaisquer outros "passageiros clandestinos" (*free raiders*) ficariam livres de reproduzir os resultados do esforço intelectual ou material alheio, sem que, em contrapartida, tivessem que suportar os custos inerentes ao desenvolvimento de criações ou prestações alternativas.

§ 3.º
O uso e o abuso dos direitos de exclusivo

Mas se a criação dos *direitos de exclusivo* corresponde, assim – pelo menos no que concerne aos exclusivos industriais –, à satisfação de um *interesse público* precipuamente dirigido ao *estímulo do progresso tecnológico*[30], pois constitui um incentivo à divulgação de inovações tecnológicas que, doutro modo, seriam mantidas em regime de segredo[31], e cujo *conteúdo informacional* seria transaccionado – e, como salientámos, também propicia uma *racionalização das transacções* de bens intelectuais ocorridas no mercado concorrencial –, é bem de ver que o *uso* ou o *exercício* destes direitos, à luz dos *interesses egoísticos* do titular, pode conduzir à prática de *actos abusivos* e *anti-concorrenciais*[32].

3.1. Práticas restritivas da concorrência e a titularidade de direitos de propriedade intelectual

A questão da prossecução de *interesses públicos* não se coloca quando, como acontece na *concorrência desleal*, há lesão dos *interesses dos concorrentes*, pois há aí apenas uma ténue prossecução de *interesses gerais*, a qual é como que *absorvida* pela *essencial* prossecução de *interesses privados dos concorrentes*[33]. Mas já se coloca em matéria de previsão e sanção das *práticas restritivas da concorrência*, enquanto *expediente que visa proteger as estruturas do mercado*.

As finalidades, marcadamente de *interesse público*, do *direito da concorrência* são consabidas: por um lado, assegurar que, na presença de

---

[30] GÓMEZ SEGADE, José António, "La Proprieda Industrial en España", in JAVIER BARNÉS, (coord.), *Propriedad, Expropriación y Resonsabilidad*, Madrid, Tecnos, 1995, p. 473 e ss., p. 479.

[31] BENTLY, Lionel/SHERMAN, Brad, *Intellectual Property Law*, Oxford, New York, Oxford University Press, 2001, p. 4.

[32] Cfr. já MOUSSERON, Jena Marc, "L'abus de monopole conféré par le brevet d'invention", in *Mélanges Henri Cabrillac*, Librairies Techniques, Paris, 1968, p. 345 e ss..

[33] Tb., já neste sentido, cfr. OLIVEIRA ASCENSÃO, José de, *Concorrência Desleal*, Coimbra, Almedina, 2002, pp. 135-137; para mais quando a violação de preceitos que previnem tais comportamentos deixou de constitui um *ilícito criminal* no novo CPI de 2003, sendo antes degradada a mero *ilícito contra-ordenacional*.

mercados caracterizados pela existência de um pluralismo efectivo da oferta – um pluralismo não coarctado por certos acordos restritivos da competição –, o desenvolvimento das condições do mercado não seja substancialmente alterado por certos tipos de actividades ou práticas negociais susceptíveis de reduzir ou suprimir aquele pluralismo, seja no aspecto *estrutural* (*concentração* de empresas), seja no aspecto *funcional* (*concertação* entre empresas); por outro, aquela disciplina jurídica pretende garantir que, nas eventualidades em que o referido pluralismo se acha fortemente limitado, ou até ausente, os demais agentes económicos e os consumidores finais não fiquem sujeitos a condições de mercado (que não apenas condições contratuais) sensivelmente piores das que poderiam gozar na hipótese de o mercado relevante apresentar uma maior concorrência estrutural.

Neste sentido, não é estultícia observar que o comportamento no mercado do titular de direitos de propriedade intelectual pode, por vezes, subsumir-se a *práticas restritivas da concorrência*, apesar de o "círculo de proibição" daquele titular constituir a *essência* do direito de exclusivo. Inexiste, pois, uma *situação de imunidade* dos titulares destes direitos relativamente ao ilícito plasmado no *direito das práticas restritivas da concorrência*.

O Tribunal de Justiça das Comunidades propugna a aplicação do regime das práticas restritivas da concorrência aos titulares de direitos de propriedade intelectual, embora tal deva ocorrer apenas em *casos excepcionais* (vejam-se os casos *Volvo v. Veng*; *Maxicar v Renault*; e *Magill TV guide v. UTP, BBC & RTE, Tierce Ladbroke SA v. EC Commission, Óscar Bronner GmbH & Co KG v. Mediaprint Zeitungs- und Zeitschriftenverlag GmbH & Co KG*), sendo, ultimamente, tentado a utilizar a doutrina estadunidense das *essential facilities* aos *direitos de propriedade intelectual*[34],

---

[34] Cfr. McCURDY, Gregory V. S., "Intellectual Property and Competition: Does the Essential Facilities Doctrine Shed Any New Light?", in *European Intellectual Property Review*, 2003, p. 472 e ss. pp. 477 e ss.; ULLRICH, Hans, "Intellectual Property, Acess to Information, And Antitrust: Harmony, Disharmony, And International Harmonization", in DREYFUSS, Rochelle/ZIMMERMAN, Diane L./FIRST, Harry (eds.), *Expanding the Boundaries of Intellectual Property, Innovation Policy for the Knowledge Society*, Oxford University Press, 2001, p. 395 e ss., pp. 395 e ss..; ELKIN-KOREN, Niva, "A Public-Regarding Approach to Contracting Over Copyrights", in *Expanding the Boundaries of Intellectual Property, Innovation Policy for the Knowledge Society*, (…), cit., p. 191 e ss., pp. 213-215.

precisamente nas hipóteses em que a actuação da empresa dominante (v.g., recusa em atribuir temporariamente aos concorrentes certas faculdades de utilização do direito protegido; cessação unilateral do cumprimento de contratos de comunicação de saber-fazer[35]) elimina *totalmente* a possibilidade de os concorrentes actuarem no mesmo mercado. Pois, de outro modo, perder-se-ia o incentivo de as empresas investirem na produção de conhecimento susceptível de ser protegido por direito industrial[36].

Talvez que essa aplicação dependa de uma ponderação *em concreto*, seja do âmbito de protecção concedido ao direito de propriedade intelectual, seja, sobretudo, do contexto do mercado em que o exercício desse direito é efectuado. O limite do *contra legem* estará no *abuso de direito*, no *exercício sem interesse* das faculdades jurídicas contidas no referido "círculo de proibição", na supressão ou na negação emulativa, total e duradoura, do mercado aos seus reais ou potenciais concorrentes. Pois, se tal suceder, não pode dizer-se que a intervenção do regime das práticas restritivas da concorrência constitui um obstáculo à criação intelectual ou à inovação tecnológica sendo por isso uma intervenção desejável.

3.2. Direitos de propriedade intelectual sobre "tecnologias de informação" e direito da concorrência

E nem se diga que esta vertente do direito da concorrência não deve aplicar-se ao quadro do *exercício* dos direitos de propriedade intelectual emergentes da tutela das novas "tecnologias da informação" (*maxime*, o direito de autor e direito especial do fabricante de *bases de dados electró-*

---

[35] Veja-se o caso *Intergraph Corp v. Intel Corp*, decidido pelo *Federal Circuit*, in *Federal Reporter, Third Series*, Vol. 195, 1999, p. 1346 e ss.: A sociedade *Intergraph* demandou a sociedade *Intel* por violação de direito de patente, sendo que esta última deixou de cumprir o contrato de comunicação de *saber-fazer* (secreto) traduzido em informações sobre futuras gerações de *microprocessadores* de unidades centrais de processamento, que fornecia a certos "clientes estratégicos".

[36] Cfr. GHIDINI, Gustavo, *Aspectos actuales*, (...), cit., p. 176 e ss.; PICONE, Paolo/ /LIGUSTRO, Aldo, *Diritto Dell'Organizzazione Mondiale del Commercil*, Cedam, Padova, 2002, p. 383-389; SANDERS, Kamperman, *Unfair Competition Law, The protection of Intellectual and Industrial Creativity*, Oxford University Press, 1997, p. 113 e ss.; BELLAMY, Christopher/CHILD, Graham, *Derecho de la competência en el Mercado Comum*, trad. castelhana, Civitas, Madrid, 1992, pp. 553-556; FAULK & NIKPAY, *The EC Law of Competition*, ed. por FAULK, Jonathan/NIKPAY, Ali, Oxford University Press, 1999, § 8.01 e ss., p. 575 e ss.

nicas não originais), por motivo de este sector ainda não implicar a formação de obstáculos (fácticos ou jurídicos) à entrada de novos agentes, que nele pretendam fazer negócios, e porque a formação de concorrência em mercados desta natureza depender essencialmente de criações intelectuais. Nesta perspectiva, para este tipo de mercados, a "imunidade" dos agentes à face das regras *antitrust* justificar-se-ia perante a *volatilidade* de eventuais situações de empresas em posição dominante ou concentração de empresas.

Obtemperar-se-á dizendo quão mirífico é este enfoque. Posição que esquece, ao cabo e ao resto, não apenas o domínio que alguns operadores desfrutam nas infra-estruturas de telecomunicações; que esquece não apenas o movimento de concentração de empresas, horizontal e vertical, com o que isso significa em termos de *direito à informação plural*[37], e que também olvida que a mobilização do regime *antitrust* incentiva a formação de "externalidades positivas das redes".

Quer dizer: p. ex., o aumento do valor monetário emergente da prática de se *fazer negócios em linha* ocorre na proporção directa do número de usuários que a ela podem aceder[38], usuários destarte libertos dos constrangimentos criados por direitos intelectuais fortes ou dominantes e das *salvaguardas técnicas* eventualmente colocadas para proteger os conteúdos (protegidos, ou não). Aqueles "efeitos de rede" permitem que certas empresas, ainda que não sejam titulares de direitos de propriedade intelectual sobre os conteúdos, permaneçam no mercado em razão da sua capacidade atractiva e da compatibilidade ou da interoperabilidade dos seus produtos e serviços.

É, pois, ao abrigo dos *interesses públicos* dirigidos à manutenção das referidas "externalidades positivas das redes" informáticas que se faz mister convocar, quando necessário, o regime do *direito da concorrência* enquanto limite imposto do exterior[39].

---

[37] OLIVEIRA ASCENSÃO, "A Sociedade da Informação", in *Estudos Sobre Direito da Internet*, cit., p. 83 e ss., pp. 85-86; GUIDINNI, Gustavo, *Aspectos actuales*, (...), cit., pp. 179-180.

[38] GUIDINNI, Gustavo, *Aspectos actuales*, (...), cit., p. 180.

[39] Neste sentido, cfr. o art. 20.º/1 do Decreto-Lei n.º 122/2000, de 4 de Julho, determina que tutela das *bases de dados criativas* e *não criativas* não impede a aplicação do regime jurídico do *direito da concorrência*; e na mesma linha, embora somente no que toca à *concorrência desleal*, já navega, há mais tempo, o regime da tutela *análoga* ao direito de autor que aproveita aos *programas de computador*: art. 15.º do Decreto-Lei n.º 252/94, de 20 de Outubro.

§ 4.º
# A confluência da prossecução de interesses públicos e de interesses privados no regime dos direitos de exclusivo e o direito dos comportamentos no mercado (direito da concorrência)

Esta tradicional distinção entre a propriedade intelectual (*maxime*, direito de autor, invenções industriais), que tutela primacialmente *interesses privados* e o regime jurídico que previne e sanciona as *práticas restritivas da concorrência* o qual persegue, no essencial, *interesses públicos* e também *interesses gerais* da comunidade, não apaga a presença de um quadro mais complexo de relações.

4.1. A continuidade dos dois sistemas

A função destes sistemas não é antagónica. O art. 7.º do Anexo IV ao *Acordo TRIPS*, sobre os *aspectos dos direitos de propriedade intelectual relacionados com o comércio*[40], quando determina os objectivos dos direitos de propriedade intelectual, acentua que estes direitos "*devem contribuir para a promoção da inovação tecnológica e para a transferência de tecnologia, em benefício mútuo dos geradores e utilizadores dos conhecimentos tecnológico*", bem como ao "*bem-estar social e económico* " – *promoção da inovação tecnológica, transferência de tecnologia, bem-estar social e económico*, eis os objectivos primeiros[41] deste acordo internacional que instituiu a *Organização Mundial do Comércio*[42].

---

[40] In *Diário da República*, I série-A, n.º 298, de 27/12/1994.

[41] É, porém, certo que a promoção da *inovação tecnológica* depende da criação, por parte dos poderes públicos, de infra-estruturas económicas (*v.g.*, economia de mercado), sociais e políticas (*v.g.*, estabilidade política, sistema judicial independente, pautado por regras de imparcialidade). Já a *transferência de tecnologia* é um objectivo que, hoje, não é exercitável apenas através da celebração de *contratos de licença* de direitos de propriedade intelectual (ou de *comunicação de saber-fazer* secreto), mas também através da disseminação automática, via Internet, da informação contida em pedidos de patente, modelo de utilidade e topografias de produtos semicondutores, contanto que essas informações permaneçam *acessíveis ao público*. Objectivo que poderá conflituar com o eventual "direito especial" de extracção e reutilização do conteúdo de *bases de dados não criativas*.

[42] GERVAIS, Daniel, *The TRIPS Agreement, Drafting History and Analysis*, 2ª edição, Sweet & Maxwell, London, 2003, p. 117.

4.2. O frágil equilíbrio político-legislativo

Em termos de política legislativa, há que procurar um frágil equilíbrio entre o *interesse público* na *utilização livre* das *inovações tecnológicas*, das *obras* e das demais *prestações empresariais* e intelectuais protegidas por direitos de propriedade intelectual, com o que assim se assegura o acesso à ciência, à tecnologia e à cultura e o interesse privado (egoístico) do titular do direito em manter um exclusivo que mais facilmente o pode colocar numa posição monopolista em termos económicos, contanto que o seu direito industrial tenha como objecto *conhecimento tecnológico* (*v.g.*, soluções técnicas vazadas em produtos ou processos), *informações* (*v.g.*, armazenadas em bases de dados) ou *esquemas para a acção* (*v.g.*, programas de computador) relacionados com a produção de bens ou serviços que sejam *objecto de procura* no mercado económico[43].

O artigo 8.°/1 do referido Acordo TRIPS / ADPIC consagra um conjunto de *imposições legiferantes* dirigidas aos Estados-membros da Orga-

---

[43] Quando os exclusivos se materializam em produtos ou processos que não são objecto de procura no mercado, ou são objecto de uma procura que facilmente é capaz de encontrar produtos (ou serviços) sucedâneos, não deve dizer-se que estes exclusivos representam, *em si, indesejáveis monopólios*: isso apenas acontece quando ao exercício do exclusivo corresponde a formação de um monopólio ou a prática de comportamentos anti-competitivos, seja quando atingem os concorrentes, seja quando se reflectem nos consumidores. Além disso, há certos monopólios que são benéficos (aquilo que os economistas designam como "monopólios naturais", que prevalecem nas indústrias culturais e nas demais indústrias de bens de informação) sempre que as economias de escala conduzem à queda dos custos de produção (TOWSE, Ruth/HOLZHAUER, Rudi, "Introduction", in TOWSE, Truth/HOLZHAUER, Rudi (eds.), *The Economis of Intellectual Property*, Vol. I, Edward Elgar Publishing, Cheltenham, Northampton, 2002, p. xiii) – em sentido algo diverso, cfr. OLIVEIRA ASCENSÃO, "Direito Intelectual, Exclusivo e Liberdade", (...), p. 1214 ("... *os direitos de exclusivo, que representam em si indesejáveis monopólios* ..."). A concepção de que o direito de patente cria monopólios económicos e prejudica o livre jogo da iniciativa económica desfrutou de largo crédito em certos países europeus até ao início da década de setenta do século XIX (aí onde, na Holanda, o direito de patente chegou a ser abolido em 1869). Sobre a controvérsia abolicionista do direito de patente do século XIX, cfr. MACHLUP, Fritz/PENROSE, Edith, "The Patent Controversy", in *The Journal of Economic History*, Vol. X, n.° 1, 1950, p. 1 e ss. = *The Economics of Intellectual Property*, Vol. II, cit., pág. 8 e ss.. Saindo os economistas dos palanques político-legislativa das reformas no direito de patente, que ocorram em finais do século XX, o lugar foi deixado vago para os juristas e engenheiros. Doravante, nas palavras de Joseph KHOLER, *Handbuch des deutschen Patentrechts in rechtsvergleichender Darstellung*, Bensheimer, Mannheim, 1900, p. 30, "a jurisprudência e o método jurídico prevaleceram".

nização Mundial do Comércio em matéria de *saúde pública* e *nutrição* cuja observância deverá ocorrer por ocasião da emissão de comandos normativos em sede de direitos de propriedade intelectual ou noutras áreas da actuação pública.

Deve salientar-se, neste particular a *Declaração de DOHA*, adoptada em 14/11/2001[44] relativamente à *harmonização dos aspectos dos direitos de Propriedade Intelectual relacionados com o comércio e a saúde pública*. Neste instrumento de *soft law* procura-se conciliar a protecção dos direitos de propriedade intelectual com o desenvolvimento de novos fármacos e o acesso das populações aos cuidados de saúde[45].

4.3. A "função concorrencial" inerente à permissão normativa de constituir e manter direitos de propriedade intelectual

Repare-se, na verdade, que a permissão normativa de constituição e gozo de direitos de propriedade intelectual desempenham ainda uma *função concorrencial* (ou competitiva). Por exemplo, a outorga de direito de patente ou de modelo de utilidade visa, apesar de tudo, incentivar a concorrência no mercado baseada na inovação tecnológica. A constituição do direito de marca (*maxime* da *marca individual*) predispõe-se a assegurar e a manter a capacidade de diferenciação de produtos e serviços no mercado, o que não deixa de relevar na *promoção da competitividade* da empresa que *é titular* ou *usa* a marca. Não faria sentido atribuir estes exclusivos em mercados monopolistas[46].

---

[44] *Apud* Pires de Carvalho, Nuno, *The Trips Regime of Patent Rights*, (...), cit., pp. 125 e ss.; Gervais, Daniel, *The TRIPS Agreement*²ᵃ, (...), cit., pp. 43 e ss..

[45] O ponto n.º 3 desta Declaração reconhece as preocupações acerca dos *efeitos dos direitos de patente sobre o preço dos medicamentos*, mas não afirma se essas preocupações são ponderosas e justificáveis. Seja como for, o art. 8.º/1 do Acordo TRIPS/ADPIC autoriza que os Estados-membros estabeleçam medidas de *controlo dos preços* dos medicamentos.

[46] Guidinni, Gustavo, *Aspectos actuales*, (...), cit., p. 7.

4.4. O conteúdo dos direitos de propriedade intelectual é também dirigido à protecção de interesses gerais da comunidade; a harmonização entre a tutela dos interesses individuais e o interesse público; alguns exemplos

Acresce que a constituição e fruição de direitos de exclusivo, a mais de satisfazer o interesse egoístico do titular, forma um conjunto de faculdades jurídicas dirigidas à satisfação de *interesses gerais* (nem todos, é certo, são *interesses públicos*): estímulo da actividade de investigação, promoção e difusão das manifestações culturais; actividades cujas dimensões económicas que se fundam no princípio geral da *liberdade de iniciativa económica* (art. 80.º, alínea c), da Constituição). O que também explica o motivo por que os direitos de exclusivo obedecem a um *numerus clausus*, visto que são formalmente *direitos subjectivos privados* marcados por uma natureza "excepcional" à face da *garantia institucional* e do *direito-liberdade* acima mencionado[47].

Deve, inclusivamente, observar-se que o *próprio regime jurídico dos direitos de propriedade intelectual* procura, apesar de tudo, atingir um equilíbrio entre os *interesses individuais* dos titulares e os *interesses públicos* (bem como os interesses gerais) ligados, por exemplo, à promoção da inovação tecnológica (patente, modelo de utilidade, topografias de produtos semicondutores), à competitividade das empresas, à protecção das manifestações artísticas aplicadas aos objectos utilitários (desenhos e modelos e direito de autor), e à protecção das manifestações culturais *stricto sensu* (direito de autor).

Assim, o "prazo de vida" de um direito de patente (20 anos) ou de um modelo de utilidade (10 anos) determina, *ab initio*, o futuro quadro de uma relação mais concorrencial entre o titular e todos aqueles que, após esse lapso, podem reproduzir e comercializar a invenção.

De igual forma, a regra do *esgotamento* dos direitos de propriedade intelectual[48] impede a criação de obstáculos à *livre circulação de merca-*

---

[47] OLIVEIRA ASCENSÃO, "Direito Intelectual, Exclusivo e Liberdade", (...), p. 1201 ("*O princípio é o da liberdade... são as restrições que terão de ser justificadas*"); BUYDENS, Mireille, *Droit des brevets d'invention*, Larcier, Bruxelles, 1999, p. 9; SCHMIDT-SZALEWSKI, Joanna/PIERRE, Jean-Luc, *Droit de la Propriété Industrielle*, 2ª edição, Litec, Paris, 2001, pp. 10-11.

[48] Cfr., recentemente, SOUSA E SILVA, Pedro, "O Esgotamento do Direito Industrial e as Importações Paralelas – desenvolvimentos recentes da jurisprudência comunitária

dorias (arts. 28.° e 81.° do Tratado da Comunidade) no mercado considerado (entre nós, no mercado do *Espaço Económico Europeu*), excepto no que respeita à *colocação em linha à disposição do público* de obras ou outros conteúdos (*v.g.*, os *factos* e si mesmo considerados) protegidos por direito de autor ou pelo "direito especial" do fabricante de bases de dados[49].

A possibilidade de *expropriação por utilidade pública* de *direitos de patente* (art. 105.°/2 do CPI[50]) e *modelos de utilidade* (art. 148.°, *idem*) pressupõe por isso mesmo a presença de um *interesse público* ou de um interesse geral susceptível de operar a *extinção* ablatória de todas ou de algumas das faculdades jurídicas inerentes aos direitos atingidos. A que se segue a consequente aquisição da titularidade a favor do Estado – ou, segundo nos parece, a favor de outra pessoa colectiva pública[51] –, ou, em alternativa, o ingresso do invento no *domínio público*, apto a ser objecto de *utilização livre* (a *vulgarização* da invenção, a que se refere o artigo 105.°/2), permitindo que todos o possam livremente utilizar. Haverá assim que distinguir os casos de expropriação no *interesse imediato do Estado* da expropriação no *interesse do público* ou da colectividade[52].

---

e nacional", in *Direito Industrial*, Vol. II, Almedina, Coimbra, 2002, p. 233 e ss.; STOTHERS, Christopher, "Political Exhaustion: The European Commission's Working Paper on Possible Abuses of Trade Mark Rights Within the EU", in *European Intellectual Property Review*, 2003, p. 457 e ss; tb. DREIER, Thomas, "Verletzung urheberrechtlicher geschuetzer Software nach der Umsetzung der EG-Reichtlinie", in *GRUR Int.*, 1993, p. 781 e ss..

[49] Pois, nestas eventualidades, somente a primeira venda de uma cópia (exemplar) da base de dados é que esgota o direito *sui generis* do fabricante, impedindo-o de fazer depender as sucessivas transacções comerciais dessa cópia da prestação do o respectivo consentimento. Todavia, a "distribuição digital" do conteúdo de bases de dados protegidas pelo direito *sui generis* de extracção e de reutilização não *esgota* o direito do titular, pois é considerada – de forma algo artificial – uma *prestação de serviços*. Cfr. TAI, Eric Tjong, "Exhaustion and Online Delivery of Digital Works", in *European Intellectual Property Review*, 2003, pág. 207 e ss., pág. 209 e ss.

[50] Está, entre nós, vedada, ao que parece, a possibilidade de *expropriação do direito de requerer a patente*, principalmente se o pedido já foi depositado. A lei não diz " *qualquer pedido de patente ou patente já concedida*"; mas apenas que "*qualquer patente pode ser expropriada*".

[51] Repare-se que uma dos motivos que suporta a existência de *utilidade pública* é o da necessidade de utilização do invento pelas *entidades públicas* (art. 105.°/2, *in fine*, do CPI). Cfr. GÓMEZ SEGADE, José António, "La Propriedad Industrial en España", (…), cit., p. 492.

[52] Aparentemente em sentido análogo, PEDEMONTE FEU, Jorge, *Comentários à la Ley de Patentes*, 2ª edição, Barcelona, Bosch, 1995, p. 201.

As *condições de protecção* de alguns exclusivos comerciais ou industriais por vezes reflectem a tutela de *interesses públicos*. Assim é, por exemplo, quanto à exigência de as *invenções* revelarem *nível inventivo* (arts. 55.º/2 e 117.º/1 do CPI 03); de as marcas apresentarem *capacidade distintiva*, pois a lei veda o registo de *marcas genéricas* e de *marcas descritivas* (art. 223.º/1, alíneas a), b) e c), do CPI 03).

Algumas *utilizações livres* das realidades protegidas por direitos de propriedade intelectual destinam-se a tutelar *interesses públicos* (embora, também, protejam, nalguns casos, *interesses difusos* e *interesses individuais*): atente-se, p. ex., na utilização de um produto patenteado para o efeito de preparação de procedimentos administrativos *destinados ao licenciamento* de outros produtos[53] (*v.g.*, medicamentos "genéricos"); na reprodução de topografias de produtos semicondutores para *fins de ensino*[54]; na utilização de bases de dados originais para *fins* puramente *didácticos ou científicos*[55], de *segurança pública* ou para efeitos de *procedimento administrativo* ou judicial[56]; ou na utilização de material de reprodução vegetal *patenteado* ou protegido por *direito de obtentor*[57], por parte de um agricultor, quando constitui o produto da sua colheita, para o efeito de proceder, ele próprio, à reprodução ou multiplicação desse material na sua exploração[58] (*privilégio do agricultor*[59]), e o mesmo sucede em relação ao *criador pecuário* (*privilégio do criador pecuário*)[60], o qual utiliza apenas os animais na exploração agrícola que exerce.

A consagração de certo tipo de *licenças obrigatórias*, em sede de *direito de patente*, *modelo de utilidade* e *topografias de produtos semicondutores*, mais exactamente de *licenças obrigatórias por motivos de interesse público* ou por *falta de exploração do invento* de forma a ocorrer à satisfação das necessidades nacionais (arts. 107.º/1, alíneas a) e c),

---

[53] Art. 102.º, alínea c) do CPI 03.
[54] Art. 165.º, alínea b) do CPI 03.
[55] Art. 10.º/1, alínea b) do Decreto-Lei n.º 122/2000, de 4 de Julho.
[56] Art. 10.º/1, alínea c) do Decreto-Lei n.º 122/200, de 4 de Julho.
[57] Art. 4.º/2 do Regulamento sobre a Protecção das Obtenções Vegetais, aprovado pela Portaria n.º 940/90, de 4 de Outubro.
[58] Art. 97.º/6, alínea a), do CPI 03.
[59] REMÉDIO MARQUES, João Paulo, "Introdução ao Problema das Invenções Biotecnológicas", (…), cit., pp. 311-312, nota n. 328.
[60] Art. 106.º/6, alínea b), do CPI 03.

108.º/1, 150.º e 169.º, todos do CPI) constitui uma limitação específica ao gozo dos direitos de propriedade industrial[61].

Em geral, a *obrigação de exploração* dos inventos, embora e lamentavelmente não se exija a fabricação no território português, visa a satisfação não só dos interesses dos concorrentes, como também do *interesse geral* do desenvolvimento comercial e industrial.

Enfim, a exigência de as invenções deverem ser *descritas* e *reinvindicadas* de forma *clara*, *concisa* e *suficiente* (de jeito a que um perito na especialidade as possa razoavelmente executar), a par do dever de o requerente de direitos sobre desenhos e modelos juntar os desenhos das características bidimensionais ou tridimensionais cuja protecção visa alcançar, são mecanismos indutores do enriquecimento do *património técnico-cultural* existente num dado momento.

§ 5.º
A hodierna natureza "imperialista" e "colonizadora" do sistema dos direitos de propriedade intelectual; o alargamento do licere e do âmbito de protecção destes direitos; a criação de novos tipos de direitos de propriedade intelectual

Assiste-se, hoje, a uma expansão incomensurável não apenas do *licere* e do *âmbito* de protecção dos direitos de propriedade intelectual pree-

---

[61] Isto é assim na maioria dos países desenvolvidos à excepção do ordenamento estadunidense, onde se considera que a outorga de uma licença deste jaez introduz uma limitação nefrálgica na esfera de poder do titular da patente, esgrimindo-se, ao invés, a figura do *patent misuse* para prevenir ou sancionar comportamentos daquele jaez. Cfr. EINHORN, "The Impact of the WTO Agreement on TRIPs (Trade-Related Aspects of Intellectual Property Rights) on EC Law. A Challenge to Regionalism", in *Common Market Law Review*, 1998, p. 1069 e ss.; BERCOVITZ, Alberto, "Notas Sobre las Licencias Obligatorias de Patentes", in *Direito Industrial*, Vol II, Almedina, Coimbra, 2002, p. 81 e ss.; BENTLY, Lionel/SHERMAN, Brad, *Intellectual Property Law*, Oxford University Press, 2001, pp. 524-530; TERREL, *On The Law of Patents*, 15ª edição, Sweet & Maxwell, London, 2000, p. 338 e ss.; BUSSE, Rudolf, *Patentgesetz*, *Kommentar*, 5. Aufl., Walter de Gruyter, Berlin, New York, 1999, § 24, p. 400 ss.; VANZETTI, Adriano/DI CTALDO, Vincenzo di, *Manuale di diritto Industrial*, 3ª edição, Giufré, Milano, 2000, p.419 e ss..

xistentes[62], mas também a um aumento das *espécies* de direitos deste jaez, pois o legislador tem vindo a plasmar a *tipificação* e o correspondente regime jurídico de noveis direitos de propriedade intelectual. Os direitos de propriedade intelectual têm vindo, na verdade, a ser forçados a acomodar no seu seio um acervo criações e tecnologias jamais vistas como realidades protegidas[63]. O que é particularmente evidente com as chamadas *invenções biotecnológicas* e as criações de programas de computador[64].

---

[62] Cfr. OLIVEIRA ASCENSÃO, José de, *Direito Intelectual, Exclusivo e Liberdade*, in separata da Revista da Ordem dos Advogados, ano 61, (2001), p. 1195 e ss., p. 1196, segundo o qual "*a expansão do âmbito dos direitos intelectuais é acompanhada por um reforço constante dos poderes assegurados aos titulares*".

[63] HOFFMAN, G. M./KARNY, G. M., "Can Justice Keep Pace With Science?", in *European Intellectual Property Review*, 1988, p. 355 e ss..

[64] Cfr. a proposta de directriz relativa sobre a patenteabilidade das invenções que implicam programas de computador (COM(2002) 92 final), de 20/02/2002. Cfr. GUGLIELMETTI, Giovanni, "La Proposta di Direttiva sulla Brevettazione delle Invenzioni in Materia di Software", in *Rivista di Diritto Industriale*, 2002, n.° 5, p. 438 e ss., p. 441 e ss. O objecto da invenção é, nas palavras da proposta de directriz (art. 2.°, alínea a), toda a invenção que exequibilidade exija a utilização de um computador, de uma rede informática ou de um outro suporte programável [não se admite, ao que parece, a reivindicação do programam de computador de *per se* ou "como tal", ainda quando materializado num suporte tangível (*v.g.*, DVD, CD-ROM, disquete, etc.), pois essa solução conflituaria com o disposto na actual redacção do artigo 52.°/2, da Convenção da Patente Europeia: GUGLIELMETTI, "La Proposta ...", cit., p. 457, solução que, apesar de tudo, seria recomendável exactamente nos casos em que, constituindo o programa de *per se* o único elemento dotado de novidade e de nível inventivo, ele é colocado no mercado, p. ex., em linha a partir de um *sítio* na Internet, *separadamente* dos outros elementos que o compõe. O permitir que o programa possa ser reivindicado como suporte físico que encerra um conjunto de instruções, ou como sequência de estados físicos (*v.g.*, magnéticos, ópticos, eléctricos) directamente verificáveis num computador ou num sistema informático, pode implicar a qualificação da comercialização de certos componentes do programa de computador (*v.g.*, o sistema de visualização de uma hiperconexão, a qual se integra num sistema informático de colocação de conteúdos na rede à disposição do público) como contrafacção *indirecta* do direito de patente (*contributory infringement*): BERESFORD, *Patenting Software*, cit., pp. 78-81, pp. 90-91; GUGLIELMETTI, "La Proposta ...", cit., p. 457]. Lamentavelmente, no quadro desta proposta de directriz, o requisito da *actividade inventiva* acha-se preenchido tão logo que da invenção resulte um "contributo técnico" – "contributo" este que (podendo resultar do problema técnico dos *meios* utilizados, dos *efeitos* obtidos na resolução do problema técnico ou da necessidade de atentar em *considerações técnicas* para realizar o invento; isto de acordo com a jurisprudência já consolidada do Instituto Europeu de Patentes: cfr., *inter alia*, BERESFORD, Keith, *Patenting Software Under the European Patent Convention*, Sweet & Maxwell, London, 2000, pp. 36-39) é avaliado à face da diferença entre o conjunto formado pelo objecto das reivindicações, susceptível de incluir características técnicas e não técnicas, e o estado da técnica (art. 4.°/3) – como que se pretende ressuscitar um

Por outro lado, as características das novas tecnologias da informação – p. ex., a facilidade de reprodução e distribuição dos materiais produzidos e/ou distribuídos pelo fabricante, a facilidade de manipulação e adaptação dos conteúdos, as hiperligações[65] – reclamaram o reforço do *conteúdo* dos exclusivos tradicionais (*maxime*, do direito de autor) ou mesmo de alguns exclusivos atípicos: veja-se que, nos ordenamentos europeus, somente a venda de *exemplares* de *bases de dados não criativas* (protegidas pelo direito *sui generis* do fabricante) é que provoca o *esgotamento* do direito, o mesmo não acontecendo com a "distribuição em linha" do conteúdo dessas bases[66].

Enfim, a emergência das novas *biotecnologias* tornaram o subsistema do direito de patente num auditório de luta político-ideológica, especialmente quando o umbral das realidades patenteáveis tocou certas substâncias biológicas, mesmo as existentes no *corpo humano* (*maxime*, sequência parciais e completas de genes humanos, proteínas e células)[67] –

---

velho (e abandonado) requisito de patenteabilidade (o "contributo técnico"), o qual, a partir dos anos cinquenta do século passado passou a constituir unicamente um dos *índices* da presença de *actividade inventiva*. Embora a Comissão esclareça que esta norma não substitui a definição de actividade inventiva, constante da Convenção da Patente Europeia, e que se limita a esclarecer a forma através da qual o juízo sobre o nível inventivo deve ser conduzido, o certo é que o artigo 4.º/2 desta proposta de directriz coloca o "contributo técnico" (cuja sindicação é deve ser efectuado no conjunto formado por todas as características da invenção, e não apenas nas singulares características, o que permite que a invenção reúna características técnicas e não técnicas, p. ex., estéticas, e nem por isso seja negada a patenteabilidade) como condição de verificação de *nível inventivo*.

[65] Já SAMUELSON, Paul, "Digital Media and Changing Face of Intellectual Property", in *Rutgers Computer and Technology Law Journal*, vol. 16, (1990), p. 323 e ss..

[66] Art. 12.º/3 do Decreto-Lei n.º 122/2000, de 4 de Julho; art. 4.º/2 da directriz n.º 2001/29/CE, do Parlamento Europeu e do Conselho, de 22/05/2001, relativa à harmonização de certos aspectos do direito de autor e dos direitos conexos na Sociedade da Informação, de 28/09/2000: "*O direito de distribuição não se esgota, na Comunidade, relativamente ao original ou às cópias de uma obra, excepto quando a primeira venda ou qualquer outra forma de primeira transferência da propriedade desse objecto, na Comunidade seja realizada pelo titular do direito ou com o seu consentimento*"). Cfr., recentemente, TAI, Eric Tjong Tjin, "Exhaustion and Online Delivery of Digital Works", in *European Intellectual Property Review*, 2003, p. 207 e ss.; tb. OLIVEIRA ASCENSÃO, "A Sociedade da Informação", in *Estudos Sobre Direito da Internet e da Sociedade da Informação*, (…), cit., p. 84 e ss., pp. 96-99.

[67] VON RENESSE, Margot/TANNER, Klaus/VON RENESSE, Dorothea, "Das biopatent – eine Herausforderung an die rechtsetische Reflexion", in *Mitteilungen der deutschen Patentanwälte* (Mitt.), 2001, p. 1 e ss.; NIEDER, Michael, "Gensequenz und Funktion –

correndo-se o risco de o critério de vencimento dos concretos regimes jurídicos ser determinado pelos grupos mais fortes. Isto implicou a consagração de *cláusulas éticas* mais densificadas, no que tange às realidades biológicas candidatas a *direito de patente*, as quais acresceram às limitações éticas que tradicionalmente se plasmavam (ordem pública, bons costumes)[68].

5.1. A expansão do licere dos direitos de propriedade intelectual

É fácil constatar aquela expansão do *licere* e do *âmbito de protecção*. Ocorreu, *primo conspectu*, um alargamento do *licere* nas eventualidades em que se suprimiram certas *utilizações* outrora *livres*, transformando-as em *actos reservados*[69]. Tal sucede, por exemplo, nas seguintes hipóteses:

Bemerkungen zur Begründung des Regierungsentwurfs für ein Gesetz zur Umsetzung der Richtlinie 98/44/EG", in *Mitt.*, 2001, p. 238 e ss.; SPRANGER, T. Matthias, "Stoffschutz für springende Gene? – Transposons im Patentrecht", in *Gewerblicher Rechtsschutz und Urheberrecht* (GRUR), 2002, p. 399 e ss., pp. 401 e ss.; VAN RADEN, Lutz/VON RENESSE, Dorothea, "Überbelohnung – Anmerkungen zum Stoffschutz für biotechnologische Erfindungen", in *GRUR*, 2002, p. 393 e ss.; KAMSTRA, Geral/DÖRING, Marc/SCOTT-RAM, Nick/SHEARD, Andrew/WIXON, Henry, *Patents on Biotechnological Inventions: The E.C. Directive*, Sweet & Maxwell, London, 2002, pp. 23-46; DÖRRIES, H. Ulrich, "Patentansprüche auf DNA-Sequenzen: ein Hindernis für die Forschung? Anmerkungen zum Regierungsentwurf für ein Gesetz zur Umsetzung der richtlinie 98/44/EG", in *Mitt.*, 2001, p. 15 e ss.; HERDEGEN, Matthias, "Die Patentierbarkeit von Stammzellenverhahren nach der Richtlinie 098/44/EG", in *GRUR Int.*, 2000, p. 859 e ss.; DI CATALDO, Vincenzo, "Biotecnologie e diritto. Verso un nuovo diritto, e verso un nuovo diritto dei brevetti", in *Contratto e impresa*, 2003, I, p. 318 e ss., pp. 360 e ss.; REMÉDIO MARQUES, João Paulo, "Patentes de Genes Humanos?", *Direito Industrial*, Vol. III, Almedina, Coimbra, 2003, p. 107 e ss., pp.115 e ss..

[68] *V.g.*, proibição de patenteabilidade de processos de clonagem de seres humanos; de processos de modificação da identidade genética germinal do ser humano; do próprio corpo humano ou de elementos não destacados do corpo humano vivo (art. 53.º/2 e 3 do CPI 03).

[69] A inversa também já sucedeu recentemente em matéria de *direito de patente*. De facto, o titular da patente não pode impedir que terceiros utilizem o *produto* patenteado (que não o processo) para *fins de ensaio* ou *experiência* no quadro da preparação dos *procedimentos administrativos* necessários à prolação de autorização de comercialização por parte dos organismos competentes (art. 102.º, alínea c) do CPI 03). Embora a consagração desta nova *utilização livre* seja ainda objecto de alguma controvérsia doutrina e jurisprudencial, a sentida necessidade de permitir a amortização do investimento efectuado pelo titular em meios empresariais dirigidos à em pesquisa e desenvolvimento de certos pro-

— no direito de autorizar *reproduções temporárias* ou *transitórias*, que não constituam parte integrante e essencial de um processo tecnológico e cujo objectivo não seja o de permitir uma transmissão numa rede entre terceiros por parte de um intermediário[70];

— no direito de proibir a reprodução, imitação, ou utilização de *conhecimentos tradicionais associados* à utilização de variedades vegetais existentes em Portugal para fins de investigação, ou como conhecimento base para a produção de outras variedades[71];

— no direito de proibir a comercialização dos *produtos directamente obtidos com o processo patenteado*[72];

— no direito de proibir a comercialização de matérias biológicas sempre que contenham *informações genéticas* originariamente contidas em outros produtos sob os quais recaiam direitos de patente[73], e contanto que desempenham as *mesmas funções*;

— no direito de impedir a ulterior comercialização da matéria biológica resultante da multiplicação ou reprodução da matéria biológica inicialmente colocada no mercado do *Espaço Económico Europeu* pelo titular da patente ou com o seu consentimento, se essa reprodução ou multiplicação *não* resultar necessariamente da utilização para a qual, *nos termos contratuais* acordados, aquela matéria bioló-

---

dutos, bem como a salvaguarda do lucro daí resultante, conduziu à alteração da redacção do artigo 63.º/2 da *Convenção da Patente Europeia*, adoptada na Conferência de Munique, de 17/12/1991, segundo a qual os Estados contratantes ficaram salvos de *prolongar o prazo de vida do direito de patente* se, *inter alia*, o objecto do direito for um produto ou um processo de fabricação ou a utilização de um produto que, previamente à respectiva colocação no mercado, seja submetido a um procedimento administrativo de autorização previsto no ordenamento do respectivo Estado contratante. Como é sabido, esta faculdade jurídica encontra-se hoje *parcialmente* prevista nos ordenamentos dos Estados-membros da Comunidade Europeia ao abrigo do Regulamento (CEE) n.º 1768/92 do Conselho, de 18/06/1992, relativo à criação de um certificado complementar de protecção para os *produtos fitofarmacêuticos*, e do Regulamento (CE) n.º 1610/96, do Parlamento Europeu e do Conselho, de 23/07/1996, que versa sobre a mesma matéria.

[70] Art. 5.º/1 da Directiva n.º 2001//29/CE, de 2/05/2001, relativa à *harmonização de certos aspectos do direito de autor e dos direitos conexos na sociedade da informação* (in JOCE, n.º L 167, de 22/06/2001, pág. 10 e ss..

[71] Cfr. o art. 3.º/4, alínea i) do Decreto-Lei n.º 118/2002, de 20 de Abril, regime onde não se acha expressamente prevista qualquer forma de utilização livre dos conhecimentos tradicionais associados à utilização de variedades locais e de material vegetal autóctone desenvolvido pelas populações.

[72] Cfr. o artigo 97.º/2 do CPI 03.

[73] Art. 97.º/5, *idem*.

gica inicial fora colocada no mercado[74]. Mas quando a referida reprodução ou multiplicação resulta necessariamente da utilização contratada, o adquirente também está impedido de a sujeitar a novos ciclos de reprodução ou multiplicação (art. 103.º/2, *in fine*, do CPI 03) para além do que é disposto no contrato.

b. Esse alargamento do *licere* também se detecta na emergência de actos passíveis de, quanto praticados por terceiros, implicar *direitos de remuneração* (*v.g*., reproduções em papel realizadas através de qualquer tipo de técnica fotográfica ou de qualquer outro processo[75]; reproduções por qualquer meio efectuadas por pessoa singular para uso privado e sem fins comerciais directos ou indirectos[76]), bem como se surpreende nas casos em que, em sede de *presunções legais*, a lei passa a valorar de forma diversa determinados factos – p. ex., o art. 98.º do CPI 03 faz presumir que o réu utiliza (ilicitamente) o *processo* patenteado quando fabrica o mesmo *produto novo*; o que, se não implica a *inversão do ónus da prova* no sentido de o réu ficar obrigado a demonstrar que não viola o processo patenteado pelo autor, pelo menos traduz, quanto a nós, o dever jurídico-processual de o réu revelar o *modus* como obtém o produto novo, cabendo ao tribunal apreciar se esse processo constitui uma contrafacção literal ou por equivalente do processo patenteado.

5.2. O alargamento do conjunto de realidades que podem ser protegidas por direitos de propriedade intelectual; exemplificação

Surpreende-se, em segundo lugar, um alargamento das *realidades que podem ser protegidas* no quadro do direitos intelectuais e industriais clássicos, bem como a expansão do *âmbito de protecção* de certos direitos nas hipóteses em que, por exemplo, tanto a doutrina como a jurisprudência alargam o "círculo de proibição" do titular, adentro do qual passam a cair muitas *criações* ou *prestações* de terceiros. Isto sucede, designadamente:
– no que respeita à interpretação que, à luz do disposto no artigo 69.º/1 da Convenção da Patente Europeia, é objecto cada um

---
[74] Art. 103.º/2, *ibidem*.
[75] Art. 5.º/2, alínea a) da citada directriz.
[76] Art. 5.º/2, alínea b), *idem*.

dos normativo nacionais em matéria de *equivalência de soluções técnicas*: art. 97.°/1 do CPI 03[77];

– no tocante à reinvindicação do *segundo* e ulteriores *usos* médicos de substâncias farmacêuticas já conhecidas[78].

– no que tange ao poder jurídico reservado de *produção* e *comercialização* de *variedades vegetais* incluído no *licere* do chamado *direito de obtentor*, que outrora abarcava apenas as *plantas* da variedade em causa e o respectivo *material de reprodução* ou de *multiplicação* (*v.g.*, as sementes)[79], acresceu o poder jurídico reservado de produção e comercialização do *material de colheita* (*v.g.*, os frutos) da variedade concretamente protegida, a produção e comercialização das *variedades essencialmente derivadas da variedade protegida*, bem como a produção e a comercialização de variedades cuja produção exija a utilização repetida da variedade protegida (art. 13.°/2, 5, alíneas a) e c) do Regulamento (CE) n.° 2100/94, do Conselho de 27/0//1994, relativo ao *regime comunitário de protecção das variedades vegetais*; art. 14.°/1 e 2 da *Convenção UPOV*, na redacção de 1991)[80].

---

[77] Recentemente, cfr. KÖNIG, Reimar, "Statische oder dynamische Äquivalenz – die Verabschiedung der Rechtssicherheit", in *Mitt.*, 2000, p. 379 e ss.; DUNLOP, Hugh, "Court of Appeal gets to Grips with the Protocol", in *European Intellectual Property Review* (EIPR), 2003, p. 5 e ss.; FRANZOSI, Mario, "Equivalence in Europe", *European Intellectual Property Review*, 2003, p. 237 e ss.; KARET, Ian, "Equivalentes", *European Intellectual Property Review*, 2003, p. 438; MOLE, Peter, "Beauty and the Beast, The Festo Case and the New Protocol to Article 69 EPC", in *European Intellectual Property Review*, 2003, p. 40 e ss..; tb. GUGLIELMETTI, Giovanni, "La contraffazione del brevetto per equivalenti", in *Rivista di Diritto Industriale*, 2000, I, p. 112 e ss..

[78] Isto é assim, no quadro da Convenção da Patente Europeia, desde a decisão T 182/82, in *Official Journal of the European Patent Office*, 1984, p. 164; cfr. GÓMES SEGADE, José António, "La patenteabilidad de la segunda indicación médica de un producto farmacéutico", in *Actas de Derecho Industrial*, n.° 9 (1983), p. 241 e ss.; LOBATO-GARCIA-MIJAN, Manuel, *El Nuevo Marco Legal de las Patentes Químicas e Farmacêuticas*, Madrid, Civitas, 1994, p. 131 e ss.; SCHULTE, Rainer, *Patentgesetz mit EPÜ*, 6 Aufl., Carl Heymanns Verlag, 2001, p. 46 e ss., anotação à margem n. 198 e ss. A patenteabilidade das sucessivas indicações médicas ou farmacêuticas é, ainda, controversa nos ordenamentos internos dos Estados aderentes da CPE.

[79] Cfr. o art. 4.°/1 do *Regulamento sobre a Protecção das Obtenções Vegetais*, aprovado pela Portaria n.° 940/90, de 4 de Outubro.

[80] REMÉDIO MARQUES, João Paulo, "Introdução ao Problema das Invenções Biotecnológicas", in *Direito Industrial*, Vol. I, Coimbra, Almedina, 2001, p. 177 e ss., pp. 283--284, nota 260; REMÉDIO MARQUES, João Paulo, "Patentes Biotecnológicas e Direitos de Obtentor de Variedades Vegetais – Diferenças de Regime e Pistas para a Respectiva Articulação", in *Direito Industrial*, Vol. II, Coimbra, Almedina, Coimbra, 2002, p. 163 e ss., pp. 173-175, notas n.° 19 e 20. Regime que já constava do texto, revisto em 1991, da

– no que respeita à protecção das *características da aparência* de *artigos artesanais* pelo novo *regime dos desenhos e modelos* nacionais e comunitários (art. 174.º/1 do CPI 03; art. 3.º, alínea b) do Regulamento (CE) n.º 6/2002, do Conselho, de 12/12/2001[81])[82].

– no que concerne à protecção por *direito de patente* das invenções que implicam programas de computador, por mor de uma *interpretação restritiva* das exclusões previstas no artigo 52.º/2 e 3 da CPE[83] (*maxime*, a expressão programas de computador "*como tal*", ou semelhantes: programas de computador "*sem qualquer contributo*", nos termos do art. 52.º/1, alínea d) do CPI 03).

Convenção UPOV (*Convention pour la protection des obtention végétales*), mas cuja versão, embora já tenha entrado em vigor em Abril de 1998, não vincula a República Portuguesa, pois o nosso país apenas aderiu à versão de 1978 desta Convenção (Decreto n.º 20/95, de 8 de Julho).

[81] In *Jornal Oficial das Comunidades Europeias*, n.º L 341, de 5/01/2002, p. 1 e ss.

[82] Cfr, recentemente, MAIER, Paul/SCHLÖTELBURG, Martin, *Leitfaden Gemeinschaftsgeschmacksmuster*, Carl Heymanns Verlag, Köln, Berlin, Bonn, München, 2003, p. 4; MUSKER, David, *Community Design Law, Principles and Practice*, Sweet & Maxwell, London, 2002, Int-011, p. 16.

[83] Isto é assim especialmente a partir da decisão T 208/84, da Câmara de Recursos do Instituto Europeu de Patentes, no caso *VICOM* (in *Official Journal of the European Patent Office*, 1987, p. 14). Programas cuja patenteabilidade depende da *natureza técnica* ou do *efeito técnico* do programa quando executado numa máquina (ou em linha). Todavia, de acordo com a jurisprudência mais recente (decisão T 1137/97, no caso IBM, in *European Patent Office Reports*, 2000, p. 219 = *Official Journal of the European Patent Office*, 1999, p. 609 e ss.; decisão 935/97, in *European Patent Office Reports*, 1999, p. 301 e ss.; e decisão T 931/95, in *Official Journal of the European Patent Office*, 2001, p. 413 e ss., relativa a um *programa de computador* que executava um *método de fazer negócios*) as *modificações físicas* que, no quadro da execução das instruções, o programa provoca no computador, e que são comuns a todos os computadores, não são, por si só, susceptíveis de traduzir o referido efeito técnico. O tribunal exige que essas interacções físicas, reais ou potenciais, directas ou indirectas, provoquem "efeitos técnicos ulteriores" (*further technical effects*) que não se reconduzam às referidas *interacções* normalmente observáveis em todos os computadores actuais. Cfr., em especial, sobre a patenteabilidade de programas de computador, BERESFORD, Keit, *Patenting Software under the European Patent Convention*, London, Sweet & Maxwell, 2001, p. 47 e ss.; BETTEN, Jürgen, "Patentschutz von Computerprogrammen", in *GRUR*, 1995, p. 775 e ss.. (para quem os programas de computador desfrutam invariavelmente de natureza técnica); GUGLIELMETTI, Giovanni, "La proposta di direttiva sulla brevettazione delle invenzioni in matéria di software", in *Rivista di diritto industriale*, 2002, n.º 6, I, p. 438 e ss.; MISSOTTEN, Stephanie, "La Brevetabilité du Logiciel et des Méthodes Commerciales", in *Droits Intellectuels: à la recontre d'une stratégie pour l'enterprise*, Bruxelles, Bruylant, 2002, p. 101 e ss., pp.106 e ss..

– no que quadra à *patenteabilidade de animais* e *vegetais*, se e quando a *exequibilidade técnica* do invento não se limitar *a uma única* variedade vegetal ou raça animal (o que situa certas variedades vegetais e raças animais adentro do âmbito de protecção do concreto direito de patente).

– no respeitante à *patenteabilidade de matérias biológicas* (*patente de produto*) *meramente isoladas* do seu ambiente natural, ainda quando preexista no seu estado natural (art. 54.°/1,alínea d), do CPI 03). O que traduz uma verdadeira *patenteabilidade de descobertas*[84], cuja protecção como realidade patenteável está contraditoriamente afastada no artigo 52.°/1, alínea a) do mesmo Código, salvo se a proibição apenas disser respeito às descobertas "como tal", desprovidas de qualquer aplicação industrial.

– a extensão do exclusivo das marcas a *domínios ultramerceológicos* por força da *marca de prestígio* (art. 242.°/1 do CPI 03)[85].

– a tentativa, por vezes sucedida, de registo de *marcas olfactivas*. Realidade que ofende o *princípio da capacidade distintiva*[86] (pois a marca será *descritiva*, sempre que a sua composição inclua apenas o odor do produto a que respeita) e torna incerta ou, mesmo, impossível formar o "círculo de proibição" relativamente a outras marcas susceptíveis de serem julgadas iguais ou semelhantes.

5.3. A criação de novos "tipos" de direitos de propriedade intelectual

Finalmente, a par da aplicação de algumas regras vigentes em sede de *direito de autor* às criações materializadas em *programas de computador*[87],

---

[84] REMÉDIO MARQUES, João Paulo "Patentes de Genes Humanos", in *Direito Industrial*, Vol. III, Coimbra, Almedina, 2003, § 4.1., ss., 4.1.1.

[85] Entre nós, COUTINHO DE ABREU, *Curso de Direito Comercial*, Vol. I, 3ª edição, Almedina, Coimbra, 2002, pp. 354-357; desenvolvidamente, NOGUEIRA SERÉNS, "A Vulgarização ...", cit., pp. 52-59. nota 1, especialmente pp. 157-183, nota 89.

[86] P. ex. TRIGONA, Riccardo, *Il marchio, la ditta, l'insegna – Recenti sviluppi legislativi e giurisprudenziale*, Padova, Cedam, 2002, pp. 35-36.

[87] Decreto-Lei n.° 252/94, de 20 de Outubro. Cfr. OLIVEIRA ASCENSÃO, José de "A protecção jurídica dos programas de computador", in *Revista da Ordem dos Advogados*, ano 50, (1990), 69 e ss., pp. 97 e ss.; OLIVEIRA ASCENSÃO, José de, *Direito de Autor e Direitos Conexos*, Coimbra, Coimbra Editora, 1992, p. 473 e ss.; PEDRO CORDEIRO, "A Lei Portuguesa de «Software»", in *Revista da Ordem dos Advogados*, ano 54, (1994), p. 713 e ss., pp. 716 e ss.; MOURA E SILVA, Miguel, "Protecção de Programas de Computador na Comunidade Europeia", in *Direito e Justiça*, vol. VII, 1993, p. 253 e ss.; GUGLIELMETTI, Giovanni, "La Proposta di Direttiva ...", cit., p. 439 e ss..

e às *bases de dados originais*[88], assistiu-se, nos últimos 15 anos à criação de novos *tipos* de direitos de propriedade intelectual. É o caso:
 – dos direitos que incidem sobre *topografias de produtos semi-condutores* (art. 153.° e ss. do CPI 03, mas a protecção jurídica remonta a 1989, ao abrigo do disposto na Lei n.° 16/89, de 30 de Junho)[89].
 – do "direito especial" de *extracção* e *reutilização* de *partes substanciais* do conteúdo de *bases de dados não originais*[90].
 – dos direitos emergentes do *registo* dos *conhecimentos tradicionais associados à utilização* (comercial ou industrial) *de variedades locais e restante material vegetal autóctone* desenvolvido pelas populações locais[91].
 – dos direitos emergentes do *registo de variedades vegetais e restante material vegetal autóctone espontâneo de espécies vegetais* com interesse actual ou potencial para certas actividades agro-florestais e paisagísticas[92].

§ 6.°
Liberdade, interesse público, direitos de exclusivo e desenvolvimento tecnológico; conclusões

O que antecede serve sumariamente para constatar o quanto o gradativo reconhecimento legal da expansão das *faculdades jurídicas* e do *âmbito de protecção* dos chamados direitos de propriedade intelectual (direito de autor, direitos conexos, direitos de propriedade industrial e direitos *sui generis* insusceptíveis de qualificação em qualquer um dos tipos tradicionais) minou os *espaços de liberdade* de actuação das pessoas no mercado económico e fora dele.

---

[88] Cfr. os art. 4.° a 11.° do Decreto-Lei n.° 122/2000, de 4 de Julho.

[89] Cfr., entre nós, DIAS PEREIRA, Alexandre Libório, "Circuitos Integrados: Protecção Jurídica das Topografias de Produtos Semicondutores", in *Direito Industrial*, Vol. II, cit., p. 309 e ss., pp. 318 e ss..

[90] Arts. 12.° a 16.° do Decreto-Lei n.° 122/2000, de 4 de Julho.

[91] Cfr. o art. 3.° do Decreto-Lei n.° 118/2002, de 20 de Abril.

[92] Direitos que outorgam ao titular o *direito à partilha dos benefícios resultantes da utilização* destas matérias biológicas vegetais, por parte de terceiros (arts. 4.°/4 e 7.° do citado Decreto-Lei n.° 118/2002).

6.1. Explicações para o aumento da rede de "arame farpado"[93]

Esta realidade é tributária da extensão da luta concorrencial pela inovação tecnológico-estética e pela difusão de conteúdos a mercados geográficos cada vez mais maiores; que é devida (**1**) ao aumento dos custos da investigação, desenvolvimento, distribuição e publicitação; que, atento o *ocaso do Estado-providência*, tem na sua génese (**2**) alguma insuficiência crónica da despesa pública que subsidia a investigação científica básica, cujo custo tem onerado gradualmente as empresas privadas; e realidade que também é intuível à luz de um (**3**) novo paradigma da formação das sociedades comerciais e da estrutura da massa dos accionistas nos mercados financeiros: a atracção do capital, dito "capital de risco", é efectuada à custa das promessas de maximização das participações sociais, para o que é, não raro, suficiente promover, por exemplo, a divulgação das primícias de certo tipo de inovação tecnológica para o efeito do aumento da cotação bolsista da sociedade que coordena o projecto de investigação.

6.2. O retorno a uma leitura "pró-competitiva" dos direitos de propriedade intelectual

Tudo isto porque o hodierno fenómeno da globalização económica propiciou as condições para uma a paulatina aplicação de políticas legislativas *hiperproteccionistas* em matéria de criação, requisitos e conteúdo dos direitos de propriedade intelectual, ao arrepio da leitura *pro-concorrencial* que resulta do nosso texto constitucional. É sob o princípio-matriz da *liberdade de concorrência* que devemos, outrossim, extrair o sentido e o alcance do conteúdo das concretas políticas legislativas em sede de direitos de exclusivo e do conteúdo das normas aí existentes, sob pena de o sub-sistema de propriedade intelectual "sucumbir sob o seu próprio peso super-proteccionista"[94], e de os seus instrumentos jurídicos passarem a desempenhar a função proteccionista em favor das empresas dominantes.

---

[93] A expressão é do Prof. OLIVEIRA ASCENSÃO, "Direito Intelectual, Exclusivo e Liberdade", (…), cit., p. 1197 (*"De facto, o cidadão comum defronta-se crescentemente com o arame farpado. Há cada dia mais zonas cuja entrada está proibida ou reservada"*).

[94] REICHMAN, Jerome H., "Charting the Collapse of the Patent-Copyright Dichotomy: Premises for a Restructured International Intellectual Property System", in *Cardozo Arts & Entertainment Law Journal*, 1995, p. 475 e ss.

Que o mesmo é dizer que a propriedade intelectual passaria a ser um factor de restrição da oferta (de conhecimento e de cultura) e um travão à inovação tecnológica. Risco tanto mais actual quanto a actual tendência de os mercados (*v.g.*, das telecomunicações, da indústria de conteúdos fornecidos em linha, da indústria biotecnológica, da indústria do design[95]) se transformarem em mercados oligopolistas.

Mas as coisas não têm que ser assim. O *direito da concorrência, disciplina essencialmente reguladora dos comportamentos dos agentes no mercado* (para além da repressão de certas práticas desleais que afectam os concorrentes, objectivo que pode ser conseguido através da *concorrência desleal*) não impede a atribuição e a fruição de direitos de exclusivo. Este subsistema jurídico admite, de facto, a coexistência de certas *imperfeições monopolistas* ou *oligopolistas*. Ele apenas condiciona ou reprime certas modalidades do exercício do "círculo de poder" e do "círculo de proibição" inerente ao conteúdo dos direitos de propriedade intelectual, quando esse exercício exceda a *medida necessária* à satisfação, *em concreto*, da função essencial da criação de exclusivos comerciais ou industriais.

O freio constitutivo do direito da concorrência não censura os *efeitos restritivos da concorrência que sejam razoavelmente suportáveis* (que, por ex., não impliquem a exclusão do mercado de todos os reais ou potenciais concorrentes do mercado); como não imputa qualquer labéu aos *acordos razoavelmente necessários à prossecução dos objectivos* que presidem a constituição e protecção dos referidos exclusivos. Por exemplo, se um certo mercado não existe senão através da presença do titular do exclusivo, não pode dizer-se que eventuais cláusulas restritivas afectam irremissivelmente a equilibrada concorrência. Outro exemplo. Em matéria de acordos de investigação e desenvolvimento, as empresas ou entidades que procedem à investigação como um serviço comercial podem licitamente limitar a sua participação nos resultados perante novas investigações (art. 3.°/1 do Regulamento (CE) n.° 2659/2000, da Comissão, de 29/11/2000, *relativo à aplicação do n.° 3 do art. 81.° do Tratado a certas categorias de acordos de investigação e desenvolvimento*). Mais: qualquer acordo de exploração conjunto deve dizer respeito, *inter alia*, a resultados protegidos por direi-

---

[95] Atente-se que, espantosamente, a protecção por desenho ou modelo determina o nascimento automático, com eficácia retroactiva a partir da data da criação, o *direito de autor* relativo às *características da aparência* protegidas pelo registo (art. 200.° do CPI 03).

tos de propriedade intelectual para o efeito da aplicação da isenção prevista no n.º 3 do art. 81.º do Tratado da Comunidade Europeia[96].

6.3. O parâmetro jurídico-constitucional dos direitos de propriedade intelectual

Pois bem. O contributo dado pela referência ao parâmetro jurídico-constitucional leva-nos a interpretar o sentido e o alcance das normas vigentes em matéria de propriedade intelectual em coerência com o *princípio da liberdade de iniciativa económica* temperado, igualmente, pela necessidade de *repressão de abusos de posição dominante* e outras *práticas lesivas da equilibrada concorrência entre as empresas*, de harmonia com a satisfação de *interesses públicos* e *interesses gerais* da comunidade

Esses interesses (ora no enfoque de interesses públicos impondo *deveres objectivos*, legiferantes ou outros, de actuação do Estado) são, por exemplo, o da *promoção e difusão da ciência* (art. 73.º/4 da Constituição), o do *reforço da competitividade entre as empresas e as instituições científicas* (art. 73.º/4, *in fine*, da Constituição), a da *salvaguarda e valorização do património cultural* (art. 8.º/2, alínea c), *idem*), o da defesa e *fruição colectiva dos bens culturais* (art. 78.º/1, *ibidem*), o da *salvaguarda do funcionamento eficiente dos mercados, de modo a garantir a equilibrada concorrência entre as empresas* (art. 81.º, alínea e), *ibidem*), o daa *garantia da defesa dos direitos e interesses dos consumidores* (art. 81.º, alínea h), *ibidem*), e o da *garantia da liberdade de expressão e de informação* (art. 37.º/1, *ibidem*).

Como afirma lapidarmente o Prof. OLIVEIRA ASCENSÃO[97]: "*O ideal constitucional não é, por isso, a sociedade dos monopólios, em que tudo se torna reservado e venal; é a sociedade da liberdade, em que ao diálogo social se oponha o menor número possível de entraves, e em que, quando os haja, esses entraves traduzam o interesse público, e não a supremacia de interesses privados*".

É a incorrecta compreensão e aplicação dos instrumentos jurídicos ao serviço da chamada propriedade intelectual que torna, no mundo actual,

---

[96] Art. 3.º/4 do citado Regulamento (CE) n.º 2659/2000, da Comissão, de 29/11/2000.

[97] OLIVEIRA ASCENSÃO, "Direito Intelectual, Exclusivo e Liberdade", (...), cit., p. 1216.

mais escassas as "zonas de liberdade" – a começar pela enumeração taxativa das *utilizações livres* conjugado com o minguar dos casos *expressamente* admitidos.

Mas a deficiente compreensão do papel do *direito da concorrência*, *maxime*, do direito repressor das práticas restritivas da concorrência, também contribuiu para este "estado das coisas", pois que a simples *função de limite* imposto *do exterior* do subsistema da propriedade intelectual impediu que aquela disciplina pudesse ser apreciada e mobilizada originariamente *no interior* do regime dos exclusivos comerciais e industriais.

PUBLICIDADE COMPARATIVA E CONCORRÊNCIA DESLEAL*

por Mestre ADELAIDE MENEZES LEITÃO
Assistente da Faculdade de Direito da Universidade de Lisboa.

SUMÁRIO:
1. Conceito de publicidade comparativa; circunstâncias que aumentam ou diminuem o efeito comparativo na publicidade. 2. Casos de qualificação duvidosa. 3. Publicidade comparativa e concorrência desleal; defesa e recusa da publicidade comparativa. 4. Publicidade comparativa e concorrência desleal nos direitos continentais. 5. Direito comunitário. 6. Direito norte-americano. 7. Portugal: evolução legislativa; o novo Código de Propriedade Industrial (CPI). 8. Síntese. 9. Perspectivas futuras.

1. Conceito de publicidade comparativa; circunstâncias que aumentam ou diminuem o efeito comparativo na publicidade

O conceito de publicidade comparativa comporta dois elementos essenciais para a sua caracterização: (1) a referência a outras prestações e (2) o estabelecimento de uma comparação ou confronto com as próprias pres-

---

* O presente trabalho resultou de pesquisas jurídica realizada nas Universidades norte-americanas de Virginia, em Charlottesville, e Georgetown, em Washington, em Agosto de 2001, e no Max-Planck-Institut für Geistiges Eigentum, Wettbewerbs- und Steuerrecht, em Munique, entre Agosto e Dezembro de 2002, para as quais foi fundamental a bolsa concedida para o efeito pela Fundação Calouste Gulbenkian, tendo sido elaborado no âmbito do convite da Associação Portuguesa de Direito Intelectual para participar numa conferência leccionada no 4.º Curso de Pós-graduação em Direito Industrial, que teve lugar no dia 20 de Março de 2003. A ambas as entidades fica consignada uma palavra de agradecimento.

tações. A referência a outros produtos ou serviços pode ser explícita ou implícita. É explícita quando há uma menção expressa à marca ou ao nome do concorrente ou quando surge num anúncio uma imagem do produto ou uma imagem do estabelecimento. É implícita quando não existe qualquer menção. As referências implícitas também são relevantes, desde que sejam inequívocas. Há uma referência inequívoca quando uma parte significativa do público destinatário daquela mensagem pode deduzir com segurança, em função das circunstâncias, a que concorrente ou concorrentes é que se está a fazer referência[1] na mensagem publicitária.

Algumas circunstâncias permitem aumentar ou diminuir as possibilidades de identificação de um concorrente. Assim, consideram-se como circunstâncias que aumentam a possibilidade de identificação de um concorrente a agressividade da mensagem resultante da utilização de um superlativo ou de um comparativo na forma negativa (ex. *"Não há um hotel melhor na zona"*, ou *"Não há um dentífrico que combata melhor a cárie"*) ou a conjugação de uma crítica com um aviso (ex. *"não se deixem enganar por empresas que prometem mais"*), ou através da identificação de regiões na mensagem publicitária (ex. *"na nossa região não se fabricam móveis melhores"*)[2].

Entre as expressões publicitárias *"A melhor tortilha do mundo"*, *"A melhor tortilha da cidade"* e a *"A melhor tortilha da rua"*, é a última que alcança um efeito comparativo superior, na medida em que permite uma maior identificação do outro ou dos outros concorrentes.

Em outros casos, através da invocação da publicidade realizada por outro concorrente, é igualmente possível a sua identificação. Do mesmo modo, quando se regista uma coincidência temporal e espacial entre campanhas publicitárias de concorrentes diferentes, existe uma maior susceptibilidade de identificação dos concorrentes (ex. um concorrente publicita num jornal uma feira de tapetes e um outro concorrente vem publicar no mesmo jornal um anúncio afirmando ser preferível adquirir tapetes em lojas do que a vendedores ambulantes, ou quando, por exemplo, dois concorrentes recorrem a campanhas publicitárias semelhantes, como o caso verificado em Berlim, de um anunciante de pasta de dentes, que recorreu aos autocarros da cidade para publicitar o seu produto e outro anunciante

---

[1] Anxo Tato Plaza, *La publicidad comparativa*, Marcial Pons, Madrid, 1996.
[2] Os exemplos apresentados no texto são retirados ou adaptados da obra de Anxo Tato Plaza, *La publicidad comparativa cit*, 3 ss.

veio posteriormente a utilizar os mesmos autocarros para colocar a seguinte mensagem publicitária ao seu dentífrico: "*Ja, aber Odol ist besser*"[3]).

Quando o anúncio é dirigido a um público especializado, como a publicidade de produtos farmacêuticos, a mera referência à composição do produto farmacêutico pode ser suficiente para identificar o concorrente. Certos aspectos que se relacionam com a própria estrutura do mercado permitem de forma idêntica, à partida, a identificação do outro concorrente a que se está a fazer referência: são os casos de duopólio ou de oligopólio, de que o caso mais paradigmático é a rivalidade entre a *Coca-Cola* e a *Pepsi*. Relativamente a estes casos – em que a identificação do outro concorrente é resultado directo da estrutura de mercado – tem sido defendido que esse facto não deve ser assacado ao anunciante, nem tão pouco igualmente se justifica que os que ocupam posições de domínio, em situações de duopólio ou oligopólio, sejam subtraídos à concorrência[4].

Como já foi referido, existem circunstâncias que, em vez de aumentar o efeito comparativo, o diminuem; enquadram-se nas mesmas os exageros publicitários (que não são avaliados em termos racionais pelos destinatários das mensagens), a retórica publicitária (ex. "*lava mais branco*" ou "*esta e mais nenhuma*"), os versos publicitários (em que os destinatários concentram-se nas rimas e não no significado comparativo do verso ex. "*Kennst du dich in Preisen aus, kaufst du nur in Steinerhaus*"[5]), o humor, a sátira e a ironia publicitárias (normalmente compreendidos pelo público como exageros[6])[7].

2. Casos de qualificação duvidosa

Alguns casos são considerados de qualificação duvidosa enquanto modalidade de publicidade comparativa. Com efeito, a publicidade comparativa, para além da referência às prestações de outro concorrente, exige uma menção às próprias prestações; ora, não se registando esta última,

---

[3] Anxo Tato Plaza, *La publicidad comparativa* cit, 28.
[4] Anxo Tato Plaza, *La publicidad comparativa* cit, 29 ss.
[5] Alguns versos porventura operam de forma oposta, alcançando uma especial dimensão comparativa, quando são utilizadas formas agressivas ou denegritórias.
[6] Em alguns casos, a circunstância de só existir um comerciante no mercado que comercialize café descafeínado, permite que através do humor se registe um acentuar do nível comparativo (ex. "*o café sem cafeína é como um carro sem gasolina*").
[7] Anxo Tato Plaza, *La publicidad comparativa* cit, 34 ss.

falta um elemento essencial à sua caracterização *qua tale*, pelo que a mensagem deve ser vista como publicidade denegritória.

De forma idêntica, quando as prestações alheias são referidas para anunciar a sua equivalência e não para sublinhar a melhor qualidade da própria prestação em relação à prestação concorrente, então a publicidade não é comparativa, mas tão-somente adesiva, porque visa um aproveitamento da reputação de outra prestação[8].

A publicidade de tom pessoal (*persönliche Reklame*), que se refere a aspectos puramente pessoais do concorrente, tais como, nacionalidade, religião, ideologia política, antecedentes criminais, é considerada um acto concorrencial desleal de denegrição. Nerreter distinguia na publicidade comparativa, a publicidade comparativa crítica, em que se ressaltam as diferenças entres as diferentes prestações, e a publicidade comparativa adesiva, em que se salientam as semelhanças. A publicidade comparativa, de tom pessoal e adesiva são englobadas pela doutrina alemã na publicidade alusiva (*bezugnehmende Werbung*), dado que em todas as modalidades se faz referência a outras prestações.

Outra modalidade que se discute se se trata ou não de publicidade comparativa, é a publicidade de tom excludente em que o anunciante afirma uma posição predominante no mercado. Entende-se que, neste caso, a comparação é um efeito secundário (*Nebenwirkung*) e não o efeito principal (*Hauptwirkung*) da publicidade realizada.

A publicidade comparativa deve ainda ser distinguida da auto-comparação, em que o anunciante compara o seu produto actual com outro produto anterior que comercializa. Muitas vezes, porém, este é um processo que encapota uma verdadeira comparação com os demais concorrentes.

Há situações que, à semelhança das anteriores, localizam-se na franja da publicidade comparativa, nomeadamente o caso da comparação de sistemas económicos, *v.g.* a vantagem da compra em relação ao aluguer, ou, no que concerne aos géneros alimentícios, a comparação entre a manteiga e a margarina.

Outra forma de fazer publicidade comparativa passa pelo recurso a testes comparativos, que podem ser realizados pelos próprios concorrentes ou por organismos independentes. Ora, nos casos em que o anunciante publicita um teste comparativo que o mesmo promoveu, é indiscutível a existência de publicidade comparativa. Diferentemente, se um organismo independente como, por exemplo, entre nós, a Deco realizar comparações,

---

[8] Anxo Tato Plaza, *La publicidad comparativa* cit, 41ss.

(*maxime* na revista Pró-teste) e torná-las públicas, não há em rigor publicidade, pelo que, por maioria de razão, não se trata de qualquer caso de publicidade comparativa. Caso seja o concorrente a "utilizar publicitariamente" o teste independente, esta utilização, em certos casos, deve ser vista como publicidade comparativa (não basta uma mera referência ao teste é necessário que o anunciante apresente os seus resultados e os dos seus concorrentes em relação a um parâmetro ou a todos do teste)[9].

3. Publicidade comparativa e concorrência desleal; defesa e recusa da publicidade comparativa

Anxo Tato Plaza[10] entende que o debate que se desenvolveu em torno da publicidade comparativa no domínio das suas vantagens e dos seus defeitos é resultado da própria evolução do direito da concorrência desleal, que passou por três modelos muitos distintos: paleoliberal, profissional e social[11]. Ora, uma atitude complacente ou negativa relativa à publicidade comparativa oscila em razão do modelo que vigora no direito da concorrência desleal. O modelo paleoliberal, essencialmente penal, é manifestamente avesso à publicidade comparativa. O modelo profissional, protector do concorrente numa lógica da inércia instalada, reprime por todas as vias a comparação, salvaguardando o próprio anonimato do empresário enquanto direito inerente à sua esfera privada. Neste modelo, desenvolveu-se jurisprudencialmente o conhecido *Hellegold Motiv,* defensor da ideia de que, mesmo que o concorrente oferecesse os produtos de menor qualidade no mercado, não tinha de ser confrontado com qualquer comparação para aumentar a capacidade empresarial de outros concorrentes. Apenas o modelo social, que enquadra o consumidor e o interesse da generalidade, e concebe o direito da concorrência desleal como um instrumento de regulação do mercado, *par et passu* com o direito da concorrência, alcança "abrangência" para visualizar a natureza filoconcorrencial da publicidade comparativa, autonomizando-a do direito da concorrência desleal e inserindo-a no plano da defesa do consumidor.

---

[9] Hans Marshall, *Unlauter Wettbewerb, Materielles Recht und Verfahren*, 2. Auflage, Jehre-Rehm, (1993), 51, defende que os *warentests* não são publicidade comparativa pois são realizados para mera informação dos consumidores.

[10] *La publicidad comparativa*, 71 ss.

[11] Adelaide Menezes Leitão, *Estudo de Direito Privado sobre a Cláusula Geral de Concorrência Desleal*, Almedina, 2000, 20 ss.

Com efeito, à partida, podem ser assinaladas vantagens indiscutíveis na publicidade comparativa: racionalização do processo de compra através da existência de mais informação sobre todas as prestações no mercado, maior transparência do mercado e mais informação para o consumidor.

Certos sectores, porém, mantêm uma atitude hostil à publicidade comparativa, quer negando o seu efeito informativo, quer pondo em causa a objectividade da informação que é fornecida em causa própria; recusando que se possa ganhar transparência no mercado à custa dos concorrentes, que são os primeiros interessados em ocultá-la. Acresce que, sempre que a publicidade comparativa recorre a parâmetros técnicos, possui uma alegada objectividade que, segundo Eichman, teria maior potencial de indução em erro dos consumidores.

Ora, todas estas críticas que se levantam à publicidade comparativa assentam no facto de o anunciante ser juiz e parte em causa própria (Kohler)[12] na valorização que apresenta da sua prestação em detrimentos das dos seus directos concorrentes. Na realidade, o concorrente deve ser visto não como um juiz, mas antes como um advogado que salienta as vantagens do seu produto. Acresce que, não obstante uma parte significativa das comparações comportar uma informação incompleta, tal não significa que as mesmas não possuam qualquer teor informativo. De referir ainda que para os defensores da publicidade comparativa, esta não possui a alegada objectividade que lhe forneceria uma especial aptidão para induzir em erro. Alguns estudos demonstram mesmo que a atitude dos consumidores em relação à publicidade comparativa é mais céptica e crítica do aquela que se regista em relação à restante publicidade, o que afastaria a sua especial capacidade enganadora. Por fim, deve tomar-se em consideração que a publicidade comparativa é uma modalidade de publicidade baseada nas próprias prestações *(Leistungswettbewerb)*[13], que pode melhorar a estrutura do mercado e fomentar o progresso técnico e económico[14].

Porém, alguma doutrina é defensora da tese que a publicidade comparativa pode ser utilizada como uma arma das grandes empresas contra as pequenas e médias empresas, configurando-se não como um elemento

---

[12] No estudo "*Persönliche und sachliche Reklame in der Grossenindustrie*" foi criada a teoria de que o anunciante que recorre à publicidade de tom pessoal (*i. e.* à publicidade comparativa) é simultaneamente juiz e parte (Anxo Tato Plaza, *La Publicidad Comparativa*, 168).

[13] Sobre a *Leistungswettberb, vide* Oliveira Ascensão, *O Princípio da Prestação: Um Novo Fundamento para a Concorrência Desleal*, ROA, Ano 56, Lisboa, Janeiro 1996, 5 ss e Adelaide Menezes Leitão, *Estudo cit*, 82 ss.

"filoconcorrencial" mas como elemento "filomonopolista". De forma oposta, a defesa da comparação na publicidade passa por ver nela uma forma excelente e acessível das pequenas e médias empresas combaterem o domínio das grandes empresas no mercado.

4. Publicidade comparativa e concorrência desleal nos direitos continentais[15]

Em França, a inexistência de disciplina especial de concorrência desleal impôs que fosse através da responsabilidade civil por factos ilícitos que se registasse a repressão contra a concorrência desleal. Só em 1992[16], fruto da implementação das teorias de defesa do consumidor, começou a aceitar-se a publicidade comparativa nas mensagens publicitárias. Antes daquela data, a publicidade comparativa era vista pela jurisprudência francesa como uma forma indirecta de denegrir o concorrente e, por isso mesmo, era considerada contrária aos usos honestos do comércio. No entanto, quando nenhum concorrente era afectado pela comparação, esta poderia ser considerada lícita. Vigorava, nestes termos, a regra de que o superlativo era permitido, ao passo que o comparativo era proibido. Nesta órbita de reflexão, a ilicitude da publicidade comparativa em nada dependia do seu carácter verídico, mas única e exclusivamente de afectar um ou vários concorrentes determinados, pelo que a *exceptio veritatis* não funcionava como causa de exclusão da sua ilicitude.

Algumas excepções foram-se, porém, desenvolvendo na jurisprudência que excluíam a ilicitude da publicidade comparativa: o direito de crítica, a legítima defesa e a defesa de interesses legítimos. O direito de crítica era admitido caso a crítica fosse objectiva, não excessiva e não houvesse identificação do concorrente. A legítima defesa pressupunha um acto de concorrência desleal anterior e que a mensagem publicitária surgisse como uma mera defesa e não como um ataque. A defesa de interesses legítimos poderia, em certos casos, permitir a denegrição. Estas ex-

---

[14] Anxo Tato Plaza, *La Publicidad Comparativa*, 88-89, indica que Eichmann e Schricker defendem esta posição. Schricker admite efeitos laterais obstrucionistas (*Behinderungswettberb*).

[15] Segue-se Anxo Tato Plaza, *La publicidad comparativa* cit, 121 ss.

[16] *Loi renforçant la protection des consommateurs de 1992* (art. 10 posteriormente incorporado no Código do Consumo, o art. L 121, disponível em http://sos-net.eu.org/conso/code/infodat1j.htm)

cepções relacionavam-se, no entanto, pouco com a publicidade comparativa, tendo sido essencialmente pensadas para a denegrição.

Em Itália, a publicidade comparativa não se encontrava regulada expressamente, pelo que a jurisprudência italiana tendeu a incluí-la no art. 2.598.2 do *Codice Civile,* que se refere aos actos de denegrição e de descrédito dos concorrentes[17]. Esta disposição permitia traçar uma distinção entre publicidade comparativa directa e indirecta, consoante houvesse ou não possibilidade de identificação do concorrente. Ora, a publicidade comparativa directa era vedada, enquanto a publicidade indirecta era admitida. Com efeito, os tribunais italianos orientavam-se no sentido da ilicitude da publicidade comparativa quando as afirmações proferidas fossem falsas ou, mesmo que fossem verdadeiras, quando tivessem sido proferidas com uma intenção malévola ou tendenciosa[18]. O direito italiano enquadrou também algumas excepções à ilicitude das comparações: direito de crítica, legítima defesa ou comparações realizadas a pedido dos consumidores[19]. Posteriormente desenvolveram-se novas excepções: a comparação neces-

---

[17] Gustavo Ghidini. *Trattato di Diritto Commercial e di Diritto Pubblico dell' economia* (coord. Francesco Galgano), 186, defende que a publicidade comparativa inclui-se num conceito abrangente de comparação que constitui uma das formas da denegrição. A publicidade comparativa abrange quer as situações em que há uma referência expressa quer implícita a um ou vários concorrentes. Esta autor italiano considera que a publicidade superlativa (*Alleinstellung*) possui um imanente efeito comparativo, sendo considerada em princípio lícita, a não ser que deva ser considerada enganosa. No mesmo sentido, Salvatore Sanzo, *La concorrenza sleale*, Cedam, 1998, 394 ss, admite que a publicidade comparativa ilícita, pode ser considerada como um acto de denegrição, nos termos do art. 2598.2, enquanto a publicidade superlativa pode ser considerada publicidade enganosa, abrangida pelo art. 2598.3.

[18] Sobre o não funcionamento da *exceptio veritatis* na denegrição, *vide* Giorgio Florida, *Correttezza e responsalitità dell'imprensa*, Milano, 1982, 1 ss.

[19] Marizio Fuzi, *La communicazione pubblicitaria nei suoi aspetti giuridici*, Milano, Giuffrè, 1970, 93 ss, defende que o direito de crítica resulta da liberdade de expressão garantida constitucionalmente (na linha de Ascarelli), pelo que não deve ser restringida. Todavia, a crítica deve manter-se dentro de alguns limites: (1) deve ser objectiva no sentido de dizer respeito aos produtos e serviços e não à pessoa do concorrente, (2) deve ser feita tecnicamente em revistas especializadas, de modo a permitir a réplica e (3) deve ser objectiva, não veiculando factos falsos. Quando a crítica ultrapassa estes limites implica descrédito e é ilícita. Alguma doutrina equipara o descrédito à denegrição. Fuzi, por sua vez, entende que o descrédito é o resultado da denegrição. O descrédito corresponderia à noção de crédito comercial, que seria o equivalente no plano comercial à reputação ou ao bom nome. Alguma jurisprudência italiana nega a licitude do direito de crédito com base no facto de não ser inócuo. É este conceito de inocuidade que serve para afirmar a licitude da superlativização.

sária em função da estrutura do mercado e a comparação de preços para produtos semelhantes. A Directiva comunitária sobre publicidade comparativa veio porém implementar uma situação de liberalização em matéria de publicidade comparativa em Itália.

Na Suíça, um país de significativa dimensão empresarial, e com uma forte tradição doutrinária em torno da concorrência desleal, desde cedo se admitiu a publicidade comparativa (UWG 1943), sendo que o mesmo princípio foi consagrado na UWG 1986[20]. Nesta última lei de concorrência desleal tipificaram-se pela primeira vez os pressupostos da licitude da publicidade comparativa, que são: que seja exacta, que não seja enganosa, que não seja desnecessariamente ofensiva e que não seja parasitária[21]. O ordenamento jurídico suíço inverteu, assim, o princípio, comparativamente com o restante continente europeu (antes da entrada em vigor da directiva comunitária sobre publicidade comparativa), estabelecendo *a priori* a licitude das mensagens publicitárias comparativas e só, num segundo momento, os seus pressupostos de licitude. Diferentemente, os restantes países europeus recusaram qualquer comparação e só, num segundo momento, admitiram algumas excepções.

A regulação jurídica germânica em matéria de publicidade comparativa teve um percurso ziguezagueante entre a sua admissibilidade e a sua repressão, com maior pendor para esta última tendência. Com efeito, no início do século passado a jurisprudência admitiu, antes da UWG 1909, §1, a publicidade comparativa[22], porém, decorrente do trabalho doutrinário de Kohler, orientou-se decisivamente no sentido de reprimir a com-

---

[20] Anxo Tato Plaza, *La Publicidad Comparativa*, 162: a identificação do parasitismo como pressuposto da publicidade comparativa resulta da sentença do BG 18.5.1976, na qual se apreciava a licitude da seguinte mensagem publicitária "*o nosso somier é mais barato 20% do que o da Lattoflex e é de igual qualidade em todos os aspectos, em nossa opinião inclusive é melhor e mais robusto*". Esta publicidade não era enganosa, nem desnecessariamente ofensiva. Contudo era parasitária, aproveitando-se da reputação de outra marca, tendo vindo a ser considerada ilícita.

[21] Carl Baudenbacher, *Das UWG auf neuer Grundlagen*, Haupt, 1988, 79 ss.

[22] Na Lei de Concorrência Desleal Alemã de 1909 (UWG), a publicidade comparativa crítica verdadeira era admitida, porquanto a actividades que não estavam expressamente proíbidas eram consideradas admitidas. Foi, em 1917, pela influência de Josef Kohler que se considerou que os empresários tinham o direito de não ser acusados de quaisquer aspectos negativos e que o Supremo Tribunal do Reich Alemão estabeleceu uma proibição mesmo para a publicidade comparativa verdadeira. *Vide* Eva-Marina Bastian, *Comparative Advertising in Germany – Present Situation and Implementation of EC Directive*, IIC 02/2000, 153.

paração, ao abrigo da concorrência desleal. A sentença *Hellegold* constitui o *leading case*, que vai conformar a jurisprudência alemã na recusa da comparação publicitária, sendo que o trabalho jurisprudencial dos anos seguintes se limitou ao desenvolvimento de excepções a uma recusa tão categórica. Nestes termos, à semelhança do que já referimos quanto aos ordenamentos francês e italiano, também na Alemanha se desenvolveu um conjunto de excepções à ilicitude das mensagens publicitárias comparativas: comparação de métodos industriais e de sistemas de distribuição (*Systemvergleich*)[23], legítima defesa (*Abwehrvergleich*), comparação a pedido dos consumidores (*Auskunftvergleich*), comparação para explicar um progresso técnico ou económico (*Fortschrittsvergleich*). A partir da década de sessenta, decorrente do trabalho dos tribunais inferiores que se estende posteriormente ao BGH, a teoria do motivo suficiente (*hinreichender Anlass*) permitiu que as excepções à ilicitude da publicidade comparativa fossem alargadas atendendo a outros interesses, como o do público em ser informado. Nos últimos tempos, por influência jurídica comunitária[24], o percurso foi no sentido da admissibilidade da publicidade comparativa, ainda que se salientem recuos e avanços ao longo de três décadas[25,26].

---

[23] Winfried Tilmann, *Vergleichende Werbung, Systemvergleich, Alleinstellungswerbung*, Grur Int, 06/07/1983, 598-607.

[24] Ainda antes da transposição da directiva comunitária abriu-se um amplo debate em que as associações de consumidores eram favoráveis à publicidade comparativa, ao passo que as associações de industriais eram contrários à liberalização, por entenderem tratar-se de uma prática comercial menor e rara e que os concorrentes preferem viver em harmonia. Na sua discussão em Bruxelas, a Alemanha apresentou objecções à Directiva, porque a proposta de Directiva não continha uma cláusula geral de casos de publicidade comparativa ilícita e porque tinha muitos conceitos jurídicos indeterminados, o que implicaria diferentes interpretações nos Estados membros. No entanto, a verdadeira razão para a rejeição devia residir no facto de, como a Directiva permitia a comparação de preços, temer-se o acesso ao mercado alemão, de preços altos, por Estados-membros com preços baixos. Esta razão evidenciou-se no facto de as pequenas e médias empresas dos Estados que praticavam preços mais baixos serem favoráveis à Directiva. Eva-Marina Bastian, *Comparative Advertising in Germany – Present Situation and Implementation of EC Directive*, IIC 02/2000, 159. Sobre a influência de Directiva no direito alemão, *Ansgar Ohly/Michael Spence, Vergleichen Werbung: Die Auslegung der Richtlinie 97/55/EG in Deutschland und Grobritannien*, GRUR Int 08/09/1999, 684-696, Frauke Henning Bodewig, *Vergleichende Werbung – Lieberalisierung des deutschen Rechts?*, GRUR Int 05/1999, 385-394, Winfried Tilmann, *Richtlinie vergleichende Werbung*, GRUR 11/1997, 790-799 e Pla, *Die gesetzliche Neuregelung der vergleichen Werbung*, NJW 2000, Heft 43, 3168.

[25] Wolfgang Berlitt, *Wettbewerbsrecht*, 2. Auflage, Beck, München, 1995, 38, coloca a publicidade comparativa (*Vergleichen Werbung*) na agressão (*Behinderung*), sendo

Em Espanha, tanto a Lei de Concorrência Desleal de 1991 (LCD), como a lei reguladora da publicidade (LGP) contêm disposições que regu-

este o "conceito-critério" que permite avaliar da licitude ou ilicitude (*Bereich der behindernden*) da publicidade comparativa. Mesmo quando a lei não autorizava a publicidade comparativa (§14 UWG), sempre foram admitidas algumas excepções, sobretudo para esclarecimento dos consumidores (*Aufklärungsbedürfnisses der Allgemeinheit*), nomeadamente quando se regista a apresentação de vantagens dos próprios bens ou a comparação com produtos anteriores ou a comparação de sistemas (*Systemvergleich*). O critério da instância superior alemã (*Bundesgerichthof*) para determinar a ilicitude da publicidade comparativa assentava no facto da reputação do concorrente poder ser atingida quando, de uma forma crítica, se avalia o produto de um concorrente, como no caso da publicidade de um cognac em que se afirmava "*Vergleichen Sie z. B. Unseren Cognac "Arc Royal" mit anderen Cognacs, die Ihnen durch grossen Werbeaufnand auffallen*". O BGH também considera ilícita a publicidade comparativa que possa comportar engano (*Irreführung*), como na publicidade "*Kleidung wie nach Mass: X-Kleidung*" (68). Sobre esta jurisprudência do tribunal superior veja-se BGH GRUR 1987, 49 f (Cola-Test), BGH GRUR 1992, 61 (Preisvergleichliste) e BGH GRUR 1989, 602 f (Die echte Alternative) em Reiner Schmidt, *Unlauterer Wettbewerb und Wettbewerbsprozess*, Kommunikatinsforum, Köln, 16-17. *Cfr.* Fritz Rittner, *Wettbewerbs- und Kartellrecht*, 4. Auflage, Müller, Heidelberg, 52 ss avalia a compartimentação jurídica dos diferentes casos. A publicidade com referências pessoais, como a nacionalidade, o cadastro criminal ou a situação financeira não pode ser utilizada na concorrência. A publicidade que se pendura na reputação (*anlehnende Werbung*) não está dentro da categoria da agressão (*Behinderung*), mas configura uma forma de aproveitamento (*Ausbeutung*). A comparação de sistemas ou de tipos de mercadorias (*System – und Warenartenvergleich*) cai fora da publicidade comparativa, porque não compara nem agride concorrentes determinados, mas somente especificações técnicas ou qualidades de produtos. A publicidade comparativa crítica (*kritisierende vergleichen Werbung*) é, em princípio, ilícita ainda que se registem alguns casos em que pode ser considerada lícita. Admite-se a publicidade comparativa de defesa (*Abwehrvergleich*) e a publicidade comparativa necessária (*notwendige Vergleich*), que é indispensável. A publicidade superlativa ou individual (*Superlativ oder Alleinstellungswerbung*) deve ser apreciada de acordo com a proibição de engano prevista no §3 UWG ou de acordo com a cláusula geral contra os bons costumes §1 UWG. Os testes com listas de preços com todos os produtores não devem ser vistos como publicidade comparativa; de igual modo, nos casos em que um consumidor pede um conselho sobre preços, não há qualquer comparação. Normalmente os testes de mercadorias agridem os comerciantes com menor qualidade. Se o teste não tiver sido realizado por um concorrente só pode ser enquadrado pelo §§ 824 e 823.1 BGB, mas se tiver sido feito por concorrentes e com fim comercial, então terá de estar submetido ao critério da publicidade comparativa e da probição do engano. *Vide* Wilhelm Nordemann, *Wettbewerbsrecht*, 7. Auflage, Nomos, 182 ss sobre o carácter inimigo, em termos concorrenciais, de toda e qualquer publicidade referencial (*Bezugnehmende Werbung*). Nordemann defende que as excepções que se foram desenvolvendo jurisprudencialmente em matéria de proibição de publicidade comparativa, primeiro, passaram pelo interesse dos anunciantes (nomeadamente para esclarecimento de uma inovação técnica (*Fortschriftvergleich*) e, só a partir dos anos setenta, começou a admitir-se a licitude de uma publicidade que criticamente

lam a publicidade comparativa, pelo que necessitam de ser correctamente articuladas. A LCD (art. 9.º) regula os actos de denegrição, enquanto que o art. 10.º aplica-se aos actos de comparação. Os actos de denegrição são idóneos a causar o descrédito de um ou vários concorrentes. Com efeito, a denegrição existe independentemente de qualquer resultado, basta que os meios sejam idóneos a esse fim.

O art. 9.º da LCD admite a *exceptio veritatis*, não bastando que as afirmações sejam verdadeiras, é necessário que sejam igualmente exactas e pertinentes. A denegrição pode ser directa ou indirecta, podendo ser expressamente formulada ou resultar implicitamente de outra. Antes da entrada em vigor da LCD considerava-se como uma forma clássica de denegrição indirecta a comparação entre os produtos de um concorrente e os do próprio[27].

O art. 10.º, n.º 1 da LCD regula os actos de comparação estabelecendo a deslealdade da comparação pública que assente em aspectos incomparáveis ou sem qualquer relevância. O n.º 2 do mesmo artigo considera também desleal a comparação que importe engano nos termos dos arts. 7.º e 9.º da Lei. Note-se que há quem considere esta referência completamente despicienda[28].

Tradicionalmente no ordenamento espanhol, à semelhança dos restantes ordenamentos europeus, considerava-se que a publicidade comparativa comportava denegrição, mas a introdução da retórica da defesa do consumidor e a compreensão do benefício que pode trazer ao consumidor permitiu admitir a licitude da publicidade comparativa informativa, objectiva e transparente[29]. No entanto, ainda nos dias que correm, a comparação é olhada com desconfiança pelos operadores no mercado, sobretudo

---

serve para o esclarecimento dos consumidores e para a transparência do mercado. Criando-se um triplo critério de licitude: (a) *entweder das Interesse der Verbraucher an sachgemässer Aufklärung sie deckte (Aufklärungsvergleich)* (b) *oder das Interesse des Werbenden sie sonst nötig macht, was nur zu Abwehr eines rechtswidrigen Angriffs denkbar ist (Abwehrvergleich und wenn* (c) *die Grenzen des nach Art und Mass Erforderlichen nicht überschritten werden.*

[26] Eva-Marina Bastian, *Advertising in Germany – Present Situation and Implementation of EC Directive*, IIC 02/2000, 152 considera que o Supremo Tribunal Alemão alterou a sua atitude em relação à publicidade comparativa ainda antes da Directiva Directiva 97/55/CE.

[27] Concepción Molina Blázquez, *Protección Jurídica de la Lealtad en la competencia*, Montecorvo, Madrid, 1993, 280 ss.

[28] Concepción Molina Blázquez, *Protección Jurídica*, 283.

[29] Concepción Molina Blázquez, *Protección Jurídica*, 282.

porque possuiu um enorme potencial concorrencial: sendo uma arma na luta concorrencial positiva, para quem a ela recorre, e negativa, para quem é objecto de comparação[30].

O direito espanhol faz uma distinção entre publicidade comparativa e comparação pública: se se utilizam meios publicitários para a comparação existe publicidade comparativa, se não, trata-se de comparação pública. Não é pública a comparação que é feita entre o vendedor e o comprador verbalmente ou mediante notas. A comparação não pública pode ser desleal atendendo a outros actos de concorrência desleal. Não há qualquer comparação na publicidade superlativa ou quando se verifica a comparação com uma generalidade de comerciantes não identificável[31].

O art. 6.º c) da LGP estabelece uma exigência superior de veracidade da publicidade comparativa, impondo que as afirmações sejam "*objectivamente demonstráveis*", quando confrontado com o art. 4.º da mesma lei que apenas determina que a publicidade não induza em erro[32]. Do art. 6.º c) resulta a seguinte noção de publicidade comparativa: a que compara ou contrapõe as características dos produtos ou serviços do empresário com os de um concorrente ou de vários, fazendo ou não menção expressa ao nome ou à marca do concorrente, sendo o critério de proibição a indução em erro.

A análise do publicidade comparativa nos ordenamentos jurídicos europeus evidencia-nos três tópicos essenciais: 1) a profunda ligação entre o modelo de concorrência desleal vigente e a "atitude de princípio" (em termos de proibição ou de admissão) em relação à publicidade comparativa, 2) a importância do tópico da defesa dos interesses do consumidor na implementação de uma "nova atitude" em relação à publicidade comparativa e 3) a influência que o direito comunitário tem em matéria de uniformização dos diferentes ordenamentos no sentido de uma maior abertura à publicidade comparativa.

---

[30] Juan José Otamendi Rodriguez-Bethencourt, *Comentarios a la Ley de Competencia Desleal*, 194.

[31] Juan José Otamendi, *Comentarios cit*, 194 ss.

[32] Carme Madrenas i Beadas, *Sobre la interpretacion de las prohibiciones de publicidad engañosa y desleal, La parcialidad de la publicidad y los costes de la competencia*, Civitas, Madrid, 1990, 165, refere que a expressão objectivamente demonstráveis deve ser interpretada no sentido da objectividade e da neutralidade para a protecção dos consumidores e não na protecção do empresário que não a merece.

5. Direito comunitário

Actualmente é impossível compreender as evoluções jurídicas dos diferentes países da União Europeia sem enquadrar o bloco jurídico comunitário[33], que surge, nas últimas duas décadas, em algumas matérias de relevo jurídico-económico, como uma especial força motriz no sentido da aproximação jurídica entre os diferentes ordenamentos. No que concerne à matéria que nos ocupa, a Directiva 97/55/CE[34] veio definitivamente estabelecer a matriz europeia da licitude da publicidade comparativa, salvaguardando, no entanto, os pressupostos em que a mesma pode operar licitamente. No seguimento desta directiva, que os Estados europeus tinham de transpor para o seu ordenamento jurídico até 23 de Abril de 2000, os países que, àquela data, possuiam uma legislação em sentido contrário, tiveram de se converter à linha europeia da aceitação das comparações publicitárias[35].

---

[33] Friedrich-Karl Beier, *The Law of Unfair Competition in the European Community Its Development and Present Status*, ICC 02/1985, 138 ss, considera que o Tratado de Roma de Janeiro de 1958 é o marco de uma nova fase na evolução da concorrência desleal na Europa, porquanto os arts. 85.º e 86.º introduziram uma aproximação neoliberal à concorrência, completando as legislações sobre propriedade industrial e concorrência desleal com a ideia de concorrência livre. Entre 1958/1965 o Instituto para as patentes, direito de autor e concorrência, sediado em Munique, sobre a direcção de Eugen Ulmer ficou com a incumbência de preparar estudos comparativos dos seis Estados membros da Comunidade Económica com vista à uniformização da concorrência desleal.

[34] A Directiva 97/55/CE introduz a noção de publicidade comparativa, definindo-a como sendo "*qualquer publicidade que, explicita ou implicitamente, identifica um concorrente ou bens e serviços de um concorrente*". A publicidade comparativa é lícita desde que respeite as seguintes condições: não ser enganosa; comparar bens e serviços que respondam a necessidades idênticas ou que visem o mesmo objectivo; comparar objectivamente características essenciais, pertinentes, verificáveis e representativas desses bens e serviços, das quais o preço pode ser parte integrante; não induzir confusão no mercado entre o anunciante e um concorrente; não desacreditar ou denegrir marcas, nomes comerciais ou outro sinal distintivo de um concorrente; sempre que incidir sobre produtos que têm uma designação de origem, deve relacionar-se com produtos que tenham a mesma designação; não tirar proveito da notoriedade ligada a uma marca ou outro sinal distintivo de um concorrente; não apresentar um bem ou um serviço como uma imitação ou uma reprodução de um bem ou serviço de marca ou nome comercial protegido. As disposições relativas à luta contra a publicidade enganosa aplicam-se à publicidade comparativa ilícita. A directiva prevê a criação de um dispositivo para dar seguimento às reclamações transfronteiriças em matéria de publicidade comparativa. (elementos recolhidos em http://europa.eu.int/scadplus/leg/pt/lvb/l32010.htm)

[35] Brunhilde Ackermann, *Wettbewerbsrecht unter Berücksichtigung europa rechtlicher Bezüge*, Springer, 1997, 161, considera que foi a Directiva que marcou a mudança de

Podemos assim afirmar que o direito comunitário veio criar um último patamar de evolução, no sentido da admissibilidade jurídica da publicidade assente na comparação, permitindo um mercado único onde vigora a "mesma lei". De referir que "a Europa" (comunitária) começou por regular aspectos parcelares da concorrência, tais como a publicidade enganosa e comparativa, para só em data futura (ainda desconhecida), apresentar uma reforma global no domínio da concorrência desleal, tardando a ser aprovada a Directiva que irá uniformizar as legislações europeias nesta matéria[36].

No entanto, hoje as legislações, como a portuguesa, que transpuseram para o seu ordenamento a Directiva Comunitária em matéria de publicidade, possuem uma coincidência literal – para o bem e para o mal – com este texto comunitário. Uma das críticas que tem sido veiculada quanto à Directiva centra-se no conceito que apresenta de publicidade comparativa como publicidade que identifica expressa ou implicitamente um concorrente. Ora, alguma doutrina[37], correctamente, vem afirmar que a identificação de um corrente não é a característica fundamental da publicidade comparativa, que assenta essencialmente na existência de uma comparação entre prestações próprias e alheias. Além disto, a identificação de um concorrente é uma característica que só por si é insuficiente para caracterizar a publicidade comparativa, já que se verifica quer na publicidade adesiva, quer na publicidade de tom pessoal. Acresce que no texto da Directiva confunde-se um requisito constitutivo da publicidade comparativa – a comparação de bens ou de serviços que respondam às mesmas necessidades ou a objectivos idênticos – com um requisito da licitude da própria mensagem publicitária comparativa.

De referir que os requisitos de licitude que a Directiva estabelece resultam de ainda não haver uma harmonização, através de uma Directiva comunitária em matéria de concorrência desleal, pelo que, atendendo à

---

atitude em relação à publicidade comparativa, de negativa para positiva, estabelecendo que quando é material, relevante, comprovável e representativa constitui um meio importante de informação do consumidor. De acordo com o art. 2.º da Directiva é publicidade comparativa a que directa ou indirectamente compara concorrentes, produtos ou prestações de serviços, estabelecendo-se no art. 3.º as condições da sua licitude. É também a directiva que leva à transformação do direito alemão.

[36] Gerhard Schricker, *Twenty five years of Protection Against Unfair Competition*, IIC, refere-se a uma uniformização lenta e fragmentária do direito europeu da concorrência desleal.

[37] Anxo Tato Plaza, *La Publicidad Comparativa*, 260.

disciplina jurídica da concorrência desleal nos diferentes ordenamentos jurídicos, a fixação daqueles limites torna-se supérflua ou até redundante.

Por outro lado, os limites que são fixados na Directiva não podem ser ultrapassados pelos legisladores nacionais – configuram limites máximos – sob pena de funcionarem como uma medida de efeito equivalente a uma restrição à liberdade de circulação de mercadorias e, como tal, contrária ao artigo 30.° do Tratado de Roma. Não obstante, a jurisprudência *Cassis de Dijon*, ao abrigo de uma interpretação extensiva do art. 36.° do Tratado, tem permitido configurar certas restrições de concorrência desleal e de publicidade como lícitas. Por fim, desde a sentença *Keck* que o Tribunal das Comunidades orienta-se para considerar que as legislações nacionais, que estabelecem certas restrições publicitárias ou comerciais, desde que as apliquem, quer a nacionais, quer a estrangeiros, caiem fora do âmbito do art. 30.° do Tratado de Roma.

Para a realização da união europeia, em especial da união económica, é determinante a forma como a publicidade, em geral, e a publicidade comparativa, em especial, está regulada nos diferentes Estados-membros, uma vez que a mesma cumpre na concorrência económica uma vital função informativa acerca dos bens e serviços[38]. A publicidade comparativa pode fornecer informações relevantes para a formação da decisão do consumidor. Uma das questões fundamentais centra-se na necessidade de uma uniformização europeia desta matéria, para que o que não seja proibido num país da união, seja permitido noutro. Daí a importância da uniformização jurídica, processo que nos parece não poder ser travado.

Na União Europeia, a publicidade comparativa é, em princípio, lícita, desde que seja objectiva, comprovável, não comporte engano e não seja desleal. A directiva sobre publicidade comparativa orientou-se no sentido da liberalização da publicidade comparativa, por se entender que a mesma é benéfica para o consumidor e para a própria concorrência, que tenderia a apresentar inovações cada vez melhores e mais competitivas.

A Directiva apresenta, no seu artigo 2.°, a publicidade comparativa como aquela que, directa ou indirectamente, torna conhecido (*erkanntbar*) um concorrente ou os seus idênticos bens ou serviços (*gleichartige*)[39],

---

[38] Sibylle M. Wirth, *Vergleichende Werbung in der Schweiz, den Usa und der EG in Zivilrecht, Werbe- und MedienKodizes*, Shulthess Polygraphisher Verlag Zürich, 1993, 215.

[39] «*Vergleichende Werbung ist iede Werbung die unmittelbar oder mittelbar einen Mitbeweber oder dessen gleichartige Erzeugnisse oder Dienstleistungen erkenntbar macht*» (na versão alemã).

texto utilizado pelo legislador nacional na alteração do art. 16/1 do Código da Publicidade (CPub). Assim, esta noção abarca a publicidade que se aproveita da reputação de outros concorrentes ou prestações (*anlehnde Werbung*), abrangendo as comparações pessoais (*persönliche vergleichende Werbung*) e as comparações reais (*sachliche vergleichende Werbung*), havendo quem considere correcta tal abrangência, atendendo à sua proximidade[40]. Por outro lado, a expressão «*erkenntbar*» inclui quer as referências directas quer as referências indirectas às prestações alheias. Algumas críticas levantaram-se, no entanto, quanto ao facto de a noção da Directiva se referir somente a um concorrente e não a vários[41].

Um dos elementos fundamentais da própria identificabilidade da publicidade comparativa centra-se na identidade ou similaridade entre os bens e serviços (algo que, escapou na tradução ao legislador nacional). A identidade ou similitude de produtos significa que os mesmos satisfazem necessidades idênticas, o que significa que abrange produtos sucedâneos. No entanto, a comparação entre um veleiro e um iate não é publicidade comparativa porque falta a identidade entre os produtos[42]. Em relação à comparação de produtos que não sejam idênticos, a Directiva defende a sua ilicitude. Em Portugal isso resulta não da definição do artigo 16.°/1, mas da alínea b) do n.° 2 do art. 16.° CPub.

Do artigo 3.° da Directiva resulta que a publicidade comparativa é lícita sempre que não consubstanciar uma forma de concorrência desleal. Ao só estabelecer alguns limites à publicidade comparativa, o caminho da Directiva é o da liberalização das comparações na publicidade. Os valores que se protegem com semelhante liberalização centram-se no desenvolvimento da concorrência e na disponibilização de mais e melhor informação para o consumidor.

Ora, a publicidade comparativa só cumpre esta função de informação quando a comparação é objectiva, incide sobre características relevantes e tem como objecto bens ou serviços idênticos. A publicidade que compare objectos não idênticos é ilícita nos termos do art. 2.° da Directiva. Assim, comparações sobre detalhes menores são consideradas ilícitas e os produtos têm de ser semelhantes nas suas características essenciais, nomeadamente na qualidade, na quantidade, no resultado e no preço.

---

[40] Sibylle M. Wirth, *Vergleichende Werbung*, 221.
[41] Sibylle M. Wirth, *Vergleichende Werbung*, 222.
[42] Sibylle M. Wirth, *Vergleichende Werbung*, 222.

A comparação não pode ser enganosa (Directiva 84/450/CE) nem falsear a concorrência. Não deve resultar das comparações qualquer confusão entre bens ou serviços, marcas, designações comerciais, ou outros sinais distintivos do anunciante e de um concorrente. A comparação não pode igualmente desacreditar ou depreciar marcas, designações comerciais, sinais distintivos, bens, serviços, actividades ou situação de um concorrente ou tirar partido indevido da marca ou designação comercial de um concorrente. Resulta desta proibição, a ilicitude da publicidade que se pendura na reputação de outro concorrente. Note-se que sempre que se recorra a testes comparativos há a necessidade de mencionar a entidade que os conduziu.

Para além destas limitações constantes da Directiva, a publicidade comparativa não deve possuir mais limitações decorrentes das legislações nacionais.

Quando se realizam comparações é necessária uma referência à marca ou designação comercial do concorrente. Ora, de acordo com Directiva, essa referência é lícita.

Há ainda uma Directiva em matéria de marcas, de 21 de Dezembro de 1988 (89/104/CEE), para protecção da função distintiva da marca (*Herkunftsfunktion*), que promove uma protecção para marcas iguais para os mesmos produtos. A protecção contra marcas semelhantes está dependente do perigo de confusão que exista. De acordo com esta tutela, o titular da marca goza de um direito de exclusivo, podendo actuar contra terceiros que se aproveitem do exclusivo económico da marca.

O emprego de uma marca ou qualquer sinal distintivo na publicidade comparativa é lícito, não violando o círculo do direito de exclusivo, desde que vise única e exclusivamente a comparação e não pretenda aproveitar-se do prestígio de outra marca[43]. O perigo de confusão é o elemento decisivo para a protecção das marcas. A sua apreciação está dependente de diferentes factores: o grau de conhecimento da marca no mercado, as associações mentais que resultam da marca, o grau de semelhança entre as marcas, desenhos ou outros sinais distintivos.

---

[43] Cfr. a mesma posição em *Metatags e Correio Electrónico entre os Novos Problemas do Direito da Internet*, Estudos da Sociedade da Informação, V, Coimbra Editora, 2003.

6. Direito norte-americano

Um conjunto variado de disposições normativas regula a publicidade comparativa neste ordenamento. A 1.ª Emenda da Constituição norte-americana reconhece a liberdade de expressão, que abrange também a liberdade de discurso comercial quando verdadeiro (*commercial speech*)[44]. Quer a liberdade de expressão comercial, quer a publicidade comparativa estão limitadas em defesa dos concorrentes. Também o *Lanham Trade-Mark Act* regula no plano federal a publicidade comparativa. A *Federal Trade Comission* (FTC) é o organismo administrativo que controla a publicidade comparativa. Esta comissão desenvolveu um conjunto significativo de directivas para apreciação da publicidade comparativa, que originaram um conjunto abundante de decisões administrativas que influenciam a jurisprudência dos tribunais norte-americanos.

O federalismo americano baseia-se numa grande autonomia dos Estados federados não só do ponto de vista legislativo, mas igualmente do ponto de vista judicial. Existem no sistema judicial norte-americano tribunais federais e tribunais estaduais cujas decisões não são ultrapassadas pelos tribunais federais. Ao nível dos Estados federados encontra-se um significativo corpo de regras de *common law* e o direito estatutário legislado pelos diferentes Estados no qual se deparam disposições sobre a publicidade comparativa. Neste estudo vamos limitar-nos ao plano federal.

A publicidade comparativa, tal como é concebida pelo direito norte-americano, é aquela que compara um produto ou serviço próprio com outro de um concorrente, sendo que a comparação pode ser realizada de diferentes modos, tais como, a referência ao nome da prestação do concorrente ou a afirmação da superioridade da própria prestação. A jurisprudência veio também incluir no domínio da publicidade comparativa a que se pendura (*anlehnende Werbung*) em outros produtos concorrentes como no caso *Calvin Klein Cosmetics Corp. v. Parfums de Coeur, Lta* (8th Circuit, 1987), que teve como objecto a mensagem publicitária «*If You like Obsession, you'll love Confess*» na qual um produto conhecido é copiado. Existem inúmeros casos que chegam às instâncias norte-americanas baseados em publicidade comparativa ilícita, por ser enganosa e por violar a lei.

Um dos casos *Hot Sparks Industries, Inc. vs Scintilla Electronics Co.* opôs estas duas empresas com base numa publicidade em que a Scintilla comparou o computador que comercializava Home-Com 777 ao HSI-45 1,

---

[44] Sibylle M. Wirth, *Vergleichende Werbung*, 137.

afirmando a maior velocidade e segurança do seu computador, o que não se provou ser objectivamente verdadeiro[45].

Num outro caso *American Home Products Corp. v. Johnson & Johnson*[46], o tribunal de apelação do Segundo Circuito considerou que mensagens ambíguas, que falsamente comparassem dois produtos, violavam directamente o §43 do *Lanham Act*. Numa primeira apreciação, o tribunal averiguou se efectivamente a publicidade ao medicamento Anacin tinha realizado qualquer comparação desleal com o Tylenol. Numa segunda fase, apreciou a reacção dos consumidores às referidas frases, tendo chegado à conclusão que a mensagens veiculadas eram falsas, já que as alegadas propriedades anti-inflamatórias do Anacin não foram comprovadas. O tribunal veio a defender que, sob a égide do §43 do Lanham Act, proibia-se mais do que o mera falsidade literal, estando igualmente incluídas nessa base normativa as sugestões implícitas e indirectas.

Também no caso *American Brands v. R. J. Reynolds Co.* o tribunal admitiu uma acção fundamentada no §43 do *Lanham Act* relativamente a uma mensagem implícita de superioridade comparativa, ainda que acção não tivesse obtido procedência por falta de prova da reacção dos consumidores.

Apesar desta jurisprudência, a tolerância em relação a todo o tipo de comparações é muito superior nos Estados Unidos do que na Europa[47]. A liberdade de pensamento e de expressão, mesmo no estrito contexto económico, possui muito menos limites naquele país do que aqueles que existem nos ordenamentos europeus. O recurso às comparações na publicidade mostra-se uma técnica muito eficaz, sendo a modalidade que recorre a pretensos testes científicos a mais eficaz junto do consumidores, em virtude da relevância das afirmações científicas na nossa sociedade[48]. Não exis-

---

[45] W. Thomas Hofstetter/Frederick T. Davis, *Comparative advertising in court: outline of briefs*, Antritust Law Journal, vol. 49, summer 1980, 861-883.

[46] John E. Stiner, *The Lanham Act offers relief for implied advertising claims:* American Home Products Corp. v. Johnson & Johnson, patent and trademark review, vol. 78, n.º 6, June 1980, 252-265.

[47] Charles J. Walsh and Marc S. Klein, *From dog food to prescription drug advertising: litigation false scientific establishment claims under the Lanham Act*, Setton Hall Review, vol. 22, 1992, 389-445: "*Advertising is an ancient practice, at least two thousand years old. But comparative advertising is a truly modern phenomenon, just twenty years old. It is also a uniquely American activity. While comparative advertising is disdained in most other countries, it is a commonplace here*".

[48] A industria farmacêutica foi nos Estados Unidos da América a que mais recorreu a essa publicidade comparativa (pretensamente científica). Porém, a falsa publicidade em

tem normas legisladas no ordenamento norte-americano a proibir a publicidade comparativa[49]. Assim, esta é subsumida no §43 do *Lanham Act* que funciona com cláusula geral da concorrência desleal, o qual admite a publicidade comparativa que não seja falsa ou enganosa. Os norte americanos distinguem diferentes tipos de publicidade comparativa, ainda que os mesmos sejam sempre reconduzidos ao §43 do *Lanham Act*, sendo avaliados sobre a sua licitude sempre pelo mesmo critério, quer se trate de uma publicidade crítica quer de uma publicidade que se pendura na reputação de outro bem. O direito norte-americano admite referências explícitas a outras marcas (*Smith v. Chanel, Inc.* e *Saxony v. Guerlain*). As marcas não possuem um carácter monopolista, não se registando uma protecção absoluta contra a possibilidade de outros as utilizarem na publicidade, nomeadamente quando a referência à marca é verdadeira. A protecção só se estende aos casos em que a referência à marca é enganosa. O §43 do *Lanham Act* estabelece uma acção de responsabilidade civil, sempre que a publicidade comparativa consubstancie concorrência desleal.

A FTC teve um papel determinante no desenvolvimento da jurisprudência norte-americana em matéria de publicidade comparativa. Num primeiro momento encorajou a publicidade comparativa, concebendo-a como um meio especialmente idóneo para promover a concorrência[50]. A publicidade comparativa desenvolveu-se de uma forma mais visível a partir da publicidade da Avis que recorreu ao slogan publicitário "*We try harder*". Ora, Avis era, ao momento da difusão desta mensagem publicitária, o número 2 das empresas de aluguer de automóveis e procurava destronar a posição de supremacia que a Hertz ocupava no mercado. Uns anos mais tarde, a Hertz respondeu directamente ao anúncio da Avis com a seguinte mensagem publicitária: "*Durante anos a Avis tem vos dito que a Hertz é a número 1. Agora nós vamos dizer-lhe porquê*". No seguimento da campanha publicitária da Hertz seguiram-se outras que recorriam a comparações: por exemplo, a Ford afirmava que o seu Granada parecia um Mercedes Benz[51].

---

matéria de medicamentos pode afectar a saúde de inúmeras pessoas, pelo que tem de ser especialmente vigiada. Daí as especiais competências nesta matéria da Federal Trade Comission (FTC) e da Federal Food and Drug Administration (FDA), Charles J. Walsh and Marc S. Klein, *From dog food cit*, 393.

[49] Sibylle M. Wirth, *Vergleichende Werbung*, 134.

[50] Jerome L. Gee, *Comparative Advertising, commercial disparagement and false advertising*, The Trademark Reportes, v. 71, 1981, 620-640.

[51] Jerome L. Gee, *Comparative Advertising cit*, 620-640.

A aceitação da publicidade comparativa e a afirmação do seu carácter benéfico para a concorrência e para os consumidores, mesmo nos Estados Unidos, não é universal. Um estudo recente conclui mesmo que a natureza informativa da publicidade comparativa não é superior à da publicidade não comparativa. Alguns publicitários recusaram o recurso à publicidade comparativa, entendendo que ela representa uma promoção grátis para a empresa expressa ou implicitamente objecto de comparação[52].

O *National Advertising Division of the Council of Better Business Bureau* (NAD) tem através da auto-regulação corrigido alguns abusos cometidos através da publicidade comparativa. Para além desta auto-regulação, um corpo de leis federais tem regulado o fenómeno da publicidade comparativa. No entanto, o direito norte-americano não reprime as afirmações exageradas na publicidade, trata-se de uma prática usual que é designada por *puffing* (soprar); de modo diferente, a agressão já constitui uma modalidade publicitária ilícita, porquanto o anunciante não se limita a afirmar a superioridade do seu produto ou serviço, mas a denegrir o outro produto ou serviço com o qual concorre. No *disparagement* verifica-se um verdadeiro ataque a outro produto ou serviço.

A publicidade comparativa enganosa ocorre quando o anunciante profere declarações falsas acerca do seu produto. Todavia o engano também pode resultar de afirmações verdadeiras. Foi o que se verificou na comparação realizada num anúncio publicitário da *Schick Krona Chrome* e *da Schick Super Stainless Steel*, em que, num teste em que ambas as lâminas de barbear eram utilizadas cinco vezes, a de ferro estava muito mais corroída do que a cromada. No entanto, a FTC defendeu que o grau de corrosão em nada interferia na capacidade de barbear, pelo que, apesar das afirmações veiculadas serem verdadeiras, o resultado comparativo alcançado era falso. Em matéria de intenção, na publicidade comparativa não é necessário provar a intenção de confundir ou de enganar[53].

No caso *Vidal Sassoon, Inc. v. Bristol Meyers Co.* foi decisivo que a apresentação enganosa de testes comparativos fosse ainda mais enganosa do que as falsas afirmações. Neste caso, a publicidade da Bristol Meyers afirmava que mais de 900 mulheres preferiam o seu champô, quando na realidade só tinham sido entrevistadas 200 mulheres e não tinha sido feita qualquer comparação entre produtos, só se oferecendo a experimentar o champô da Meyers.

---

[52] Jerome L. Gee, *Comparative Advertising cit*, 620-640.
[53] Jerome L. Gee, *Comparative Advertising cit*, 620-640.

7. Portugal: evolução legislativa; o novo Código de Propriedade Industrial (CPI)

Em Portugal, pode-se, à semelhança das restantes legislações europeias autonomizar três períodos em matéria de concorrência desleal: o paleoliberal, o profissional e o social.

A primeira legislação de concorrência desleal não fazia menção à publicidade comparativa. No entanto, no artigo 212.° do CPI de 1941 a publicidade comparativa era recusada com base nos actos de descrédito, independentemente do carácter verídico ou não das afirmações proferidas. Era a doutrina da repressão da denegrição. Posteriormente, com a publicação do primeiro Código da Publicidade, manteve-se a mesma proibição que veio a ser alterada no sentido da licitude com o Decreto-Lei n.° 339//90, de 23 de Outubro. O Código da Publicidade aprovado pelo Decreto-Lei n.° 339/90, de 23 de Outubro, sofreu, até à data, significativas alterações[54] introduzidas pelo Decreto-Lei n.° 74/93, de 10 de Março, e pela Lei 6/95, de 17 de Janeiro. Novas alterações foram ainda introduzidas posteriormente pela Lei 31-A/98, de 14 de Julho, e pelos Decreto-Lei n.° 51/

---

[54] Quanto aos aspectos que se mantêm idênticos, de citar, a título de exemplo, os seguintes: o âmbito do diploma (artigo 1.°), o direito aplicável (artigo 2.°), o conceito de publicidade (artigo 3.°), o conceito de actividade publicitária (artigo 4.°), a noção de sujeitos publicitários (artigo 5.°), e os princípios da publicidade (artigo 6.°). Assim, o cerne do diploma não parece ter sido profundamente alterado, ainda que alguns aspectos parciais tenham sofrido alterações. Por exemplo, em matéria de licitude da mensagem publicitária admitiu-se a utilização, ainda que excepcional, de língua estrangeira, o que mereceu reacções críticas provenientes dos sectores mais puristas da língua nacional. No entanto, algumas críticas parecem porventura excessivas, já que a europeização da economia nacional necessita de uma abertura a outros idiomas mais comerciais, sendo um ónus demasiado pesado para a actividade publicitária a defesa da língua nacional, quando outros a não protegem. De modo idêntico, o legislador nacional introduziu mudanças na publicidade enganosa ao introduzir o n.° 3 do artigo 11.°. Visa-se com a introdução desta disposição promover a veracidade na publicidade que recorre a prémios, que alegadamente não exigem qualquer contrapartida económica, ou não estão dependentes de sorteio, ou da realização de qualquer encomenda, o que normalmente não resulta de forma transparente. É tradicional encontrar-se publicidade, enviada por correio, na qual se anuncia ao destinatário que ganhou um prémio, ou empresas de *telemarketing* anunciarem prémios recorrendo a telefonemas, que induzem os destinatários mais incautos a deslocarem-se a determinados locais em busca de prémios ou promoções, onde os mesmos são "importunamente" convidados a realizar aquisições comerciais. No entanto, malgrado a pretensa novidade legislativa do n.° 3 do artigo 11.°, as situações que se visa obstar estão já abrangidos pelo n.° 1 do artigo 11.°, sendo despicienda, por redundante, a referência introduzida pelo novo n.° 3.

/2001, de 15 de Fevereiro, e n.º 332/2001, de 24 de Dezembro (este último na esteira do Plano de Acção contra o Alcoolismo).

A publicidade comparativa constitui um dos domínios em que foram introduzidas significativas mudanças[55]. Com efeito, o conjunto normativo que se vislumbra no artigo 16.º foi das áreas da disciplina publicitária aquela que porventura sofreu alterações mais profundas com a entrada em vigor da Lei 31-A/98, de 14 de Julho. No entanto, cumpre referir que a reforma de que aquela disposição foi objecto limitou-se a traduzir para o português a Directiva comunitária sobre publicidade comparativa, ainda que a mudança de paradigma efectuada mereça ser aplaudida. Efectivamente, antes de 1998, a técnica de construção da norma passava por traçar o círculo da proibição da publicidade comparativa. Ora, como a norma era proibitiva, a proibição funcionava como excepção, pelo que se admitia, na linha do ensino de Oliveira Ascensão[56], que fora do círculo da proibição, funcionava implicitamente a admissão da publicidade comparativa sobre características essenciais dos produtos[57].

Diferentemente, a Lei 31-A/98, de 14 de Julho, alterou a arquitectura normativa, apresentando, num primeiro momento, um conceito de publicidade comparativa (art. 16.º/1) e, num segundo momento, a previsão da publicidade comparativa consentida (art. 16.º/2). Todavia, como descreve minuciosamente as condições de admissão da publicidade comparativa, hoje, o círculo de proibição implícito é muito mais abrangente que o círculo de proibição expresso da norma anterior. Isto leva-nos a entender que há, nesta matéria, uma verdadeira alteração de paradigma, porquanto, antes, sob a aparência da proibição, consentia-se, hoje, sobre a aparência do consentimento, proíbe-se. Estas são as normais perplexidades interpretativas, mas, mais do que as descrever, impõe-se compreendê-las.

A publicidade comparativa pode ser enganosa, normalmente contém uma referência não autorizada, podendo, consequentemente, suscitar o concurso com a concorrência desleal[58]. Na e através da publicidade podem praticar-se quase todos os actos de concorrência exemplificadamente pre-

---

[55] Cfr. o nosso *Concorrência Desleal e Direito da Publicidade – Um estudo sobre o ilícito Publicitário*, *Concorrência Desleal*, Almedina, Coimbra, 1996.

[56] Concorrência Desleal, AAFDL.

[57] Cfr. o nosso *A Concorrência desleal e o direito da publicidade*, in Concorrência Desleal, Almedina, Coimbra, 1997, 155.

[58] *A Concorrência Desleal e o direito da publicidade*, 156.

vistos no art. 260.º do Código da Propriedade Industrial[59]. Ora, o legislador veio a consagrar a regra que a publicidade comparativa só será consentida se não for enganosa. Não nos parece, porém, muito útil essa referência, porquanto a mesma já resultaria do artigo 11.º do Código da Publicidade.

Em termos gerais, a nova disciplina jurídica da publicidade comparativa consagrou um conjunto de requisitos de licitude com vista à tutela de direitos industriais e da concorrência leal, que aponta, porventura, para uma maior tutela dos concorrentes instalados do que dos que estão para vir e dos consumidores, na medida em que estes últimos possuem mais informação em termos de comparação de prestações oferecidas no mercado, permitindo maior transparência no mercado. Mas, centremo-nos um pouco mais detalhadamente no resultado das mudanças legislativas:

1) Por um lado, o conceito que é apresentado pelo legislador comporta uma incorrecta tradução da Directiva, colocando inúmeras dificuldades.

É de criticar o referido conceito por apresentar uma noção demasiada ampla de publicidade comparativa, ao ponto de abraçar realidades que nunca se poderiam classificar enquanto tal. Normalmente, os conceitos são adventícios não conseguindo alcançar a totalidade da realidade que representam. Neste caso, a noção que é apresentada inclui mais do que devia; é, por isso, excessivamente compreensiva, e pouco analítico.

Com efeito, se uma mensagem publicitária contém uma referência expressa ou implícita a outro concorrente ou aos bens ou serviços de outro concorrente, tal mensagem publicitária não é necessariamente comparativa, pois o essencial da mensagem comparativa é a comparação, *i.e.* o confronto entre dois bens ou serviços. Ora, pode haver identificação de outro concorrente, sem comparação. Aliás, a comparação raramente incide sobre concorrentes, mas frequentemente sobre produtos ou serviços.

Acresce que a referência a identificação é algo controversa se se pensar que a mesma pode ser explícita ou implícita. Como é possível identificar concorrentes, bens ou serviços implicitamente? Pode-se fazer uma referência comparativa aos mesmos implicitamente. Acha-se duvidoso que se possa identificar implicitamente. A definição tal como se apresenta no artigo 16.º/1 não é, pois, isenta de reparos e convida à sua reelaboração.

---

[59] À data da presente conferência foi entretanto publicado um novo Código de Propriedade Industrial, que entrou em vigor em 1 de Julho de 2003, que apresenta uma nova numeração dos artigos do Código de Propriedade Industrial e que procedeu à descriminalização do ilícito de concorrência desleal. A matéria do artigo 260.º é agora regulada pelos artigos 317.º e 318.º do Decreto-Lei n. 36/2003, de 5 de Março.

Por fim, a noção é incompleta, porque o legislador esqueceu-se (pura e simplesmente) de fazer menção a que os produtos ou os serviços têm de ser semelhantes.

2) Por outro lado, o n.º 2 do artigo 16.º é de uma complexidade vertiginosa, porquanto estabelece que só é admitida a publicidade que reúna simultaneamente várias condições. Trata-se, com efeito, de condições cumulativas que não foram elaboradas sobre um critério material único, mas que, diferentemente, resultam de uma congregação de diversas disciplinas jurídicas, cuja aplicação pode ser difícil de articular, a saber: a da publicidade, a dos direitos industriais e a da concorrência desleal. Porém, nada de verdadeiramente novo acresce ao que já resultaria das normas daqueles espaços jurídicos e que teriam sempre de ser consideradas em termos de unidade e de coerência do ordenamento jurídico. Parece-nos que será de rejeitar a técnica legislativa de "evidenciar" relações de disciplinas jurídicas, que se resolveriam, *prima facie,* em termos de interpretação e aplicação jurídicas, com recurso às regras do concurso.

Com efeito, já referimos a total inutilidade da alínea a), do número 2 do artigo 16.º do CPub que decalca o que resulta directamente do artigo 11.º do mesmo Código. No entanto, as críticas estendem-se também à alínea b) do número 2 do artigo 16.º que refere que só é consentida a publicidade que compare bens ou serviços que respondam às mesmas necessidades ou tenham os mesmos objectivos. Ora, é difícil, desde logo, do ponto de vista linguístico, que os bens ou os serviços possam ter objectivos. Seria, então, preferível a expressão *«que sirvam aos mesmos objectivos».*

De salientar ainda que o conceito de publicidade apresentado no n.º 1 conflitua com as alíneas b) e c), das quais decorre claramente que o essencial da publicidade comparativa é a comparação, explícita ou implícita, que se desenvolve entre produtos e serviços, que respondem às mesmas necessidades ou a necessidade similares, em que as ofertas podem ser sucedâneas.

Acresce que, para além do confronto de duas prestações, que se evidencia na mensagem publicitária, impõe-se que a comparação seja objectiva, nomeadamente, que assente sobre características relevantes em relação aos produtos que se publicitam, nas quais se inclui obviamente o preço. Ora, caso as comparações não se apoiem em características verdadeiramente pertinentes, a publicidade pode ser, de acordo com o conceito de engano explanado no artigo 11.º CPub, enganosa. A necessidade de comprovação das características sobre as quais incide a comparação, bem como o facto de o ónus da prova da veracidade da mensagem publicitária incumbir ao anunciante (artigo 16.º/5), constitui a consagração, ao nível da publicidade comparativa, do princípio publicitário da veracidade (artigo 10.º/2).

As condições previstas nas alíneas d) a h) do número 2 do artigo 16.º relacionam-se com a protecção de valores do direito industrial e da concorrência leal.

De salientar que o artigo 317.º do recente CPI estabelece que só as falsas informações, feitas no exercício de uma actividade económica com o fim de desacreditar os concorrentes, é que constituem concorrência desleal, pelo que não faz hoje sentido inserir a publicidade comparativa nesta disposição. Já algumas mensagens publicitárias, que recorrem a comparações, podem ser abrangidas pelas invocações ou referências não autorizadas de marcas alheias. No entanto, como actualmente a sanção contra-ordenacional é comum ao ilícito publicitário e à concorrência desleal deve-se traçar uma relação de especialidade entre e o ilícito publicitário e o ilícito de concorrência desleal.

8. Síntese

1. A presente investigação deu conta de uma especial ligação entre a publicidade comparativa e a concorrência desleal. Com efeito, em quase todos os ordenamentos analisados, o combate à publicidade comparativa inicia-se nos quadros dogmáticos da concorrência desleal, em especial na teoria da denegrição e dos actos de descrédito.

2. É o tópico da defesa do consumidor e a passagem da clientela, como "objecto do direito do empresário", ao consumidor, como "sujeito de novos direitos", que determinam uma nova retórica em torno da publicidade comparativa, permitindo salientar alguns aspectos vantajosos para a informação dos consumidores e para a transparência do mercado.

3. Como consequência de uma retórica que culmina um processo histórico iniciado com a Revolução industrial e que passa por três fases distintas ao longo do século XX – a industrialização, a comercialização e a consumerização da sociedades humanas ocidentais – a disciplina publicitária evade-se dos quadros estreitos do direito industrial e do direito da concorrência desleal e começa a construir-se em torno do novo direito do consumo.

4. No entanto, a sua ligação à "disciplina-mãe" da concorrência desleal não pode ser completamente escamoteada, porquanto um dos pólos que necessariamente está presente na regulação da publicidade comparativa é constituído pelas relações entre empresários, comerciantes, industriais, anunciantes, enfim, entre concorrentes.

5. Nestes termos, mesmo se autonomizada hoje da órbita da concorrência desleal, a disciplina da publicidade comparativa ainda protege os interesses dos concorrentes nos domínios que se vieram estabelecer como condicionantes da licitude da mesma.

6. Actualmente, defende-se a posição que não há qualquer regulação da publicidade comparativa na disciplina da concorrência desleal (art. 317.º do CPI), mas, ao contrário, que as alíneas d) (actos de confusão), e) (actos de descrédito), g) e h) (actos de aproveitamento) do art. 16.º do C. Pub se apresentam como disposições especiais de "concorrência desleal", fora do arts. 317.º e 318.º do CPI, no específico contexto publicitário.

7. Poder-se-á dizer *in fine* que o legislador comunitário, que tarda em criar uma Directiva comunitária para a concorrência desleal para uniformizar as legislações europeias, aproveitou a directiva sobre publicidade comparativa para nos presentear, antecipadamente, o sentido dessa reforma europeia.

9. Perspectivas futuras

Estão em curso significativas mudanças no mundo comercial, que são resultado da invasão do espaço comercial pela Internet e da forma como a sociedade se reequilibra face ao impacto das novas tecnologias.

Um dos aspectos que comporta um especial significado "metamorfoseante" do mundo jurídico decorrente da Internet, é a transformação da sociedade industrial numa sociedade post-industrial, em que a informação surge como a produção de massa por excelência, informação esta que vai permitir uma reorganização dos tradicionais factores de produção; estes, por sua vez, vão ter de ser reequacionados nas estruturas jurídicas, transformando a sociedade actual numa sociedade mais competitiva em termos de informação.

Assim, também estas realidades explicam a mudança de paradigma na publicidade comparativa no sentido de uma maior liberalização. No entanto, a grande matriz jurídica que a sociedade industrial do século XX produziu, ainda não foi destronada por uma nova ordem jurídica, sendo que temas como o da protecção da concorrência e da protecção do consumidor continuam a fazer sentido na nova sociedade jurídica.

Deste modo, atendendo ao enquadramento legislativo e ao ambiente jurídico-económico-social que se desenha no universo da publicidade comparativa, podem e devem ser projectadas novas relações entre as disciplinas da publicidade e da concorrência desleal. A publicação do novo Código da Propriedade Industrial, que, em matéria de concorrência desleal, realiza a sua descriminalização, pela conversão do ilícito de concorrência desleal num ilícito contra-ordenacional[60], é bem um sinal dessa mudança. Acresce a esta alteração a relevância autónoma das informações e da sua protecção (artigo 318.º). O futuro concede cada vez mais espaço à informação e esse parece ser o caminho.

---

[60] Cfr. o nosso *Estudo de direito Privado sobre a cláusula geral de concorrência desleal*, Almedina, Coimbra, 2000, 130, no qual defendemos que reforço penal que se encontrava na concorrência desleal era essencialmente simbólico. Assim, é completamente justificada a descriminalização que o novo Código promoveu. No entanto, parece-nos importante sublinhar a natureza essencialmente civil deste dispositivo, para além do ilícto contra-ordenacional, que se traduz essencialmente no pagamento de coimas ao Estado.

DIREITO DA PUBLICIDADE E CONCORRÊNCIA DESLEAL – UM ESTUDO SOBRE AS PRÁTICAS COMERCIAIS DESLEAIS

por Mestre ADELAIDE MENEZES LEITÃO
Assistente da Faculdade de Direito da Universidade de Lisboa.

SUMÁRIO:
I. Introdução. II. Evolução no tempo. III. Evolução no espaço. IV. O conteúdo normativo da Proposta de Directiva: o futuro. V. Legislação nacional sobre práticas comerciais desleais (enganosas e agressivas) e meios de reacção do consumidor: o presente. VI. Direito da Publicidade e Concorrência Desleal. Conclusões.

I. Introdução

Nesta aula iremos abordar as relações entre o direito da publicidade e a concorrência desleal[1]. De referir que se trata de uma data especialmente indicada já que amanhã faz um ano que foi publicado o novo Código de Propriedade Industrial (CPI)[2]. Antes de focar o enquadramento das relações entre o Direito da Publicidade e a Concorrência desleal convém apresentar brevemente alguns conceitos essenciais nesta área.

O Direito da Publicidade reconduz-se ao conjunto de normas jurídicas que regulam a actividade publicitária, cuja origem e autonomização dos quadros do direito civil remontam essencialmente à defesa do consumo que ocorreu em especial na segunda metade do século XX.

---

[1] O presente estudo corresponde à conferência proferida no V Curso de Pós-Graduação de Direito Industrial, no dia 4 de Março de 2004.

[2] Decreto-Lei n.º 36/2003, de 5 de Março, publicado no DR n.º 54, Iª Série, de 05.03.2003.

Por sua vez, o instituto da concorrência desleal surge ainda no século XIX e princípios do século XX e está intimamente ligado à industrialização e à protecção dos concorrentes. Só mais tarde a concorrência desleal veio incorporar o tópico da defesa do consumidor[3].

Para fornecer um enquadramento preciso das relações entre direito da publicidade e concorrência desleal devemos referir que se trata de uma relação de sentido duplo, porque o Direito da Publicidade tem uma dimensão de protecção da concorrência leal e, por sua vez, o instituto da concorrência desleal não deixa de incidir a sua disciplina sobre a publicidade.

No entanto, no novo CPI fez-se um esforço de dissipar dúvidas e procurar traçar uma fronteira mais nítida entre publicidade e concorrência desleal. Com efeito, o inciso que foi acrescentado referente às "falsas" afirmações reguladas na alínea b), as referências não autorizadas feitas com o fim de beneficiar (cujo fim de beneficiar se acrescentou na alínea c)) e o desaparecimento dos reclamos dolosos da alínea d) do artigo 317.º do CPI são alguns pontos que permitem concluir que o legislador entendeu desnecessário, face à sua regulação no Código da Publicidade, a sua inclusão na concorrência desleal[4].

De facto, quer a publicidade comparativa quer a publicidade enganosa obtiveram entretanto regulação no Código da Publicidade, pelo que foram retiradas da sede formal da disciplina da concorrência desleal.

As afirmações verdadeiras e as referências não autorizadas são agora compreendidas no contexto da publicidade comparativa à luz da sua admissibilidade, *mutatis mutandis* os reclamos dolosos são avaliados no contexto da publicidade enganosa à luz da sua proibição, no domínio mais amplo da defesa do consumidor.

A "transferência" destes materiais jurídicos para a disciplina da publicidade não permite concluir que esses comportamentos tenham deixado de ser materialmente actos de concorrência desleal, mas tão-só que se entendeu que, estando já regulados pela disciplina publicitária, não deveriam engrossar as dificuldades interpretativas que se podem colocar entre estas disciplinas.

Acresce que, mesmo que se considere que a publicidade comparativa e a publicidade enganosa não fazem parte do núcleo essencial da concor-

---

[3] Sobre esta evolução vide Adelaide Menezes Leitão, *A Concorrência Desleal e o Direito da Publicidade – Um estudo sobre o ilícito publicitário*, in Concorrência Desleal, Almedina Coimbra, 138 e ss.

[4] Adelaide Menezes Leitão, *Concorrência Desleal: continuidade ou ruptura*, Marcas e Patentes, Ano XVIII, n.º 3, 2003.

rência desleal, isso não significa que as relações a desenhar entre a publicidade e a concorrência tenham um domínio mais reduzido.

Sempre defendemos que quase todos os actos de concorrência desleal podem ser praticados na e através da publicidade, designadamente actos que configurem aproveitamento, agressão e indução em erro, pelo que estas disciplinas se mantêm muito próximas. Na realidade, os actos das alíneas a), b), c), e d) do artigo 317.° do CPI podem ser praticados na e através da publicidade[5].

De forma idêntica preconizámos que sempre que o Código da Publicidade não oferecesse disciplina jurídica específica poder-se-ia recorrer à concorrência desleal para proibir certos actos publicitários que pudessem ser configuradas como formas desleais de actuação no mercado, designadamente a publicidade que se apoia na reputação de outrem, a publicidade agressiva, os métodos publicitários importunos, entre outros[6].

Na aula de hoje pensamos que é essencial fornecer uma perspectiva de futuro para estas disciplinas jurídicas, sendo que, para tal, é fundamental o recurso ao tópico da defesa do consumidor e, simultaneamente, procurar descortinar quais são os trabalhos legislativos em curso com vista à harmonização destas disciplinas.

Começamos o nosso percurso por um enquadramento histórico do direito da publicidade no quadro da evolução da defesa do consumidor, a que se seguirá uma análise de direito comunitário.

II. Evolução no tempo

Esta apresentação começa por procurar encontrar uma linha histórica de compreensão do tema. Sintetizamos, por motivos de facilidade de exposição, em três períodos distintos ao longo do século XX a evolução económica: industrialização, comercialização e "consumerização" da sociedade[7].

---

[5] Adelaide Menezes Leitão, *A Concorrência Desleal e o Direito da Publicidade – Um estudo sobre o ilícito publicitário cit*, 145.

[6] Adelaide Menezes Leitão, *A Concorrência Desleal e o Direito da Publicidade – Um estudo sobre o ilícito publicitário cit*, 162-163.

[7] "Na década de sessenta do século passado iniciou-se o processo de emancipação jurídica do consumidor, através de um conjunto de medidas legislativas proteccionistas, que visavam promover a sua defesa face a fenómenos sócio-económicos que têm evoluído historicamente desde essa data, como a produção industrial em massa, o tráfego negocial

A defesa do processo de consumo e dos seus protagonistas exige que no processo comercial, em geral, e na publicidade, em especial, existam fronteiras claras entre o que é permitido e o que é proibido. A defesa do consumidor passou neste processo histórico de uma protecção reflexa no domínio das normas proibitivas de concorrência desleal para uma protecção directa no domínio do direito da concorrência (em que todo o mercado é protegido), no direito do consumo e no direito da publicidade, em que o próprio consumidor emerge como conceito operativo nuclear. Neste, como em outros domínios, procurou-se erigir uma protecção objectiva que não faz desaparecer o sujeito da protecção – o consumidor.

Conceitos como o de consumidor, o de restrições da concorrência, o de mercado, o de publicidade enganosa e importuna e o de práticas co-

---

de massas, a complexidade do mercado, a agressividade das novas estratégias comerciais, o "imperialismo" da publicidade, a concentração empresarial, a globalização económica, o incremento da sociedade de risco com problemas globais de segurança[8], o desaparecimento da relação de proximidade entre o produtor e o consumidor, e uma panóplia de factores económico-sociais decorrentes da industrialização, que contribuíram para o enfraquecimento da posição individual do consumidor. Com efeito, o fenómeno de enfraquecimento do consumidor – que possuiu inúmeras causas cumulativas – reclama e promove uma "ruptura" no sistema jurídico: a criação de um complexo normativo para a sua protecção. Assim, salienta-se ao longo do século passado uma evolução que passa pela industrialização, num primeiro momento, pela comercialização, num segundo momento, e pela "consumerização", num terceiro momento. É a industrialização que potencia a comercialização e esta que fomenta a "consumerização". Tratou-se de um fenómeno histórico sucessivo em cadeia, cuja compreensão da sua evolução, nestas diferentes fases, permite a explicação de outros fenómenos jurídicos ao mesmo associados. O Direito procura actualmente um modelo de equilíbrio, em termos de progresso económico, entre estes três "vectores" sócio-económicas: a indústria, o comércio (e serviços) e o consumo, equilíbrio que nem sempre é fácil de encontrar sobretudo atendendo ao facto de que existem outras relações que se impõem articular no modelo de desenvolvimento, como as relações entre ambiente e economia, entre ciência e técnica, entre progresso e risco, entre igualdade social e progresso económico. A sociedade de consumo constitui parte da actual "sociedade de risco" (ULRICH BECK), com toda a fenomenologia que a esta está associada. Ora, o problema do consumo deixou de colocar-se ao nível individual (do consumidor) e dos mecanismos tradicionais contratuais, extrapolando a área do contrato e colocando-se num parâmetro colectivo, com uma dimensão de ordenação económica e de regulação da concorrência. É esta mudança que justificou o delinear de políticas proteccionistas, a criação de novos centros de decisão e de fiscalização e o emergir de legislações com novos mecanismos de reacção às lesões. Enfim, o próprio surgimento do Direito do Consumo como um ramo jurídico autónomo, composto por normas de direito civil, de direito económico, de direito administrativo, de direito penal, entre outras". Adelaide Menezes Leitão, *Tutela do Consumo e Procedimento Administrativo* (no prelo).

merciais desleais, enganosas e agressivas foram-se desenvolvendo no último quartel do século XX, tendo alcançado um significativo apuramento, até alcançarem actualmente o estatuto de património jurídico inalienável.

Trata-se de uma realidade incorporada a tal ponto na estrutura jurídica moderna do direito europeu que se assiste actualmente ao debate sobre se a protecção do consumidor e a própria disciplina publicitária não devem ser introduzidas nos Códigos Civis, exigindo a modernização da dogmática contratual no quadro da compatibilização de um direito clássico de tipo liberal[8] com um direito de cariz mais proteccionista.

III. Evolução no espaço

O direito da publicidade e a concorrência desleal conhecem igualmente um desenvolvimento recente no espaço jurídico europeu. Hoje já não são os parlamentos nem os governos nacionais os responsáveis pela edificação legislativa desta disciplina, uma vez que, na grande maioria dos sectores, o mercado europeu impôs uma solução de harmonização aos legisladores nacionais. Já foi elaborado um conjunto de directivas comunitárias sobre a disciplina publicitária e os meios de defesa do consumidor.

Cabe agora à Comissão Europeia e ao Parlamento Europeu a modernização no espaço europeu da protecção do consumidor, ficando os Estados-membros com competências mais reduzidas nestes domínios. Desta forma, é hoje impensável reflectir no quadro global que rege a disciplina da publicidade e a concorrência desleal sem percorrer as soluções jurídicas advenientes das instituições comunitárias.

Em matéria de publicidade e práticas comerciais desleais existem as Directivas 84/450/CEE, 97/7/CE e 98/27/CE sobre publicidade e práticas comerciais desleais[9]. Denota-se nesta proliferação de Directivas alguma fragmentação do direito comunitário. Esta dispersão de Directivas originou uma proposta de Directiva-quadro que simplificará as regras em vigor em toda a União Europeia.

---

[8] António Menezes Cordeiro, A *modernização do Direito das Obrigações, III – A integração da defesa do consumidor*, ROA, Ano 62, Dezembro de 2002, 711 e seguintes.

[9] "As 4 principais directivas, de carácter geral, referem-se à publicidade enganosa Directiva do Conselho, de 10 de Setembro de 1984, alterada pela Directiva do Parlamento Europeu e do Conselho, de 6 de Outubro de 1997; Directiva, de 5 de Abril de 1993 e as garantias a ela relativas Directiva do Parlamento e do Conselho, de 25 Maio de 1999". (http://europa.eu.int/scadplus/leg/pt/lvb/l32028.htm)

Neste momento, no seguimento do Livro Verde sobre a defesa do consumidor na União Europeia, de 2 de Outubro de 2001[10], a Comissão adoptou já formalmente uma Proposta de Directiva-quadro, aprovada em 30 de Junho de 2003, sobre práticas comerciais desleais, que enviou para o Parlamento Europeu e para o Conselho Europeu e que poderá entrar em vigor no início de 2005.

Portugal deve acompanhar a nível comunitário o que está em fase de preparação e aprovação se pretende intervir neste processo. Caso contrário, a margem de introdução de variantes nos diplomas que transpõem directivas depara-se com folgas reduzidas, limitando-se o legislador nacional normalmente a um processo de tradução dos seus textos.

O mercado nacional alargou-se ao mercado europeu, desaparecendo as fronteiras proteccionistas, mercado que em breve se alargará à Europa do Leste. Ora, o processo de integração económica não é exequível sem um processo de uniformização e harmonização legislativas. Neste contexto, não é possível, no assunto em análise, fazer tábua rasa do direito comunitário, que tem sido matriz na evolução histórica do direito nacional da publicidade, e das novas concepções sobre a concorrência desleal.

Em matéria de concorrência desleal ainda não se alcançou uma Directiva, estando a mesma no entanto anunciada há já vários anos. A Proposta de Directiva-quadro pretende fundir aspectos ligados à publicidade e à concorrência desleal, o que só por si é sintomático da ligação umbilical entre estas disciplinas e pode indiciar que foi posto de lado o projecto de fazer uma Directiva restrita ao tema da concorrência desleal.

De referir, porém, que a Proposta de Directiva-quadro afasta-se do conceito de concorrência desleal para se centrar no conceito de práticas comerciais desleais, colocando, assim, ao nível da história do direito, a extensa discussão sobre a necessidade do acto de concorrência para a qualificação da concorrência desleal.

A proposta de Directiva-quadro sobre práticas comerciais desleais visa fomentar o aumento de confiança dos consumidores com vista a um au-

---

[10] "O Livro Verde, apoiado numa análise dos serviços competentes, considera que as disposições comunitárias de defesa dos consumidores não conseguem adaptar-se ao desenvolvimento natural do mercado e das novas práticas comerciais. A solução perspectivada defende uma simplificação das regras nacionais e uma garantia mais eficaz da defesa dos consumidores. A simplificação das disposições também pode integrar a harmonização da legislação comunitária neste domínio. Além disso, o Livro Verde pretende identificar os principais domínios desta harmonização". (http://europa.eu.int/scadplus/leg/pt/lvb/l32028.htm)

mento da circulação de bens e serviços no mercado interno[11]. Esta proposta de directiva prevê um dever geral de abstenção de práticas comerciais agressivas e desleais, que visa reforçar a legislação sectorial já em vigor. No entanto, a Comissão do Meio Ambiente, da Saúde Pública e do Consumo defende que não se pode alcançar imediatamente uma harmonização integral neste domínio, já que os níveis de protecção dos consumidores variam significativamente de Estado-Membro para Estado-Membro, realidade que tem tendência para aumentar face ao alargamento da Europa a 25.

Nestes termos, procura-se uma harmonização progressiva no tempo para incrementar níveis de protecção do consumidor mais acrescidos nos diferentes países e fomentar formas de auto-regulação, pela adopção de códigos de conduta voluntários.

A Proposta de Directiva estabelece um conjunto de regras para determinar se uma prática é desleal e define o quadro das práticas proibidas na União.

Adoptou-se o princípio do país de origem que estabelece que, às transacções transfronteiriças, é aplicada a legislação do país da venda, impedindo-se o país da compra de estabelecer requisitos legais acrescidos. Trata-se de uma exigência reclamada pelos anunciantes e comerciantes, que é compreensível em face do desconhecimento das legislações dos restantes Estados-Membros.

A Proposta de Directiva-quadro identifica duas condições gerais a serem aplicadas na determinação do carácter desleal da prática comercial: a primeira, que o comportamento seja contrário às exigências da actividade profissional, e a segunda, que distorça materialmente o comportamento do consumidor, adoptando-se neste ponto o conceito de consumidor europeu médio.

A Proposta de Directiva engloba nas práticas desleais as práticas enganosas e as práticas agressivas, bem como outras práticas do período de pós-venda. Também na lista de práticas desleais incluem-se vários métodos publicitários importunos e a publicidade dirigida a crianças.

---

[11] "O principal problema para garantir a defesa dos consumidores no mercado interno reside no facto de existirem diferentes legislações nacionais relativas às práticas comerciais entre empresas e consumidores. Neste momento, nem uns nem outros aproveitam todo o potencial do mercado interno, reforçado desde a chegada do euro, no domínio do comércio electrónico (comércio de tipo B2C, *business-to-consumer*»). As empresas que pretendem oferecer aos consumidores a possibilidade do comércio electrónico encontram-se perante uma incerteza jurídica desencorajante, que limita a eficácia do mercado interno. Este problema prejudica igualmente os consumidores, limitando-lhes o acesso a diferentes produtos e uma escolha mais vantajosa". (http://europa.eu.int/scadplus/leg/pt/lvb/l32028.htm)

A Proposta de Directiva-quadro apresenta, em síntese, as seguintes linhas gerais:

1.º Define as condições que permitem determinar se uma prática comercial é desleal ou não. Não impõe uma obrigação positiva para o comerciante e alcança maior segurança jurídica na medida em que estabelece o elenco das práticas comerciais desleais;

2.º Contém uma cláusula de mercado interior que determina que os comerciantes só têm de cumprir os requisitos do país de origem. Trata-se de uma regra essencial para a segurança jurídica dos comerciantes, que resulta do reconhecimento mútuo;

3.º Harmoniza plenamente os requisitos da União Europeia relativos a práticas comerciais desleais e proporciona aos consumidores um nível elevado de protecção. Trata-se de uma evolução fundamental para afastar os obstáculos advenientes da existência de diferentes legislações nacionais e para reforçar a confiança dos consumidores;

4.º Contém uma proibição geral que substitui a actual cláusula geral e os princípios divergentes;

5.º Estabelece como consumidor de referência o consumidor médio, de acordo com a jurisprudência do Tribunal de Justiça das Comunidades Europeias. Trata-se de uma exigência de proporcionalidade aplicável sempre que a prática comercial se dirige à generalidade dos consumidores. Esta regra é modulável quando a prática se dirige a menores, considerando-se o membro médio desse grupo. Esta regra permite tomar em consideração as características sociais, culturais e linguísticas dos diferentes Estados-Membros;

6.º Reconhece dois tipos fundamentais de práticas comerciais desleais: as práticas enganosas e as práticas agressivas. Estas disposições aplicam os mesmos elementos que os definidos na proibição geral, mas funcionam independentemente dela. Isto significa que uma prática que seja enganosa ou agressiva é automaticamente desleal, mas caso não seja agressiva e enganosa, pode ser desleal pela proibição geral. As normas sobre práticas enganosas englobam acções e omissões que podem contribuir para o engano, mas não exigem a obrigação de informar que é considerada um ónus excessivo para os comerciantes. São aplicados os mesmos princípios em matéria de lealdade às práticas comerciais que ocorrem antes e depois da venda;

7.º Por razões de clareza, a Proposta de Directiva incorpora as disposições sobre as relações entre as empresas e os consumidores estabelecidas na Directiva sobre publicidade enganosa, limitando o âmbito da Directiva sobre publicidade às relações entre empresas;

8.º Num anexo da Proposta de Directiva existe uma lista de práticas comercias desleais, sendo aquelas que são sempre consideradas desleais e proibidas em todos os Estados-Membros como tal. São consideradas *ex ante* como práticas proibidas as vendas piramidais (também chamadas em cadeia ou em bola de neve), que distorçam de forma substancial a tomada de decisões dos consumidores e são consideradas contrárias às exigências de diligência da actividade comercial.

IV. O conteúdo normativo da Proposta de Directiva: o futuro

O artigo 1.º estabelece que o objectivo da Directiva é proporcionar um grau superior de protecção aos consumidores e tornar possível o funcionamento do mercado interno. Ora, tal só é possível mediante a aproximação das legislações nacionais no que se refere às práticas comerciais desleais que prejudicam os interesses económicos dos consumidores. Isto significa que actualmente a própria "concorrência desleal", configura-se a nível comunitário como uma disciplina de defesa do consumidor.

O artigo 2.º contém alguns conceitos que devem servir como guias de interpretação da actual legislação nacional nesta matéria. Daí que se deva dar alguma atenção às seguintes noções:

1.º O consumidor surge como qualquer pessoa física que, em relação às práticas comerciais reguladas pela Directiva, actua com um propósito alheio à sua actividade económica, negócio ou profissão;

2.º O consumidor médio é aquele que é normalmente informado, razoavelmente atento e perspicaz;

3.º O vendedor ou comerciante corresponde a qualquer pessoa física ou jurídica, que, em relação às práticas comerciais contempladas na Directiva, actue com um propósito relacionado com a sua actividade económica, negócio ou profissão e

4.º As práticas comerciais consubstanciam todo o acto ou omissão, conduta ou manifestação, ou comunicação comercial, incluindo a publicidade e a comercialização, procedente de um comerciante e directamente relacionada com a promoção, a venda ou a oferta de um produto aos consumidores. Este conceito incorpora no âmbito mais amplo das práticas comerciais a própria publicidade.

Um dos critérios fundamentais em que assenta a regulação desta Directiva é o de evitar a distorção de forma substancial do comportamento económico dos consumidores, o que ocorre se se utilizar uma prática comercial para modificar de forma significativa a capacidade do consumidor de adoptar uma decisão com pleno conhecimento de causa, provocando, assim, que o consumidor tome uma decisão que de outro modo não tomaria.

Com efeito, de acordo com o artigo 5.º, n.º 1, da proposta de Directiva proíbem-se a práticas comerciais desleais. O n.º 2 do mesmo artigo considera desleal a prática comercial que seja contrária aos requisitos de diligência profissional e que distorça ou possa distorcer de forma substancial o comportamento económico com referência ao consumidor médio que afecta ou a que se dirige, ou ao membro médio do grupo, se se tratar de uma prática comercial dirigida especificamente a um grupo concreto de consumidores.

Ora, neste plano, temos uma cláusula geral que vai exigir alguma ponderação para proibir determinadas práticas comerciais. Diferentemente, o n.º 3 do artigo 5.º estabelece que se consideram sempre desleais as práticas comerciais que sejam enganosas ou que sejam agressivas. Sobre a acção e omissão enganosa regem os artigos 6.º e 7.º.

As práticas comerciais agressivas são as que são reguladas no artigo 8.º, que determina que se considera agressiva toda a prática comercial que, no seu contexto fáctico, tendo em consideração todas as características e circunstâncias, mediante incómodo, coacção ou influência indevida, restringe ou pode restringir de forma importante a liberdade de eleição ou a conduta do consumidor médio com respeito ao produto e o faça chegar a uma transacção comercial que de outra forma não haveria tomado.

O artigo 9.º estabelece as circunstâncias em que o incómodo, a coacção ou a influência indevida se devem tomar em consideração:

    1.º o momento em que ocorrem, a sua natureza e a sua persistência;

    2.º o emprego de linguagem ou de um comportamento ameaçador ou insultante;

    3.º a utilização por parte do comerciante de qualquer infortúnio ou circunstância suficientemente grave para restringir a capacidade de discernimento do consumidor, de que o comerciante tenha conhecimento, e/ou para influenciar a decisão daquele com respeito ao produto;

    4.º o estabelecimento de quaisquer obstáculos não contratuais, onerosos e desproporcionados, estabelecidos pelo comerciante quando o consumidor deseja exercer direitos contratuais, incluindo os de pôr fim ao contrato ou alterar o produto e

5.º a ameaça de exercer qualquer acção que legalmente não possa ser exercida.

São consideradas em todas as circunstâncias práticas comerciais desleais as seguintes práticas comerciais agressivas:

1.º criar a impressão de que o consumidor não pode abandonar o local até celebrar o contrato e realizar o pagamento;

2.º realizar visitas prolongadas ou repetidas em pessoa à casa do consumidor, ignorando as solicitações deste para abandonar a sua casa;

3.º fazer propaganda de forma persistente por telefone, fax, correio electrónico ou outros meios à distância;

4.º dirigir-se a consumidores que sofreram recentemente a perda de um familiar, ou doença grave no círculo familiar, para vender um produto que tenha uma relação directa com esse infortúnio.

5.º impedir os consumidores de fazerem valer os seus direitos de seguro;

6.º fazer publicidade dirigida às crianças na qual se dê a entender que, para serem aceites pelos seus colegas, os pais têm de comprar um produto concreto e

7.º exigir o pagamento de produtos recebidos pelos consumidores que não tenham sido solicitados.

Podemos considerar que nesta tipificação, meramente exemplificativa, se encontra o núcleo dos comportamentos que podem ser qualificados como práticas comerciais agressivas e que, anteriormente, na esteira da doutrina alemã, apelidámos de métodos publicitários importunos.

Para além destas, outras práticas que se reconduzam ao artigo 8.º, atenta a ponderação do artigo 9.º podem ser consideradas agressivas. Esta pauta valorativa pode também ser utilizada como matriz interpretativa do ordenamento jurídico nacional neste domínio.

V. Legislação nacional sobre práticas comerciais desleais (enganosas e agressivas) e meios de reacção do consumidor: o presente

É de referir que a Constituição Portuguesa não tem qualquer referência expressa às práticas comerciais. Com efeito, o art. 99.º CRP, referente aos objectivos da política comercial, limita-se a enumerar como um dos seus objectivos a protecção dos consumidores, protecção esta que terá de ser enquadrada atendo a outros objectivos da política comercial como: (alínea a)) a concorrência salutar dos agentes mercantis; (alínea b)) a racionalização dos circuitos de distribuição; (alínea c)) o combate às actividades especulativas e às práticas comerciais restritivas e (alínea d)) o desenvolvimento e a diversificação das relações económicas externas.

Esta disposição tem uma maior importância em sede de restrições da concorrência do que propriamente no domínio específico da publicidade e das práticas comerciais desleais. De igual forma, o art. 60.º da CRP limita-se a elencar um conjunto de direitos dos consumidores e de matérias ligadas à sua defesa: a publicidade e as associações de defesa do consumidor.

Não há, pois, nesta disposição qualquer referência directa às práticas comerciais enganosas e agressivas. Assim, o legislador constitucional limita-se a remeter para o plano legislativo a conformação da disciplina jurídica da publicidade e das práticas comerciais desleais.

Podemos referir que as práticas comerciais enganosas se reconduzem à proibição de publicidade enganosa que encontramos no artigo 11.º do Código da Publicidade, uma vez que desapareceu a referência aos reclamos dolosos que se encontrava no anterior Código de Propriedade Industrial.

Vamos, desta feita, fazer uma análise dos diplomas legais que possam ter relevância na matéria que nos ocupa. De referir uma questão prévia: quando falamos em práticas comerciais desleais, sejam elas enganosas e/ou agressivas, limitamo-nos àquelas que, de acordo com a proposta de directiva comunitária, "enganam" e/ou "agridem" os consumidores.

Existem, porém, comportamentos no mercado que agridem ou visam agredir os concorrentes, sendo a agressão um dos grupos de casos da concorrência desleal que abarca comportamentos tais como a denegrição, a publicidade comparativa ilícita, o desvio de dependentes e parceiros comerciais e a corrupção de dependentes. Nestes casos, a concorrência desleal continuar-se-á a aplicar.

Se em relação às práticas comerciais enganosas, praticadas na publicidade, podemos recorrer ao artigo 11.º do Código da Publicidade, em matéria de práticas comerciais agressivas, a dispersão legislativa é significativa.

O primeiro aspecto que deve ser referido é que há, neste domínio, um conjunto de diplomas, agrupado sobre a designação de legislação sobre vendas, alguns com quase 20 anos, em parte revogados, em parte em vigor, que necessitam de ser articulados reciprocamente.

Há, por isso, neste domínio que aproveitar a dinâmica da futura Directiva-quadro para criar um diploma que englobe as soluções jurídicas dispersas que necessitam, mais do que nunca, de uma visão de conjunto.

O diploma fundamental em matéria de práticas comerciais agressivas é o DL n.º 253/86, de 25 de Agosto, que se mantém em vigor, muito embora os seus arts. 14.º, 15.º e 16.º foram revogados pelo DL n.º 140/98, de 16 de Maio.

No entanto, o compulsar das suas normas mostra que a sua linguagem está muito afastada da Proposta de Directiva na parte respeitante às práticas desleais agressivas. Com efeito, no preâmbulo refere-se o conceito de práticas restritivas da leal concorrência, o que à partida parece englobar situações entre o direito da concorrência desleal e o direito da concorrência.

É de referir que, desde o pós-25 de Abril de 74 até aos dias de hoje, a disciplina das vendas sofreu uma significativa evolução. Basta pensar que o DL n.º 161/77, de 21 de Abril, tipificava como crime a entrega ou envio, sem mais, de quaisquer produtos ou publicações que não tivessem sido solicitados ou encomendados[12].

Este diploma foi revogado pelo DL n.º 28/84, de 20 de Janeiro que regula as infracções anti-económicas. Ora, este diploma já deveria também sofrer uma reforma legislativa, atendendo a uma adaptação ao quadro económico mais recente e aos *indirizzos* comunitários que existem neste sector.

Há ainda um conjunto de legislação avulsa, não despicienda, em relação ao tema que nos ocupa[13].

Mais recentemente, surgiu no panorama legislativo nacional o Decreto-Lei n.º 143/01, de 26 de Abril, que transpõe a Directiva 97/7/CE, de 20 de Maio, sobre a protecção dos consumidores em matéria de contratos celebrados à distância, abrangendo a matéria dos contratos ao domicílio e

---

[12] Sobre esta evolução seguimos de perto Oliveira Ascensão, *Concorrência Desleal*, Almedina, Coimbra, 2002, 626 e ss.

[13] Decreto-Lei n.º 252/93, de 14 de Julho, entretanto alterado pelo DL n.º 9/2000 (venda ambulante), o Decreto-Lei n.º 138/90, de 25 de Agosto, alterado pelo Decreto-Lei n.º 162/99, (venda com redução de preços).

equiparados e o comércio electrónico. No artigo 27.º deste diploma proíbe-se expressamente as vendas progressivas em cadeia ou em bola de neve, também consideradas como agressivas por restringirem a capacidade de decisão do consumidor.

Todas as práticas comerciais agressivas que põem em causa os interesses económicos dos consumidores são proibidas pela Lei de Defesa do Consumidor. Com efeito, um dos direitos fundamentais do consumidor previsto no artigo 3.º alínea e) da Lei n.º 24/96, de 31 de Junho, é a protecção dos seus direitos económicos.

Este direito é concretizado no artigo 9.º da Lei n.º 24/96, de 31 de Junho, que abrange a matéria das cláusulas contratuais gerais e quaisquer outras práticas que criem situações de desigualdade material do consumidor, designadamente algumas práticas comerciais agressivas, tais como as vendas acopladas e o envio de bens não solicitados.

De referir ainda o n.º 9 deste artigo e diploma, que expressamente incumbe o Governo de adoptar medidas tendentes a prevenir a lesão dos interesses dos consumidores no domínio dos métodos de venda que prejudiquem a avaliação consciente das cláusulas apostas em contratos singulares e da formação livre, esclarecida e ponderada da decisão de se vincularem. Trata-se de uma referência expressa às práticas comerciais agressivas.

Como já foi mencionado, verifica-se uma significativa dispersão e fragmentação normativas, pelo que esta legislação deve ser reordenada, simplificada e, eventualmente, codificada, a fim de que não seja posta em causa a segurança jurídica, ameaçada com a existência de legislações parcelares, desarmonizadas e até contraditórias.

Compulsado o Decreto-Lei n.º 253/86, de 25 de Agosto, apenas o artigo 17.º e seguintes referentes às vendas directas ao consumidor se aproximam desta área das práticas agressivas. Nestes artigos estabelecem-se requisitos que limitam a duração das vendas directas a um mês, as vendas directas ao consumidor só são passíveis de ser efectuadas a título excepcional e são consideradas vendas directas as localizadas fora de estabelecimentos comerciais e as feitas ao domicílio entre outras.

Toda a disciplina das vendas é edificada sobre o prisma da defesa do consumidor.

A lei de defesa do consumidor proíbe de forma genérica algumas práticas comerciais que atentem contra os interesses económicos do consumidor.

Há ainda uma significativa relação com o instituto da concorrência desleal previsto no Código de Propriedade Industrial, na medida em alguns comportamentos que caiem hoje no seu âmbito protegem os consumidores.

Em nosso entender, a legislação que interfere na concorrência e no consumo deve ser concebida no contexto de uma síntese mais abrangente das disciplinas de ordenação do mercado, pelo que traçar fronteiras de separação legislativa é um exercício improfícuo e puramente virtual.

Parece-nos que a via de interpretação propende mais para a procura de um sentido objectivado no texto normativo do que para descortinar interesses catalogáveis ou hierarquizáveis, relevantes ou não em sede de *ratio legis* ou de fundamento pré-legislativo. A indiscutível natureza de normas de protecção do consumidor da disciplina das vendas, da publicidade e da concorrência desleal não afasta o carácter de interesse público constante neste sector legislativo.

Com efeito, a tentativa de assentar em grupos de interesses mais ou menos corporizados os fundamentos pré-legislativos destes diplomas deve ser superada pela compreensão do real âmbito de protecção que se encrostou na norma criada.

Por seu lado, a questão da separação da concorrência desleal da concorrência ilícita ou da disciplina publicitária faz cada vez menos sentido no contexto europeu da "refundição" das Directivas parcelares, que procura um avanço que dá por adquiridas soluções jurídicas sectoriais. Através de sínteses jurídicas abrangentes depuram-se os elementos de redundância do sistema normativo que provocam grandes constrangimentos interpretativos. Esta evolução jurídica comunitária deveria servir de motor para a legislação nacional.

Há ainda que referir que a legislação da publicidade e da concorrência desleal tem um manancial jurisprudencial reduzido. Tal realidade deve-se ao facto de se tratar de um sector em que as reacções dos consumidores são mais imediatas, por normalmente estes fazerem chegar as suas queixas a associações de defesa do consumidor, devido à existência de processos de mediação e à falta de confiança nos tribunais.

Os comportamentos ilícitos no mercado tendem a engrossar o caudal do direito das contra-ordenações, impondo o pagamento de coimas ao Estado pelos infractores. O facto de as práticas desleais, sejam elas enganosas ou agressivas, se situarem ao nível da ilicitude contra-ordenacional não inviabiliza que, sempre que se verifiquem lesões dos interesses económicos dos consumidores, se recorra à responsabilidade civil. Para tal, as normas que configuram estes ilícitos contra-ordenacionais devem ser consideradas normas de protecção dos consumidores (artigo 483.° do Código

Civil)[14]. Por outro lado, certo incómodo manifestamente excessivo pode ser considerado ilícito por violação de direitos de personalidade (artigo 70.°).

Para além da responsabilidade civil, a matéria dos vícios do negócio jurídico, em especial, a coacção (nas práticas agressivas), o dolo e o erro (nas práticas enganosas) podem ser também utilizadas para invalidar os negócios jurídicos em que os vendedores recorreram a práticas comerciais agressivas. Outros institutos como a integração de negócios podem também ser chamados à colação, em nome de um princípio basilar do direito civil que é a protecção da parte mais fraca.

Temos ainda de ter em consideração que não só os meios de reacção típicos do direito civil clássico podem ser utilizados contra as práticas comerciais enganosas e agressivas, como todos os meios de defesa do consumidor que vêm previstos na Lei de Defesa do Consumidor (LDC), tais como:

1.° o direito à acção inibitória contra práticas comerciais expressamente proibidas por lei (art. 10.°, c) da Lei n.° 24/96, de 31 de Junho)[15];

2.° o direito à retractação no prazo de sete dias úteis, a contar da data da recepção do bem ou da conclusão do contrato de prestação de serviços, sempre que os contratos resultem da iniciativa do fornecedor de bens ou do prestador de serviços fora do estabelecimento comercial por meio de correspondência ou outros equivalentes e

3.° o consumidor tem ainda direito à reparação de danos nos termos do artigo 12.°, caso os produtos adquiridos por forças das práticas comerciais agressivas sejam defeituosos.

Há ainda que ter em consideração que o consumidor tem direito a uma protecção jurídica e a um justiça acessível e pronta, de acordo com o artigo 14.° da LDC.

Em conclusão, a protecção do consumidor contra as práticas comerciais enganosas e agressivas realiza-se em três níveis distintos:

1.° a construção de ilícitos contra-ordencionais, que têm uma dimensão preventiva e punitiva dos comportamentos;

2.° o direito civil clássico, no quadro da disciplina da formação do contrato e do instituto da responsabilidade civil e

---

[14] Para mais desenvolvimentos cfr. Adelaide Menezes Leitão, *Estudo de Direito Privado sobre a Cláusula Geral de Concorrência Desleal*, Almedina, Coimbra, 2000, 147 e ss.

[15] Foi enviado recentemente para a Assembleia o diploma que transpõe para o direito interno a Directiva 98/27/CE, do Parlamento Europeu e do Conselho, de 19 de Maio de 1998, relativo às acções inibitórias em matéria de protecção dos consumidores.

3.º o direito do consumo moderno, com especial relevância do direito da publicidade, cujos meios de reacção estão previstos genericamente na LDC e no Código da Publicidade.

VI. Direito da Publicidade e Concorrência Desleal. Conclusões.

A publicidade é conformada na Constituição como uma disciplina de defesa do consumidor. Isso significa que, caso o legislador ordinário na regulação da disciplina publicitária não tivesse em atenção a defesa do consumidor, esta seria inconstitucional. Por sua vez, no CPI regula-se o instituto da concorrência desleal. O preâmbulo deste diploma refere que a propriedade industrial constitui um dos factores competitivos mais relevantes de uma economia orientada pelo conhecimento, dirigida à inovação e assente em estratégias de marketing diferenciadoras, assumindo-se, igualmente, como mecanismo regulador da concorrência e garante da protecção do consumidor.

A grande maioria dos actos que são considerados proibidos por se traduzirem em actos de concorrência desleal pode ser praticada na publicidade (artigo 317.º do CPI). Desta forma, actualmente, a concorrência desleal não pode deixar de ser vista como um instituto de regulação do mercado e de protecção do consumidor, pelo que sempre que os comportamentos publicitários possam ser abrangidos por esta disposição haverá lugar a um ilícito contra-ordenacional.

De referir que no artigo 317.º do CPI desapareceu a referência aos reclamos dolosos que se encontrava no artigo 260.º do CPI anterior. Com esta solução, o assento desta matéria passa a ser o artigo 11.º do Código da Publicidade.

Há também ao nível do Código Civil uma série de disposições sobre formação do contrato que podem ser utilizadas pelo consumidor, designadamente ao nível da responsabilidade pré-contratual, sempre que se verifique qualquer violação de deveres pré-contratuais de informação, de lealdade e de segurança, no âmbito de práticas comerciais desleais.

Para concluir, de referir que a nível comunitário desenha-se uma aproximação de relevo, senão mesmo uma "fusão normativa" entre as disciplinas jurídicas da publicidade e da concorrência desleal, que advém de se incluirem os ilícitos publicitários no quadro das práticas comerciais desleais. Esta matriz será em breve a do legislador nacional, por força da necessidade de transposição da futura Directiva-quadro.

A concorrência desleal, tal como é configurada no Código da Propriedade Industrial, tenderá a conhecer um processo de especialização normativa no domínio da sua complementaridade com a violação dos direitos industriais, num quadro *juseconómico* de disciplina de regulação e ordenação do mercado e de protecção do consumidor e *jusprivado* de protecção dos concorrentes de danos concorrenciais. Não obstante, a regulação que actualmente transitou para a disciplina publicitária, como disciplina de defesa do consumidor, não deixará de igualmente cumprir a função de impôr um padrão de lealdade entre concorrentes.

MÉTODOS DE VENDA A RETALHO FORA DO ESTABELECIMENTO: REGULAMENTAÇÃO JURÍDICA E PROTECÇÃO DO CONSUMIDOR

por Dr.ª CAROLINA CUNHA

SUMÁRIO:
1. Introdução. 2. Métodos lícitos; A) Contratos ao domicílio; i] Âmbito de aplicação do regime legal dos contratos ao domicílio; ii] Regime jurídico dos contratos ao domicílio; iii] Referência especial ao «direito de resolução»; iv] Fiscalização e responsabilidade contra-ordenacional das empresas fornecedoras; B) Vendas especiais esporádicas; C) Contratos à distância; i] Âmbito de aplicação do regime legal dos contratos à distância; ii] Formação do contrato; iii] Cumprimento do contrato; iv] Referência especial ao «direito de resolução»; v] Responsabilidade contra-ordenacional das empresas fornecedoras; vi] Breve alusão a regimes especiais com incidência na contratação à distância; D) Vendas automáticas. 3. Métodos ilícitos; A) Vendas em pirâmide; B) Vendas forçadas e fornecimento de bens ou serviços não solicitados; i] Práticas destinadas a captar putativas declarações de aceitação; ii] Aproveitamento de uma situação especial debilidade; C) Vendas ligadas; 4. Conclusão.

1. INTRODUÇÃO

Suponhamos os seguintes casos:

a) *A* ficou em casa, indisposta; por volta do meio dia e meia, quando se encontra confortavelmente instalada no sofá a ver televisão, toca à campainha um vendedor de enciclopédias a quem *A* acaba por comprar o primeiro volume de uma colecção sobre medicinas alternativas;

b) No escritório onde trabalha, durante a pausa da manhã, *B* assiste a uma demonstração da utilização e vantagens de um aparelho de limpeza que combina características de um aspirador e de uma máquina a vapor, aparelho que um colega seu, aliás, já adquiriu e que o vendedor informa que pode ser comprado através de uma linha de crédito, o que B se apressa a fazer;

c) No fim-de-semana, *C* vai a casa de uma amiga para um lanche-reunião em que são apresentados vários modelos de caixas plásticas que a dita amiga se dedica a comercializar nos tempos livres; por simpatia, *C* não resiste a comprar um lote;

d) Aproveitando as excelentes condições de preço, *D* inscreve-se numa excursão de autocarro à Serra da Estrela em que os viajantes, no final do passeio, são conduzidos às instalações de uma empresa para a divulgação de um faqueiro e de um trem de cozinha em aço inoxidável, que *D*, no calor do momento e encorajado por outros excursionistas, resolve também comprar;

e) *E* adquire sucessivamente os seguintes produtos: **i)** por correio, encomenda umas calças que escolheu num catálogo de roupa; **ii)** por telefone, às cinco da manhã, encomenda uma colectânea de cd's dos anos setenta e um aparelho de musculação que viu apresentados num programa de televendas; **iii)** pela internet, encomenda um livro numa livraria *on-line*;

f) *F* introduziu algumas moedas numa máquina de venda automática para comprar um refrigerante, mas não conseguiu obter nem a bebida, nem a devolução do dinheiro;

g) *G* recebeu em casa uma encomenda postal contendo o primeiro volume de uma enciclopédia que não encomendou e, poucos dias, depois uma factura a solicitar-lhe o respectivo pagamento;

h) *H* está muito aborrecido com a quantidade de folhetos e prospectos publicitários que diariamente lhe invadem a caixa do correio, bem como com a falta de tranquilidade dos seus serões em virtude das contínuas chamadas telefónicas a publicitar bens e serviços.

Todas estas situações, relativamente frequentes no nosso quotidiano, são geradas pela utilização de **modernas técnicas de comercialização e de divulgação dos produtos** que criam ou potenciam vários riscos para os consumidores a quem vão dirigidas. Assim, e uma vez que poderá não ser razoável proibir pura e simplesmente as empresas de se servirem dessas práticas comerciais para o escoamento dos seus produtos (recorde-se, aliás, a tutela que a nossa Constituição confere à liberdade de iniciativa económica privada – art. 61.°), preocupou-se essencialmente o legislador em combater os principais perigos e inconvenientes que a sua utilização acarreta do ponto de vista do consumidor[1]. São algumas dessas medidas legislativas, adoptadas pelo legislador nacional e comunitário, que este trabalho pretende inventariar e analisar de forma sucinta.

De entre as situações acima referidas, as seis primeiras envolvem a celebração de um contrato, ao contrário do que sucede com o derradeiro exemplo, no qual a actividade da empresa vai dirigida à formação de um impulso ou de uma decisão de compra, sem que, todavia, a transacção se chegue a concretizar. De todo o modo, também no primeiro grupo de situações a empresa vendedora recorre a diversas técnicas de comercialização dirigidas a persuadir o cliente; e, no último exemplo, é perfeitamente possível que o desenlace seja a celebração de um contrato. Serve esta clivagem para evidenciar que, por um lado, são mais delicadas as hipóteses em que tem efectivamente lugar a *celebração de um negócio jurídico*, mediante o qual o consumidor se compromete a fazer uma atribuição patrimonial (geralmente em dinheiro) para a aquisição de um bem (ou de um serviço) que, sem a utilização daqueles métodos comerciais, não estaria provavelmente disposto a adquirir. Mas, por outro lado, conduzam ou não à celebração de um contrato, muitas daquelas técnicas comerciais implicam, em si mesmas, *incómodos e inconvenientes* para o consumidor a que vão dirigidas. Neste pressuposto se compreende que o legislador, ao enquadrar juridicamente fenómenos deste tipo, não se tenha preocupado apenas com a *protecção do consumidor (potencial) contraente*, baixando o limiar de risco a que o expõe a celebração de semelhantes negócios jurídicos, mas tenha atendido, igualmente, à situação do *consumidor importunado por determinadas técnicas de venda*. Em consonância, a nossa exposição terá como eixo o regime aplicável à **celebração de contratos** em si-

---

[1] Cabe uma referência à interessante perspectiva adoptada por GÉRARD CAS/DIDIER FERRIER, *Traité de droit de la consommation*, PUF, 1986, pp. 256-257: a distribuição de produtos (e de serviços) é, em si mesma, um serviço posto à disposição do consumidor; será eficaz quando o conduzir a adquirir o produto adequado às suas necessidades, por um preço razoável, facultando-lhe informações completas e leais. Ora, como esta «eficácia» não se impõe, de *per si*, aos fornecedores, surge a necessidade de os poderes públicos controlarem e regulamentarem o funcionamento do serviço «distribuição». Em sentido convergente, remetendo o núcleo do direito do consumidor para a disciplina da produção e distribuição de bens e prestação de serviços, tendo em vista a protecção do consumidor, A. PINTO MONTEIRO, «Sobre o direito do consumidor em Portugal», *Sub Judice – Justiça e sociedade*, n.° 2003, Janeiro/Março, pp.7, ss., p. 7.

tuações idênticas às descritas, sem todavia esquecer o relevo específico que a simples **utilização de certas práticas comerciais** pode revestir.

Se quisermos destacar um denominador comum a todas as transacções descritas, será certamente o de serem realizadas **fora do estabelecimento comercial**, entendido como local físico onde tradicionalmente se processa a venda ao público. De entre estes contratos celebrados fora do estabelecimento, podemos ainda circunscrever dois grupos distintos: aquele em que os contratos são concluídos *com a presença física* de ambas as partes (**métodos presenciais**), e um outro em que os contratos são concluídos *sem a presença física* simultânea dos contraentes (**métodos não presenciais**).

A distinção *não coincide*, é bom de ver, com a tradicional dicotomia contratos presenciais/contratos entre ausentes, a qual assenta no critério da «presença em sentido ideal» (a determinar «a possibilidade de uma imediata aceitação ou recusa» das propostas negociais)[2], ou, segundo uma outra formulação, em directriz «de ordem jurídica e não geográfica» (a existência ou não de um «intervalo de tempo juridicamente relevante» entre as declarações de vontade das partes)[3]. A aplicação deste raciocínio leva-nos, desde logo, a considerar os contratos concluídos por telefone ou por fax como contratos presenciais no sentido clássico[4], apesar de a sua celebração ocorrer entre sujeitos física ou geograficamente distantes – circunstância que, valorada no quadro específico dos contratos celebrados fora do estabelecimento, já os vai remeter para a categoria dos contratos concluídos através de meios não presenciais.

A diferença explica-se: a distinção que fazemos nada tem a ver com o horizonte problemático dos contratos entre ausentes, orientado pela preocupação em circunscrever o momento da perfeição do acordo e, por conseguinte, sensível à (in)existência de um lapso temporal entre proposta e aceitação[5]. Pretende, isso sim, destacar uma *característica* das modernas

---

[2] I. GALVÃO TELLES, *Manual dos contratos em geral*, 3ª ed., Lisboa, 1965, p. 195.

[3] A. MENEZES CORDEIRO, *Tratado de Direito Civil Português*, Parte Geral, Tomo 1, Coimbra, 1999, p. 393.

[4] O exemplo dos contratos telefónicos é avançado tanto por I. GALVÃO TELLES, *ult. op.* e *loc. cits.*, como por A. MENEZES CORDEIRO, *ult. op.* e *loc. cits.*; L. CARVALHO FERNANDES, *Teoria geral do direito civil*, vol. II, 2ª ed., Lisboa, 1996, pp. 217-218, acrescenta os contratos celebrados por telex ou por fax em que o destinatário emite acto contínuo a sua aceitação, eventualmente usando o mesmo documento onde estava contida a proposta.

[5] À terminologia presentes/ausentes não será alheio o relevo assumido pelos contratos formados por correspondência – sobre a evolução histórica do debate e sobre as teorias da aceitação, expedição, recepção e percepção, pode ver-se P. MOTA PINTO, *Declaração tácita e comportamento concludente no negócio jurídico*, Coimbra, 1995, pp. 570-572.

técnicas de comercialização de bens e serviços fora do estabelecimento – a de implicarem ou não a presença física de um representante do vendedor junto do consumidor –, característica susceptível de ser *utilizada como (um) critério de sistematização* dos contratos a cuja celebração vão dirigidas. Com a vantagem de tornar mais claros os riscos próprios de cada categoria – pois se é verdade que, em qualquer dos casos, o melindre essencial reside no «*déficit de reflexão*» do consumidor[6], não é menos certo que, para os contratos concluídos perante um representante do fornecedor (contratos ao domicílio, certas vendas em pirâmide), há que atender à especial pressão a que a presença física de um interlocutor empenhado obter uma transacção sujeita o consumidor; enquanto que, para os contratos concluídos através de meios não presenciais (contratos à distância, vendas automáticas), convém frisar o invasivo potencial de expansão originado pela (quase) desnecessidade de empregar recursos humanos, de empregar uma genuína "força de vendas", com todos os seus custos e limitações.

De todo o modo, o critério que vamos seguir na exposição subsequente – preocupada, essencialmente, com a *regulamentação jurídica* dos métodos de venda a retalho – assenta no seu carácter **lícito** ou **ilícito**. Pretendemos, assim, destacar as situações em que a dimensão dos riscos para o consumidor[7] foi julgada suficiente para conduzir ao sacrifício da liberdade empresarial na determinação das técnicas de escoamento dos bens e serviços.

---

[6] Assim ENRIQUE RUBIO TORRANO, «Contratación a distancia y protección de los consumidores en el derecho comunitario; en particular, el desistimiento negocial del consumidor», *Estudos de Direito do Consumidor*, n.º 4, 2002, pp. 59-77, p. 70.

Regista-se actualmente, no domínio comunitário, uma tendência para *aproximar* o enquadramento jurídico de *todos* os contratos celebrados fora do estabelecimento, devido à proximidade dos interesses do consumidor em qualquer das situações (tomando como referentes os contratos ao domicílio e os contratos à distância) e à circunstância de as empresas, muitas vezes, utilizarem uma combinação entre métodos presenciais e não presenciais (o que levanta dificuldades na determinação do regime aplicável) – cfr. *Hearing door to door selling – Pyramid selling –Multi Level Marketing, 15/16, March 2000, Bruxelles. Analysis of the written submissions prior to the Hearing and statements made at. the Hearing*, disponível em http://europa.eu.int/comm/consumers/cons_int/safe_shop/door_sell/door02_en.pdf, p. 3.

[7] Sobre o conceito de consumidor, desenvolvidamente, C. FERREIRA DE ALMEIDA, *Os direitos* dos consumidores, Coimbra, 1982, pp. 203, ss. Na exposição subsequente utilizaremos a noção de consumidor tal como é circunscrita pelo art. 1.º 1, al. b), do Decreto--Lei n.º 143/2001, de 26 de Abril: «qualquer pessoa singular que actue com fins que não pertençam ao âmbito da sua actividade profissional».

2. MÉTODOS LÍCITOS

a) **Contratos ao domicílio**

Sob a designação de **contratos ou vendas ao domicílio**[8] é usual reunir um grupo de situações em que é o produtor ou distribuidor a tomar a iniciativa de um contacto directo e presencial com os consumidores, procurando-os no respectivo *domicílio*, no seu *local de trabalho*, ou, ainda, em qualquer outro *sítio diferente do estabelecimento* ao qual o público normalmente se desloca, por vontade própria, para adquirir bens e serviços (pense-se, por exemplo, na organização de festas e reuniões, em casa de particulares ou em espaços apropriados, com o objectivo de proceder à apresentação e venda de produtos).

Estas práticas comerciais comportam diversos **riscos para o consumidor**[9], que é muitas vezes surpreendido visitas que não solicitou e que têm por objectivo levá-lo a concluir um contrato. O consumidor encontra-se particularmente vulnerável, no seu ambiente doméstico ou em outro contexto no qual não está de antemão preparado para tomar uma decisão de compra e no qual tende a ceder mais facilmente à persuasiva e (tecnicamente) bem estudada argumentação do vendedor, ou quantas vezes a condescender em adquirir o bem apenas para se libertar do incómodo da situação. De todo o modo, não dispõe o consumidor de qualquer oportunidade de comparar preços, qualidades e características entre o produto oferecido e produtos concorrentes. Dada a rapidez de todo o processo, não tem sequer, as mais das vezes, tempo para reflectir convenientemente sobre a decisão de compra que acaba por tomar. Sucede ainda, amiúde,

---

[8] Alertamos, desde já, para a relativa fungibilidade que os conceitos de «venda» e «contrato» revelam neste âmbito específico do direito do consumo. O uso «metonímico» do termo «venda» advém do facto de ser, aqui, o tipo contratual mais frequentemente utilizado.

[9] Ver, entre outros, ENE A. MARSH, *Consumer protection law*, 3rd ed., West Group, St. Paul, Minn, 1999, pp. 53-54; GUIDO ALPA/MÁRIO BESSONE, *Il consumatore e l'Europa*, Padova, 1979, pp. 37-38; GEMMA GARCÍA, *Los contratos realizados fuera de los establecimientos mercantiles y la protección de los consumidores*, Barcelona, 1994, pp. 33-34; RÜDIGER MARTIS, *Verbraucherschutz. Verbraucherkredit- und Haustürwiederrufgesetz – Systematische Darstellung*, München, 1998, p. 175.; GÉRARD CAS/DIDIER FERRIER, *Traité de droit de la consommation, cit.*, pp. 286, ss. Entre nós, C. FERREIRA DE ALMEIDA, *Os direitos dos consumidores*, Coimbra, 1982, p. 91.

que o vendedor lhe exija que pague de imediato o produto que só mais tarde lhe virá a ser entregue[10].

O legislador comunitário previu e regulou este tipo de situações na **Directiva 85/577/CEE do Conselho, de 20 de Dezembro de 1985**, relativa à protecção dos consumidores no caso de contratos negociados fora dos estabelecimentos comerciais. No plano nacional, a sua disciplina encontra-se, hoje, no Capítulo III do **Decreto-Lei n.º 143/2001, de 26 de Abril**, sob a epígrafe «Contratos ao domicílio e outros equiparados»[11]. É sobre este regime que nos vamos, seguidamente, debruçar.

i] *Âmbito de aplicação do regime legal dos contratos ao domicílio*

O **artigo 13.º** define as situações consideradas como **contrato ao domicílio** para efeitos de aplicação do diploma. Não se restringem às transacções concluídas no *domicílio* do consumidor, abrangendo igualmente os contratos celebrados no *local de trabalho*, em *casa de outro consumidor* ou em *deslocações organizadas* pelo vendedor fora do seu estabelecimento comercial n.º 1 e 2, als. a), b) e c). Também houve preocupação em disciplinar os casos, frequentes entre nós, em que o consumidor é *atraído*, mediante comunicação comercial (*v.g.*, um telefonema), a *certo local indicado pelo fornecedor*, no qual tem então lugar a celebração do contrato[12].

---

[10] Não olvidamos que as vendas a domicílio também apresentam algumas vantagens para o consumidor, prontamente relembradas pelas empresas do sector: é verdade que proporcionam a possibilidade de comprar em condições de comodidade e conforto (sem que o consumidor tenha que sair do seu ambiente doméstico ou profissional) e permitem fazer chegar bens e serviços a consumidores que habitem áreas geograficamente mais remotas, desprovidas de outros circuitos de distribuição (neste sentido, GEMMA GARCÍA, *Los contratos realizados fuera de los establecimientos mercantiles y la protección de los consumidores, cit.*, p. 36). Contudo, da perspectiva que nos ocupa, mesmo estas vantagens encerram em si um potencial de risco: o ambiente mais confortável e familiar – e, portanto, mais distante de uma típica situação aquisitiva – pode induzir uma maior irreflexão; nas áreas menos providas de circuitos comerciais os consumidores tenderão a ser mais vulneráveis a certas técnicas de promoção.

[11] Regime que veio substituir o disposto no Capítulo I (arts. 1.º a 7.º) do Decreto-Lei n.º 272/87, de 3 de Julho.

[12] Note-se que a Directiva 85/577/CEE não contempla, expressamente, estas hipóteses, ao contrário do que sucedia com as anteriores (cf. o respectivo art. 1.º, n.º 1). Sucede, amiúde, que o telefonema ou outra comunicação não deixa antever o propósito de celebração de um contrato oneroso, antes dissimula a atracção do (potencial) cliente sob

Característica típica da noção de contratos ao domicílio é a *inexistência* de um **pedido prévio expresso** por parte do consumidor (art. 13.º, n.º 1). Porém, ainda que a visita do fornecedor haja sido previamente solicitada, o regime em causa continua aplicável desde que o contrato efectivamente concluído diga respeito a bens e serviços *diversos* dos que suscitaram o pedido do consumidor, contanto que este não soubesse nem pudesse razoavelmente saber que o respectivo fornecimento fazia parte da actividade profissional da contraparte(n.º 3 do art. 13.º)[13].

O diploma abrange igualmente as situações em que, seja no domicílio do consumidor, seja em local equiparado, não tenha tido lugar propriamente a celebração do contrato, mas tão-só a emissão, por parte do consumidor, de uma **proposta contratual** a ser *posteriormente* aceite pelo vendedor (art. 13.º, n.º 5)[14]. Bem se compreende esta extensão, pois, de outro modo, estaria aberta a porta a que o regime fosse facilmente torneado pelas empresas fornecedoras, que seriam tentadas a *evitar* que, tec-

---

a capa de uma oferta gratuita a levantar, obrigatoriamente, no local indicado. Parece-nos justificada, pois, a preocupação do legislador com a protecção do consumidor neste tipo de casos, reconductíveis às coordenadas gerais das vendas ao domicílio, nomeadamente no que toca ao *factor surpresa* – também aqui o consumidor é apanhado desprevenido, fora dos locais habituais de comércio e pressionado a tomar uma decisão de compra.

Discute-se aliás, actualmente, a possibilidade de alargar o próprio conceito comunitário de «contratos ao domicílio», de modo a englobar «todos os contratos celebrados fora dos locais habituais de comércio *away from business premises* quando ambas as partes estão fisicamente presentes», seja qual for o local exacto da sua celebração – cfr. HANS-W. MICKLITZ/BETTINA MONAZZAHIAN/CHRISTINA RÖßLER, *Door to door selling. Pyramid selling. Multi level marketing – A study commissioned by the European Commission*, Volume I: Outline of a possible approach to regulation, disponível em, pp. 15-16.

[13] Possibilidade prevista – mas não imperativamente – pela Directiva 85/577/CEE (art. 1.º, n.º 2, e art. 3.º, n.º 3).

Sobre a prática do *switch-selling*, em que o comerciante, ao apresentar-se em casa do consumidor, tenta fazê-lo adquirir um produto mais caro com a justificação de que teria de esperar longo tempo pela entrega daquele que suscitou a visita, cfr. GEMMA GARCÍA, *Los contratos realizados fuera de los establecimientos mercantiles y la protección de los consumidores*, cit., pp. 46-47, que dá igualmente conta dos casos, de algum modo afins, em que o vendedor convence o consumidor a adquirir outros produtos ou serviços com o argumento de que correspondem a exigências legais (extintores de incêndio, alarmes, reparação de telhados ou chaminés, etc.).

[14] Tal como os n.º s 3 e 4 do art. 1.º da Directiva 85/577/CEE, também o nosso art. 13.º, n.º 5, prescreve esta solução independentemente de a proposta contratual emitida pelo consumidor ser ou não vinculativa. Recorde-se que o regime (em boa medida supletivo) da irrevogabilidade e duração da proposta contratual se encontra previsto no Código Civil, arts. 230.º e 228.º.

nicamente, a conclusão do contrato ocorresse *no* domicílio do consumidor: o vendedor limitar-se-ia a recolher aí a proposta que a empresa só mais tarde viria a aceitar, tornando então perfeito o negócio jurídico bilateral.

Verificamos que a noção legal de contrato ao domicílio recorre, sobretudo, a **índices relativos ao modo como o negócio é proposto e celebrado**. Do *ponto de vista formal*, não se faz referência explícita a concretos *tipos contratuais*, apenas se aludindo à necessidade de os contratos abrangidos terem por objecto «fornecimento de bens ou de serviços» (o que, se imediatamente nos remete para os paradigmas da compra e venda e da prestação de serviços, não exclui a consideração de outros tipos negociais aptos a preencher a mesma finalidade) – art. 13.°, n.° 1. Do *ponto de vista substancial*, houve o cuidado de excluir[15] do âmbito de aplicação do diploma a generalidade dos contratos sobre bens imóveis[16]; o mesmo sucedendo com os bens de consumo doméstico corrente (incluindo produtos alimentares e bebidas) «fornecidos pelos vendedores com entregas domiciliárias frequentes e regulares»[17]; e, ainda, com os contratos relativos a seguros e a valores mobiliários.

ii] *Regime jurídico dos contratos ao domicílio*

Várias foram as **medidas consagradas pelo legislador** para fazer face aos riscos que os contratos ao domicilio comportam para o consumidor. São disciplinados aspectos relativos à *fase pré-contratual*, à *celebração do contrato* e ao *período que se lhe segue*.

---

[15] Art. 14.°, alíneas c) e d); art. 3.°, n.° 2, alíneas d) e e) da Directiva 85/577/CEE.

[16] É o que dispõe o art. 14.°, al. a). A exclusão não abrange, contudo, os contratos relativos ao fornecimento e incorporação de bens ou serviços *em* imóveis (*v.g.*, aplicação de soalhos, pinturas), nem os contratos relativos à reparação *de* imóveis – cfr. art. 13.°, n.° 4. Ver, igualmente, o segundo parágrafo do art. 3.°, n.° 2, al. a), da Directiva 85/577/CEE. Sobre as razões da exclusão e sobre o percurso até à redacção final da Directiva, cfr. GEMMA GARCÍA, *Los contratos realizados fuera de los establecimientos mercantiles y la protección de los consumidores, cit.*, pp. 92, ss.

[17] Cfr. a al. b) do art. 14.° e o art. 3.°, n.° 2, al. b) da Directiva 85/577/CEE. Este aditamento final permite concluir que nem todos os contratos ao domicílio sobre bens de consumo doméstico corrente permanecem excluídos do âmbito de aplicação do diploma. Parece que de fora apenas ficam aquelas situações em que o fornecedor dispõe de um esquema de distribuição regular (por ex., carrinhas de distribuição de produtos congelados, de peixe fresco, de pão, etc.), de modo a que se possa dizer que o consumidor *não é* apanhado desprevenido ou de surpresa.

Ao abordar o consumidor com vista à conclusão de um contrato ao domicílio, os representantes da empresa fornecedora devem **exibir** os «documentos adequados à sua completa identificação» (art. 15.°, n.° 3), de modo a permitir ao consumidor tomar conhecimento da natureza comercial da abordagem e da identidade da empresa que a leva a cabo. Se, antes da visita ou no seu decurso forem utilizados catálogos, revistas ou quaisquer outros meios gráficos ou audiovisuais (folhetos, vídeos, dvds, etc), tais **suportes publicitários** devem obrigatoriamente conter as informações mínimas relativas ao contrato cuja celebração se pretende (art. 17.°, n.° 1, e 16.°, n.° 1, alíneas b) a g). Compreensivelmente, o legislador isenta desta prescrição as mensagens publicitárias genéricas, que não envolvam uma proposta concreta para a aquisição de um bem ou serviço (art. 17.°, n.° 2): em tais casos, o nexo com o contexto específico de um contrato ao domicílio é tão ténue que não justifica uma restrição à liberdade publicitária da empresa.

Os contratos que venham a ser celebrados com os consumidores devem, sob pena de nulidade, constar de **documento escrito**. A exigência de forma parece desde logo legitimada pelas razões tradicionais[18], cobrando neste domínio concreto uma decisiva importância os argumentos da *reflexão* e da *prova*. Na verdade, e mesmo que se trate, na generalidade dos casos, de um contrato de adesão – no qual o consumidor se limita a apor os seus dados pessoais, data e assinatura –, é sustentável que o impacto psicológico de um «papel assinado» contrabalance alguns excessos de ligeireza ou precipitação. A função probatória do documento, por sua vez, é claramente evidenciada pela cautela adicional prescrita no n.° 3 do mesmo art. 16.° – o consumidor tem direito a conservar uma cópia do documento, assinada pela outra parte. Os termos e condições do negócio ficam, assim, a constar de um suporte duradouro em poder do consumidor; com esse documento conseguirá provar, caso seja necessário, quais os deveres assumidos pela empresa fornecedora[19]. De todo o modo, está aqui em causa uma formalidade *ad substanciam*, dado que o seu desrespeito implica claramente, nos termos do art. 16.°, n.° 1, a **nulidade** do contrato celebrado.

---

[18] Uma exposição destas razões pode ver-se, por exemplo, em C. MOTA PINTO, *Teoria geral do direito civil*, 3ª ed. (reeimp.), Coimbra, 1985, pp. 430-431.

[19] Sobre a importância da certeza jurídica proporcionada, neste contexto específico, pelo documento escrito, GUIDO ALPA/MÁRIO BESSONE, *Il consumatore e l'Europa*, cit., pp. 41-42.

Ao lado da exigência de forma, a lei prescreve, ainda, um **conteúdo mínimo obrigatório** para os contratos ao domicílio. As diversas alíneas do art. 16.º, n.º 1, possibilitam que, através do suporte escrito, o consumidor seja esclarecido sobre *aspectos fulcrais da transacção* – identificação da contraparte; características essenciais do bem ou serviço adquirido; preço e forma de pagamento; modo, lugar e prazo de entrega do bem ou da prestação de serviços; regime da garantia e da assistência pós-venda; informações relativas ao direito de resolução. Este conteúdo mínimo não se destina a operar qualquer específica modelação da disciplina contratual – nada se estatui, por exemplo, quanto à concreta forma de pagamento ou quanto ao prazo-limite para a entrega do bem. Pretende-se, isso sim, que o consumidor tenha em seu poder um instrumento através do qual possa *conhecer os seus direitos e as principais obrigações assumidas pela contraparte* (além de, no tocante ao preço e condições de pagamento, as obrigações assumidas por si próprio). Tratar-se-á, no entender de alguns, de uma forma (ou formalidade[20]) *ad luciditatem*, destinada a desempenhar uma função eminentemente informativa[21]. Questão interessante é a da consequência, no plano contratual, da **omissão de algum dos elementos** enunciados pelo art. 16.º, n.º 1: determinará *a nulidade de todo o negócio*, como a redacção da norma parece sugerir[22]? Ou a sanção da nulidade visa somente o desrespeito pela exigência geral de forma escrita, relevando o incumprimento dos requisitos relativos ao conteúdo do contrato apenas no plano contra-ordenacional[23]? O maior melindre, como veremos, prende-se

---

[20] Criticamente, sobre a tendência moderna a acrescentar esta expressão da linguagem corrente, de significado mais amplo, ao conceito clássico de forma, *Pratiques du commerce & information et protection du consommateur. Actes des journées d'étude organisées les 109 et 20 novembre 1987 à Leuven*, ed. E. BALATE/J. STUYCK, p. 120, e p. 125, onde se questiona a peculiaridade da técnica legislativa das «formalidades com função de informação», ao desembocar na estipulação de cláusulas que não criam direitos (cuja fonte é a lei – v.g., o «direito de resolução» nos contratos de consumo), apenas servindo para chamar a atenção do consumidor sobre a respectiva existência.

[21] Ver, com referências diversas, J. R. GARCÍA VICENTE, *Ley de contratos celebrados fuera de los establecimientos mercantiles: el derecho de revocación*, Pamplona, 1997, p. 175.

[22] O que viria criar uma disparidade dificilmente justificável em face do regime vigente para a outra modalidade de contratos celebrados fora do estabelecimento – referimo-nos ao disposto nos arts. 4.º e 5.º do mesmo diploma para os contratos à distância. Sobre a conveniência em uniformizar certas coordenadas no regime dos contratos ao domicílio e à distância, ver *infra*, n.º 4.

[23] Cfr. art. 32.º 1 e 2, alíneas a). Inclinamo-nos para esta última solução, essencialmente por não alcançar em que medida é que a nulidade de todo o contrato (invocável,

com a ausência no clausulado dos esclarecimentos relativos ao direito de resolução.

Fazendo uso da regra *de minimis* facultada pela Directiva[24], o legislador nacional **isentou** das exigências de forma e conteúdo mínimo **os contratos de valor inferior a € 60**, para os quais apenas requer uma nota de encomenda (ou documento equivalente) devidamente assinada pelo consumidor. Estaremos aqui perante uma simples formalidade *ad probationem*, destinada, essencialmente, a comprovar a vinculação do adquirente.

Encarando tipicamente a empresa fornecedora como o predisponente de um contrato de adesão, o art. 16.º, n.º 2, comete-lhe a **obrigação de redigir** as cláusulas negociais *em termos claros e inequívocos*[25]. Por outro

---

prima facie, também pela empresa fornecedora) é requerida para a protecção dos concretos interesses do consumidor (em sentido análogo, J. R. GARCÍA VICENTE, *Ley de contratos celebrados fuera de los establecimientos mercantiles: el derecho de revocación*, cit. pp. 182-
-183). Com uma única hesitação, relativa à omissão dos elementos previstos na al. g) sobre o direito de resolução. Aí sim, já a invocação da nulidade, com as consequências que acarreta (nomeadamente, a restituição do que houver sido prestado – art. 289.º do CCiv), pode funcionar como um *paliativo* para a caducidade de um direito (de extinguir o contrato) cuja existência e possibilidade de exercício não foram dadas a conhecer ao consumidor.

Todavia, há também que ponderar esta solução à luz do que decorre explicitamente da Directiva 85/577/CEE, a qual, no seu art. 4.º, §2.º, impõe aos Estados-membros que «a respectiva legislação nacional preveja medidas adequadas para protecção do consumidor nos casos em que não seja fornecida a informação prevista» sobre a existência e modo de exercício do direito de resolução. E aqui cabe perguntar: não será preferível sancionar *a ausência de informação relativa ao direito de resolução* com a subsistência desse mesmo direito, impedindo a actuação dos prazos de caducidade previstos no art. 18.º1? É que o regime do direito de resolução oferece *maior protecção* ao consumidor do que o regime da nulidade – *v.g.*, quanto ao prazo para o reembolso dos pagamentos efectuados (art. 19.º1); quanto à responsabilidade contra-ordenacional decorrente do incumprimento da obrigação de reembolso (art. 32.º1a e 2a); ou quanto à sorte do contrato de crédito eventualmente associado (art. 19.º3).

[24] Art. 3.º, n.º 1, da Directiva 85/577/CEE. Note-se que o legislador fez desta regra um uso circunscrito, já que não isentou os contratos de valor inferior a € 60 de *todo* o regime jurídico prescrito para os contratos ao domicílio (como a norma comunitária possibilitava), mas *apenas* das exigências relativas à forma e ao conteúdo mínimo.

No âmbito comunitário, tem sido sublinhada a importância da isenção dos contratos de pequeno valor para não dificultar as vendas ao domicílio com objectivos de caridade ou beneficência – cfr. *Hearing door to door selling – Pyramid selling –Multi Level Marketing*, cit., p. 3

[25] Obrigação que se estende, parece-nos evidente, às cláusulas descritas no n.º 1 do art. 16.º, ao contrário do que sugere a redacção do n.º 2 do mesmo preceito («quaisquer *outras* condições e cláusulas»).

lado, a mesma norma consagra a **inexigibilidade do cumprimento**, pelo consumidor, de quaisquer outras obrigações *para além das que resultam da lei geral*. Parece assim fortemente coarctada a *liberdade de a empresa fornecedora conformar o concreto conteúdo dos contratos ao domicílio*, decaindo essa sua faculdade onde cessar a previsão legal das obrigações a assumir pela contraparte. Cabe, sobretudo, perguntar se, no que toca ao *direito dispositivo*, não estaremos, também aqui perante uma manifestação daquela sua «função ordenante» como «padrão normativo rector»: as soluções que consagra são desejadas enquanto «conformes aos princípios de justiça comutativa e adequadas ao caso típico e normal», pelo que ganham «um acrescido poder de resistência ao seu afastamento indiscriminado pelas estipulações privadas» que provenham «de uma parte interessada»[26]. Por conseguinte: se o quadro legal, ainda que supletivo, não assacar determinada obrigação ao consumidor-adquirente, não poderá o contrato ao domicílio pretender a sua concreta criação.

O art. 20.º, n.º 1, **interdita** à empresa fornecedora a exigência de qualquer **pagamento antecipado**, isto é, anterior à recepção dos bens ou à prestação dos serviços[27]. Na economia contratual esta surge como uma medida adequada à protecção do consumidor, que, de outro modo, ficaria *totalmente exposto* ao risco do incumprimento da empresa fornecedora (enquanto esta eliminava satisfatoriamente o risco recíproco do incumprimento do consumidor) e *privado* do importante mecanismo de defesa consubstanciado na excepção de não-cumprimento do contrato (art. 428.º CCiv)[28]. Por outro lado, as **quantias que o consumidor entregue à empresa** antes de esgotado o prazo de que dispõe para o exercício do seu direito de pôr termo ao contrato, além de valerem como *prova* da existência

---

[26] J. Sousa Ribeiro, *Cláusulas contratuais gerais e o paradigma do contrato*, Coimbra, 1990, em especial pp. 222 e 223-224.

[27] Destacando a vantagem da proibição de pagamentos anteriores ao momento em que *caduca* o «direito de resolução» (como chegou a ser proposto no plano comunitário), *independentemente* de o consumidor haver ou não recebido a mercadoria, para evitar que o desembolso de dinheiro o fizesse sentir vinculado e limitasse, na prática, o exercício do direito de resolução, Gemma García, *Los contratos realizados fuera de los establecimientos mercantiles y la protección de los consumidores*, cit., p. 116.

[28] Propondo que se faculte, no quadro do direito civil, ao consumidor que realizou um pagamento antecipado o mecanismo da repetição do indevido, com fundamento na inexigibilidade da prestação (por parte do fornecedor) e no erro relativo a ignorância da proibição de pagamentos antecipados (por parte do consumidor), J. R. García Vicente, *Ley de contratos celebrados fuera de los establecimientos mercantiles: el derecho de revocación*, cit., p. 205.

do negócio, reputam-se entregues *por conta do preço* (art. 20.°, n.° 2), com a consequência de ficarem abrangidas pela *obrigação de reembolso* subsequente ao exercício daquele direito (art. 19.°, n.° 1).

iii] *Referência especial ao «direito de resolução»*

Minimizando os efeitos nefastos de decisões irreflectidas, a lei concede ao consumidor o direito de pôr termo ao contrato por declaração unilateral e sem necessidade de apresentar qualquer motivo: é o chamado «**direito de resolução**», previsto e regulado nos artigos 18.° e 19.°[29]. Tem sido alvo de críticas justificadas a terminologia adoptada pelo legislador[30], que remete este direito potestativo extintivo para os quadros do instituto jurídico da resolução sem curar da falta de um pressuposto essencial na sua *fattispecie* constitutiva: a *ausência de um motivo ou fundamento a invocar* como causa da resolução do contrato[31]. Na verdade, o consumidor possui a faculdade de se desvincular *ad libitum*, sem necessidade de alegar qualquer razão. Os únicos requisitos impostos dizem respeito ao **prazo** e ao **modo de exercício** do «direito de resolução».

O **prazo** para exercer o direito *começa* a correr desde o momento em que o consumidor se vincula, assinando o contrato. O regime português concede ao consumidor 14 dias para ponderar a conveniência em permanecer vinculado (art. 18.°, n.° 1). Contudo, nos casos em que a entrega dos bens é posterior à assinatura do contrato, o prazo só *termina* 14 dias após momento em que os bens são recebidos[32]. Compreende-se que, nestas si-

---

[29] Arts. 4.° e 5.° da Directiva 85/577/CEE.

[30] Assim, por ex., ENRIQUE RUBIO TORRANO, «Contratación a distancia y protección de los consumidores en el derecho comunitario; en particular, el desistimiento negocial del consumidor», *cit.*, p. 72; ou MIGUEL PUPO CORREIA, «Contratos à distância: uma fase na evolução da defesa do consumidor na sociedade de informação?», *Estudos de Direito do Consumidor*, n.° 4, 2002, pp. 165-180, p. 176.

[31] Sobre o ponto, ver, sobretudo, J. BAPTISTA MACHADO, «Pressupostos da resolução por incumprimento», BFDC, *Estudos em homenagem ao Prof. Doutor Teixeira Ribeiro*, vol. II, Coimbra, 1979, agora também publicado em *João Baptista Machado – Obra dispersa*, vol. I, Braga, 1991, pp. 125-193.

[32] Equaciona-se, no contexto comunitário, a possibilidade de *alterar* a Directiva 85/577/CEE de modo a que o prazo para o exercício do direito de resolução (um mínimo de sete dias a contar da data em que recebeu as informações sobre o direito de resolução – art. 5.°) só comece a correr com a entrega dos bens, assim harmonizando o regime dos contratos ao domicílio com o dos contratos à distância (cfr. *Hearing door to door selling*

tuações, a contagem também se inicie no instante em que o contrato é celebrado. Pode, na verdade, o consumidor vir a arrepender-se da aquisição efectuada mesmo antes de receber a coisa (v.g., por ter cedido a um impulso ou capricho; por ter, entretanto, comparado preços e descoberto uma alternativa menos dispendiosa[33]), pelo que não faria sentido esperar por esse evento para lhe facultar o exercício do direito de desvinculação. Em qualquer das hipóteses, pois, seja ou não a entrega contemporânea da celebração do contrato, a tutela paliativa de decisões precipitadas assimila a preocupação em conceder ao consumidor tempo suficiente para examinar o bem e concluir se, de facto, aquela concreta aquisição lhe convém. Fazendo apelo à ideia de um mínimo imperativo de protecção, permite-se, naturalmente, que as partes **alarguem** do período temporal previsto para o exercício do «direito de resolução» (art. 18.°, n.° 3). A contagem dos prazos é **contínua**, não se interrompendo aos sábados, domingos e feriados (art. 35.°)[34], e basta que a declaração de resolução seja **expedida dentro do prazo** para que o efeito extintivo se produza, não relevando que o outro contraente só a receba, de facto, após termo dos 14 dias (art. 18.°, n.° 5).

– *Pyramid selling –Multi Level Marketing*, cit., pp. 5-6). As empresas têm criticado semelhante abordagem, por considerar que os interesses em causa são diferentes – nos contratos ao domicílio, o consumidor já teve oportunidade de examinar os bens aquando da visita do vendedor, pelo que será desnecessário adiar a contagem do prazo para o momento da sua recepção, com isso dilatando o período de incerteza para os fornecedores. As associações defesa do consumidor, contudo, têm reputado conveniente a manutenção da possibilidade de resolver o contrato após recepção do bem, pois não é raro o consumidor haver sido induzido em erro pelo vendedor ou não ter tido a oportunidade de examinar convenientemente o produto.

Na nossa perspectiva, pelas razões que explicitamos em texto, o grau óptimo da tutela do consumidor, em qualquer das situações – contratos ao domicílio ou contratos à distância – coincide com a formulação escolhida pelo legislador nacional para os contratos ao domicílio: o direito de resolver o contrato só caduca volvidos 14 dias sobre a entrega dos bens.

[33] Há quem assinale, inclusive, ao direito de resolução nos contratos de consumo uma importante função de «*meio potenciador da concorrência*» entre as empresas, ao permitir, na prática, que o consumidor desista de um contrato já celebrado simplesmente porque um fornecedor concorrente lhe ofereceu melhores condições – assim HANS-W. MICKLITZ/BETTINA MONAZZAHIAN/CHRISTINA RÖßLER, *Door to door selling. Pyramid selling. Multi level marketing*, cit., p. 9.

[34] Sem prejuízo, em nosso entender, do disposto no art. 279.°, al. e), do CCiv, aplicável por força do art. 296.° do mesmo Código: o prazo que termine em domingo ou dia feriado transfere-se para o primeiro dia útil seguinte.

O direito de resolução exerce-se, em regra, através de uma **carta registada com aviso de recepção** na qual o consumidor comunica à contraparte a sua vontade de extinguir o contrato – art. 18.º, n.º 5. A norma salvaguarda a possibilidade de «outras formas de notificação», cuja estipulação, de acordo com as regras gerais, não deverá dificultar o exercício do direito, tomando como referência o padrão da carta registada[35].

De pouco serve ao consumidor a outorga de um «direito de resolução» cuja existência desconheça e de cuja protecção não esteja, por conseguinte, em condições de se prevalecer. Daí que o legislador tenha imposto à empresa fornecedora o especial **dever de informar** o consumidor quanto à existência do direito de pôr termo ao contrato. A informação, sob a *forma escrita*, deve ser prestada *por ocasião da conclusão do contrato*, embora o momento exacto dependa da modalidade de contrato ao domicílio concretamente celebrado (art. 18.º, n.º 2). Entendemos que este dever de informação tem – em todos os casos, incluindo aqueles em que o valor do contrato é inferior a € 60[36] – o conteúdo conferido pelo art. 17.º, n.º 1, al. g): o consumidor deve ser esclarecido não apenas quanto à *existência* do direito, mas também quanto ao *prazo* de que dispõe par o exercer e quanto ao *nome e endereço* da pessoa a quem deve enviar a sua declara-

---

[35] Referimo-nos ao art. 16.º da Lei de Defesa do Consumidor (Lei 24/96, de 31 de Julho) e ao art. 22.º, n.º 1, al. o), do diploma que regula as cláusulas contratuais gerais (Decreto-Lei n.º 446/85, de 25 de Outubro). O primeiro preceito fere de nulidade as disposições contratuais que *excluam ou restrinjam direitos* concedidos pela Lei de Defesa do Consumidor. Ora, o direito de que curamos, ainda que especificamente regulado em outro diploma (o Decreto-Lei n.º 143/2001, de 26 de Abril), não deixa de estar genericamente previsto no art. 9.º, n.º 7, da Lei de Defesa do Consumidor, e, do ponto de vista dos efeitos produzidos, a colocação de entraves ao seu exercício deve ser materialmente analisada como uma *restrição*. A segunda norma tipifica como relativamente proibidas as cláusulas que vinculem as partes a *comportamentos supérfluos* para o exercício dos seus direitos contratuais, proibição que pode, igualmente, vir a determinar a nulidade da estipulação (art. 12.º do mesmo diploma). Por conseguinte, qualquer cláusula que embarace o modo de exercer o direito de resolução de um contrato ao domicílio (tendo como referência o padrão da carta registada) deverá ser considerada nula, vigorando, em seu lugar, o regime do art. 18.º, n.º 5, do diploma que rege tais contratos.

[36] Porque a excepção do art. 17.º, n.º 4, vale para o regime consagrado no art. 17.º. Ao contrário do que a Directiva 85/577/CEE permitia (cfr. o seu art. 3.º, n.º 1), o nosso legislador não isentou de *todo* o regime traçado para os contratos ao domicílio os negócio de valor inferior a € 60. Ora, o disposto no art. 18.º vale para qualquer contrato ao domicílio, independentemente do valor, e é nesse mesmo art. 18.º que se impõe, imperativamente, o dever de informação. O recurso que fazemos, neste contexto, ao art. 17.º, n.º 1, al. g), destina-se unicamente a precisar o conteúdo útil do dever em causa.

ção de «resolução». Na verdade, só assim se pode lograr o resultado útil pretendido pelo art. 18.º, n.º 2: habilitar o consumidor a exercer eficazmente o direito que o ordenamento jurídico lhe confere.

Consideração que abre, logicamente, a porta a um outro problema: como tutelar o consumidor se a empresa fornecedora **não cumprir** este dever de informação? A Directiva 85/577/CEE, no art. 5.º, n.º 1, estabelece uma regra clara: o prazo para o exercício do direito de desvinculação só começa a correr a partir do momento em que o consumidor recebe a informação sobre a sua existência e modo de exercício. Mas o legislador nacional não consagrou regime semelhante[37]. Será, porventura, uma daquelas situações em que se justifica o apelo a uma *interpretação conforme ao direito comunitário*[38]: a violação do dever de informar determina a ausência de caducidade do direito de resolução nos prazos cominados pelo art. 18, n.º 1; em consequência, o consumidor continuará a poder resolver o contrato até sete dias volvidos sobre a data em que a informação relevante vier a ser prestada. O apelo a esta interpretação é tanto mais premente quanto o é o art. 4.º da Directiva a impor, claramente, aos Estados-membros, a obrigação de prover a que «a respectiva legislação nacional preveja medidas adequadas para protecção do consumidor nos casos em que não seja fornecida a informação» relativa ao direito de resolução. É certo que a violação do dever de informar em causa constitui a empresa em responsabilidade contra-ordenacional art. 32.º, n.os 1, al a), e 2, al. a), mas só isso não logra «proteger adequadamente» o consumidor quanto ao exercício efectivo do seu direito de resolução. E, como vimos[39], a sanção da nulidade do contrato, susceptível de ser equacionada no horizonte do art. 16.º1, al. g), talvez não seja a mais indicada (além de não estar disponível para contratos de valor inferior a € 60).

O regime do direito de resolução é **imperativo**, o que bem se compreende em face da ideia de ordem pública de protecção que lhe subjaz[40] e da posição de vantagem de que goza a empresa fornecedora, enquanto

---

[37] Que, todavia, já adoptou em sede de contratos à distância, como adiante termos oportunidade de confirmar.

[38] Sobre o princípio da interpretação conforme, cfr. M. GORJÃO-HENRIQUES, *Direito comunitário*, Coimbra, 2001, p. 207.

[39] Cfr. *supra*, em particular nota 23.

[40] Sobre o conceito de ordem pública de protecção, que propicia «o necessário enquadramento jurídico para um conjunto de soluções de protecção dos sujeitos económica e socialmente mais débeis (trabalhador, arrendatário, consumidor, etc.)», A. PINTO MONTEIRO, *Cláusulas limitativas e de exclusão de responsabilidade civil*, Coimbra, 1985, p. 50.

predisponente do contrato de adesão normalmente celebrado. O legislador estatui (art. 18.º, n.º 4) que se têm por não escritas as **cláusulas de renúncia**, bem como aquelas que estabeleçam uma **indemnização** ou **penalização** de qualquer tipo para o exercício do direito de resolução – dado que, na prática, estas últimas iriam constranger o consumidor a não exercer o direito de resolução, para evitar a sujeição às sanções estipuladas, equivalendo assim, *materialmente*, a uma verdadeira renúncia.

O art. 19.º disciplina a **relação de liquidação** subsequente ao efectivo exercício do «direito de resolução». O consumidor tem direito ao *reembolso* daquilo que haja pago, reembolso que o fornecedor deve realizar no prazo máximo de 30 dias. Se os bens objecto do negócio dissolvido se encontrarem em poder do consumidor, fica este *obrigado a conservá-los e a restituí-los* em devidas condições nos 30 dias subsequentes à sua recepção (pelo que se, por hipótese, exerceu o «direito de resolução» no último dos 14 dias do prazo, terá outros 16 dias para proceder à reexpedição dos bens)[41]. Por último, o n.º 3 do art. 19.º confere à «resolução» do contrato ao domicilio o efeito de automaticamente extinguir certos contratos de crédito ao consumo a ele funcionalmente ligados.

iv] *Fiscalização e responsabilidade contra-ordenacional das empresas fornecedoras*

O regime jurídico do contratos ao domicílio não contempla, exclusivamente, uma vertente negocial, embora esta constitua, sem dúvida, a sua espinha dorsal. O respeito por diversas obrigações que, no plano contratual *latu sensu* (incluindo o período anterior e posterior à celebração do negócio), são assacadas à empresa fornecedora, é sancionado pela imposição de **responsabilidade contra-ordenacional**. Por outro lado, com vista a possibilitar um mínimo de **fiscalização** sobre a actividade de celebração de contratos ao domicílio, as empresas que adoptem esta técnica de co-

---

[41] A lei não regula explicitamente as consequências da resolução dos contratos ao domicílio relativos à *prestação de serviços* (resolução que, no âmbito dos contratos à distância, é afastada a partir do momento em que tem início a prestação do serviço – cfr. *infra,*). Parece defensável a regra da restituição por equivalente (assim J. R. GARCÍA VICENTE, *op. cit.*, p. 224), o que, naturalmente, é de molde a desincentivar a resolução de contratos ao domicílio de prestação de serviços já executados, dada a indiferença das consequências patrimoniais a suportar pelo consumidor (pagamento do serviço ou devolução do seu valor pecuniário).

mercialização são obrigadas a manter uma *relação actualizada das pessoas que integram a sua força de vendas*, relação que deve ser facultada às autoridades competentes sempre que estas o solicitem (artigo 15.°).

É extensa a lista dos **deveres** cuja violação faz a empresa fornecedora incorrer em **responsabilidade contra-ordenacional**, de acordo com o prescrito pelo art. 32.°, nos seus n.os 1, al. a) e 2, al. a) – violação dos deveres de identificação dos colaboradores (art. 15.°); violação dos deveres relativos à forma e conteúdo do contrato (art. 16.°, n.os 1 e 2); violação dos deveres relativos ao conteúdo dos suportes publicitários (art. 17.°); violação do dever de informar o consumidor quanto ao «direito de resolução» (art. 18.°, n.° 1); violação da obrigação de reembolso (art. 19.°, n.° 1); violação da interdição de pagamento antecipado (art. 20.°, n.° 1).

Sendo a inércia do consumidor – motivada pelo desconhecimento, pela falta de confiança no sistema ou pela desproporção entre os valores patrimoniais envolvidos e o incómodos que associa ao exercício judicial dos seus direitos – um dos principais entraves ao êxito do sistema de tutela legalmente predisposto, bem se compreende a importância da intervenção *ex officio* das autoridades administrativas. Mesmo que essa intervenção não tenha reflexos no caso concreto (*v.g.*, se a empresa se recusa a proceder ao reembolso imposto pelo art. 19.°, n.° 1, a coima que lhe venha a ser aplicada em nada garante, ao consumidor, o recebimento da quantia em dívida, para o que terá de recorrer à via judicial), a sua probabilidade pesará, certamente, no horizonte de decisão da empresa fornecedora, dissuadindo-a de violar as suas obrigações[42]. É claro que este efeito de prevenção depende fortemente do grau de eficácia da fiscalização e punição das práticas interditas: quanto maior for esta eficácia, maior será o risco de adoptar uma conduta proibida, e, por conseguinte, mais constrangida se sentirá a empresa a actuar de acordo com a lei. O problema, naturalmente, é que a realidade tende para a equação inversa.

O **montante das coimas** a aplicar pode ir até aos € 1.000, para as pessoas singulares, ou aos € 8.000, para as pessoas colectivas, sendo expressamente consagrada a punibilidade das tentativas e das condutas negligentes (art. 32.°). A **instrução dos processos** (de todos os processos, no

---

[42] Isto é sobretudo importante quando estão em causa deveres cuja violação não produz consequências no plano das relações entre as partes, não conferindo ao consumidor um poder ou protecção específicos (*v.g.*, entre outros, os deveres impostos pelos arts. 15.°, n.° 3; ou 17.°, n.° 1). Nestas situações, não está sequer presente, no horizonte de decisão da empresa, a probabilidade (já em si mesma, como vimos, remota) de vir a enfrentar uma acção judicial por parte do consumidor.

âmbito do Decreto-Lei n.º 143/2001, de 26 de Abril) está a cargo da Inspecção-Geral das Actividades Económicas, a quem cabe, de modo geral, zelar pelo cumprimento de todo o regime (arts. 34.º, n.º 1, e 31.º). A entidade competente para decidir a **imposição das sanções** previstas será a Comissão de Aplicação de Coimas em Matéria Económica (art. 34.º, n.º 2). Registe-se que 10% do produto das coimas reverte para o Instituto do Consumidor, premiando e reforçando o papel privilegiado deste organismo na detecção de situações ilícitas e no seu encaminhamento para as autoridades competentes.

b) **Vendas especiais esporádicas**

As vendas especiais esporádicas são objecto do Capítulo V do **Decreto-Lei n.º 143/2001, de 26 de Abril**. Caracterizam-se pelo cruzamento de dois vectores: o primeiro, relativo à sua **localização** – têm lugar *fora dos estabelecimentos comerciais*, em «instalações ou espaços privados especialmente contratados ou disponibilizados para esse efeito» –; o segundo, respeitante ao seu **carácter episódico** – não correspondem a uma actividade estável e contínua da empresa fornecedora no exterior das suas próprias instalações, sendo realizadas *apenas* «de forma ocasional» (art. 24.º1).

O regime das vendas especiais esporádicas comporta uma vertente administrativa e outra de índole contratual. A prática destas vendas está sujeita a **comunicação prévia** (com a antecedência mínima de 15 dias) à Inspecção-Geral das Actividades Económicas (art. 25.º), sob pena de coima art. 32.º. n.os 1, al. b) e 2, al. b). A comunicação deve ser feita por escrito e conter diversos elementos relativos à empresa e aos produtos, bem como à duração e ao local das vendas. No plano contratual, atribui-se ao consumidor um **direito resolução** idêntico ao consagrado para contratos ao domicílio (art. 24.º2).

c) **Contratos à distância**

A noção operativa de contratos à distância assenta na caracterização do processo utilizado pela empresa para a comercialização dos seus produtos como *sistema* de vendas ou prestação de serviços à distância[43]. Um

---

[43] «O que implica a caracterização do fornecedor como um empresário dotado de

tal sistema implica não só a *utilização exclusiva de* (uma ou mais) **técnicas de comunicação à distância** *no percurso que conduz à celebração do contrato* com o consumidor, como implica, também, que *a própria celebração do contrato* tenha lugar através de uma dessas técnicas. A definição de «técnica de comunicação à distância» faz-se, essencialmente, pela negativa: abrangerá qualquer expediente utilizável para a conclusão de um contrato que *dispense a presença física e simultânea* das partes. Não existe, assim, ao longo de todo o *iter* negocial, qualquer contacto presencial (no sentido estrito de presença física ou geográfica[44]) entre fornecedor e consumidor. Foi esta a concepção de «contrato à distância» acolhida pelo **Decreto-Lei n.º 143/2001, de 26 de Abril**, cujo Capítulo II transpõe para a ordem jurídica portuguesa a **Directiva 97/7/CE, do Parlamento Europeu e do Conselho, de 20 de Maio de 1997** (cfr. o art. 2.º do diploma nacional e o art. 2.º do diploma comunitário).

Os **riscos para o consumidor**, prendem-se, desde logo, com a *impossibilidade de examinar previamente o bem*, que pode, por conseguinte, não corresponder às suas expectativas ou apresentar defeitos e desconformidades em face do contratado. Por outro lado, convém não esquecer os riscos próprios de muitos dos métodos que ingressam no conceito aberto de «técnica de comunicação à distância», os quais propiciam *decisões irreflectidas*, tomadas em ambientes de particular vulnerabilidade – também aqui estamos em face de contratos celebrados fora do estabelecimento comercial.

A celebração de contratos à distância, globalmente considerada, suscita **mais problemas** do que aqueles a que o seu regime procura dar resposta. Boa parte desses problemas são levantados pelas «técnicas de comunicação à distância» concretamente utilizadas, algumas das quais mereceram já uma intervenção específica do legislador nacional e comunitário. Complexas são igualmente as questões despertadas pela trans-nacionalidade dos contratos que a utilização de técnicas de comunicação à distância propicia em alto grau – pense-se, desde logo, na necessidade de protecção do consumidor quanto à determinação do tribunal competente

---

uma organização adequada para esta finalidade, seja ela autónoma e específica, seja integrada numa estrutura mais vasta e polivalente» – Miguel Pupo Correia, «Contratos à distância: uma fase na evolução da defesa do consumidor na sociedade de informação?», *cit.*, p. 171. Realçando, igualmente, a componente do sistema, Giuseppe de Marzo, *I contratti a distanza. Commento al decreto legislativo 22 maggio 1999, n. 185*, Milano, 1999, p. 7.

[44] Veja-se o que dissemos *supra*, no n.º 1, sobre a falta de coincidência entre métodos não presenciais e contratos entre ausentes.

ou à lei aplicável na resolução de um litígio transfronteiriço. A nossa exposição, ainda que centrada no eixo do regime geral dos contratos à distância, não ficaria, pois, completa sem um breve referência a alguns desses **regimes-satélite**, ou seja, de regimes especiais dirigidos à solução de problemas *que não se colocam, apenas,* no seio da contratação à distância, mas que, nesse contexto, assumem uma *particular relevância.*

i] *Âmbito de aplicação do regime legal dos contratos à distância*

O traço mais saliente da noção de contrato à distância é, porventura, o seu carácter virtualmente aberto. Verificámos que se trata de um **modo de contratar** assente na utilização de **técnicas de comunicação à distância**[45] – técnicas cuja evolução constante «não permite elaborar uma lista exaustiva», antes obriga à definição de princípios que abranjam inclusive aquelas «que, por enquanto, são de escassa utilização»[46]. Como o nome indica, são técnicas que, dispensando a presença física simultânea das partes, permitem que, entre elas, se estabeleça uma comunicação de natureza comercial, a culminar com a celebração de um contrato. O fenómenos, *em si*, não é novo[47] – a **novidade** está na sua utilização crescente em larga escala e nas possibilidades de expansão rasgadas pelas novas tecnologias. A Directiva contém, em anexo, uma **lista indicativa** dos expedientes considerados «técnicas de comunicação». E nela encontramos métodos de comunicação comercial e de contratação entre ausentes há muito conhecidos e utilizados – impressos (endereçados ou não), correio tradicional, publicidade impressa com nota de encomenda, catálogos, telefone com intervenção humana, fax, rádio, televisão (*teleshopping*) –, ao lado de outras técnicas mais recentes – videofone (telefone com imagem), telefone sem intervenção humana (aparelho de chamada automática, audiotexto), videotexto (micro computador, ecrã de televisão) com teclado ou ecrã táctil, correio electrónico.

Subjacente a esta forma de contratar, embora não directamente visado pelo seu regime jurídico[48], encontramos o **operador de técnica de**

---

[45] Cfr. *supra*, n.º 30.

[46] Considerando 9.º da Directiva 97/7/CE.

[47] As «raízes» da indústria de vendas à distância podem encontrar-se nas tradicionais vendas por correspondência (cfr. HANS-W. MICKLITZ/BETTINA MONAZZAHIAN/CHRISTINA RÖßLER, *Door to door selling. Pyramid selling. Multi level marketing, cit.*, p. 4).

[48] Apesar de cuidadosamente definido no art. 2.º, al. c), do diploma nacional, bem como no art. 2.º, n.º 5, da Directiva 97/7/CE.

comunicação, isto é, o titular do *veículo utilizado* para a circulação das «comunicações à distância» – a empresa de serviços postais, o operador de serviços telefónicos, a emissora de rádio ou televisão, o fornecedor de acesso à internet, etc. São os seus serviços que vão possibilitar o encontro entre fornecedor e consumidor, abrindo um **canal de comunicação** entre ambos, embora sem interferir nas mensagens que aí irão circular.

Abrangido será «qualquer contrato relativo a bens ou serviços», celebrado «entre um fornecedor e um consumidor» art. 2.º, al a), com **exclusão** dos enumerados pelo art. 3.º, n.º 1. As excepções dizem respeito quer ao *objecto dos contratos* – vejam-se as als. a) e d), quanto aos negócios relativos à prestação de serviços financeiros[49] e quanto aos contratos relativos a bens imóveis (com excepção do arrendamento)–, quer ao particular *modo da sua celebração:* escapam ao regime dos contratos à distância os contratos celebrados através de automatismos (al. b)[50]; os contratos com operadores de telecomunicações relativos à utilização de cabinas telefónicas públicas (al. c)[51]; bem como os contratos celebrados em leilões (al. e). A lei circunscreve, de seguida, e mais uma vez em razão do seu objecto, um núcleo de contratos relativos ao fornecimento, ao domicílio, de bens de consumo doméstico corrente e à prestação, em data determinada, de serviços de alojamento, transporte, restauração ou tempos livres – art. 3.º, n.º 2, als. a) e b) a que se *não aplica a espinha dorsal do regime* dos contratos à distância (ou seja, os arts. 4.º, 5.º, 6.º, e 9, n.º 1 e, eventualmente, n.º 2)[52].

ii] *Formação do contrato*

A atenção que o legislador dispensa ao fenómeno da contratação à distância inicia-se antes mesmo da conclusão de qualquer negócio e manifesta-se na **tutela do consumidor importunado por determinadas téc-**

---

[49] Cuja prestação à distância é regulada pela Directiva 2002/65/CE do Parlamento Europeu e do Conselho, de 23 de Setembro de 2002, relativa à comercialização à distância de serviços financeiros prestados a consumidores.

[50] Que são, todavia, alvo de regulação pelo Capítulo IV do Decreto-Lei n.º 143//2001, de 26 de Abril.

[51] Em que, de facto, não existe a presença física simultânea de ambas as parte.

[52] Criticando todas estas exclusões, que imputa (no plano comunitário) a uma intensa política de *lobbying*, mais do que a verdadeiras reflexões jurídicas, HANS-W. MICKLITZ, "La directive 97/7/CE sur les contrats à distance", in *La protection des consommateurs acheteurs à distance*, ed. HILDEGARD STAUDER/BERND STAUDER, pp. 23, ss., p. 28.

nicas de comunicação à distância[53]. Com efeito, o art. 11.º, n.º 1, estabelece a *necessidade de consentimento prévio* do consumidor para que o fornecedor possa utilizar técnicas de comunicação particularmente invasivas e/ou onerosas, como acontece com os sistemas de chamada telefónica sem intervenção humana e com os sistemas de telefax[54]. Em relação a todas as outras técnicas de comunicação à distância que permitam uma comunicação individualizada impõe-se um sistema de *opt-out*: a sua utilização tem como pressuposto a *ausência de oposição manifesta* do consumidor (art. 11.º, n.º 2).[55]

Em face dos riscos que este modo de contratação encerra, compreende-se a preocupação do legislador em assegurar o esclarecimento do consumidor nas sucessivas etapas do processo de formação do negócio. Impõe-se, desde logo, à empresa fornecedora um **dever pré-contratual de informação** (art. 4.º, n.º 1, als. a) a i), cuja *prova* está a seu cargo (art. 12.º). Além fornecer a sua *identificação* (e, eventualmente, o seu endereço[56]), a empresa deve esclarecer o consumidor sobre *vectores essenciais do contrato* a celebrar (características do bem ou serviço oferecido; preço total e modos de pagamento; modalidades de entrega e execução; existência de um direito de resolução; despesas de entrega do bem; duração mínima do contrato que seja de execução continuada ou periódica), bem como no que toca a aspectos relacionados com o particular *modo de contratação* empregue (custo de utilização da técnica de comunicação à dis-

---

[53] Veja-se o que dissemos *supra*, no n.º 1, sobre a diferença entre a tutela do consumidor (potencial) contraente e a protecção do consumidor importunado por determinadas ténicas de venda.

[54] O ónus da prova da existência de consentimento prévio recai sobre a empresa fornecedora, nos termos do art. 12.º.

[55] Remete-se, aqui, para a legislação especialmente aplicável, ou seja, essencialmente, para a lei da publicidade domiciliária (Lei n.º 6/99, de 27 de Janeiro), a que adiante faremos referência. Não se olvide, também, que o art. 10.º, n.º 2, da Directiva 97/7/CE, impõe aos Estados-membros a obrigação de zelar para que as técnicas de comunicação à distância que permitam uma comunicação individual (diferentes da chamada automática e do fax) só possam ser utilizadas quando não haja oposição manifesta do consumidor – o que lhes impõe o dever de alicerçar juridicamente um sistema de *opt-out* eficaz para todas essas técnicas.

[56] O que sucederá nos casos em que pretenda exigir o pagamento antecipado. Terá sido esta – possibilidade de pagamentos antecipados sob condição de indicar, desde logo, o endereço – a solução encontrada para abrir a porta à licitude dos pagamentos antecipados – cfr. HANS-W. MICKLITZ, "La directive 97/7/CE sur les contrats à distance", *cit.*, pp. 31-32.

tância, quando não calculada em função da tarifa de base; prazo de validade da oferta ou proposta contratual). A lei prescreve igualmente **o tempo e o modo de cumprimento** deste dever (art. 4.º, n.ºs 1 e 2). A informação deve ser prestada em tempo útil e previamente à celebração de qualquer contrato, para que possa surtir o efeito desejado, isto é, servir de alicerce à decisão de contratar. Deve ser prestada de modo claro e compreensível[57], revelando inequivocamente o seu objectivo comercial – para que o consumidor se situe de imediato, psicologicamente, no plano adequado: o da formação de uma decisão de compra[58]. Quanto ao suporte da informação, não se faz qualquer exigência específica: poderá ser utilizado qualquer meio adaptado à técnica de comunicação escolhida. Por fim, na perspectiva de prevenir eventuais distorções ou manobras pouco curiais que a empresa seja tentada a introduzir no modo como presta as informações, sem deixar, contudo, de cumprir farisaicamente os requisitos enunciados, o legislador vincula-a ao respeito pelos princípios da boa fé, da lealdade nas transacções comerciais e da protecção das pessoas incapazes, em particular dos menores.

Se, devidamente esclarecido, o consumidor vem a celebrar o contrato, surge a necessidade de o dotar de um **instrumento em suporte durável**[59], à luz do qual possa apreciar o pontual cumprimento das obrigações da contraparte e apurar os actos que a ele próprio caibam (obrigatória ou voluntariamente) realizar. Esse documento (escrito ou electrónico) deve reproduzir, desde logo, *uma parte das informações anteriormente fornecidas*, confirmando o que já foi comunicado quanto à identidade do fornecedor e aos vectores essenciais do contrato (art. 5.º, n.º 1). De acordo

---

[57] Nomeadamente no que respeita à língua utilizada. À partida, o fornecedor deve dirigir-se ao consumidor na língua do país onde este está domiciliado; contudo, se o contrato for celebrado através da Internet, tem-se posto em causa a possibilidade de o consumidor alegar, *a posteriori*, falta de conhecimentos linguísticos quanto ao idioma do *site* – assim HANS-W. MICKLITZ, "La directive 97/7/CE sur les contrats à distance", *cit.*, p. 34.

[58] Esclarecimento que, na hipótese de comunicação por via telefónica, deve ser feito logo no início da chamada, a par com a revelação da identidade do fornecedor, de modo a que o consumidor possa avaliar, à partida, o seu interesse e conveniência em prosseguir o contacto (art. 4.º, n.º 3).

[59] É interessante registar que, com a evolução tecnológica, a ideia de «suporte durável» rompeu as fronteiras tradicionais do documento escrito, abrangendo, para os efeitos de que curamos, «qualquer instrumento que *permita* ao consumidor armazenar informações de um modo permanente e acessível para referência futura e que *não permita* que as partes contratantes manipulem unilateralmente as informações armazenadas» art. 2.º, al d) e que seja ainda, tal como o documento escrito, «facilmente utilizável» (art. 5.º, n.º 2).

com a lógica, dispensa-se esta confirmação, por redundante, nos casos em que a informação pré-contratual já foi, ela própria, prestada através de suporte durável (art. 5.º, n.º 2). Por outro lado, o documento deve conter *informação suplementar* (a cuja prestação pré-contratual a empresa *não* se encontrava obrigada) sobre as condições e modalidades de exercício do direito de resolução; sobre o endereço geográfico do estabelecimento do fornecedor com vista à apresentação de eventuais reclamações; sobre o serviço pós-venda e as garantias comerciais existentes; e, nos contratos de duração indeterminada ou superior a um ano, sobre as condições de resolução. O documento contendo todos estes elementos deve ser facultado ao consumidor em tempo útil, o mais tardar[60] no momento da entrega dos bens[61], cabendo a prova do cumprimento desta obrigação à empresa fornecedora (art. 12.º).

Consagra-se, contudo, uma **excepção** ao dever imposto à empresa de facultar determinados elementos em suporte durável. Se estiverem em causa serviços prestados, de uma só vez, através de uma técnica de comunicação à distância, e se a facturação desses serviços estiver a cargo do operador da técnica de comunicação (*i.e.*, do titular do canal utilizado para a prestação), então será suficiente que o consumidor receba a informação relativa ao endereço geográfico do estabelecimento do fornecedor, para aí poder apresentar eventuais reclamações (art. 5.º, n.º 4)[62].

iii] *Cumprimento do contrato*

A fase de cumprimento do contrato aparece regulada sobretudo no que respeita à prestação do fornecedor. Esta deverá ser realizada dentro

---

[60] Excepto estando em causa bens que tenham de ser entregues a terceiros ou, naturalmente, serviços – hipóteses em que vale plenamente a regra do «tempo útil», isto é, o documento deve ser entregue num momento em que ainda possa surtir o todo o efeito desejado (*v.g.*, quanto à apresentação de reclamações, quanto ao exercício do direito de resolução, quanto à confirmação do preço a pagar, etc.)

[61] É verdade que a nossa lei, numa primeira leitura, parece dar a entender que só a confirmação das informações pré-contratuais é que deve ser feita em tempo útil e através de suporte durável, o mesmo não acontecendo com as informações suplementares. Não é essa a orientação da Directiva 97/7/CE, no seu art. 5.º, n.º 1, em conformidade com o qual há que interpretar naturalmente o diploma que efectuou a sua transposição. De todo o modo, à mesma solução conduz o elemento racional da norma, em função dos objectivos visados.

[62] Mais uma vez, a redacção do diploma de transposição não é tão clara como a do texto comunitário – cfr. o art. 5.º, n.º 2, da Directiva 97/7/CE.

dos trinta dias subsequentes ao dia que se segue à expedição do pedido pelo consumidor (art. 9.°1)[63], cabendo à empresas fornecedora o ónus da prova da observância deste prazo (art. 12.°). Já a prestação do consumidor, tipicamente em dinheiro, poderá ser realizada no momento elegido pelas partes (*rectius*, pelo fornecedor, dado estarmos vulgarmente em presença de contratação com base em cláusulas contratuais gerais), não vigorando (como sucedia para os contratos ao domicílio) qualquer proibição relativa a pagamentos antecipados.

Uma situação relativamente comum no âmbito de um sistema de comércio à distância é a de serem aceites encomendas de bens ou serviços que, em momento posterior, se vêm a revelar **impossíveis de satisfazer** devido a ruptura de *stocks* ou a contratempos análogos. Assim se compreende que o legislador (nacional e comunitário) lhe tenha dispensado uma atenção particular, impondo ao fornecedor a **especial obrigação** de avisar o consumidor dessa indisponibilidade e de proceder ao reembolso devido no prazo máximo de 30 dias a contar do instante em que tomou conhecimento do facto (art. 9.°2). É bom de ver que, de qualquer forma, estamos perante um **incumprimento do contrato** por parte do fornecedor e que as consequências jurídicas que daí derivam não são certamente afastadas pelo disposto no art. 9.°2. Ao avisar o consumidor da indisponibilidade do produto o fornecedor está a declarar que não vai, *em definitivo*, cumprir o contrato; a *restituição* do pagamento eventualmente realizado explica-se pela «quebra» do sinalagma (havia sido realizado em função da prestação que não mais se irá concretizar) e a *obrigação legal* de proceder a essa restituição, nos precisos termos do art. 9.°, busca fundamento na carência de tutela da parte mais fraca. Mas nada obsta a que o consumidor-adquirente tenha sofrido (outros) danos, ocasionados pelo incumprimento e ressarcíveis nos termos gerais.

Mas a indisponibilidade do bem ou serviço encomendado pode vir a redundar num desfecho diferente, originado um **fornecimento alternativo** dentro das condições estabelecidas pelo art. 9.°3. Nesta solução de tipo «second best», é permitido ao fornecedor desonerar-se mediante a prestação de um produto «de qualidade e preço equivalentes» ao escolhido pelo

---

[63] Parece ter pesado, na fixação da data de início do prazo, a salvaguarda dos interesses do consumidor (que assim pode determinar exactamente a moldura temporal dentro da qual o cumprimento da outra parte deverá ocorrer) em detrimento dos interesses da empresa (que pode não dispor de trinta dias exactos para proceder ao cumprimento, e que terá tanto menos tempo quanto mais morosa for a «técnica de comunicação à distância» utilizada).

consumidor, «desde que essa possibilidade tenha sido prevista antes da celebração do contrato ou no próprio contrato, de forma clara ou compreensível». Dito de outro modo, é possível configurar a obrigação do fornecedor como obrigação com faculdade alternativa em benefício do devedor (a partir do momento em que se verifique a indisponibilidade do bem, o fornecedor tem a faculdade de substituir a prestação inicialmente devida por outra)[64] –, desde que tal haja sido claramente convencionado, de modo a salvaguardar a concordância esclarecida do consumidor com esta forma sucedânea de cumprimento[65]. A lei faz ainda depender a possibilidade de um fornecimento alternativo de um outro requisito: que o consumidor seja informado, por escrito, do regime especial relativo às despesas de devolução subsequentes ao exercício do direito de resolução. Na verdade, caso o consumidor venha a exercer o seu direito de resolução após a recepção dos produtos alternativamente enviados pelo fornecedor, a lei desonera-o das **despesas com a devolução** dos bens (art. 9.°4). Ter-se-á reputado excessivo sobrecarregar o consumidor com as despesas de restituição de um bem que não foi por si especificamente seleccionado – bem que não representa, sequer, uma «segunda escolha» *do consumidor*, dado que a respectiva eleição foi levada a cabo *pelo fornecedor*, embora dentro de parâmetros destinados a garantir alguma consistência com a primeira opção da contraparte. A faculdade de proceder a fornecimentos alternativos significa, para a empresa, um aumento da possibilidade de escoamento dos seus produtos, mas, para o consumidor, eleva o risco de desconformidade do bem com as suas expectativas. O legislador traça o equilíbrio através de um regime que permite a satisfação dos objectivos da empresa, sem sacrifício dos interesses do consumidor (que apenas terá os incómodos materiais – mas não pecuniários – decorrentes da devolução, na hipótese de aquele risco se vir a concretizar.)

Quid iuris se houver fornecimento alternativo **sem** que tal possibilidade conste do acordo ou **sem** que tenha sido prestada qualquer informação relativa às despesas de devolução? Uma resposta possível é a que flui,

---

[64] Para a caracterização desta modalidade de obrigações ver, por exemplo, M. J. ALMEIDA COSTA, *Direito das obrigações*, 9ª ed., Coimbra, 2001, p. 675.

[65] A redacção (quer da lei nacional, quer da Directiva) não nos parece muito feliz quando refere que a possibilidade em causa pode ter sido «prevista *antes* da celebração do contrato *ou no próprio* contrato». Em qualquer dos casos, *fará parte do contrato*, pois só assim se compreende que as partes lhe devam obediência; o que pode é ter sido alvo de uma comunicação prévia, sob forma de condição geral, destinada a integrar o conteúdo do futuro contrato.

a contrario sensu, do disposto no art. 29.°7 do diploma nacional (ou do art. 7.°3, *in fine*, da Directiva): a aplicação do regime do **fornecimento de bens não solicitados**, tal como consta do próprio art. 29.°. Este expediente teria como consequência, desde logo, a possibilidade de o consumidor conservar os bens a título gratuito – isto é, sem ter de proceder seja à devolução, seja ao pagamento do que lhe foi enviado. Mas pouca eficácia paliativa revelaria na hipótese, relativamente comum, de o consumidor já haver realizado o pagamento. Ainda assim, no plano contra-ordenacional, haveria lugar a uma responsabilidade mais pesada da empresa fornecedora – art. 32.°1 e 2, alíneas c), em lugar das alíneas a) das mesmas normas.

O art. 10.° disciplina um aspecto importante dos **pagamentos através cartão de crédito ou de débito**[66]. Depois de uma previsão geral quanto à possibilidade do seu emprego (art. 10.°1), consagra-se a protecção do consumidor contra a utilização fraudulenta do cartão no âmbito de um contrato à distância, atribuindo-lhe o direito de anular o pagamento e de obter do emissor do cartão (entidade bancária ou financeira) a restituição dos montantes debitados, no prazo máximo de 60 dias a contar do pedido fundamentado que apresente (art. 10.°2 e 3). Trata-se, naturalmente, de um direito não sujeito a restrições ou limitações, sendo nulas as cláusulas estipuladas com esse objectivo (art. 10.°5). Por outro lado, confere-se ao emissor do cartão a faculdade de se ressarcir não só junto dos autores da fraude, como ainda junto dos fornecedores coniventes ou negligentes, através do exercício de um «direito de regresso» (art. 10.°4). Deste modo, está criado o incentivo para que as entidades que detêm o poder de modelar e/ou controlar o sistema de pagamento por cartões (os respectivos emissores e os retalhistas que os aceitam como meio de pagamento) se preocupem em torná-lo mais fiável e seguro, o que poderia não acontecer caso o risco de utilização fraudulenta fosse suportado pelo consumidor[67].

iv] *Referência especial ao «direito de resolução»*

Mesmo que suficiente e adequadamente esclarecido, o consumidor corre o risco de não ficar satisfeito com um produto que *não teve ocasião*

---

[66] Transpondo, com desenvolvimentos, o art. 8.° da Directiva.

[67] Não desconhecemos que a realidade pode não ser tão simples: os emissores serão tentados a restringir, por via contratual, o conceito indeterminado de «utilização fraudulenta» e os gestores das redes de pagamento, sob pressão dos mesmos emissores, poderão ser tentados a dilatar as hipóteses em que o retalhista «deva conhecer» a fraude.

de ver ou de experimentar previamente, ou cuja decisão de compra tomou de *modo irreflectido*, propiciado pela técnica de comunicação à distância utilizada (telefone, computador). Para fazer face a estes inconvenientes, a lei concede-lhe a possibilidade de se desvincular, sem necessidade de apresentar qualquer justificação e sem estar sujeito a quaisquer penalidades ou encargos que não os relacionados com a devolução do bem (caso já o tenha recebido – art. 8.º, 1, in fine). Consagra esta faculdade sob o nome de «direito de resolução»[68] (art. 6.º).

Como regra geral, o consumidor dispõe de um **prazo de 14 dias** (contagem contínua – art. 35.º[69]) para «resolver» o contrato, prazo que começa a correr no dia da recepção dos bens ou no dia da celebração do contrato de prestação de serviços. Todavia, a regra geral só vale se o *dever de informação contratual* previsto no art. 5.º (em cujo conteúdo se inclui a informação relativa ao próprio direito de resolução) tiver sido cumprido; caso contrário, o consumidor pode resolver o contrato num **prazo de 3 meses** a contar da recepção do bem ou da celebração do contrato de prestação de serviços. Se, durante esse período de 3 meses, e sem que o consumidor tenha ainda exercido o seu direito de resolução, a empresa se decidir a cumprir as obrigações cominadas pelo art. 5.º, o prazo passa a ser de 14 dias a contar desse instante. Ter-se-á pretendido pressionar empresa a cumprir atempadamente as obrigações de informação, sob pena de ficar sujeita a um prolongado estado de incerteza quanto à sorte do contrato. Por outro lado, os 3 meses dão (em teoria) ao consumidor insatisfeito a possibilidade de obter informação quanto aos direitos (em especial, o de resolução) que lhe assistem. Ultrapassada a fasquia dos 3 meses, de alguma forma legislador presume que consumidor estará satisfeito, reputando economicamente desadequado continuar a onerar a empresa com o risco da súbita desvinculação da outra parte.

Esta é a disciplina que uma interpretação laboriosa consegue extrair do art. 6.º, com a ajuda da lógica e do disposto na Directiva[70], pois a norma portuguesa é virtualmente incompreensível nos seus n.os 2, 3 e 4. Se não, vejamos. As diversas alíneas do n.º 2 repetem-se umas às outras. Quanto aos n.os 3 e 4, ou são totalmente desprovidos de sentido (uma vez que remetem

---

[68] Ver o que dissemos *supra*, no n.º 2, A), iii], sobre a terminologia utilizada pelo legislador para crismar este direito potestativo extintivo.

[69] A Directiva 97/7/CE prevê, no seu art. 6.º, um prazo «de, pelo menos, sete dias úteis».

[70] Art. 6.º da Directiva 97/7/CE.

para «as obrigações referidas no art. 7.º» e o art. 7.º não refere quaisquer obrigações) ou, caso se trate de um lapso e se pretenda aludir às obrigações impostas pelo art. 5.º, tornam-se perfeitamente redundantes, pois o regime que consagram já se encontra (e em repetido) no n.º 2.

Uma outra **crítica**, desta feita, de fundo, que nos merece o regime do direito de resolução, diz respeito ao **início da contagem do prazo nos contratos de fornecimento de bens**. Ao contrário do que sucede nos contratos de prestação de serviços, onde se depreende o intuito de tutelar uma 'segunda reflexão' do consumidor – já que o prazo começa a correr desde o instante em que o contrato é celebrado e, como vermos, o direito deixa de poder ser exercido a partir do início da execução do serviço (art. 7.ºa) –, parece que, nas hipóteses de fornecimento de bens, se pretende assegurar a respectiva adequação às expectativas do consumidor – que *após* a recepção dos produtos dispõe de 14 dias para avaliar essa conformidade. Mas a interrogação é pertinente: *porque não há-de* (à semelhança do que sucede para os contratos ao domicílio) *começar a correr o prazo* a partir do instante em que o contrato é celebrado, sem prejuízo de se prolongar para lá do momento da recepção dos bens? Ou seja, porque não tutelar, também aqui, uma 'segunda reflexão' do consumidor que, mesmo antes da entrega dos bens, pode já ter-se arrependido da conclusão do negócio? Qual a vantagem ou o propósito de fazê-lo aguardar a entrega do bem para poder exercer o direito, o que o levará a incorrer em incómodos e despesas com a devolução? A única justificação que nos ocorre, decerto enviesada e certamente insusceptível de relevar juridicamente nesta sede, é a de, precisamente, os incómodos e despesas com a devolução do bem poderem, de certa forma, constranger o consumidor indeciso a deixar de exercer o direito de resolução, sobretudo no que toca a bens de pequeno valor que já tenha pago – hipótese favorável à empresa fornecedora.

O art. 7.º versa sobre as **restrições ao direito de resolução**, entendidas como as situações em que «o consumidor não pode exercer o direito de livre resolução». Mas, na verdade, apenas as hipóteses das alíneas a) e d) nos confrontam com a impossibilidade de exercício do direito regularmente adquirido em virtude da **superveniência de um evento que determina a sua caducidade**. Em todas as outras situações parece ser a **própria natureza do bem objecto do contrato** que impede a constituição *ab initio* de um direito de resolução[71]. De acordo com a alínea a), deixa de ser

---

[71] Em qualquer das hipóteses, e atento o fundamento das «restrições», cabe perguntar por que razão não vigoram, igualmente, para a resolução de contratos ao domicílio.

possível resolver um contrato à distância de prestação de serviços a partir do momento em que a respectiva execução tenha início[72] – o que se compreende, atentas as obrigações de restituir subsequentes à resolução do contrato, a impossibilidade lógica de devolver o serviço prestado e a coincidência entre a restituição por equivalente e o preço pago ou a pagar. Quanto à alínea d), também se justifica a caducidade do direito operada pela quebra do selo de garantia de inviolabilidade: a partir desse instante, o produto devolvido (eventualmente após ter sido objecto de gravações ou cópias) não estaria em condições de tornar a ser vendido pelo fornecedor a outro cliente. Já nas restantes situações, em que não chega sequer a constituir-se, na esfera jurídica do consumidor, um direito de resolução, o fundamento comum parece ser **a ausência de significado económico** das subsequentes devoluções do produto e do respectivo preço: o fornecedor não seria colocado em situação idêntica à que vigorava antes da celebração do contrato, mas numa situação pior, sofrendo um prejuízo significativo. É o que sucede na alínea b), em que o fornecedor poderia ver-se exposto à contingência de ter que devolver um preço muito superior ao valor actual do bem; na alínea c), em que o fornecedor se veria confrontado com a insusceptibilidade de posterior revenda do bem devolvido (no caso de a própria devolução ser possível); é o que sucede, enfim, nas alíneas e) e f), relativas a produtos cuja utilidade económica se encontra fortemente condicionada pelo factor tempo[73].

---

[72] Note-se que o início de execução dos serviços antes do termo do prazo geral de 14 dias previsto no art. 6.º1 (contados a partir da celebração do contrato) só pode ter lugar com ao acordo do consumidor (art. 7.º1a), cuja prova cabe à empresa fornecedora (art. 12.º). Alertando para o escrutínio das cláusulas que prevejam a imediata execução do contrato «na ausência de um interesse objectivamente verificável do consumidor», GIUSEPPE DE MARZO, *I contratti a distanza. Commento al decreto legislativo 22 maggio 1999, n. 185*, cit., p. 33.

[73] Embora quanto aos jornais e revistas se possa observar que a dificuldade não se levanta caso ainda não haja tido início a execução do contrato (*v.g.*, resolução do contrato de assinatura de uma revista antes do envio do primeiro exemplar).

Muito crítico do regime comunitário das restrições ao direito de resolução, considera HANS-W. MICKLITZ, "La directive 97/7/CE sur les contrats à distance", cit., pp. 37-38, que só a excepção relativa aos contratos de prestação de serviços se justifica. No seu entender, a excepção relativa aos serviços financeiros é inútil, pois a Directiva já os retira *ab initio* do seu campo de aplicação (art. 3.º); a exclusão relativa a bens confeccionados de acordo com as indicações do consumidor é incompreensível; nos contratos sobre gravações áudio, vídeo ou informáticas «é preciso ter em conta o direito de autor»; para os jornais e revistas as leis nacionais «prevêem geralmente um direito de resolução»; e, por último, quanto aos contratos de lotaria e apostas, o autor considera que não pode sequer existir um «direito de reembolso no caso de não realização das probabilidades de ganho».

O **exercício do direito de resolução** deve ser feito através da expedição, nos prazos referidos, de carta registada com aviso de recepção, comunicando ao outro contraente (ou à pessoa por este designada) a vontade de resolver o contrato (art. 6.°, n.° 5). Resolvido o contrato, o fornecedor está obrigado a **reembolsar** o preço pago pelo consumidor num prazo de 30 dias (art. 8.°1), recaindo sobre o consumidor a obrigação de **conservar e devolver** os bens nas «devidas condições de utilização» nos 30 dias subsequentes à sua recepção (art. 8.°2). Não nos parece, contudo, que este limite temporal se aplique quando o consumidor exerça o direito de resolução no quadro do prazo alargado de 3 meses determinado pelo incumprimento do dever de informação da contraparte (cfr. art. 6.°). Quanto às **despesas** com a devolução, ficam naturalmente a cargo do consumidor, excepto nos casos em que a lei (*v.g.*, o art. 9.°4) ou o contrato disponham de outro modo. A esta luz, resulta pouco compreensível a parte final do art. 8.°1 – não parece que a simples «reclamação» do consumidor possa desonerá-lo das despesas que lhe incumbe suportar, nem, tão pouco, que tal «reclamação» seja pressuposto *sine qua non* de um reembolso legal ou contratualmente devido. Finalmente, o art. 8.°3 estatui a extinção (por caducidade, já que opera automaticamente) do **contrato de crédito** que se encontre ligado, em certos termos, ao contrato à distância resolvido.

Apenas uma referência breve a **duas questões não abordadas** pelo regime da resolução dos contratos à distância. A primeira diz respeito à consagração expressa da nulidade das **cláusulas de renúncia ao direito de resolução**, bem como das estipulações que o restrinjam ou que penalizem o seu exercício. Não está em causa a imperatividade do regime que acabamos de expor, fundada que está em razões de ordem pública de protecção[74] e ancorada no art. 12.°1 da Directiva 97/7/CE; mas talvez não fosse despicienda a sua concreta afirmação, à semelhança do que se faz no âmbito dos contratos ao domicílio (cfr. o art. 18.°4). Por outro lado, justifica-se uma interrogação quanto à discrepância da **disciplina relativa aos pagamentos antecipados** – porquê proibi-los para os contratos ao domicílio e permiti-los para os contratos à distância? Tanto mais que a noção de pagamento antecipado toma como referente o *momento da recepção* dos bens (ou prestação do serviço), logo a sua proibição, no horizonte dos contratos ao domicílio, não se destina unicamente prevenir a 'extorsão' do consumidor pelo representante do fornecedor, no *momento da celebração* do contrato.

---

[74] Sobre a ordem pública de protecção, cfr. *supra*, nota 41.

v] *Responsabilidade contra-ordenacional das empresas fornecedoras*

Também o regime jurídico dos contratos à distância contempla uma vertente contra-ordenacional, sancionando o cumprimento de diversas obrigações que, no plano contratual *latu sensu* (incluindo o período anterior e posterior à celebração do negócio), são cometidas à empresa fornecedora. A responsabilidade **mais grave** – coimas máximas de € 2.000 ou 25.000, consoante estejam em causa pessoas singulares ou colectivas (art. 32.º, n.ºs 1, al. b) e 2, al. b) – é a desencadeada pelo desrespeito pelas obrigações de entrega do documento contratual (art. 5.º 1 e 3) e de reembolso nos 30 dias subsequentes à resolução do contrato (art. 8.º 1)[75]. **Menos graves** são as infracções ao dever de informação pré contratual (art. 4.º) e aos deveres relacionados com a execução do contrato (art. 9.º); bem como o desrespeito pelos sistemas de *opt-in* e *opt-out* (art. 11.º) – punidos com coimas que podem ir até aos € 1.000, para pessoas singulares, ou € 8.000, para pessoas colectivas. Sobre a importância deste meio repressivo e sobre as entidades competentes para o accionar, remetemos para o que ficou dito sobre os contratos ao domicílio[76].

vi] *Breve alusão a regimes especiais com incidência na contratação à distância*

Alertámos já para a necessidade de, no quadro da regulamentação jurídica dos contratos à distância, ter em atenção diversos **regimes-satélite**, ou seja, regimes especiais dirigidos à *solução de problemas que não se colocam, apenas,* no seio da contratação à distância, mas que, nesse contexto, *assumem uma particular relevância*. Faremos, de seguida, uma referência telegráfica aos mais importantes.

Comecemos pela regulamentação que incide sobre a **utilização**, pelas empresas fornecedoras, **de determinadas técnicas de comunicação à distância** – independentemente da subsequente celebração de um contrato,

---

[75] Deixamos aqui mais uma constatação da discrepância entre os regimes dos contratos à distância e ao domicílio: a violação de idêntica obrigação da empresa fornecedora, no quadro dos contratos ao domicílio, dá lugar a uma moldura contra-ordenacional menos severa – art. 32.º, n.ºs 1, al. a) e 2, al. a).

[76] Cfr. *supra*, n.º 2.

o qual pode vir ou não a ser um verdadeiro contrato à distância. Cabe referir, nomeadamente, a *Lei da publicidade domiciliária* (Lei n.º 6/99, de 6 de Janeiro); a *Lei da publicidade a serviços de audiotexto* (Decreto-Lei n.º 175/99, de 27 de Janeiro); e o próprio *Código da Publicidade* (aprovado pelo Decreto-Lei n.º 330/90, de 23 de Outubro, com as alterações subsequentes), em especial os seus arts. 23.º (publicidade domiciliária e por correspondência) e. 25.º-A (televenda). No domínio comunitário, aponte-se a *Directiva sobre o comércio electrónico* (Directiva 2000/31/CE do Parlamento Europeu e do Conselho, de 8 de Junho de 2000, ainda não transposta), no seu Capítulo II, Secção 2, arts. 6.º a 8.º, sobre a matéria das «Comunicações comerciais»; e a *Directiva relativa à privacidade e às comunicações electrónicas* (Directiva 2002/58/CE do Parlamento Europeu e do Conselho, de 12 de Julho de 2002, ainda não transposta), desde logo no seu art. 13.º, relativo às «Comunicações não solicitadas»[77].

Quanto à regulamentação incidindo sobre a **actividade dos operadores de técnicas de comunicação à distância** enquanto tal, isto é, enquanto titulares do canal ou suporte de uma técnica de comunicação à distância, realça-se, desde logo, a Lei n.º 95/2001, de 20 de Agosto de 2001, que impõe aos prestadores de serviços de suporte o *barramento*, por defeito, dos *serviços de audiotexto*[78]; no plano comunitário, destaca-se, sob a epígrafe «Responsabilidade dos prestadores intermediários de serviços», o Capítulo II, Secção 4, arts. 12.º a 15.º, da já mencionada *Directiva sobre o comércio electrónico*[79].

Na regulamentação incidindo sobre um **tipo particular de contratos à distância** avultam as normas disciplinadoras dos contratos **celebrados por meios electrónicos** – desde logo, as constantes do Capítulo II, Secção 3, arts 9.º a 11.º, da citada *Directiva sobre o comércio electrónico*, sob a

---

[77] Na doutrina, entre outros, ver PAULO MOTA PINTO, «Notas sobre a Lei n.º 6/99, de 27 de Janeiro – Publicidade domiciliária, por telefone e por telecópia», *Estudos de Direito do Consumidor*, n.º 1, 1999, pp. 117-176; AA.VV., «Commercial communications in the Internal Market»,.*European Consumer Law Group. Reports and opinions 1986-1997*, Louvain-la-Neuve, 1997, pp. 401, ss..

[78] Dispondo que os prestadores de serviços de suporte devem garantir, como regra, o barramento, sem quaisquer encargos, do acesso aos serviços de audiotexto, que só poderá ser activado, genérica ou selectivamente, após requerimento expresso efectuado nesse sentido pelos respectivos clientes.

[79] Na doutrina, sobre a posição do operador que fornece serviços em rede quanto ao conteúdo das mensagens que aí circulam, ver J. OLIVEIRA ASCENSÃO, «A Sociedade da Informação», *Estudos sobre Direito da Internet e da Sociedade da Informação*, Coimbra, 2001, pp. 83, ss., pp. 93-95.

epígrafe «Contratos celebrados por meios electrónicos»; mas também as contidas no Decreto-Lei n.° 290-D/99, de 2 de Agosto, que regula o reconhecimento e o valor jurídico dos *documentos electrónicos* e das *assinaturas digitais*[80].

Finalmente, cabe aludir à regulamentação sobre a **tutela judicial dos contratos à distância transfronteiriços**, isto é, sobre os tribunais competentes e as leis aplicáveis aos litígios emergentes de contratos celebrados entre consumidores e fornecedores domiciliados em diferentes Estados. Salientam-se, aqui, o Regulamento 44/2001 CE do Conselho, de 22 de Dezembro de 2000, sobre *competência judiciária, reconhecimento e execução de sentenças em matéria civil e comercial* (em particular, o seu Capítulo II, Secção 4, «Competência em matéria de contratos celebrados por consumidores», arts. 15.° a 17.°); bem como a Convenção de Roma sobre a lei aplicável às obrigações contratuais, de 19 de Junho de 1980, ratificada por Portugal em 3 de Fevereiro de 1994 (em particular, o seu Titulo II, art. 5.°, «Contratos celebrados por consumidores»)[81].

d) **Vendas automáticas**

O Capítulo IV do **Decreto-Lei n.° 143/2001, de 26 de Abril** contem a disciplina das chamadas **vendas automáticas**, que se caracterizam pela circunstância de o bem ou serviço ser colocado *à disposição* do consumi-

---

[80] Na doutrina, entre outros, cfr. TERESA PASQUINO, «L'acordo per via telematica», pp. 317, ss., *Nuovi temi di diritto* privato, org. Vincenzo Ricciuto, Napoli, 1999; ALBERTO GAMBINO, *L'accordo telematico*, Milano, 1997; J. SINDE MONTEIRO, «Assinatura electrónica e certificação: a directiva 1999/93/CE e o Decreto-Lei N. 290-D/99, de 2 de Agosto», *Revista de Legislação e de Jurisprudência*, Ano 133, n.° 3918 (Jan. 2001), p. 261-272; ALEXANDRE DIAS PEREIRA, «A protecção do consumidor no quadro da Directiva sobre o comércio electrónico», *Estudos de Direito do Consumidor*, n.° 2, 2000, pp. 43-140.

[81] No plano do direito a constituir, refira-se o «Livro Verde relativo à transformação da Convenção de Roma de 1980 sobre a lei aplicável às obrigações contratuais num instrumento comunitário e sua modernização», Bruxelas, 14.1.2003, COM(2002) 654 final.

Na doutrina, podem consultar-se ELSA DIAS OLIVEIRA, «Lei aplicável aos contratos celebrados com os consumidores através da Internet e tribunal competente», *Estudos de Direito do Consumidor*, n.° 4, 2002, pp. 219-238; idem, *A protecção dos consumidores nos contratos celebrados através da internet: contributo para uma análise numa perspectiva material e internacional privatista*, Coimbra, 2002; ou ALEXANDRE DIAS PEREIRA, «Os pactos atributivos de jurisdição nos contratos electrónicos de consumo», *Estudos de Direito do Consumidor*, n.° 3, 2001, pp. 281-300.

dor, que o poderá adquirir accionando um *automatismo* («qualquer tipo de mecanismo») e procedendo ao *pagamento antecipado* do seu custo[82-83] (art. 21.°1). Além de obviamente sujeita ao regime geral da venda a retalho daquele tipo de bem ou serviço (art. 21.°2), a actividade de venda automática está subordinada a regras específicas, destinadas a assegurar um determinado nível de protecção do adquirente.

Neste sentido, submete-se a *empresa exploradora da actividade de venda automática* a um **conjunto de obrigações**. A lei apenas se refere ao «proprietário do equipamento» (23.°b); contudo, a falar-se aqui em *propriedade*, terá de ser *em sentido económico*, pois as máquinas utilizadas podem muito bem pertencer a terceiro – v.g., ao locador financeiro que faculta à empresa exploradora a disponibilidade dos equipamentos. Ora a empresa exploradora está, desde logo, obrigada a utilizar equipamento que permita a **recuperação do dinheiro** em caso de o fornecimento não vir a ser efectuado – o que corresponde a uma cautela básica, uma vez que o pagamento é realizado antes da entrega do bem ou da prestação do serviço (art. 22.°1). Em seguida, impõe a lei um conjunto de **obrigações de informação**, a cumprir através da afixação, no próprio equipamento de venda automática, dos conteúdos exigidos (art. 22.°2). Dizem elas respeito aos *sujeitos da actividade* (identificação do proprietário do equipamento e da empresa responsável pelo fornecimento do bem ou serviço[84]); ao *conteúdo do contrato* (identificação e preço do bem ou serviço); e, por último, ao *automatismo utilizado* (instruções de manuseamento; forma de recuperar pagamentos; contactos expeditos para solução rápida e eficaz de eventuais reclamações).

---

[82] A título exemplificativo, são frequentes, entre nós, as máquinas de venda automática de bebidas, *snacks* ou tabaco, bem como aquelas que permitem proceder ao pagamento de serviços de estacionamento ou guarda de bagagem. No caso dos serviços, contudo, não é raro o pagamento ter lugar, no todo ou em parte, *após* a respectiva prestação. Estaremos, ainda assim, perante *vendas automáticas*? Com excepção das disposições relativas à recuperação de pagamentos em caso de não fornecimento do serviço (logicamente inaplicáveis), o restante regime das vendas automáticas, pelas razões que o inspiram, dever-se-á aplicar.

[83] Sobre os desafios que a celebração destes contratos lança aos tradicionais quadros do direito civil, ver, desde logo, A. MENEZES CORDEIRO, *Tratado de Direito Civil Português*, Parte Geral, Tomo 1, *cit.*, pp. 302-304; ou HEINRICH HÖRSTER, *A parte geral do Código Civil Português. Teoria geral do direito civil*, Coimbra, 1992, p. 457.

[84] Nos casos em que não coincidam; aliás, dificilmente nos parece que o proprietário (em sentido económico) do equipamento, *i.e.*, a empresa exploradora da actividade de vendas automáticas, não seja, em simultâneo, «responsável pelo fornecimento do bem ou serviço».

Resulta da interpretação conjugada dos arts. 22.º e 23.º que é à empresa exploradora da actividade de vendas automáticas (o «proprietário do equipamento») que cabe, em primeira linha, dar satisfação a estes deveres. De todo o modo, e dado que as máquinas de venda automática se encontram, muitas vezes, em locais, públicos ou privados, de grande afluência (estações, hospitais, escolas, etc.), impôs-se ao *«titular do espaço»* onde a máquina está instalada **responsabilidade solidária** pelo cumprimento das obrigações de restituição e de informação (art. 23.º). Trata-se de uma medida sensata, não só porque este responsável será, normalmente, mais fácil de localizar pelo consumidor como, ainda, pelo facto de se encontrar em condições óptimas para controlar, *a priori*, o respeito pelas imposições legais, dele podendo fazer depender a autorização para a instalação das próprias máquinas naquele local.

Saliente-se, por último, que a violação das obrigações impostas pelo art. 22.º gera responsabilidade contra-ordenacional, nos termos do disposto no art. 32.º n.os 1, al. a) e 2, al. a), com coima que pode ir até aos € 1.000, para pessoas singulares, ou € 8.000, para pessoas colectivas, a aplicar de acordo com o disposto no art. 34.º. Pode cobrar aqui particular importância a sanção acessória de perda de objectos, para a qual remete o art. 33.º.

3. MÉTODOS ILÍCITOS

a) **Vendas em pirâmide**

As vendas ditas «em cadeia», «em pirâmide» ou «de bola de neve», contempladas no Capítulo VI do **Decreto-Lei n.º 143/2001, de 26 de Abril**, sob a epígrafe «Modalidades proibidas de venda de bens ou de prestação de serviços», são alvo de uma **proibição absoluta**, patente no artigo 27.º, n.º 1, cuja violação gera responsabilidade contra-ordenacional nos termos do art. 32.º do mesmo diploma[85]. A lei adopta uma noção ampla deste método de comercialização, definindo-o como o «procedimento que consiste em oferecer ao consumidor determinados bens ou serviços, fa-

---

[85] A moldura da coima aplicável situa-se entre os € 500 e € 3 700, se a infracção for cometida por pessoa singular, ou entre os € 3 500 e 35 000, se tiver por autor uma pessoa colectiva art. 32.º, respectivamente n.º 1, al. c), e n.º 2, al. c).

zendo *depender* o valor de uma prometida redução do seu preço ou a sua gratuitidade *do número de clientes ou do volume de vendas que, por sua vez, aquele consiga obter*, directa ou indirectamente, para o fornecedor, vendedor, organizador ou terceiro».

Vários são os **perigos** associados a esta técnica de vendas em que o consumidor é, de algum modo, levado a participar na própria distribuição do produto[86]. Desde logo, a **«transformação» do consumidor em vendedor**, com as mudanças de estatuto jurídico que acarreta (das quais, muitas vezes, o consumidor não estará ciente) e com os efeitos indesejáveis de «comercialização da esfera privada» que potencia (o consumidor tenderá a angariar clientes no seu círculo de relações familiares e de amizade, servindo-se da sua influência pessoal e de factores emocionais ou de regras de cortesia). A prática tem revelado que os participantes nas vendas em cadeia são frequentemente **aliciados** com promessas de ganhos elevados que depois não se concretizam, uma vez que a própria lógica do sistema conduz a uma saturação exponencial do mercado[87]. Isto é particularmente grave se atendermos a que, de um modo geral, a entrada no sistema implica o **dispêndio de uma quantia**[88] que o sujeito espera recuperar ou multiplicar com a angariação de novos membros/clientes, o que afinal, as mais das vezes, se vem a revelar impossível.

No âmbito comunitário e com vista à adopção de uma futura directiva sobre a matéria, tem sido feito um **esforço de delimitação** entre os sistemas de venda em pirâmide nocivos, que justificam uma proibição radical[89], e

---

[86] Para uma análise aprofundada, consultar HANS-W. MICKLITZ/BETTINA MONAZZAHIAN/CHRISTINA RÖßLER, *Door to door selling. Pyramid selling. Multi level marketing – A study commissioned by the European Commission*, vols. I e II, disponível em http://europa.eu.int/comm/consumers/cons_int/safe_shop/door_sell/sur10_en.htm.

[87] Colhe-se na doutrina francesa (GÉRARD CAS/DIDIER FERRIER, *Traité de droit de la consommation, cit.*, p. 323) o seguinte exemplo elucidativo: se, para obter o prometido desconto, cada cliente-vendedor tiver que angariar cinco novos clientes-vendedores, estes por sua vez terão, no total, que conseguir 25 novos clientes-vendedores; no terceiro nível, terão de ser angariados 125; no quarto nível, esses 125 terão que recrutar outros 625; e assim sucessivamente, por forma a que, por ocasião do nono nível, o número total de clientes a angariar chegará muito perto dos *dois milhões*!

[88] Seja sob a forma de aquisição de bens (o que parece estar mais perto da letra da nossa lei) ou (como amiúde também sucede) sob a forma de pagamento de um «direito de entrada», de aquisição de um «*kit* de iniciação» ou, ainda, sob a forma de pagamento de cursos de formação especial.

[89] Além de outras medidas, nomeadamente as destinadas a fornecer aos participantes nos esquemas (ainda assim) postos em prática um instrumento para recuperar (individual ou colectivamente) as somas despendidas. O problema mais sério parece ser o que

aqueles outros sistemas ditos de marketing *multi-level*, que deverão vir a ser considerados lícitos sob condição de observarem um conjunto de regras destinadas a combater os perigos que (ainda assim) comportam[90].

b) **Vendas forçadas e fornecimento de bens ou serviços não solicitados**

Ainda no Capítulo VI do **Decreto-Lei n.º 143/2001, de 26 de Abril**, que disciplina as «Modalidades proibidas de venda de bens ou de prestação de serviços», encontramos, nos arts. 28.º e 29.º, *três categorias ilícitas de métodos comerciais*. A sistematização escolhida pelo legislador não foi a mais feliz: a prática comercial prevista no art. 28.º 1 tem muito mais afinidades com a que está regulada no art. 29.º 1 do que com a tipificada no mesmo art. 28.º, nos n.ºs 2 e 3. Na verdade, tanto no art. 28.º 1, como no art. 29.º 1, nos deparamos com **práticas destinadas a captar putativas declarações de aceitação** do consumidor – seja através do envio de propostas contratuais, seja através do fornecimento de bens ou da prestação de serviços não solicitados. Já no art. 28.º, n.º s 2 e 3, aquilo que se proíbe é o **aproveitamento de uma situação especial debilidade** do consumidor. Iremos, pois, analisar estas hipóteses de acordo com a sistematização que julgamos preferível.

i] *Práticas destinadas a captar putativas declarações de aceitação*

Decorre das regras gerais do direito civil (artigo 218.º do Código Civil) que **o silêncio do destinatário de uma proposta contratual** não vale como aceitação da mesma, excepto se tal valor lhe tiver sido atribuído por lei, uso ou convenção das partes. Assim, quem não responder a uma

---

decorre do facto de as empresas organizadoras operarem desde o exterior da Comunidade Europeia e tenderem a «desaparecer» antes de os participantes terem oportunidade de descobrir que foram enganados.

[90] Regras sugeridas e analisadas no trabalho de HANS-W. MICKLITZ/BETTINA MONAZZAHIAN/CHRISTINA RÖßLER para a Comissão Europeia, citado na nota.

É possível detectar alguma coincidência entre o *marketing multi-level* e as vendas ao domicílio, quando estas tenham lugar em festas ou reuniões realizadas em casa de particulares – vejam-se os exemplos dos produtos «Tupperware» ou «Avon», citados por GEMMA GARCÍA, *Los contratos realizados fuera de los establecimientos mercantiles y la protección de los consumidores, cit.*, pp. 43-44.

oferta ou proposta que lhe tenha sido endereçada não está a celebrar qualquer contrato, ainda que o proponente tenha declarado (unilateralmente) que considerava a proposta aceite se o destinatário não reagisse no decurso de certo prazo[91].

O que o art. 28.º, n.º 1, acrescenta é a **proibição** da utilização deste expediente como técnica de comercialização de bens ou serviços[92]. Esta interdição afigura-se bastante útil na perspectiva da defesa do consumidor que, mal-informado e desconhecedor do regime civil aplicável, poderia julgar-se vinculado a um contrato que verdadeiramente não quis[93]. O desrespeito pela proibição constitui uma **contra-ordenação** punível nos termos do art. 32.º, n.ºs 1 e 2, als. c), com as mais elevadas coimas previstas no diploma. No plano jurídico-negocial, o legislador julgou oportuno relembrar (embora já decorresse das regras gerais) que o consumidor não fica vinculado, mesmo que a contraparte tenha expressamente indicado na oferta ou proposta que a ausência de reacção durante certo prazo implicaria a sua aceitação (art. 28.º4).

A tentativa pouco escrupulosa de captar (putativas) declarações de aceitação pode ser levada a cabo por intermédio de um outro expediente: **o envio de produtos não encomendados ou a prestação de serviços não solicitados**. Esta prática é alvo de uma **proibição** autónoma, contida no art. 29.º[94], cuja violação desencadeia pesada responsabilidade contra-ordenacional nos termos do art. 32.º, n.ºs 1 e 2, als. c). Também aqui o legislador julgou oportuno esclarecer que a «ausência de resposta» do destinatário «não vale como consentimento» (art. 29.º3). Além do mais, disciplina-se **o destino do produto recebido**. A regra é a de que o consumidor não está obrigado à sua devolução nem (obviamente) ao seu paga-

---

[91] Porque, justamente, não há acordo do destinatário da proposta quanto à atribuição de valor declarativo ao silêncio. Sobre o ponto, ver, por exemplo, MANUEL DE ANDRADE, *Teoria geral da relação jurídica*, volume. II, «Facto jurídico, em especial negócio jurídico», Coimbra, 1987 (7ª reimp.), pp.134-138; ou C. MOTA PINTO, *Teoria geral do direito civil*, *cit.*, pp. 428-429.

[92] Assim transpondo o art. 9.º da Directiva 97/7/CE (embora o regime da proibição desta modalidade de vendas forçadas já vigorasse entre nós).

[93] Sobre a utilidade de uma intervenção legislativa, apesar da solução da ausência de vinculação já decorrer dos quadros gerais do direito civil, cfr. C. FERREIRA DE ALMEIDA, *Os direitos dos consumidores*, *cit.*, p. 91; ou GÉRARD CAS/DIDIER FERRIER, *Traité de droit de la consommation*, *cit.*, pp. 296-297: é que as empresas são tentadas a aproveitar-se do desconhecimento do direito e da passividade normalmente reveladas pelo consumidor.

[94] Já o era, também, pelo artigo 62.º do diploma que estabelece o regime das infracções antieconómicas (Decreto-Lei n.º 28/84, de 20 de Janeiro).

mento e pode mesmo conservar o bem (ou, *mutatis mutandis*, o serviço) a título gratuito (art. 29.°2). Trata-se de uma «sanção» particularmente adequada ao objectivo de dissuadir as empresas de recorrer a esta técnica agressiva de vendas[95]. Se, não obstante, o consumidor proceder à devolução da mercadoria, tem direito a ser reembolsado das despesas em que haja incorrido no prazo de 30 dias (art. 29.°4)[96].

ii] *Aproveitamento de uma situação especial debilidade*

O art. 28.°2 **proíbe** o aproveitamento de uma situação de especial debilidade do consumidor – provocada ou não pela contraparte – para o levar a celebrar um contrato. Os contornos desta «situação de especial debilidade» são esboçados no número seguinte: existirá «quando as *circunstâncias de facto* mostrem» que o consumidor, «no momento da celebração do contrato, *não se encontrava em condições* de apreciar devidamente o alcance e significado das obrigações assumidas *ou* de descortinar *ou* reagir aos meios utilizados para o convencer a assumi-las». Estatui-se que o consumidor **não fica vinculado** a qualquer negócio celebrado em semelhantes condições (art. 29.°4); o recurso a esta prática comercial determina a aplicação de uma **coima** máxima, prevista no art. 32.°, n.os 1 e 2, als. c).

---

[95] E, ao mesmo tempo, como já foi notado, constitui um modo peculiar de aquisição da propriedade dos bens – cfr. *Pratiques du commerce & information et protection du consommateur* ed. E. BALATE/J. STUYCK, *cit.*, p. 128.

[96] Nos n.os 5 e 6 do art. 29.° é levada a cabo uma clarificação do âmbito de incidência da proibição, que só pretende abranger as situações em que está em causa a celebração de um negócio oneroso, por força do qual o consumidor deva desembolsar uma contrapartida, pelo que não faria sentido interditar o envio de «amostras *gratuitas*», de «*ofertas* comerciais» ou de «remessas efectuadas com *finalidades altruísticas*».

Situação curiosa é a descrita por V. CHANTÉRAC/R. FABRE, *Droit de la publicité et de la promotion des ventes*, 1986, p. 284, de envio de bens não concretamente solicitados no contexto da prévia adesão a um «clube de livros ou discos» fornecidos por correspondência. O problema reside, justamente, no consentimento genérico que o consumidor prestou, aquando da adesão, ao envio subsequente do livro ou do disco. No plano do direito civil, é possível equacionar a existência de uma convenção das partes atribuindo valor declarativo ao silêncio do consumidor posterior à recepção do bem; no plano do direito do consumidor, será porventura necessário valorar essa cláusula do contrato de adesão à luz do prescrito no diploma das cláusula contratuais gerais. Sobre o sistema de fiscalização das cláusulas contratuais gerais e sobre o critério de avaliação do conteúdo proibido das mesmas pode ver-se ALMENO DE SÁ, *Cláusulas Contratuais Gerais e Directiva sobre cláusulas abusivas*, 2.ª ed., Coimbra, 2001, pp. 255, ss., e 261, ss.

Este regime, que surge como uma última *ratio* de protecção do consumidor exposto a métodos agressivos de venda, constitui uma **novidade**, em termos de **direito civil**, ainda que circunscrita às relações entre empresários e consumidores. Novidade porque, na sua formulação, extravasa os limites conceptuais e as consequências dos dois principais institutos que visam lidar com situações de vícios da vontade atinentes a uma «especial debilidade»: a *incapacidade acidental*, prevista no 257.º do Código Civil, e o *estado de necessidade nos negócios usurários*, regulado no art. 282.º do mesmo Código. Não cabe aqui um confronto, sem dúvida interessante, entre os regimes do Código Civil e esta nova figura. De todo o modo, sempre diremos que, quanto aos **pressupostos**, a «situação de especial debilidade» parece *menos exigente* – não se requer, por exemplo, que seja notória ou conhecida do declaratário (como requer o art. 257.º para a incapacidade acidental); nem se reclama que a empresa haja obtido benefícios excessivos ou injustificados (como reclama o art. 282.º para os negócios usurários). Quanto às **consequências**, é *mais vantajosa* para o consumidor a previsão de, pura e simplesmente, não ficar vinculado, do que a sanção da anulabilidade que vigora no domínio do Código Civil, a qual acarreta os custos e incómodos de uma acção judicial sujeita a um prazo-limite.

c) **Vendas ligadas**

Por último[97], interdita o art. 30.º1 do **Decreto-Lei n.º 143/2001, de 26 de Abril**, ainda no Capítulo VI, dedicado às «Modalidades proibidas de venda de bens ou de prestação de serviços», as chamadas **vendas ligadas**. Pretende-se abranger aquelas situações em que o fornecedor de um bem ou serviço *não* o disponibiliza ao consumidor *em separado*, apenas facultando a sua aquisição *em conjunto com outro* bem ou serviço. A disciplina desta prática comercial não é privativa do direito do consumo, tendo fortes raízes no direito da concorrência[98]. O que naturalmente difere são as

---

[97] Fica por realizar, de caso pensado, uma referência específica ao art. 26.º, que proíbe as «Vendas efectuadas por entidades cuja actividade seja distinta da comercial». E de caso pensado porque entendemos que tal interdição não diz respeito a um método de venda a retalho, mas antes ao *acesso ao mercado retalhista por parte de certas entidades* «cuja actividade principal seja distinta da comercial».

[98] Cfr. o disposto no art. 4.º1, al. g), da Lei de Defesa da Concorrência (Lei n.º 18/2003, de 11 de Junho), que proíbe acordos destinados a «subordinar a celebração de contratos à aceitação de obrigações suplementares que, pela sua natureza ou segundo os usos comerciais, não tenham ligação com o objecto desses contratos».

razões que, num e noutro quadrante, justificam a sua interdição. No que respeita ao direito do consumo, visa-se, claramente, prevenir que o consumidor seja **compelido** a adquirir um bem ou serviço no qual não está verdadeiramente interessado, desembolsando o respectivo preço, só porque pretende obter um bem ou serviço *diferente*, fornecido em conjunto com o primeiro. Da perspectiva da empresa, esta prática serve (nomeadamente) como um método de escoamento de produtos alvo de uma menor procura, usando como alavanca o bom desempenho comercial de produtos-chave.

A proibição[99] cede, contudo, sempre que entre os bens ou serviços exista uma **relação de complementaridade** suficiente para justificar o seu fornecimento conjunto (art. 30.°2). Ter-se-á considerado, porventura, verosímil a afirmação de um potencial interesse do consumidor em adquirir o segundo bem ou serviço; de todo o modo, reputou-se insuficiente, nestas situações, a pressão da tutela do consumidor para coarctar a liberdade comercial das empresas fornecedoras.

4. CONCLUSÃO

Passámos em análise os principais aspectos relacionados com a protecção do consumidor confrontado com os diversos métodos de venda a retalho fora do estabelecimento. Formam uma moldura legal susceptível de combater muitos dos perigos levantados por estas práticas comerciais, seja através da respectiva disciplina, seja através da respectiva proibição. Mas, naturalmente, a **eficácia da protecção** que dispensam depende de inúmeras variáveis exteriores ao texto legal – entre as quais avulta o grau de esclarecimento e empenho na defesa dos seus próprios direitos revelado pelo consumidor, bem como a vigilância e repressão exercidas pelas autoridades administrativas competentes. Só o cruzamento destas duas pressões é susceptível de criar, desde a perspectiva de uma estrita razão empresarial, o incentivo suficiente ao pontual cumprimento das obrigações legalmente impostas.

A **nível comunitário**, importa destacar **duas linhas de evolução** da moldura normativa das vendas fora do estabelecimento. A primeira, mais específica, diz respeito ao debate em torno da **harmonização dos regimes**

---

[99] Sancionada por responsabilidade contra-ordenacional nos termos do art. 32.°, n.os 1 e 2, als. c).

dos contratos ao domicílio e dos contratos à distância, tanto mais premente quanto se torna vulgar as empresas fornecedoras combinarem ambos os métodos nas suas actuações comerciais[100]. A segunda linha de evolução é bastante mais genérica e prende-se com a **futura orientação em matéria de defesa do consumidor na União Europeia**, naturalmente susceptível de vir a reflectir-se no âmbito mais restrito dos negócios fora do estabelecimento. A reflexão, aberta com o *Livro verde sobre a defesa do consumidor na União Europeia*, apresentado pela Comissão[101], polariza-se em torno de duas alternativas fundamentais: a chamada «abordagem específica», baseada na aprovação de uma série de novas directivas; e a «abordagem mista», constituída por uma directiva-quadro global completada por directivas especiais. Esta última solução, que parece estar a ganhar terreno[102], basear-se-ia numa cláusula geral relativa às relações entre consumidor e empresa («práticas comerciais leais», «bom comportamento comercial») ou num conceito mais restrito de «práticas desonestas e enganosas». Em qualquer das alternativas, uma atenção especial seria dispensada às obrigações gerais de informação e à promoção da auto-regulação empresarial (códigos de conduta)[103], prevendo-se, ainda, a possibilidade de a Comissão emitir «orientações práticas não vinculativas estabelecidas num estilo informal em benefício dos consumidores e das empresas, dos magistrados e dos funcionários responsáveis».

---

[100] Situação em que a disparidade de regimes é susceptível de criar disfunções – por exemplo, utilização de dois tipos de contratos com requisitos diversos, prestação de duas listas de informações com conteúdos diferentes e em momentos distintos, já para não mencionar as dificuldades relativas ao direito de resolução, sujeito a dois regimes não coincidentes. E a solução de dar prevalência a um regime sobre o outro levanta outras tantas controvérsias. Sobre todos estes problemas, HANS-W. MICKLITZ/BETTINA MONAZZAHIAN//CHRISTINA RÖßLER, *Door to door selling. Pyramid selling. Multi level marketing – A study commissioned by the European Commission*, volume. I, *cit.*, p. 5 e *passim*.

[101] Bruxelas, 2.10.2001, COM(2001) 531 final.

[102] De acordo com os resultados da consulta de que o Livro Verde foi alvo por parte de empresas, associações de consumidores, Governos e organismos nacionais – *Comunicação da Comissão – Seguimento do Livro Verde sobre a Defesa do Consumidor na União Europeia*, Bruxelas, 11.6.2002, COM(2002) 289 final.

[103] Em contraponto, para uma abordagem crítica do recurso a códigos de conduta, ver *Pratiques du commerce & information et protection du consommateur*, ed. E. BALATE/J. STUYCK, *cit.*, pp. 215, ss.. Os códigos de conduta são considerados pelos autores como uma das expressões mais ambíguas do conceito de lealdade das práticas comerciais, utilizados que são para contornar a adopção de uma lei, por definição, mais «constrangedora»; para evitar que entre os profissionais se instale uma concorrência benéfica para o consumidor; e, por último, para melhorar a reputação e a imagem da profissão ou sector.

No **plano nacional**, é incontornável a referência à iminente aprovação de um **Código do Consumidor** – concebido como um «código-inovação» e norteado pelos objectivos da unificação, sistematização e racionalização do direito do consumidor[104] –, pelo ensejo que tal codificação propicia para repensar certos aspectos e limar algumas arestas do regime dos contratos celebrados fora do estabelecimento, nas suas diversas modalidades.

---

[104] Ver A. PINTO MONTEIRO, «Sobre o direito do consumidor em Portugal», *cit.*, pp. 10, ss..

OS NOVOS MODELOS DE UTILIDADE

por Dr. PEDRO SOUSA E SILVA
Advogado.
Professor-coordenador do I.S.C.A.
da Universidade de Aveiro.

SUMÁRIO:
   I. Introdução. II. Conceito tradicional de modelo de utilidade.
III. O regime do novo Código. IV. Conclusão

I. Introdução

O Código de Propriedade Industrial de 2003 veio introduzir mudanças significativas no regime dos modelos de utilidade, em larga medida por inspiração comunitária, aliás expressamente reconhecida no preâmbulo do decreto de aprovação, que alude a um *alinhamento com as mais recentes propostas da Comissão Europeia* sobre esta matéria. Pretendeu-se assim consagrar, *avant-la-lettre*, o regime de uma proposta de directiva comunitária de harmonização das legislações nacionais "de protecção das invenções por modelo de utilidade", cuja versão mais recente corresponde à proposta da Comissão Europeia, alterada após a primeira leitura no Parlamento Europeu, em Março de 1999[1].

O Legislador português tem destas coisas. Ora excede em mais de um ano o prazo-limite para transpor uma directiva (como a referente aos modelos e desenhos industriais[2], que devia ser transposta até 28.10.2001 e só o foi em 2003), ora se antecipa e acolhe aquilo que ainda não é direito po-

---

[1] Publicada no JO C de 29.08.2000.
[2] Directiva n.º 98/71/CE do Parlamento Europeu e do Conselho de 13.10.98.

sitivo, e que poderá até nunca vir a sê-lo, oscilando entre o cumprimento tardio e a obediência prematura...

Seja como for, a verdade é que o novo CPI, na parte respeitante aos modelos de utilidade, acolhe claramente as soluções previstas na proposta da Comissão Europeia, o que significa alterar, de forma profunda, o conceito e o regime jurídico dos modelos de utilidade portugueses.

De resto, este Código foi, porventura, o que mais projectos teve em tão curto prazo de vigência. Entre 1995 e 2002, houve pelo menos três, se não mais. Uns pedidos pelo Governo e outros até oferecidos, espontaneamente, num acesso de benemerência. O que não admira, pois o legislador de 1995 num assomo de humildade, contrastante com o elogio que a si próprio se outorgou no n.º 3 do artigo 9.º do Código Civil (a célebre presunção de que "o legislador consagrou as soluções mais acertadas") já anunciava, no preâmbulo do decreto de aprovação do Código, que ia recolher propostas de alteração ao texto que acabava de aprovar!

A exposição que se segue irá assim centrar-se, numa primeira parte, na fixação do conceito tradicional de modelos de utilidade e na sua possível distinção face às patentes de invenção e modelos industriais (II). Seguidamente, passará a enunciar os traços mais importantes desta transformação (III), que altera profundamente quer a substância quer os procedimentos relativos aos modelos de utilidade.

II. Conceito tradicional de modelo de utilidade

Nascido à sombra das patentes, o modelo de utilidade nunca conseguiu afirmar-se decisivamente em Portugal. Ao contrário do que sucede noutros países, como a Alemanha, o Japão, ou mesmo a Espanha, em que as empresas tradicionalmente recorrem a esta figura, em Portugal constatava-se, em Novembro de 2000, que havia 591 modelos de utilidade em vigor, a par de 18.861 patentes, e de 4.268 modelos industriais[3].

Registe-se que nem todos os países reconhecem este tipo de direito privativo. Alguns bastam-se com as patentes, como acontece com o Reino Unido e os Estados Unidos. Não por acaso: os modelos de utilidade desenvolveram-se especialmente na Alemanha, onde foram criados para contrabalançar o excessivo rigor com que era aplicada a lei de patentes,

---

[3] Fonte: Jornal do INPI, N.º 10, Nov/Dez 2000.

que deixava sem protecção alguns inventos, ditos "menores", dotados de um menor grau de actividade inventiva[4].

Houve assim a intenção de proporcionar à indústria um mecanismo de protecção menos ambicioso, que sirva para proteger produtos que, sem representarem uma invenção absoluta, revistam um carácter inovador, tendo uma forma mais aperfeiçoada, que lhes aumente a utilidade ou melhore o desempenho.

Para usar uma síntese feliz, do Dr. Ohen Mendes, os modelos de utilidade consistem na *solução de problemas técnicos que se resolvem pela forma*. O Professor Oliveira Ascensão fala em modelos tridimensionais, em que se protege *o carácter funcional da forma*, esclarecendo: *interessa pois a forma funcional*, podendo dizer-se que *está mais em causa a "fôrma" que a "forma"*[5]. Ou, reproduzindo uma passagem do Parecer da Câmara Corporativa que precedeu a aprovação do CPI de 1940 (p. 198), *os modelos de utilidade são criações engenhosas que tornam os objectos corpóreos mais úteis ou aproveitáveis por uma simples modificação na forma ou disposição, sendo este o seu elemento específico*. E acrescentava-se, nesse documento:

Embora nos modelos de utilidade existam as mesmas condições objectivas da invenção, a realidade, a utilidade, a novidade e certo progresso técnico distinguem-se das invenções os modelos de utilidade. Não se distinguem, é certo, absolutamente, porque para um mesmo objecto às vezes pode reivindicar-se, alternada ou simultâneamente, a protecção de uma ou de outra lei; mas não pode confundir-se o respectivo domínio.

Em primeiro lugar convém observar que as invenções químicas não são susceptíveis de ser consideradas como modelos: nem os processos, porque o modêlo é necessariamente um objecto corpóreo; nem os produtos, que se caracterizam não pela sua forma, mas pela sua natureza e propriedades.

Depois, o objecto da patente, ao contrário do que sucede com o modelo de utilidade, nunca é a forma sob que se realiza a invenção, mas sim, a idea da invenção, em que a forma aparece apenas como meio de aplicar fôrças da natureza.

---

[4] Apesar disso, LADAS localiza na Inglaterra as origens deste conceito, que derivaria dos denominados "Useful Designs" previstos numa lei de 1843, embora tenham sido rapidamente abandonados, em 1883, não voltando a ser retomados: *Patents, Trademarks and Allied Rights. National and International Protection*, Harvard, 1976, Vol. II, p. 949.

[5] Direito Comercial – Vol. II, Direito Industrial, 1988, p. 208.

Tendo isto em conta, é fácil distinguir os modelos de utilidade dos modelos industriais. Nos primeiros interessa a forma *funcional*, enquanto nos segundos se protege a forma, do ponto de vista *geométrico ou ornamental*[6].

Mas já é mais difícil distingui-los das patentes de invenção. Aliás, comparando os artigos 47.°/1 e 122.°/1 do CPI de 95, não se vislumbram diferenças conceptuais entre as duas figuras. Em rigor, ambos implicam um progresso técnico e exigem um esforço inventivo. Quando muito, entendia-se que, na apreciação das patentes deveria haver um grau de exigência superior, quando ao requisito da **actividade inventiva**.[7] Por isso, era sobretudo pelo *âmbito da protecção*, material e temporal, que essa distinção podia fazer-se.

Assim, quanto ao **objecto** da protecção, os modelos de utilidade versavam unicamente sobre os inventos que consistissem *em dar a um objecto uma configuração, estrutura, mecanismo ou disposição de que resulte o aumento da sua utilidade ou a melhoria do seu aproveitamento* (art. 122.°/1 do CPI). Era o caso, nomeadamente, como esclarecia o número 2 deste preceito, *dos utensílios, instrumentos, ferramentas, aparelhos, dispositivos ou partes dos mesmos e do vasilhame*. Em contrapartida, certos inventos susceptíveis de obtenção de patente, eram privados de protecção como modelos de utilidade: as invenções de **processo** (art. 123.°) e, em geral, todas aquelas que não se traduzissem num objecto tridimensional, com uma forma definida, como sucede com as **substâncias**, e as **invenções químicas ou biológicas**.

Quando à **duração** da protecção, o Código previa um prazo de 15 anos a contar do pedido (art. 131.°), já inferior ao das patentes, que têm uma duração de 20 anos (art. 94.°). Mesmo assim, a maioria das legislações estrangeiras concede a estes modelos uma vigência inferior, da ordem dos 7 a 10 anos.

No contexto de outras ordens jurídicas, podem ainda apontar-se, como traços distintivos dos modelos de utilidade face às patentes, **menores custos** de obtenção e manutenção do exclusivo, bem como a **inexis-**

---

[6] Ou, mais rigorosamente, a "aparência" do produto, como passou a constar do art. 173.° do novo CPI, alargando desse modo o objecto da protecção dos modelos (que deixavam de se denominar "industriais" e que passavam a integrar a categoria genérica dos "desenhos ou modelos").

[7] Na lei alemã o grau de exigência relativamente à altura inventiva é, explicitamente, superior nas patentes (em que se exige *actividade inventiva*, "erfinderische Tätigkeit") do que nos modelos de utilidade (que apenas carecem de um *passo inventivo*, "erfinderischer Schritt"). A este respeito, cf. F.K. BEIER, G. SCHRICKER e W. FIKENSCHTER, *German Industrial Property, Copyright and Antitrust Laws. Legal Texts with Introduction*, Max-Plank Institute, p. I/A/8 e WILFRIED STOCKMAIR, *The Protection of Technical Innovations in Germany*, VCH, p.128.

tência de exame prévio, quanto aos requisitos da novidade e altura inventiva (tornando o registo mais simples e rápido). Mas não era esse o caso no nosso país, em que o exame relativo aos modelos de utilidade obedecia sensivelmente às mesmas regras do exame das patentes (por remissão do art. 127.º/1 do CPI).

Sendo este o panorama vigente até agora, não custa entender os motivos da fraca popularidade dos modelos de utilidade: O esforço (financeiro e burocrático) para os obter era semelhante ao das patentes, e o retorno era menor: uma duração inferior e um estatuto secundário. Para quê escolher a "Segunda Divisão", se custava o mesmo estar na "Primeira"?

Ora o regime do novo Código da Propriedade Industrial vem responder, a estas críticas, estabelecendo para os modelos de utilidade uma protecção mais fraca e aligeirada, mas muito mais fácil e rápida de obter, como veremos seguidamente.

III. O regime do novo Código

Antes de mais, ao compararem-se os dois códigos, salta à vista a extensão do articulado agora consagrado aos modelos de utilidade. Enquanto o CPI 95 lhes destinava 17 artigos, o novo CPI consagra-lhe 36. Só que mais de metade deles (19) limita-se a remeter para o regime das patentes, dizendo repetitivamente que "è aplicável aos modelos de utilidade o disposto no artigo "x". Com esta técnica legislativa, não admira que o novo CPI tenha mais 65 artigos que o anterior...

Mas, deixando de lado a estatística, surpreende-se no novo código um conceito de modelo de utilidade francamente inovador, em resultado da "transposição antecipada" do projecto de directiva comunitária de harmonização de legislações nacionais nesta matéria.

Como filosofia geral, assume-se claramente que não têm que existir **diferenças conceptuais** entre as figuras da patente e do modelo de utilidade admitindo-se expressamente (art. 117.º) que *a mesma invenção pode ser objecto, simultânea ou sucessivamente, de um pedido de patente e de um pedido de modelo de utilidade*, dependendo de *opção do requerente* a modalidade de protecção a conceder a uma dada invenção. O que especialmente caracteriza os novos modelos de utilidade é, para usar uma síntese da Comissão Europeia[8], que *a obtenção destes títulos de protecção é*

---

[8] No texto de apresentação da proposta alterada da directiva de harmonização.

mais rápida e menos onerosa do que a das patentes. Em contrapartida, a segurança jurídica que proporcionam é menor.

No que respeita ao **objecto**, regista-se uma ampliação do âmbito de protecção, passando os modelos de utilidade a abranger as invenções *de processo* e deixando de estar limitados à inovação relativa à *forma tridimensional*. Assim, a definição dada pelo novo CPI (art. 117.º) omite qualquer referência à configuração ou estrutura de um objecto (ao contrário do que fazia o art. 122.º do CPI 95). Reservadas à protecção das patentes, apenas ficam as invenções que incidam sobre *matéria biológica* ou sobre *substâncias ou processos químicos ou farmacêuticos* (art. 119.º).

Os **requisitos de concessão**, à primeira vista são os mesmos das patentes[9]: Novidade, actividade inventiva, susceptibilidade de industrialização. No entanto, consagra-se agora, de forma explícita, uma menor exigência ao nível da actividade inventiva: a alínea b) do n.º 2 do artigo 121.º considera bastante que a invenção apresente *uma vantagem prática, ou técnica, para o fabrico ou utilização do produto ou do processo em causa*[10].

Mas é sobretudo ao **nível procedimental** que os modelos de utilidade passam a divergir claramente das patentes. O Legislador quis assumidamente proporcionar aos agentes económicos uma protecção alternativa, através de *um procedimento administrativo mais simplificado e acelerado do que o das patentes*, como se afirma no n.º 2 do art. 117.º. Se esta protecção será ou não menos onerosa, dependerá do valor das taxas a fixar, ao abrigo do art. 346.º do novo Código, por portaria a publicar oportunamente.

Assim, em princípio, os pedidos de modelo de utilidade apenas dão lugar a um exame dos *requisitos formais* de concessão, não se procedendo à análise dos requisitos substanciais, como a novidade, a actividade inventiva e a industriabilidade. O exame dos *requisitos de fundo*, através de uma pesquisa sobre o estado da técnica, só se realizará a pedido, do requerente ou de qualquer interessado, que então suportará os custos desse

---

[9] A este respeito, confrontem-se os artigos 51.º e 55.º a 57.º (relativos às patentes) com os artigos 117.º e 120.º (referentes aos modelos de utilidade).

[10] É neste sentido, aliás, que o projecto de directiva refere como suficiente que o invento apresente *uma vantagem prática ou técnica para a utilização ou o fabrico do produto ou do processo em causa, ou noutra vantagem para o utilizador, como por exemplo uma vantagem educativa ou um valor em termos de entretenimento* cf. art. 6.º/2 do projecto.

mesmo exame[11]. O titular de um modelo de utilidade que só tenha sido sujeito a um exame de forma receberá unicamente um "título de concessão provisória", *cuja validade cessa logo que tenha sido requerido o exame* (de fundo) da invenção (art. 130.º/1). Este exame pode ser requerido em qualquer altura, *enquanto o modelo de utilidade se mantiver válido* (art. 131.º/2).

Como é óbvio, os modelos que não tenham sido objecto de exame de fundo beneficiam de uma *protecção mais precária*. Por um lado, durante todo o período de validade de modelo, a sua concessão poderá ser posta em causa (sem necessidade de acção judicial de anulação), bastando para o efeito que um terceiro requeira junto do INPI o exame da invenção. Isto significa que a segurança jurídica de que goza o titular do modelo não examinado é mais contingente, pois é mais fácil, mais rápido e mais barato a qualquer contra-interessado contestar o exclusivo relativo ao modelo em questão.

Por outro, o titular do modelo de utilidade só poderá instaurar acções judiciais para defesa dos seus direitos quando já tiver requerido o exame de fundo. Ou seja, o modelo que beneficie apenas de um título de concessão provisória não parece conferir o direito de impedir terceiros de explorar economicamente o invento[12]. Para que o titular possa vir a fazê-lo, terá de promover o exame de fundo[13].

Mas, então, para que serve esta concessão provisória?

Aparentemente, constitui uma *protecção embrionária*, que pode ser *activada* a qualquer momento, durante a vigência do modelo, e que serve

---

[11] O exame de fundo far-se-á também quando seja deduzida oposição ao pedido, no prazo previsto no artigo 17.º/2 do CPI, devendo ter lugar nos três meses seguintes à apresentação da última peça processual (art. 132.º/3).

[12] O novo CPI nada diz quanto à existência de tutela penal, relativamente aos modelos não sujeitos a exame de fundo, sendo certo que o artigo 321.º não distingue a violação do exclusivo dos modelos de utilidade em função desse factor. O que poderia levar a supor que o modelo não examinado gozaria de protecção, ao nível delitual. Mas parece evidente que, se o legislador nega ao titular de um modelo não examinado a simples tutela civil, seria absurdo reconhecer-lhe nessa fase uma protecção tão gravosa como a tutela criminal. Por isso, por maioria de razão, deverá entender-se que os modelos de utilidade cobertos por meros "títulos de concessão provisória" não beneficiam de tutela penal.

[13] Refira-se que o projecto de Directiva determina expressamente que os Estados-membros prevejam *a obrigatoriedade de elaboração de um relatório de pesquisa nos casos de acções judiciais destinadas a fazer valer os direitos conferidos pelo modelo de utilidade, a menos que este tenha sido objecto de um relatório de pesquisa anterior* (artigo 16.º/4).

essencialmente para que o titular vá explorando economicamente o seu invento sem o fazer cair no domínio público (como aconteceria, caso explorasse o invento sem apresentar um pedido de modelo de utilidade). Deste modo, caso algum terceiro ponha em causa o seu exclusivo, ele fica com a possibilidade de solicitar então o exame de fundo, dando início a um processo de registo "a sério", que só fará nascer um direito exclusivo aquando da conclusão do processo de registo. Ou seja, se o exclusivo for questionado por um terceiro, o titular pode então "ir a jogo", para se tirar a limpo o que vale, efectivamente, o seu invento.

Mas até lá, ou seja, entre o pedido de exame de fundo e a concessão definitiva do título, o n.º 3 do artigo 131.º só reconhece ao titular a protecção provisória que o artigo 5.º estabelece para a generalidade dos requerentes de direitos privativos; isto é, uma protecção muito ténue, que aparentemente só é relevante para o cálculo de uma eventual indemnização[14]. Esta protecção provisória, contudo, não nasce com o pedido de exame de fundo, pois já existe em momento anterior, isto é, a partir da publicação do pedido no Boletim da Propriedade Industrial, ou da notificação desse pedido a qualquer terceiro que esteja a explorar indevidamente o modelo[15].

Sendo assim, o exame de fundo só terá interesse, na óptica do titular, quando veja ameaçado o seu direito e pretenda reagir contra a exploração do invento por parte de outrem; e, na óptica de um terceiro, quando este pretenda explorar livremente o invento em questão, sem correr o risco de vir a ser responsabilizado pelos prejuízos económicos que a sua concorrência venha a causar ao titular do modelo.

---

[14] Ao contrário do que os tribunais portugueses vinham entendendo, à luz do artigo 62.º do CPI 95, que tem servido para decretar providências cautelares de arresto e ordens de abstenção (cf., vg. o Ac. STJ de 12.01.99, in CJ-STJ 99 – I, p. 34 e o Ac. Rel. Coimbra de 28.03.2000, in CJ 2000, II, p. 30).

[15] Esta parece ser a melhor leitura do disposto na parte final do n.º 3 do art. 132.º, o qual, numa interpretação *a contrario sensu*, poderia significar que a protecção provisória só nasceria após o requerimento do exame de fundo. Contudo, essa leitura apressada, além de colidir com o disposto no art. 5.º (que não distingue entre pedidos de patente, de registo ou de modelo de utilidade), retiraria ao "título de concessão provisória" muito da sua relevância. É que, nascendo a protecção provisória logo com a publicação do pedido de modelo de utilidade (como efectivamente deve nascer), a exploração do invento por banda de terceiros sujeitá-los-á ao risco de serem condenados a indemnizar o requerente pelos prejuízos que a sua actuação lhe causar durante o período que medeia entre aquele pedido e o requerimento de exame de fundo.

Por isso, a obtenção de um "título de concessão provisória" tem a vantagem de conferir ao seu titular, com alguma rapidez e sem grandes custos, um direito exclusivo ainda ténue e precário, que lhe permite ir explorando o invento sem o fazer cair no domínio público e já lhe dá alguns meios de defesa contra a usurpação do invento por terceiros (o pedido indemnizatório previsto no art. 5.º/1). Mas esse direito exclusivo pode, em qualquer momento, ser *reforçado*, através da realização de um exame de fundo bem sucedido. Como também pode, pela mesma via, ser *destruído*, caso o dito exame de fundo venha a demonstrar que o invento não reúne os requisitos substanciais de protecção.

A relativa rapidez com que se obtém esta "concessão provisória" é resultado da fixação de prazos máximos (relativamente curtos) para a prática dos diversos actos e formalidades procedimentais. Conforme estabelecem os artigos 127.º a 130.º, uma vez apresentado o pedido no INPI, este organismo tem 1 mês para efectuar um exame formal, para verificar a regularidade dos documentos exigíveis, devendo em caso afirmativo promover a publicação do pedido no Boletim da Propriedade Industrial (no prazo de 6 meses a contar do pedido[16]). Seguem-se 2 meses para apresentação de reclamações e, não as havendo (nem havendo pedido de exame de fundo), o modelo é concedido provisoriamente, notificando-se o requerente para pagamento da taxa, após o que lhe será entregue o título de concessão provisória, no prazo de 1 mês. Isto significa que, decorrendo o procedimento sem oposição e com razoável diligência administrativa, é possível obter uma concessão provisória ao fim de 8 a 10 meses a contar do pedido.

Quanto aos **efeitos** do modelo, existem também alterações consideráveis:

Relativamente à **duração**, estabelece-se como prazo máximo 10 anos, a contar do pedido (art. 142.º), incluindo um primeiro período de 6 anos, com duas possíveis renovações de 2 anos cada[17]. Como é sabido, as patentes continuam a beneficiar de 20 anos de protecção, nos termos do artigo 99.º, em conformidade aliás com o convencionado no art. 33.º do TRIPS.

---

[16] Este prazo pode ser encurtado ou alargado (até 18 meses) a pedido do requerente, consoante as suas conveniências art. 128.º/ 2 e 3.

[17] É esta a solução preconizada pelo projecto de directiva (art. 19.º), que todavia subordina as prorrogações à condição de ser pedido um exame de fundo (denominado "pedido de relatório de pesquisa relativo ao estado da técnica").

No que respeita aos **direitos conferidos** pelo modelo, o novo código distingue consoante o mesmo versa sobre um produto ou sobre um processo (art. 144.°). No primeiro caso, o titular pode proibir a qualquer terceiro, sem o seu consentimento, *o fabrico, a utilização, a oferta para venda, a venda ou a importação do produto para estes fins*. Se estiver em causa um processo, pode proibir a *utilização* do mesmo, bem como a prática dos actos acima referidos quando respeitem a um *produto obtido directamente por esse processo*[18]. À semelhança do que se dispõe para as patentes, o exclusivo continua a não abranger os actos realizados num *âmbito privado e para fins não comerciais*, ou a *título experimental*, para além dos actos realizados a bordo de navios, aeronaves e outros veículos de locomoção terrestre, que transitem temporariamente em território nacional (artigos 146.° e 103.°).

Também aqui encontra consagração explícita a regra do **esgotamento do direito**, constituindo o art. 146.° reprodução exacta do n.° 1 do artigo 103.° do Código (aplicável às patentes, que todavia registam uma ressalva, no seu n.° 2, relativa a matéria biológica excluída do âmbito dos modelos de utilidade). Regista-se, com aplauso, que estas duas disposições já não incluem a restrição, constante do art. 99.° do CPI anterior, que exigia que a colocação dos produtos no mercado beneficiasse do consentimento "expresso" do titular do direito. Na verdade, tal consentimento tanto pode ser expresso como *tácito*, de acordo com jurisprudência constante do Tribunal de Justiça das Comunidades Europeias, desde pelo menos 1974[19]. Sublinhe-se, ainda, que a formulação adoptada *comercialização (...) no Espaço Económico Europeu* inscreve-se na linha de jurisprudência recentemente adoptada pelo Tribunal de Justiça em matéria de esgotamento dos direitos, a partir do célebre acórdão SILHOUETTE[20], em que restringiu a aplicação desta regra aos produtos colocados no mercado no interior da Comunidade (e, agora, na sequência do acordo do Porto, no interior do EEE). No texto

---

[18] À semelhança do que sucede com as patentes de processo, também aqui se aplica a regra da inversão do ónus da prova (cf. arts. 141.° e 98.°), mediante a qual, se o direito privativo *tiver por objecto um processo de fabrico de um produto novo, o mesmo produto fabricado por um terceiro será, salvo prova em contrário, considerado como fabricado pelo processo* protegido.

[19] Ac. CENTRAFARM. STERLING DRUG, de 31.10.1974, Proc. n.° 15/74, Rec. p. 1163.

[20] Ac. de 16.07.98, Proc. n.° C-355/96, CJCE p. 4799. Para um enunciado desta jurisprudência, cf. P. SOUSA E SILVA, *O esgotamento do Direito Industrial e as "Importações Paralelas".*, in "Direito Industrial", Vol. II (ob. col. editada pela APDI – Associação Portuguesa de Direito Intelectual, sob coordenação do Professor Oliveira Ascensão), p. 244 e ss.

do projecto de Directiva, inclui-se mesmo uma norma afastando expressamente o esgotamento dos direitos quando a colocação no mercado ocorra fora da Comunidade (art. 21.º/2).

Importa, por último, fazer uma referência ao regime específico da **invalidade** dos modelos de utilidade, constante dos artigos 151.º e 152.º. Não porque se prevejam motivos de nulidade diversos dos enunciados para as patentes (salvo no que respeita às remissões para os casos de falta de requisitos, positivos e negativos, de protecção – arts. 117.º a 119.º), mas porque a declaração de nulidade (a proferir através de decisão judicial – art. 35.º/1), apenas está prevista para os modelos de utilidade cuja invenção tenha sido objecto de exame art. 151.º/2. Esta norma faz todo o sentido, uma vez que seria puro desperdício de meios sujeitar a escrutínio judicial uma invenção que ainda não tivesse sido objecto de um exame substancial por parte da autoridade administrativa[21].

Por isso, o caminho a seguir por qualquer interessado na declaração de nulidade de um modelo de utilidade sujeito a "título de concessão provisória" passa, numa primeira fase, por requerer o exame de fundo dessa invenção (ao abrigo do art. 131.º) e, caso não resulte daí a recusa de protecção, por interpôr de um recurso judicial contra a decisão (administrativa) de concessão definitiva do modelo (nos termos gerais dos arts. 39.º e seguintes). Uma vez concedido definitivamente o modelo de utilidade, por decisão transitada em julgado, nada impedirá face ao disposto no Código que venha a ser instaurada acção judicial de declaração de nulidade ou de anulação, nos termos do art. 35.º (ressalvada a existência de eventual caso julgado, caso estejam reunidos todos os pressupostos deste).

---

[21] Note-se que esta condição de procedibilidade judicial a acreditar na letra do n.º 2 do art. 151.º só se mostra aplicável aos casos de declaração de *nulidade* (previstos no n.º 1 dessa disposição e ainda nas diversas alíneas do art. 33.º). Nada permite concluir que a mesma condição se aplique também quando estejam em causa os fundamentos de *anulação*, enumerados pelo artigo 34.º. Na verdade, nesse caso não se trata já da falta de *requisitos intrínsecos de protecção* (como sucede com as causas de nulidade dos arts. 33.º e 151.º), nem os fundamentos da anulação respeitam a factos sujeitos a análise no contexto do exame de fundo previsto no art. 132.º. Por isso, de nada adiantaria (para apreciação da validade do modelo), promover nessa hipótese o exame de fundo, que versaria sobre questões diversas daquelas que podem motivar a declaração judicial de nulidade. Pelo menos neste aspecto poderá dizer-se que a distinção nulidade/anulação (tradicionalmente de uma obscuridade fuliginosa, no âmbito do CPI) passará a fazer algum sentido, já que para efeitos de legitimidade processual, prazos de caducidade e retroactividade dos efeitos dificilmente se poderão distinguir as duas formas de invalidade.

IV. Conclusão

Descrito que fica, em traços largos, o novo regime dos modelos de utilidade, resta esperar que o mesmo venha mostra-se verdadeiramente "útil" para os agentes económicos em geral, e as empresas portuguesas em particular.

Na verdade, esta figura parece talhada a preceito para boa parte da indústria portuguesa, que raramente lança no mercado produtos totalmente novos, que dependem muitas vezes, na sua concepção ou afirmação no mercado, da realização de investimentos incomportáveis à escala nacional. E se as empresas portuguesas, em matéria de patentes, asseguram apenas uma percentagem ínfima do total dos pedidos, têm demonstrado ser capazes de introduzir melhoramentos e aperfeiçoamentos que merecem protecção, ao abrigo da Propriedade Industrial.

Por isso, o novo CPI poderá servir para revalorizar a figura dos modelos de utilidade, estimulando o interesse por este direito privativo, de que só existem actualmente cerca de seis centenas de registos válidos em Portugal.

E como só se aprecia aquilo que se conhece, o sucesso destes novos modelos irá depender, em muito, da eficaz divulgação e promoção do novo regime, junto dos seus principais destinatários, os empresários. Isso cabe, evidentemente, aos responsáveis do INPI, mas também aos agentes oficiais de propriedade industrial, interlocutores privilegiados das empresas neste domínio.

Mas esta inovação pode ter reflexos negativos, conferindo exclusivos imerecidos a realidades banais, ou já caídas no domínio público que passarão a contar, na ausência de reacção dos meios interessados com uma aparência de legitimidade que poderá inibir a iniciativa económica de outras empresas. Certos "inventos" serôdios podem assim "ocupar o terreno" de uma forma intensiva, contribuindo para asfixiar a produção em certos domínios, não deixando margem de actuação a quem queira produzir livremente.

Na verdade, assiste-se cada vez mais a tentativas de registar a banalidade, lançando direitos privativos sobre realidades do domínio público, num claro abuso do Direito da Propriedade Industrial que visa servir a lealdade da concorrência e incentivar a criatividade, e não o contrário.

Por isso, e porque "nem tudo o que reluz é oiro", caberá aos examinadores e julgadores escrutinar com rigor os requisitos substanciais de protecção destes inventos, sem esquecerem que, ao conceder a uma pessoa o direito exclusivo de explorar um invento, estão a impedir-se milhões de outras de fazer o mesmo...

Porto, 7 de Março de 2003.

A «PROTECÇÃO PRÉVIA» DOS DESENHOS OU MODELOS NO NOVO CÓDIGO DA PROPRIEDADE INDUSTRIAL

por Dr. PEDRO SOUSA E SILVA
Advogado.
Professor-coordenador do I.S.C.A.
da Universidade de Aveiro.

SUMÁRIO:
Introdução. I. Objecto e requisitos da protecção dos desenhos ou modelos. II. O registo provisório. III. A "protecção prévia". IV. Os desenhos ou modelos comunitários. V. Balanço. VI. Conclusão.

Introdução

O novo Código da Propriedade Industrial[1] veio estabelecer, nos arts. 211.º a 221.º, um regime inovador para a nossa lei, o da "protecção prévia dos desenhos ou modelos" que já era conhecido de outros ordenamentos jurídicos, com contornos nem sempre coincidentes[2].

O objectivo deste regime, como adiante veremos melhor, é instituir uma protecção rápida e sem grandes formalidades, respondendo à necessidade dos agentes económicos obterem *em tempo útil* uma defesa contra a imitação parasitária dos seus produtos. Mas, obedecendo a este desígnio de protecção expedita, existem também outros regimes, nacio-

---

[1] Código aprovado pelo Decreto-lei n.º 36/2003, de 5 de Março, em vigor desde 1 de Julho de 2003.

[2] Sobre este tema, e para referências de direito comparado, reportadas a 1994, cf. P. GREFFE e F: GREFFE, *Traité des Dessins & des Modèles,* Paris, LITEC.

nais e comunitários, que teremos de abordar, sob pena de perdermos uma visão de conjunto.

Com efeito, o mecanismo da "protecção prévia" dos desenhos ou modelos nacionais, não pode ser visto separadamente da disciplina aplicável aos modelos e desenhos comunitários, registados e não registados, estabelecida no Regulamento (CE) N.º 6/2002[3], nem mesmo do regime da "protecção provisória", previsto pelo art. 5.º do CPI para a generalidade dos direitos privativos industriais reconhecidos pela nossa lei. Por outro lado, importa ter presente que o sistema-regra do novo CPI, em matéria de desenhos e modelos, é o do registo provisório sem exame de fundo, aligeirando deste modo o procedimento de registo.

Todos estes regimes têm de comum a preocupação de evitar que a protecção decorrente da lei chegue tarde demais. Ou seja, evitar que as normais delongas de um procedimento de registo venham a permitir que haja imitações com impunidade. O que é especialmente grave quando estejam em causa produtos de moda, ou com uma vida comercial fugaz, em que se corre o risco de a protecção chegar quando já não serve para nada. Ou seja, quando o produto tem valor, não tem protecção, e quando tem protecção, já não tem valor nenhum.

Esse exercício comparativo permitirá, por outro lado, dar a devida dimensão a este mecanismo e saber se ele traz alguma real utilidade nova, ou se, pelo contrário, é meramente redundante face aos regimes já existentes a nível nacional e comunitário. É o que faremos de seguida, depois de situarmos o problema, começando por referir em que consistem os actuais desenhos e modelos, quais os seus requisitos de protecção e qual a disciplina aplicável a estes direitos privativos no actual Código da Propriedade Industrial (I). Seguidamente, analisaremos regime-regra do registo provisório (II) e o mecanismo especial da protecção prévia (III), que iremos depois confrontar com a protecção atribuída aos desenhos e modelos comunitários (IV), para finalizarmos com um balanço crítico sobre a real valia desta novidade da nossa lei (V).

I. Objecto e requisitos da protecção dos desenhos ou modelos

É sabido que a tutela dos desenhos ou modelos incide sobre a *aparência dos produtos*, ou seja, o seu aspecto exterior, resultante das suas ca-

---

[3] Do Conselho de 12 de Dezembro de 2001, publicado no JOCE L 3, de 5.1.2002.

racterísticas *visíveis*, nomeadamente das linhas, contornos, cores, forma, textura, ou materiais do próprio produto ou da sua ornamentação[4].

O êxito comercial de um produto depende cada vez mais da sua aparência. Um *design* atraente, apelativo, constitui um factor decisivo, tanto ou mais importante que a qualidade ou o preço. Por isso, as empresas investem fortemente na criação de novos modelos de produtos conhecidos, na concepção de novos padrões de tecidos e de outros revestimentos, nos mais variados ramos, como os da moda, do mobiliário, dos electrodomésticos, da cerâmica, entre muitos outros.

O legislador tem entendido que todo esse esforço criativo, e os investimentos que o suportam, necessitam de protecção contra as imitações, que vêm colher, já maduros, os frutos melhor sucedidos do esforço alheio. É para combater essa atitude parasitária que existe a protecção dos desenhos ou modelos[5].

Essa tutela, porém, só é atribuída a desenhos ou modelos que preencham os requisitos definidos nos artigos 173.° e seguintes, de que cumpre destacar as exigências da novidade e do carácter singular. Assim, a **novidade** só existe quando o desenho ou modelo em questão não tenha sido

---

[4] Art. 173.° do CPI e art. 3.°/a) do Regulamento N.° 6/2002. A nossa lei anterior (CPI de 1995 e CPI de 1940) distinguia, tradicionalmente, entre modelos (a três dimensões) e desenhos (a duas dimensões), embora a disciplina aplicável a ambos fossem comum. No caso dos modelos industriais, estavam em causa objectos, e protegiam-se "os moldes, formas, padrões, relevos, matrizes e demais objectos que sirvam de tipo na fabricação de um produto industrial, definindo-lhes a forma, as dimensões, a estrutura ou a ornamentação"; podia tratar-se de uma cadeira, de um candeeiro, de um frasco de perfume, ou de uma jante de automóvel; mas aquilo que se protegia, e ficava sujeito ao exclusivo, era apenas *a forma* do objecto, sob o ponto de vista geométrico ou ornamental. No caso dos desenhos industriais, estavam em causa desenhos ou figuras, destinados a *aplicar-se a um produto* "com fim comercial, por qualquer processo manual, mecânico ou químico", e também os caracteres, tipos e matrizes tipográficas ou destinadas a impressão; entre muitos exemplos, tínhamos os padrões de tecidos, os desenhos cerâmicos, e quaisquer pinturas, fotografias ou gravuras que servissem para decorar um produto destinado a comercialização. No CPI de 2003, estes dois conceitos deixaram de se distinguir, passando a falar-se em "desenhos ou modelos" e abandonando-se o qualificativo "industriais", embora a definição de produto, dada pelo art. 174.° do código, continue a aludir a "artigo industrial ou de artesanato".

[5] Além desta protecção, os desenhos ou modelos registados passaram a beneficiar também da protecção conferida pelo direito de autor, como determina hoje o art. 200.° do CPI (em transposição do art. 17.° da Directiva n.° 89/71/CE do Parlamento Europeu e do Conselho de 13 de Outubro de 1998, JO L 289, de 28.10.1998, pp. 28-35). Como esta protecção só é reconhecida a desenhos ou modelos já registados, não há que analisá-la neste trabalho, relativo à disciplina aplicável anteriormente ao registo.

divulgado ao público, dentro ou fora do país em momento anterior ao do pedido de registo nem tenha havido divulgação de desenhos ou modelos idênticos (ou seja, de desenhos ou modelos *cujas características específicas apenas difiram em pormenores sem importância*)[6]. Por seu lado, o **carácter singular** do produto depende de a *impressão global que suscita no utilizador informado diferir da impressão global causada a esse utilizador por qualquer desenho ou modelo divulgado ao público antes da data do pedido de registo*, havendo que atender, nesse escrutínio, ao *grau de liberdade de que o criador dispôs para a realização do desenho ou modelo*[7].

Estes dois requisitos são autonomizados tanto na lei portuguesa – que, nesta parte, transpôs *ipsis verbis* a Directiva N.° 98/71/CE, de harmonização das legislações nacionais[8] – como no citado regulamento comunitário[9], havendo diversos autores que se esforçam por clarificar a distinção entre novidade e singularidade. Assim sucede, nomeadamente, com MOURA E SILVA[10], que alude à *análise da confundibilidade*, no regime das marcas, como sendo um teste paralelo ao da *singularidade,* previsto para os desenhos ou modelos.

Contudo, devo confessar que ainda não consigo distinguir entre a *novidade* e a *singularidade* de um desenho ou modelo: é novo quando nunca antes existiu outro igual, e é singular quando se distingue do conjunto de desenhos ou modelos que existiam quando ele foi divulgado. Ou seja, quer para medir a novidade, quer para medir a singularidade, temos de confrontar o objecto da análise com os desenhos ou modelos conhecidos à data da respectiva divulgação. Se ele se distingue apenas em "pormenores sem importância", então está carecido não só de novidade, mas também de carácter singular. Em contrapartida, se "a impressão global que suscita no utilizador informado diferir da impressão global suscitada nesse utilizador por qualquer desenho ou modelo divulgado ao público", é porque, além do carácter singular, ele dispõe de novidade, pois de outro modo a impressão global seria a mesma...

---

[6] Art. 177.° do CPI.
[7] Art. 178.° do CPI.
[8] Directiva cit. *supra*, nota (5).
[9] Cf. arts. 4.° a 6.°.
[10] *Desenhos e Modelos Industriais – Um Paradigma Perdido?*, in Direito Industrial, Vol. I, 2001, p. 435 e ss., obra colectiva editada pela Associação Portuguesa de Direito Intelectual e pela Faculdade de Direito de Lisboa, sob a direcção do Professor OLIVEIRA ASCENSÃO. Sobre este tema, em geral, cf. ainda CARLOS OLAVO, *Desenhos e Modelos: Evolução Legislativa*, in Direito Industrial, Vol. III, 2003, pp. 45 ss.

Por isso, atrevo-me a dizer que a novidade e a singularidade são como que "duas faces da mesma moeda", pois um modelo só tem carácter singular quando é novo, e quando é novo tem necessariamente carácter singular. Tudo se reconduz, no fundo, à questão da **originalidade**. Ou existe, e o produto merece protecção, ou não existe, e não a deverá alcançar[11].

Neste domínio do Direito Industrial, que tutela a criatividade, a originalidade é simultaneamente *condição* e *medida* da protecção. Um modelo só é protegido desde que tenha algo de original; mas é apenas esse conteúdo original que beneficia do exclusivo conferido por lei, permitindo reagir contra terceiros que usurpem essa "parcela de criatividade". Por outras palavras: a originalidade é determinante não só no momento da concessão do exclusivo, mas também no momento da tutela do mesmo, servindo para delimitar o alcance do exclusivo[12].

De todo o modo, esta questão não assume especial importância neste contexto, pois a falta de qualquer destes requisitos terá sempre a mesma

---

[11] Note-se que o âmbito do exclusivo continua a medir-se com um único critério (a "impressão global diferente no utilizador informado"), referido pelo art. 199.°/1. De resto, o CPI de 1995 (como também o de 1940), apenas mencionava a "novidade" como requisito material de protecção dos modelos e desenhos industriais (usando como teste o critério do "aspecto geral distinto", referido no art. 141.°). Por isso, só a obrigatoriedade de transpor a Directiva N.° 98/71/CE (que distingue entre a novidade e o carácter singular) poderá explicar esta alteração, a meu ver desnecessária, do critério anterior. Curiosamente, comentando a evolução da jurisprudência francesa relativa a desenhos ou modelos, J.J. BURST afirma que *la nouveauté est devenue, en effet, synonyme d'originalité* – cf. prefácio da citada obra de P. GREFFE e F: GREFFE, *Traité des Dessins & des Modèles,* p. 7.

[12] Pelo exposto, não creio que se possa comparar, nesta parte, o regime dos desenhos e modelos e o regime das marcas. É que, em matéria de sinais distintivos, podem registar-se sinais desprovidos de novidade, desde que estejam por registar: basta nesse caso que disponham de capacidade distintiva e se distingam dos sinais anteriormente registados o suficiente para não causar confusão no mercado. No domínio dos desenhos ou modelos a questão é diferente, pois sem novidade nunca haverá protecção. E a perda da novidade é irreversível, pois os desenhos ou modelos caídos no domínio público não podem mais registar-se. A existir algum paralelo, acrescente-se, seria mais fácil encontrá-lo no domínio das patentes e dos modelos de utilidade, em que se distingue a novidade da **actividade inventiva** (medida pelo escrutínio do "perito na especialidade", quando a invenção não "resulte de uma maneira evidente do estado da técnica" art. 55.° do CPI). Com efeito, reconhece-se certa afinidade entre, por um lado, os conceitos de "perito na especialidade" e "estado da técnica" e, por outro, os conceitos de "utilizador informado" e "impressão global suscitada por qualquer desenho ou modelo divulgado ao público". Nessa óptica, seria tentador afirmar que o "carácter singular" está para os desenhos e modelos como a "actividade inventiva" está para as patentes de invenção. Mas não creio que a simplicidade desta fórmula se coadune com a diversidade de natureza destes diferentes direitos privativos.

consequência: quer falte a novidade, quer a singularidade (quer faltem ambas em simultâneo, como parece inevitável), deverá recusar-se a protecção. Vejamos, então, como pode obter-se essa tutela.

O princípio geral do nosso Direito Industrial é que sem registo não há protecção. Ou seja, que a tutela não resulta do simples uso. Esta regra encontra consagração expressa no domínio dos desenhos ou modelos, nomeadamente no art. 203.º, que enuncia o elenco dos actos que ficam reservados em exclusivo ao titular do registo.

Além disso, a protecção não nasce logo com o pedido de registo, tendo que aguardar pelo final do procedimento destinado a apreciá-lo, e a decisão definitiva que sobre ele recair. Em princípio, o simples pedido de registo não confere ao requerente o direito exclusivo que ele pretende obter, que apenas surgirá com a concessão definitiva do registo.

No entanto, esta regra tem algumas excepções: desde logo, o mecanismo da protecção provisória, previsto no art. 5.º do CPI; além disso, a tutela prevista para os desenhos ou modelos comunitários não registados; e, ainda, a regra da prioridade derivada do uso ou divulgação pelo titular nos 12 meses anteriores ao registo.

Neste contexto, verifica-se que o novo mecanismo da "protecção prévia" é duplamente excepcional. Por um lado, só se aplica a certos tipos de produtos, como os têxteis e artigos de vestuário, podendo estender-se a outras actividades regulamentadas por portaria do Ministro da Economia[13]. Por outro, constitui um desvio ao regime-regra, pelo que terá de ser expressamente requerido, devendo o pedido observar o disposto no art. 214.º do CPI.

Estranha-se que o legislador só tenha pensado no sector dos têxteis e confecções, não prevendo desde logo o calçado, ou mesmo o mobiliário, sectores com grande expressão na nossa Economia e cuja actividade beneficiaria de modo análogo com uma protecção deste tipo. Na verdade, este tipo de protecção é talhada à medida de sectores que lançam no mercado grandes variedades de desenhos ou modelos de produtos que, em regra, têm um ciclo de vida muito breve (frequentemente uma estação, ou um ano). E que necessitam, portanto, de uma protecção expedita, sem grandes formalidades, mesmo que de curta duração (pois só raramente um desenho ou modelo deste tipo sobrevive a uma época). Por isso, faria sentido contemplar logo à partida outros sectores para além do têxtil e vestuário (não os deixando dependentes de uma futura e eventual portaria mi-

---

[13] Art. 211.º do CPI. Até à data, 18.02.2004, não foi ainda publicada qualquer portaria deste tipo.

nisterial). De resto, nem sequer há motivo válido para estabelecer um *numerus clausus* de produtos passíveis de protecção prévia, pois esta pode interessar, conjunturalmente, aos mais diversos ramos de actividade económica.

Vejamos, então, como se distingue o **procedimento** da protecção prévia da tramitação-regra em matéria de desenhos ou modelos.

II. O registo provisório

O procedimento normal de registo, regulado nos artigos 184.º a 198.º, principia com um pedido, que será objecto de um mero exame de requisitos formais (art. 188.º), a realizar no prazo de 1 mês; segue-se a publicação do pedido no *Boletim da Propriedade Industrial*, a efectuar no prazo de 6 meses a contar do pedido (art. 189.º), após o que se abre um prazo de 2 meses para eventuais reclamações (art. 191.º); findo este prazo, sem oposição de terceiros, será concedido o registo provisório do desenho ou modelo (sem que ocorra qualquer exame de fundo), notificando-se o requerente para pagar a respectiva taxa, após o que lhe será entregue, no prazo de 1 mês, o título de registo provisório (art. 192.º). No entanto, este processo pode tornar-se muito mais demorado, caso ocorram reclamações, ou venha a ser requerido o exame dos requisitos substanciais da protecção do desenho ou modelo, dando-se então início ao procedimento contraditório de exame descrito no art. 194.º, que culminará com o despacho definitivo de concessão ou de recusa, a notificar aos interessados e publicar no *Boletim*.

Assim, em princípio, os pedidos de registo apenas dão lugar a um exame dos *requisitos formais* de concessão, não se procedendo à análise dos requisitos substanciais, como a novidade e o carácter singular. O exame dos *requisitos de fundo* só se efectua a pedido, do requerente ou de qualquer interessado, que então suportará os respectivos custos. Não sendo requerido exame e não havendo oposição, o INPI efectua apenas um **registo provisório**, que subsiste no tempo, até que alguém venha requerer o exame de fundo. Contudo, este registo provisório tem uma grande *debilidade*, pois não permite ao titular intentar acções judiciais para defesa dos seus direitos, tendo para isso que requerer o exame de fundo[14].

---

[14] Nessa eventualidade, e até à decisão definitiva do INPI subsequente à realização do exame, o titular do registo apenas beneficia da protecção provisória conferida pelo art.

Mas, então, para que serve este registo provisório? Valendo aqui as mesmas considerações que já fiz noutro local, a propósito da «concessão provisória» dos modelos de utilidade[15], trata-se de uma *protecção embrionária*, que pode ser *activada* a qualquer momento, durante a vigência do registo, e que serve essencialmente para que o titular vá explorando economicamente o seu desenho ou modelo sem o fazer cair no domínio público (como aconteceria, se o explorasse sem apresentar um pedido de registo). Deste modo, caso algum terceiro ponha em causa o seu exclusivo, ele fica com a possibilidade de solicitar então o exame de fundo, dando início a um processo de registo "a sério", que só fará nascer um direito exclusivo aquando da conclusão do processo de registo. Ou seja, se o exclusivo for questionado por um terceiro, o titular pode então "ir a jogo", para se tirar a limpo o que vale, efectivamente, a sua criação. Mas até lá ou seja, entre o pedido de exame de fundo e a concessão definitiva do título só beneficiará da protecção provisória do artigo 5.° do CPI[16].

5.° do CPI, ou seja, pode pedir judicialmente uma indemnização pelos prejuízos sofridos, não podendo pedir a condenação noutro tipo de pedidos (nem requerer providências cautelares, ao contrário do que os tribunais vinham entendendo, à luz do artigo 62.° do CPI 95, que serviu para decretar providências de arresto e ordens de abstenção cf. o Ac. STJ de 12.01.99, in CJ-STJ 1999 – I, p. 34 e o Ac. Rel. Coimbra de 28.03.2000, in CJ 2000, II, p. 30). Além disso, durante todo o período de validade do registo provisório, a sua concessão poderá ser posta em causa (sem necessidade de acção judicial de anulação), bastando para o efeito que um terceiro requeira o exame junto do INPI. Isto significa que a segurança jurídica de que goza o titular do registo provisório é muito mais precária que a resultante do registo definitivo, pois é mais fácil, mais rápido e mais barato a qualquer contra-interessado contestar o exclusivo decorrente daquele.
[15] *Os Novos Modelos de Utilidade*, in Direito Industrial, Vol. IV, p. 331 ss..
[16] Esta protecção provisória, contudo, não nasce com o pedido de exame de fundo, pois já existe em momento anterior, isto é, a partir da publicação do pedido no Boletim da Propriedade Industrial, ou da notificação desse pedido a qualquer terceiro que esteja a explorar indevidamente o modelo. Sendo assim, o exame de fundo só terá interesse, na óptica do titular, quando veja ameaçado o seu direito e pretenda reagir contra a exploração do invento por parte de outrem; e, na óptica de um terceiro, quando este pretenda explorar livremente o invento em questão, sem correr o risco de vir a ser responsabilizado pelos prejuízos económicos que a sua concorrência venha a causar ao titular do modelo. Por isso, a obtenção de um registo provisório tem a vantagem de conferir ao seu titular, com alguma rapidez e sem grandes custos, um direito exclusivo ainda ténue e precário, que lhe permite ir explorando o desenho ou modelo sem o fazer cair no domínio público e já lhe dá alguns meios de defesa contra a respectiva usurpação por terceiros (o pedido indemnizatório previsto no art. 5.°/1). Mas esse direito exclusivo pode, em qualquer momento, ser *reforçado*, através da realização de um exame de fundo bem sucedido. Como também pode, pela mesma via, ser *destruído,* caso o dito exame demonstre que o desenho ou modelo não reúne os requisitos substanciais de protecção.

Importa ainda referir a faculdade conferida ao requerente do registo de pedir o *adiamento* da publicação do pedido de registo (até 30 meses a contar da apresentação do pedido inicial); nesse caso, o desenho ou modelo é inscrito nos registos do INPI, mas o processo do pedido não terá qualquer divulgação (art. 190.º)[17].

III. A "protecção prévia"

O procedimento destinado à protecção prévia é substancialmente diferente. Resume-se à apresentação de um requerimento simplificado directamente no INPI ou através de "entidades tecnológicas idóneas com quem o INPI pode celebrar protocolos" que será acompanhado de reproduções dos desenhos ou modelos, as quais ficarão depositadas neste organismo, *em regime de segredo durante o prazo de validade da protecção prévia* art. 213.º do CPI. Esse requerimento será objecto de mero exame formal, e dará lugar ao pagamento de uma taxa menos onerosa que a devida pelos pedidos convencionais[18].

E em que consiste esta modalidade de protecção? Única e exclusivamente num **direito de prioridade de seis meses**, a contar do pedido no INPI, ou de eventual regularização do mesmo, a instâncias do Instituto (arts. 215.º a 217.º). Por outras palavras como redundantemente consta do art. 219.º *durante a validade da protecção prévia, somente os seus beneficiários podem requerer, para os mesmos desenhos ou modelos, os respectivos registos.*

E é mesmo só isto? Parece que sim. Segundo o art. 220.º, *se o beneficiário da protecção prévia, pretender intervir em processo administrativo contra a concessão de outro registo, ou se pretender interpor acção judicial com base no desenho ou modelo, deve requerer, obrigatoriamente, junto do Instituto nacional da Propriedade Industrial um pedido de registo com exame.* Portanto, o beneficiário da protecção prévia enquanto tal não

---

[17] Este mecanismo terá diversas utilidades para o requerente do registo: marcar temporalmente a reivindicação da titularidade, reforçando a prioridade da obtenção do direito; permitir introduzir o produto no mercado sem correr o risco de o fazer cair no domínio público; e preparar o terreno para invocar a protecção provisória prevista no art. 5.º do CPI, bastando, em caso de necessidade, promover a notificação prevista no n.º 2 desta disposição para beneficiar dessa protecção.

[18] Taxa dependente da volumetria das amostras/reproduções depositadas, e que se encontra fixada na Portaria n.º 699/2003, de 31 de Julho.

tem ainda qualquer exclusivo, nem pode impedir terceiros de explorar a sua criação. Se o quiser fazer, terá então de apresentar um pedido de registo definitivo (com exame). E, entre a apresentação desse pedido e a decisão final do procedimento de registo, apenas gozará da ténue protecção provisória que o art. 5.º do CPI atribui aos requerentes de registos no INPI.

Bem vistas as coisas, esta protecção prévia serve apenas para o interessado "marcar vez" junto do INPI, durante 6 meses, diferindo no tempo a decisão de requerer, ou não, um registo de desenho ou modelo[19]. Durante esse período, nem sequer existe a protecção provisória conferida pelo art. 5.º do CPI. Por isso, só com muito boa vontade pode falar-se em "protecção", neste contexto.

Em face disto, não se augura um futuro brilhante a esta novidade da nossa lei. É que, além de "nascer torta", teve o azar de vir ao mundo numa altura em que surgiram alternativas muito mais interessantes. Nomeadamente as previstas na recente regulamentação comunitária.

IV. Os desenhos ou modelos comunitários

O sistema de protecção dos desenhos e modelos comunitários, previsto no citado Regulamento (CE) n.º 6/2002, coexiste actualmente com os sistemas nacionais de protecção, que continuam a revestir algum interesse para quem pretenda um exclusivo de âmbito territorial mais limitado, e naturalmente menos dispendioso.

Este Regulamento veio estabelecer duas formas paralelas de protecção. Uma, mais aligeirada e limitada a um período de 3 anos, relativa aos desenhos e modelos comunitários **não registados**, que se obtém sem qualquer formalidade, através da mera divulgação ao público (à semelhança do regime dos direitos de autor). E outra, mais completa e duradoura, aplicável aos desenhos e modelos comunitários **registados** no Instituto de Harmonização do Mercado Interno (IHMI), que está sedeado em Alicante.

No caso dos desenhos e modelos comunitários "não registados", essa protecção nasce automaticamente com a simples divulgação ao público na Comunidade Europeia. Ou seja, para que um desenho ou modelo fique protegido basta que tenha sido *publicado, exposto, utilizado no comércio*

---

[19] Diferimento esse que, por si só, já envolve custos, que nem sequer podem ser repercutidos num qualquer "desconto" nas taxas devidas no caso de se requerer efectivamente o registo.

ou divulgado de qualquer outro modo, de tal forma que estes factos possam ter chegado ao conhecimento dos meios especializados do sector em causa na Comunidade, pelas vias normais e no decurso da sua actividade corrente[20].

Todavia, esta protecção é mais limitada do que a proporcionada aos desenhos e modelos registados, que beneficiam de uma segurança jurídica maior e mais formal. Nos termos do art. 19.º do Regulamento, o titular de um desenho ou modelo comunitário **não registado** só pode proibir o respectivo uso por parte de um terceiro, quando *o uso em litígio resultar de uma cópia do desenho ou modelo protegido*. Mas não poderá fazê-lo quando esteja em causa o resultado *de um trabalho de criação independente, realizado por um criador de que não se possa razoavelmente pensar que conhecia o desenho ou modelo divulgado pelo seu titular*. Por seu lado, os desenhos ou modelos **registados** estão protegidos não só contra a denominada "cópia sistemática"[21], mas também contra a concepção independente de um desenho ou modelo semelhante por um segundo criador. A distinção entre estas duas situações podia ser mais clara, embora a redacção do preceito sugira que a linha de fronteira está na intenção, real ou presumida, do infractor. Nesse sentido, o titular de um desenho ou modelo não registado só poderá impedir o uso de um desenho ou modelo que resulte de uma cópia intencional, e não de uma criação independente feita por um terceiro de boa fé[22].

Uma outra diferença a assinalar reside na duração dos exclusivos: enquanto os não registados têm uma protecção de apenas 3 anos, a contar da

---

[20] Art. 11.º/2 do Regulamento N.º 6/2002, que todavia ressalva a hipótese o de o desenho ou modelo haver *sido revelado a um terceiro em condições explícitas ou implícitas de confidencialidade*. Sublinhe-se que só se considera relevante a divulgação que se repercuta na Comunidade ("possa chegar ao conhecimento dos meios especializados"), relativizando-se assim a exigência da novidade à escala mundial (que ainda vigora para os desenhos ou modelos nacionais cf. art. 177.º/1 do CPI).

[21] A expressão é da Comissão Europeia: *a diferença significativa entre o grau de protecção oferecido é que um desenho ou modelo registado é protegido simultaneamente contra a cópia sistemática e a criação independente de um desenho ou modelo similar, ao passo que um desenho ou modelo não registado só é protegido contra a cópia sistemática* (cf. doc. disponível em http://europa.eu.int/sacadplus/printversion/pt/lvb/l26033.htm, site consultado em 31.10.2002). Cf. ainda o Considerando (21) do preâmbulo do Regulamento.

[22] Neste sentido, A. BIGARÉ, *Vers une stratégie de dépôt des dessins et modèles en Europe*, cf. http://www.compagnie-des-amis-com/membres/abigare/articles/PA_070502.pdf, consultado em 18.02.04.

primeira divulgação, os registados são protegidos durante 5 anos a contar do depósito do pedido, renováveis até um máximo de 25 anos[23].

Acrescente-se que, como também sucede com os registos nacionais, o requerente do registo comunitário tem a faculdade de pedir o **adiamento** da publicação do pedido de registo (até 30 meses a contar da apresentação do pedido inicial). Nestas situações, o desenho ou modelo é inscrito no registo do IHMI, mas nem a sua representação nem o respectivo processo serão abertos a inspecção pública. Durante o adiamento, o titular goza de uma protecção semelhante à prevista para os desenhos ou modelos não registados, admitindo-se a instauração de um processo judicial *na condição de as informações incluídas no registo e no processo relativo ao pedido terem sido comunicadas à pessoa contra a qual é intentada a acção*[24].

Isto posto, torna-se evidente que o regime aplicável aos desenhos e modelos comunitários não registados, apesar das suas limitações, reveste um interesse muito considerável: sem quaisquer formalidades, sem publicações, sem pagamento de taxas, um agente económico que introduza no mercado um produto de um novo modelo, ou incorporando um novo desenho, fica automaticamente protegido, por mero efeito desta regra, em todo o território da União Europeia.

V. Balanço

Em confronto com este sistema, a protecção prévia que o CPI de 2003 veio consagrar torna-se pouco atractiva: é mais cara, protege menos, e tem um âmbito territorial incomparavelmente menor. É certo que estas duas protecções podem coexistir: o facto de haver uma protecção "ex lege" atribuída pelo Regulamento, não impede que se requeira a protecção prévia prevista no art. 211.º do CPI. Mas a questão que se coloca é a da *utilidade* deste pedido. Haverá alguma vantagem em solicitar (e pagar) ao INPI esta protecção complementar?

---

[23] Art. 11.º/1.

[24] Arts. 50.º e 19.º/3. As vantagens deste sistema são análogas às já indicadas, a propósito do adiamento previsto no art. 190.º do CPI: marcar temporalmente a reivindicação da titularidade, e permitir a exploração do desenho no mercado durante 30 meses sem correr o risco de fazer cair no domínio público. Todavia, face à protecção dispensada aos desenhos e modelos comunitários não registados, esta alternativa não será tão atraente como poderia parecer à primeira vista, dado que essa protecção nasce sem quaisquer formalidades.

Poderia pensar-se que sim: Como já ficou dito, pode alguém ter interesse em "marcar vez" junto do INPI, durante 6 meses, adiando a decisão de requerer, ou não, um registo de desenho ou modelo nacional. Esse período serviria para avaliar a receptividade do mercado aos produtos em questão, só avançando com o registo dos que se mostrem melhor sucedidos.

Acontece, porém, que este interesse já está devidamente acautelado com outro mecanismo mais eficaz, previsto quer na lei portuguesa quer na comunitária. Julgando *necessário permitir que o criador ou o seu sucessível testem no mercado os produtos que incorporam o desenho ou modelo antes de ser tomada uma decisão sobre se é desejável a protecção resultante do seu registo*, o Regulamento prevê que a novidade e o carácter singular não sejam afectadas pela divulgação ao público durante um **período de 12 meses** anterior à data do pedido, quando tal divulgação seja feita pelo criador ou com o seu consentimento (ou resulte de um abuso de um terceiro)[25]. Idêntica regra está prevista no artigo 180.º do CPI. Deste modo, sem quaisquer encargos ou formalidades, os agentes económicos podem testar tranquilamente os seus produtos no mercado já protegidos automaticamente pelo regime dos desenhos e modelos não registados tendo um ano para decidir da conveniência de registar algum ou alguns deles, junto do INPI ou do IHMI.

Convenhamos que, perante isto, o mecanismo da protecção prévia se torna completamente inútil, pois nem sequer será necessário para conferir uma "prioridade" de registo, face ao disposto no art. 181.º do CPI, que a reconhece ao criador.

Por isso, só em casos improváveis, que não consigo vislumbrar, é que poderá alguém ter interesse em recorrer ao regime instituído pelos arts. 211.º e seguintes do CPI. Talvez alguém que, não se bastando com a protecção de 3 anos contra cópias intencionais (dispensada gratuitamente aos desenhos ou modelos comunitários não registados), admita a hipótese de explorar o mercado nacional, considerando improvável vir a exportar para o restante território da Comunidade, e deseje "marcar o terreno", tornando inequívoca uma data para reivindicar a prioridade e ponderando, durante 6 meses, sobre a oportunidade de efectuar um registo (necessariamente mais oneroso, com exame de fundo). Esse alguém deverá, além disso, estar convencido que esses seis meses de ponderação valem o custo das taxas que o INPI lhe cobra para o efeito.

---

[25] Art. 7.º/2 e 3 e Considerando (20).

VI. Conclusão

Sendo assim, não será de prever grande afluência de interessados ao balcão do Instituto... em busca desta protecção provisória. De resto, como era de prever, o INPI tem sentido um decréscimo acentuado de pedidos de registo de modelos e desenhos industriais, a partir do início de 2003, na sequência da entrada em vigor do regime instituído pelo Regulamento comunitário[26].

O mecanismo da protecção prévia dos desenhos e modelos foi instituído num contexto muito adverso. Enquadrado, de um lado, pelo regime nacional da protecção provisória do art. 5.° e do registo provisório de desenhos e modelos, com ou sem adiamento de publicação, e, do outro, pelo regime dos modelos e desenhos comunitários não registados, este mecanismo não tem espaço vital para se afirmar como uma verdadeira opção. Sobretudo porque se mostra claramente redundante com o prazo de 12 meses previsto no art. 180.° do CPI e 7.° do Regulamento N.° 6/2002.

Mas ainda que não tivesse nascido "emparedado" por alternativas mais atraentes, o regime que lhe foi definido pelo novo CPI nunca poderia assegurar-lhe um grande futuro, pois não reveste uma real utilidade para os agentes económicos. E com isto se diminui a já reduzida competitividade do regime nacional de protecção dos desenhos e modelos.

Porto, 18 de Fevereiro de 2004

---

[26] Assim, no primeiro semestre de 2003, e comparativamente a igual período de 2002, o INPI verificou um decréscimo no número de pedidos de desenhos industriais de 43% e de modelos industriais de 30%, tendência que se agravou no 3.° trimestre de 2003, com um decréscimo de 75% (de pedidos de desenhos ou modelos) face ao período homólogo de 2002 Fonte: *Revista Marcas & Patentes*, n.° 4/2003 e n.° 1/2004.

O LOGÓTIPO – UM NOVO SINAL DISTINTIVO DO COMÉRCIO (PARTE I)*

por Nuno Aureliano
*Assistente-estagiário
da Faculdade de Direito da Universidade de Lisboa.*

SUMÁRIO:
1. Introdução. 1.1. Preliminares. 1.2. O Direito industrial. 1.3. Os sinais distintivos do comércio. 1.4. O logótipo como novo sinal distintivo do comércio. 1.5. Razão de ordem. 2. Outros ordenamentos jurídicos. 2.1. Direito alemão. 2.2. Direito italiano. 2.3. Direito francês. 2.4. Direito espanhol. 3. Demarcação da figura na ordem jurídica portuguesa. 3.1. Noção de logótipo. 3.2. Composição do logótipo. 3.2.1. Generalidades. 3.2.2. Logótipo tridimensional. 3.2.3. Logótipo sonoro. 3.2.4. Logótipo olfactivo. 3.3. Distinção de outros sinais distintivos do comércio. 3.3.1. A marca. 3.3.2. A marca de base. 3.3.3. O nome de estabelecimento. 3.3.4. A insígnia de estabelecimento. 3.3.5. As recompensas, denominações de origem e indicações geográficas. 3.3.6. A firma. 3.3.7. O nome comercial. 3.3.8. O nome de domínio. 3.3.9. Outras figuras residuais. 4. Aspectos fundamentais de regime. 4.1. A remissão genérica da lei. 4.2. Legitimidade para o registo. 4.3. Regras de composição do sinal. 4.4. Registo. 4.4.1. Natureza e formalidades. 4.4.2. Duração. 4.4.3. Âmbito de protecção. 4.4.4. Logótipo notório e de prestígio? 4.4.5. Unicidade do registo? 4.4.6. Vícios do registo. 4.5. Vicissitudes. 4.5.1. Em geral. 4.5.2. Transmissão. 4.5.3. Licenças. 4.5.4. Extinção. 4.6. Articulação com outras figuras. 4.6.1. Articulação com os demais sinais distintivos. 4.6.2. Articulação com o Direito de autor. 4.7. Meios de tutela. 5. Natureza jurídica.

---

* O presente escrito corresponde, com actualizações e alterações de pormenor, à 1.ª parte do relatório de mestrado apresentado a 18 de Setembro de 2003, na disciplina de Direito Comercial II: Direito Industrial (Área de Ciências Jurídicas), no Curso de Mestrado do Ano Lectivo de 2002/2003, sob a orientação do Professor Doutor José de Oliveira Ascensão.

1. Introdução**

1.1. *Preliminares*

I. O logótipo constitui um novo sinal distintivo do comércio reconhecido pelo legislador nacional, para o qual não podem ser in-

---

** No presente trabalho são empregues as seguintes abreviaturas: Ac. – Acórdão; ACE – Agrupamento complementar de empresas; AEIE – Agrupamento europeu de interesse económico; *BGB – Bürgerliches Gesetzbuch* alemão; CCiv – Código Civil; *CCivile – Codice Civile* italiano; CCom – Código Comercial; CDADC – Código do Direito de Autor e dos Direitos Conexos; CPC – Código de Processo Civil; CPI – Código da Propriedade Industrial vigente, aprovado pelo Dec.-Lei n.º 36/2003, de 5 de Março; CPI 1995 – Código da Propriedade Industrial anteriormente em vigor, aprovado pelo Dec.-Lei n.º 16/95, de 24 de Janeiro; CPI 1940 – Código da Propriedade Industrial primitivo, aprovado pelo Dec.-Lei n.º 30 679, de 24 de Agosto de 1940; *CPInt – Code de la Propriété Intellectuelle* francês, aprovado pela Lei n.º 92-597, de 1 de Julho de 1992; CRC – Código do Registo Comercial; CRP – Constituição da República Portuguesa; CSC – Código das Sociedades Comerciais; CUP – Convenção da União de Paris, de 20 de Março de 1883, sucessivamente revista; Dec.-Lei – Decreto-Lei; DM – Directiva n.º 89/104/CEE, de 21 de Dezembro de 1988, que harmoniza as legislações dos Estados-Membros em matéria de marcas; EIRL – Estabelecimento individual de responsabilidade limitada; *EPI – Estatuto de la Propiedad Industrial* espanhol, de 26 de Julho de 1929; FDUL – Faculdade de Direito da Universidade de Lisboa; *HGB – Handelsgesetzbuch* alemão; IHMIA – Instituto de Harmonização do Mercado Interno de Alicante; INPI – Instituto Nacional da Propriedade Industrial; LAL – Lei n.º 17/2002, de 15 de Julho, Lei de autorização legislativa do Código da Propriedade Industrial vigente; *LegM – Leggi Marchi* italiana, de 21 de Junho de 1942, com alterações; *LeyM – Ley de Marcas* espanhola, Lei n.º 17/2001, de 7 de Dezembro; LOFTJ – Lei n.º 3/99, de 13 de Janeiro, Lei de Organização e Funcionamento dos Tribunais Judiciais; *MarkenG – Markengesetz* alemã, de 25 de Outubro de 1994; RL – Tribunal da Relação de Lisboa; RMC – Regulamento CE n.º 40/94, de 29 de Dezembro de 1993, alterado pelo Regulamento n.º 3288/94, de 22 de Dezembro de 1994, sobre a marca comunitária; RRNPC – Regime do Registo Nacional de Pessoas Colectivas, aprovado pelo Dec.-Lei n.º 129/98, de 13 de Maio, que define o regime jurídico da firma; STJ – Supremo Tribunal de Justiça; TCL – Tribunal de Comércio de Lisboa; TDM – Tratado de Direito das Marcas, de 27 de Outubro de 1994; TJCE – Tribunal de Justiça das Comunidades Europeias; *WZG – Warenzeichengesetz* alemã, de 5 de Maio de 1936.

São ainda empregues, para revistas e outras publicações, as abreviaturas: ADI – *Actas de Derecho Industrial* (Espanha); ADIDA – *Actas de Derecho Industrial y de Derecho de Autor* (Espanha); BFD – Boletim da Faculdade de Direito (Universidade de Coimbra); BMJ – Boletim do Ministério da Justiça; BPI – Boletim da Propriedade Industrial; CDP – Cadernos de Direito Privado; CJ – Colectânea de Jurisprudência; CJ (STJ) – Colectânea de Jurisprudência (Supremo Tribunal de Justiça); CLYIB – *Comparative Law Yearbook of International Business*; CJPI – *Cuadernos de Jurisprudencia – Un lustro de Propiedad Industrial* (Espanha); DInd – Direito Industrial; Dir – O Direito; DCI – *Diritto*

dicados quaisquer precedentes normativos directos, quer históricos, quer comparados.

Surgindo na lei através do CPI 1995, a figura foi mantida sem alterações significativas pelo novo Código da Propriedade Industrial, aprovado pelo Dec.-Lei n.º 36/2003, de 5 de Março[1], sobressaindo pela sua originalidade e complexidade.

A primeira característica referida[2] resulta de uma análise sumária de alguns dos ordenamentos jurídicos com afinidades histórico-culturais com o ordenamento jurídico português que, como se constatará adiante, confirma a tradição jurídica nacional de persistência na lei positiva de uma pluralidade de tipos de direitos privativos. Como termo *a quo* poderá então afirmar-se que o logótipo corporiza uma inequívoca *manifestação da prolixidade categorial que caracteriza o direito português dos sinais distintivos do comércio*[3].

A nota da complexidade pode ser constatada tanto através do enquadramento da figura dentro da economia do sistema jurídico nacional de sinais distintivos do comércio, como por via da sua articulação com os demais sinais distintivos tradicionalmente acolhidos pela lei, podendo igual-

---

del Commercio Internazionale (Itália); DJ – Direito e Justiça; EDC – Estudos de Direito do Consumidor; ERPL – *European Review of Private Law*; FIDS – *Forum Iustitiae* – Direito e Sociedade; NGCC – *La Nuova Giurisprudenza Civile Commentata* (Itália); RAPM – Revista da Administração Pública de Macau; RDC – *Rivista di Diritto Civile* (Itália); RDCDGO – *Rivista del Diritto Commerciale e del Diritto Generale delle Obbligazioni* (Itália); RDI – *Rivista di Diritto Industriale* (Itália); RDM – *Revista de Derecho Mercantil* (Espanha); REPI – Revista de Estudos da Propriedade Industrial; RFDUL – Revista da Faculdade de Direito da Universidade de Lisboa; RLJ – Revista de Legislação e Jurisprudência; ROA – Revista da Ordem dos Advogados; SI – *Scientia Iuridica*.

[1] O Dec.-Lei n.º 36/2003 aprovou o terceiro normativo que, com as pretensões de sinteticidade, sistematicidade e cientificidade, veio regular o Direito industrial no nosso país, tendo entrado em vigor, nos termos do seu art. 16.º, a 1 de Julho de 2003, fixando os arts. 10.º e 11.º n.º 2 do mesmo diploma algumas normas de direito intertemporal. Na sua sequência, a Portaria n.º 699/2003, de 31 de Julho, estabeleceu as novas taxas a cobrar pelo INPI pelos serviços por este prestados.

[2] Reconhecida por Couto Gonçalves, *Função Distintiva da Marca*, Coimbra, Almedina, 1999, p. 163 e Pupo Correia, *Direito Comercial*, 8.ª edição, Lisboa, Ediforum, 2003, p. 410, não obstante Carlos Olavo, *Propriedade Industrial*, Coimbra, Almedina, 1997, p. 10 adoptar uma premissa aparentemente diversa.

[3] "Mais um direito exclusivo e formal previsto pela lei portuguesa" nas palavras de Oliveira Ascensão, *Marca comunitária e marca nacional (Parte II – Portugal)* in RFDUL, 2000, n.º 1, p. 582 aludindo em *Título, marca e registo de imprensa* in ROA, ano 57, tomo III, 1997, p. 1230 a uma "multiplicidade de direitos privativos sem paralelo em qualquer outra ordem jurídica".

mente adiantar-se que se afigura ser a *interfungibilidade entre os diversos sinais distintivos de comércio* um dos principais factores que ocasionam a característica referida.

II. São várias as hesitações que percorrem o espírito do intérprete no que respeita à forma mais eficiente de efectuar a aproximação da figura, não se revelando simples a tarefa de explanação e compreensão da realidade agora emergente.

Almejando proceder a uma abordagem gradual e concêntrica, será porventura adequado começar por realizar uma sucinta referência ao enquadramento dogmático e normativo que se encontra subjacente à figura versada, principiando por enquadrá-la dentro do mundo jurídico. A alusão ao Direito industrial, e em especial à categoria dos sinais distintivos do comércio, impõe-se naturalmente como momento anterior à análise em concreto do logótipo, pelo que será pela prévia consideração do(s) género(s), que posteriormente se derivará para o estudo da espécie visada.

1.2. *O Direito industrial*

I. Os fenómenos da revolução tecnológica, da sociedade de massas e do alargamento dos mercados, o último destes reflexo da mundialização ou globalização da actividade económica, apresentam-se não apenas como simples manifestações, mas como verdadeiros elementos estruturais enformadores do estádio sócio-cultural hodierno, resultando da sua conjugação a atribuição de um interesse acrescido ao Direito industrial[4].

Impulsionado por novas necessidades sociais, que testam o seu âmbito e limites, o Direito industrial é impelido à renovação, quer pela redefinição do regime jurídico a aplicar a figuras já consolidadas, de que as recentes revisões operadas nos normativos aplicáveis à marca ou à patente

---

[4] Não existe uniformidade na terminologia empregue para a qualificação do momento histórico actual e da sua articulação com o Direito industrial. GALLOUX, *Droit de la Propriété Industrielle*, Paris, Dalloz, 2000, p. 3 e ERMANNO BOCCHINI, *Il diritto industriale nella società dell'informazione* in RDI, 1994, parte I, p. 35 referem-se a uma sociedade pós-industrial ou da informação, enquanto OLIVEIRA ASCENSÃO, *Direito industrial, exclusivo e liberdade* in ROA, ano 61, tomo III, 2001, p. 1195 alude a uma sociedade técnica. O que parece porém seguro, é o subtil distanciamento da civilização industrial referida por OEHEN MENDES, *Direito Industrial I*, Coimbra, Almedina, 1983/4, p. 107 há apenas vinte anos atrás.

de invenção são exemplo acabado, quer pelo reconhecimento da existência de novas figuras, tais como as patentes de invenções biotecnológicas, o certificado complementar de protecção para medicamentos e produtos fitofarmacêuticos, a marca comunitária, o nome de domínio ou o enigmático logótipo.

A configuração dogmática deste ramo de direito não se apresenta assim como unívoca, havendo que reconhecer um certo estado de ebulição no momento presente. O mesmo raciocínio não deverá todavia conduzir a uma errónea afirmação de absoluta novidade dos problemas versados, afigurando-se mais acertada a simples constatação pelo intérprete de que o Direito industrial se encontra perante uma nova etapa da sua paulatina evolução no tempo.

Uma breve análise desta evolução, bem como uma referência à caracterização do Direito industrial enquanto ramo de direito, não se afiguram assim despiciendas, na medida em que as mesmas contribuam para que o logótipo possa ser idoneamente enquadrado no seu seio.

II. Diversas são as concepções avançadas pela lei, doutrina e jurisprudência sobre o Direito industrial, denunciando de alguma forma uma evolução histórica não estritamente uniforme ou padronizada deste ramo de direito. Nele se divisam estádios claramente distintos, bem como orientações muito pouco coincidentes sobre o que deva ser o objecto da disciplina.

Seguindo a formulação de BOCCHINI[5], o Direito industrial foi, num primeiro momento, com lastro até à revolução industrial, afirmado no essencial como o *Direito da Indústria*. Os seus alicerces fundavam-se num conceito puramente económico de indústria, que assumia um carácter sectorial e interdisciplinar. A conotação desta concepção com o Estado Liberal, quer na sua configuração clássica, quer na subsequente transição para um liberalismo proteccionista, é também por demais evidente, sendo hoje alvo de objecções que comprometem inelutavelmente a sua valia dogmática.

Em primeiro lugar, a referida concepção encontra-se historicamente ancorada, não correspondendo de modo algum ao actual estádio do processo económico, em que o sector económico dos serviços se afirma como uma determinante fundamental no processo produtivo.

---

[5] ERMANNO BOCCHINI, *últ. ob. cit.*, p. 22 a 49 e, posteriormente, em *Lezioni di Diritto Industriale*, 2.ª edizione, Cedam, 1995, p. 2 a 29, numa linha semelhante à exposição de PAULO SENDIM, *Uma unidade do direito da Propriedade Industrial?* in DJ, 1981/1986, p. 163 a 169.

Por outro lado, e mesmo relevando a importação acrítica de um conceito de outro domínio científico para o terreno jurídico, é evidente a desconformidade da concepção com os dados normativos desde há muito presentes no sistema. De facto, o Direito industrial visou desde os primórdios, não apenas a indústria mas também outras actividades económicas, pelo que seria redutor reconduzi-lo somente àquela. É paradigmática nesse sentido a atribuição aos agricultores de legitimidade para o registo de marcas pela Lei de marcas de 21 de Maio de 1896, numa orientação que foi mantida pelos diplomas legais subsequentes[6]. O âmbito da propriedade industrial, tal como delineado pelo art. 2.º do CPI, é claramente mais amplo que o estritamente industrial ou sequer comercial, ao dirigir-se à "indústria e comércio propriamente ditos", e ainda às "indústrias das pescas, agrícolas, florestais, pecuárias e extractivas" e aos "serviços", sendo a mesma asserção confirmada pelos arts. 225.º, 273.º, 282.º e 302.º do mesmo texto normativo[7-8-9].

---

[6] Cfr. o art. 58.º da Lei de 21 de Maio de 1896, bem como os arts. 2.º, 74.º § 2.º, 76.º, 127.º e 141.º do CPI 1940, e os arts. 2.º, 168.º, 228.º e 249.º do CPI 1995. Nos termos do art. 1.º da primitiva Lei de 4 de Junho de 1883, *de marcas de commercio e industria*, a legitimidade para o registo de marcas era, todavia, reservada a industriais e comerciantes.

[7] No sentido referido *vide* OLIVEIRA ASCENSÃO, *Direito Comercial volume II – Direito Industrial*, Lisboa, 1988, p. 4, sendo a mesma amplitude reconhecida noutras latitudes, por exemplo no Direito espanhol, onde a empresa, elemento aglutinador, é definida como qualquer pessoa que ofereça bens ou serviços no mercado (cfr. BERCOVITZ RODRIGUEZ-CANO, *Introducción a las marcas y otros signos distintivos en el tráfico económico*, Aranzadi, Navarra, 2002 p. 60 e 101).

[8] Perante a redacção da lei, que atento o disposto nos normativos anteriores não pode sequer considerar-se inovadora, será legítimo concluir no sentido de um quase total alheamento do CPI face à dogmática comercial estabelecida, assumindo-se como um núcleo normativo autónomo. Apenas deste modo serão compreensíveis opções como a alusão à "indústria e comércio", quando a primeira seria já abrangida pelo domínio comercial através do disposto no n.º 1 do art. 230.º do CCom; a autonomização da prestação de serviços, quer no art. 2.º, quer na alínea e) do art. 225.º, quando esta vem sendo considerada como uma actividade em si mesma comercial; a igualmente autónoma consideração das demais indústrias referidas, que também possuem o gérmen comercial; ou ainda a referência, nas alíneas c) e d) do art. 225.º, a agricultores, produtores (que atentas as demais alíneas pertencerão ao sector de actividade terciário), criadores e artífices. Pressuposta a autonomia face ao Direito comercial, não poderá deixar de se enunciar um reparo à lei a propósito da alusão a "produtos naturais ou fabricados". A equiparação entre objectos e um leque de actividades constituirá seguramente um equívoco.

[9] Corroborando o entendimento de que o Direito industrial não pode ser tomado como o Direito da Indústria, apresenta-se ainda, paralelamente, a impossibilidade de o Direito comercial ser identificado como o Direito do comércio. O referido n.º 1 do art. 230.º

Por fim, se a alusão a indústria restringe em demasia o âmbito visado, esta é, simetricamente, excessivamente ampla na configuração do Direito industrial como ramo de direito, pois englobaria neste não apenas as relações recíprocas entre industriais, mas também as relações entre industriais e trabalhadores (alvo primordial do Direito do trabalho), entre industriais e consumidores (abordadas hoje pelo Direito do consumo) e entre industriais e a ordem e interesse públicos (que se encontram sob a alçada do Direito administrativo).

III. Abandonando o seu teor económico e assumindo contornos mais jurídicos, surge posteriormente a referência ao Direito industrial como *Direito da propriedade industrial e dos bens imateriais*, com possíveis conexões com o Direito da empresa como vértice da pirâmide. O seu unilateralismo é porém inegável ao exaltar o direito de propriedade ou de monopólio, ao mesmo tempo que se obscurecem os deveres e obrigações dos sujeitos, traduzindo-se assim tal construção numa perspectiva redutora da realidade em análise.

Ao indiciar a opção por um específico entendimento quanto à natureza dos direitos industriais, esta concepção é ainda passível de uma outra crítica que se pode revelar decisiva.

Uma das possíveis construções no que respeita à definição do âmago dos direitos industriais reside, com efeito, na sua visão enquanto direitos sobre bens imateriais ou entidades incorpóreas, cujo cerne radicaria, não na ideia em si, nem nas coisas em que a ideia se materializa, mas antes no arquétipo ideal revelado. Apesar de sedutora, esta orientação funda-se na redução do objecto legal de propriedade a coisas corpóreas, de que é paradigma o Direito alemão, através do disposto no § 90 do *BGB*, tendendo a unificar os direitos industriais com os direitos de autor, ao arrepio da orientação legislativa formal e substancial presente no sistema jurídico português. A mesma orientação procede assim a uma identificação do direito pelo seu objecto e não pelo seu conteúdo, desvalorizando certos aspectos pessoais de regime envolvidos nos direitos em análise (nomeadamente nos direitos de autor e nas criações industriais).

---

do CCom abrange expressamente a actividade industrial, bem como outras actividades, sendo também de afastar a opção por uma leitura estritamente objectiva do texto de Veiga Beirão (cfr. os arts. 366.º, 394.º, 397.º e 425.º do CCom; Oliveira Ascensão, *Direito Comercial volume I – Institutos Gerais*, Lisboa, 1998, p. 7; Menezes Cordeiro, *Manual de Direito Comercial I volume*, Coimbra, Almedina, 2001, p. 22; e Coutinho de Abreu, *Curso de Direito Comercial vol. I*, 4.ª edição, Coimbra, Almedina, 2003, p. 15).

Mais que a sua incompletude, afigura-se que a conexão essencial desta orientação com uma perspectiva não necessária, e seguramente não universal, da configuração do Direito industrial obstam à sua admissibilidade[10].

IV. Retomando a perspectiva económica, mas já incluindo nesta considerações jurídicas, o Direito industrial tem sido definido como o *Direito do mercado e da concorrência*, de algum modo em oposição ao carácter estático do Direito comercial clássico, conduzindo por exemplo à discussão sobre a justiça do gravitar ou não dos sinais distintivos em torno do estabelecimento comercial.

Concretizando tal orientação, FRANCHESCHELLI[11] optou, em 1952, pela individualização de quatro sectores chave dentro do Direito industrial, unidos pela ideia funcional de concorrência em sentido amplo: a concorrência, monopólios e consórcios; as invenções e modelos industriais; os sinais distintivos do empresário, empresa e estabelecimento; e as obras de engenho de carácter criativo que respeitem às ciências, literatura, música, artes figurativas, arquitectura, teatro e cinematografia[12]. É ainda por

---

[10] Não obstante, esta corrente encontra defensores no ordenamento jurídico português. MENEZES CORDEIRO, *últ. ob. cit.*, p. 113 e 115 sufraga um omnicompreensivo Direito dos bens imateriais, cujo objecto seria a "constituição, modificação, transmissão e extinção dos direitos privativos referentes a bens intelectuais", numa abordagem conjunta do Direito industrial e do Direito de autor também acompanhada por ALEXANDRE DIAS PEREIRA, *Arte, tecnologia e propriedade intelectual* in ROA, ano 61, tomo II, 2002, p. 485, que conclui pela diluição da dicotomia entre arte e técnica uma vez que "os novos direitos da propriedade industrial apontam fortemente no sentido da aproximação dos direitos de autor à propriedade intelectual e vice-versa, tendo em conta a natureza híbrida das criações do ser humano cujo domínio regulam". Parece todavia assistir razão a OLIVEIRA ASCENSÃO, *Direito Comercial volume II – Direito Industrial cit.*, p. 16 quando manifesta a falta de homogeneidade entre os vários elementos. As especificidades de regime que existem entre os dois campos normativos não parecem, de facto, permitir o estabelecimento de uma base unitária que justifique um tratamento dogmático não diferenciado. Pelo contrário, afigura-se que mesmo dentro do Direito industrial a unificação dogmática se apresenta duvidosa (*vide infra* 1.3. – Os sinais distintivos de comércio e 4.6.2. – Articulação com o Direito de Autor).

[11] REMO FRANCESCHELLI, *Contenuto e Limiti del Diritto Industriale* in Studi Riuniti di Diritto Industriale, Milano, Giuffrè, 1972, p. 17 e 27 com base em afinidades ontológicas e de disciplina jurídica, considerando a concorrência como o "*tessuto di sostegno*" do Direito industrial.

[12] A sistematização não é coincidente com a apresentada, por exemplo, por MARIO ROTONDI, *Per un Sistema di Diritto Industriale* in RDCDGO, Gennaio-Febbraio, 1956, n.º 1 p. 1 que tomando como paradigma a "*azienda*" aborda também a concorrência desleal e a livre concorrência.

este prisma que o Direito industrial é comummente tomado como *meio ordenador e de tutela das actuações no mercado*", sendo a proximidade do núcleo da concorrência reconhecida por PAULO SENDIM[13] e CARLOS OLAVO[14].

Parece no entanto que não se verificara uma necessária conexão entre as duas mencionadas grandezas.

Desde logo, será abusiva a recondução da concorrência em sentido amplo ao Direito industrial, alvo da crítica de excessiva extensão de tal Direito, a qual havia sido oportunamente dirigida à primeira concepção analisada. A unificação daquele com o Direito de autor não se afigura igualmente plausível, como foi também referenciado.

Por outra via, verifica-se que os direitos privativos podem ser de todo alheios ao fenómeno concorrencial, subsistindo sem que a concorrência se verifique, e não tendo sequer que incidir sobre esta[15], pelo que a síntese que a concepção em causa visa realizar não se pode ter ainda por definitiva.

V. Uma outra tentativa contemporânea reside na aproximação do Direito industrial à *empresa enquanto realidade básica*. Esta posição coincide com a proposta apresentada por OLIVEIRA ASCENSÃO, que reduzindo o Direito industrial aos direitos privativos, o considera como um sector definido do Direito da Empresa, operando a sua recondução ao Direito Comercial por razões de simples afinidade e tradição[16]. Ainda que legítima,

---

[13] PAULO SENDIM, *ob. cit.*, p. 169 qualifica os direitos da propriedade industrial como "valores económicos da empresa, normalmente de importância decisiva, uma vez que consubstanciam os seus *instrumentos de concorrência no mercado*", unificando p. 180 e 198 a disciplina dos direitos privativos com a disciplina da concorrência desleal por recurso à ideia de concorrência, *maxime* ao interesse ou probabilidade de lucro de cada empresário na concorrência. Os sinais distintivos são assim considerados como uma "ordenação prévia e necessária para uma concorrência leal" e os direitos privativos *lato sensu* são tomados como "situações jurídicas reguladoras da concorrência".

[14] CARLOS OLAVO, *últ. ob. cit.*, p. 11, 33 e 36 ainda que mitigadamente, aproximando o Direito industrial também do Direito da empresa. Em *Propriedade Industrial – Noções Fundamentais (parecer)* in CJ, ano XII, tomo I, 1987, p. 16 foi peremptório no estabelecer de limites intrínsecos à concorrência e na regulação da sua liberdade. No mesmo sentido de charneira entre a ideia de concorrência e a de empresa *vide* ainda PUPO CORREIA, *ob. cit.*, p. 333.

[15] OLIVEIRA ASCENSÃO, *últ. ob. cit.*, p. 11 e 13.

[16] OLIVEIRA ASCENSÃO, *últ. ob. cit.*, p. 5, 19, 410 e 412. Em *Direito Comercial volume I – Institutos Gerais cit.*, p. 176 considera todavia o Direito Industrial um ramo de Direito autónomo, que aproxima do Direito da concorrência.

a opção padece todavia da dificuldade de construção de um Direito da empresa no ordenamento jurídico português, onde, ao contrário do ordenamento jurídico italiano, não se encontra sequer uma resposta para a definição do que seja empresa, ou vestígios de um regime jurídico construído em seu redor.

Por outra via, e a exemplo do referido a propósito da concorrência, afigura-se que também os direitos privativos não pressuporão necessariamente uma empresa, podendo subsistir à sua margem. O raciocínio será exacto, nomeadamente, em relação à firma, mas também, segundo se julga, e se propõe demonstrar, no que respeita ao próprio logótipo, que se aproxima bastante daquela figura.

VI. Afirmando que o Direito industrial se define como o *"estatuto jurídico da informação económica da empresa no mercado"*[17], a construção de BOCCHINI é ainda tributária das concepções anteriores.

Não obstante, ao reconhecer limites à absolutidade dos direitos e à tutela de terceiros, e ao consagrar como valores autónomos a transparência, a verdade, a clareza e a correcção, a teoria em questão corporiza elementos inovadores que revelam a progressiva transmutação do Direito industrial.

Esta elaboração assume assim o mérito de ponderar adequadamente novos aspectos aos quais o Direito industrial não pode ficar incólume, como sejam a internacionalização dos mercados e da investigação, a gradual criação artificial da procura, e o seu enquadramento numa sociedade pós-industrial da informação, onde a prevalência é conferida ao trabalho intelectual, aos serviços, aos bens imateriais e à tecnologia. Ao basear-se porém no dogma da concorrência empresarial, não parece que possa ser recebida sem escolhos no ordenamento jurídico português.

VII. Ainda que a averiguação do âmbito, sentido e limites do Direito industrial não constitua o escopo da investigação empreendida, considera-se necessário proceder a uma síntese conclusiva preliminar, para avançar subsequentemente na análise de uma nova figura criada por aquele Direito.

Apesar das dúvidas quanto aos contornos do Direito industrial não se dissiparem facilmente, assemelha-se que a melhor via para uma possível

---

[17] Tomado enquanto sistema espontâneo e descentralizado de informações económicas da empresa (cfr. ERMANNO BOCCHINI, *Il diritto industriale nella società dell'informazione* cit., p. 49).

resposta, perante as desencontradas posições que se formaram na doutrina pátria, será o recurso aos dados legais colhidos do sistema.

Em primeiro lugar, e apesar de algumas aproximações legislativas constantes da lei, verifica-se no ordenamento jurídico português, contrariamente por exemplo à situação legislativa francesa, uma separação formal entre Direito industrial e Direito de autor, versados de há muito por normativos distintos. Esta autonomia formal é acompanhada por uma autonomia didáctica e, decisivamente, atentos os distintos princípios que os regem, por uma autonomia substancial, que inviabiliza qualquer tentativa de unificação dos dois direitos[18].

Inviável se apresenta também a aproximação do Direito industrial ao Direito da concorrência, e mesmo ao Direito da empresa, dada a incerteza dos respectivos contornos e a falta de tradição nesse sentido no ordenamento jurídico português. Ainda que o art. 1.º do CPI vigente disponha que a função da propriedade industrial consiste na garantia da *"lealdade da concorrência"*, ter-se-à que atribuir significado à supressão da menção à repressão da concorrência desleal que constava do art. 1.º do CPI 1995, aproximando-se o CPI vigente das linhas mestras enformadoras do CPI 1940[19]. De facto, apesar da concorrência desleal continuar a ser regulada

---

[18] Cfr. *infra* 4.6.2. – Articulação com o Direito de autor.

[19] O art. 1.º *in fine* do novo CPI é paralelo à proposta de OLIVEIRA ASCENSÃO, *A segunda versão do projecto de Código da Propriedade Industrial Industrial* in RFDUL, 1992, p. 41, lendo-se igualmente no preâmbulo do Dec.-Lei n.º 36/2003, de 5 de Março, que aprovou o CPI vigente, a concepção da propriedade industrial como *"mecanismo regulador da concorrência"*. A esta tónica acrescenta-se ainda, na observância de imperativos constitucionais particularmente prementes no nosso tempo, uma função de *"garante da protecção do consumidor"*. O intérprete poderia ser induzido a concluir que se estaria a operar, por esta via, uma verdadeira revolução coperniciana no Direito industrial, que, mais do que se deslocar do prisma do produtor para o do destinatário, se acantonaria já na esfera do consumidor, confundindo-se, no limite, com o incipiente ramo de direito que, a partir deste vai sendo recentemente afirmado. Não obstante, a afirmação do preâmbulo não corporiza mais do que uma simples declaração de princípio, amplamente desmentida quando em diversos passos do texto legal a referida tutela é por completo obnubilada pelo legislador que a anunciou. Mesmo ignorando a transmissão não vinculada da marca, por tradicional no nosso ordenamento jurídico, existem outras disposições paradigmáticas no que respeita ao alheamento da protecção do consumidor e, mais latamente, da tutela do público em geral. Como exemplo, refira-se o disposto no art. 243.º, que, de forma inovadora relativamente ao n.º 2 do art. 189.º do CPI 1995, permite, independentemente da não indução do público em erro sobre a qualidade do produto ou serviço, o registo de marca confundível com outra anteriormente registada desde que exista uma "declaração de consentimento dos titulares desses direitos e dos possuidores de licenças exclusivas se os houver e os

pelo Código em vigor, o cerne do Direito industrial parece residir na "*atribuição de direitos privativos sobre os diversos processos técnicos de produção e desenvolvimento da riqueza*". Mesmo que estes vivam e sejam no essencial concebidos a pensar na sua utilização no âmbito do fenómeno concorrencial, integrados as mais das vezes numa empresa, não serão tais aproximações necessárias, não se justificando qualquer aglutinação em seu torno.

O Direito industrial deverá assim ser alvo de uma consideração autónoma, resultante da confluência das diversas variáveis que permitem afirmar a sua especificidade formal, didáctica e substancial.

Livre de pré-compreensões, o Direito industrial deve ser tomado em sentido estrito, o que equivale, no nosso sistema, a neste englobar apenas a disciplina reguladora das criações industriais e dos sinais distintivos do comércio. É esta a orientação legislativa seguida por qualquer dos três Códigos que já vigoraram em Portugal no que concerne à Propriedade Industrial[20], sendo também esta a orientação maioritariamente sufragada pela doutrina[21].

1.3. *Os sinais distintivos do comércio*

I. Os sinais distintivos do comércio constituem um dos dois vectores em que o Direito industrial primordialmente se desdobra, formando

---

contratos não dispuserem de forma diferente", ao mesmo tempo que alarga ainda o fenómeno a "outros direitos de propriedade industrial". Em que consumidores terá pensado o legislador?

[20] O primeiro Código da Propriedade Industrial, gizado sob a égide da Lei n.º 1972, de 21 de Junho de 1938, que no seu art. 6.º definia o âmbito do Código de Propriedade Industrial a elaborar, foi aprovado pelo Dec.-Lei n.º 30 679, de 24 de Agosto de 1940, havendo-lhe sucedido o Código da Propriedade Industrial aprovado pelo Dec.-Lei n.º 16/95, de 24 de Janeiro. Este foi expressamente revogado pela alínea a) do art. 15.º do Dec.--Lei n.º 36/2003, de 5 de Março, que, na sequência da Lei de autorização legislativa n.º 17/2002, de 15 de Junho, aprovou o novo Código da Propriedade Industrial.

[21] OLIVEIRA ASCENSÃO, *Direito Comercial volume II – Direito Industrial cit.*, p. 38 e *Concorrência Desleal*, Coimbra, Almedina, 2002, p. 77; MENEZES CORDEIRO, *últ. ob. cit.*, p. 113 e 115; CARLOS OLAVO, *últ. ob. cit.*, p. 17; PUPO CORREIA, *ob. cit.*, p. 334. A concorrência desleal surge deslocada na lei, pelo que melhor seria se a mesma fosse remetida para legislação extravagante, a exemplo das ordens jurídicas alemã ou espanhola. A questão não é contudo pacífica (PAULO SENDIM, *ob. cit.*, p. 198 unifica ambas as realidades por referência aos interesses relevantes da concorrência, tal como OEHEN MENDES, *últ. ob. cit.*, p. 191, embora este siga um critério de identificação de interesses juridicamente relevantes).

uma categoria alvo de reconhecimento pela lei e pela doutrina da qual o logótipo faz parte[22]. Dentro desta categoria, a marca sobressai enquanto sinal distintivo protótipo ou paradigmático, sendo ainda particularmente relevantes para a análise do logótipo de *per se*, a firma, o nome e a insígnia de estabelecimento, ainda que a primeira não se encontre regulada pelo CPI.

De forma exponencial, os sinais distintivos do comércio assumem uma relevância económica fundamental enquanto motor da concorrência na sociedade de massas contemporânea, realidade para a qual contribuíram, a exemplo da Propriedade Industrial em geral, não só a revolução nos meios de comunicação, onde se destaca a generalização do recurso a meios publicitários, mas também a criação e manutenção de um mercado global.

Considerados indispensáveis ante a despersonalização do mercado, garantindo a manutenção de uma relação com a clientela[23], com a concorrência, e com a própria economia de mercado, os sinais distintivos do comércio são comumente definidos como sinais de identificação cuja utilização a lei atribuiu, de forma exclusiva, a certa pessoa[24], sendo ainda considerados como valores acessórios, porque funcionalmente ligados aos objectos que visam distinguir[25].

Mais discutível se afigura contudo a afirmação da sua instrumentalidade em relação a um estabelecimento[26], ou, em termos mais latos, a sua vinculação ao "princípio energético da empresa", que corporizaria a tutela descentralizada do estabelecimento como bem[27], pois se esse radical pode

---

[22] Cfr. os arts. 6.º, 197.º n.º 1 alínea e) e 209.º n.º 1 alínea a) do CPI, bem com o 2.º n.º 1 do Dec.-Lei n.º 383/89, que regula a responsabilidade decorrente de produtos defeituosos. O legislador visou introduzir algumas alterações neste âmbito, enunciando no preâmbulo do CPI alguns aspectos inovadores, como sejam os objectivos de clarificação, correcção, simplificação e aperfeiçoamento do Código anterior; a abertura às novas tecnologias de informação; o reforço das garantias dos particulares e das empresas; o abandono da exigência dos dizeres das marcas e dos nomes de estabelecimento em língua portuguesa; e a extinção das marcas de base, mantendo-se porém os direitos concedidos por estas (cfr. o art. 12.º n.º 5 do Dec.-Lei n.º 36/2003).

[23] Qualificando-os CAMPOBASSO, *Diritto Commerciale 1 – Diritto dell'impresa*, *terza* edizione, Torino, Utet, 1997, p. 158 como verdadeiros "colectores de clientela".

[24] CARLOS OLAVO, *Propriedade Industrial cit.*, p. 14.

[25] COUTO GONÇALVES, *Direito de Marcas*, 2.ª edição, Coimbra, Almedina, 2003, p. 64.

[26] FERRER CORREIA, *Lições de Direito Comercial*, Lisboa, Lex, 1994 (Reprint 1973), p. 148; JUSTINO CRUZ, *Código da Propriedade Industrial (anotado)*, 2.ª edição, Lisboa, Livraria Arnado, 1985, p. 28, nota 2.

[27] ORLANDO DE CARVALHO, *Anotação ao acordão do STJ de 11 de Dezembro de 1979*, in RLJ, ano 113, 1980, n.º 3675, p. 285 a 288, e n.º 3676, p. 290 a 291.

ser descoberto em alguns sinais distintivos, como o nome e a insígnia do estabelecimento, já o mesmo não se encontrará necessariamente presente noutros, como por exemplo a marca, que nem sequer se transmite *naturaliter* com o estabelecimento comercial[28].

II. Estando pressuposta no CPI a articulação recíproca entre os vários sinais distintivos[29], e a articulação destes com algumas criações industriais[30], afigura-se duvidoso que, renunciando a uma perspectiva omnicompreensiva do Direito da propriedade intelectual, se não deva ir mais além e reconhecer diferenças intrínsecas ou de valoração no âmago do próprio Direito industrial. A existirem tais antinomias, será então defensável que o Direito industrial deixe de ser considerado segundo uma perspectiva unitária, o que poderá conduzir, no limite, à justificação da sua decomposição em duas disciplinas autónomas.

Assim, apesar da verificação de uma unidade formal no seio do Direito industrial, que se consubstancia na existência de um único Código da Propriedade Industrial, cabe reconhecer que à tradicional e sobejamente conhecida distinção entre criações industriais e sinais distintivos do comércio, estarão subjacentes oposições dogmático-estruturais que, com elevado grau de probabilidade, impossibilitam uma consideração conjunta de ambas as realidades.

De facto, e não obstante não poderem ser ignorados alguns aspectos de regime comum às duas categorias, afigura-se questionável a assimilação de realidades tão díspares.

III. Existem aproximações entre as duas categorias de direitos industriais. Estas surgem não apenas a nível formal, excepcionando o panorama encontrado nos ordenamentos jurídicos próximos[31], como também

---

[28] Esta é a solução prevista pelo art. 262.º do CPI, que alterou o regime constante do n.º 1 do art. 211.º do CPI 1995, em manifesto antagonismo com o regime vigente para o nome e a insígnia de estabelecimento (cfr. o art. 31.º n.º 4 do CPI).

[29] Cfr., por exemplo, a articulação da marca com a recompensa, nos termos da alínea e) do n.º 1 do art. 233.º; da marca com o nome de estabelecimento, insígnia de estabelecimento e logótipo, nos termos da alínea b) do n.º 2 do art. 234.º; ou a combinação entre a recompensa e o nome e insígnia de estabelecimento, denunciada pela alínea d) do art. 274.º, ou pelo n.º 4 do art. 275.º do CPI.

[30] Cfr., por exemplo, o disposto na alínea a) do n.º 1 do art. 209.º, ou na alínea h) do art. 239.º do CPI.

[31] Como será referido *infra* (2. – Outros ordenamentos jurídicos), os sinais distintivos do comércio são alvo de leis a si especificamente dirigidas na Alemanha, na Itália e em

no que respeita ao objecto, ao carácter de protecção, e a aspectos burocráticos, judiciais e sancionatórios. Assim, ambas as espécies do Direito industrial versam um objecto imaterial, sendo excepcional, e como tal fundada no registo, a protecção atribuída por lei. Sendo viável que ambos os domínios concorram para a formação de um concreto estabelecimento comercial, que poderá, por exemplo, abarcar quer uma marca, quer uma patente de invenção dos produtos nele produzidos, verifica-se uma especialização administrativa, através da actuação do INPI[32], que se reflecte também ao nível da competência interna material dos tribunais judiciais[33].

IV. Todavia, será seguro afirmar que a função da propriedade industrial ao ser aplicada aos sinais distintivos do comércio apenas se pode traduzir na "garantia da lealdade da concorrência pela atribuição de direitos privativos sobre processos técnicos de desenvolvimento da riqueza" e nunca de direitos relativos à sua produção. Como sublinha POLLAUD--DULIAN[34], a justificação do direito privativo concedido por lei aos sinais distintivos do comércio não se poderá basear numa ideia de recompensa, num fundamento jusnaturalista ou na protecção do investimento. A tutela existe como instrumento de regulação da concorrência e como meio de informação do consumidor, ainda que, a título subsidiário, possam igualmente intervir os interesses da justiça e do encorajamento do progresso material. Com base nesta asserção se compreende a absoluta desnecessidade de verificação de originalidade na adopção de qualquer sinal distintivo, primeira exigência efectuada pelo n.º 1 do art. 51.º do CPI para a patente de invenção.

Espanha, apenas em França se verificando uma unificação com as criações industriais, que é porém alargada ao Direito de autor, pelo que se comprova a singularidade da opção legislativa portuguesa neste domínio.

[32] Cfr. os arts. 9.º a 30.º do CPI.

[33] Segundo dispõe a alínea f) do n.º 1 do art. 89.º da LOFTJ, compete aos tribunais de comércio preparar e julgar as "acções de declaração em que a causa de pedir verse sobre propriedade industrial, *em qualquer das modalidades previstas no Código da Propriedade Industrial*". A alínea h) do n.º 1 do mesmo art. (ao referir-se às acções de "anulação de marca") levanta porém algumas perplexidades, não se podendo admitir que a anulação de outros direitos privativos não esteja também aqui abrangida. Se a declaração da nulidade de qualquer registo se subsumirá na citada alínea f), a sua anulação deverá pertencer também ao mesmo tribunal de competência especializada.

[34] POLLAUD-DULIAN, *Droit de la propriété industrielle*, Paris, Montchrestien, 1999, p. 5.

O regime aplicável e, sobretudo, o tipo de exclusivo concedido, traduzem a existência de distintos pontos de partida[35]. O exclusivo atribuído aos sinais distintivos do comércio assume uma posição de tendencial relatividade, conexa com o princípio da especialidade, que não existe no monopólio conferido às criações industriais.

Por outro lado, se a justificação da tutela dos sinais distintivos assenta numa boa e eficiente ordenação do tráfego mercantil e não no génio criador que justifica a criação de uma lesão temporária para o interesse geral, é evidente que a intensidade da protecção de cada uma destas realidades terá de ser distinta. Na sua delimitação intervêm também a tutela dos interesses do consumidor, embora estes não se apresentem como decisivos neste domínio[36].

No entanto, se a protecção outorgada por lei às criações industriais se revela mais intensa do que a atribuída aos sinais distintivos do comércio, também sofre vicissitudes que seriam impensáveis para estes. A obrigatoriedade de exploração, a possibilidade de expropriação, e admissão de licenças obrigatórias de uma patente, encontram apenas paralelo na caducidade por não uso de um sinal distintivo. Não intervém qualquer exigência de respeito pelo interesse público nesta sede[37].

De outra perspectiva, ainda que o direito conferido pelo registo de uma patente assuma uma duração superior à do direito atribuído pelo registo de um sinal distintivo do comércio[38], será incontornável que, em virtude da possibilidade de sucessivas renovações deste último registo, se pode obter uma virtual perenidade do sinal distintivo de comércio, sem paralelo na duração necessariamente temporária dos direitos sobre criações industriais. Novamente em causa estará a inexistência de um interesse público de sinal contrário, a que acresce a realização cabal das funções distintivas do sinal, transformando por esta via o exclusivo outorgado aos sinais distintivos num exclusivo mais amplo do que o vigente para as criações industriais[39].

---

[35] CHAVANNE/BURST, *Droit de la propriété industrielle*, 4.ª édition, Paris, Dalloz, 1993, p. 442; POLLAUD-DULIAN, *ob. cit.*, p. 20 e 461.

[36] Cfr. *supra* nota 19.

[37] Cfr. os arts. 105.º a 112.º do CPI, por confronto com o arts. 269.º e 300.º n.º 1 alínea b) do mesmo normativo.

[38] A primeira é fixada em vinte anos, por contraposição aos dez anos fixados em geral para os sinais distintivos do comércio (cfr. os art. 99.º, 255.º e 293.º do CPI).

[39] Como refere MARÍA LUISA LLOBREGAT, *Caracterización Jurídica de las Marcas Olfactivas como Problema Abierto* in RDM, n.º 227, Enero/Marzo, 1998, p. 73 "o titular

Afigura-se assim defensável que, atendendo às diferenças de regime referidas, e fazendo primar a substância sobre a forma, *se separem dogmática, pedagógica e formalmente os dois domínios com que se pretende unificar o Direito industrial*. A sua diversa progenitura deporá igualmente nesse sentido.

V. Independentemente do acerto da separação dogmática entre o domínio dos sinais distintivos do comércio e o domínio relativo às criações industriais, a questão da natureza jurídica dos primeiros, ou, mais amplamente, da natureza jurídica de toda a categoria dos direitos industriais, constitui um dos mais controversos aspectos da disciplina versada, sendo várias as ideias-força avançadas pela lei e pela doutrina[40].

A questão não poderá deixar de ser abordada. Sendo o logótipo um sinal distintivo do comércio será conveniente precisar desde já conceitos que serão pressupostos no final, aquando do juízo acerca da natureza jurídica da figura.

VI. Parece *a priori* inadmissível a consideração dos sinais distintivos do comércio, em particular da firma, como manifestações de conteúdo patrimonial de um direito de personalidade do empresário[41]. De facto, a

---

de uma marca encontra-se legalmente protegido por um monopólio perpétuo cujas únicas obrigações são o pagamento das taxas legalmente estabelecidas e o uso continuado da marca".

[40] Um sumário das várias construções admissíveis pode ser confrontado em OEHEN MENDES, *últ. ob. cit.*, p. 90 a 175; CARLOS OLAVO, *últ. ob. cit.*, p. 20 a 26; COUTO GONÇALVES, *ult. ob. cit.*, p. 57 a 66; e PUPO CORREIA, *ob. cit.*, p. 339 a 349.

[41] Esta era a mais que centenária posição de KOHLER (referida por COUTO GONÇALVES, *Função Distintiva da Marca cit.*, p. 35 e FERNÁNDEZ-NÓVOA, *Tratado sobre Derecho de Marcas*, Madrid/Barcelona, Marcial Pons, 2001, p. 30), a que aderiu entre nós, a propósito da firma, PINTO COELHO, *A protecção do "nome do estabelecimento" estrangeiro*, in RLJ, ano XCVII, 1964, n.º 3266, p. 65 a 67, n.º 3267, p. 81 a 82, n.º 3268, p. 97 a 100, e n.º 3270, p. 129 a 131 e nas *Lições de Direito Comercial 1.º volume*, 3.ª edição, Lisboa, 1957, p. 243, aludindo a um "aspecto do direito ao nome relacionado com o exercício de certa actividade jurídica da pessoa". Esta posição é retomada em parte por MENEZES CORDEIRO, *últ. ob. cit.*, p. 268 e 296 considerando a firma como um direito misto, um "direito de personalidade reportado a bens imateriais patrimoniais", concluindo que a personalidade não seria afectada pela dimensão patrimonial em causa. Partindo de pressupostos totalmente distintos, OLIVEIRA ASCENSÃO, *últ. ob. cit.*, p. 117, e *Direito Comercial volume I – Institutos Gerais cit.*, p. 324 conclui ser a firma objecto de um direito unitário misto, composto de faculdades pessoais e patrimoniais, ainda que não deixe de se apresentar como um valor comercial objecto de um direito patrimonial.

transmissibilidade do bem objectivado em que consiste o sinal distintivo, o seu carácter essencialmente patrimonial, a sua extinção pelo não uso, e o carácter vitalício dos direitos de personalidade, não sujeitos à necessidade de renovação nem à possibilidade de renúncia, impedem a viabilidade de tal entendimento[42], bem como da consideração do direito emergente dos sinais distintivos do comércio como um simples direito pessoal[43].

VII. A orientação gaulesa que alude à manifestação de direitos de clientela através dos sinais distintivos do comércio, que funcionariam como um meio de conquista e de fixação daquela, também deve ser liminarmente excluída, dada a iníqua funcionalização da categoria, que ignorando o conteúdo do direito procede à sua explanação apenas pelo prisma dos seus efeitos. A clientela constitui aliás, uma realidade de definição problemática e fluidez manifesta, sendo assaz duvidosa a sua inclusão no âmbito do estabelecimento comercial[44].

VIII. Outra possibilidade estará, como foi referido a propósito da conformação do próprio Direito industrial, no aceitar de uma referência a direitos sobre bens imateriais enquanto entidades incorpóreas e imperceptíveis para os sentidos, visando-se não a ideia em si, nem nas coisas em que a ideia se materializa, mas antes o arquétipo ideal revelado[45]. As críticas de uma injustificada unificação com os direitos de autor, da identificação do direito pelo seu objecto e não pelo seu conteúdo, e da desvalorização dos aspectos pessoais envolvidos (numa concepção mais ampla abran-

---

[42] OLIVEIRA ASCENSÃO, *Direito Comercial volume II – Direito Industrial cit.*, p. 114 e *Direito Comercial volume I – Institutos Gerais cit.*, p. 322; COUTINHO DE ABREU, *últ. ob. cit.*, p. 168.

[43] Nesta orientação os sinais distintivos seriam concretizações do direito à identificação, que representaria, de *per se*, um direito de personalidade (cfr. OLIVEIRA ASCENSÃO, *Direito Comercial volume II – Direito Industrial cit.*, p. 117, *Direito Comercial volume I – Institutos Gerais cit.*, p. 324).

[44] A construção remonta a ROUBIER, mas é criticada mesmo no ordenamento jurídico francês (cfr. CHAVANNE/BURST, *ob. cit.*, p. 1 e POLLAUD-DULIAN, *ob. cit.*, p. 9). Quantos às dificuldades associadas à clientela enquanto realidade jurídica *vide*, em síntese, NUNO AURELIANO, *A obrigação de não concorrência do trespassante de estabelecimento comercial no Direito português* in Estudos em homenagem ao Professor Doutor Inocêncio Galvão Telles, volume IV, Coimbra, Almedina, 2003, p. 731 a 736.

[45] Orientação seguida por OEHEN MENDES, *últ. ob. cit.*, p. 174.

gente dos direitos de autor e das criações industriais) parecem porém dificilmente ultrapassáveis.

IX. Uma orientação com vários adeptos consiste na recondução dos direitos em causa à categoria geral da propriedade, ainda que a sua natureza seja considerada especial ou *sui generis*[46]. Esta concepção encontra apoio legal no art. 1303.° do CCiv, bem assim no art. 211.° do CPI 1940, ultrapassando a corporeidade do conceito de coisa constante do § 90 do *BGB*. A mesma orientação segue a orientação terminológica internacional em geral, e a francesa em particular (com assento hoje expresso no art. 713-1 do *CPInt*), fundando-se numa pretensa plasticidade do direito de propriedade, que lhe permitiria abranger este objecto específico.

Para além dos aspectos marcadamente ideológicos que enformam esta concepção, assentes no conceito de propriedade como direito máximo e intangível, existem obstáculos de regime que colocam em causa a extensão pretendida. A inaplicabilidade de institutos como a posse, a usucapião ou a reivindicação (ainda que se verifique uma proximidade funcional com a acção de usurpação); o carácter territorial e a limitação temporal dos direitos (que porém poderá ser ultrapassada nos sinais distintivos através da possibilidade ilimitada de renovação); a caducidade por não uso; o seu modo peculiar de aquisição; e a existência de signos distintivos inapropriáveis, como a denominação de origem e a indicação de proveniência, são expressão bastante das hesitações que esta construção coloca quando são chamadas à colação regras que caracterizam a propriedade enquanto direito real. As divergências estruturais serão, de facto, profundas[47].

X. Finalmente, os direitos atribuídos pelo ordenamento jurídico aos sinais distintivos são qualificados como direitos de exclusivo ou de mono-

---

[46] PIRES DE LIMA e ANTUNES VARELA, *Código Civil Anotado vol. III*, Coimbra, Coimbra Editora, 1987, p. 86; JUSTINO CRUZ, *ob. cit.*, p. 25; COUTINHO DE ABREU, *últ. ob. cit.*, p. 169, a propósito da firma, e p. 342, a propósito do nome e insígnia de estabelecimento; COUTO GONÇALVES, *Função Distintiva da Marca cit.*, p. 176, nota 346, e *Direito de Marcas*, 2.ª edição cit., p. 60, nota 128 e p. 65; PUPO CORREIA, *ob. cit.*, p. 348; ALEXANDRE DIAS PEREIRA, *últ. ob. cit.*, p. 480.

[47] OLIVEIRA ASCENSÃO, *A segunda versão do projecto de Código da Propriedade Industrial cit.*, p. 38 e *O projecto de Código da Propriedade Industrial e a Lei de autorização legislativa (parecer)* in RFDUL, 1995, n.° 1, p. 39 afirma que "nenhuma disposição especificamente reguladora da propriedade lhes é aplicável". No mesmo sentido, OEHEN MENDES, *últ. ob. cit.*, p. 113, 145 sublinha que os direitos industriais constituem criações arbitrárias e artificiais da lei, onde a abertura do art. 1305.° do CCiv. não pode vigorar.

pólio, numa perspectiva que salienta ainda a actividade conexa aos direitos, tomados empresarialmente enquanto destinados a uma exploração económica[48]. Mas as críticas a esta concepção já se fizeram sentir. A configuração de um direito subjectivo de simples exclusão e a conexão à materialidade em que se realiza o que deveria ser o objecto do direito são obstáculos que merecem uma especial atenção[49].

XI. A convulsão doutrinal encontra paralelo na incipiência da lei. As referências legais neste domínio apresentam-se como equívocas, não permitindo ao intérprete o formular de conclusões sólidas.

O único dado indiscutível parece residir na dimensão bifronte destes direitos, que ao se traduzirem num *ius prohibendi* (dimensão negativa), possibilitam em simultâneo a sua disposição através da autorização a outrem do uso de marca confundível (dimensão positiva do paradigma dos sinais distintivos de comércio).

Embora as qualificações legais não vinculem o intérprete, possuindo via de regra escassa valia dogmática, será também adequado que aquelas o não confundam, sendo esta a situação vigente, quer no ordenamento jurídico nacional, quer noutros ordenamentos jurídicos.

Começando pelo últimos, a tentativa de encontrar um enquadramento normativo adequado afigura-se uma tarefa de resolução impossível. Se se adopta a categoria de "direitos de exclusivo" em normas como as constantes do n.º 1 do art. 5.º DM, do n.º 1 do art. 9.º do RMC, do 1.º parágrafo dos § 14.º e 15.º da *MarkenG* alemã ("*ausschliessliches Recht*"), do n.º 1 do art. 1.º da *LegM* italiana, bem como do n.º 1 do art. 34.º da *LeyM* espanhola, deve ser também sublinhado que surgem nos mesmos normativos, preceitos que se referem à marca como objecto de um direito de propriedade. Esta constitui, aliás, a "*pièce de résistance*" do art. 713-1 do *CPInt* francês.

No ordenamento jurídico português a questão assume, de igual modo, uma ambiguidade extrema, parecendo que só poderá ser ultrapassada através da pura e simples consideração do regime jurídico fixado por lei para

---

[48] OLIVEIRA ASCENSÃO, *Direito Comercial volume II – Direito Industrial* cit., p. 21, 395 e *Direito industrial, exclusivo e liberdade* cit., p. 1196 sendo a propriedade apenas o paradigma dos direitos absolutos; CARLOS OLAVO, *últ. ob. cit.*, p. 25, nota 32, referindo que não existe qualquer restrição a monopólios de produção ou de venda; SILVA CARVALHO, *Direito de Marcas*, Coimbra, Coimbra Editora, 2004, p. 447.

[49] Cfr. COUTO GONÇALVES, *últ. ob. cit.*, p. 66; e OEHEN MENDES, *últ. ob. cit.*, p. 171 a 173.

cada uma das figuras versadas. Com efeito, é curioso observar a ambivalência do legislador português. A forte referência a "propriedade" que consta do CPI[50] encontra paralelo na permanente alusão a exclusivo no RRNPC a propósito da firma[51]. Deve também referir-se que qualquer elemento que se retire do disposto no art. 1303.º do CCiv não poderá ser considerado decisivo, uma vez que se apresentará sempre como um argumento de índole meramente formal[52].

XII. Apesar da opção entre o binómio direito de propriedade-direito exclusivo não ser de modo algum evidente, parece que se estará a forçar o conceito de propriedade ao reconduzir a esta os direitos outorgados através dos sinais distintivos do comércio. Sendo pacífico que alguns aspectos de regime, como por exemplo as normas relativas à compropriedade, se aplicarão a estes direitos independentemente da opção pela sua assimilação ao direito de propriedade[53], a mesma aproximação suscita, de facto, as maiores reservas. A diversa raiz histórica dos dois institutos, o disposto no art. 1302.º do CCiv, e as consideração já mencionadas a propósito da inadequação do regime da propriedade para a regulação da "propriedade" intelectual são argumentos suficientes para propugnar uma solução dogmática autónoma no que à natureza jurídica dos direitos de propriedade industrial diz respeito.

Seja como for, de tudo resulta a integração do logótipo, por direito próprio, no seio dos sinais distintivos do comércio, segundo um regime que, dados os insuficientes pontos de contacto que possui com o fixado para as criações industriais, deverá ser considerado autonomamente a este.

---

[50] De que é paradigmático o art. 273.º ao estatuir que "as recompensas, de qualquer ordem conferidas aos industriais, comerciantes, agricultores e demais empresários constituem *propriedade sua*" (cfr. ainda os arts. 1.º, 2.º, 7.º, 279.º, e 316.º do mesmo texto legal).

[51] Cfr. os arts. 3.º, art. 35.º n.º 1 e 38.º n.ºs 4 e 5 do referido normativo. Verdadeiramente enigmática é a referência do n.º 1 do art. 224.º do CPI ao "direito *de propriedade e exclusivo da marca*". Não se consegue reter qual o sentido útil da norma, que perpetua as interrogações suscitadas pelo n.º 1 do art. 167.º do CPI 1995, e pelo art. 74.º do CPI 1940.

[52] Em sentido contrário *vide* PIRES DE LIMA e ANTUNES VARELA, *últ. ob. cit.*, p. 86 e COUTO GONÇALVES, *últ. ob. cit.*, p. 63.

[53] Neste sentido, é merecedora de aplauso a supressão da norma constante do art. 4.º do CPI 1995. O art. 1404.º do CCiv bastará para que as regras da compropriedade sejam extensíveis à propriedade industrial.

1.4. *O logótipo como novo sinal distintivo do comércio*

I. O logótipo enquanto categoria jurídica foi introduzido no ordenamento jurídico português pelo CPI 1995, que no seu art. 246.º o definiu como uma "composição constituída por letras associadas ou não a desenhos, contanto que o conjunto apresente uma forma ou configuração específica como elemento distintivo e característico adequado a referenciar qualquer entidade que preste serviços ou ofereça produtos".

Este normativo reproduziu *ipsis verbis* a redacção do art. 277.º da terceira versão do projecto de CPI 1995, que pode ser assim considerado como a sua fonte próxima, não constando a figura de quaisquer trabalhos preparatórios legislativos anteriores, e não tendo a mesma sido sequer aflorada na segunda versão do projecto de CPI 1995[54].

II. A justificação dogmática da figura apresenta-se como problemática, num momento em que nas demais legislações se caminha no sentido da redução do elenco de sinais distintivos reconhecidos por lei e da aglutinação da sua tutela em torno do conceito de marca, encontrando-se os tradicionais nome e insígnia de estabelecimento perante dificuldades paralelas. Também estes são tendencialmente remetidos para uma tutela residual, efectuada a partir do instituto da concorrência desleal[55].

Não podendo a sua *ratio legis* resumir-se a uma via indirecta de incremento da receita arrecadada pelo INPI através da cobrança de novas taxas sobre mais um sinal distintivo do comércio, cuja configuração pode inclusive coincidir materialmente com a configuração de outros sinais distintivos, cabe mergulhar no exíguo regime jurídico vigente para que a mesma possa ser eventualmente descoberta.

A tarefa não se fará porém sem dificuldades, dado que o legislador criou problemas bastante complexos neste "remar contra a corrente".

Começando pela duvidosa configuração do logótipo, passando pelas diversas interrogações que se colocam quanto ao regime que para este deva vigorar, e finalizando na sua delimitação e conjugação com os de-

---

[54] Cfr. a mesma em OLIVEIRA ASCENSÃO, *A segunda versão do projecto de Código da Propriedade Industrial cit.*, p. 116 a 252. A terceira versão do projecto de Código da Propriedade Industrial pode ser compulsada em OLIVEIRA ASCENSÃO, *O projecto de Código da Propriedade Industrial e a Lei de autorização legislativa (parecer) cit.*, p. 107 a 213.

[55] OLIVEIRA ASCENSÃO, *últ. ob. cit.*, p. 40; *Direito Comercial volume II – Direito Industrial cit.*, p. 130, referindo os "laivos de singularidade" da evolução da distinção entre o nome de estabelecimento e a firma no direito português.

mais sinais distintivos do comércio num todo que se pretende harmónico, o intérprete é confrontado com um vasto e árido campo de análise. A esta dificuldade só se poderá obstar através da consideração permanente das soluções que vigoram para outras figuras das quais o logótipo possa ser aproximado, e da ponderação constante das consequências de cada transposição normativa efectuada.

1.5. *Razão de ordem*

Após haver-se situado a figura no âmbito do Direito industrial, mais concretamente no domínio dos sinais distintivos do comércio, e depois da alusão às questões a estes pertinentes, cabe elaborar uma linha condutora para a análise em curso.

Almejando uma visão de conjunto sobre a figura, será efectuada de imediato uma sucinta referência a alguns ordenamentos jurídicos próximos do ordenamento jurídico português, na tentativa de encontrar alguns pontos de contacto do logótipo com outras realidades normativas. Nesta análise será conferida preferência não à marca, mas antes a sinais distintivos que, gravitando em torno desta, se refiram, nomeadamente, ao estabelecimento, ao comerciante, ou a quaisquer realidades empresariais de cúpula.

Na posse destes elementos, a inquirição será conduzida para o Direito português, iniciando-se com a configuração do logótipo e a sua distinção de outras realidades afins.

Passar-se-à então à análise dos aspectos do regime jurídico da figura que se julgam pertinentes, como sejam a legitimidade para o registo, as regras de composição do sinal, o escopo do registo e as vicissitudes de que o logótipo pode ser alvo. As aproximações e os afastamentos de outras figuras não poderão deixar de ser observadas de permeio, embora em momento algum se vise extravasar o estrito âmbito do trabalho em causa para uma teoria geral dos sinais distintivos do comércio.

A referência à natureza jurídica da figura concluirá a indagação a efectuar.

2. Outros ordenamentos jurídicos

Sendo o Direito industrial por muitos concebido como um sistema universal de fundamento comum[56], este constitui ainda um aspecto essencial para a construção do mercado único europeu, pelo que o seu tratamento normativo não deveria dar lugar, em rigor, a grandes desvios por parte de cada legislador nacional envolvido naquela empresa[57].

Não obstante, apenas no que concerne à marca se verificam paralelismos significativos nos vários direitos visados. Pelo contrário, no que respeita aos demais sinais distintivos do comércio é patente o condicionamento do intérprete perante os dados divergentes de cada ordenamento jurídico. Neste sentido, é revelador que ao regular a prioridade internacional do registo, o n.º 1 do art. 12.º do CPI se refira exclusivamente à marca, sendo as dificuldades de concretização do art. 8.º da CUP outro elemento a não perder de vista.

O auxílio fornecido pela indagação das soluções vigentes noutros ordenamentos jurídicos a propósito de um sinal distintivo que não a marca é, deste modo, escasso, ainda que algumas referências possam ser aproveitadas. A heterogeneidade das soluções encontradas conduz todavia à conclusão de que, no que ao logótipo diz respeito, as respostas, definitivas ou não, terão de ser retiradas, quase em exclusivo, do que para esta figura prevê o direito positivo português.

Será "dentro de portas", e sem particulares apoios ou paralelos com qualquer outro sistema jurídico, que as principais questões colocadas terão de ser enfrentadas.

Feita esta advertência inicial, examinar-se-ão as soluções apresentadas pelos ordenamentos jurídicos alemão, italiano, francês e espanhol[58].

---

[56] VINCENZO FRANCESCHELLI, *Le fonti del diritto industrialle cinquant'anni dopo* in RDI, 2002, parte I, p. 363.

[57] ARROYO MARTÍNEZ, *Consideraciones sobre algunas novedades de la ley 17/2001, de 7 de Diciembre, de Marcas* in RDM, n.º 243, Enero/Marzo, 2002, p. 43.

[58] No ordenamento jurídico anglo-saxónico vigora o *Trademark Act* de 1994, que veio substituir o *Trademark Act* de 1938 (com as alterações introduzidas pelo *Trademarks Amendment Act* de 1984). O sistema instituído caracteriza-se pela regulação quase exclusiva da marca, com a distinção entre duas categorias de marcas aquando do registo (que se divide em A e B), consoante a maior ou menor capacidade distintiva destes sinais. Cumulativamente com este normativo deve referir-se ainda o *Business Name Act* de 1985, cujo objecto consiste numa realidade aproximável da firma.

2.1. Direito alemão

I. A primeira lei alemã de defesa das marcas surgiu a 30 de Maio de 1874, tendo sido substituída, vinte anos mais tarde, a 12 de Maio de 1894, pela Lei de protecção das "indicações dos produtos", que foi por sua vez absorvida pela *Warenzeichengesetz*, de 5 de Maio de 1936. O texto da lei foi sucessivamente alterado por leis posteriores, que procederam a uma adaptação paulatina do referido normativo às novas tendências do direito dos sinais distintivos, como sejam, por exemplo, a admissibilidade do registo da marca de serviços, admitido por lei de 29 de Janeiro de 1979, ou o sistema de não adesão da marca ao estabelecimento, consagrado pela *Erstreckungsgesetz*, de 23 de Abril de 1992[59].

A *WZG* tomava como padrão regulativo, com base no § 25 da mesma lei, a categoria genérica de "*ausstattungen*", que devia ser lida como um agregado de formas distintivas, que não necessariamente a marca, numa orientação que não foi seguida pela lei actualmente em vigor[60].

A *Gesetz über den Schutz von Marken und sonstigen Kennzeichnen* ou *Markengesetz (MarkenG)*, de 25 de Outubro de 1994, entrada em vigor a 1 de Janeiro de 1995, veio alterar decisivamente o quadro legislativo tradicional. Através desta, o legislador alemão procedeu a uma adequação das normas nacionais vigentes às exigências da DM, ao mesmo tempo que operou uma profunda revisão de todo o sector dos sinais distintivos do comércio. A marca é inequivocamente o paradigma, desaparecendo a referência aos "*warenzeichen*"[61].

II. Visando disciplinar globalmente o sector dos sinais distintivos, ao mesmo tempo que se afirma inequivocamente um distanciamento normativo destes face às criações industriais (que não se encontram reguladas nesta lei), o § 1 da *MarkenG* traça o seu âmbito de aplicação com base numa referência tripartida às marcas, que beneficiam de uma regulação quase exclusiva nos § 3 a 125 da mesma lei; às indicações geográficas, ou de proveniência geográfica, cujo regime é expressamente previsto nos § 126 a 139; e aos "*geschäfliche Bezeichnungen*", denominações comerciais ou, mais latamente, sinais distintivos da empresa.

---

[59] HUBMAN/GÖTTING, *Gewerblicher Rechtsschutz*, 6. auflage, München, Beck, 1998, p. 28.

[60] WILHELM NORDEMANN/AXEL NORDEMANN/JAN BERND NORDEMANN, *Wettbewerbs und Markenrecht*, Baden-Baden, Nomos, 2002, p. 322.

[61] HUBMAN/GÖTTING, *ob. cit.*, p. 257.

Sendo esta última categoria a que fundamentalmente nos interessa, deve porém ser sublinhado que o sistema alemão parte de uma pré-compreensão estruturalmente diversa da presente no ordenamento jurídico português dos sinais distintivos do comércio. Assim, segundo o disposto no Abs. 2 do § 4, a propósito da origem de protecção da marca, e em consonância com a *"ausstattung"* da *WZG*, é atribuída relevância expressa ao uso notório da marca no tráfego comercial ou económico, o denominado *"benutzung im geschäftlichen Verkehr"*, condicionado não obstante à aquisição de capacidade distintiva (*"Verkehrsgeltung"*) por parte do sinal. Protege-se autonomamente o uso do sinal no tráfego, ao mesmo tempo que se possibilita que a protecção seja atribuída, nos termos do Abs. 1 do mesmo §, numa base puramente registal (*"Eintragung"*). Por outro lado, o Abs. 3 do referido § reconhece ainda a protecção da marca notoriamente conhecida (*"notorische Bekanntheit"*), que não se confunde assim com a primeira via de protecção referida.

III. A marca é definida, nos termos do § 3 e 8 da *MarkenG,* em termos paralelos aos que se encontram presentes no CPI vigente, sendo também similar o regime instituído para esta, em consequência sobretudo da já referida harmonização legislativa em seu torno. Constituindo as indicações de proveniência geográfica uma realidade absolutamente diversa, e claramente afastável do logótipo, é a figura das *"geschäfliche Bezeichnungen"* que se afigura como de particular relevância para o âmbito versado, sendo especificamente disciplinada pelos § 5, 12 e 15 da *MarkenG*.

Esta figura é caracterizada por alguma heterogeneidade, ao abarcar no seu seio duas realidades que, a olhos lusos, deveriam ser liminarmente separadas.

Num primeiro momento visa-se abranger os sinais distintivos da empresa, os *"unternehmenkennzeichen"* definidos no Abs. 2 do § 5 como os "usados no comércio como o nome, a firma ou a denominação particular de um estabelecimento ou empresa", aos que se equiparam, nos termos do mesmo Abs., as "insígnias comerciais e outros sinais destinados a distinguir o estabelecimento comercial". Englobam-se assim, num conceito unitário, sinais nominativos e figurativos, sendo ainda aparente a conexão destes com o estabelecimento comercial, realidades que serão deste modo aproximáveis das figuras do nome e da insígnia de estabelecimento consagradas no CPI, embora a própria firma seja abrangida nesta sede[62-63].

---

[62] HUBMAN/GÖTTING, *ob. cit.*, p. 316 refere como concretizações dos *"unternehmen-*

O conceito lato estatuído por lei possibilita a abertura a figuras que surjam em resultado do *devir* social, nomeadamente ao *"domain name"*[64].

De salientar que os *"unternehmenkennzeichen"* são protegidos não pelo registo mas pelo seu uso *"im geschäftlichen Verkehr"*, sendo reafirmado por esta via, o que a propósito da marca constitui apenas uma alternativa de protecção[65]. A sua protecção consiste, nos termos do Abs. 1 do § 15, na atribuição de um direito de exclusivo, que se traduz, de acordo com os Abs. 4 e 5 do referido § 15, no direito à acção inibitória e ao ressarcimento dos danos causados. Numa manifestação de interpenetração dos sinais distintivos regulados por lei, o § 12 da *MarkenG* possibilita também o cancelamento de uma marca registada anterior a um sinal distintivo cuja prioridade assente no uso no comércio.

IV. Ao lado dos *"unternehmenkennzeichen"*, constituem também denominações comerciais, nos termos do Abs. 1 do § 5 da *MarkenG*, os títulos das obras (*"Werktitel"*), definidos no Abs. 3 do mesmo § como "os nomes ou denominações particulares de livros, filmes, obras musicais, teatrais ou outras". A quebra sistemática com o previsto no ordenamento jurídico português é notória, uma vez que estas realidades recebem entre nós, nos termos do art. 4.º do CDACD, uma tutela assente no Direito de autor. Impossibilita-se assim qualquer paralelo nesta vertente.

---

kennzeichen" a sua utilização na vestimenta dos empregados, na pinturas dos veículos da empresa, na própria configuração dos estabelecimentos comerciais, em catálogos, circulares, números de telefone e frases publicitárias.

[63] No paralelo a estabelecer com o Direito nacional, CARLOS OLAVO, *últ. ob. cit.*, p. 88 salienta que as denominações de estabelecimento caracterizam a empresa no seu todo, sublinhando por seu turno OLIVEIRA ASCENSÃO, *A aplicação do art. 8.º da Convenção da União de Paris nos países que sujeitam a registo o nome comercial* in ROA, ano LVII, tomo III, 1997, p. 440, nota 2, que, no que ao nome comercial diz respeito, se abrangem todas as designações que distinguem uma pessoa na actividade comercial. No Direito espanhol LEMA DAPENA, *La proteccíon del nombre comercial através del artículo 8 del CUP* in ADIDA 2000, Madrid/Barcelona, Marcial Pons/Universidad de Santiago de Compostela, 2001, p. 349, e VIGUERA RUBIO, *En torno al nombre comercial de fantasia en Derecho Español* in ADI, tomo V, 1978, Editorial Montecorvo, p. 180, nota 151, referem que se englobará por esta via tanto o *"nombre comercial"* como *"o rótulo de establecimiento"*, hoje desaparecido, depois de, no pretérito, o disposto no § 12 do *BGB* (a propósito do nome civil) ter constituído uma alternativa de protecção.

[64] NORDEMANN, *ob. cit.*, p. 437 e 455. Embora parta de uma perspectiva restritiva neste domínio, o autor considera especificamente os *"logos"*, equiparando-os a outros sinais figurativos.

[65] NORDEMANN, *ob. cit.*, p. 439.

V. Finalizando, é de referir que podendo ser tomada como um sinal distintivo de comércio, admitindo-a inclusive o Abs. 2 do § 5 da *MarkenG* como "*unternehmenkennzeichen*"[66], a firma é ainda regulada pelos § 17 e seguintes do HGB, que a define como o nome do comerciante ou o nome por este utilizado na realização das suas actividades comerciais, sinal que se assume assim como necessariamente nominativo, sendo a sua protecção alvo do § 37 do referido normativo[67]. A proximidade de regime que este sinal, mesmo após a reforma de 1998 do HGB, possui com a firma, tal como regulada no RRNPC, revela-se aliás considerável, embora não se verifique uma verdadeira identidade de soluções.

VI. Mesmo irrelevando as diferenças estruturais que ao nível do regime vigente distanciam o nosso ordenamento jurídico do sistema alemão de sinais distintivos do comércio, é inevitável concluir pela inexistência na lei alemã de um direito privativo equiparável ao logótipo tal como tipificado pela lei portuguesa. Ao contrário desta, a lei alemã não individualiza sinais distintivos diversos da marca, antes os remetendo em bloco para o conceito omnicompreensivo de "*geschäfliche Bezeichnungen*", realidade de difícil unidade perante o CPI.

A flexibilidade e adaptabilidade da lei alemã a novas figuras não devem porém ser negligenciadas, contrastando com a tipicidade fechada mas prolixa presente no Direito português.

2.2. Direito italiano

I. Reconhecendo, tal como o Direito alemão, uma função útil ao uso dos sinais distintivos para efeitos da sua protecção pelo direito, nos termos dos arts. 2564.º, 2568.º e 2571.º do *CCivile* e 9.º da *LegM*, o Direito italiano elenca, ao contrário do alemão, diversas figuras típicas que facilitam uma leitura comparativa deste sistema com o sistema português. As figu-

---

[66] GÜNTER ROTH, *Handels- und Gesellschaftsrecht*, 6. auflage, München, Verlag Franz Vahlen, 2001, p. 297; PAUL HOFMANN, *Handelsrecht*, 10. auflage, Luchterand, 2000, p. 131.

[67] GÜNTER ROTH, *ob. cit.*, p. 282; PAUL HOFMANN, *ob. cit*, p. 91; ULRICH HÜBNER, *Handelsrecht*, 4. auflage, Heidelberg, C.F. Müller, 2000, p. 29, reconhece-lhe um "*immaterialgüterrechtlichen Aspeckt*". Neste sentido, OLIVEIRA ASCENSÃO, *Direito Comercial volume I – Institutos Gerais cit.*, p. 325, refere que existe entre nós um predomínio do aspecto patrimonial da firma que não se verifica na Alemanha.

ras a que se faz referência são, além do *"marchio"*, as da *"ditta"* e da *"insegna"*, que corporizam assim o essencial do direito dos sinais distintivos italiano[68].

II. O *"marchio"* é a figura central neste âmbito, sendo regulado no ordenamento jurídico italiano pelos arts. 2569.º a 2574.º do *CCivile*, bem como pela *Leggi Marchi (LegM)*, de 21 de Junho de 1942, com as alterações introduzidas pela Lei de 4 de Dezembro de 1992. A figura corresponde, tal como a *MarkenG* alemã, ao sinal protótipo da legislação pátria, possuindo como função a individualização e distinção de bens ou serviços produtivos. A sua importância no âmbito visado radica ainda no facto de a integração de lacunas respeitantes aos demais sinais distintivos se efectuar com base no seu regime, dada a existência de uma detalhada regulamentação a propósito deste sinal[69].

Mais melindrosa é a tarefa de estabelecer correspondências entre os dois outros sinais distintivos e as figuras presentes na ordem jurídica interna, atentas não apenas as hesitações que se verificam quanto a estas na própria doutrina italiana, como também as divergências ao nível regulativo com as figuras paralelas que se encontram previstas no CPI.

III. Regulada nos art. 2563.º a 2567.º do *CCivile*, a *"ditta"* é alvo de uma clivagem na doutrina italiana no que respeita ao seu posicionamento dogmático. Enquanto uns se lhe referem enquanto nome comercial do empresário, nome debaixo do qual este exerce a sua actividade (acepção subjectiva que se aproxima da firma lusitana), outros aludem a esta como ele-

---

[68] Tendo sido afirmado um princípio de unidade dos sinais distintivos de comércio (cfr. os arts. 11.º e 13.º da *LegM*), a doutrina italiana tende porém a admitir a existência de sinais distintivos atípicos. São assim referenciados sinais como o slogan publicitário, a sigla, o *"domain name"*, o *"emblema dell'impresa"*, bem como sinais distintivos comuns a empresas que façam parte do mesmo grupo (cfr. DI CATALDO, *I segni distintivi*, Milano, Giuffrè, 1985, p. 8 e 216; CAMPOBASSO, *ob. cit.*, p. 160, nota 1; SABRINA PERON, *Brevi osservazioni in tema di ditta e di circolazione di segni distintivi (anotação ao acordão da Corte di Cassazione de 13 de Junho de 2000)* in RDI, 2001, parte II, p. 9, nota 1). O ordenamento jurídico italiano apresenta ainda a particularidade de regular as designações geográficas através do disposto para as marcas colectivas, reduzindo-se assim o número de sinais distintivos autonomamente consagrados (para uma síntese histórica deste ordenamento *vide* VINCENZO FRANCESCHELLI, *Le fonti del diritto industrialle cinquant'anni dopo* in RDI, 2002, parte I, p. 354 a 364).

[69] Cfr. ERMANNO BOCCHINI, *últ. ob. cit.*, p. 46 e 49 a integração de lacunas deveria ainda ser corrigida pelo que o autor denomina de princípio da correcção (*"correttezza"*).

mento identificador do estabelecimento (acepção objectiva que coincide com o nome de estabelecimento da lei pátria), sendo ainda pensável uma acepção mista (objectiva e subjectiva), em que o sinal se destinaria a referenciar toda a actividade do comerciante[70]. A questão assumia particular relevo no ordenamento jurídico anterior, onde se discutia a possibilidade de transmissão da *"ditta"* com a *"azienda"* ou estabelecimento comercial, solução hoje expressamente consagrada no art. 2565.º do *CCivile*.

Analisando o regime jurídico da *"ditta"*, tendo por adquirido que será com base nesta que o art. 8.º da CUP será adequadamente concretizado por referência ao ordenamento jurídico italiano[71], parece de facto que será da firma que a figura em análise mais se aproxima no ordenamento jurídico português. Com maior rigor se afirmará, aliás, que o paralelo deverá ser aferido sobretudo em relação à firma do comerciante em nome individual, ainda que sempre em termos meramente tendenciais. A firma das pessoas colectivas (*"persone giuridiche"*), nomeadamente das sociedades comerciais, é reconduzida no ordenamento italiano às figuras da *"ragione"* e da *"denominazione sociale"*, que se apresentam como o equivalente ao nome civil das pessoas singulares (*"persone fisiche"*)[72].

---

[70] No primeiro sentido referido *vide* CAMPOBASSO, *ob. cit.*, p. 161 e SABRINA PERON, *ob. cit.*, p. 9, nota 2, aludindo a uma jurisprudência constante, de que o acordão anotado é exemplo, sendo porém pacífico que a *"ditta"* não se identificará com o nome civil, que cessa com a morte da pessoa ao contrário do que prescreve o art. 2565.º, 3.º parágrafo. A mesma interpretação é efectuada por MENEZES CORDEIRO, *últ. ob. cit.*, p. 263 que aproxima a *"ditta"* da firma. DI CATALDO, *ob. cit.*, p. 186, concebe pelo contrário a "ditta" como uma estrutura objectiva com uma função concorrencial, embora também a defina como nome do empresário. Por seu turno, FERRI, *Manuale di Diritto Commerciale*, 11.º edizioni, Torino, Utet, 2001, p. 125, considerando a questão mal colocada, afirma distinguir a *"ditta"* a empresa económica na sua totalidade, assumindo assim uma posição híbrida.

[71] REMO FRANCESCHELLI, *Essence et protection en Italie du nom commercial ou "ditta"* in Studi Riuniti di Diritto Industriale, Milano, Giuffrè, 1972, p. 169 e 183; LEMA DAPENA, *ob. cit.*, p. 349.

[72] DI SABATO, *Manuale delle Società*, sesta edizione, Torino, Utet, 1999, p. 109 define *"ragione sociale"* como o "nome debaixo do qual é identificada e opera nas suas relações com terceiros", fazendo-a corresponder à *"ditta"* do empresário em nome individual. Alvo de uma alusão incidental no art. 2567.º do *CCivile*, a *"ragione sociale"* encontra-se prevista nos arts. 2292.º e 2314.º do *CCivile* para as sociedades em nome colectivo e em comandita simples, estando a *"denominazione sociale"* regulada nos arts. 2326.º, 2473.º e 2463.º do *CCivile* a propósito das sociedades anónimas, de responsabilidade limitada (que são substancialmente equivalentes às sociedades por quotas) e em comandita por acções. O critério eleito pela lei para distinguir as duas realidades baseia-se assim, aparentemente, no diferente tipo de responsabilidade que as caracteriza, sendo todos eles sinais obriga-

Assim, nos termos dos 1.º e 2.º parágrafos do art. 2565.º do *CCivile*, verifica-se uma transmissão vinculada da *"ditta"* ao estabelecimento, embora a mesma se possa verificar com a transmissão de apenas uma parte deste[73], sendo que o sinal distintivo não se integra também no âmbito natural de entrega por ocasião de um qualquer fenómeno translativo do mesmo estabelecimento. De outra perspectiva, a *"ditta"* vem sendo considerada, ao contrário do *"marchio"* e da *"insegna"*, como um meio de identificação necessário, ou de exercício obrigatório[74], admitindo-se ainda que, como sufraga a doutrina maioritária no nosso ordenamento jurídico a respeito da firma, a verdade que esta corporiza seja apenas uma "verdade histórica". Possibilita-se deste modo a formação de uma *"ditta"* derivada, resultante da transmissão da firma, para a validade da qual não se exige a realização de qualquer aditamento.

Não obstante, existem no regime traçado para a *"ditta"* afastamentos em relação à firma que não devem ser ignorados. Desde logo, numa fractura de ordem estrutural, a lei reconhece o valor de uso da *"ditta"* para efeitos da aquisição do direito, salvo no que respeita às empresas comerciais (nos termos do arts. 2564.º, 2.º parágrafo e 2196.º do *CCivile*). Por outro lado, verifica-se o estabelecer de um tratamento igualitário entre as pessoas singulares e as pessoas colectivas, que ao possuírem uma razão ou denominação social, poderão ainda possuir uma ou mais *"ditte"* distintas[75]. Esta solução não só se revela contrária ao Direito português da firma, como aproxima a figura do nome de estabelecimento, sinal que pode ser cumulado com outros sinais respeitantes a outros tantos estabelecimentos dos quais o sujeito seja titular.

IV. A *"insegna"*, alvo do remissivo art. 2568.º do *CCivile*, constitui outro sinal distintivo reconhecido pelo legislador italiano, visando individualizar o local no qual é exercida a actividade da empresa, ou, numa acepção mais abrangente, toda a empresa[76]. Este sinal pode ser composto

---

tórios ou necessários. Em caso de conflito com a *"ditta"*, DI CATALDO, *ob. cit.*, p. 211 sufraga um critério assente na prioridade do uso de qualquer um dos sinais.

[73] CAMPOBASSO, *ob. cit.*, p. 166, rejeitando porém, p. 165, nota 1, a admissibilidade de um consentimento presumido em caso de *"ditta"* derivada; SABRINA PERON, *ob. cit.*, p. 12.

[74] GIUSEPPE FERRI, *ob. cit.*, p. 125; DI CATALDO, *ob. cit.*, p. 191.

[75] DI CATALDO, *ob. cit.*, p. 190 e 200, que sublinha ainda a vinculação a um princípio da especialidade; e CAMPOBASSO, *ob. cit.* p. 168. FERRI, *ob. cit.*, p. 127 parece adoptar porém uma posição contrária.

[76] REMO FRANCESCHELLI, *Sul diritto d'insegna* in Studi Riuniti di Diritto Industriale, Milano, Giuffrè, 1972, p. 157, referindo-se a um edifício e à assunção de uma função

pela "*ditta*", da qual é porém autónomo, por uma denominação, por figuras, símbolos, palavras, e inclusive por nomes de domínio[77], sendo problemática a sua disciplina normativa[78].

As soluções não se apresentam porém coincidentes com as do CPI a propósito do nome ou insígnia de estabelecimento, uma vez que, por exemplo, a aplicar-se à "*insegna*" o art. 2565.° do *CCivile* concluir-se-à pela vinculação deste sinal ao estabelecimento, mas não pela sua transmissão *naturaliter* com este. Por outro lado, é igualmente pacífica que a prioridade se fixará pelo momento de adopção do sinal, salvo quando, verificando-se uma coincidência da "*insegna*" com a "*ditta*", o 2.° parágrafo do art. 2563.° do *CCivile* deva ser aplicado.

V. Como última referência cabe aludir ainda ao "*emblema*". Não sendo objecto de regulamentação legal, embora a ele incidentalmente se refira o art. 14.° da *LegM*, pode este ser definido como um sinal constituído, exclusiva ou prevalentemente, por uma figura, assumindo uma função igual à desempenhada por uma "*ditta*" puramente figurativa ou por um "*marchio generale*". A sua relevância só surge porém, através da possibilidade do seu registo como marca, ou de uma protecção alcançada através da concorrência desleal[79].

VI. Ponderadas as diversas hipóteses abertas pelo ordenamento jurídico italiano, que inversamente ao ordenamento alemão, e ainda que com marcada imprecisão, concretiza outros direitos privativos que não a marca, cabe concluir pela impossibilidade de recondução do logótipo a qualquer das figuras aludidas, não se vislumbrando sequer que as outras figuras tradicionais no nosso ordenamento possam aqui encontrar um porto seguro.

---

concorrencial; DI CATALDO, *ob. cit.*, p. 213; CAMPOBASSO, *ob. cit.*, p. 186. Mais lata é a posição assumida pela *Corte di Cassazione de 13 de Junho de 2000* in RDI, 2001, parte II, p. 6. A questão adquire especial relevância aquando do trespasse do estabelecimento comercial cujo local de instalação não pertença ao titular daquele.

[77] GIUSEPPE FERRI, *ob. cit.*, p. 128; SABRINA PERON, *ob. cit.*, p. 13.

[78] REMO FRANCESCHELLI, *últ. ob. cit.*, p. 164 advoga a aplicação do regime do "*marchio*" ou da "*ditta objectiva*", sendo seguido por CAMPOBASSO, *ob. cit.*, p. 186 que sufraga a aplicabilidade da disciplina mais liberal de circulação do "*marchio*" admitindo mesmo a licença de "*insegna*". Já DI CATALDO, *ob. cit.*, p. 190 considera antes a aplicação à "*insegna*" do regime da "*ditta*".

[79] DI CATALDO, *ob. cit.*, p. 216.

Ao contrário do Direito português, as figuras de *"ditta"* e *"razione sociale"* são autonomizadas pelo Direito italiano, sendo sempre forçada a recondução da *"ditta"* à firma. A ser efectuada a mesma equiparação, esta terá como consequência a unificação das figuras do nome e insígnia de estabelecimento sob o signo da residual *"insegna"*.

O logótipo permanecerá não obstante como uma figura desconhecida para este ordenamento, salvo no paralelismo a empreender com o atípico *"emblema"*. Em termos genéricos, este aproximar-se-à quer da *"insegna"*, embora esta se refira a um estabelecimento e não a uma entidade, quer do *"marchio generale"*, na medida em que o mesmo versa diversos produtos, embora os discipline em si e não em conexão com uma actividade.

A conclusão no sentido da sua atipicidade parece assim inultrapassável.

2.3. *Direito francês*

I. Os dois primeiros diplomas legais dignos de menção no ordenamento jurídico francês dos sinais distintivos do comércio consistem na Lei destinada a assegurar a protecção do nome comercial aposto nos produtos, de 28 de Julho de 1824, bem como na Lei de marcas, de 23 de Junho de 1857, cuja vigência se estendeu por mais de um século. A este último normativo sucederam as Lei de marcas, de 31 de Dezembro de 1964, e de 4 de Janeiro de 1991 (Lei n.º 91-4), vigorando actualmente o *Code de la Propriété Intellectuelle (CPInt),* aprovado pela Lei n.º 92-597, de 1 de Julho de 1992.

O último diploma apresenta como principal novidade a unificação formal, num mesmo texto legislativo, do Direito de autor e do Direito industrial. A situação legislativa presente constitui ainda uma manifestação do fenómeno de codificação de Direito constante, que aliás se pode considerar frequente no seio deste ordenamento jurídico[80]. Assim, pese embora a distinta vestimenta agora empregue, não foram introduzidas modificações substanciais pelo novo código no que aos sinais distintivos do comércio diz respeito, sendo estas as normas que agora se analisam.

---

[80] Verificou-se também recentemente a integração da Lei n.º 66-537, de 24 de Julho de 1966, referente às sociedades comerciais, no âmbito do quase bicentenário *Code de Commerce.*

II. Apesar da marca ser o único sinal distintivo do comércio expressamente regulado no *Code de la Propriété Intellectuelle,* que remete no art. 721-1 para o *Code de la Consommation* a propósito das indicações de origem, outros sinais distintivos do comércio são enumerados pela doutrina. De entre estes, sobressaem o *"nom commercial"* e a *"enseigne"*, que, conjuntamente com a marca, assumem natural relevância para o tema que se visa abordar. Se uma ponte com o sistema português não se afigura directamente possível, deve desde já sublinhar-se, por evidente, a proximidade do sistema francês com o sistema italiano atrás abordado. São de salientar, nomeadamente, as simetrias existentes entre o *"nom commercial"* e a *"ditta"*, bem como a analogia entre a *"enseigne"* e a *"insegna"*, ainda que tais semelhanças não possam ser tomadas de forma absoluta.

À semelhança dos demais ordenamento jurídicos sob o jugo da DM, a marca reconduz-se no sistema francês a um signo material que acompanha um produto ou serviço ou que é nele aposto, funcionando como "assinatura do comerciante ou do fabricante", cujos contornos são definidos pelo art. 711-1 do *CPInt*. Ao contrário do que sucede a respeito dos outros dois sinais aludidos, em que, por virtude da ausência de uma regulamentação especial, o direito comum terá um papel a desempenhar[81], nenhuma especificidade regulativa deve ser registada quanto ao paradigma dos sinais distintivos[82].

III. O *nom commercial* pode ser definido como o signo distintivo nominativo que visa designar ou constituir o título de identidade de um *"établissement commercial"* ou *"fonds de commerce"*[83], valor incorporal com expressão pecuniária que se aproxima, em termos tendenciais, da figura do nome de estabelecimento constante do ordenamento jurídico português. Este possui uma natureza bifronte ao designar a actividade de uma pessoa

---

[81] RÉMY, *La propriété industrielle*, Paris, Dunod, 1971, p. 76. CHAVANNE/BURST, *ob. cit.*, p. 441 e 745 e POLLAUD-DULIAN, *ob. cit.*, p. 21 e 467 sufragam a regulamentação legislativa do *"nom commercial"*, atenta a sua proximidade com a marca de serviços e a conveniência de precisar as relações entre as figuras e o respectivo âmbito de actuação.

[82] CHAVANNE/BURST *ob. cit.*, p. 441 e 449.

[83] Afigurar-se-à este como de contornos mais amplos e fluídos se for aferido com base no *"établissement commercial"*. Neste sentido, remeter-se-à para a empresa em si, uma vez que o equivalente técnico de estabelecimento comercial será, no direito francês, o *"fonds de commerce"*. As expressões aparecem contudo usadas em sinonímia pela doutrina que se ocupa das questões em análise (cfr. CHAVANNE/BURST, *ob. cit.*, p. 441 e 745; POLLAUD-DULIAN, *ob. cit.*, p. 467; e GALLOUX, *ob. cit.*, p. 316, 444).

e constituir um dos elementos que incorpora, aliás a título essencial, o *"fonds de commerce"*, conferindo-lhe valor enquanto bem unitário. Será ainda esta figura que será subsumível no conceito internacional de nome comercial do art. 8.º da CUP.

A exemplo da *"ditta"* no ordenamento jurídico italiano, o *"nom commercial"* é concebido como um direito de ocupação, que nasce da prioridade do uso público, pessoal, efectivo, sério e a título de *"nom commercial"*, do sinal em questão, nomeadamente nos papéis de negócios, prospectos, facturas e publicidade do seu titular, chegando mesmo a considerar-se que o registo pode existir sem que possa ser afirmada a existência do direito que lhe subjaz[84]. Sendo o uso anterior ao registo da marca que com este seja confundível, pode o *"nom commercial"*, nos termos do art. 713-6 do *CPInt*, alcançar protecção perante a própria marca, numa manifestação inequívoca de interfungibilidade dos sinais distintivos referidos.

O regime assume também similitudes com a *"ditta"* noutros aspectos, pois apesar do silêncio legal, tem sido entendido que o seu uso seria obrigatório[85]. Simultaneamente, embora se sublinhe a vigência de um princípio da unidade, também se admite que, possuindo cada estabelecimento um *"nom commercial"*, um comerciante ou uma sociedade que possuam diversos *"fonds de commerce"* possam crismar cada um deles com o seu *"nom commercial"* respectivo[86].

O âmbito de protecção do *"nom commercial"* é objecto de discussão na doutrina e na jurisprudência, não apenas na sua vertente territorial[87],

---

[84] O registo comercial é regulado em França pelo Decreto de 30 de Maio de 1984, normativo que na alínea a) do n.º 1 do art. 8.º sujeita a registo o *"nom commercial"* do comerciante em nome individual "se este for utilizado", surgindo o *"nom commercial"* ligado a um sujeito (como se de uma firma se tratasse), embora o registo assuma uma natureza aparentemente facultativa. A mesma conclusão parece poder ser deduzida do n.º 1 do art. 15.º-A do mesmo diploma ao versar o *"nom commercial"* das sociedades. O art. 123-9 do *Code de Commerce* consagra porém a não oponibilidade a terceiros dos factos sujeitos a registo, havendo jurisprudência recente já retirado consequências desta norma. Assim, considerou-se o *"nom commercial"* não publicado como inoponível a terceiros que dele não tinham conhecimento (numa manifestação da boa fé dita subjectiva).

[85] CHAVANNE/BURST, *ob. cit.*, p. 781; POLLAUD-DULIAN, *ob. cit.*, p. 468; GALLOUX, *ob. cit.*, p. 317.

[86] POLLAUD-DULIAN, *ob. cit.*, p. 478. Na afirmação da unidade *vide* CHAVANNE/ /BURST, *ob. cit.*, p. 449, 748, 756, 758, 781 e GALLOUX, *ob. cit.*, p. 317, 450.

[87] Este será tendencialmente local para a doutrina (que se apoia nos acórdãos da *Cour de Lyon* de 7 de Novembro de 1988 e da *Cour de Cassation* de 7 de Junho de 1988), enquanto a jurisprudência maioritária sufraga o âmbito nacional da figura.

como também na sua configuração material[88]. Finalmente, sem qualquer paralelo no ordenamento jurídico português ou italiano, é fundamental referir que a lei francesa não protege o *"nom commercial"* enquanto direito privativo, sendo este antes protegido pelas normas da concorrência desleal, nos termos gerais dos arts. 1382.° e 1383.° do *Code Civil*. Este direito imperfeito[89] é ainda tutelado, quando aposto num produto, pela sanção penal prevista no art. 217-1 do *Code de la Consommation*, ainda que só indirectamente o *"nom commercial"* seja abrangido por este normativo[90].

IV. Paralelamente ao sistema instituído no ordenamento italiano, também em França se distingue a *"dénomination"* ou *"raison sociale"* do *"nom commercial"*, merecendo o sinal uma referência ocasional nos arts. 711-4 alínea b) e 713-6 alínea a) do *CPInt*.

A *"dénomination"* ou *"raison sociale"* surge conexa com a personalidade moral, assumindo uma primordial função de identificação administrativa e comercial do seio da sociedade[91]. O sinal assume-se assim como obrigatório, o que se manifesta tanto num dever de escolha, como num dever de utilização da denominação escolhida[92]. Devem ser ainda referi-

---

[88] POLLAUD-DULIAN, *ob. cit.*, p. 470 sustenta a vigência do princípio da especialidade, que se consubstancia na necessidade de interacção com empresas concorrentes, embora sublinhe a variação mais ou menos casuísta do âmbito em que é entendido o *"nom commercial"*.

[89] Nas palavras de GALLOUX, *ob. cit.*, p. 443 e 317. Cfr. igualmente a este respeito CHAVANNE/BURST, *ob. cit.*, p. 449, 754, 763 a 768; e POLLAUD-DULIAN, *ob. cit.*, p. 31 que distingue claramente entre a responsabilidade civil e a *"action de contrefaçon"*, podendo ambas coexistir. O último autor considera ainda, a p. 477, que apesar da ausência de registo e de uma *"action de contrefaçon"* o *"nom commercial"* será ainda um direito privativo, enquanto elemento do *"fonds de commerce"*, alvo de tutela delitual.

[90] CHAVANNE/BURST, *ob. cit.*, p. 766; GALLOUX, *ob. cit.*, p. 17.

[91] Esta deverá ser vista, de acordo com POLLAUD-DULIAN, *ob. cit.*, p. 463 e 502, como signo distintivo e atributo da pessoa moral, distinguindo-se do *"nom commercial"* não só através da diversidade do seu objecto, mas também por via da diversidade da sua função. Mais do que individualizante, a denominação social seria personificante, distinguindo-se ainda da "localizante" *"enseigne"*. A denominação social não deve porém ser confundida, ou sequer equiparada, ao nome civil, que sendo objecto de um direito de personalidade, é imposto imperativamente a cada cidadão, sendo inegociável, imprescritível, e modificável apenas de acordo com um complexo procedimento (cfr. CHAVANNE/BURST, *ob. cit.*, p. 745).

[92] CHAVANNE/BURST, *ob. cit.*, p. 442 e 746 referem que anteriormente à Lei n.° 89--1008, de 31 de Dezembro de 1989, o sinal apenas se destinava a sociedades de responsabilidade ilimitada, nomeadamente a sociedades em comandita simples. Com a referida lei, todas as sociedades comerciais ficaram a possuir uma denominação social, que vem sendo

dos o seu carácter intransmissível, e um âmbito geográfico que será tendencialmente nacional[93]. A figura aproxima-se do *"nom commercial"* ao se considerar que, não obstante a sua oponibilidade a terceiros ser condicionada pelo registo, será logo a partir da sua inserção nos estatutos da sociedade que é criado o direito em análise[94].

Apesar de CHAVANNE/BURST[95] notarem algum paralelismo entre a figura e a firma do Direito alemão, será legítima a conclusão que poucos traços comuns terá esta figura com a nossa omnicompreensiva firma. O mesmo foi já aliás referido, paralelamente, na abordagem do Direito italiano.

V. A *"enseigne"* designa também um *"établissement commercial"* mas, como refere a doutrina, assume um carácter mais concreto que o *"nom commercial"*, encontrando-se localizada num espaço físico e assumindo um carácter exterior e visual[96]. O art. 3.º da Lei 79-1150, de 29 de Dezembro de 1979, define-a como "inscrição, forma ou imagem aposta num imóvel e relativa à actividade exercida", não lhe conferindo porém a lei uma protecção específica. A regulação desta figura surge também a propósito da sua aposição em imóveis, *maxime* da aposição de uma tabuleta nas partes comuns de um imóvel em propriedade horizontal.

A exemplo da quase olímpica ignorância com que aborda o *"nom commercial"* e a *"raison sociale"*, o *CPInt* menciona a *"enseigne"* apenas a título incidental nos arts. 711-4 alínea c) e 713-6 alínea a), constando a mesma ainda da legislação aplicável ao *"fonds de commerce"*, nomeadamente do art. 1.º da Lei de 17 de Março de 1909.

---

reconhecida como um direito privativo pela jurisprudência. A obrigatoriedade de uma denominação social consta dos vários arts. que no *Code de Commerce* versam as sociedades comerciais. A mesma é imposta pelo art. 221-2 para as sociedades em nome colectivo, pelo art. 222-3 para as sociedades em comandita simples, pelo art. 223-1, 3.º parágrafo para as sociedades de responsabilidade limitada (equiparáveis às sociedades por quotas), e pelo art. 224-1 para as sociedades anónimas, em comandita por acções, e para as sociedades simplificadas por acções. Apenas são excluídas as sociedades de facto e as sociedades em participação.

[93] Em sentido contrário vide POLLAUD-DULIAN, *ob. cit.*, p. 509, invocando ainda o princípio da especialidade.
[94] POLLAUD-DULIAN, *ob. cit.*, p. 503 e 512; GALLOUX, *ob. cit.*, p. 460.
[95] CHAVANNE/BURST, *ob. cit.*, p. 746.
[96] CHAVANNE/BURST, *ob. cit.*, p. 781; POLLAUD-DULIAN, *ob. cit.*, p. 489; GALLOUX, *ob. cit.*, p. 317 e 462.

A *"enseigne"* distingue-se do *"nom commercial"* em quatro aspectos fundamentais. Desde logo, apresenta-se como localizada, não sendo necessariamente nominal. Por outro lado, será de adopção meramente facultativa, não vigorando ainda para ela o princípio da unidade[97]. A sua proximidade com o *"nom commercial"* revela-se porém na relevância atribuída ao uso para a aquisição do direito sobre o sinal, estando como o primeiro sujeita a um registo que será meramente facultativo[98].

Assumindo-se a sua tutela como meramente municipal, sendo qualificada como "propriedade relativa", a colisão com o *"nom commercial"* deverá ser resolvida através do instituto da concorrência desleal[99].

VI. As perspectivas que resultam de uma consideração integrada do sistema francês não são as mais animadoras no que ao logótipo diz respeito. Uma vez mais, encontram-se especificidades normativas que não permitem o extrapolar de quaisquer soluções neste domínio. Como foi referido, se o sistema se aproxima materialmente do esquema italiano, deve também ser reconhecida a passividade da lei no tratamento uniforme dos outros sinais distintivos que não a marca. Neste particular, o ordenamento jurídico francês oferece soluções ainda mais lassas que as previstas na *MarkenG* alemã para os *"geschäfliche Bezeichnungen"*.

As aproximações são meramente tendenciais e induzem sobretudo na equiparação da *"enseigne"* à insígnia de estabelecimento prevista a nível interno. Pelo contrário, parece difícil aproximar o *"nom commercial"* à firma. Aparentemente, este redundará de forma mais exacta no nome de estabelecimento, embora alguns aspectos de regime a aproximem ainda do nome comercial do comerciante. A figura da *"dénomination"* ou *"raison sociale"*, já conhecida do sistema anteriormente analisado, volta a não ser encaixável num Direito como o português, onde a firma desempenha uma função mais lata. A equiparação só se poderá estabelecer se apenas a firma das sociedades for alvo de consideração pelo intérprete.

No que ao logótipo diz respeito não se iluda o intérprete com a referência da alínea c) do art. 711-1 do *CPInt* aos *"logos"*. Tal como na Alemanha, estes são simples meios susceptíveis de constituir a marca, defini-

---

[97] CHAVANNE/BURST, *ob. cit.*, p. 781, contrapondo, algo estranhamente, *"entreprise"* e *"points de vente"*; POLLAUD-DULIAN, *ob. cit.*, p. 463, nota 1; GALLOUX, *ob. cit.*, p. 463.

[98] Cfr. o n.º 1 do art. 8.º-B e o art. 15.º-B do Decreto de 30 de Maio de 1984, citado na nota 84.

[99] POLLAUD-DULIAN, *ob. cit.*, p. 471.

dos por BERTRAND[100] como "símbolos formado por um conjunto de sinais gráficos que constituem uma marca".
Permanecemos assim no campo da atipicidade.

2.4. Direito espanhol

I. Denotando-se alguma semelhança com a realidade legislativa portuguesa anterior, vigorou em Espanha, durante um significativo lapso temporal, o *Estatuto de la Propiedad Industrial* de 26 de Julho de 1929 (*EPI*), que substituindo a Lei da *Propiedad Industrial,* de 16 de Maio de 1902, regulou unificadamente sinais distintivos e criações industriais durante mais de meio século.

A vigência deste normativo foi prejudicada pelas Leis n.º 11/86, de 20 de Março, e n.º 32/1988, de 10 de Novembro, que versando separadamente as patentes e os sinais distintivos do comércio, traduziram a intenção legislativa de fragmentação das duas realidades. Sinais distintivos e criações industriais passaram assim a constar de textos legais distintos.

O direito dos signos distintivos foi ainda alvo de uma recente intervenção legislativa, através da Lei n.º 17/2001, de 7 de Dezembro (*LeyM*), entrada em vigor a 31 de Julho de 2002, que apesar de conter rasgos inegavelmente inovadores face ao direito predecesso, manteve-se fiel aos princípios básicos consagrados pela lei anterior[101].

A opção no sentido da autonomia formal dos sinais distintivos do comércio foi mantida pela nova lei, deixando a regulação das criações in-

---

[100] BERTRAND, *Le Droit des Marques et des Signes Distinctifs*, Paris, Cedat, 2000, p. 77.

[101] A *occasio legis* da nova lei entroncou em dois vectores fundamentais. Por um lado o legislador espanhol visou adequar a legislação interna ao preceituado pela DM (posterior à entrada em vigor da lei anterior), por outro lado havia que observar a Sentença n.º 103/99 do Tribunal Constitucional, que declarou a inconstitucionalidade de alguns artigos da lei anterior por desrespeito das prerrogativas administrativas das Comunidades Autónomas (cfr. ARROYO MARTÍNEZ, *ob. cit.*, p. 19; BARRERO RODRÍGUEZ, *Algunos aspectos de la reforma del Derecho español de los signos distintivos. Consideraciones sobre la Ley 17/2002, de marcas* in RDM, n.º 245, Jullio/Septembre, 2002, p. 1428; e CASADO CERVIÑO, *La nueva ley española de marcas: análisis desde la perspectiva del derecho comunitário* in ADIDA 2001, Madrid, Marcial Pons, 2002, p. 25 que indicam ainda, para além dos motivos internacionais e constitucionais, razões conexas com a experiência nacional resultante dos doze anos de aplicação da lei anterior).

dustriais e dos direitos de autor para outros normativos[102]. Não obstante, nos termos do n.º 1 do seu art. 1.º, o novo texto legal reduz os sinais distintivos do comércio a apenas duas categorias: a marca e o "*nombre comercial*", ditando pena capital para o exclusivo outorgado pela lei anterior ao "*rótulo de establecimiento*".

O abandono da tradicional tripartição dos sinais distintivos do comércio, que se encontrava assente numa justificação dogmática de índole histórica e resultante da natureza das coisas, terá sido motivada pela sua inadequação à realidade do tráfego económico, ponderadas sobretudo as dificuldades práticas inerentes a uma possível coincidência entre os vários sinais distintivos[103].

II. A exemplo de qualquer outro dos ordenamentos passados em revista e da situação vigente no ordenamento jurídico português, a *LeyM* eleva a marca a paradigma regulativo, definindo-a no n.º 1 do art. 4.º como "signo susceptível de representação gráfica que sirva para distinguir no mercado os produtos ou serviços de uma empresa dos das outras empresas". A terminologia é próxima da terminologia empregue pelo legislador português, surgindo no n.º 2 do mesmo artigo uma enumeração exemplificativa dos signos em que a marca se poderá alicerçar, em tudo similar ao disposto no n.º 1 do art. 222.º do CPI.

A marca visa assim distinguir produtos ou serviços, versa um objecto, contrapondo-se ao "*nombre comercial*" que, nos termos n.º 1 do art. 87.º da *LeyM*, "identifica *uma empresa no tráfego mercantil*", tornando-se merecedor de especial atenção dentro do âmbito visado.

III. Apesar da referência à empresa poder levantar algumas dificuldades interpretativas, relacionadas no essencial com a natureza polissé-

---

[102] As patentes continuam a ser reguladas pela Lei n.º 11/1986, de 20 de Março, sendo os direitos de autor alvo da *Ley de Propiedad Intelectual*, aprovada pelo RDL 1/1996, de 1 de Abril (a designação assume assim no ordenamento espanhol um entendimento mais estrito que no ordenamento jurídico português ou francês). BERCOVITZ RODRIGUEZ-CANO, *ob. cit.*, p. 26 considera, no entanto, que todos estes Direitos se integram no mesmo ramo do ordenamento jurídico, ainda que não se fundem nos mesmos princípios fundamentais.

[103] BERCOVITZ RODRIGUEZ-CANO, *últ. ob. cit.*, p. 23, referindo p. 24, 36, 231, 236, 242, 246, 258, 273 que a admissibilidade das marcas de serviços implicou a falência dogmática não apenas do "*rótulo de establecimiento*", mas também do próprio "*nombre comercial*", propondo a supressão também deste.

mica da expressão, a doutrina tende a reconduzir a figura do *"nombre comercial"* ao empresário, singular ou colectivo (*"persona jurídica"*), distinguindo-se do nome pessoal deste e também da denominação social que vigora para as sociedades[104]. Este entendimento surge na sequência do que se encontrava consagrado na legislação anterior[105], embora algumas vozes atribuam relevância à autonomização da empresa entendida enquanto actividade[106].

BERCOVITZ RODRIGUEZ-CANO não deixa de salientar que, dada a ausência de um regime específico aplicável ao *"nombre comercial"*, a figura mantida pela lei se resolve numa categoria meramente formal cuja especificidade é puramente conceptual. Esta beneficia, fundamentalmente, do regime da marca, *maxime* do regime da marca de serviços, aspecto que pode ser comprovado através da análise dos diversos dados normativos disponíveis[107]. Assim, em relação à configuração dos sinais, verifica-se uma

---

[104] Cfr. BERCOVITZ RODRIGUEZ-CANO, *últ. ob. cit.*, p. 22; GÓMEZ LOZANO, *Los signos distintivos en la promoción de destinos turísticos*, Navarra, Aranzadi, 2002 p. 79; FERNÁNDEZ-NÓVOA, *últ. ob. cit.*, p. 38 considerando ser incongruente relacionar o conceito de marca com o de empresa (perante a anterior redacção da lei); VIGUERA RUBIO, *ob. cit.*, p. 128 embora realce um processo de objectivação deste sinal distintivo (tendo por base o *EPI*). Paralelamente, OTERO LASTRES, *La definición legal de marca en la nueva ley española de marcas* in ADIDA 2001, Madrid, Marcial Pons, 2002, p. 211 considera errónea a substituição de pessoa por empresa no conceito legal de marca, defendendo a supressão de qualquer referência aos sujeitos nesta sede.

[105] O *"nombre comercial"* era constituído segundo o art. 196.º do *EPI* pelos "nomes das pessoas ou pelas razões ou denominações sociais", numa acepção subjectiva referida ao empresário que foi mantida pelo n.º 1 do art. 76.º da lei de marcas posterior, ao consagrar o nome comercial como "signo ou denominação que serve para identificar uma pessoa física ou jurídica no exercício da sua actividade empresarial e que distingue a sua actividade das actividades idênticas ou similares". Assim, ao mesmo tempo que se consolidou o alargamento da configuração material do sinal, uma vez que já desde a lei de marcas anterior que se admite o *"nombre comercial"* emblemático, operou-se na nova lei a convolação de pessoa por empresa.

[106] ARROYO MARTÍNEZ, *ob. cit.*, p. 38; MONTIAGO MONTEAGUDO, *La tutela del nombre comercial no registrado* in ADIDA 2001, Madrid, Marcial Pons, 2002, p. 183 que sublinha a desconexão com o nome e a aproximação ao regime da marca, contrapondo a figura à firma entendida como meio de individualização de um sujeito físico ou jurídico. O último autor acaba por concluir que o *"nombre comercial"* permite identificar o empresário no exercício e desenvolvimento da sua actividade económica face a outros empresários dedicados a actividades económicas similares. Também a supressão do *"rótulo de establecimiento"* pode depor no sentido da objectivação do *"nombre comercial"*.

[107] BERCOVITZ RODRIGUEZ-CANO, *últ. ob. cit.*, p. 25, 46 e 230. MONTIAGO MONTEAGUDO, *ob. cit.*, p. 186 alude igualmente à difícil diferenciação material entre as figuras.

identidade quase perfeita entre a enumeração do art. 87.º n.º 2 e a enumeração do art. 4.º n.º 2 da *LeyM* (salvo no que respeita às formas tridimensionais), sendo que a nova lei propiciou também o desaparecimento da transmissão vinculada do "*nombre comercial*" ao estabelecimento comercial. A aproximação organizativa do art. 89.º n.º 1 às classes de marcas, bem como a remissão expressa para o regime das marcas ordenada pelo art. 87.º n.º 3, constituem elementos que devem também ser considerados.

Possuindo a faculdade de se apresentar como um sinal emblemático, a figura do "*nombre comercial*" coloca ainda maiores dificuldades do que as apresentadas pela "*ditta*" italiana ou pelo "*nom commercial*" francês no momento de estabelecer um paralelismo com o ordenamento jurídico nacional.

De facto, mais do que uma opção entre a aproximação à firma ou ao nome de estabelecimento, fica a dúvida entre a equiparação à firma ou ao logótipo tal como regulado no nosso sistema jurídico. Mas para que um tal juízo possa ser efectuado, bem como para que o panorama deste ordenamento não fique incompleto, cabe ainda uma referência à figura da denominação ou razão social.

IV. A exemplo dos ordenamentos jurídicos italiano e francês, também o ordenamento espanhol consagra a figura da "*razón*", "*denominación*" ou "*firma social*" em moldes completamente autónomos da realidade em que se consubstancia o "*nombre comercial*". Aquela tem por escopo a identificação de uma sociedade, associação ou fundação enquanto pessoa jurídica, permitindo-lhe estabelecer relações jurídicas através da actuação do representante em nome da sociedade.

Não atingindo uma necessária difusão perante o público, *maxime* uma função de atracção de clientela ou de competição no mercado, a doutrina propõe que a distinção da "*razón*" e do "*nombre comercial*" se estabeleça em moldes essencialmente funcionais. O "*nombre comercial*" referir-se-à então a uma empresa no tráfego mercantil, enquanto "*razón social*" abordará a identificação de uma pessoa, necessariamente colectiva, no tráfego económico[108]. A sede normativa dos dois sinais é de igual

---

[108] BERCOVITZ RODRIGUEZ-CANO, *últ. ob. cit.*, p. 102, VIGUERA RUBIO, *ob. cit.*, p. 173. Este entendimento poderá apoiar-se, ainda que em termos longínquos, no disposto no art. 214.º do *EPI* quando este afirmava ser o "*nombre comercial*" "de aplicação às *transacções comerciais*". Refira-se porém que o art. 196.º do *EPI* regulava a "*razón social*" como modalidade do "*nombre comercial*", forçando a doutrina a subdistinguir neste domínio (cfr. VIGUERA RUBIO, *ob. cit.*, p. 150, 153 e 159).

modo distinta[109], verificando-se, em conformidade, uma separação em termos burocráticos[110].

V. Aplicando-se, nos termos do art. 82.° da lei anterior, ao estabelecimento entendido como local aberto ao público[111], coincidindo no essencial com as figuras do nome e da insígnia de estabelecimento, o *"rótulo de establecimiento"* foi extinto pela nova lei em virtude da sentença do Tribunal Constitucional espanhol n.° 103/99, de 3 de Junho. O legislador ponderou ainda o decréscimo da importância da figura ao longo do tempo, bem como a progressiva desmaterialização do estabelecimento mercantil.

Todavia, ao *"rótulo de establecimiento"* são ainda dedicadas as disposições transitórias 3.ª e 4.ª da *LeyM*, através das quais tais signos distintivos poderão subsistir no espaço jurídico espanhol durante um lapso de tempo considerável[112]. Este sinal não beneficiará no futuro de uma protecção registal, que aliás se circunscrevia a um âmbito meramente municipal, mas antes de uma protecção de âmbito nacional, aferida através do instituto da concorrência desleal[113].

---

[109] A regulação da *"razón"* ou *"denominación social"* é abrangida por uma pluralidade de normativos. Esta surge, desde logo, no Código de Comercio, no art. 126.° a propósito da *"compañía colectiva"*, no art. 146.° para a *"compañía en comandita"* (simples), e no art. 153.° para a sociedade em comandita por acções. Também é alvo de tratamento normativo pelo art. 2.° da *Ley de Sociedades Anónimas* de 1951, refundida pelo Real Decreto n.° 1564/89, de 22 de Dezembro; pelo art. 2.° da *Ley 2/1995*, de 23 de Março, para as *sociedades de responsabilidad limitada* (paralelas às sociedades por quotas do ordenamento jurídico português); e, latamente, no *Reglamento del Registro Mercantil*, aprovado pelo Real Decreto n.° 1784/96, de 19 de Julho (cfr. os seus arts. 38.° n.° 2 1.°, 116.°, 177.°, 209.° 2.°, 210.°, 213.°, e 395.° a 419.°). A figura é ainda referenciada pela alínea a) do n.° 1 do art. 9.° da *LeyM*, em clara contraposição ao *"nombre comercial"*. A interdisciplinaridade entre os fenómenos é sublinhada pela lei ao estabelecer uma proibição relativa do registo de marcas conflituantes com estes signos.

[110] Enquanto a marca e o *"nombre comercial"* se registam na *Oficina Española de Patentes e Marcas*, a denominação social é registada no *Registro Mercantil Central*, embora seja possível registar neste os dois sinais primeiramente aludidos (cfr. o art. 90.° 2.° do *Reglamento de Registro Mercantil supra* referido).

[111] Río Barro, *Concepto, funcion economica y clases de rotulo del establecimiento* in ADI, tomo X, 1984/85, Madrid, CUEF/CSB, 1985, p. 135.

[112] Cfr. Gómez Montero, *El régimen del rótulo de establecimiento en la nueva ley de marcas de 2001* in ADIDA 2001, Madrid, Marcial Pons, 2002, p. 101 a 103.

[113] Esta orientação resulta expressamente do ponto IV da Exposição de Motivos da *LeyM*, sendo a concorrência desleal regulada autonomamente em Espanha pela Lei n.° 3/1991, de 10 de Janeiro.

Tendo ainda presente a recíproca fungibilidade entre sinais distintivos será sempre admissível, como sublinha ARROYO MARTÍNEZ, o registo do "*rótulo de establecimiento*" enquanto marca ou nome comercial[114].

VI. Em face do exposto, as hesitações surgidas no delinear de padrões de identidade ou semelhança entre sinais distintivos aquando da análise dos demais ordenamentos jurídicos colocam-se também a respeito do ordenamento espanhol.

Novamente, tal como na Itália e em França, a "*razón*" ou "*denominación social*" identifica apenas pessoas colectivas, sendo também uma constante identificável em qualquer dos ordenamentos visitados a consideração da marca como sinal distintivo base.

Com a tutela dos sinais conexos com o estabelecimento a ser remetida para o ilícito de concorrência desleal, e não para a outorga de direitos exclusivos, as dificuldades prendem-se, sobretudo, com o correcto enquadramento do "*nombre comercial*", que poderá desempenhar no ordenamento jurídico espanhol uma função análoga aos "*geschäftliche Bezeichnungen*" no Direito alemão.

Diferentemente do que sucede nos demais sistemas, parece ser todavia no ordenamento espanhol que se poderá encontrar uma figura jurídica em parte coincidente com o logótipo. Ao designar uma pessoa, e ao poder assumir uma configuração figurativa, o "*nombre comercial*" aproximar-se-á inequivocamente daquele. Aliás, segundo a alínea d) do n.º 2 do art. 87.º da *LeyM*, num enquadramento distinto da *supra* referida alínea c) do art. 711-1 do *CPInt* francês, os "*logotipos*" constituem um objecto possível dos nomes comerciais. O argumento é ainda assim formal, pois a expressão logótipo é também utilizada, tal como nos outros ordenamentos, como referência a um objecto possível da marca[115].

Não se considere porém que se verifica uma verdadeira sobreposição entre as figuras, pois são diversos os aspectos de regime que as afastam. Mesmo desconsiderando a reconduçao do "*nombre comercial*" não a uma entidade ou pessoa mas a uma empresa (a qual é susceptível de uma leitura objectiva), e a um determinado número de actividades, a doutrina tem

---

[114] ARROYO MARTÍNEZ, *ob. cit.*, p. 36. É aliás significativo que anteriormente ao *EPI*, que o definiu no seu art. 209.º, o "*rótulo de establecimiento*" se confundisse com o "*nombre comercial*", denunciando uma evidente incerteza de contornos dos sinais distintivos do comércio que não a marca (cfr. VIGUERA RUBIO, *ob. cit.*, p. 134 a 139).

[115] BERCOVITZ RODRIGUEZ-CANO, *últ. ob. cit.*, p. 98; GÓMEZ LOZANO, *ob. cit.*, p. 97, fazendo-o equivaler a "desenho, símbolo ou elemento gráfico".

vindo a admitir a existência de uma pluralidade de nomes comerciais por pessoa, o que não deverá ser admitido no âmbito do logótipo[116]. Por outro lado é admissível, nos termos das alíneas a), b) e c) do n.º 2 do mesmo art. 89.º, uma configuração puramente nominativa do "*nombre comercial*", sendo também tal possibilidade extremamente equívoca no que ao logótipo diz respeito. Finalmente, numa solução que carece de um aprofundamento posterior, deixa fundadas interrogações a sujeição do "*nombre comercial*" ao princípio da especialidade.

Não obstante, afigura-se ser esta a figura que mais facilmente poderá constituir um vaso comunicante com o tipo constante do Direito português, pelo que não poucas vezes será adequado o diálogo entre os dois ordenamentos jurídicos.

VII. A conclusão do percurso por outros ordenamentos confirma a premissa avançada inicialmente: será no cerne do regime fixado pelo CPI que o logótipo deverá ser analisado.

3. Demarcação da figura na ordem jurídica portuguesa

3.1. *Noção de logótipo*

I. Segundo o disposto no art. 246.º do CPI 1995, em termos absolutamente coincidentes com os constantes do art. 277.º da terceira versão do projecto que antecedeu este código, os logótipos foram definidos como "composições constituídas por letras associadas ou não a desenhos, contanto que o conjunto apresente uma forma ou configuração específica como elemento distintivo e característico adequado a referenciar qualquer entidade que preste serviços ou ofereça produtos".

Não obstante, a definição que consagrou a figura no ordenamento jurídico nacional não foi retomada pelo novo CPI. O legislador absteve-se de definir expressamente a figura, ainda que indirectamente, na medida em que a lei se ocupa da configuração exterior do logótipo, uma definição se possa retirar do seu texto[117]. O art. 301.º do CPI vem assim estabelecer

---

[116] Em sentido contrário à pluralidade *vide* porém ARROYO MARTÍNEZ, *ob. cit.*, p. 37.

[117] O legislador ordinário não aproveitou a permissão de uma precisa delimitação do objecto quer do logótipo, quer de qualquer outro sinal distintivo do comércio, contida na alínea d) do n.º 2 do art. 3.º da LAL. Não se procedeu também a uma revisão completa da figura, como entendia necessário JORGE CRUZ, *Comentários ao Código da Propriedade*

que o logótipo "pode ser constituído por um sinal ou conjunto de sinais susceptíveis de representação gráfica, que possam servir para referenciar qualquer entidade que preste serviços ou comercialize produtos", sendo a partir desta norma, e do exíguo regime legal que se lhe sucede, que o sinal distintivo deve ser analisado.

Salientam-se desde logo dois elementos fundamentais para a decomposição da figura: por um lado a lei refere as formas em que esta se materializa, ao aludir a *"um sinal ou conjunto de sinais susceptíveis de representação gráfica"*; por outra via, a lei demarca o seu objecto como sendo uma *"entidade que preste serviços ou comercialize produtos"*[118].

II. O paralelismo com o disposto no CPI a propósito da composição da marca é saliente no que respeita às formas em que se pode traduzir o logótipo. A exigência de susceptibilidade de representação gráfica do sinal surge também vertida no n.° 1 do art. 222.°, verificando-se entre as duas normas uma absoluta coincidência terminológica. O aliar desta coincidência à inexistência de quaisquer obstáculos ao nível da sua unificação dogmática possibilita uma efectiva uniformidade de soluções. De facto, o carácter estrutural, nuclear, ou paradigmático da marca dentro do domínio dos sinais distintivos do comércio, aponta para o aproveitamento das

---

Industrial, edição do autor, 1995, p. 131, embora o mesmo autor considere, em *Código da Propriedade Industrial*, Lisboa, Pedro Ferreira Editor, 2003, p. 130 e 753, que novo Código corrigiu a definição legal anterior.

[118] Pode ser questionada a correcção, em termos gramaticais, da fórmula verbal utilizada. A lei adopta a palavra esdrúxula "logótipo", acentuando a sua segunda sílaba, quando também "logotipo", palavra grave sem acentuação, surge habitualmente na linguagem corrente. A legitimidade da interrogação é confirmada não só pela não vinculação do intérprete às definições fornecidas pelo legislador, mas também pela sua liberdade no que respeita à terminologia ou fórmula gramatical empregue por este. Contudo, segundo o *Dicionário da Língua Portuguesa Contemporânea – Academia das Ciências de Lisboa*, *II volume*, Verbo, 2001, p. 2293 e 2294, de 2001, afigura-se possível o emprego de ambas as expressões indistintamente (já no *Dicionário da Língua Portuguesa*, da Porto Editora, 8.ª edição, 1999, p. 1018, surge apenas a palavra esdrúxula). A expressão "logótipo" ou "logotipo" deriva etimologicamente da conjugação de duas palavras: *"logo"* e *"tipo"*. A primeira, embora possua raízes latinas (com o significado de "no lugar"), terá aqui uma matriz grega, significando "palavra, razão ou estudo". "Tipo" quererá, por sua vez, designar "modelo ou paradigma", sendo também um vocábulo de origem grega depois transposto para o latim. Assim, apesar da possibilidade de um emprego gramaticalmente correcto das duas expressões, respeita-se o vocábulo designado pela lei, aludindo-se sempre a "logótipo".

soluções para si consagradas por parte de outros sinais distintivos do comércio[119].

O conceito geral e abstracto constante do art. 301.º pode ser assim preenchido por intermédio da enumeração exemplificativa constante do n.º 1 do art. 222.º, que, aliás, se limita a concretizar um conceito base de onde irradiam todas as suas manifestações, beneficiando o logótipo do sistema misto de definição legal consagrado para a marca[120].

Em termos genéricos, é válida a afirmação de que o logótipo, tal como a marca, poder-se-á apresentar *ab initio* com uma configuração nominativa, figurativa ou mista[121], possibilitando ainda a lei a constituição de logótipos tridimensionais e sonoros. Existem no entanto dúvidas quanto à exacta transposição deste raciocínio, tendo em conta não apenas o âmbito legalmente admissível no que à marca diz respeito, como a eventual colisão ou sobreposição do logótipo com outros sinais distintivos.

III. Como segundo aspecto basilar, diz a lei que o logótipo tem por objecto entidades, acrescentando o art. 302.º a sua natureza *"individual ou colectiva"* e o seu *"carácter público ou privado"*.

Não é absolutamente unívoca esta referência a "entidades", embora a mesma se reporte ainda ao CPI 1995. Etimologicamente, entidade deriva do latim escolástico, sendo "personalidade" um dos seus muitos sentidos vocabulares[122]. É nesse mesmo sentido que a expressão é tomada por

---

[119] Apesar do art. 304.º remeter para as disposições relativas aos "nomes e insígnias de estabelecimento", e não para as disposições relativas à marca, algumas destas serão sempre aplicáveis à figura através da cadeia de remissões efectuada pelos arts. 285.º n.º 1 alínea f), 291.º, 296.º n.º 2 e 298.º n.º 2 do CPI.

[120] A definição legal de marca pode efectuar-se, no essencial, através de três sistemas: a previsão legal de um conceito geral e amplo; a enumeração taxativa dos sinais ou meios que a podem constituir; ou um sistema misto, onde o conceito amplo é acompanhado de uma enumeração exemplificativa de sinais ou meios. A lei pátria optou pelo último dos sistemas referidos, como também o fizera o CPI 1995 (cfr. o n.º 1 do art. 165.º), na sequência do disposto no art. 2.º da DM e no art. 4.º do RMC. Vigora assim um sistema misto onde se adiciona ao conceito geral e abstracto primeiramente formulado, uma enumeração não taxativa das possíveis manifestações da marca. O mesmo sistema é adoptado na Alemanha pela conjugação dos § 3 e 8 da *MarkenG*, na Itália no art. 16.º da *LegM*, em França no art. 711-1 do *CPInt*, e em Espanha no art. 4.º n.º 1 e 2 da *LeyM*.

[121] OLIVEIRA ASCENSÃO, *Direito Comercial volume II – Direito Industrial cit.*, p. 143; PUPO CORREIA, *ob. cit.*, p. 441, que tomando por base o CPI 1995, refere que o logótipo "pode *ou não* englobar elementos desenhísticos na sua composição".

[122] *Dicionário da Língua Portuguesa Contemporânea – Academia das Ciências de Lisboa I volume cit.*, p. 1441, *Dicionário da Língua Portuguesa* da Porto Editora *cit.*,

COUTINHO DE ABREU[123], embora BESSA MONTEIRO[124] aluda a comerciante, e JORGE CRUZ[125] e PUPO CORREIA[126], ainda que em termos não seguros, se refiram à empresa.

Confrontados com esta indecisão, afigura-se evidente que a lei não terá visado afectar um novo direito privativo ao estabelecimento, sob pena de sobreposição flagrante do logótipo com as figuras do nome e da insígnia do estabelecimento, que nominativa e figurativamente tutelam este. Mas nem sempre foi este o entendimento oficial[127].

A referência a "individuais ou colectivas" inculca tratar-se antes de pessoas, embora não exista exacta sintonia com a terminologia empregue no CCiv ou mesmo no art. 230.° do CCom[128]. O logótipo será assim um sinal distintivo do comércio que tem como objecto pessoas, o que desde logo coloca questões relacionadas com a sua articulação com o outro sinal distintivo do comércio que a estas primordialmente se refere: a firma[129].

---

p. 628. No âmbito do Direito do trabalho, ROMANO MARTINEZ, *Direito do Trabalho*, Coimbra, Almedina, 2002, p. 122 define "entidade patronal" como uma tautologia, querendo significar "personalidade que é o patrão".

[123] COUTINHO DE ABREU, *ob. cit.*, p. 331, nota 3, e p. 403.

[124] BESSA MONTEIRO, *Marca de base e marca colectiva* in DInd, vol.I, Almedina, 2001, p. 338.

[125] JORGE CRUZ, *Comentários ao Código da Propriedade Industrial cit.*, p. 131; e *Código da Propriedade Industrial cit.*, p. 754.

[126] PUPO CORREIA, *ob. cit.*, p. 410.

[127] Foi como "*logótipo de estabelecimento*" que a figura primeiramente surgiu no BPI (cfr. os BPI 1995, n.° 8, p. 3740, n.° 9, p. 4154, n.° 10, p. 4632, n.° 11, p. 5093, e n.° 12, p. 5447), só se deixando cair o termo "*estabelecimento*" no BPI 1996, n.° 1, p. 455.

[128] Com mais propriedade se versariam pessoas "*singulares* ou colectivas", embora a expressão "*individual*" seja também empregue nos arts. 38.° e 39.° do RRNPC como referência a pessoas singulares.

[129] Parece ainda digna de relevo a contraposição, na lei, das formas específicas de violação de cada um dos direitos privativos por ela consagrados. Apesar de não conter, e bem, uma disposição de índole escolar como o era o art. 145.° do CPI 1940 (na sequência do art. 73.° da Lei n.° 1972, de 21 de Junho de 1938), pode retirar-se uma determinada orientação do texto normativo quando este enumera as formas de violação típicas de cada um dos sinais distintivos do comércio. Pese embora a marcada interfungibilidade dos sinais, é relevante que a lei contraponha a violação típica na marca (que nos termos da alínea a) do art. 323.° constará de "produtos ou serviços"), à violação típica do nome e insígnia de estabelecimento, (que nos termos do art. 333.° resulta evidentemente de um outro estabelecimento), e à violação típica do logótipo (que nos termos da alínea b) do art. 334.° resultará *prima facie* da utilização do mesmo em "*impressos*"). Estes designarão, no diálogo social, a pessoa.

IV. Apesar da lei se referir no art. 301.º à prestação de serviços[130] e à comercialização de produtos[131] não parece, como melhor será visto adiante, que sejam excluídas do âmbito do logótipo entidades agrícolas, sejam agricultores em nome individual, cooperativas ou ainda sociedades civis agrícolas sob forma civil ou comercial. Isso mesmo se pode depreender da latitude do art. 303.º, ao referir-se a "qualquer entidade", assim como dos lugares paralelos dos arts. 283.º e 225.º alínea a) do CPI, sendo que também a firma se pode destinar, nos termos do art. 39.º do RRNPC, a ser empregue por um empresário não comerciante.

V. Verifica-se também alguma discrepância doutrinal no que respeita à necessidade de conexão do logótipo ao fenómeno empresarial, que deverá, em princípio, ser resolvida no sentido da prescindibilidade deste requisito.

Raciocinando com base no art. 282.º, para o qual remete o 304.º (em tudo paralelo ao anterior art. 228.º do CPI 1995), poder-se-ia afirmar que a existência de uma actividade empresarial estaria pressuposta, tomando como empresa qualquer entidade que exerça uma actividade económica independentemente do seu estatuto jurídico ou modo de funcionamento. Neste sentido, CARLOS OLAVO[132] alude a *"empresas globalmente consideradas"* como alvo do logótipo, embora COUTO GONÇALVES[133] considere que a figura estaria pensada para entidades não organizadas empresarialmente, nomeadamente os profissionais liberais.

Ao que parece, o estrito afirmar da remissão legislativa corre o risco de conduzir não só a uma desnecessária sobreposição com outros sinais distintivos, como, no limite, a um estrangulamento da figura, assimilável que seria à suprimida marca de base.

---

[130] Em consonância com a admissibilidade, no n.º 1 do art. 222.º do CPI, da marca de serviços, com consagração legal entre nós desde o Dec.-Lei n.º 176/80, de 30 de Maio.

[131] Ultrapassando a referência à "oferta" de produtos a que aludia o art. 246.º do CPI 1995, alvo da crítica de JORGE CRUZ, *Comentários ao Código da Propriedade Industrial cit.*, p. 79.

[132] CARLOS OLAVO, *ob. cit.*, p. 29 e 33, 43, 90, e 102, e em *A firma das sociedades comerciais e das sociedades civis sob forma comercial* in Estudos em Homenagem ao Professor Doutor Raúl Ventura, FDUL, Coimbra Editora, 2003, p. 382.

[133] *Função Distintiva da Marca cit.* p. 163, 236, 245 e 254; *Direito de Marcas, 2.ª edição cit.*, p. 121 considerando aparentemente aplicável o *"residual merchandising"* a estas entidades.

Assim sendo, tomando sobretudo em linha de conta a flexibilidade da remissão legal, e a solução prevista a propósito da firma[134], sufraga-se que o logótipo não terá de ser necessariamente afecto a uma actividade empresarial. Não se pretende sustentar com tal afirmação que este apenas vise entidades não empresariais, antes que se admitem, conforme sufraga COUTINHO DE ABREU[135], logótipos de entidades empresariais ou não[136].

3.2. *Composição do logótipo*

3.2.1. *Generalidades*

I. Como foi anteriormente mencionado, a composição do logótipo, tal como a da marca, traduz-se em sinais susceptíveis de representação gráfica[137].

A insusceptibilidade de representação gráfica acarreta, aliás, consequências graves, nos termos da alínea a) do n.º 1 do art. 238.º e da alínea a) do n.º 1 do art. 265.º do CPI, sendo fundamento da recusa ou nulidade da marca. A primeira disposição é extensível ao logótipo através na alínea f) do n.º 1 do art. 285.º, constando doutrina paralela à segunda disposição da alínea a) do n.º 2 do art. 298.º, ambas aplicáveis por intermédio do art. 304.º do CPI[138].

---

[134] Não se afigura que seja a empresa a realidade subjacente à firma. Mesmo excluindo fenómenos marginais, como as firmas de heranças ou do EIRL, a verdade é que são perfeitamente admissíveis firmas de comerciantes em nome individual ou de sociedades comerciais que não corporizem uma empresa.

[135] COUTINHO DE ABREU, *ob. cit.*, p. 403, nota 174.

[136] Cfr. *infra* 4.2. – Legitimidade para o registo.

[137] A mesma exigência consta do § 5 da *MarkenG*, do art. 16. 1 da *LegM*, do art. 711-1 do *CPInt*, e do art. 4.º n.º 1 da *LeyM*, sinal inequívoco de uma harmonização legislativa neste domínio (cfr. FERNÁNDEZ-NÓVOA, *últ. ob. cit.*, p. 47, ANNETTE KUR, *Harmonization of the Trade Mark Laws in Europe: Results and Open Questions* in RDI, 1996, parte I, p. 230). OTERO LASTRES, *ob. cit.*, p. 201 refere duas interpretações possíveis para esta exigência: uma restrita, que implica que o signo deva ser representado por meio de letras, linhas, figuras, desenhos ou caracteres numéricos ou musicais; outra mais ampla que abarca a descrição do sinal desde que transmita uma indicação clara e precisa da marca solicitada. A opção por um dos referidos entendimentos não se revelará órfã de consequências no momento de testar os limites do requisito referido.

[138] Poder-se-ia afirmar a desnecessidade da alínea a) do n.º 2 do art. 298.º ante o disposto no n.º 1 do art. 298.º, que abrange todo o art. 285.º. Considera-se todavia que aquela disposição corporizará uma incorrecção legislativa, na medida em que a alínea a) do n.º 1 do

Podendo corporizar uma criação intelectual, não será necessário que o logótipo resulte de uma criação ou invenção do seu autor, antes se impondo como requisito a capacidade distintiva que pode existir numa forma de uso corrente. A base da tutela reside assim não na actividade criativas, que pode ser insignificante ou inexistentes, mas antes na necessidade de individualização[139]. Se, não obstante, o sinal distintivo traduzir alguma manifestação criativa ou inventiva, abrir-se-à um outro vector potencial de protecção, cumulativamente com a protecção atribuída ao logótipo de *per se*.

II. A primeira possibilidade de configuração de um logótipo será a assunção por este da forma nominativa, como expressamente se prevê no n.º 1 do art. 222.º a propósito da marca, e como poderia indicar a indistinta remissão do art. 304.º para a insígnia e nome do estabelecimento.

A ser admitida tal configuração, não teria o logótipo de ser expresso em língua portuguesa, uma vez que tal exigência foi abandonada pelo novo CPI quer em relação às marcas, quer em relação aos nomes de estabelecimento, aplicando a paridade do logótipo com esta última figura[140]. Seria também admissível a adopção de uma qualquer denominação de fan-

---

art. 299.º fixa uma sanção de anulabilidade, e não de nulidade, para a violação das exigências do art. 285.º, as quais não abrangerão, seguramente, as exigências que se aplicam por remissão para o art. 238.º. Assim sendo, a alínea a) do n.º 2 do art. 299.º assume um claro teor perceptivo ao limitar a eficácia da alínea a) do n.º 1 do art. 299.º, conduzindo à desconsideração do disposto no n.º 1 do art. 298.º do CPI.

[139] Sugestivamente, FERRI, *ob. cit.*, p. 125, realça que o art. 2563.º do *CCivile* regula a escolha, a "*scelta*", e não a criação da "*ditta*".

[140] Cfr. o preâmbulo do Dec.-Lei n.º 36/2003, em conformidade com a abolição de idêntico princípio, no domínio da firma, pelo RRNPC. O regime anterior ainda se mantém porém em vigor para as sociedades comerciais, nos termos do art. 10.º CSC (cfr. OLIVEIRA ASCENSÃO, *Direito Comercial volume I – Institutos Gerais cit.*, p. 305 e MENEZES CORDEIRO, *últ. ob. cit.*, p. 283, que não obstante defende o princípio). A doutrina já se havia manifestado contrariamente a esta exigência, considerando-a COUTINHO DE ABREU, *Curso de Direito Comercial vol. I*, 3.ª edição, Coimbra, Almedina, 2002, p. 366, notas 71 e 94, e em *Marcas (noção, espécies, funções, princípios constituintes)* in BFD, ano LXXIII, 1997, p. 140, como uma anacrónica manifestação do princípio da verdade, aplicada com nuances por COUTO GONÇALVES, *Direito de Marcas cit.*, p. 110. RUY PELAYO DE SOUSA, *A protecção em Portugal de marcas em língua estrangeira* in REPI, Coimbra, Almedina, 1997, p. 39 a 42 chegou mesmo a considerar a anterior solução legislativa como contraditória com o art. 2.º da CUP e com o princípio constitucional da igualdade, embora JORGE CRUZ, *Código da Propriedade Industrial cit.*, p. 549 a 553 se pronuncie contra a opção tomada pelo legislador. Para uma explanação do regime vigente no CPI 1940 vide PINTO COELHO, *últ. ob. cit.*, p. 458 a 452.

tasia, tal como referida no n.º 3 do art. 245.º do CPI, assim como se não levantariam quaisquer obstáculos à coincidência do logótipo com uma frase publicitária.

No entanto, afigura-se que um logótipo puramente nominativo será realidade a afastar, sob pena de sobreposição deste com a firma, sinal necessariamente nominativo, que possui igualmente uma finalidade de identificação no tráfego.

Não parece sequer que os dados da questão se alterem pelo facto da firma se apresentar em algumas das suas concretizações como um sinal obrigatório, enquanto o logótipo assume sempre uma natureza facultativa, na medida em que também nas hipóteses de firma obrigatória o logótipo se poderia vir a sobrepor a este sinal distintivo, com a agravante de colidir mais violentamente com o princípio da unidade da firma previsto por lei. A admissão de um logótipo nominativo pode assim traduzir-se na violação indirecta de uma norma legal imperativa.

De acordo com outro ponto de vista, não parece susceptível de ser acolhida entre nós a distinção, presente no ordenamento jurídico espanhol e de algum modo também nos ordenamentos jurídicos francês e italiano, entre nome comercial (que equivaleria ao logótipo) enquanto referido a uma empresa no tráfego mercantil, e a razão ou denominação social, que versaria a identificação de uma pessoa necessariamente colectiva no tráfego económico. Se esta cumulatividade é admitida além fronteiras, afigura-se artificioso introduzi-la entre nós, não somente pela diferente redacção da lei portuguesa no que respeita à composição do sinal, como pela verificação de diferenças estruturais entre os diversos sistemas. Cabe aqui recordar que a firma não versa apenas pessoas colectivas no ordenamento jurídico português, e que o leque de sinais distintivos deste constantes é bastante mais generoso que o presente em qualquer outro ordenamento jurídico vizinho.

Correspondendo ao tipo social que se encontra na origem da figura, a orientação defendida estava também, segundo se julga, ainda implícita ao CPI anterior, que não mencionava a possibilidade de composição do logótipo através de palavras, mas sim de "letras", que devem ser considerados como sinais figurativos e não nominativos, ao mesmo tempo que estatuía uma remissão de regime apenas operante no que respeitava à insígnia de estabelecimento.

Conclui-se assim que *só devem ser admitidos logótipos figurativos ou mistos*, propondo uma interpretação restritiva do disposto no art. 301.º, não conexa, neste âmbito, com a latitude presente no n.º 1 do art. 222.º do

CPI. A remissão do art. 304.º para o nome de estabelecimento deve, por seu turno, ser interpretada como o redireccionamento do intérprete para um regime que a lei define unitariamente ao regular em conjunto esta figura e a insígnia de estabelecimento. Não deverá ser interpretada como um argumento para a configuração do logótipo enquanto sinal distintivo do comércio[141].

III. Afirmando o logótipo como sinal necessariamente figurativo ou misto, é pacífica a dispensa da presença de letras para a identificação da entidade[142], bastando uma figura ou desenho desde que portadores de carácter distintivo. A utilização de cores é também viável, nos termos do n.º 1 do art. 222.º e da alínea f) do n.º 1 do art. 233.º, a qual é bastante comum na *praxis* do INPI, respeitando porém a especial exigência de distintividade que consta da alínea e) do n.º 1 do art. 233.º do CPI.

A utilização única de números ou letras é também admitida no n.º 1 do art. 222.º a propósito das marcas, às letras se referindo o CPI 1995 quando primeiramente definiu a figura. Perante a alteração da redacção do art. 301.º face ao art. 246.º do CPI 1995 será inquestionável que os algarismos serão abrangidos no seio do logótipo[143]. Aliás, é manifesta a ultrapassagem, por impulso comunitário, da corrente doutrinal e jurisprudencial da não apropriabilidade destes sinais, ou da sua apropriabilidade em termos muito limitados e sempre como marcas débeis. Como sublinha VANZETTI[144], existe hoje uma presunção *iuris tantum* de não pertença destes ao domínio comum, o que não colidirá porém com a sua utilização enquanto instrumentos de linguagem. Não obstante, será razoável, como sufraga COUTO GONÇALVES, que uma simples letra ou algarismo desprovidos

---

[141] O facto da lei, no seu âmbito contra-ordenacional de actuação, remeter expressamente para normas de configuração de um sinal nominativo (cfr. a remissão da alínea c) do art. 334.º e do art. 337.º para diversas alíneas do n.º 1 do art. 285.º), não constitui um obstáculo ao raciocínio exposto, uma vez que essas normas encontram um vasto campo de aplicação a propósito do logótipo misto.

[142] OLIVEIRA ASCENSÃO, *Observações ao projecto de alterações ao Código da Propriedade Industrial da CIP e CCI* in RFDUL, 1998, n.º 2, p. 673 a propósito da marca.

[143] Cfr. JORGE CRUZ, *Comentários ao Código da Propriedade Industrial cit.*, p. 131; e *Código da Propriedade Industrial cit.*, p. 753.

[144] VANZETTI, *Marchi di numeri e di lettere dell'alfabeto* in RDI, 2002, parte I, p. 648. Cfr. ainda PRISCILLA PETTITI, *La directiva CEE sul ravvicinamento delle legislazioni degli stati membri in materia di marchi d'impresa: spunti per alcune riflessioni sulla normativa italiana* in RDCDGO, Maggio-Giugno, 1991, n.º 5, p. 346.

de qualquer singularidade gráfica não apresentem a capacidade distintiva bastante para poderem valer enquanto logótipo[145].

Assim sendo, é defensável que, dentro dos limites da figuratividade, seja dada extensão máxima ao logótipo, do qual podem recortar-se "partes características", por analogia com o disposto na alínea f) do art. 239.° e na alínea b) do art. 323.° do CPI.

3.2.2. Logótipo tridimensional

I. Nada parece obstar à adopção pelos interessados de um logótipo de forma ou tridimensional, vulgarmente designado como sinal distintivo plástico, na medida em que alia às variáveis do comprimento e da largura, uma outra variável que reflectirá o volume ou altura do sinal visado.

Este adeus à geometria plana, pelo qual se entende que as figuras são recondutíveis a meios, mas não a verdadeiros signos[146], apresentava-se como um ponto duvidoso a respeito das marcas perante o CPI 1940[147], ainda que fosse admitido por parte significativa da doutrina[148].

O art. 2.° da DM, influenciada pela Lei uniforme para os Estados Benelux, de 19 de Março de 1962, veio colocar fim à querela doutrinal e jurisprudencial. Estatui-se no sentido da admissibilidade da marca tridimensional, ainda que a forma se devesse apresentar como puramente acessória e irrelevante para a utilização do produto ou para a satisfação do consumidor[149].

---

[145] COUTO GONÇALVES, *Direito de Marcas*, 2.ª edição cit., p. 89.

[146] OTERO LASTRES, *ob. cit.*, p. 199, empreendendo uma análise terminológica das expressões.

[147] OLIVEIRA ASCENSÃO, *Direito Comercial volume II – Direito Industrial cit.*, p. 144.

[148] PINTO COELHO, *últ. ob. cit.*, p. 450; JUSTINO CRUZ, *ob. cit.*, p. 176; e, em especial, NOGUEIRA SERENS, *Marcas de forma* in CJ 1991, ano XVI, tomo IV, p. 64 a 66 e 76, que num parecer a propósito da marca "*Cointreau*" (marca sob a forma de garrafa), alvo da concordância de LOBO XAVIER p. 78, o admitiu, invocando não só a letra do art. 79.° do CPI 1940, como a história e o "espírito da lei". Possuindo capacidade distintiva, a forma deveria ser gratuita ou arbitrária. Sublinhe-se que, ao tempo, a questão não se apresentava pacífica sequer a nível internacional. A título exemplificativo, refira-se que o *Projet d'une loi type pour les marques, les brevets et les modeles*, Padova, Cedam, 1970, do eminente comercialista MARIO ROTONDI, excluía expressamente as marcas de forma.

[149] Cfr. COUTO GONÇALVES, *Função Distintiva da Marca cit.*, p. 65, nota 109 e *Direito de Marcas*, 2.ª edição cit., p. 90, nota 206; HUBMAN/GÖTTING, *ob. cit.*, p. 259 e 260;

II. A mesma solução normativa, que realça a crescente importância do *design* na concorrência, encontra expressa consagração para a marca no n.º 1 do art. 222.º e na alínea d) do n.º 1 do art. 233.º, na sequência do que já era previsto no n.º 1 do art. 165.º, e na alínea d) do n.º 1 do art. 181.º do CPI 1995, estando ainda em conformidade com as soluções que vigoram em ordenamentos jurídicos próximos[150]. Admitida como marca a "forma do produto ou da respectiva embalagem", a alínea b) do n.º 1 do art. 223.º, em paralelo ao disposto na alínea a) do n.º 1 do art. 166.º do CPI 1995, fixa porém três restrições à sua vigência, não admitindo como marca tridimensional "os sinais constituídos, exclusivamente, pela forma imposta pela própria natureza do produto, pela forma do produto necessária à obtenção de um resultado técnico ou pela forma que confira um valor substancial ao produto".

A admissão da forma caprichosa ou arbitrária, resultante da criação do espírito[151], com exclusão das formas natural, funcional ou esteticamente necessárias[152], assim como do *"secondary meaning"*[153], coloca porém em crise o princípio da autonomia do signo em relação ao produto, ao mesmo tempo que possibilita o *"forum shopping"* em relação ao exclusivo conferido por lei para as criações industriais, nomeadamente para os

---

NORDEMANN, *ob. cit.,* p. 370; DI CATALDO, *ob. cit.,* p. 96; e PRISCILLA PETTITI, *ob. cit.,* p. 339. Como exemplos de marcas tridimensionais podem avançar-se a forma ou o *design* especial de uma garrafa, como a garrafa da *"Coca-Cola"* (segundo informam CHAVANNE/ /BURST, *ob. cit.* p. 522 a jurisprudência francesa aceitou como marca a forma da garrafa *"Perrier"* e de *"Cointreau"*); de um frasco de perfume; ou de um chocolate ou outro doce (como o chocolate suíço *"Toblerone"* ou o tubo dos pequenos chocolates *"Smarties"*). Já se afigura discutível se a forma exterior de um prédio, como a *"Casa dos Bicos"* em Lisboa, poderá ser objecto de uma marca de forma. Na jurisprudência, um ac. da RL de 26 de Fevereiro de 1991 (sumário) (in BMJ, n.º 404, p. 501) admitiu como marca de forma a grelha do radiador de um automóvel tomada como "enfeite ou decoração".

[150] Cfr. o § 3 Abs. 1 da *MarkenG*; o art. 16. 1 da *LegM*; o art. 711-1 alínea c) do *CPInt*, seguindo uma orientação que provinha já do art. 1.º da Lei de 31 de Dezembro de 1964; e o art. 4.º n.º 2 alínea d) da *LeyM*, não gozando aparentemente o *"nombre comercial"* da mesma possibilidade. A mesma solução consta ainda do art. 4.º do RMC e do art. 197.º da Lei 97/99 M, de 13 de Dezembro, que regula os regimes jurídicos da propriedade intelectual em Macau.

[151] CARLOS OLAVO, *Propriedade Industrial cit.,* p. 45; NOGUEIRA SERENS, *últ. ob. cit.,* p. 76; CAMPOBASSO, *ob. cit.,* p. 173.

[152] COUTINHO DE ABREU, *últ. ob. cit.,* p. 137 e *Curso de Direito Comercial vol. I, 4.ª edição cit.,* p. 367.

[153] COUTO GONÇALVES, *Função Distintiva da Marca cit.,* p. 87, nota 142, e *Direito de Marcas, 2.ª edição cit.,* p. 98.

modelos industriais. Dada a tendencial perpetuidade do exclusivo outorgado aos sinais distintivos do comércio, que se não verifica para as criações industriais, será inevitável que algumas realidades sejam alvo de uma protecção fraudulenta neste âmbito, sendo também concebível um cúmulo ou sucessão temporal de distintas protecções para o mesmo fenómeno. Tudo estará na capacidade fiscalizadora da entidade responsável pelo registo das diversas figuras, sendo verdade que se corporeamente desaparece a autonomia entre signo e produto, a autonomia conceptual estará ubiquamente presente.

III. Na medida em que, apesar das dificuldades aludidas, o respectivo sinal é susceptível de representação gráfica, sendo admitido como marca, nada parece obstar a que, apesar do silêncio legal dos arts. 301.º e 284.º, seja admissível um logótipo de forma ou tridimensional, ainda que se deva reconhecer não ser esta a origem social ou típica da figura[154].

Reconhece-se porém a necessidade de uma adaptação da figura, na medida em que, não visando o logótipo a distinção de produtos, a forma escolhida para este deva ser autónoma de um qualquer produto, ainda que produzido ou comercializado pela mesma entidade que pretende registar o sinal distintivo em causa. Há que reconhecer que as possibilidades de promiscuidade entre o logótipo e a marca, sobretudo a marca de facto, são aqui particularmente acentuadas[155].

3.2.3. *Logótipo sonoro*

I. Uma questão que se coloca na delimitação da configuração do que possa ser um sinal distintivo do comércio, diz respeito a saber se se admite

---

[154] A "ornamentação das fachadas" a que se refere o n.º 2 do art. 284.º (ao regular a composição da insígnia de estabelecimento) parece poder também abarcar elementos tridimensionais, ainda que não seja forçoso concluir nesse sentido.

[155] Pense-se por exemplo no elemento distintivo de uma entidade responsável por determinado evento cultural ou desportivo. Seguramente que o "*Gil*" ou o "*Quinas*" poderão constituir logótipos quer da "Parque Expo, S.A.", quer do "Euro 2004, S.A.", mas a sua comercialização enquanto "*merchandising*" das referidas entidades envolverá uma necessária diluição do rigor que deveria presidir à separação dos conceitos de marca e de logótipo. Por outro lado, podem surgir problemas relacionados com a tutela destas hipóteses enquanto modelos industriais ou questões conexas com a atribuição por esta via de um "valor substancial ao produto".

que, para além da visão, algum outro sentido humano possa, isoladamente, reconhecer o sinal distintivo enquanto tal.

A referência ao carácter único da intervenção deste outro sentido humano é intencional, uma vez que podem actuar outros sentido em conjunto com a visão, o que se verifica nos sinais denominativos, que podem ser auditivamente apreendidos, e também nos sinais tridimensionais, onde o tacto, ainda que desempenhando um papel meramente residual, pode igualmente intervir.

A questão coloca-se em várias vertentes, mas desde logo em relação aos sinais sonoros, sinais identificados não visual mas auditivamente.

II. Ainda que sem consenso doutrinal neste sentido[156], a marca sonora é admitida pelo n.º 1 do art. 222.º e pela alínea d) do n.º 1 do art. 233.º do CPI, na sequência do que era já estabelecido no n.º 1 do art. 165.º e nas alíneas d) e g) do n.º 1 do art. 181.º do CPI 1995, exigindo porém a alínea c) do n.º 1 do 234.º do CPI vigente "a representação gráfica, por frases musicais, dos sons que entrem na composição da marca".

Não se baseando expressamente na DM, a solução encontra apoio no direito comparado[157] e na jurisprudência do TJCE[158], sendo tradicionais os exemplos dos sons sinalizadores de programas de rádio ou de televisão como objecto das marcas auditivas[159]. Estando a registabilidade do som enquanto sinal distintivo condicionado pela susceptibilidade da sua reprodução gráfica, a doutrina maioritária entende que um qualquer ruído, som ou conjunto de sons não representáveis em pentagrama, ou apenas susceptíveis de serem apresentados em disco ou banda magnética,

---

[156] OLIVEIRA ASCENSÃO, *O projecto de Código da Propriedade Industrial e a Lei de autorização legislativa (parecer) cit.*, p. 44 considerou que a representação gráfica deveria ser directa, corporizando a própria forma da marca e não a mera notação, pelo que sugeriu a supressão da "apressada" alteração legislativa introduzida em 1995. A marca sonora era também recusada face ao CPI 1940 por JUSTINO CRUZ, *ob. cit.*, p. 180.

[157] Cfr. o § 3 Abs. 1 da *MarkenG*; o art. 16. 1 da *LegM*; o art. 711.º-1 alínea b) *CPInt*; o 4.º n.º 2 alínea e) da *LeyM*; e ainda o art. 197.º da Lei 97/99 M, de 13 de Dezembro, que regula os regimes jurídicos da propriedade intelectual em Macau.

[158] Em Ac. de 12 de Dezembro de 2002, o Tribunal de Justiça considerou expressamente que "um sinal que não é, em si mesmo, susceptível de ser visualmente perceptível pode constituir uma marca, desde que possa ser objecto de representação gráfica".

[159] O próprio hino nacional poderia ser considerado uma manifestação deste sinal, embora a sua protecção pertença ao Direito público enquanto símbolo nacional (cfr. o n.º 2 do art. 11.º da CRP).

não podem constituir uma marca, sendo ainda invocadas razões de tipo funcional no mesmo sentido[160].

Não obstante, afigura-se preferível, tendo sobretudo presente o carácter instrumental do registo em papel, um sentido mais amplo na admissibilidade dos sinais distintivos sonoros, abarcando tanto as notas musicais escritas que compõe a partitura, como qualquer suporte material apto a uma reprodução fiel do som, nomeadamente as curvas matemáticas, também designadas por "spectrogramas de som".

Ao admitir-se que um outro sentido que não a visão trace a distintividade de determinado sinal afigura-se incompreensível uma restrição baseada na necessidade de correspondência exacta a um suporte de papel, que se revelará, em qualquer dos casos, um meio sempre indirecto de cognoscibilidade da marca. A distintividade basear-se-à assim, não na leitura pelos interessados da pauta musical do signo, mas antes na efectiva percepção auditiva do sinal, sendo que, mesmo que não se admitam outros meios que não o registo em papel, a missão proposta poderá ser eficazmente desempenhada pelos suportes referidos[161].

III. As considerações tecidas a respeito da marcas serão válidas, a exemplo do sufragado quanto à tridimensionalidade do sinal, também para o logótipo. Será por esta via admissível que um sujeito seja identificado por uma forma primordialmente auditiva.

---

[160] Cfr. OLIVEIRA ASCENSÃO, *Marca comunitária* in EDC, 2001, n.º 3, p. 98, que discordando da solução legal *in totum*, considera existirem sons que não permitem representação gráfica; e COUTO GONÇALVES, *Função Distintiva da Marca cit.*, p. 64, *Direito de Marcas*, 2.ª edição cit., p. 71, *A Protecção da Marca* in SI, tomo LI, n.º 294, 2002, p. 54, e *Marca olfactiva e o requisito da susceptibilidade de representação gráfica (anotação ao Ac. do Tribunal de Justiça de 12.12.2002)* in CDP, n.º 1, Janeiro/Março de 2003, p. 24. Na doutrina estrangeira a necessidade de uma representação gráfica do som pode ser confrontada, por exemplo, em HUBMAN/GÖTTING, *ob. cit.*, p. 259; NORDEMANN, *ob. cit.*, p. 342, nota 24; CHAVANNE/BURST, *ob. cit.*, p. 473; POLLAUD-DULIAN, *ob. cit.*, p. 530 (apesar da alínea b) do art. 711-1 do *CPInt* contrapor os sons às frases musicais); e BERCOVITZ RODRIGUEZ-CANO, *últ. ob. cit.*, p. 60.

[161] Cfr. neste sentido GALLOUX, *ob. cit.*, p. 341; PEROT-MOREL, *Les difficultes relatives aux marques de forme et a quelques types particuliers de marques dans le cadre communautaire* in RDI, 1996, parte I, p. 259; e ARROYO MARTÍNEZ, *ob. cit.*, p. 24, exemplificando com o rugido de leão que identifica os produtos cinematográficos da produtora norte-americana "*Metro Goldwyn Mayer*" e com o ruído específico dos veículos motorizados "*Harley Davidson*", ambas marcas registadas nos Estados Unidos da América. A questão andará assim próxima da admissibilidade ou não do apelo a novas técnicas de representação gráfica.

3.2.4. Logótipo olfactivo

I. Centrando-se novamente a discussão no âmbito da marca, com transposição derivada desta para o logótipo, a doutrina maioritária sufraga, no silêncio da lei, a exclusão do conceito de marca do que seriam signos ou meios gustativos, tácteis, olfactivos ou aromáticos, sendo estes últimos os que levantam as mais difíceis interrogações[162-163].

Apesar de já envolto num emaranhado de opiniões e contra-opiniões, afigura-se que o problema não é muito distinto do analisado a propósito da marca sonora. A exemplo desta, a questão estará na admissão ou não, de que um outro sentido humano que não a visão possa actuar como determi-

---

[162] OLIVEIRA ASCENSÃO, *últ. ob. cit.*, p. 99; JUSTINO CRUZ, *ob. cit.*, p. 180; COUTINHO DE ABREU, *Marcas (noção, espécies, funções, princípios constituintes) cit.*, p. 122, nota 7, *Curso de Direito Comercial vol. I 4.ª edição cit.*, p. 350, nota 36; COUTO GONÇALVES, *Função Distintiva da Marca cit.*, p. 64, *A Protecção da Marca cit.*, p. 546 e 548, nota 4, *Direito de Marcas, 2.ª edição cit.*, p. 50, nota 101 e 70, e em *Marca olfactiva e o requisito da susceptibilidade de representação gráfica cit.*, p. 26; SILVA CARVALHO, *últ. ob. cit.*, p. 210. COUTO GONÇALVES admitiu porém no seu último escrito citado, o registo de uma marca olfactiva desde que "o requerente prove que usou previamente a marca e que esta tem desempenhado no mercado uma finalidade distintiva", afastando porém este fenómeno do *"secondary meaning"*.

[163] Também no Direito comparado a resposta é predominantemente negativa. Na Alemanha vide NORDEMANN, *ob. cit.*, p. 343 e o silêncio de HUBMAN/GÖTTING, *ob. cit.*, p. 259, sendo em Itália CAMPOBASSO, *ob. cit.*, p. 172, nota 1, lapidar nesse sentido, assim como, tendencialmente, PRISCILLA PETTITI, *ob. cit.*, p. 343. Não obstante, a solução contrária encontra seguidores como SERAFINO GATTI, *Verso un Marchio di fraganza o di aroma?* in RDCDGO, 1989, parte I, p. 653 e LUIGI MANSANI, *Marchi Olfattivi* in RDI, 1996, parte I, p. 271, que confere ao *"secondary meaning"* uma importância fulcral. Opinam negativamente em França CHAVANNE/BURST, *ob. cit.*, p. 473 (ressalvando porém a concorrência desleal); POLLAUD-DULIAN, *ob. cit.*, p. 529; GALLOUX, *ob. cit.*, p. 346 e PEROT-MOREL, *ob. cit.*, p. 260, embora já WAGRET, *Brevets d'Invention et Propriété industrielle*, Que saisje, PUF, 1964, p. 87 haja aberto a possibilidade de um raciocínio inverso. Em Espanha a resposta não é tão liminar, pois se FERNÁNDEZ-NÓVOA, *últ. ob. cit.*, p. 37 e 43, segue a solução negativa (pronunciando-se no âmbito da lei anterior), BERCOVITZ RODRIGUEZ-CANO, *últ. ob. cit.*, p. 67 considera a questão como discutível, salientando ARROYO MARTÍNEZ, *ob. cit.*, p. 24 e 43 e OTERO LASTRES, *ob. cit.*, p. 205 o carácter pouco ambicioso da lei espanhola. No sentido da admissibilidade podem referir-se ALONSO ESPINOSA, *Las prohibiciones de registro en la Ley 17/2001, de 7 de Diciembre, de Marcas* in RDM, n.º 245, Jullio/Setembre, 2002, p. 1203 e MARÍA LUISA LLOBREGAT, *ob. cit.*, p. 66, 69, 93, 99, 114, que alinha com LUIGI MANSANI no carácter fundamental do *"secondary meaning"*. No que respeita à marca comunitária CHRISTOPHER HEATH, *Trademark rights in Europe* in ERPL, vol. IV, n.º IV, 1996, Kluwer Law International, p. 311 assume também uma posição favorável à marca olfactiva.

nante na percepção da capacidade distintiva de um determinado sinal. No caso, é o olfacto que é chamado a depor.

II. A marca olfactiva foi alvo de relevantes, ainda que dispersas, concretizações jurisprudenciais, sendo os tribunais norte-americanos pioneiros neste domínio. Indiciando desde o início uma tendência expansionista, foi através da sua jurisprudência que foi pela primeira vez admitida uma marca olfactiva. Na sentença do caso "*In Re Clarke*", de 19 de Setembro de 1990, considerou-se como marca válida uma fragrância fresca floral de "*plumeria blossons*". Quase uma década mais tarde, a 11 de Fevereiro de 1999, a segunda Câmara de Recurso do IHMIA, bastando-se com a descrição verbal do odor, considerou também válida como marca comunitária uma fragrância de erva recém cortada concedida para bolas de ténis[164].

A abertura jurisprudencial não foi porém integralmente acompanhada pelo recente acórdão de 12 de Dezembro de 2002 do TJCE, que, ao pronunciar-se pela primeira vez sobre a matéria, e embora se afastando do dogma da necessidade de percepção visual, respondeu negativamente à admissibilidade de uma marca olfactiva. Entendeu o tribunal que a simples fórmula química não seria "suficientemente inteligível, além de não representar o odor da substância mas a substância enquanto tal. Considerou ainda que a descrição por palavras e a apresentação de uma amostra não são nem claras, nem estáveis para poder dar resposta à exigência de representação gráfica, sendo o somatório dos elementos considerado também insuficiente[165].

III. A dificuldade do problema obriga à ponderação de vários argumentos.

Na negação de tais sinais são apresentadas, como pano de fundo, três teorias com origem na doutrina norte-americana. Em primeiro lugar, através da referência à "*funcionalidade estética*", considera-se que o odor seria um signo funcional, por incorporar qualidades que melhoram a aparência do produto, facilitando a sua venda ao contribuir para que este entre

---

[164] MARÍA LUISA LLOBREGAT, *ob. cit.*, p. 66, 69, 93, 99, 114 apresenta exemplo paralelo ao admitir como marca olfactiva o odor a "limões frescos" para atoalhados ou outros géneros têxteis de banho.

[165] A decisão não foi todavia considerada satisfatória por COUTO GONÇALVES, *últ. ob. cit.*, p. 25, considerando que o problema seria de capacidade distintiva e não de representação gráfica.

dentro das preferências dos consumidores. Por outro lado, opera-se um redireccionamento da teoria da *"color depletion"*, sufragando-se que, a exemplo das cores, também determinados odores básicos se devem encontrar ao alcance de qualquer novo fabricante num mercado concorrencial. Finalmente, procede-se a uma adaptação da teoria da *"shade confusion"* que, centrando-se no risco de confusão entre os vários odores, considera que o consumidor médio não será capaz de distinguir para além de certos odores básicos, odores que de acordo com a teoria anterior não deveriam ser ocupados por nenhum sujeito.

Todas as teorias apresentadas corporizam um fundo de verdade. Não obstante, parece que não serão decisivas para a negação liminar da abertura a sinais olfactivos. Reconhecendo que por força das mesma a admissibilidade de marcas olfactivas será limitada a casos marcadamente excepcionais, dever-se-ão todavia introduzir algumas correcções.

Assim, como termo *a quo*, a funcionalidade estética deve ser limitada de modo a não originar a negação de protecção de todas as marcas, quando na verdade as características essenciais do produto não são postas em causa pelo seu odor. Por outro lado, afigura-se que as doutrinas da *"color depletion"* e da *"shade confusion"* também não serão decisivas, uma vez demonstrada a especificidade do produto para o qual o odor é utilizado. O campo para o qual os sinais aromáticos são admitidos é, sem dúvida, circunscrito, mas tal não significa que aquele seja de todo inexistente.

IV. Não se ficam porém por aqui os obstáculos às marcas olfactivas.

Às dificuldades distintivas, que se concretizam não apenas a nível publicitário (pois os jornais, a rádio e televisão não visam alcançar outros sentidos que não a visão e a audição), mas também na impossibilidade de distinção dos produtos quando estes se encontram embalados ou expostos em armazéns (onde os odores se confundem e interpenetram), acrescem sérios obstáculos legais: estes sinais não serão susceptíveis de representação gráfica, não sendo fiáveis quaisquer dos métodos técnicos utilizados hodiernamente para a sua descrição. O Direito deveria assim aguardar pelo progresso da ciência.

Adicionalmente, indica-se que a marca olfactiva tenderá a confundir-se com o próprio produto, existindo ainda outros aspectos de índole prática que não poderão ser negligenciados[166].

---

[166] Os odores podem variar em função do objecto em que são aplicados, sendo também de percepção meramente fugaz ou não permanente, colocando-se assim novos entra-

V. Não obstante, os argumentos avançados não serão em definitivo inultrapassáveis, sendo pelo menos possível afastar alguns dos que prolixamente foram apresentados.

Assim, o obstáculo publicitário pode ser resolvido através do recurso a formas publicitárias que não podem sequer ser consideradas inovadoras, como a distribuição de amostras conjuntamente com os títulos da imprensa. Por outro lado, face à listagem legal exemplificativa constante do art. 222.º do CPI, não parece inviável efectuar uma interpretação extensiva da "susceptibilidade de representação gráfica", sendo as marcas olfactivas admitidas pela patente analogia que possuem com as marcas sonoras. A "representação gráfica" não equivaleria assim à reprodução ou à realização de uma cópia exacta, mas ao atingir de uma cognoscibilidade mínima por parte do sinal em causa.

Afastando a simples descrição verbal do aroma[167], a cognoscibilidade em causa pode ser alcançada através de cromatografias, instrumento já disponibilizado pelo domínio científico, que constituiriam, em conjunto com os "spectrogramas de som", fórmulas alternativas de representação gráfica. De particular relevância será a técnica do aromograma, que sem revelar a composição química do odor, não colocando portanto em causa o segredo empresarial, permitirá uma representação gráfica de cada aroma.

Assumindo um aspecto gráfico semelhante ao de um electrocardiograma, este documento constrói-se a partir dos compostos libertos, distinguindo-se e completando a análise dos elementos voláteis que se desprendem do aroma. Uma outra possibilidade a não negligenciar será a admissibilidade de depósito na entidade de registo de extractos do odor periodicamente renováveis, a exemplo do registo fonográfico que também deveria existir para cada marca sonora.

Apesar de obviamente imperfeitos, os meios existem, não precludindo ainda a possibilidade do surgimento de meios técnicos futuros que possam ser considerados mais idóneos no desempenhar da função de registo do sinal.

Quanto à confundibilidade do sinal com o próprio produto, parece dever de facto fazer-se uma aplicabilidade adaptada ou uma interpretação

---

ves ao nível do seu registo (neste sentido o ac. de 12 de Dezembro de 2002 do TJCE refere que o sinal deve ser objecto de uma percepção *"constante e segura"*, devendo a representação gráfica no registo ser *"completa por si própria, facilmente acessível e inteligível"*, além do meio de representação se dever afirmar como *"inequívoco e objectivo"*).

[167] Nesta se baseia LUIGI MANSANI, *ob. cit.*, p. 268, considerando como meramente coadjuvantes os restantes elementos.

extensiva do regime consagrado na primeira parte da alínea b) do n.º 1 do art. 223.º do CPI, a propósito das marcas de forma, excluindo a protecção ao "odor imposto pela natureza do produto". Por este meio se afastarão as marcas olfactivas de perfumes ou de odores comuns como o caramelo para rebuçados ou o limão para detergentes. Os aromas poderão todavia distinguir produtos em que o odor não desempenhe função essencial ou não constitua uma parte importante da natureza do produto, sendo precisamente estes os que são alvo de polémica jurisprudencial. Poder-se-à mesmo resolver a questão através da exigência nesta sede de um *"secondary meaning"* consistente[168-169].

Por fim, é legítimo chamar a atenção do intérprete para o problema da penetração interna destes sinais por contaminação dos restantes ordenamentos jurídicos em presença. Uma orientação forasteira favorável a uma original ou arrojada composição dos sinais distintivos do comércio pode conduzir, no limite, ao seu reconhecimento em Portugal através da conjugação do art. 6.º *quinquies* da CUP e do art. 5.º do *Acordo de Madrid*[170].

VI. Apesar das dificuldades inerentes ao problema *sub judice*, e não o fazendo sem severas hesitações, afigura-se possível a extensão à marca olfactiva.

Ainda que as soluções encontradas não sejam integralmente satisfatórias, parece que qualquer dos obstáculos referidos a esta solução não será intransponível. No limite, tratar-se-à de equiparar os sinais sonoros, que a lei expressamente reconhece, aos sinais olfactivos, observando que as exigências legais a estes referidas se destinarão sempre à sua distintividade e não a uma qualquer industriabilidade.

---

[168] LUIGI MANSANI, *ob. cit.*, p. 274; MARÍA LUISA LLOBREGAT, *ob. cit.*, p. 114.

[169] Em relação aos aspectos de índole prática referidos anteriormente cabe notar que a subjectividade dos odores é também comum aos sinais denominativos pelo que não pode constituir por si só um obstáculo inultrapassável. A fugacidade do odor é também equiparável à de um sinal auditivo, aproximando-se ainda da emergente realidade dos sinais figurativos imagéticos ou em série (sucessão de imagens que passam por exemplo no ecrã de um televisor para identificar um produto).

[170] Um problema paralelo foi colocado por NOGUEIRA SERENS, *últ. ob. cit.*, p. 69 no caso de não se admitirem marcas de forma perante o CPI de 1940, embora o mesmo autor reconheça que a questão pode ser colocada noutros termos, se se defender que a extensão da protecção se cinge à originalidade formal, não abrangendo a originalidade material. Vigoraria assim uma protecção *"telle quelle"*, que não colocaria em causa cada um dos ordenamentos jurídicos visados.

Esta tomada de posição alinha-se no questionar do império da visão na outorga de direitos de exclusivo, abrindo assim este domínio a outros modos de percepção humana.

VII. Não devendo ser liminarmente rejeitada, a transposição da solução encontrada para o logótipo afigura-se, tal como a respeito da marca sonora, como totalmente alheia à sua origem e função típicas.

Embora constitua uma formulação marcadamente residual, afigura-se todavia possível que uma pessoa seja identificada por um odor, constituindo este o seu logótipo. O mesmo aroma poderá ser empregue, por exemplo, na correspondência ou na publicidade do sujeito.

O fenómeno poderá adquirir mesmo relevo a nível internacional, através da aplicação neste âmbito do art. 8.º da CUP, ainda que também esta se afigure assaz duvidosa.

3.3. *Distinção de outros sinais distintivos do comércio*

3.3.1. *A marca*

I. A comparação do logótipo com os demais sinais distintivos do comércio terá que principiar pela referência àquele que constitui o paradigma legal e social neste domínio: a marca[171].

Com origem nas corporações medievais, conexa com funções de polícia, a marca assumiu um claro pendor individualista com a revolução industrial[172], começando por ser alvo de uma definição ampla na Lei de 21 de Maio de 1896, ao dispor o seu art. 60.º que "é considerada marca industrial ou comercial qualquer sinal que sirva para distinguir os produtos

---

[171] "Primeiro e mais importante dos sinais distintivos do comércio" segundo CARLOS OLAVO, *últ. ob. cit.*, p. 37, asserção acompanhada pelo ac. do STJ de 21 de Setembro de 2000 in BMJ n.º 499, p. 264 a 269. A marca assume, de facto, um papel paralelo ao que é, por exemplo, atribuído à propriedade no âmbito dos Direitos reais, à compra e venda no âmbito do Direito das obrigações, ou à sociedade comercial na teoria da personalidade colectiva, carecendo a sua relevância de quaisquer explicações.

[172] Cfr. na evolução histórica da marca, as indicações de COUTO GONÇALVES, *Função Distintiva da Marca cit.*, p. 25, nota 1, *Direito de Marcas, 2.ª edição cit.*, p. 17, nota 1; JUSTINO CRUZ, *ob. cit.*, p. 15; e POLLAUD-DULIAN, *ob. cit.*, p. 520 a 526. Uma síntese da evolução histórica do direito industrial, para além das concepções avançadas no ponto 1.2., pode ser também confrontada em OEHEN MENDES, *últ. ob. cit.*, p. 21 a 32; DI CATALDO, *ob. cit.*, p. 11 a 13; WAGRET, *ob. cit.*, p. 7 a 12; e GALLOUX, *ob. cit.*, p. 13 a 15 e 307 a 309.

dum industrial ou os objectos dum comércio". O mesmo fio condutor pode ser detectado no art. 74.° do CPI 1940, cuja referência à marca para "distinguir os produtos da sua actividade económica" é inultrapassável.

Tal como a definição de logótipo, a definição da marca é hoje pressuposta no n.° 1 do art. 222.° do CPI, em termos verbais praticamente análogos aos já resultantes do CPI de 1995, dispondo a lei que "a marca pode ser constituída por um sinal ou conjunto de sinais susceptíveis de representação gráfica, nomeadamente palavras, incluindo nomes de pessoas, desenhos, letras, números, sons, a forma do produto ou da respectiva embalagem, desde que sejam adequados a distinguir os produtos ou serviços de uma empresa dos de outras empresas"[173].

II. Sendo aposta em objectos sólidos, líquidos ou gasosos[174], a marca pressupõe a existência de classes de produtos[175], versando produtos ou serviços integrados em séries e não "indivíduos isolados"[176].

A sua configuração, como resulta dos n.°s 1 e 2 do art. 222.°, é bastante ampla, sendo genericamente admitidas as marcas nominativas, denominativas ou verbais, que podem ser apreensíveis quer visual quer auditivamente[177]; as figurativas, emblemáticas ou gráficas *stricto sensu*, que se

---

[173] COUTINHO DE ABREU, *Marcas (noção, espécies, funções, princípios constituintes)* cit., p. 121, e *Curso de Direito Comercial vol. I 4.ª edição* cit., p. 348 sublinha a redundância da expressão "produtos ou serviços", sendo os produtos não só bens que resultam da produção, mas quaisquer bens materiais ou corpóreos e bens imateriais ou serviços. JORGE CRUZ, *Comentários ao Código da Propriedade Industrial* cit., p. 117 critica ainda, com razão, a referência à empresa no seio do conceito de marca.

[174] CHAVANNE/BURST, *ob. cit.*, p. 468.

[175] Consoante a classificação resultante do *Acordo de Nice*, de 15 de Junho de 1957, revisto em Genebra em 13 de Maio de 1977, e modificado a 28 de Setembro de 1979, adoptada no nosso país pelo art. 6.° do Dec.-Lei n.° 176/80, de 30 de Maio, depois de aprovada pelo Dec.-Lei n.° 41 735, de 16 de Julho de 1958. Os produtos encontram-se assim divididos por quarenta e cinco classes distintas (cfr. PINTO COELHO, *últ. ob. cit.*, p. 379 a 387 quanto à evolução da legislação de 1896 até ao CPI 1940).

[176] OLIVEIRA ASCENSÃO, *Marca comunitária e marca nacional (Parte II – Portugal)* cit., p. 576, não se devendo confundir a mesma afirmação com o reconhecimento legislativo, já no art. 91.° do CPI 1940, de marcas registadas por série, respeitando uma única inscrição a uma série de produtos ou mercadorias, com adaptações às particularidades de cada um (cfr. PINTO COELHO, *últ. ob. cit.*, p. 339).

[177] Pertencem a esta categoria, nos termos do 222.° n.° 2 CPI, as marcas constituídas por frases publicitárias, como por exemplo *"Porquê Algodão, Quando Pode Ter Seda"* ou *"Fique Seguro Connosco"*, tendo OLIVEIRA ASCENSÃO, *O projecto de Código da Propriedade Industrial e a Lei de autorização legislativa (parecer)* cit., p. 44 já há muito

apresentam como visualmente perceptíveis; e as que, combinando os dois vectores, devem ser consideradas como mistas[178].

Consoante seja composta por um único elemento ou por uma pluralidade de elementos, a marca poderá ser ainda classificada como simples ou complexa, assumindo de igual modo relevância as espécies em que esta se pode subsumir. Segundo o art. 225.º, podem as marcas ser industriais ou de produtos, agrícolas, comerciais ou de distribuição, e de serviços, tendo estas últimas sido admitidas com o art. 7.º do Dec.-Lei n.º 176/80, de 30 de Maio, por influência do art. 6.º *sexies* da CUP[179].

III. A distinção do logótipo da marca afigura-se como relativamente simples de efectuar, na medida em que, apesar da sua representação gráfica poder coincidir[180], o seu objecto é distinto. A marca visa distinguir produtos ou serviços e não referenciar sujeitos, pelo que *ab initio* não se verificarão dificuldades de diferenciação entre as duas figuras.

Não obstante, o cruzamento das mesmas figuras pode ocorrer, divisando-se pelo menos duas vias para que tal suceda.

Em virtude do princípio geral do uso facultativo de marca registada, é admissível a aposição de um logótipo no produto. Este desempenhará as funções de marca de facto, numa clarividente manifestação do fenómeno de "interferência contínua entre os signos"[181]. O mesmo é aliás confir-

---

sugerido a supressão de uma norma paralela à hoje vigente. Estas são também desaconselhadas no Direito francês por CHAVANNE/BURST, *ob. cit.*, p. 491.

[178] As questões levantadas pelas marcas tridimensionais, sonoras e olfactivas foram analisadas *supra* nos pontos 3.2.2., 3.2.3. e 3.2.4..

[179] Como espécies particulares de marca devem ainda ser mencionadas as marcas de reserva, as marcas de defesa e as marcas de obstrução. As marcas de reserva respondem a um legítimo interesse económico do seu titular, sendo comum que empresas que lançam novos produtos possuam marcas "em carteira" para evitar que o lançamento dos mesmos produtos seja protelado. As marcas de defesa são reconductíveis a marcas derivadas ou com denominações próximas da marca original, assumindo a finalidade de se atingir um grau mais elevado de protecção, nomeadamente ao dificultar a usurpação de marca (sobretudo quando esta seja constituída por um sinal fraco). As marcas de obstrução surgem apenas para que a concorrência não utilize tais signos, a elas se devendo aplicar as sanções e enquadramento jurídico do abuso de direito. Estas marcas levantam problemas particulares de licitude e de caducidade por não uso (cfr. os arts. 268.º e 269.º do CPI).

[180] O que poderá nem sequer se verificar, ao circunscrever-se o logótipo a um sinal necessariamente figurativo, bem como se se entender que o mesmo não é susceptível de uma abordagem tridimensional, sonora ou olfactiva.

[181] BERCOVITZ RODRIGUEZ-CANO, *últ. ob. cit.*, p. 25, 236, 243 considera que a aposição do "*nombre comercial*" no produto, com maior ou menor relevo tipográfico, implica

mado pela alínea b) do n.º 2 do art. 234.º e pela alínea f) do art. 239.º, que fazem depender a marca posterior da não colisão com o logótipo anteriormente registado.

Em sentido inverso, pode a marca ser aposta na documentação mercantil ou na publicidade do sujeito, desempenhando uma função que lhe caberia não a si mas ao logótipo[182].

Noutro prisma de abordagem, pesem embora eventuais questões ligadas a problemas de caducidade e de custos do registo, pode ser admitida uma marca que funcione não apenas *"multiclasse"*[183], para mais de uma categoria de produtos, mas que vigore para todas as quarenta e cinco categorias de produtos, ultrapassando inclusive a barreira do princípio da especialidade. A aproximação da marca ao logótipo parece também aqui inequívoca, produzindo-se a unificação não material mas funcionalmente.

3.3.2. A marca de base

I. A marca de base constitui uma solução original criada pelo legislador do CPI 1995 por comparação com o ordenamento jurídico dos demais países comunitários, ainda que possam ser estabelecidos alguns paralelos com figuras como a *marque de maison,* a *house marque* e o *corporate sign*[184].

---

a existência de uma "marca de facto", referindo p. 254 que a própria denominação social pode funcionar como marca. HUBMAN/GÖTTING, *ob. cit.*, p. 315 sublinham por seu turno que os *"unternehmenkennzeichen"*, categoria fundamental dento dos *"geschäfliche Bezeichnungen"* do Direito alemão, indicam directamente a empresa para se referirem indirectamente ao produto.

[182] Por esta via se consumiria parte substancial do âmbito de actuação da figura, constando a proibição de uso de marca alheia na documentação mercantil e na publicidade de diversos normativos internacionais e estrangeiros (cfr. o art. 5.º n.º 3 alínea d) da DM; o art. 9.º n.º 2 alínea d) do RMC; o § 14 Abs. 3 n.º 5 da *MarkenG*; e o art. 34.º n.º 3 alínea d) da *LeyM*).

[183] Como foi reclamado pelo TDM, e se pressupõe na alínea b) do n.º 1 do art. 233.º CPI, alvo de uma admissão expressa, por exemplo, no art. 12.º n.º 1 alínea d) e n.º 2 da *LeyM* (ao contrário do anterior normativo vigente naquele país).

[184] COUTO GONÇALVES, *Função Distintiva da Marca cit.*, p. 51; PUPO CORREIA, *ob. cit.*, p. 386. A figura é desconhecida do RMC, embora possa ser subsumida enquanto marca nacional anterior, susceptível de criar impedimento à atribuição de uma marca comunitária posterior. Recondutível ainda no Direito alemão ao poço sem fundo dos *"geschäfliche Bezeichnungen"*, a aproximação possível no Direito italiano surge apenas, consoante informam DI CATALDO, *ob. cit.*, p. 17 (sublinhando a indefinição face à *"ditta"*) e CAMPO-

O art. 177.º do CPI 1995, em conformidade com o disposto na respectiva Lei de autorização legislativa (Lei n.º 11/94, de 11 de Maio), veio definir marca de base como a marca "que identifica a origem comercial ou industrial de uma série de produtos ou actividades produzidos por uma empresa de actividades múltiplas ou por um grupo de empresas". Os objectivos de unificação empresarial e de atribuição de um âmbito de aplicação mais abrangente à marca eram patentes na figura ao tempo criada.

A marca de base, enquanto modalidade da própria marca tomada como sinal distintivo padrão[185], acusava deste modo duas sub-modalidades, referindo-se a "uma empresa de actividades múltiplas", ou a "um grupo de empresas", interessando a primeira modalidade no confronto com o logótipo[186].

A categoria referida deve porém ser entendida *cum grano salis*, uma vez que é perfeitamente admissível, como já resultava dos arts. 90.º e 91.º do CPI 1940, que a mesma marca possa referenciar vários e distintos pro-

---

BASSO, *ob. cit.*, p. 172, na distinção entre o *"marchio generale"* e o *"marchio speciali"*, visando o segundo diferenciar os produtos entre si ou diferenciá-los da própria empresa. As *"marques de maison"* do Direito francês, que visam não a designação de um produto específico, mas o simbolizar de uma empresa única, as mais das vezes através de um *"logo"*, são por sua vez reconduzidas ao *"nom commercial"* por CHAVANNE/BURST, *ob. cit.*, p. 452. A mesma situação ocorre no Direito espanhol, em que a *"marca da casa"*, ao identificar um empresário no conjunto das suas actividades, cumpre uma função igual à desempenhada pelo *"nombre comercial"*. O fenómeno da "constelação de marcas" era por seu turno regulado pela anterior legislação espanhola, através do reconhecimento de marcas principais e derivadas, reproduzindo as últimas o elemento distintivo principal e adicionando-lhe outros elementos distintivos secundários. A solução não transitou para a nova *LeyM*, paralelamente à não consagração da marca de base pelo novo CPI português.

[185] CARLOS OLAVO, *últ. ob. cit.*, p. 42 ao considerar configurar-se a marca de base como uma marca propriamente dita ao preencher a função de identificar a proveniência dos bens e serviços; embora BESSA MONTEIRO, *ob. cit.*, p. 344 seja menos incisivo quando afirma que a marca de base não teria por função a distinção dos produtos em si, mas o assinalar da proveniência comum de um conjunto de produtos.

[186] Na segunda modalidade enunciada a marca de base configura-se como a marca geral do grupo, identificando o próprio grupo e não os produtos ou serviços das empresas do grupo, ao contrário da marca *"konzern"*, que distingue os produtos ou serviços do grupo e não o próprio grupo (COUTO GONÇALVES, *últ. ob. cit.*, p. 52, nota 84, e p. 163 e 165). Poderá porém entender-se que a marca de grupo será antes "a marca registada em nome de uma sociedade comercial, que pode ou não fazer uso directo dela, e que é utilizada por uma pluralidade de outros sujeitos que embora a usem legitimamente, não têm título para dela dispor" (cfr. LEITÃO DE CARVALHO, *Grupo no Direito Industrial*, FDUL, Tese 2959, Lisboa, 1999/2000 p. 28). Neste sentido, será saliente a aproximação empírica da marca de grupo e da firma.

dutos, sendo ainda admitidas quer as transmissões parciais de marca (nos termos do n.º 3 do art. 211.º do CPI 1995), quer a caducidade parcial do mesmo sinal (como resultava do n.º 11 do art. 216.º do CPI 1995)[187].

II. A proximidade da marca de base e do logótipo é reconhecida pela doutrina[188], ainda que algumas diferenças de regime auxiliem a separação conceptual das duas figuras.

A exemplo da marca em geral, o objecto das duas figuras é diverso, versando a marca de base ainda produtos ou serviços. Deve porém ser sublinhada a especificidade resultante do disposto no art. 179.º do CPI 1995, de a marca de base só poder ser utilizada "quando acompanhada de marca específica relativa a cada produto ou serviço", fonte específica da sua caducidade nos termos do n.º 4 do art. 216.º do CPI 1995. Esta função jurídica da marca de base, que não se mostra sequer coincidente com a assumida pela marca individual, é em absoluto estranha ao logótipo. A característica de uso cumulativo que está subjacente à marca de base, subsiste assim como especificidade dogmática afecta apenas a esta[189].

Uma segunda nota não despicienda da separação entre as duas figuras, reside na exigência formal constante do n.º 2 do art. 178.º do CPI 1995, de alteração estatutária dos titulares de uma marca de base, em tudo alheia ao requerimento administrativo de um logótipo[190].

III. A marca de base foi porém eliminada enquanto direito privativo pelo novo CPI, ainda que se mantenham os direitos concedidos pelo normativo anterior[191]. Ter-se-à verificado uma inoperância das previsões le-

---

[187] Cfr., respectivamente, o n.º 2 do art. 262.º e o n.º 6 do art. 269.º do CPI vigente.

[188] OLIVEIRA ASCENSÃO, *Observações ao projecto de alterações ao Código da Propriedade Industrial da CIP e CCI cit.*, p. 670 e 671, e *Relatório final de actividade da comissão de acompanhamento do Código da Propriedade Industrial* in RFDUL, 1997, n.º 1, p. 355; CARLOS OLAVO, *últ. ob. cit.*, p. 103; BESSA MONTEIRO, *ob. cit.*, p. 345 e 346.

[189] Não se pode sequer afirmar mais do que uma proximidade da parelha marca geral/marca especial, pois não só esta não pressupõe o uso cumulativo dos dois sinais, como pode respeitar a uma empresa que não seja "de actividades múltiplas" (cfr. COUTINHO DE ABREU, *Marcas (noção, espécies, funções, princípios constituintes) cit.*, p. 125; *Curso de Direito Comercial vol. I 4.ª edição cit.*, p. 353).

[190] COUTINHO DE ABREU, *Marcas (noção, espécies, funções, princípios constituintes) cit.*, p. 126 observava contudo que o n.º 2 do art. 178.º apenas faria sentido para o grupo de empresas, e não em relação à marca de uma empresa com actividades múltiplas.

[191] Cfr. o n.º 5 do art. 12.º do Dec.-Lei n.º 36/2003, bem como o preâmbulo do CPI.

gais a ela destinadas, que se traduziu primeiro na sua atipicidade social, e finalmente no abandono da sua previsão pela lei vigente[192].

Não se pense porém, que a supressão da figura se apresenta como pacífica, pois se a marca de base de uma "empresa de actividades múltiplas" tenderá a ser funcionalmente absorvida pelo logótipo, o problema subjacente ao "interesse empresarial num sinal comum a vários operadores" continua em aberto[193].

A própria consumpção do logótipo face à primeira modalidade de marca de base não será unânime pois as funções desempenhadas por cada uma das figuras não se apresentam mais do que paralelas.

IV. Parece assim que o logótipo apenas atipicamente poderá ocupar o lugar deixado vago pelo desaparecimento da marca de base. Será perfeitamente admissível, tendo presente a facultatividade do uso dos vários sinais distintivos do comércio, que num mesmo produto surja uma marca e, conjuntamente com esta, o logótipo do sujeito que por hipótese fabrique ou comercialize o mesmo produto. O logótipo fará as vezes da extinta marca de base, mas o seu funcionamento ultrapassará o exclusivo outorgado à figura pela lei em vigor. Este consubstanciar-se-à numa aplicação atípica do logótipo, no limite enquanto marca de facto.

3.3.3. *O nome do estabelecimento*

I. Alvo de protecção desde a Lei de 21 de Maio de 1896, desde cedo se verificou alguma confusão ou mesmo identidade entre as figuras do

---

[192] A desrazoabilidade ao nível dos custos de formalização do já citado n.º 2 do art. 178.º, em absoluto imponderados pelo legislador, induziu à não adopção da figura, como previsto por JORGE CRUZ, *últ. ob. cit.*, p. 120 (cfr. igualmente *Código da Propriedade Industrial cit.*, p. 52, 130 e 229).

[193] OLIVEIRA ASCENSÃO, *Parecer sobre a "Proposta de Alteração ao Código da Propriedade Industrial* in RFDUL, 2000, n.º 1, p. 319, 332 e *A reforma do Código da Propriedade Industrial* in DInd, vol. I, Coimbra, Almedina, 2001, p. 500. Já no *Relatório final de actividade da comissão de acompanhamento do Código da Propriedade Industrial cit.*, p. 355 havia aludido à "possibilidade de criar um sinal distintivo de produtos ou serviços que ultrapasse as limitações resultantes do princípio da especialidade", informando ainda da deliberação da comissão no sentido da elaboração de uma figura de sinal distintivo da empresa ou grupo de empresas que, englobando o logótipo, coexistisse ou não com a marca do produto.

nome de estabelecimento e da firma[194]. As mesmas dificuldades voltariam a estar presentes no Regulamento de 28 de Março de 1895, sendo apenas dissipadas com o consagrar das soluções sufragadas por PINTO COELHO no CPI 1940[195].

A figura manteve a sua configuração dogmática praticamente inalterada nos CPI de 1995 e de 2003, embora algumas sejam ainda as questões por ela suscitadas.

Não obstante constituir um sinal que a lei regula com autonomia, distinguindo-se da firma mercê do distinto objecto versado por cada um dos sinais[196], o âmbito do nome de estabelecimento comunga da indefinição própria do seu objecto, pelo que se justifica uma breve indagação deste.

Em conformidade, o estabelecimento tem vindo a ser entendido, neste domínio, segundo três perspectivas: enquanto simples loja ou local aberto ao público, possibilitando-se a existência de vários nomes de estabelecimento a quem possua vários estabelecimentos no mesmo ramo[197]; enquanto unidade técnica de venda, produção de bens ou fornecimento de serviços, localização geográfica não necessariamente fixa que funcionará como suporte material geograficamente individualizado da actividade do empresário[198]; ou, mais latamente, como empresa em sentido amplo, estabelecimento global e unitariamente considerado, possuindo as secções e sucursais o mesmo nome, pelo que, no limite, cada comerciante apenas poderá possuir um nome de estabelecimento em cada ramo de comércio[199].

A noção de estabelecimento desempenhará assim um papel essencial da determinação do âmbito do alcance deste sinal distintivo e da possibilidade do seu desdobramento sob a égide de apenas um sujeito, sendo todavia pacífica, segundo o disposto no art. 282.º do CPI, a desnecessidade do carácter comercial do estabelecimento em questão.

---

[194] PINTO COELHO, últ. ob. cit., p. 235 referindo a enigmática redacção do art. 105.º da referida lei; FERRER CORREIA, ob. cit., p. 173; OLIVEIRA ASCENSÃO, *Direito Comercial volume II – Direito Industrial cit.*, p. 125; CARLOS OLAVO, últ. ob. cit., p. 90.

[195] Facto reconhecido pelo próprio (cfr. PINTO COELHO, últ. ob. cit., p. 511).

[196] Chegou a verificar-se no CPI 1940 uma impossibilidade do nome de estabelecimento ser formado exclusivamente pela firma (cfr. FERRER CORREIA, ob. cit., p. 172; OLIVEIRA ASCENSÃO, últ. ob. cit., p. 126 que parece porém advogar uma leitura mais lata da lei).

[197] OLIVEIRA ASCENSÃO, últ. ob. cit., p. 122; MENEZES LEITÃO, *Nome e insígnia de estabelecimento* in DInd, vol. I, Coimbra, Almedina, 2001, p. 158; JORGE CRUZ, últ. ob. cit., p. 718.

[198] FERRER CORREIA, ob. cit., p. 175, nota 1; CARLOS OLAVO, últ. ob. cit., p. 88, 89.

[199] COUTINHO DE ABREU, *Curso de Direito Comercial vol. I 4.ª edição cit.*, p. 341.

II. A distinção desta figura face ao logótipo é simples, ainda que, através da remissão do art. 304.° do CPI, as figuras sejam aparentemente unidas sob um mesmo regime.

O objecto dos dois sinais distintivos é diverso, versando um deles uma realidade patrimonial tendencialmente estática, e outro, um sujeito de direitos. De igual modo, de acordo com o disposto no art. 283.° do CPI, a sua configuração não será semelhante, pois ao qualificar-se o nome de estabelecimento como o sinal nominativo que individualiza um estabelecimento não necessariamente comercial, directamente se é desviado do patamar figurativo ou emblemático que constitui o habitat natural do logótipo.

Sublinhe-se ainda que esta figura tem vindo a perder progressivamente importância, tanto social como no plano legislativo. A admissibilidade das marcas de serviços, a consagração do logótipo, a recente emergência do nome de domínio, e a lição do Direito comparado podem ditar a sua supressão num futuro próximo.

3.3.4. *A insígnia de estabelecimento*

I. Com origem remota no *signum tabernae* romano, enquanto sinal material desprovido de consequência jurídicas em conexão a um concreto local, foi no CPI de 1940 que a insígnia de estabelecimento beneficiou pela primeira vez de uma regulação específica.

Regulada paralelamente ao nome de estabelecimento, com quem partilha o objecto, este sinal assume-se como necessariamente figurativo, emblemático ou misto, sendo estas as duas notas que o caracterizam. As expressões verbais que eventualmente possa conter não se apresentam relevantes no seu teor literal, sendo antes decisiva a forma especial como são apresentadas, distinguindo-se a insígnia do nome de estabelecimento pela composição por si adoptada[200]. Esta ideia-força foi confirmada pela norma académica constante do art. 145.° do CPI 1940, que chegou a ser reproduzida pelo art. 254.° da terceira versão do projecto de CPI 1995[201].

II. A proximidade das normas constantes dos arts. 284.° e 301.° do CPI é notória no confronto entre o logótipo e a insígnia de estabeleci-

---

[200] FERRER CORREIA, *ob. cit.*, p. 173.
[201] O seu "anómalo tom docente" foi sublinhado por OLIVEIRA ASCENSÃO, *últ. ob. cit.*, p. 124.

mento, não se verificando qualquer distinção ao nível da representação gráfica das figuras[202]. A separação ocorrerá ao nível do objecto versado: a insígnia versa um estabelecimento e não um sujeito.

Anteriormente à consagração legislativa do logótipo era salientado que a insígnia poderia ser também empregue no papel de correspondência, facturas, anúncios, artigos de reclamo e distintivos da lapela dos empregados do estabelecimento[203], sendo provável que a criação do logótipo tenha significado a compressão do âmbito de actuação desde sinal distintivo.

3.3.5. *As recompensas, denominações de origem e indicações geográficas*

I. A razão do agrupamento de todas estas figuras, não obstante a sua heterogeneidade, reside no facto de que, embora sejam todas elas também reguladas pelo CPI, ser escassa a sua semelhança com o logótipo.

O recorte estrutural das denominações de origem e indicações geográficas chega mesmo a ser diverso do exclusivo outorgado por lei ao titular do logótipo, uma vez que são comumente entendidas como elementos de identificação que não implicam uma apropriação exclusiva[204], ou em que se verifica uma compropriedade do exclusivo[205].

Corporizando um prémio ou distinção oficial, a recompensa é regulada nos arts. 271.º a 281.º do CPI, versando, em princípio, produtos, nos termos dos arts. 272.º, 274.º alínea c) e 276.º alínea b) do mesmo normativo. Embora o disposto no art. 273.º não seja isento de dúvidas, ao referir que as mesmas são conferidas "aos industriais e comerciantes"[206], afigura-se que, ainda que a figura não se distinguisse do logótipo através

---

[202] A dúvida pode surgir a propósito da admissibilidade de uma insígnia tridimensional, sonora ou mesmo olfactiva. Refira-se ainda que a alínea f) do n.º 1 do art. 285.º confere aplicabilidade à alínea a) do n.º 1 do art. 238.º, pelo que se confirma a tendencial homogeneidade das figuras em termos de aparência exterior.

[203] JUSTINO CRUZ, *ob. cit.*, p. 302, citando cristalina jurisprudência. O art. 145.º CPI 1940 aludia também aos "papéis de correspondência e a propaganda". O enquadramento flutuante destas realidades é comprovado pela já referida remissão de alguns ordenamentos jurídicos para a órbita da marca (cfr. a nota 182).

[204] CARLOS OLAVO, *Propriedade Industrial – Noções Fundamentais (parecer) cit.*, p. 17, *A firma das sociedades comerciais e das sociedades civis sob forma comercial cit.*, p. 383, nota 7.

[205] OEHEN MENDES, *últ. ob. cit.*, p. 17.

[206] COUTINHO DE ABREU, *últ. ob. cit.*, p. 402.

do critério do objecto versado, a sua finalidade específica bastaria para concretizar uma separação de águas[207].

II. As denominações de origem e indicações geográficas são os sinais distintivos do comércio regulados em último lugar pelo CPI, traduzindo-se, respectivamente, nos termos dos n.° 1 e 3 do art. 305.° do normativo em vigor, no nome de uma região, local ou país do qual um produto é originário, distinguindo-se reciprocamente através da dependência ou não do meio geográfico. Assim, mais do que apresentarem produtos como objecto, estes sinais destinam-se a identificar produtos originários, ou cuja reputação ou renome provém de determinadas zonas geográficas, cumprindo uma função distintiva específica, à qual o logótipo é totalmente alheio[208].

O facto de se configurarem como sinais necessariamente nominativos, de propriedade comum, e não de um só sujeito, contribui de igual modo para uma adequada delimitação conceptual destas figuras.

3.3.6. *A firma*

I. A firma constitui um sinal distintivo do comércio não regulado especificamente no CPI por razões histórico-culturais ou de tradição, ainda que outros fundamentos possam também ser indicados.

Desde logo, este sinal distintivo assume funções para as quais os outros sinais distintivos de comércio não se encontram directamente vocacionados, sendo necessário o estabelecer de um paralelo com a função que o nome civil desempenha na vida jurídica civil para uma completa compreensão da figura[209].

II. Constituindo uma obrigação imposta a todo e qualquer comerciante pelo 1.° parágrafo do art. 18.° do CCom, a firma possui uma evolu-

---

[207] A questão estará em saber se, não incidindo as recompensas apenas sobre produtos, poderão ser estas conjugadas com o próprio logótipo, atestando uma qualidade do mesmo sujeito.

[208] POLLAUD-DULIAN, *ob. cit.*, p. 462 contrapõe estes sinais, enquanto sinais distintivos especiais, aos sinais distintivos gerais, pertencentes à empresa.

[209] PINTO COELHO, *últ. ob. cit.*, p. 224; FERNANDO OLAVO, *Direito Comercial volume I*, 2.ª edição, edição do autor, 1974, p. 286. MENEZES CORDEIRO, *últ. ob. cit.*, p. 265 salienta que a sua regulação compete ao Direito comercial em sentido estrito e não à Propriedade Industrial.

ção legislativa algo tempestuosa, verificando-se algumas indecisões e repetições normativas no tratamento da figura[210]. No momento presente, a firma encontra-se regulada pelo Dec.-Lei n.º 129/98, de 13 de Maio (RRNPC), que não deixou porém resolvidas algumas das questões que paulatinamente foram sendo suscitadas.

Uma questão que o ordenamento jurídico vigente expressamente resolve consiste na opção entre um conceito objectivo ou subjectivo de firma, respectivamente, enquanto sinal distintivo do estabelecimento ou sinal distintivo do comerciante[211]. A firma é consagrada em termos subjectivos, enquanto nome comercial do comerciante, ou nome sob o qual o comerciante exerce o seu comércio, numa fórmula que remonta ao art. 19.º do CCom[212-213].

---

[210] Começando por estar regulada nos arts. 19.º a 28.º do CCom e nos arts. 3.º, 29.º e 30.º da Lei de 11 de Abril de 1901, o seu regime sofreu as alterações impostas ao CCom pelo Decreto n.º 19 638, de 21 de Abril de 1931. Seguiram-se o Dec.-Lei n.º 144/83, de 31 de Março; o Dec.-Lei n.º 425/83, de 6 de Dezembro; o Dec.-Lei n.º 32/85, de 28 de Janeiro; o CSC, aprovado pelo Dec.-Lei n.º 262/86, de 2 de Setembro; o Dec.-Lei n.º 42/89, de 3 de Fevereiro; e, finalmente, o Dec.-Lei n.º 129/98, de 13 de Maio (sobre a evolução normativa e dogmática da figura vide OLIVEIRA ASCENSÃO, *Direito Comercial volume I – Institutos Gerais cit.*, p. 285 a 290 e MENEZES CORDEIRO, *últ. ob. cit.*, p. 261 a 277).

[211] FERRER CORREIA, *ob. cit.*, p. 149; OLIVEIRA ASCENSÃO, *Direito Comercial volume II – Direito Industrial cit.*, p. 113, *Direito Comercial volume I – Institutos Gerais cit.*, p. 320.

[212] FERRER CORREIA, *ob. cit.*, p. 151; OLIVEIRA ASCENSÃO, *Direito Comercial volume II – Direito Industrial cit.*, p. 113; RAÚL VENTURA, *Sociedades por Quotas vol. I*, 2.ª edição, Coimbra, Almedina, 1989, p. 86; CARLOS OLAVO, *Propriedade Industrial cit.*, p. 109 e *A firma das sociedades comerciais e das sociedades civis sob forma comercial cit.*, p. 379; PUPO CORREIA, *ob. cit.*, p. 267. Existem contudo algumas objecções a esta acepção, na medida em que, como salienta COUTINHO DE ABREU, *últ. ob. cit.*, p. 142, a lei fornece alguns elementos de enquadramento duvidoso. Nos termos do n.º 1 do art. 37.º do RRNPC a firma pode individualizar sujeitos que não são comerciantes como as sociedades civis sob forma comercial (cfr. o n.º 4 do art. 1.º do CSC), assim como os ACE's com objecto civil (cfr. a base III n.º 1 da Lei n.º 4/73, de 4 de Junho, e o art. 3.º do Dec.-Lei n.º 430/73, de 25 de Agosto). Por outro lado, podem alguns comerciantes possuir uma denominação e não uma firma como o AEIE's com objecto comercial (cfr. a alínea a) do art. 5.º do Regulamento 2137/85/CEE, de 25 de Julho, e art. 4.º do Dec.-Lei n.º 148/90, de 9 de Maio). No limite, pode a firma não se referir sequer a um sujeito mas antes a patrimónios autónomos, como sucederá com a firma do EIRL e com a firma da herança, nos termos dos arts. 40.º e 41.º do RRNPC. COUTINHO DE ABREU, *últ. ob. cit.*, p. 144, nota 126, e PUPO CORREIA, *ob. cit.*, p. 268, 270 e 406 consideram porém que a referência ao EIRL consubstanciará apenas uma incorrecção da lei, sendo antes o titular do mesmo que poderá eventualmente possuir duas firmas, embora tal entendimento não encontre apoio na parte final da alínea e) do n.º 1 do art. 75.º do RRNPC. Não obstante, será inequívoco que a referida previsão nor-

Assumindo um cunho necessariamente nominativo e nunca figurativo ou emblemático[214], o que automaticamente a afasta do logótipo na sua

---

mativa constitui mais um argumento para que o EIRL não seja considerado como um verdadeiro estabelecimento comercial: se o fosse possuiria um nome de estabelecimento e não uma firma. Resumindo, a ser aceite o conceito de firma como nome comercial do comerciante, deverá o mesmo ser lido em termos meramente tendenciais.

[213] Não são poucas as dificuldades na distinção entre a firma e denominação social, sendo várias as soluções que a este respeito podem ser avançadas, ainda que algumas careçam em absoluto de apoio legal no ordenamento jurídico vigente. Antes que qualquer separação conceptual fosse tentada, foi a firma primeiramente tomada como um fenómeno acantonado às sociedades comerciais, distinguindo-se no Código Comercial de Ferreira Borges entre as companhias e as sociedades com firma, definidas pelo art. 548.º do mesmo normativo. O termo denominação social surge reservado para as sociedades anónimas nos arts. 19.º § único e 23.º do CCom, numa tendência que foi mantida até à vigência do Decreto n.º 19 638, de 21 de Abril de 1931, que pretendeu unificar os conceitos (embora a denominação social continuasse presente no art. 3.º da Lei de 11 de Abril de 1901). A orientação carece hoje de qualquer fundamento na medida em que, nos termos do art. 275.º do CSC, as sociedades anónimas possuem firma que pode inclusivamente ser composta por nomes (quanto aos problemas suscitados pela firma-nome das sociedades anónimas vide NOGUEIRA SERENS, *Notas sobre a sociedade anónima*, 2.ª edição, Coimbra, Coimbra Editora, 1997, p. 12 e 13). Posteriormente, foi considerado que a denominação seria uma expressão a ser aplicada às pessoas colectivas, enquanto a firma (tomada à letra como assinatura) seria reservada às pessoas singulares. A colisão com o ordenamento legal vigente é de igual modo evidente, pois as sociedades comerciais e civis sob a forma comercial possuem firma, a qual pode mesmo ser extensível a patrimónios autónomos como a herança ou o EIRL. Finalmente, a firma tem sido afirmada como um conceito-quadro, de latas fronteiras, que abrangeria a firma-nome, a firma-denominação e a firma mista. A denominação seria apenas uma "espécie" do "género" firma, consoante se dispõe no CSC, manifestando a complexidade histórico-cultural do Direito mercantil português (RAÚL VENTURA, *ob. cit.*, p. 88 considera mesmo que a distinção entre firma e denominação desapareceu totalmente do CSC). Fica porém por resolver a contraposição entre firma e denominação que encerra estruturalmente o RRNPC. OLIVEIRA ASCENSÃO, *últ. ob. cit.*, p. 29 e em *Marca comunitária e marca nacional (Parte II – Portugal)* cit. p. 569 vem então propor uma distinção entre firma e denominação social, reservando a firma a entidades comerciais, ocupando-se a denominação de entidades de outra natureza, no que é acompanhado por MENEZES CORDEIRO, *últ. ob. cit.*, p. 276 ao considerar que a firma equivale ao nome comercial, e por CARLOS OLAVO, *últ. ob. cit.*, p. 383 a 385. A distinção será assim meramente categorial, e, ao que parece, necessariamente tendencial, pois é juridicamente viável que um comerciante possua uma denominação e que um não comerciante seja referenciado através de uma firma (cfr. a nota anterior).

[214] FERRER CORREIA, *ob. cit.*, p. 152; OLIVEIRA ASCENSÃO, *Direito Comercial volume II – Direito Industrial* cit., p. 93, 94 (implicitamente); MENEZES CORDEIRO, *últ. ob. cit.*, p. 283 citando CANARIS na exclusão de sinais, desenhos ou outras figurações; COUTINHO DE ABREU, *últ. ob. cit.*, p. 158, nota 155; PUPO CORREIA, *ob. cit.*, p. 268.

configuração, a firma desdobra-se numa tríplice concretização, enquanto firma-nome (identificando pessoas), firma-denominação (com alusão ao objecto do comércio do comerciante) ou firma mista (combinando os dois elementos)[215].

III. Na concretização do regime deste sinal distintivo, ressaltam alguns aspectos que o afastam do logótipo, ainda que funcionalmente as duas figuras apresentem inequívocas similitudes.
Nos termos do 1.º parágrafo do art. 18.º do CCom, do n.º 1 do art. 38.º do RRNPC e da alínea c) do art. 9.º do CSC, a firma constitui um sinal distintivo obrigatório para os comerciantes[216-217], atribuindo-se in-

---

[215] MENEZES CORDEIRO, últ. ob. cit., p. 280 acrescenta uma distinção entre as firmas materiais ou objectivas e as firmas de fantasia.

[216] Não se afigura correcta a afirmação de que não se verificam consequências desfavoráveis para a não adopção de uma firma pelos comerciantes em nome individual que não se traduzam apenas na impossibilidade de invocação do exclusivo outorgado pelo sinal (cfr. CARLOS OLAVO, últ. ob. cit., p. 380, nota 2). De facto, embora a obrigação de adopção de firma não se confunda com a obrigação autónoma de inscrição no Registo Nacional de Pessoas Colectivas, sancionada contra-ordenacionalmente nos termos dos arts. 4.º e 75.º n.º 1 alínea b) do RRNPC, a verdade é que os comerciantes individuais estão também sujeitos a este, nos termos da alínea g) do art. 4.º (uma anomalia que é salientada por OLIVEIRA ASCENSÃO, Direito Comercial volume I – Institutos Gerais cit., p. 285 e MENEZES CORDEIRO, últ. ob. cit., p. 179, nota 601). Nesses termos, por via da alínea a) do n.º 1 do art. 10.º do mesmo diploma, está a sua firma sujeita a inscrição no Ficheiro Central de Pessoas Colectivas, pelo que se poderá afirmar uma obrigatoriedade de uso de firma também para os comerciantes em nome individual, ainda que a mesma seja indirecta (cfr. OLIVEIRA ASCENSÃO, últ. ob. cit., p. 305 e 360 que considera que "a obrigatoriedade daquele registo tira significado à não obrigatoriedade da matrícula no registo comercial para os comerciantes em nome individual"). A situação é algo similar à obrigação de inscrição no registo comercial, exigida pelo parágrafo 4.º do art. 18.º do CCom. Embora as soluções do CCom pareçam haver sido superadas pelo disposto em legislação extravagante posterior, nomeadamente pelos arts. 2.º, 34.º e 15.º *a contrario sensu* do CRC (que isentariam o comerciante em nome individual de uma tal obrigação), os factos sujeitos a registo podem, não obstante, ser considerados indirectamente obrigatórios em virtude da necessidade do preenchimento deste requisito para a sua oponibilidade a terceiros, nos termos do n.º 1 do art. 14.º do CRC (cfr. MENEZES CORDEIRO, últ. ob. cit., p. 324). Se se considerar que o legislador toma ainda como padrão o disposto no art. 18.º do CCom é inevitável concluir que este "caminha direito ... por vias tortas".

[217] Cfr. ainda os arts. 55.º e 56.º do RRNPC (embora MENEZES CORDEIRO, últ. ob. cit., p. 282 refira que tal não implica a invalidade dos actos, apoiando-se para o efeito no art. 7.º do CCom). Uma especial referência deve igualmente ser feita ao n.º 1 do art. 171.º do CSC, que expressamente se refere à indicação obrigatória da firma em quaisquer "contratos, *correspondência*, publicações, *anúncios* e de um modo geral em toda a actividade

versamente aos demais empresários individuais, nos termos do n.º 1 do art. 39.º do RRNPC, a mera possibilidade da sua adopção, aspecto que também caracteriza os demais sinais distintivos, incluindo o logótipo.

Não obstante, a obrigatoriedade da firma desempenha, uma vez ponderada a sua *ratio*, um papel não negligenciável na configuração do logótipo.

Assim, se a solução da obrigatoriedade da firma se justificará no que concerne às pessoas colectivas pela carência de um nome civil por parte destas, a submissão dos comerciantes em nome individual ao mesmo sinal apenas poderá ser justificada por um objectivo legal de separação imperativa dos sectores civil e comercial da actividade dos mesmos sujeitos.

Embora o critério de demarcação adoptado se encontre em desconformidade com o sufragado a respeito do logótipo, o mesmo acaba por sustentar a configuração para este sufragada. De facto, se o logótipo pudesse assumir uma configuração nominativa, este sobrepor-se-ia à firma no que diz respeito aos comerciantes em nome individual, onde esta já os identificaria comercialmente. Será então inviável sustentar que o logótipo funciona como um sinal de identificação comercial, uma vez que este será o papel desempenhado pela firma, ao menos no que respeita aos comerciantes em nome individual.

Encontra-se assim confirmada a opção de configuração do logótipo inicialmente tomada. Este será um sinal necessariamente figurativo ou misto que operará primordialmente no tráfego comercial, ainda que, como a própria firma, possua uma vocação expansiva a qualquer tipo de actividade do sujeito. A compartimentação da actividade do sujeito não se afigura defensável neste âmbito.

IV. Os outros afastamentos de regime entre a firma e o logótipo residem na desnecessidade de renovação da firma, ao contrário do exclusivo outorgado pelo logótipo, bem como na competência distinta para o registo desta última, pertencente às conservatórias do registo comercial[218] e não

---

externa". A disposição apresenta-se com bastante interessante no paralelo a estabelecer com o logótipo, nomeadamente quando a alínea b) do art. 334.º do CPI refere o seu uso "*em impressos*", ou quando o art. 333.º a este implicitamente se destina ao aludir a "*anúncios e correspondência*". Confirma-se por esta via a conexão funcional entre as duas figuras, divergindo embora na forma da sua apresentação, e em alguns aspectos de regime.

[218] Cfr. os arts. 38.º n.º 4 e 40.º n.º 3 do RRNPC, e os arts. 3.º alínea a), 4.º alínea a), 5.º n.º 1 alínea a), 6.º alínea a) e 7.º alínea a) do CRC. O registo da firma é independente da inscrição no ficheiro central de pessoas colectivas, com o qual se cumula nos termos dos arts. 6.º e 9.º a 12.º do RRNPC.

ao INPI. Não são também coincidentes os custos administrativos de cada um dos sinais distintivos referidos, apresentando-se a firma mais atractiva segundo este prisma[219].

Conclui-se assim pela proximidade funcional dos dois sinais distintivos, que coincidindo na tendencialmente omnicompreensiva referência a um sujeito e à sua actividade, se afastam no momento da sua configuração exterior. Aliás, a ser a *ratio* da norma constante do n.º 4 do art. 261.º do CPI aplicável à firma[220], perder-se-ia muito provavelmente todo ou quase todo o interesse dogmático que a figura do logótipo hoje suscita.

3.3.7. O nome comercial

I. A flagrante antinomia entre a territorialidade dos direitos e ubiquidade do seu objecto[221] constitui um dos aspectos mais salientes do Direito industrial, conduzindo a uma progressiva internacionalização deste. Esta vertente é materializada em alguns instrumentos normativos internacionais, dos quais a CUP[222] será provavelmente o mais relevante.

Proveniente da primitiva redacção da CUP, que porém é omissa na definição da figura, o "nome comercial" encontra-se consagrado e protegido pelos seus art. 1.º n.º 2 e 8.º. Uma referência a esta figura, ou a figura análoga, surgia já na Lei de 1896, sem contudo deixar de colocar evidentes embaraços interpretativos, o que provocou o seu banir da termi-

---

[219] Nos termos da tabela criada pela Portaria n.º 699/2003, de 31 de Julho, o pedido do logótipo envolverá o pagamento da quantia de setenta e cinco euros, a que acrescem oitenta e cinco euros pelo registo, bem como quarenta e cinco euros por cada renovação, de dez em dez anos. Os custos associados à firma relevam-se de montante inferior, quantificando-se o certificado de admissibilidade de firma, nos termos do art. 23.º do Dec.-Lei n.º 322-A/2001, de 14 de Dezembro (Regulamento Emolumentar), na quantia de cinquenta e seis euros.

[220] Dispõe esta norma que "a marca nominativa só está sujeita às regras da inalterabilidade no que respeita às expressões que a constituem, *podendo ser usada com qualquer aspecto figurativo desde que não ofenda os direitos de terceiros*".

[221] POLLAUD-DULIAN, *ob. cit.*, p. 45.

[222] Convenção da União de Paris para a Protecção da Propriedade Industrial, de 20 de Março de 1883, revista em Bruxelas, a 14 de Dezembro de 1900; em Washington, a 2 de Junho de 1911; na Haia, a 6 de Novembro de 1925; em Londres, a 21 de Junho de 1934; em Lisboa, a 31 de Outubro de 1958; e, finalmente, em Estocolmo, a 14 de Julho de 1967. A última revisão foi aprovada para ratificação pelo Decreto n.º 22/75, de 2 de Janeiro, e ratificada conforme aviso publicado no Diário da República de 15 de Março de 1975.

nologia jurídica nacional aquando da Lei n.º 1 992, que aprovou as Bases do CPI 1940[223]. Não obstante, o nome comercial foi alvo de uma expressa ressalva pelo art. 146.º do CPI 1940, ressalva que transitou para o art. 232.º *in fine* do CPI 1995, havendo sido todavia eliminada pelo CPI vigente.

A supressão da ressalva de que era alvo o nome comercial será porém irrelevante, pois reconhecendo o n.º 2 do art. 8.º da CRP validade e eficácia ao Direito internacional convencional, a CUP será aplicável independentemente da referência que a esta seja feita pelo legislador ordinário, sendo o nome comercial um sinal distintivo do comércio a ter sempre presente aquando do elencar desta categoria. O mesmo é, aliás, pressuposto pelo art. 327.º do CPI, tutelando-o por recurso a uma sanção penal.

II. O nome comercial levanta um conjunto de questões que não se afiguram de tratamento unívoco. Desde logo, é duvidoso qual o âmbito da figura, bem como qual o seu relacionamento com os sinais distintivos consagrados no CPI.

Segundo PINTO COELHO[224], que parte da (revogada) ressalva do art. 146.º do CPI 1940 para a interpretação da norma internacional, o nome comercial deveria abranger somente o nome do estabelecimento comercial, argumentando nesse sentido com a definição de nome comercial na lei interna, com a existência de uma ressalva apenas a propósito do art. 146.º e não da firma, e com a inevitabilidade de remissão para o direito interno dada a inexistência de um conceito internacional unitário de nome comercial. A estes argumentos acrescia ainda a constatação de diferenças burocráticas, ao nível do registo em diferentes repartições e a sua própria concepção de firma enquanto emanação do direito de personalidade.

Porém, para a maioria da doutrina[225], com reflexo na jurisprudência

---

[223] PINTO COELHO, *O "nome comercial" na Convenção da União de Paris (1883) e no Código da Propriedade Industrial*, in RLJ, ano XCV, 1962, n.º 3219, p. 81 a 85, e n.º 3220, p. 97 a 101, p. 82.

[224] PINTO COELHO, *O "nome comercial" na Convenção da União de Paris (1883) e no Código da Propriedade Industrial cit.*, p. 81 a 85 e p. 97 a 101 e *A protecção do "nome do estabelecimento" estrangeiro cit.*, p. 65 a 67, p. 81 a 82, p. 97 a 100 e p. 129 a 131.

[225] FERRER CORREIA, *ob. cit.*, p. 167 e 175, nota 2; FERNANDO OLAVO, *últ. ob. cit.*, p. 295, nota 2 (de modo implícito); OLIVEIRA ASCENSÃO, *últ. ob. cit.*, p. 310, *Direito Comercial volume II – Direito Industrial cit.*, p. 132, e *A aplicação do art. 8.º da Convenção da União de Paris nos países que sujeitam a registo o nome comercial cit.*, p. 445; OEHEN MENDES, *Da protecção do nome comercial estrangeiro em Portugal*, Almedina, 1982, p. 40 a 50; JUSTINO CRUZ, *ob. cit.*, p. 27 e 311; CARLOS OLAVO, *Propriedade Industrial*

existente, nomeadamente no ac. do STJ de 11 de Julho de 1961[226] e no ac. do STJ de 11 de Dezembro de 1979[227], o nome comercial abrangerá a firma além do nome de estabelecimento.

Neste sentido, alude-se a um conceito internacional vinculativo, que não sendo alheio ao previsto no art. 146.º do CPI 1940, terá como destinação primária a firma, pois que o seu objectivo principal será o de assegurar uma circulação mundial do nome comercial[228]. Aliás, a anterior alusão legal desapareceu no CPI vigente, pelo que sempre se poderia concluir pela adesão da nova lei a um conceito amplo de nome comercial.

Mesmo recorrendo ao direito interno, é pacífica a concepção tradicional de firma como "nome comercial", tal como empregue no art. 19.º do CCom, podendo apenas de modo atípico ser referida enquanto dado objectivo para designar o estabelecimento do comerciante.

No limite, e desconsiderando a alusão da CUP a "nome comercial" e não a "nome de estabelecimento", afigura-se decisiva a necessidade de abrangência dos demais países da União, onde, como foi referido aquando da análise dos sistemas italiano, francês e espanhol, a firma não se recorta exactamente nos mesmos moldes que os que vigoram internamente.

III. Não se pense porém que, resolvendo a questão anterior, a discussão em redor do art. 8.º da CUP se encontra encerrada, uma vez que subsistirá a dúvida da abrangência ou não de sinais figurativos no seu seio.

A doutrina encontra-se também aqui dividida entre uma concretização da figura circunscrita aos sinais nominativos[229], e uma leitura mais

― *Noções Fundamentais (parecer) cit.,* p. 17, nota 4; COUTINHO DE ABREU, *últ. ob. cit.,* p. 166, nota 175; COUTO GONÇALVES, *Função Distintiva da Marca cit.,* p. 242, nota 476, *Direito de Marcas, 2.ª edição cit.,* p. 124, nota 280; MENEZES LEITÃO, *últ. ob. cit.,* p. 167; e CASTRO ROSA, *Nome e insígnia de estabelecimento – Tutela industrial e tutela penal* in FDUL, Tese 988, Lisboa, 1995, p. 29.

[226] Ac. de 11 de Julho de 1961, in RLJ, ano XCV, n.º 3219, p. 91 a 96, que embora com um voto de vencido, se louva na doutrina de PINTO COELHO (!), BARBOSA DE MAGALHÃES e JUSTINO CRUZ, salientando ainda que o valor da firma supera o do nome de estabelecimento, limitando-se este ao próprio país, quando o que interessará ao consumidor estrangeiro será a identidade do fabricante assinalada pela firma.

[227] Ac. de 11 de Dezembro de 1979, in RLJ, ano CXIII, n.º 3675, p. 282 a 285 e BMJ, n.º 292, p. 391.

[228] Conduzindo, no limite, à conclusão de que dificilmente o nome comercial abrangerá o nome de estabelecimento, como em interpretação autêntica pretendeu o legislador nacional.

[229] OLIVEIRA ASCENSÃO, *Direito Comercial volume II – Direito Industrial cit.,* p. 131, nota 1, *A aplicação do art. 8.º da Convenção da União de Paris nos países que*

ampla, abrangendo os sinais figurativos [230], leitura à qual a jurisprudência parece aderir[231].

Sem esquecer os argumentos da identidade de razão com os sinais nominativos e de um desejável alargamento da esfera protectora da propriedade industrial[232], será especialmente relevante a consideração do Direito comparado na interpretação da CUP, nomeadamente para que uma uniformidade seja possível. Devem deste modo ser tomados em consideração ordenamentos jurídicos como o espanhol, onde o "*nombre comercial*" pode, nos termos das alíneas d) e e) do n.° 1 do art. 87.° da *LeyM*, assumir uma configuração emblemática ou figurativa.

O mesmo raciocínio conduz a uma eventual sobreposição do nome comercial com o próprio logótipo, dada a possível identidade formal de ambos os sinais. A referida confluência verificar-se-á ainda com maior facilidade na ausência de um pré-entendimento figurativo do logótipo, sendo expressamente sufragada por CARLOS OLAVO[233] e pelo ac. do STJ de 27 de Março de 2003[234].

IV. O nome comercial coloca ainda questões relacionadas com as suas condições de protecção, pois se é pacífica a desnecessidade de domicílio do interessado em Portugal[235] e a dispensa de um novo registo no país

---

sujeitam a registo o nome comercial cit., p. 442, embora não seja tão categórico em *Título, marca e registo de imprensa cit.*, p. 1239 quando refere a intenção de não transformar um conceito ambíguo num conceito em branco; COUTO GONÇALVES, *Função Distintiva da Marca cit.*, p. 242, nota 476, *Direito de Marcas, 2.ª edição cit.*, p. 124, nota 278.

[230] FERNANDO OLAVO, *O nome comercial e o artigo 8.° da Convenção da União de Paris* in CJ, ano IX, 1984, tomo V, p. 21; OEHEN MENDES, *últ. ob. cit.*, p. 50; COUTINHO DE ABREU, *últ. ob. cit.*, p. 344, nota 22, invocando o art. 327.° do CPI; MENEZES LEITÃO, *últ. ob. cit.*, p. 168.

[231] Cfr. o ac. STJ de 21 de Março de 1961, in BMJ, n.° 105, p. 651 a 654.

[232] Invocada por POLLAUD-DULIAN, *ob. cit.*, p. 771 para quem a interpretação da CUP deve estar consoante ao seu objecto, visando o melhoramento e a extensão da protecção da propriedade industrial.

[233] CARLOS OLAVO, *Propriedade Industrial cit.*, p. 14, nota 7, e p. 105, considerando que o nome comercial corresponde, perante o direito positivo português, quer ao nome de estabelecimento, quer à firma, quer ainda ao logótipo. Em *A firma das sociedades comerciais e das sociedades civis sob forma comercial cit.* p. 416 remete porém apenas para o logótipo "constituído por elementos nominativos", o que constituirá, salvo o devido respeito, um contra-senso.

[234] Ac. de 27 de Março de 2003, in, processo 03B322, que cita erroneamente FERNANDO OLAVO.

[235] OLIVEIRA ASCENSÃO, *A aplicação do art. 8.° da Convenção da União de Paris nos países que sujeitam a registo o nome comercial cit.*, p. 456.

em que se pretende fazer valer a protecção[236], o mesmo não se pode dizer da necessidade do uso do nome comercial no nosso país, nomeadamente através da existência de uma filial, de publicidade, ou da realização de operações comerciais[237].

A restrição a estabelecimentos nacionais mais antigos ou a hipóteses de concorrência desleal[238], a não garantia de uma designação diferente da originária[239], e o tipo de protecção outorgado pelo art. 8.º da CUP, são outros temas alvo de uma acesa discussão[240].

---

[236] OLIVEIRA ASCENSÃO, últ. ob. cit., p. 452, Direito Comercial volume II – Direito Industrial cit., p. 134; CARLOS OLAVO, últ. ob. cit., p. 105. O registo é dispensado mesmo no país de origem por LEMA DAPENA, ob. cit., p. 354.

[237] Em sentido contrário vide PINTO COELHO, A protecção do "nome do estabelecimento" estrangeiro, cit., p. 131 defendendo bastar o conhecimento restrito ou a simples possibilidade de conhecimento e referindo o ac. do STJ de 11 de Julho de 1961 depois de realizar uma profunda análise de Direito comparado em sentido contrário. Em sentido afirmativo pronunciou-se a maioria da doutrina, nomeadamente OLIVEIRA ASCENSÃO, últ. ob. cit., p. 133, sob pena de se atribuírem mais benefícios aos estrangeiros do que aos próprios nacionais e invocando a articulação com o art. 2.º da Convenção; ORLANDO DE CARVALHO, ob. cit., p. 287 com base na conexão com a empresa (não podendo o nome comercial ser considerado como um valor comercial em si) e rejeitando a "instituição de uma espécie de monopólio legal para uma oferta aleatória"; JUSTINO CRUZ, ob. cit., p. 319, aventando a hipótese de uma comunicação prévia ao Registo Nacional de Pessoas Colectivas; e CASTRO ROSA, ob. cit., p. 31. Na jurisprudência vide o já citado ac. do STJ de 11 de Dezembro de 1979, decidindo em nome dos interesses em presença e da caducidade do registo. Parece todavia que o uso pode esborrar-se com a publicidade nas auto-estradas da informação, não constituindo um critério concordante com os estados do sujeito. A maioria da doutrina tende no entanto a considerar a notoriedade suficiente para a outorga de protecção, propugnando a alternativa entre o uso do sinal e o seu conhecimento notório. Neste sentido vide OEHEN MENDES, últ. ob. cit., p. 34, depois de uma análise de Direito comparado; COUTINHO DE ABREU, últ. ob. cit., p. 344; e MENEZES LEITÃO, últ. ob. cit., p. 171 invocando a ratio legis do preceito. Esta é também a solução comum em outros ordenamentos jurídicos, nomeadamente em França, seguindo CHAVANNE/BURST, ob. cit., p. 770; e em Espanha, de acordo com o sentido expresso pelo art. 9.º n.º 1 alínea d) da LeyM, onde se louvam BERCOVITZ RODRIGUEZ-CANO, últ. ob. cit., p. 238, MONTIAGO MONTEAGUDO, ob. cit., p. 192, e LEMA DAPENA, ob. cit., p. 356.

[238] OLIVEIRA ASCENSÃO, últ. ob. cit., p. 135.

[239] OLIVEIRA ASCENSÃO, A aplicação do art. 8.º da Convenção da União de Paris nos países que sujeitam a registo o nome comercial cit., p. 450.

[240] OLIVEIRA ASCENSÃO, Direito Comercial volume I – Institutos Gerais cit., p. 310, Direito Comercial volume II – Direito Industrial cit., p. 135, e em A aplicação do art. 8.º da Convenção da União de Paris nos países que sujeitam a registo o nome comercial cit., p. 467 pronuncia-se pela vigência de um direito não exclusivo. O escopo do preceito seria o de permitir a circulação sem entraves dos nomes comerciais, segundo um tipo de protecção diferente. O reconhecimento da identidade da empresa a nível internacional ficaria

Finalmente, também a articulação do art. 34.º do RRNPC com o art. 8.º da CUP constitui foco de interrogações, não sendo evidente que a primeira disposição possa ser lida à luz do Direito internacional.

3.3.8. O nome de domínio

I. A tipicidade dos direitos privativos constitui um dado estruturante do sistema jurídico português[241], encontrando a sua justificação não apenas na tradição, mas fundamentalmente em virtude da excepcionalidade da tutela concedida.

Não obstante, em contradição com o referido princípio, um novo sinal distintivo do comércio tem vindo progressivamente a afirmar-se, embora tal contradição seja mais aparente do que real.

Desempenhando uma função distintiva atípica, ainda que não necessária, o *"domain name"*, nome de domínio, ou nome do sítio, pode ser definido como uma direcção electrónica alfanumérica que serve para identificar sítios na "web"[242-243].

---

assegurado, mas, em contrapartida, não lhe seria assegurado um direito exclusivo. CARLOS OLAVO, *A firma das sociedades comerciais e das sociedades civis sob forma comercial cit.*, p. 418 encaminha-se igualmente no sentido referido, embora COUTINHO DE ABREU, *últ. ob. cit.*, p. 340, nota 22, remeta, ao invés, para uma protecção análoga à protecção nacional.

[241] OLIVEIRA ASCENSÃO, *Direito Comercial volume II – Direito Industrial cit.*, p. 23 a 26; CARLOS OLAVO, *Propriedade Industrial cit.*, p. 30.

[242] Cfr. COUTO GONÇALVES, *A Protecção da Marca cit.*, p. 553; CARLOS OLAVO, *A firma das sociedades comerciais e das sociedades civis sob forma comercial cit.*, p. 382; DÁRIO MOURA VICENTE, *Problemática internacional dos nomes de domínio* in Direito da Sociedade da Informação, vol. IV, Coimbra, Coimbra Editora, 2003, p. 213; NORDEMANN, *ob. cit.*, p. 454; ANDREA PALAZZOLO, *Il "domain name"* in NGCC, ano XVI, n.º 2, Marzo-Aprile, 2000, p. 167; GALLOUX, *ob. cit.*, p. 466; BERCOVITZ RODRIGUEZ-CANO, *últ. ob. cit.*, p. 259; CARBAJO CASCÓN, *Conflictos entre signos distintivos y nombres de dominio en internet*, Navarra, Aranzadi, 1999, p. 44.

[243] Das várias classes ou graus de nomes de domínio, estarão fundamentalmente em causa os de segundo nível (*"second level domain"*), que se formam antes da aposição do sufixo do primeiro nível (por exemplo *ul*.pt para a Universidade de Lisboa). São ainda possíveis nomes de domínio de terceiro nível, também designados de nomes de domínio de nível inferior, ou subdomínios, que combinam a designação genérica com a territorial (por exemplo ".com.pt" ou ".gov.pt"), embora a terminologia empregue não seja uniforme, uma vez que como nomes de domínio de terceiro nível também podem ser referidos os subdomínios imediatos dentro de um domínio de segundo nível (por exemplo *fd.ul*.pt para a Faculdade de Direito da Universidade de Lisboa).

A sua importância constitui um aspecto saliente do quadro económico contemporâneo, sobretudo através da emergência dos estabelecimentos virtuais ou de base territorial não estática, contrastando com o ocaso de figuras tradicionais como o nome de estabelecimento[244]. O seu reconhecimento legislativo em Portugal tarda porém em chegar[245].

II. Afigura-se correcto sufragar que a concessão de um nome de domínio por parte da autoridade competente não outorga qualquer direito de exclusivo que extravase o próprio funcionamento técnico da rede[246]. Este

---

[244] As possibilidades abertas pelo comércio electrónico são ainda de difícil quantificação, sendo neste âmbito que o nome de domínio se poderá sobrepor ao nome do estabelecimento virtual.

[245] Verifica-se uma completa omissão a este respeito por parte da Lei n.º 7/2003, de 9 de Maio, que autorizou o Governo a legislar sobre diversos aspectos do comércio electrónico. As normas que existem foram emanadas pela FCCN (Fundação para a Computação Científica Nacional), instituição privada desprovida de quaisquer poderes legislativos ou regulamentares, pelo que a sua jurisdicidade será dúbia. A situação nos outros ordenamentos jurídicos vizinhos é, por seu turno, algo díspar. Na Alemanha os nomes de domínio podem enquadrar-se, desempenhando funções empresariais, nos termos amplos do § 5 e do § 15 da *MarkenG*, com aplicação da legislação que respeita a esta categoria aberta de sinais distintivos do comércio (cfr. NORDEMANN, *ob. cit.*, p. 437 e 455). Em Itália, no silêncio da lei, a doutrina hesita entre a remissão para a "*insegna*" (cfr. FERRI, *ob. cit.*, p. 129 suportado por alguma jurisprudência), e a sua consideração como sinal distintivo atípico, sem quebra porém do princípio da unidade dos sinais distintivos do comércio consagrado no art. 13.º da *LegM* (cfr. ANDREA PALAZZOLO, *ob. cit.*, p. 168; GIOVANNI BONOMO, *Il nome di dominio e la relativa tutela. Tipologia delle pratiche confusorie in Internet* in RDI, 2001, parte I, p. 271; CRISTINA CERASANI, *Il conflitto tra domain names e marchi d'impresa nella giurisprudenza italiana* in DCI, 13.3, Luglio-Settembre, 1999, p. 647). Em França, POLLAUD-DULIAN, *ob. cit.*, p. 512, 663 não opera uma verdadeira qualificação categorial, embora considere que a solução dos eventuais problemas decorrentes do conflito com outros sinais distintivos passe pelo averiguar da anterioridade de cada um dos sinais, da existência de um risco de confusão e de um possível parasitismo na escolha do signo em questão. A categoria é finalmente alvo de um reconhecimento expresso em Espanha, pela alínea e) do n.º 3 do art. 34.º da *LeyM*, que maximizando o conteúdo e alcance da marca, refere a possibilidade de proibir o uso do signo que constitui a marca em "redes de comunicação telemática e como *nome de domínio*". Esta norma não prejudica a tutela a efectuar através do instituto da concorrência desleal, *maxime* no que se refere a actos de confusão ou de exploração da reputação empresarial alheia. Apesar do incipiente estado da legislação europeia neste domínio, dever-se-à ainda ponderar o controle indirecto exercido pelas autoridades dos Estados Unidos da América, subordinando a liberdade de outros estados soberanos (cfr. DÁRIO MOURA VICENTE, *ob. cit.*, p. 215, nota 10).

[246] CARBAJO CASCÓN, *ob. cit.*, p. 43 e 58.

não será mais do que um expediente técnico, um meio eventual ou instrumentalmente distintivo no espaço virtual, mas não um sinal distintivo atípico.

Todavia, mesmo que se não afirme o nome de domínio como um sinal distintivo atípico, desempenhando este apenas aquela função[247], é por demais evidente que este não se traduz num mero endereço telemático, equiparável a um simples número de telefone.

Uma vez que o nome de domínio é livremente escolhido pelo solicitante, desempenhando uma função distintiva enquanto montra ou escaparate no comércio electrónico, aquele acaba por interpenetrar as funções de outros sinais distintivos e de realidades alvo de distinta tutela, como o título de obras no Direito de autor[248].

III. Será assim profícua a distinção desta figura dos demais sinais distintivos em geral, e do logótipo em particular, uma vez que à sua novidade acresce, se enquadrado no âmbito dos sinais distintivos de comércio, uma revolução dogmática que questiona a unidade de toda a categoria[249].

Como termo *a quo*, o nome de domínio possui, atenta a extensão planetária que caracteriza a *Internet*, uma eficácia transnacional, em larga medida conflituante com a tendencial territorialidade que caracteriza o Direito industrial.

Por outra via, o nome de domínio conduz à ultrapassagem do princípio da especialidade, devido à impossibilidade de registo de um nome de domínio igual a outro anteriormente registado, independentemente do sector de actividade em que opere a pessoa em questão[250].

---

[247] Neste sentido *vide* DÁRIO MOURA VICENTE, *ob. cit.*, p. 214 que ao qualificar o nome de domínio como sinal distintivo atípico, remete a sua tutela para a questão da admissibilidade ou não da eficácia externa dos direitos de crédito.

[248] Cfr. FERNANDO CARBAJO CASCÓN, *ob. cit.*, p. 46 e 51, CRISTINA CERASANI, *ob. cit.*, p. 647.

[249] Cfr. GIOVANNI BONOMO, *ob. cit.*, p. 249; BERCOVITZ RODRIGUEZ-CANO, *últ. ob. cit.*, p. 259 e 267; FERNANDO CARBAJO CASCÓN, *ob. cit.*,p. 54.

[250] Situação que decorre da regra "*first come, first served*", e que é agravada com a rápida conversão deste princípio num outro: "*first come, only served*", impedindo que titulares legítimos do mesmo signo possam aceder à rede. Como sublinha PAOLO SPADA, *Domain names e dominio dei nomi* in RDC, ano XCLI, n.º 6, 2000, p. 730, a indevida vantagem pode ultrapassar os estritos ditames do princípio da exclusividade, redundando no fenómeno da ciberocupação indevida, nomeadamente através da utilização abusiva de uma marca como nome de domínio. Num ambiente radicalmente novo, tende a considerar-se como "centro polar" da questão a vantagem indevidamente arrecadada, não sendo eviden-

Outras diferenças estruturais podem ainda ser referidas, como as decorrentes do facto de o nome de domínio ser dado em uso, nomeadamente através de uma licença, e não ser atribuído enquanto direito exclusivo, ao mesmo tempo que não se afigura pacífico que a licença contratual possa constituir um instrumento idóneo para a circulação dos tradicionais direitos privativos. O nome de domínio não se encontra de igual modo em conexão necessária com uma actividade económica ou empresarial *lato sensu*, o que constituirá a regra no âmbito dos sinais distintivos.

IV. Ao abranger todos os produtos ou serviços de uma empresa, o nome de domínio pode aproximar-se do logótipo numa utilização atípica deste sinal, embora deste inexoravelmente se afaste por via da sua necessária configuração nominativa.

De qualquer modo, apesar do abandono da visão do comércio electrónico como oeste selvagem, e da tomada de consciência a nível internacional das insuficiências do actual sistema, são muitas as interrogações que subsistem em torno desta nova figura, sendo difícil o avançar de respostas às questões por ela colocadas.

Desde problemas conexos com a fraude à lei[251], à colisão de nomes de domínio com sinais distintivos anteriores[252], passando pela delimitação das variadas espécies de confusão, pela eventual responsabilidade do *access provider*[253], e por dúvidas relacionadas com a idoneidade das diversas formas de resolução de litígios e da lei aplicável[254], existe de tudo um

---

tes as soluções a apresentar. Se a boa fé pode temperar o regime da prioridade temporal (PAOLO SPADA, *ob. cit.*, p. 734 e 736), não será integralmente pacífico que esta situação configure um acto de contrafacção (como pretende CRISTINA CERASANI, *ob. cit.*, p. 647), ou um acto de concorrência desleal (solução preferida por GALLOUX, *ob. cit.*, p. 469; e DÁRIO MOURA VICENTE, *ob. cit.*, p. 218). A conclusão por uma interfungibilidade dos sinais distintivos do comércio poderá também depor neste último sentido, embora se verifique uma petição de princípio: a consideração do nome de domínio como um sinal distintivo de comércio.

[251] Por exemplo, o problema da evasão à lei nacional através do pedido do nome de domínio a uma entidade de primeiro nível genérica e não à entidade territorial (cfr. BERCOVITZ RODRIGUEZ-CANO, *últ. ob. cit.*, p. 266).

[252] Sem prejuízo da admissibilidade da hipótese inversa, do condicionamento da formação de um sinal distintivo, como por exemplo a marca ou o nome de estabelecimento, pela existência de um nome de domínio anterior.

[253] A questão da responsabilidade da entidade licenciadora enquanto certificadora e vigilante surge em virtude da permissão de utilização do nome de domínio não pressupor necessariamente a licitude do sinal.

[254] Cfr. DÁRIO MOURA VICENTE, *ob. cit.*, p. 220 a 239.

pouco no fervilhante domínio dos nomes de domínio, aconselhando inequivocamente uma intervenção legislativa.

3.3.9. *Outras figuras residuais*

I. Algumas figuras são alvo de expressa referência legal, embora não corporizem necessariamente quaisquer direitos privativos. Não possuindo um regime jurídico próprio, a sua distinção do logótipo assume um cariz pouco mais que vocabular, ainda que não devam deixar de ser mencionadas.

II. O símbolo, que poderá constituir o substrato de um outro sinal distintivo como a marca, a insígnia de estabelecimento, o nome comercial e, inclusive, o logótipo, recebe foros de cidadania através do confronto das alíneas b) e d) do n.º 1 do art. 234.º do CPI, referentes às proibições que atingem a marca. A ele se referem ainda a alínea a) do n.º 1 do art. 6.º *ter* da CUP, bem como a alínea d) do n.º 4 do art. 32.º do RRNPC, preponderando nesta sede o hino e a bandeira nacionais.

Configurado de forma gráfica ou auditiva, este sinal pode actuar em sobreposição com o logótipo, sendo a tutela jurídico-pública de que pode eventualmente beneficiar de todo alheia ao domínio versado[255].

III. Para além do símbolo surgem alusões ao "emblema", na alínea b) do n.º 1 do art. 6.º *ter* da CUP, mencionado também pela alínea i) do n.º 1 do art. 7.º do RMC e pela alínea c) do n.º 2 do art. 3.º da DM, bem como referências a "lemas ou divisas" na alínea m) do n.º 1 do art. 2.º do CDACD.

Estas são todavia referências meramente vocabulares, desprovidas de um sentido jurídico preciso, pelo que não será sequer necessária uma distinção conceptual do logótipo.

IV. Distinta do logótipo é ainda a sigla, que constitui a *vulgata* da firma, uma palavra formada pelas iniciais de um nome ou expressão, ou também por outras letras do nome ou expressões além das iniciais.

---

[255] Cfr. os arts. 11.º e 51.º n.º 3 da CRP. A constitucionalização dos símbolos nacionais foi alvo da análise de ANTÓNIO DE ARAÚJO, *A nação e os seus símbolos* in Dir n.º 133.º, tomo I, 2001, p. 197 a 224.

Este caso particular de acrografia é expressamente previsto no n.º 1 do art. 200.º e no n.º 1 do art. 275.º do CSC, para as sociedades por quotas e anónimas, bem como nos n.º 1 do art. 36.º e n.º 1 do art. 42.º do RRNPC, versando associações, fundações e sociedades civis sob forma civil.

Sendo equiparada a uma denominação de fantasia, a figura deverá obediência aos requisitos da firma, com a qual porém não se confunde[256].

V. Por último, afigura-se relevante sublinhar o distanciamento entre o logótipo, enquanto sinal figurativo e o direito à imagem, enquanto direito de personalidade e direito, liberdade e garantia de índole pessoal, nos termos dos arts. 70.º n.º 1 e 79.º do CCiv, e do art. 26.º n.º 1 da CRP.

Ainda que possam ambos figurar na categoria ampla de direitos absolutos, a diversidade funcional e estrutural de cada um dos referidos direitos será inultrapassável. Reitera-se aqui o referido aquando do afastamento da concepção dos sinais distintivos de comércio como alvo da tutela de um direito de personalidade, sendo o mesmo confirmado pela alínea g) do art. 239.º do CPI, onde a violação dos direitos de personalidade figura como limite à conformação da marca.

---

[256] RAÚL VENTURA, *ob. cit.*, p. 99; PINTO FURTADO, *Curso de Direito das Sociedades*, 4.ª edição, Coimbra, Almedina, 2001, p. 283, empregando o argumento *a contrario sensu*, no sentido da sigla não dever ser admitida para as sociedades em nome colectivo e em comandita.

A FUNÇÃO DA MARCA E O PRINCÍPIO DA ESPECIALIDADE[1]

por Dr. LUÍS MIGUEL PEDRO DOMINGUES
Relatório do Curso de Mestrado do ano lectivo 2002/2003
Ciências Jurídico-Empresariais
Direito Comercial II – Direito Industrial
Regência: Professor Doutor OLIVEIRA ASCENSÃO

SUMÁRIO:
1. Introdução e delimitação do âmbito do presente estudo. 2. O Princípio da Especialidade das Marcas; 2.1. A semelhança entre os sinais; 2.2. A Afinidade Merceológica; 2.3. O Risco de Confusão e o Risco de Associação. 3. A Excepção ao Princípio da Especialidade – As Marcas de Prestígio. 4. O Caso Português. 5. Conclusões. 6. Principais Abreviaturas Utilizadas. 7. Bibliografia.

1. Introdução e delimitação do âmbito do presente estudo

Segundo os dados históricos existentes, a primeira lei sobre as marcas, corresponde à lei francesa de 12 de Abril de 1803. Essa lei deu assim início a uma série de legislações que, nomeadamente a partir da segunda metade do século XIX[2], pretenderam regular este sinal distintivo, hoje

---

[1] Este artigo consiste num resumo do relatório apresentado no Curso de Mestrado do ano lectivo 2002/2003, na área de Ciências Jurídico-Empresariais, seminário de Direito Industrial, orientado pelo Professor Doutor Oliveira Ascensão, a quem, não podemos deixar de agradecer a orientação e o auxilio que nos prestou.

[2] Entre as principais legislações que regularam a matéria das marcas e que surgiram durante o século XIX, podemos destacar a lei francesa, de 11 de Abril de 1857, a lei italiana, de 30 de Agosto de 1868, a lei alemã, de 30 de Novembro de 1874, a lei belga, de 11 de Abril de 1879, a lei luxemburguesa, de 28 de Março de 1883, a lei espanhola,

consagrado no Código da Propriedade Industrial, aprovado pelo Decreto-Lei n.º 36/2003, de 5 de Março, adiante designado apenas por CPI[3].

A natural evolução da sociedade e da economia, não só em termos políticos, mas igualmente em termos científicos e tecnológicos, alicerçada num mercado assente no princípio de livre mas leal concorrência, determinou a urgência da criação de mecanismos susceptíveis de garantir a regulamentação e viabilidade da própria concorrência. A marca tornou-se uma exigência cada vez maior à medida que a economia se caracterizava por uma produção cada vez mais intensa e estereotipada dos produtos.

A marca surgia assim como um elemento que viabilizava o princípio da concorrência. Embora assumindo-se como um direito exclusivo[4], o que poderia ser um paradoxo, o facto é que a marca se tornou fundamental para assegurar um mercado em concorrência, com respeito pela confiança depositada pelo público consumidor. Assumiu-se assim, como um instrumento regulador da concorrência e um garante da protecção do consumidor[5].

Interessa-nos contudo tentar encontrar a razão de ser deste sinal distintivo, nomeadamente, para podermos compreender qual a função juridicamente relevante da mesma, a qual justificará a razão de a marca se assumir como um direito tendencialmente perpétuo, sendo certo que, a nosso ver, o direito de marcas, tem como principal preocupação a protecção do público destinatário dos produtos ou serviços marcados, de forma a evitar, que o mesmo, possa ser induzido em erro.

Efectivamente poderíamos analisar a função da marca numa perspectiva meramente económica, o que para além de não ter grande relevância para o objectivo a que nos propomos, nos levaria certamente a conclusões bem diferentes.

Assim, procuraremos em particular, analisar a matéria do princípio da especialidade, princípio esse fundamental e que delimita o âmbito da função distintiva da marca, não esquecendo a matéria referente às marcas de prestígio, que consubstancia uma verdadeira excepção ao princípio da

---

de 1 de Setembro de 1888, a lei holandesa, de 30 de Setembro de 1893 e a lei portuguesa, de 21 de Maio de 1896.

[3] Que entrou em vigor no dia 1 de Julho de 2003.

[4] Cfr. artigo 224.º, n.º 1 do CPI. Contudo, trata-se de um direito exclusivo limitado, entre outros, pelo princípio da especialidade, precisamente um dos aspectos fundamentais sobre o qual nos iremos debruçar.

[5] Cfr. Preâmbulo do CPI.

especialidade e que poderá significar uma tutela juridicamente autónoma da função publicitária da marca.

Por fim procuraremos, ainda que brevemente, analisar a *evolução* que o direito português tem tido no âmbito da protecção jurídica da função publicitária da marca.

Com este estudo pretenderemos identificar os fundamentos que justificam o facto de o direito de marcas ser um direito exclusivo e tendencialmente perpétuo. Nessa óptica, iremos procurar analisar o âmbito da função distintiva (ainda que limitando essa análise ao princípio da especialidade), que tradicionalmente, é apontada como sendo a única que merece uma protecção jurídica autónoma, bem como, iremos procurar identificar se, do ponto de vista jurídico, tem sentido falar numa função publicitária das marcas.

2. O Princípio da Especialidade das Marcas

Ao falarmos na função distintiva da marca teremos de falar no princípio da especialidade. Este princípio consiste na identidade ou afinidade entre produtos ou serviços. Ou seja, ao dizermos que a marca tem uma função de distinção de produtos ou serviços, referimo-nos a produtos ou serviços idênticos ou afins. Deste modo, o direito exclusivo que é concedido ao titular da marca, não é um direito ilimitado, mas um direito limitado, entre outros, pelo princípio da especialidade.

Deste modo, dois produtos idênticos não poderão utilizar a mesma marca, contudo esta poderá ser usada em produtos que não sejam idênticos ou afins. Isto porque não haverá perigo de confundibilidade por parte dos consumidores. Bens diferentes poderão ser marcados por sinais idênticos ou semelhantes[6].

---

[6] Quanto a este aspecto, cfr. em particular PAUL ROUBIER, *Le Droit de la Proprieté Industrielle*, volume II, Éditions du Rucueil Sirey, Paris, 1954, pp. 560 ss. Com particular atenção quando o autor fala do conceito de *antériorités*, aspecto directamente relacionado com o denominado princípio da novidade, sendo que o conceito de novidade no caso das marcas, não é idêntico ao conceito de novidade em relação às patentes ou aos desenhos e modelos. Nestes casos a novidade corresponde à ideia de inovação, nas marcas, o conceito de novidade significará diferente do que existe para esse género de produtos ou serviços. Em relação ao aspecto da novidade será importante analisarmos um pouco do conteúdo do Parecer da Câmara Corporativa a este propósito: "As marcas devem ser especiais, de maneira que não se confundam as respectivas mercadorias que podem confundir-se. A especialidade da marca interessa, sobretudo, à garantia de individualidade da mercadoria. Se a

Assim, quando falamos que a marca tem a função de distinguir os produtos ou serviços de outros, esses outros terão de ser produtos ou serviços idênticos ou afins. Contudo a marca, é igualmente indicativa da proveniência dos bens marcados, ou seja, indica-nos a fonte produtiva dos bens, ainda que em concreto, o consumidor possa não saber qual é essa fonte produtiva. O facto, é que ao ver uma marca idêntica em certos produtos, o consumidor pode associar aquela marca à mesma fonte produtiva.

Deste modo, a concepção de função distintiva não se limita a diferenciar produtos ou serviços, mas permite igualmente ao consumidor, a diferenciação das fontes de origem desses mesmos produtos ou serviços.

O princípio da especialidade surge como "a primeira condição de um sinal distintivo, destinado a individualizar o produto. Essa individualização só é possível desde que a marca seja diferente de qualquer outra já anteriormente criada"[7].

É na sequência destas conclusões que deveremos interpretar o princípio da especialidade e o risco de confusão, que nos levarão à análise dos artigos 4.º e 5.º da Directiva e dos artigos correspondentes do CPI, procurando na análise desses preceitos, a consagração da tutela jurídica da função publicitária da marca.

2.1. *A semelhança entre os sinais*

No artigo 4.º da Directiva encontramos uma série de referências a outros motivos de recusa ou de nulidade do registo relativos a conflitos com direitos anteriores. Em contrapartida, o artigo 5.º da Directiva prende-se com o conteúdo do direito de marca, no sentido de atribuir ao seu titular a faculdade de proibir ou consentir, que um terceiro use na sua vida comercial, um sinal idêntico ou semelhante ao seu, ainda que para produtos ou serviços não afins.

Teremos assim, de distinguir três situações: por um lado a identidade ou semelhança entre os sinais; por outro, a identidade ou afinidade entre os produtos ou os serviços; por último, o risco de confusão e de associação.

---

marca deve ser especial, também deve ser distinta de todas as demais e, portanto, nova, o que não quer dizer invenção do seu titular, original, mas nova no sentido de ainda não ter sido empregada como marca na mesma indústria" – Parecer da Câmara Corporativa, Assembleia Nacional, 1937, pp. 216 ss. Em relação a este princípio, cfr. igualmente OLIVEIRA ASCENSÃO, *Direito Comercial – Direito Industrial*, volume II, Lisboa, 1994, pp. 153 ss.

[7] PINTO COELHO, *Lições de Direito Comercial*, 1.º volume, 3.ª edição revista, Lisboa, 1957, pág. 367.

No artigo 4.º, n.º 1 alínea a) da Directiva, não encontramos problemas de maior. Trata-se de uma protecção clara da função distintiva da marca, porquanto se proíbe o registo de uma marca posterior que seja idêntica a uma marca anterior e que se destine a produtos ou serviços idênticos. Este artigo tem a sua correspondência no artigo 239.º alínea m) do CPI, sendo que, no novo código, já se engloba o risco de associação, naturalmente na parte em que o mesmo se refere quer à identidade do sinal, quer à identidade entre os produtos ou serviços. Esta situação encontra-se igualmente prevista no artigo 5.º, n.º 1 alínea a) da Directiva, que tem a sua correspondência no artigo 258.º do CPI (artigo 207.º 1.ª parte do CPI 95). Nestes casos nem é exigido qualquer risco de confusão junto dos consumidores, tal exigência seria redundante.

Diferente já é a situação consagrada nos artigos 4.º, n.º 1 alínea b) e 5.º, n.º 1 alínea b) da Directiva. Nestes casos encontramos por um lado referência não à identidade entre os sinais, mas à semelhança entre os mesmos, por outro lado, deparamo-nos com o conceito de semelhança dos produtos ou serviços a que as duas marcas se referem. Encontramos por fim a referência ao risco de confusão e associação, cuja análise deixamos para mais tarde.

Procuremos agora concentrar-nos na identidade ou semelhança entre os sinais. Quanto a esta matéria teremos necessariamente de ter em conta o conteúdo dos artigos 245.º e 258.º do CPI (artigos 193.º e 207.º do CPI 95).

Versava o artigo 193.º do CPI 95 que, "a marca registada considerase imitada ou usurpada, no todo ou em parte, por outra quando, cumulativamente:

    a) a marca registada tiver prioridade;

    b) sejam ambas destinadas a assinalar produtos ou serviços idênticos ou de afinidade manifesta (a expressão *manifesta*, foi suprimida no novo código – artigo 245.º, n.º 1 alínea b);

    c) tenham tal semelhança gráfica, figurativa ou fonética que induza facilmente o consumidor em erro ou confusão, ou que compreenda o risco de associação com a marca anteriormente registada, de forma que o consumidor não possa distinguir as duas marcas senão depois de exame atento ou confronto (no novo código admite-se a existência de *outro* tipo de semelhança relevante para o efeito – artigo 245.º, n.º 1 alínea c)."

Quanto à alínea a) do preceito não se levantam grandes problemas. Deixaremos a análise da alínea b) para quando falarmos sobre a afinidade merceológica entre produtos ou serviços. Neste momento iremos apenas analisar a primeira parte da alínea c), quando a mesma se refere à semelhança gráfica, figurativa ou fonética. A segunda parte analisaremos a propósito do risco de confusão e associação.

Podemos desde já concluir que a lei não nos define em que consiste a usurpação ou a imitação da marca, pelo que teremos de procurar definir os mesmos. A estes conceitos ainda teremos de acrescentar o da contrafacção.

Por usurpação deveremos entender o uso indevido do sinal por parte de um terceiro sem o consentimento do titular. A imitação consiste na reprodução mais ou menos idêntica do sinal. Por fim a contrafacção pressupõe a reprodução idêntica do sinal e o seu uso indevido[8].

Estes conceitos encontram igualmente previsão no artigo 323.º do CPI, que pune como crime, a contrafacção, a imitação e o uso indevido de marca.

Quer da leitura do artigo 323.º do CPI, quer da leitura dos artigos 245.º e 258.º do CPI, resulta que a punição, só se justifica quando esse terceiro, sem consentimento do titular da marca, utiliza esse sinal, na sua vida comercial e enquanto marca[9]. Ao contrário da Directiva que enuncia no artigo 5.º, n.º 3 alguns exemplos relativamente ao que considera ser o uso indevido da marca por terceiro, sem o consentimento do seu titular, na vida comercial, a nossa lei não estabelece qualquer situação,

---

[8] PINTO COELHO, *Lições de Direito Comercial*, cit. pp. 369 ss.

[9] NOGUEIRA SERENS, ainda que a propósito de um artigo do RMC (em concreto, o artigo 9.º, n.º 1 alínea c) que tem em parte a sua correspondência no artigo 5.º, n.º 2 da Directiva), refere que a utilização do sinal na vida comercial, não significa outra coisa senão o seu uso enquanto sinal distintivo em geral, seja como marca, seja como firma ou denominação, nome comercial ou nome do estabelecimento. Cfr. *A "vulgarização" da Marca na Directiva*, separata do número de homenagem especial do Boletim da Faculdade de Direito de Coimbra – "Estudos em Homenagem ao Professor Doutor António de Arruda Ferrer Correia", Coimbra, 1995, pág. 178. Pensamos, que no caso concreto, a utilização na vida comercial, deverá significar o uso por parte de terceiro, sem consentimento do titular, da marca enquanto marca, isto é, enquanto sinal distintivo dos produtos ou serviços, com vista à indicação da fonte produtiva de origem. Neste sentido, PEDRO SOUSA E SILVA, *O Princípio da Especialidade das Marcas*, ROA, 1998-I, pp. 403 ss e em particular o exemplo que dá da sentença proferida pelo Tribunal Judicial de Fafe em relação ao caso *SIMPSON* (nota n.º 55). Por outro lado, a letra do artigo 245.º do CPI (artigo 193.º do CPI 95) é clara neste aspecto, "considera-se que uma marca foi imitada ou usurpada *por outra* quando...". Pelo seu lado, o artigo 5.º, n.º 5 da Directiva refere que os n.º 1 a 4 do artigo 5.º da Directiva, não "afectam as disposições aplicáveis num Estado-membro relativas à protecção contra o uso de um sinal para fins diversos dos que consistem em distinguir os produtos ou serviços...".

nem a título de mero exemplo. De todo o modo, fica afastada a reprodução ou uso do sinal por exemplo, em dicionários, enciclopédias ou outras obras do mesmo género[10].

Quanto à identidade ou semelhança entre os sinais, a lei limita-se a falar na semelhança gráfica, figurativa, fonética ou outra, relativamente à qual, o consumidor não a consiga detectar, senão após um exame atento ou confronto entre as mesmas.

A Câmara Corporativa, no parecer que emitiu a propósito do Código da Propriedade Industrial de 1940[11], citando POUILLET diz que "a questão de imitação deve ser apreciada pela semelhança que resulta do conjunto dos elementos que constituem a marca e não pelas dissemelhanças que poderiam oferecer os diversos pormenores considerados isoladamente"[12].

Mas este Parecer da Câmara Corporativa vai mais longe, como que parecendo antever, as dificuldades que o mesmo viria trazer. Refere em particular a *fácil* indução em erro (hoje prevista na alínea c) do n.° 1 do artigo 245.° – artigo 193.°, n.° 1 alínea c) do CPI 95), dizendo ainda que "competirá ao juiz julgar, quando e em que condições a semelhança da marca induz facilmente em êrro ou confusão o consumidor, que só poderá distinguir as duas depois do seu exame atento ou confronto"[13].

O Parecer terminava propondo a eliminação do preceito em causa (artigo 39.° do Código de 1940, assim como o § único da proposta, que faziam referência à *fácil* indução em erro), devendo o artigo 38.°, n.° 12 do Código de 1940, fazer somente referência à indução em erro.

A verdade é que no actual Código, a referência à *fácil* indução em erro permanece no artigo 245.°, n.° 1 alínea c). Contudo esta situação entra totalmente em confronto com o teor do artigo 258.° do CPI (artigo 207.°

---

[10] Cfr. por exemplo o artigo 10.° do RMC, ainda que nestes casos, o titular da marca, deve envidar todos os esforços no sentido de assegurar que na obra em questão seja feita referência ao facto de aquela denominação constituir uma marca registada, de modo a evitar que a mesma se possa tornar numa denominação genérica do bem em causa. É verdade que a vulgarização da marca como denominação genérica terá de ocorrer na vida comercial, isto é, junto dos consumidores destinatários daquele género de produtos ou serviços, mas também junto dos concorrentes. Contudo, a vulgarização da marca enquanto denominação genérica em obras literárias, científicas ou culturais, poderá contribuir para essa situação, ainda que a mesma se tenha de ficar a dever à inércia por parte do titular da marca. Quanto a este aspecto da vulgarização da marca cfr. NOGUEIRA SERENS, A *"vulgarização" da Marca na Directiva*, cit. pp. 88 ss, em particular, pp. 117 ss; LUÍS COUTO GONÇALVES, *Função Distintiva da Marca*, Colecção Teses, Almedina, 1999, pp. 103 ss.

[11] Aprovado pelo Decreto-Lei n.° 30679, de 24 de Agosto de 1940.

[12] Cfr. Parecer da Câmara Corporativa, cit. pp. 283 e ss, em particular, pp. 285 ss.

[13] Cfr. Parecer da Câmara Corporativa, cit. pág. 286.

do CPI 95), porquanto este não faz qualquer referência à *fácil* indução em erro, mas tão somente, à indução em erro[14]. Esta situação é ainda mais grave na medida em que o artigo 258.° resulta da transposição do artigo 5.°, n.° 1 da Directiva, estando assim o artigo 245.°, em dissonância com o que a Directiva pretendeu harmonizar. Em segundo lugar, já tivemos oportunidade de referir que a lei pune como crime os actos de contrafacção, imitação e uso indevido da marca, remetendo de certo modo o conceito de tais realidades para o artigo 245.° do CPI. A verdade, é que o artigo 258.° do CPI estabelece outros requisitos para as mesmas realidades, algo que parece ser atentatório da coerência e unidade que deve vigorar em qualquer ordenamento jurídico.

Quando pretendemos analisar a semelhança entre os sinais teremos de atender em concreto aos tipos de marca que temos em confronto. Podemos ter marcas nominativas (arbitrárias, de fantasia ou sugestivas), marcas gráficas ou figurativas e marcas mistas.

Já referimos que em geral, a imitação entre os sinais deve ser apreciada atendendo ao seu conjunto e não pelas dissemelhanças que poderão resultar de certos elementos considerados isoladamente[15]. Para termos

---

[14] Cfr. ANTÓNIO CÔRTE-REAL CRUZ, O *conteúdo e extensão do direito à marca: a marca de grande prestígio*, Direito Industrial – volume I, Associação Portuguesa de Direito Intelectual, Almedina, Coimbra, 2001, pp. 99 ss onde este autor nos fala da distinção entre a contrafacção e a imitação a propósito do risco de confusão, realçando a contradição existente com o artigo 207.° do CPI 95 (artigo 258.° do novo código), porquanto o artigo 193.° do CPI 95 (artigo 245.° do novo código) apresentava exigências que não se encontravam no artigo 207.° (artigo 258.° do novo código), a saber, a *manifesta* afinidade – 193.°, n.° 1 alínea b) do CPI 95 – expressão que foi suprimida no novo código – artigo 245.°, n.° 1 alínea b) – e a *fácil* indução do consumidor em erro – 193.°, n.° 1 alínea c) do CPI 95 – expressão que permanece na redacção do novo código – artigo 245.°, n.° 1 alínea c).

[15] A propósito da apreciação pelos Tribunais da questão da imitação entre os sinais, discutia-se na doutrina e na jurisprudência se a mesma correspondia a uma questão de direito ou a uma questão de facto. Pensamos que esta questão se encontra bem resolvida no Acórdão do STJ de 24 de Maio de 1990, BMJ 397.°, 506, neste acórdão o Supremo Tribunal considerou que as instâncias quando apreciam as semelhanças ou dissemelhanças entre os sinais em causa, não estão a decidir a matéria de facto, mas tão somente a constatar factos, enunciando aquilo que é igual, parecido ou desigual nos sinais em confronto. Não é uma questão de facto, porque nada há a provar, mas sim a constatar. Por seu lado, a qualificação jurídica como *imitação*, é uma questão de direito, na medida em que a mesma corresponde a um juízo de valor e de aplicação de uma norma legal. Como refere o Acórdão do STJ de 4 de Outubro de 1994, BPI 4/95, pp. 1382 ss, a imitação de marcas é um conceito jurídico, pelo que caberá ao tribunal de revista reapreciar se há ou não essa imitação. A este respeito cfr. OEHEN-MENDES, *Breve Apreciação e Desenvolvimento do Direito Industrial em Portugal no último decénio*, Actas de Derecho Industrial, n.° 8, 1982, pp. 100 ss.

imitação, a lei exige que a marca tenha semelhança gráfica, figurativa ou fonética com outra já registada, interessando sobretudo, uma semelhança do conjunto que não obsta a que cada um dos elementos singulares seja diferente[16].

Teremos de distinguir duas situações, por um lado, aqueles casos, em que os consumidores se deparam com as duas marcas em confronto simultaneamente. Nestes casos, quando as marcas se confundam, estaremos certamente perante uma imitação. Contudo, na maioria dos casos, o consumidor não se depara com as duas marcas simultaneamente, o que lhe possibilitaria, de uma forma mais eficaz, a distinção entre as mesmas. "Com efeito, o consumidor, quando compra determinado produto marcado com um sinal semelhante a outro que já conhecia, não tem à vista (em regra) as duas marcas, para fazer delas um exame comparativo. Compra o produto por se ter convencido de que a marca que o assinala é aquela que retinha na memória"[17].

Este juízo sobre a semelhança entre os sinais deverá ser formulado na óptica do consumidor médio, enquanto destinatário preferencial dos produtos ou serviços em questão. Não é um juízo formulado por um técnico do sector, nem por uma pessoa especialmente atenta, mas pelo público consumidor, entidade que se concebe distraída. Será assim um juízo formulado segundo a perspectiva de um consumidor médio, nem especialmente informado e perspicaz, nem excessivamente distraído[18]. Quanto a este aspecto penso que será de toda a importância transcrever uma parte do Acórdão do STJ de 2 de Março de 1999[19]: " III – Deve evitar-se pois que outro comerciante adopte uma marca que ao olhar distraído do público possa apresentar-se como sendo a que ele busca".

---

[16] Acórdão do STJ de 13 de Fevereiro de 1970, BMJ 194.°, 237 e sentença do Tribunal do Comércio de Lisboa, de 13 de Julho de 2001, BPI 5/2002, pp. 1787 ss.
[17] FERRER CORREIA, Lições de Direito Comercial, Reprint, Lex, 1994, pág. 188. Esta passagem do manual do professor Ferrer Correia, é frequentemente citada pela nossa jurisprudência, a propósito do conceito de imitação. Cfr. por exemplo sentença do 2.° Juízo do Tribunal do Comércio de Lisboa, de 28 de Junho de 2001, BPI 5/2002, pp. 1742 ss.; 2.° Juízo do Tribunal do Comércio de Lisboa, de 4 de Fevereiro de 2002, BPI 5/2002, pp. 1746 ss.
[18] Cfr. sentenças do 2.° Juízo do Tribunal do Comércio de Lisboa, de 28 de Junho de 2001, BPI 5/2002, pp. 1742 ss; 2.° Juízo do Tribunal do Comércio de Lisboa, de 4 de Fevereiro de 2002, BPI 5/2002, pp. 1746 ss; Tribunal do Comércio de Lisboa, de 13 de Julho de 2001, BPI 5/02, pp. 1758 ss; Acórdão do STJ, de 3 de Maio de 2001, BPI 5/2002, pp. 1760 ss.
[19] Citado no Acórdão da RL, de 31 de Maio de 2001, BPI 5/2002, pp. 1761 ss.

A doutrina apresenta alguns critérios que deverão ser aplicados consoante o tipo de marcas que pretendemos confrontar[20]. Se estivermos perante uma marca nominativa, deveremos abstrair-nos das expressões da natureza genérica, descritiva ou de uso comum, limitando-nos à apreciação da restante parte do sinal[21]. Devemos considerar, em primeiro lugar, a semelhança fonética, uma vez que os elementos nominativos são retidos na memória sobretudo pelos fonemas que os compõem em detrimento da respectiva grafia[22].

Em relação às marcas gráficas ou figurativas deveremos atender ao modo de apresentação da mesma. Este aspecto é importante na medida em que dois sinais figurativos poderão ser idênticos, tendo deste modo, uma identidade conceptual, mas o modo pelo qual os mesmos são representados na marca, poderão ser suficientes para afastar o risco de qualquer confundibilidade sobre os mesmos.

Acrescente-se que pode existir semelhança entre sinais sem que exista semelhança gráfica, figurativa ou fonética, mas em que existe uma semelhança conceptual. Nestes casos, o risco de confusão surge da associação de ideias, na medida em que os sinais em confronto são susceptíveis de provocar a mesma imagem ou sugestão[23].

Poderá igualmente existir uma imitação entre uma marca figurativa e uma marca nominativa, na medida em que a marca figurativa "evoque de

---

[20] FERRER CORREIA, *Lições de Direito Comercial*, cit. pp. 189 ss; LUÍS COUTO GONÇALVES, *Direito de Marcas*, Almedina, Coimbra, 2000, pp. 131 ss.

[21] Acórdão da RL, de 26 de Junho de 2001, BPI 5/2002, pp. 1751 ss em relação às marcas *FOCUS* e *MICRO FOCUS*. Entendeu o Tribunal que as expressões *MICRO* e *FOCUS*, individualmente consideradas tinham carácter genérico ou descritivo, pelo que a qualificação da imitação não poderia passar pela apreciação destas expressões isoladamente. O mesmo aconteceu na sentença do Tribunal do Comércio de Lisboa, de 2 de Julho de 2001, BPI 5/2002, pp. 1756 ss em relação às marcas *Aliseo* e *Aliseo Pro*, tendo o Tribunal considerado que a expressão *Pro* é destituída da originalidade e de capacidade distintiva, pelo que essa diferença não releva para a aferição da imitação.

[22] Acórdão do STJ, de 16 de Julho de 1976, BMJ 259.°, 239.

[23] Cfr. Acórdão do STJ, de 1 de Junho de 1969, BMJ 189.°, 298, sobre as marcas *One-Up* e *Seven-Up* ou *7 Up*. Para este e outros exemplos, LUÍS COUTO GONÇALVES, *Direito de Marcas*, cit. pp. 138 ss. (nota n.° 326), CARLOS OLAVO, *Propriedade Industrial*, Almedina, Coimbra, 1997, pág. 55. A propósito do exemplo referido nesta nota, o Tribunal considerou que a marca *One Up* foi inspirada na segunda, o que determinaria como inevitável a confusão ou o erro dos consumidores, que seriam levados a supor que se tratavam de refrigerantes produzidos pelo mesmo industrial ou por concessão dele.

maneira inequívoca e directa um conceito e a marca nominativa constitua a denominação evidente, espontânea e completa desse conceito"[24].

Por fim no caso das marcas mistas, deveremos atender aos elementos prevalecentes na mesma, isto é, aqueles que permaneçam na memória do público. Acabam por relevar pouco os pormenores que de algum modo as diferenciam, considerados isoladamente, o que sobretudo releva é a impressão do conjunto, a semelhança do todo, pois é ela que sensibiliza o público consumidor[25].

Por outro lado, a semelhança entre os sinais poderá ser agravada quando pretendemos confrontar uma marca posterior com uma marca notória anterior. É porque as marcas notórias deixam na memória do público uma recordação persistente e, consequentemente, o risco de confusão quanto à imitação poderá ser maior. Deixaremos contudo estes casos quando analisarmos o regime específico das marcas de prestígio.

2.2. A Afinidade Merceológica

Analisemos agora uma outra questão relacionada com o princípio da especialidade – a afinidade entre os produtos ou serviços. Este aspecto encontra-se focado não apenas nos artigos 4.°, n.° 1 alínea b) e 5.°, n.° 1 alínea b) da Directiva, mas também nos artigos 239.° alínea m), 245.°, n.° 1 alínea b) e 258.° do CPI (artigos 189.°, n.° 1 alínea m), 193.°, n.° 1 alínea b) e 207.° do CPI 95).

Em relação a estes artigos podemos desde já adiantar que o artigo 193.°, n.° 1 alínea b) do CPI 95 estava em dissonância face aos preceitos da Directiva. Efectivamente notava-se no artigo 193.°, n.° 1 alínea b) do CPI 95, uma referência à afinidade *manifesta*, exigência que não é feita pela Directiva, na sua função harmonizadora (esta expressão foi suprimida na redacção do novo código – artigo 245.°, n.° 1 alínea b) e n.° 2).

Interessa por isso compreender em que consiste a afinidade entre produtos ou serviços. Deste modo, transcrevemos o artigo 258.° do CPI, para uma melhor apreensão das nossas reflexões.

---

[24] Neste sentido se manifestou a sentença do 6.° Juízo Cível da Comarca de Lisboa, de 23 de Julho de 1979, BPI 10/79, pág. 1722, na qual o Tribunal considerou que a marca figurativa com um pinguim era uma imitação da marca nominativa *Pinguim*.

[25] Acórdão do STJ, de 9 de Dezembro de 1982, BMJ 321.°, 408; sentença do Tribunal do Comércio de Lisboa, de 28 de Novembro de 2000, BPI 5/2002, pp. 1784 ss a propósito das marcas *Smirnoff* e *Smirnov*; acórdão da 1.ª Vara Cível da Comarca de Lisboa, de 18 de Maio de 2001, publicada no BPI 5/2002, pág. 1774.

Numa redacção que procedeu à transposição o artigo 5.º, n.º 1 da Directiva para o nosso ordenamento jurídico, versa o artigo 258.º no sentido de "o registo da marca *conferir* ao seu titular o direito de impedir terceiros, sem o seu consentimento, de usar, no exercício de actividades económicas, qualquer sinal igual, ou semelhante, em produtos ou serviços idênticos ou afins daqueles para os quais aquela foi registada, e que, em consequência da semelhança entre os sinais e da afinidade dos produtos ou serviços, possa causar um risco de confusão, no espírito do consumidor".

Este artigo consagra em pleno o princípio da especialidade[26]. A jurisprudência tende a considerar o conceito de afinidade realçando o facto de os produtos ou os serviços terem de ser concorrentes no mercado, tendo a mesma utilidade e fim. Neste sentido manifestou-se o acórdão do STJ, de 3 de Julho de 1970[27], neste acórdão, o Tribunal considerou que, na ausência de definição legal para o conceito de afinidade, teriam que ser tomados em conta os destinos e aplicações dos bens, ou seja, a sua utilidade e fim.

---

[26] A redacção dada à 2.ª parte do artigo 207.º do CPI 95 era muito discutível. A primeira parte do artigo 207.º correspondia à alínea a) do n.º 1 do artigo 5.º da Directiva. A segunda parte deveria corresponder à transposição da alínea b) do mesmo preceito, só que apresentava uma diferença de redacção considerável. Ao passo que a Directiva apresenta dois requisitos cumulativos (identidade ou semelhança do sinal *e* identidade ou afinidade dos produtos ou serviços), o artigo 207.º 2.ª parte do CPI 95, apresentava os mesmos dois requisitos mas em alternativa, porquanto os mesmos se encontravam separados pelo disjuntivo *ou*. Esta alteração poderia dar azo a uma interpretação diferente na medida em que possibilitaria um âmbito de aplicação distinto. Ao separar os requisitos através do disjuntivo *ou*, a nossa lei, poderia ter criado situações bem distintas. De facto, tal diferença, poderia querer significar que o titular de uma marca poderia proibir *ou* consentir que um terceiro usasse um sinal idêntico ao seu, na sua actividade económica, independentemente da identidade ou afinidade dos produtos ou serviços, bastando para isso a identidade ou semelhança do sinal, ou pior, a redacção do preceito poderia permitir atribuir ao titular da marca, o direito de proibir que um terceiro pudesse usar uma outra marca, mesmo que fosse totalmente diferente, desde que existisse uma identidade ou afinidade entre os produtos ou serviços. Neste caso, Portugal teria transposto o artigo 5.º, n.º 2 da Directiva, de uma forma ainda mais ampla, na medida em que essa situação se poderia aplicar a todo e qualquer tipo de marca e não apenas às marcas de prestígio, voltaremos a esta questão quando analisarmos a excepção ao princípio da especialidade que é conferida às marcas de prestígio. Felizmente, a redacção dada ao novo código, corrigiu estas incorrecções que foram suprimidas – cfr. artigo 258.º

[27] BMJ 196.º, 265. Neste Acórdão o Supremo considerou que a afinidade entre os produtos ou serviços não depende do critério de classificação dos bens em causa, nem da classe onde os mesmos se inserem, realidade que pode hoje ser confirmada no artigo 245.º, n.º 2 do novo código.

Podemos enumerar outros critérios como o sejam, a natureza e as características próximas entre os produtos ou serviços em causa, ou mesmo o critério dos circuitos e hábitos de distribuição dos produtos ou serviços, visto como um critério suplementar nas sentenças do 8.º Juízo Cível da Comarca de Lisboa, de 16 de Junho de 1978[28], do 10.º Juízo Cível da Comarca de Lisboa, de 30 de Janeiro de 1979[29] e do Acórdão da 1.ª Vara Cível da Comarca de Lisboa, de 18 de Maio de 2001[30], assim como os estabelecimentos em que são comercializados os produtos ou prestados os serviços, o próprio preço e o tipo de consumidores aos quais os mesmos se dirigem.

Para se apurar sobre a identidade ou afinidade dos produtos devemos saber se os bens em causa têm a mesma utilidade e fim, ou seja, se são complementares. Deve-se igualmente atender à natureza e destinos dos mesmos, às modalidades de utilização, aos locais de fabrico e venda e aos circuitos comerciais (no sentido de poder atribuir-se aos produtos em causa, a mesma origem ou fonte produtiva)[31]. O conceito de afinidade entre produtos ou serviços será mais evidente quando os mesmos forem manifestamente concorrentes no mercado, tendo a mesma utilidade e fim[32]. "Porém tal critério mostra-se insuficiente na medida em que não tem em conta os valores essenciais da propriedade industrial, em especial, não tem em conta a finalidade essencial das marcas: a finalidade distintiva"[33].

---

[28] BPI 1/79, pág. 5 (caso das marcas *NIRITRAM / NIRAMT*, para produtos farmacêuticos).

[29] BPI 1/79, pág. 6 (caso das marcas *NORMAL / NORMALIAN*, para produtos farmacêuticos).

[30] BPI 5/2002, pág. 1774.

[31] Cfr. sentença do 2.º Juízo do Tribunal do Comércio de Lisboa, de 4 de Fevereiro de 2002, BPI 5/2002, pp. 1746 ss; sentença do Tribunal da Comarca de Lisboa, de 17 de Abril de 2001, BPI 5/2002, pp. 1771 ss.

[32] Cfr. Acórdão do STJ, de 12 de Março de 1991, BMJ 405.º, 492, Acórdão da RL, de 19 de Janeiro de 1999, BPI 5/99, pp. 1839 ss. No mesmo sentido se manifesta JUSTINO CRUZ, quando refere que em primeiro lugar se deve atender à função ou aplicação dos produtos ou serviços em confronto, o que nos levará necessariamente a perguntar se existe entre os bens em causa, "uma clientela comum", faz este autor uma remissão para a sentença do 5.º Juízo Cível de Lisboa, de 2 de Fevereiro de 1961, BPI 2/61, pág. 140 ss, na qual o Tribunal entendeu não existir erro ou risco de confusão, quando um dos produtos se destina a ser vendido dentro do país e o outro se destina à exportação – *Código da Propriedade Industrial*, cit. pág. 210.

[33] Cfr. sentenças do Tribunal do Comércio de Lisboa, de 13 de Julho de 2001, BPI 5/2002, pp. 1758 ss e pp. 1785 ss. Parece ser também este o entendimento de JUSTINO CRUZ

Naturalmente que o conceito de afinidade será mais evidente nos casos em que exista uma relação de substituição, complementaridade, acessoriedade ou derivação entre os produtos ou serviços, ou mesmo entre produtos e serviços[34].

Existirá uma relação de substituição quando o resultado a alcançar com a utilização de uma certo bem, puder ser, razoavelmente, alcançado com recurso a outro bem (azeite e óleo alimentar). Teremos uma relação de complementaridade, quando os bens em causa, sejam integrados no mesmo circuito de fabrico (fiações e confecções) ou em que as utilidades dos bens se possam complementar (CD e leitor de CD's). Haverá uma relação de acessoriedade quando certos bens apenas tenham utilidade económica quando ligados a outros (bens acessórios da indústria automóvel). Existe uma relação de derivação, quando certos bens têm uma origem material comum (bens derivados do leite).

PEDRO SOUSA E SILVA, considera que terá de existir entre os produtos ou serviços em causa, "um grau mínimo de elasticidade cruzada da procura"[35]. Este autor chega mesmo a citar uma comunicação da Comissão

---

que refere que, mesmo nos casos em que não existe confusão por parte dos consumidores, isto não significa que os mesmos não sejam afins, porquanto os consumidores poderão razoavelmente atribuir uma origem comum aos produtos em causa – *Código da Propriedade Industrial*, pág. 211. Estes casos prendem-se essencialmente com a relação entre matérias-primas e os produtos fabricados com essas matérias-primas. Também aqui existe uma disparidade na nossa jurisprudência, por exemplo, o STJ decidiu em 12 de Janeiro de 1973, que existe afinidade entre confecções e vestuário (BPI 1/73, pp. 7 ss), mais tarde, em 21 de Maio de 1981, o mesmo Tribunal e para o mesmo tipo de produtos, entendeu que não existia afinidade (BMJ 307.°, 291).

[34] Quanto à possibilidade de existir afinidade entre um produto e um serviço, cfr. acórdão do STJ, de 9 de Abril de 1992, BPI 1/93, pp. 9 ss; em oposição, os Acórdãos da Relação de Lisboa, de 11 de Março de 1993 e 20 de Março de 1997, publicados respectivamente nos BPI 7/93 e 7/97 a pp. 3450 ss e 2541 ss (respectivamente). Para um maior desenvolvimento sobre esta matéria cfr. LUÍS COUTO GONÇALVES, *Função Distintiva da Marca*, cit. pp. 189 ss; COUTINHO DE ABREU, *Curso de Direito Comercial*, Volume I, 3.ª edição, Almedina, Coimbra, 2002, pp. 369 ss; ALDO LEVI, *L'affinità tra prodotti e servizi*, RDI, 1995-II, pp. 345 ss (em comentário à decisão da *Corte di Cassazione*, de 21 de Março de 1995); SOARES MARTINEZ, *Economia Política*, 6.ª edição, Almedina, 1995, em particular, pp. 94 ss.

[35] *O Princípio da Especialidade das Marcas*, cit. pág. 397. Sobre este conceito cfr. SOARES MARTINEZ, *Economia Política*, cit. pp. 628 ss. Refere este professor de direito que "nos juízos dos compradores sobre a importância dos bens relativamente às necessidades a satisfazer, há-de pesar o conhecimento da existência de *sucedâneos*. Se os houver, a *procura* tenderá a ser mais elástica. Porque se o preço do vinho aumentar consumir-se-á mais cerveja, porque se o preço do azeite aumentar consumir-se-ão mais outros óleos, etc. Inversamente, a *complementaridade* dos bens tenderá a reduzir a *elasticidade* da sua procura".

Europeia que me parece relevante, pelo que a transcrevo: "o mercado de um produto abrange a totalidade dos produtos que, tendo em conta as suas características, são particularmente adequados para satisfazer necessidades constantes e são até certo ponto intersubstituíveis com outros produtos em termos de preço, uso e preferência dos consumidores. Um exame que se limite apenas às características objectivas dos produtos em causa não será suficiente: as condições de concorrência e a estrutura da oferta e da procura no mercado devem ser tomadas em consideração".

Como podemos verificar não existem critérios que sejam suficientemente rigorosos de modo a impedir as inúmeras divergências que podemos encontrar na nossa jurisprudência[36].

Não poderemos igualmente, deixar de chamar a atenção para um aspecto que nos parece relevante, a saber, o binómio da relação de afinidade entre marcas e entre produtos ou serviços.

Efectivamente, quando falamos de afinidade entre produtos ou serviços, sendo certo que a mesma não se pode delimitar face às classes em que os mesmos se encontram inscritos (artigo 245.°, n.° 2 do CPI), estamos a referir-nos a um dos elementos que nos ajuda a delimitar o âmbito do princípio da especialidade e igualmente da função distintiva da marca. Ou seja, não poderão, em teoria, existir duas marcas idênticas ou semelhantes, apostas em produtos ou serviços que sejam merceologicamente afins.

Questão diferente é saber se a mera afinidade entre marcas, mesmo quando estas são apostas em produtos ou serviços não afins, do ponto de vista merceológico, é ou não relevante em termos jurídicos. Neste caso, estaremos perante um outro tipo de afinidade. A resposta a esta questão será dada, quando analisarmos o âmbito da protecção jurídica que é dada às

---

[36] A título meramente ilustrativo podemos enunciar alguns que nos parecem ser suficientemente elucidativos: Há afinidade entre farinhas alimentícias e chocolates (5.° Juízo Cível de Lisboa, de 29 de Outubro de 1960 – BPI 12/60, pág. 1270 ss) mas não há semelhança entre farinha e pão (Acórdão da RL, de 1 de Fevereiro de 1957 – Jurisprudência da Relação, 3.°, pág. 96); não há confusão possível entre uma marca de cerveja e uma de água mineral, natural ou gaseificada (Acórdão da RL, de 10 de Março de 1967 – BPI 4/67, pág. 548 ss) mas há afinidade manifesta entre águas minerais ou gasosas e cerveja (11.° Juízo Cível de Lisboa, de 13 de Fevereiro de 1964 – BPI 3/64, pág. 301) e entre cerveja e refrigerantes (2.° Juízo Cível de Lisboa, de 3 de Novembro de 1981 – BPI 3/82, pág. 459 ss); não há afinidade entre aguardente velha e vinho do Porto (Acórdão da RL, de 18 de Fevereiro de 1966 – BPI 5/66, pág. 687 ss) vinho verde e vinho espumante não são afins (1.° Juízo Cível de Lisboa, de 30 de Março de 1955 – BPI 4/55, pág. 286 ss) mas há afinidade manifesta entre aguardentes e vinhos, vinhos espumantes naturais ou espumosos e licores (4.° Juízo Cível de Lisboa, de 3 de Julho de 1964 – BPI 7/64, pág. 911 ss).

marcas de prestígio e que poderá consubstanciar uma protecção à função publicitária das marcas, representando desse modo, uma excepção ao princípio da especialidade das marcas.

2.3. *O Risco de Confusão e o Risco de Associação*

Quando se fala de risco de confusão, podemos falar em sentido estrito ou em sentido amplo. Em sentido estrito directo, o risco de confusão compreende a situação em que o consumidor toma uma marca pela outra, confundindo-as pura e simplesmente.

Podemos falar de risco de confusão em sentido estrito indirecto, nos casos em que o consumidor toma uma marca como simples modificação de outra, pensando assim, que aquelas marcas são provenientes da mesma fonte produtiva. É natural que grandes empresas, utilizem várias marcas individuais para cada um dos seus produtos, que não são mais do que pequenas modificações umas das outras – são as chamadas marcas de série.

Já o risco de confusão em sentido amplo pressupõe que o consumidor não confunde as marcas, não confundindo consequentemente a origem dos produtos ou serviços, mas em que é levado a pensar, que face à similitude das mesmas, existe entre essas fontes produtivas algum tipo de relação jurídica, comercial ou económica (pode por exemplo pensar que se trata de um grupo de empresas).

O risco de associação integra-se nas hipóteses de risco de confusão em sentido amplo e em sentido estrito indirecto[37]. Em relação ao citado acórdão do TJCE (cfr. nota anterior), o mesmo procurou precisar o âmbito de aplicação do artigo 4.º, n.º 1 alínea b) da Directiva, mas cujas conclusões podem ser aplicadas de igual modo ao artigo 5.º, n.º 1 alínea b). Este acórdão resultou de um processo de recurso prejudicial interposto pelo *Bundesgerichtsof* (BGH – Supremo Tribunal Federal Alemão), no qual o mesmo colocou duas questões ao TJCE. Em primeiro lugar, o BGH questionava o TJCE no sentido de saber se para a existência de risco de confu-

---

[37] Sobre a problemática relativa ao risco de associação cfr. Caso C-251/95 *Sabel BV/Puma AG*, Rudolf Dassler Sport, de 11 de Novembro de 1977, CJTJ 1997, pág. I-6224, assim como Luís FERRÃO, *Marca Comunitária*, Almedina, Coimbra, 1999, pág. 8; Luís COUTO GONÇALVES, *Função Distintiva da Marca*, cit. pp. 89 ss. Cfr. igualmente COUTINHO DE ABREU, *Curso de Direito Comercial*, cit. pp. 372 ss e nota n.º 113; ANTÓNIO CÔRTE-REAL CRUZ, *O conteúdo e extensão do direito à marca: a marca de grande prestígio*, cit. pp. 99 ss; PEDRO SOUSA E SILVA, *O Princípio da Especialidade das Marcas*, cit. pp. 405 ss.

são de uma marca, composta por palavras e imagens, com outra marca registada apenas como imagem, para mercadorias idênticas e semelhantes, que não era notoriamente conhecida, bastaria uma identidade entre as duas imagens, no caso concreto, felinos selvagens a saltar. Em segundo lugar, pretendia saber como interpretar o conteúdo do artigo 4.°, n.° 1 alínea b) na parte em que o mesmo refere que o risco de confusão compreende risco de associação com a marca anterior[38].

Respondeu o TJCE no sentido de limitar a aplicação do artigo 4.°, n.° 1 alínea b) da Directiva, aos casos em que exista identidade ou semelhança entre os sinais em causa e identidade ou semelhança entre os produtos ou serviços em causa. Do enunciado da Directiva resultaria que o risco de associação não é alternativa ao risco de confusão, mas serve para delimitar o seu conteúdo. Assim não pode ser aplicado o preceito se, e pese embora exista risco de associação, não se verificar risco de confusão.

Por outro lado não nos podemos esquecer que a própria Directiva, no décimo considerando, refere que "é indispensável interpretar a noção de semelhança em relação ao risco de confusão; que o risco de confusão, cuja avaliação depende de numerosos factores e nomeadamente do conhecimento da marca no mercado, da associação que pode ser feita com o sinal utilizado ou registado, do grau de semelhança entre a marca e o sinal e entre os produtos ou serviços designados...".

Já tivemos oportunidade de referir que o risco de confusão terá de ser apreciado na óptica do consumidor médio, entidade que se concebe como sendo distraída[39], não interessando a análise de observadores perspicazes, capazes de fazer ligações que escapam à maioria das pessoas[40] e que a susceptibilidade de confusão se reporta aos sinais distintivos e não aos produtos ou serviços assinalados[41].

Não deixa contudo de ser verdade, que falarmos actualmente em risco de confusão, já não tem o mesmo significado que anteriormente. Efectivamente, face à incorporação do risco de associação, ainda que ligado ao risco de confusão, o entendimento sobre este último, tornou-se

---

[38] Cfr. LUÍS COUTO GONÇALVES, *Função Distintiva da Marca*, cit. pp. 91 ss (nota n.° 151).

[39] Para outros exemplos de jurisprudência cfr. JUSTINO CRUZ, *Código da Propriedade Industrial*, cit. pp. 229 ss.

[40] Acórdão do STJ, de 25 de Novembro de 1955, BMJ 52.°, 663 e Acórdão do STJ, de 18 de Novembro de 1975, BMJ 251.°, 187.

[41] Sentenças do Tribunal do Comércio de Lisboa, de 13 de Julho de 2001, BPI 5/2002, pp. 1781 ss e pp. 1785 ss.

mais amplo. Eventualmente, teria sido preferível ao legislador português ter mantido a expressão *manifesta*, na alínea b) do n.º 1 do artigo 245.º do CPI, como forma de reforçar a necessidade de se verificar a confusão na mente dos consumidores.

3. A Excepção ao Princípio da Especialidade – As Marcas de Prestígio[42]

Nem todas as marcas são iguais. Existem marcas, que por pertencerem às *grandes* empresas, são marcas *fortes* do ponto de vista comercial, isto porque os seus titulares possuem capacidade financeira para suportar campanhas publicitárias, que facilitam o acesso da marca ao consumidor. Essas marcas, pelo seu uso e pela sua força atractiva, tornam-se marcas conhecidas, mesmo fora do círculo dos consumidores dos produtos ou serviços a que se destinam.

Por outro lado temos marcas *fracas*, uma vez que os seus titulares correspondem em regra, a *pequenas* e *médias* empresas, que não possuem capacidade financeira, para publicitar a marca junto do consumidor do mesmo modo que as *grandes* empresas, tornando-se estas, consequentemente, menos conhecidas e como tal, mais *fracas* do ponto de vista comercial.

Existem marcas que, por si só, são capazes de atrair os consumidores, são marcas que possuem uma capacidade atractiva ou sugestiva considerável. Esta capacidade atractiva pode mesmo existir sem que a marca seja alvo de publicidade, corresponde à marca que em si mesma e só por

---

[42] Não pretendemos distinguir as marcas de prestígio em relação às marcas célebres ou notórias. De fora do nosso estudo ficarão assim, os critérios de classificação de uma marca como célebre ou de prestígio. Não deixamos contudo, de enunciar alguns dos requisitos que tradicionalmente são apontados como necessários para a qualificação de uma marca como de prestígio. Em primeiro lugar parece-nos que terá de ser uma marca muito conhecida junto dos consumidores em geral e não apenas junto dos consumidores que em particular o produto ou o serviço se dirige preferencialmente. Deste modo, estas marcas terão que ter uma notoriedade superior àquela que é exigida às marcas enunciadas no artigo 241.º do CPI (artigo 190.º do CPI 95) e artigo 6.º *bis* da CUP. Em segundo lugar, deverá ser uma marca com grande originalidade, ou seja, em que o seu uso não esteja banalizado ou vulgarizado, ainda que para produtos ou serviços distintos. Não pretendemos aprofundar muito mais esta análise, porquanto este tema poderá ser alvo de um outro estudo. Contudo e em relação a esta matéria será importante analisar as reflexões realizadas por Nogueira Serens, *A "vulgarização" da Marca na Directiva*, cit. pp. 133 ss.

si é capaz de atrair os consumidores, sem que necessite recorrer aos meios publicitários para conseguir essa força atractiva.

Os elementos que constituem a marca são suficientemente atractivos, permitem mesmo que os consumidores os associem, por exemplo, a personagens históricos, a personagens fictícios (por exemplo, da banda desenhada) ou mesmo a personagens reais do nosso tempo. Este elemento atractivo poderá ser extremamente importante na medida em que pode ser o elemento decisivo na escolha do consumidor, quando confrontado com uma variedade de produtos do mesmo género, em que o preço e a qualidade dos mesmos são idênticos. É o que a doutrina anglo-saxónica chama de *selling power*.

Esta capacidade atractiva da marca poderá ser posteriormente aumentada, com o recurso aos meios publicitários (onde mais uma vez iremos assistir a uma separação entre as marcas das *grandes* empresas e as marcas das *pequenas* e *médias* empresas) dependendo igualmente da actividade desenvolvida pelo titular da marca, em particular quanto ao uso da mesma.

Contudo será importante frisar, que estas marcas que possuem grande força atractiva e que por força da publicidade se tornam em marcas conhecidas e comercialmente fortes, desempenham uma grande função económica, para além do importante activo que representam para as empresas[43].

Teremos agora de perguntar se esta capacidade sugestiva das marcas (pelo menos das marcas mais *conhecidas*), para além de desempenhar um importante papel do ponto de vista económico, também poderá desempenhar uma função juridicamente tutelada.

Antes da Directiva e a nível europeu, eram poucos os ordenamentos que previam a protecção dada às marcas notórias para além do princípio da especialidade. A jurisprudência e a doutrina de alguns países procuraram contudo garantir uma certa protecção às marcas mais *conhecidas*, através da relativização do conceito de afinidade ou do conceito de confusão quanto à proveniência dos produtos ou serviços.

Efectivamente, em determinados casos, poderia haver um aproveitamento por parte de terceiros, no sentido de utilizarem um sinal idêntico ou semelhante ao de uma marca renomada, procurando fazer crer aos consu-

---

[43] Cfr. a este propósito ANTÓNIO CÔRTE-REAL CRUZ, *O conteúdo e extensão do direito à marca: a marca de grande prestígio*, cit. pág. 81 (nota n.º 1).

midores que os seus produtos seriam provenientes da mesma empresa que produz os bens aos quais era aposta a marca renomada.

O facto de uma marca ser mais conhecida do que outra poderia ser elemento condicionador da afinidade entre produtos ou serviços[44]. A necessidade de proteger mais intensamente as marcas *fortes* do ponto de vista comercial levou a doutrina e a jurisprudência a relativizar o conteúdo de afinidade entre bens, em virtude de o risco de confusão (em sentido amplo ou restrito) poder ser maior nessas marcas (ainda que nestes casos estejamos mais próximos do risco de associação e não de confusão em sentido estrito directo).

Deste modo, poderíamos ter situações, em que um produto não seria considerado afim de outro, caso a marca anterior fosse uma marca *fraca* do ponto de vista comercial, podendo ser considerado afim, caso a marca anterior fosse considerada como *forte* do ponto de vista comercial.

A jurisprudência norte-americana chegou mesmo a fundamentar essa protecção, no facto de o consumidor médio, ao confrontar-se no mercado com bens marcados por uma marca idêntica ou semelhante a uma marca notória, poder razoavelmente supor que eles provinham da mesma fonte produtiva[45].

O Tribunal considerou então que para garantir a protecção dessa marca muito *conhecida* era necessário alargar o âmbito do conteúdo da afinidade merceológica, de modo a impedir que os consumidores pudessem associar ou pensar, que os bens marcados pela marca posterior, que era idêntica ou semelhante à marca renomada, seriam provenientes da mesma fonte produtiva. Relativizou-se assim o conceito de afinidade. Por

---

[44] A Alemanha no período anterior à Directiva representa um curioso exemplo, os Tribunais alemães aceitavam o facto de determinadas marcas serem mais conhecidas do que outras e que por isso mesmo, teriam de ser alvo de uma protecção diferente, porquanto o risco de confusão para os consumidores seria maior. Contudo não relativizaram o conceito de afinidade merceológica, chegaram a afirmar que os produtos ou serviços que não são afins, não passam a ser afins, só porque a marca anterior em comparação, é uma marca conhecida. Nesse sentido, para protegerem as marcas mais conhecidas recorreram a mecanismos fora do direito de marcas, por exemplo, através da concorrência desleal – caso da marca *Magirus* de 1955 (automóveis / instalações frigoríficas), da responsabilidade extracontratual e do direito à empresa. Para uma análise mais pormenorizada sobre a situação na Alemanha antes da Directiva, cfr. NOGUEIRA SERENS, *A "vulgarização" da Marca na Directiva*, cit., pp. 120 ss (nota 89); ANTÓNIO CÔRTE-REAL CRUZ, *O conteúdo e extensão do direito à marca: a marca de grande prestígio*, cit. pp. 106 ss.

[45] Era a chamada teoria dos *"related goods"*, cfr. NOGUEIRA SERENS, *A "vulgarização da Marca na Directiva*, cit. pp. 13 ss.

isso, afirmámos que bens que não seriam considerados afins, caso a marca anterior fosse pouco *conhecida*, poderiam ser considerados afins, caso a marca anterior fosse uma marca *conhecida*. O conceito de afinidade ficou assim condicionado pelo tipo de marca anterior, alargando-se a tutela do risco de confusão, não apenas aos produtos ou serviços, mas igualmente às fontes produtivas, algo que contudo se encontrava no âmbito da função distintiva da marca.

"Em última instância (...) o maior ou menor renome da marca cuja tutela está em causa, porque condiciona o risco de confusão sobre a origem dos produtos, acaba por (co)determinar a própria afinidade desses mesmos produtos"[46].

Naturalmente que esta protecção da marca renomada não podia ser ilimitada, algo que foi aceite pela jurisprudência norte-americana, francesa ou italiana, mas que parece ter sido esquecida pela portuguesa[47]. No-

---

[46] NOGUEIRA SERENS, A *"vulgarização" da Marca na Directiva*, cit. pág. 23.

[47] É verdade que na anterior legislação não existia nenhuma norma idêntica ao actual artigo 242.º (artigo 191.º do CPI 95), mas nem por isso a nossa jurisprudência, ainda que em poucos casos, deixou de afirmar, a necessidade de protecção excepcional, a certas marcas, que gozavam junto dos consumidores em geral, de uma reputação superior. Deste modo, e como diz PEDRO SOUSA E SILVA, surgiram algumas "decisões imaginosas dos Tribunais, que deparavam com casos de usurpação de notoriedade..." – cfr. *O Princípio da Especialidade das Marcas*, cit. pág. 413. Entre esses casos cfr. sentença do 16.º Juízo Cível da Comarca de Lisboa, de 5 de Março de 1981, publicada no BPI 10/1981, pp. 1980 ss, a propósito do pedido de registo da marca *Marlboro-Scotch Whisky*, destinada a assinalar bebidas, do qual resultou oposição do titular da marca *Marlboro*, para cigarros. O Tribunal veio a considerar, revogando a decisão da autoridade administrativa que a marca *Marlboro*, corresponde a uma das marcas mais conhecidas e publicitadas em todo o mundo para assinalar cigarros. Pelo que aparecendo no mercado outro produto assinalado por uma marca semelhante, ainda que para produtos distintos, poderia fazer incorrer em confusão o consumidor, que poderia pensar que as bebidas seriam provenientes da mesma empresa que produzia os cigarros; cfr. Ac. RL, de 3 de Julho de 1990, CJ, Tomo IV 1990, pp. 119 ss, que recusou o registo da marca *COKE*, para produtos de limpeza, higiénicos e perfumaria, por considerar que existia uma tutela excepcional dada à marca *COCA-COLA*, que era uma marca de excepcional renome e que por isso mesmo deveria ser protegida de forma mais intensa, de modo a impedir que se gerasse nos consumidores um risco de confusão em relação à proveniência de ambos os bens, mesmo que ambas as marcas se destinem a assinalar produtos diferentes e sem afinidade. Para estes exemplos cfr. NOGUEIRA SERENS, A *"vulgarização" da Marca na Directiva*, cit. pp. 21 ss.

Na medida em que no CPI de 1940 não existia um preceito objectivo para regular estas situações, os Tribunais recorreram ao instituto da concorrência desleal, algo que não parece razoável, quando entre os produtos ou serviços em causa, não existia qualquer relação de concorrência. Contudo estes casos representam uma excepção ao entendimento maioritário quer na doutrina quer na jurisprudência portuguesa. Efectivamente em Portu-

GUEIRA SERENS, chega mesmo a transcrever uma parte de uma sentença proferida por um Tribunal italiano sobre esta matéria: "O princípio da especialidade, que governa a tutela dos sinais distintivos não consente proibir o uso da marca ou denominação célebre de outrem para produtos que, por serem merceológicamente distintos quer dos objectos da produção originária, quer dos sectores de potencial expansão comercial do sinal imitado, não podem provocar no público qualquer confusão sobre a proveniência diferenciada dos produtos homónimos"[48].

Como facilmente se compreende, existe aqui uma limitação à protecção das marcas notórias, ou seja, em casos em que os sectores merceológicos sejam de tal modo distintos, não tem sentido a protecção.

Trata-se de um limite de bom senso, que a jurisprudência portuguesa não teve, pelo menos no conteúdo expresso da sentença e do acórdão citados. Mas esta protecção tem de ser vista dentro do próprio conteúdo do direito de marca. A função distintiva da marca não se limita a garantir a diferenciação entre os produtos ou serviços, mas visa de igual modo, garantir a distinção das fontes produtivas dos mesmos.

Assim, quando exista um risco de confusão (repita-se, quer em sentido amplo, quer em sentido restrito) quanto à fonte produtiva, nomeadamente em relação às marcas mais conhecidas, a função distintiva deve actuar e, consequentemente, deve ser proibido o registo de marcas idênticas ou semelhantes a estas, ainda que não para o mesmo género de produtos ou serviços (sempre com o limite do bom senso), porquanto os consumidores podem associar que todos esses produtos são provenientes da empresa que possui a marca renomada e por isso susceptíveis de apresentar as mesmas vantagens e qualidades.

Mas essa protecção encontra-se associada à função distintiva da marca, uma vez que esta tem de garantir a diferente proveniência dos produtos ou serviços. Trata-se de uma protecção que não é assegurada fora do conteúdo do direito de marca e que como tal deve ser justificada pelo risco de confusão e pela função distintiva.

---

gal, os Tribunais não aceitavam muito bem a possibilidade de tutelar a reputação excepcional das marcas renomadas, nos casos em que os produtos ou serviços em causa fossem totalmente distintos. Cfr. a sentença proferida pelo 1.º Juízo Cível da Comarca, de Lisboa de 15 de Novembro de 1962 e do Acórdão da RL, de 3 de Maio de 1963, que confirmou a sentença anterior, ambos publicados no Boletim da Propriedade Industrial 7/1963, pp. 846 ss.

[48] NOGUEIRA SERENS, A "vulgarização" da Marca na Directiva, cit. pp. 23 ss, citando sentença da Corte di Cassazione, de 24 de Março de 1983.

Não tem sentido relativizar o conteúdo de afinidade merceológica para protegermos as marcas renomadas e concluirmos posteriormente que em caso de violação de uma marca renomada temos um acto de concorrência desleal[49]. O âmbito de protecção especial que é garantido às marcas renomadas prende-se com o próprio conteúdo do direito de marca, sempre enquadrado pela própria função distintiva, ainda que com uma *flexibilização* do princípio da especialidade.

É uma situação que merece ser tutelada, mas ao contrário das decisões proferidas pela jurisprudência portuguesa a esse respeito, teremos de estabelecer certos limites, tal como foram determinados pela jurisprudência italiana[50], norte-americana[51] ou francesa. Existem certos sectores mer-

---

[49] Tal como aconteceu nos dois casos que citámos em relação à jurisprudência portuguesa. É verdade que no anterior código não existia nenhum artigo idêntico ao actual artigo 242.º (artigo 191.º do CPI 95), contudo alguns autores consideram que essa protecção poderia ter sido feito ao abrigo do artigo 93.º § 12.º (cfr. NOGUEIRA SERENS, *A "vulgarização" da Marca na Directiva*, cit. pp. 25 ss e PEDRO SOUSA E SILVA, *O Princípio da Especialidade das Marcas*, cit. pp. 413 ss (nota n.º 79)), ou do artigo 93.º, n.º 11 (cfr. JUSTINO CRUZ, *Código da Propriedade Industrial*, cit. pág. 261). Na verdade isto não veio a acontecer, tendo os nossos tribunais recorrido ao instituto da concorrência desleal, o que parece ser algo contraditório na medida em que tendo o Tribunal, em ambos os casos, considerado que havia necessidade de garantir uma tutela excepcional às marcas renomadas em causa, apesar de os produtos em confronto serem distintos, vem o mesmo fundamentar a situação com recurso ao instituto da concorrência desleal, que pressupõe uma disputa de clientela, algo que não aconteceria nos casos em apreço, visto tratarem-se de produtos pertencentes a ramos de negócio distintos. Cfr. a este propósito PINTO COELHO, *A protecção da marca notória e da marca de reputação excepcional*, RLJ, ano 92.º (1959-1960), pp. 3 ss.; OLIVEIRA ASCENSÃO, *Concorrência Desleal*, Almedina, 2002 e em *Concorrência Desleal*, Associação Académica da Faculdade de Direito de Lisboa, 1994; JUSTINO CRUZ, *Código da Propriedade Industrial*, cit. pp. 260 ss.

[50] Podemos salientar o caso em que a jurisprudência italiana considerou que os titulares das marcas *Veuve Cliquot Ponsardin, Don Perignon* e *Munn Cordon Rouge*, usadas para assinalar vinho espumante *Champagne*, não podiam impedir o uso das mesmas marcas, para assinalar respectivamente, espuma ou gel de banho. Cfr. NOGUEIRA SERENS, *A "vulgarização" da Marca na Directiva*, cit. pág. 24, e também REMO FRANCESCHELLI (citado por NOGUEIRA SERENS), *È proprio vero che il nome Champagne è in Italia di libere appropriazione come marchio a designare qualunque prodotto che non sia vino spumante?*, RDI, 1989-II, pp. 21 ss.

[51] Relativamente à jurisprudência norte-americana e após a promulgação do Trademark Act de 1905, podemos indicar como exemplos da relativização do conceito de afinidade merceológica em virtude do risco de confusão (em sentido amplo e restrito) quanto à proveniência dos bens, os casos das marcas *Yale* – 1928 (chaves e fechaduras / lanternas eléctricas e baterias); *Black & White* – 1963 (scotch whisky / cerveja); *Bacardi* – 1972 (rum / jóias); *K2* – 1976 (*esquis* / cigarros com filtro); *Jaguar* – 1991 (automóveis / água-

ceológicos que por serem tão distantes, não poderão ser considerados afins, mesmo num conceito relativizado, de outro modo, estaríamos a estabelecer um limite absoluto de protecção às marcas renomadas que não se justifica.

Contudo, outras situações de necessidade da protecção das marcas renomadas surgiram muito para além da confusão que se poderia gerar quanto à fonte produtiva dos produtos ou dos serviços em causa, quer fosse risco de confusão em sentido amplo ou em sentido restrito.

Existem casos em que os produtos ou os serviços são tão distintos que não se justifica falar na relativização do conceito de afinidade. Contudo, esses casos, poderão implicar igualmente, para além de um aproveitamento do prestígio da marca renomada por parte de um terceiro, um prejuízo ou uma vulgarização para a própria marca de prestígio.

Estes casos, não obstante a inexistência de qualquer risco de confusão em relação à proveniência dos bens em causa, corresponderiam a situações em que o *selling power* das marcas renomadas poderia ser afectado, pelo uso, por parte de um terceiro, de um sinal idêntico ou semelhante, ainda que para produtos ou serviços distintos. Nomeadamente poderia afectar a capacidade atractiva ou sugestiva da própria marca renomada.

Esta tutela surge assim fora do âmbito da função distintiva da marca, porquanto a sua fundamentação se baseia no prejuízo que poderá resultar para a capacidade sugestiva de uma marca (e não para a capacidade distintiva da mesma). Iremos concretizar melhor esta nova realidade, que teve aceitação nos Estados Unidos e na Alemanha, quando analisarmos melhor o conteúdo do artigo 5.º, n.º 2 da Directiva, no qual poderemos encontrar uma preocupação do legislador comunitário, em tutelar de forma autónoma, a função publicitária da marca, ainda que limitada aos casos das marcas de prestígio.

Contudo e até ao momento podemos enunciar uma importante conclusão, a saber, o facto de no período anterior à Directiva e, apesar da preocupação em tutelar de forma excepcional as marcas com mais renome, não existia um mecanismo legal uniforme na maioria dos países, que permi-

---

-de-colónia). Já não foram considerados afins, as marcas *Skol* e *Skola* – 1972 (cerveja / refrigerantes); *Fifty Fifty* – 1972 (refrigerantes / cigarros); *Notorious* – 1987 (vestuário de senhora / perfume); *Players* – 1984 (*sapatos* / roupa interior masculina); McDonald's e *Arche* – 1990 (restaurante fast-food / computadores pessoais; nestas última marca verificava-se a presença de um arco de cor dourada, que caracteriza igualmente a marca *McDonald's*).

tisse assegurar essa tutela. A Alemanha por exemplo assegurava essa tutela fora do âmbito do direito de marcas. Em Portugal, tal como vimos nos casos enunciados, essa tutela verificou-se no âmbito do instituto da concorrência desleal. Noutros ordenamentos jurídicos, essa tutela passou pela *flexibilização* do princípio da especialidade e pela relativização do conceito de afinidade merceológica, de modo a garantir uma tutela dentro do âmbito do direito de marcas. Com a Directiva, esta situação alterou-se.

No n.º 3 do artigo 4.º da Directiva encontramos enunciado o princípio da protecção das marcas de prestígio. Consiste na possibilidade de existir de o titular de uma marca comunitária anteriormente registada e que goze de prestígio na comunidade, poder opor-se à concessão do registo relativamente a uma marca idêntica ou semelhante à sua, mesmo que para produtos ou serviços distintos, desde que o uso da marca posterior procure, sem justo motivo, tirar partido indevido do carácter distintivo ou de prestigio da marca comunitária anterior.

Quando o preceito faz referência à possibilidade de aproveitamento da capacidade distintiva da marca, o mesmo pretende impedir que se gere um risco de confusão (quer em sentido estrito, quer em sentido amplo). Visa evitar que os consumidores possam confundir uma marca idêntica ou semelhante a uma marca de prestígio, pensando então, que os produtos aos quais é aposta essa marca, são produzidos pela mesma empresa (ou por uma empresa que mantenha com ela uma relação de natureza contratual, económica ou financeira) que é titular da marca de prestígio e, desse modo, pensando que os produtos ou serviços terão o mesmo nível de qualidade e as mesmas vantagens (ainda que sendo produtos ou serviços distintos).

Situação semelhante encontra-se no artigo 4.º, n.º 4 alínea a) da Directiva (apesar de este preceito não ser vinculativo para os Estados-membros), só que neste caso a marca de prestígio é uma marca nacional que goza de notoriedade no Estado-membro onde é feito o pedido de registo da marca posterior[52]. Diga-se também que em ambos os números referidos do artigo 4.º, se pressupõe na sua previsão, que o titular da marca posterior, tenha intenção de tirar partido do carácter distintivo ou do prestígio da marca anterior, ou que possa prejudicar a capacidade distintiva ou o prestígio da marca anterior.

---

[52] Refira-se que na versão portuguesa oficial da Directiva, publicada no JO n.º L 40/1, de 11 de Fevereiro, existe um *lapsus calamis*, onde se lê marca comunitária anterior, deve ler-se, marca nacional anterior.

Em Portugal, estes preceitos foram transpostos no artigo 242.º do CPI[53] (artigo 191.º do CPI 95). Mas é a propósito do regime aplicado a este tipo de marcas, que várias questões surgem relacionadas com a exis-

---

[53] Saliente-se a lucidez e capacidade de visão do legislador português, que optou por proceder à transposição do artigo 4.º, n.º 4 alínea a) da Directiva, de outro modo, a marca que apenas gozasse de prestígio em Portugal, ficaria sem a protecção que seria dada às marcas que gozassem de prestígio na Comunidade. Nota-se igualmente que as diferenças de redacção que existiam, face ao conteúdo dos preceitos da Directiva e da na nossa lei desapareceram no actual CPI. Efectivamente, o CPI 95 fazia referência expressa à identidade ou semelhança entre os sinais em causa, do ponto de vista *gráfico* e *fonético*. Algo que não acontece na Directiva, o que nos levaria a perguntar, se a identidade figurativa não seria relevante, porquanto a mesma é referida no artigo 245.º, n.º 1 alínea c) do CPI (artigo 193.º, n.º 1 alínea c) do CPI 95), como critério de aferição da semelhança entre sinais. Parece-nos que a referência expressa à semelhança *gráfica* e *fonética* no artigo 191.º não invalidava a relevância da semelhança figurativa como elemento de caracterização da semelhança. De igual modo, a nossa lei no artigo 191.º fazia referência a marcas de *grande prestígio* e não somente às marcas de *prestígio*. Não pretendemos reflectir se a utilização de expressões distintas poderia ou não traduzir realidades diferentes. Mas não deixaremos de frisar que na proposta inicial da Directiva constava a expressão *grande prestígio*, sendo que a supressão do qualificativo *grande* ficou a dever-se à posição assumida pelos representantes do Benelux. Quanto a estes aspectos cfr. PEDRO SOUSA E SILVA, *O Princípio da Especialidade das Marcas*, cit. pp. 427 ss (cfr. também notas n.º 126 e n.º 129).

Um outro aspecto importante referente ao artigo 245.º do CPI prende-se como expressão *marca anterior*. Isto significa que a marca de prestígio para ser protegida nos termos do preceito referido, terá de ser anterior à marca registanda. Ora, o artigo 245.º, não exige que a marca de prestígio esteja registada em Portugal, mas simplesmente que goze de prestígio na Comunidade ou em Portugal. Contudo parece-nos necessário, tal como é estipulado para as marcas notórias (cfr. artigo 241.º, n.º 2 – artigo 190.º, n.º 2 do CPI 95 – e como é estipulado pelo artigo 4.º, n.º 3 da Directiva na remissão que o mesmo faz para o artigo 4.º, n.º 2) que o titular de uma marca que goze de prestígio em Portugal e que pretende manifestar a sua oposição à concessão do registo a uma marca idêntica ou semelhante à sua, do qual poderá resultar um aproveitamento ou um prejuízo para a capacidade distintiva ou para o prestígio da mesma, deverá requer o registo em Portugal da sua marca que goza de prestígio no nosso país (tal como é expressamente consagrado no artigo 242.º, n.º 2 do novo código). De outro modo correr-se-ia o risco de o titular de uma marca de prestígio gozar de uma maior protecção em Portugal do que no próprio país onde registou a marca, porquanto em Portugal estaria sempre protegido mesmo que não solicitasse o registo da mesma.

Por outro lado parece-nos importante focar que a anterioridade da marca de prestígio terá de ser aferida a partir do momento em que a mesma adquiriu esse prestígio. Assim se o prestígio apenas foi adquirido num momento posterior ao pedido de registo de uma outra marca, não tem sentido falar em aproveitamento ou prejuízo para o prestígio, porquanto o mesmo não existia àquela data. Cfr. a este propósito o artigo 4.º, n.º 2 alínea d) da Directiva.

tência de outra função da marca – a função publicitária ou sugestiva. Esta situação não pode apenas ser analisada atendendo ao conteúdo do artigo 4.º, n.º 3 e n.º 4 alínea a) da Directiva, com correspondência no nosso artigo 242.º do CPI, mas igualmente a nível do artigo 5.º, n.º 2 da Directiva (artigo de transposição facultativa, que não tinha sido transposto em Portugal no CPI 95)[54].

No n.º 2 do artigo 5.º existe mais uma vez referência às marcas de prestígio, contudo o dispositivo do artigo 5.º, n.º 2 da Directiva, tal como o artigo 4.º, n.º 4 alínea a), não eram de transposição obrigatória para os Estados-membros. Este artigo refere-se à possibilidade do titular dessa marca de prestígio, se poder opor ao uso na vida comercial de sinal idêntico ou semelhante ao da marca de prestígio, feito por terceiro, sem o seu consentimento. Ao passo que no artigo 4.º, n.º 3 e n.º 4 alínea a) se faz referência à possibilidade do titular de uma marca de prestígio se poder opor à concessão do registo, como marca de um sinal idêntico ou semelhante ao da marca de prestígio[55].

Este aspecto é contudo de particular importância, ou seja, o artigo 4.º, n.º 3 e 4.º alínea a) da Directiva, aplicam-se aos casos em que um terceiro pretende registar como marca, um sinal idêntico ou semelhante ao de uma marca de prestígio. Em contrapartida, o artigo 5.º, n.º 2, aplica-se aos casos em que um terceiro, *usa na sua vida comercial*, um sinal idêntico ou semelhante ao de um marca de prestígio. Uso esse, que no nosso entender terá de ser visto, enquanto sinal distintivo, não havendo por parte desse terceiro qualquer interesse em solicitar o pedido de registo do sinal em causa, para os seus produtos ou serviços.

Esta expressão – *uso na vida comercial* – acaba por ser uma fronteira limitativa do alcance do direito do titular da marca. De facto, a atribuição do direito é limitada à possibilidade de o mesmo utilizar em regime de exclusividade o sinal, no âmbito da sua actividade comercial (que engloba, por exemplo, o uso da mesma em "anúncios luminosos, filmes publicitários, jornais, circulares, listas de preços, facturas,...")[56] e nunca fora da mesma. Assim, fica excluída do âmbito de aplicação desse direito, a fa-

---

[54] Ainda que a redacção dada ao artigo 207.º 2.ª parte do CPI 95 fosse muito discutível. Cfr. nossa nota n.º 26.

[55] Por esta razão, o artigo 4.º, n.º 3 e n.º 4 alínea a) utiliza expressões como: *procure (...) tirar partido* ou *possa prejudicá-los*, porquanto são situações previstas *a priori*, ou seja, no momento do registo. Pelo seu lado, o artigo 5.º, n.º 2 utiliza expressões como *tire partido* ou *prejudique*, porquanto pressupõe o uso do sinal.

[56] FERRER CORREIA, *Lições de Direito Comercial*, cit. pp. 199 ss.

culdade de se poder opor ao uso da marca em actividades não económicas ou comerciais (teria sido preferível que o legislador português tivesse consagrado no nosso ordenamento jurídico, mesmo que a título meramente exemplificativo, a enunciação de algumas situações que poderão ser consideradas como *uso na vida comercial*, tal como a Directiva o fez no artigo 5.°, n.° 3) feito por terceiros[57].

São várias as razões que fundamentam todos estes preceitos – por um lado, o aproveitamento sem justo motivo do carácter distintivo da marca de prestígio, isso verifica-se quando o terceiro pretenda fazer (erradamente) crer aos consumidores, que os seus produtos ou serviços assinalados por um sinal idêntico ou semelhante ao da marca de prestígio, provêm da mesma fonte produtiva ou de fontes produtivas contratualmente relacionadas; por outro lado, temos situações de aproveitamento do prestígio da marca que se traduz na tentativa por parte do terceiro, de transferir a imagem de qualidade e de credibilidade que a marca de prestígio tem junto dos consumidores, para os seus próprios produtos ou serviços (estas duas situações referidas podem e devem ser vistas dentro do princípio da especialidade, porquanto se pretende evitar o risco de confusão, ainda que não seja o risco de confusão em sentido estrito directo); em terceiro lugar temos os casos de prejuízo, que sem justo motivo, poderá resultar para a capacidade distintiva da marca de prestígio, será aquilo que poderemos chamar de diluição por obscurecimento e por fim o prejuízo que poderá resultar para o prestígio da própria marca, que poderemos chamar de diluição por descrédito.

Em primeiro lugar será importante configurar o que seja o *justo motivo* (será por certo chamar a atenção para o facto de a redacção dada ao novo código ter suprimido a expressão *justo motivo* – artigo 242.°). Imaginemos que temos alguém que procede ao registo da marca *x*. Contudo este empresário não tem capacidade financeira para publicitar a mesma. Trata-se de uma marca pouco conhecida pelos consumidores e que se torna ainda menos conhecida, quando o seu titular se vê obrigado, por motivos financeiros, a suspender a produção dos bens por um certo período de tempo (período de tempo esse que contudo, não atinge a previsão do artigo 10.°, n.° 1 da Directiva).

Posteriormente, um grande empresário pede o registo da marca *y*, idêntica ou muito semelhante à marca *x*, para outro género de produtos. Como a marca *x* era pouco conhecida e, aplicando a *regra* da relativização

---

[57] Cfr. em relação a este tema as nossas notas n.° 9 e 10.

do conceito de afinidade, nenhum obstáculo existiria para a concessão do registo, porquanto a marca anterior era pouco conhecida (ou seja, *fraca* do ponto de vista comercial) e a marca posterior destinava-se a produtos distintos.

Esta marca *y*, com o decorrer do tempo acaba por se tornar numa marca de prestígio, muito conhecida e publicitada. Entretanto, o titular da marca *x*, resolvidos os seus problemas financeiros, resolve reiniciar a produção dos seus bens, voltando a usar a sua marca, que é em tudo idêntica à marca de prestígio *y*. Neste caso, parece que o titular da marca *y* não poderá vir invocar os preceitos referidos da Directiva (em particular, o artigo 5.°, n.° 2), porquanto existe um justo motivo para o uso da marca *x*, que é, nem mais nem menos, o facto de a marca *x* ser anterior à marca de prestígio *y*[58].

Parece-nos a que a opção da Directiva é de considerar que não existe justo motivo nos casos de aproveitamento do prestígio da marca conhecida por terceiros e ainda dos casos em que se poderá gerar um risco de diluição da função distintiva e sugestiva da marca conhecida[59].

Quanto ao aproveitamento da capacidade distintiva da marca de prestígio, já tivemos oportunidade de analisar a mesma, compreende as situações em que um terceiro usa um sinal idêntico ou semelhante ao de uma marca de prestígio com o objectivo de criar junto dos consumidores, a (errada) convicção que os produtos ou os serviços em causa, provêm da mesma entidade que produz os bens que gozam de prestígio. Por seu lado,

---

[58] Naturalmente que este reinício da actividade não poderá significar uma intenção de aproveitamento do prestígio da marca posterior, ou seja, o titular da marca anterior, só regressa à actividade na expectativa de obter sucesso, aproveitando-se do prestígio da marca posterior. Um outro exemplo de *justo motivo* poderá traduzir-se num pedido de registo de uma marca idêntica ou semelhante a uma outra anteriormente registada, para produtos ou serviços distintos, mas no momento em que é feito o pedido de registo da marca posterior, a marca anterior ainda não adquiriu nenhum estatuto de notoriedade. Para este e outros exemplos, cfr. NOGUEIRA SERENS, *A "vulgarização" da Marca na Directiva*, cit. pp. 177 ss e PEDRO SOUSA E SILVA, *O Princípio da Especialidade das Marcas*, cit. pp. 429 ss. De modo, que não se compreende, na redacção do novo código foi suprimida a expressão *justo motivo*, sem que isto signifique, que ao nível da aplicação do preceito, a existência de *justo motivo* seja irrelevante – cfr. artigo 242.° do novo código.

[59] "Pouco a pouco o público habitua-se ao facto de que não é só um empresário a usar esta marca; a força distintiva da marca célebre empalidece, o seu reclamo publicitário diminui, a posição exclusiva perde-se" – SCHRICKER, *La tutela della Ausstattung e del marchio celebre nella Germania Federale*, RDI, 1980-I, pp. 254 ss, citado por LUÍS COUTO GONÇALVES, *Função Distintiva da Marca*, cit. pág. 173 (nota 341).

isto pode igualmente acarretar o aproveitamento sem justo motivo do prestígio da marca, fazendo os consumidores acreditar que os produtos são da mesma qualidade ou oferecem as mesmas vantagens, porque provenientes da mesma fonte produtiva. Existe aqui uma intenção do terceiro obter um benefício, usando a reputação excepcional que a marca de prestígio tem junto dos consumidores.

A Directiva consagra neste preceitos outros aspectos que terão de ser analisados e que já tivemos oportunidade de enunciar. Por um lado, a banalização da marca de prestígio, que ao passar a ser usada por outros operadores numa variedade de produtos ou serviços, poderia colocar em causa o seu carácter excepcional, que poderia ser diluído. Poderia ainda haver um prejuízo para o prestígio da marca na medida em que esses outros produtos pudessem ser "incompatíveis" com o género de produtos assinalados pela marca de prestígio[60].

Esta protecção vai muito para além do risco de confusão. Nestes casos, não existe qualquer risco de confusão, mas sim um prejuízo que poderá resultar para a titular da marca de prestígio (e para o seu titular), em virtude do uso que terceiros possam fazer desse sinal ou de sinal semelhante.

É a chamada *teoria da diluição*[61], que comporta duas vertentes que já indicámos, por um lado, o titular da marca de prestígio pretende continuar a deter uma posição exclusiva, em termos de originalidade do sinal, como compensação pelos investimentos realizados no sentido de publicitar a marca, que lhe permitiu adquirir esse grau de notoriedade. Ou seja, a partir do momento em que a marca de prestígio, passa a ser usada por terceiros em sectores distintos, corre-se o risco de a mesma, junto dos consumidores, tornar-se vulgar, banal, porque perde a sua originalidade, o que

---

[60] Em relação a este aspecto, será importante conferir o exemplo dado por NOGUEIRA SERENS, A *"vulgarização" da Marca na Directiva*, cit. pp. 129 ss – quando este autor dá o exemplo de uma marca de prestígio associada a chocolates e existe um terceiro que a passa a usar para raticidas, prejudicando deste modo a capacidade publicitária ou sugestiva da marca de prestígio.

[61] A título meramente exemplificativo cito alguns exemplos de jurisprudência estrangeira, onde a teoria da diluição foi aplicada: Reino Unido – marca *KODAK* (máquinas fotográficas / bicicletas); *DUNLOP* (pneus / lubrificantes); na Noruega – *FORD* (automóveis / cigarros); na Holanda – *CHEVROLET* (automóveis / relógios); na Áustria – *COCA-COLA* (refrigerantes / confecções); na Itália – *LUCKY STRIKE* (cigarros / perfumes); no Japão – *OMEGA* (relógios / isqueiros); em França – *MICHELIN* (pneus / pastelaria). Para este e outros exemplos, cfr. PEDRO SOUSA E SILVA, *O Princípio da Especialidade das Marcas*, cit. pág. 411 (nota n.° 71).

naturalmente afecta a capacidade publicitária da mesma, porquanto esta, generaliza a sua presença em vários géneros de produtos ou serviços – corresponde ao que a doutrina e a jurisprudência norte-americana chamam de *diluition by blurring*.

Outro caso, que representa um prejuízo para a capacidade publicitária da marca de prestígio e que pode ser englobado na chamada *teoria da diluição* prende-se com o uso de sinal idêntico ou semelhante ao da marca de prestígio, em produtos ou serviços de má qualidade – corresponde ao que no direito norte-americano é conhecido por *diluition by tarnishement*[62]. Naturalmente que se compreende que esta situação poderá acarretar um prejuízo na promoção e publicitação dos produtos ou serviços que são marcados pela marca de prestígio.

Portugal não tinha procedido à transposição do artigo 5.º, n.º 2 da Directiva no CPI 95, esse facto seria por certo relevante nas conclusões a que poderíamos chegar sobre a protecção jurídica dada à função publicitária ou sugestiva da marca (realidade que é desmentida com a redacção do novo código, que transpôs o preceito em causa para o artigo 323.º alínea e), consagrando o mesmo como um ilícito penal). Ainda que o artigo 242.º do CPI, resultado da transposição dos artigos 4.º, n.º 3 e n.º 4 alínea a) da Directiva, consagre situações de tutela para as marcas de prestígio, nos casos de uso por parte de terceiros de sinal idêntico ou semelhante, do qual poderá resultar um prejuízo para a capacidade distintiva ou do prestígio da marca, essa tutela é apenas garantida ao nível da recusa do pedido de registo ou da faculdade que é concedida ao titular da marca de prestígio em solicitar a anulabilidade do registo que entretanto possa ter sido concedido[63].

É verdade que existem determinadas marcas que por si mesmas possuem uma certa capacidade atractiva ou sugestiva acima da média. Essa

---

[62] As referências ao direito e à jurisprudência norte-americana foram retiradas em NOGUEIRA SERENS, A *"vulgarização da Marca na Directiva*, cit. pág. 146.

[63] Cfr. artigo 266.º, n.º 2 do CPI. O CPI 95, no artigo 191.º do CPI não atribua expressamente ao titular da marca de prestígio, a faculdade de solicitar a anulabilidade do registo concedido à marca posterior, ao contrário do que a Directiva estabelece nos artigos 4.º, n.º 3 e n.º 4 alínea a). A verdade, é que era consensual, a admissibilidade dessa faculdade, não só porque a Directiva o determinava no artigo 4.º, n.º 3, cuja transposição era obrigatória, mas igualmente porque essa faculdade parecia resultar do artigo 214.º, n.º 1 do CPI 95. O artigo 242.º do novo código, permite-nos falar na protecção, ainda que a título excepcional e dentro dos limites definidos, na tutela autónoma da função publicitária das marcas de prestígio. Cfr. PEDRO SOUSA E SILVA, *Direito Comunitário e Propriedade Industrial*, Studia Iuridica, 17, Boletim da Faculdade de Direito de Coimbra, 1996, pág. 55.

capacidade, numa situação em que os preços dos bens marcados são idênticos e em que os consumidores não conhecem as diferenças a nível qualitativo dos mesmos bens, pode ser o elemento preponderante na opção dos consumidores.

Esta capacidade atractiva poderá ser posteriormente reforçada, pelo recurso aos meios publicitários, o que virá acentuar a diferença entre as marcas das *grandes* empresas e as marcas das *pequenas* e *médias* empresas. Naturalmente que o nível de qualidade dos produtos ou dos serviços terá que ser considerado como elemento que reforça a força atractiva da marca, sem que a marca, por si só e em si mesma, seja capaz de assegurar a distinção dos bens em causa, atendendo ao nível de qualidade dos mesmos.

Neste sentido surgiram as marcas *fortes* e *fracas* do ponto de vista comercial. Esta diferença resulta necessariamente do nível de conhecimento que a marca tem junto dos consumidores. Quanto maior for esse conhecimento, maior será a força comercial por parte da marca, mas também maior será a possibilidade de confusão ou de aproveitamento de outros operadores económicos, quer em relação à capacidade distintiva dessa marca conhecida, quer em relação ao prestígio da mesma, o que poderá levar à diluição do próprio prestígio, seja pela sua banalização, seja pelo descrédito em que a mesma incorre, caso o uso por parte de terceiros esteja associado a produtos ou serviços de má qualidade.

A Directiva veio estabelecer essa protecção de um modo claro, atribuindo às marcas de prestígio uma tutela excepcional em relação ao princípio da especialidade. Este princípio foi mesmo ultrapassado, quando se admite a protecção da marca de prestígio com base na chamada *teoria da diluição*, algo que acontece não só no artigo 5.º, n.º 2, mas igualmente no artigo 4.º, n.º 3 e 4.º alínea a) da Directiva. De facto, a referência que esses preceitos fazem à protecção da marca de prestígio quando exista a possibilidade de o seu prestígio poder ser prejudicado por terceiros, em virtude do uso de sinais idênticos ou semelhantes, ainda que para produtos ou serviços distintos, é de todo evidente.

Por isto mesmo, não deixa de ser um pouco ambíguo, a possibilidade de o titular da marca de prestígio poder consentir que terceiros façam uso na vida comercial de sinais idênticos ou semelhantes aos da marca de prestígio (artigo 5.º, n.º 2 da Directiva). É verdade que pode existir uma necessidade de protecção dessas marcas de prestígio, não só pelo risco de confusão, como igualmente pela possibilidade de a mesma poder ver afectado esse prestígio caso se banalize o seu uso em relação a outros produtos ou serviços distintos e em relação aos quais não se gera o risco de confusão.

Parece-nos por isso estranho, que a Directiva no artigo 5.º, n.º 2 proíba por uma lado a possibilidade de uso livre desse sinal de prestígio, ainda que para produtos ou serviços não afins, mas venha por outro lado, conceder ao titular da marca de prestígio, um direito de *consentir no seu uso* (seria preferível dizer *contratualizar o seu uso*) por terceiros. É que esse *consentimento* representa uma importante fonte de receita para os titulares das marcas de prestígio!

Contudo, também não deixa de ser verdade que o conteúdo do artigo 5.º, n.º 2 da Directiva nos permite falar na protecção jurídica da função publicitária ou sugestiva das marcas, ainda que limitada aos casos das marcas de prestígio. É que a tutela de protecção dada a estas marcas, para além do próprio princípio da especialidade e em particular, a possibilidade de o titular da marca de prestígio poder *contratualizar* o uso da mesma com terceiros, ainda que para produtos ou serviços distintos, só pode encontrar justificação, na *preocupação* do legislador comunitário em proteger a capacidade sugestiva ou publicitária das próprias marcas.

O novo CPI ao prever e punir enquanto ilícito penal, as situações consagradas no artigo 5.º, n.º 2 da Directiva, que não havia sido transposto aquando da elaboração do CPI de 1995, veio incrementar a protecção jurídica à função publicitária das marcas de prestígio, na medida que no CPI 95, a protecção jurídica da função publicitária das marcas, se encontrava limitada às marcas de *grande* prestígio e à possibilidade de oposição à concessão do registo ou ao pedido de anulabilidade do registo que tivesse sido concedido com preterição dos requisitos do artigo 191.º do CPI 95 (artigo 242.º do novo código).

Assim sendo, procuraremos enunciar as consequências desta alteração em termos legislativos, no próximo capítulo, que intitulámos propositadamente de – O Caso Português.

Contudo, não deixaremos de salientar um aspecto que nos parece bastante relevante, a saber, o facto de os preceitos supra referidos quer da Directiva, quer os correspondentes artigos do nosso CPI, adoptarem uma posição distinta face à finalidade essencial das marcas, ou seja, a finalidade distintiva.

Por diversas vezes referimos que é a finalidade distintiva da marca, que justifica o facto de o direito sobre a mesma, ser um direito tendencialmente perpétuo, isto é, com possibilidades de ser indefinidamente renovável. Ora, a finalidade distintiva da marca tem como principal e primeira preocupação, o evitar que se gere um risco de confusão junto do público destinatário dos bens ou dos serviços em causa.

Ao analisarmos os preceitos supra referidos da Directiva, em particular, na parte em que os mesmos se referem à necessidade de evitar que se gere um prejuízo para o prestígio da marca, afirmámos, que nesses casos, não existe a preocupação de tutelar o público destinatário, porquanto não se verifica a presença de qualquer risco de confusão, mas sim, verifica-se a preocupação em tutelar e proteger o próprio titular da marca de prestígio, o que representa uma inversão na finalidade essencial das marcas.

4. O Caso Português

Por diversas vezes já referimos que Portugal não tinha transposto o artigo 5.º, n.º 2 da Directiva no CPI 95. A não transposição desse artigo não poderia deixar de ser questionada, nomeadamente pela importância que o preceito em causa reveste[64].

O artigo 5.º, n.º 2, refere-se à faculdade que é dada ao titular da marca de prestígio, de proibir ou consentir, que terceiros, possam na sua vida comercial, fazer uso desse mesmo sinal ou de sinal semelhante, para produtos ou serviços não afins. Significaria isto, que o titular dessa marca de prestígio teria um direito quase absoluto sobre esse sinal, proibindo ou consentindo na utilização do mesmo, como lhe aprouvesse, podendo dispor livremente da marca (ainda que limitado ao âmbito do *uso na vida comercial*). Nestes casos a marca poderia ser vista como um valor em si mesmo. O que seria contratualizado não seria a capacidade distintiva da marca, mas antes a sua capacidade publicitária ou sugestiva. Este preceito corresponde à afirmação da protecção da função publicitária de uma forma autónoma da função distintiva, porquanto o objecto da *contratualização* seria apenas o valor publicitário da marca.

Portugal ao não ter transposto o artigo 5.º, n.º 2 da Directiva no CPI 95, *terá pretendido* impedir que essa protecção absoluta fosse concedida às marcas de prestígio. Assim, em matéria de protecção jurídica à função

---

[64] Efectivamente, Portugal não tinha transposto o artigo 5.º, n.º 2 da Directiva para o CPI de 1995. Contudo, esta situação alterou-se com o novo código de 2003. De facto, no artigo 323.º alínea e) do novo código, encontra-se transposto o conteúdo do supra citado preceito da Directiva. Não se compreende a transposição do preceito em causa, até porque era de transposição facultativa, mas menos ainda se compreende a sua qualificação como um ilícito penal. Agradecidas estarão por certo as grandes empresas mundiais titulares das denominadas marcas de *prestígio*.

publicitária ou sugestiva da marca, o nosso país não foi tão longe quanto a Directiva lhe possibilitava (realidade distinta terá de ser encarada à luz do novo código).

Discutia-se muito, face à redacção do CPI 95 se, a não transposição do artigo 5.º, n.º 2 da Directiva, significaria que o titular do direito de uma marca de prestígio não poderia reagir contra terceiros que usassem um sinal idêntico ou semelhante ao seu, ainda que para produtos ou serviços distintos, quando esse uso fosse susceptível de provocar uma diluição, quer por banalização do sinal de prestígio, quer pelo uso de sinal idêntico ou semelhante em produtos ou serviços de má qualidade, podendo afectar assim a capacidade publicitária ou sugestiva da marca de prestígio.

Isto, porque o artigo 191.º do CPI 95 não tutelava senão os casos de depreciação do prestígio da marca de grande prestígio baseado no pedido de registo. Faculdade que apenas era concedida aos titulares das marcas de grande prestígio e não a qualquer uma.

Por outras palavras, discutia-se se, nos casos em que a previsão do artigo 5.º, n.º 2 da Directiva estivesse verificada, não seria admissível ao titular da marca de prestígio reagir contra esse uso por parte de terceiros?

É verdade que Portugal não tinha procedido à transposição do preceito em causa no CPI 95[65]. Contudo, estabeleceu a lei uma tutela nos termos do artigo 264.º, n.º 1 alínea d) do CPI 95, punindo como crime a actuação de um terceiro que, com intenção de causar prejuízo a outrem, ou de pretender alcançar um benefício ilegítimo, usar, contrafizer ou imitar uma marca de grande prestígio e cujo pedido de registo já tenha sido requerido em Portugal.

Este dispositivo penal apenas se aplicava, quando o terceiro que usasse, contrafizesse ou imitasse a marca de prestígio tivesse uma intenção criminosa. Pelo que outra dúvida se levanta, a saber, que tutela seria atribuída aos titulares das marcas de prestígio, quando o uso por terceiro, do qual resultasse um aproveitamento do prestígio da marca, ou do qual resultasse um prejuízo para o mesmo, não consubstanciasse uma intenção delituosa?

Poderia parecer estranho que, permitindo a lei, ao titular de uma marca notória, a faculdade de suscitar a anulabilidade do registo concedido a uma marca que fosse idêntica ou semelhante à sua, mesmo quando

---

[65] COUTINHO DE ABREU entende que apesar de o artigo 5.º, n.º 2 da Directiva não se encontrar tipificado no nosso ordenamento jurídico (realidade que o novo código veio alterar), o mesmo deve ser considerado como lícito, *Curso de Direito Comercial*, cit. pág. 387.

estes estivessem de boa fé (cfr. artigo 190.º e 214.º, n.º 2 do CPI 95), não se aplicando nesses casos o dispositivo penal referido (cfr. artigo 264.º, n.º 1 alínea d) do CPI 95), não possibilitasse ao titular de uma marca de prestígio (relativamente à qual, a lei exige um grau superior de notoriedade) faculdade idêntica.

Alguns autores admitiam a possibilidade de o titular de uma marca de grande prestígio se poder opor ao uso de um sinal idêntico ou semelhante ao seu (oposição em termos meramente civis pelo que se excluí as hipóteses em que poderia ser aplicado o artigo 264.º, n.º 1 alínea d) do CPI 95), ainda que para produtos ou serviços distintos, limitando essa possibilidade, à aplicação por analogia do requisito da prévia realização do registo ou da apresentação do pedido de registo, tal como exigido no artigo 190.º do CPI 95[66].

Existe contudo uma diferença considerável entre as marcas notórias do artigo 190.º do CPI 95 e as marcas de prestígio do artigo 5.º, n.º 2 da Directiva. O artigo 190.º aplicava-se aos casos de identidade ou semelhança entre os sinais mas para produtos idênticos ou afins, em que se poderia gerar um risco de confusão (que poderá compreender o risco de associação) e, deste modo, colocar em causa a capacidade distintiva da marca. Diferentemente o artigo 5.º, n.º 2 da Directiva admite uma tutela excepcional às marcas de prestígio para além do princípio da especialidade. Contudo mesmo no artigo 190.º do CPI 95, enunciava-se o princípio de recusa do registo ou de anulabilidade do mesmo (cfr. artigo 214.º, n.º 2 do CPI 95) e não uma protecção baseada no uso livre do sinal confundível, tal como é apresentada pelo artigo 5.º, n.º 2 da Directiva.

Neste sentido pensamos que esta posição não era aceitável, a não transposição do artigo 5.º, n.º 2 da Directiva para o nosso ordenamento jurídico até ao presente código, era um dado que não podíamos ignorar. A opção do legislador português foi no sentido de não atribuir esse direito aos titulares de marcas de prestígio, pelo menos, não a nível do direito de

---

[66] Nesse sentido PEDRO SOUSA E SILVA, *O Princípio da Especialidade das Marcas*, cit. pp. 433 ss (cfr. igualmente nota n.º 148). Com esta argumentação, o autor afastava a possibilidade apresentada por CARLOS OLAVO de tutelar esta situação com recurso ao artigo 1303.º, n.º 2 do Código Civil, que possibilitaria a aplicação do artigo 483.º do Código Civil, por entender desnecessário o recurso a estas normas, na medida em que a situação poderia ser tutelada com recurso aos próprios preceitos do Direito Industrial. O próprio autor chega a propor numa futura alteração ao CPI a transposição do artigo 5.º, n.º 2 da Directiva e a consequente alteração da redacção do artigo 207.º do CPI. Desejos que foram acolhidos no novo código.

marcas. Parece-nos evidente que o legislador português se apercebeu que o artigo 5.º, n.º 2 da Directiva pretendia tutelar juridicamente de modo autónomo, a função publicitária ou sugestiva da marca. Ao não proceder à transposição do preceito, o legislador português recusou tutelar juridicamente a função publicitária da marca em si mesma (pelo menos com essa dimensão, porquanto o artigo 191.º do CPI 95, já consagrava, em parte, essa protecção), pelo que não nos parece razoável que se procurasse tutelar este tipo de situações, dentro do direito de marcas, quando para o nosso legislador, as mesmas não deveriam ser tuteladas[67].

Discutia-se então, se seria possível tutelar essa situação (ou seja, os casos em que um terceiro usa, sem consentimento do seu titular, para produtos ou serviços não afins, um sinal idêntico ou semelhante ao de uma marca de prestígio, causando um prejuízo no prestígio ou na capacidade distintiva do mesmo) com recurso a outros dispositivos legais, em particular ao Código Civil e aos preceitos do direito de propriedade.

Já verificámos que no âmbito do direito de marcas não era possível assegurar essa tutela. Contudo, o artigo 257.º do CPI 95 (artigo 316.º do novo código) consagrava para os direitos de propriedade industrial a aplicação das garantias estabelecidas pela lei para a propriedade em geral. Por seu lado, o artigo 1303.º, n.º 2 do Código Civil, considera subsidiariamente aplicáveis à propriedade industrial, as disposições previstas para a propriedade em geral, desde que se harmonizem com a natureza daqueles direitos e não contrariem o regime para eles especialmente estabelecidos.

É com base nestes preceitos que CARLOS OLAVO[68] considera que as situações que enunciámos, podiam e deviam ser protegidas pelos artigos

---

[67] Diz LUÍS COUTO GONÇALVES que uma "coisa é proteger a marca de grande prestígio impedindo o registo de marcas confundíveis, mesmo fora do princípio da especialidade; outra coisa, é a possibilidade de consentir que terceiros usem a marca em produtos ou serviços diferentes." – *Função Distintiva da Marca*, cit. pág. 167 e 168. Quanto a esta questão, devemos igualmente referir o conteúdo do artigo 16.º, n.º 3 do ADPIC. Não nos iremos debruçar aqui sobre a aplicabilidade directa ou não do preceito em causa, o que nos levaria a considerações sobre o carácter *self-executing* do acordo ADPIC. Não deixaremos contudo de referir que este preceito tem um alcance diferente em relação ao artigo 5.º, n.º 2 da Directiva, porquanto o mesmo apresenta-nos dois requisitos cumulativos, a saber, o risco de confusão (que pode compreender o risco de associação) quanto à proveniência dos bens e na condição de a utilização da marca *notória* por terceiro, ser susceptível de prejudicar os interesses do titular da marca registada. Verifica-se assim, que a não transposição do artigo 5.º, n.º 2 da Directiva não poderia ser superada com a alusão ao artigo 16.º, n.º 3 do ADPIC, para além de se levantarem outras questões, como a da aplicabilidade directa ou não do preceito.

[68] *Propriedade Industrial*, cit. pp. 76 ss.

211.º e 1305.º do Código Civil, por remissão dos artigos 1303.º, n.º 2 do Código Civil e 257.º do CPI 95 (artigo 316.º do novo código).

Pensando nós que a remissão que é feita para o artigo 211.º do Código Civil corresponde a um lapso, porquanto o mesmo tem como epígrafe *"Coisas Futuras"*, resta-nos a interpretação do artigo 1305.º do Código Civil[69].

Este preceito diz-nos que o "proprietário goza de modo pleno e exclusivo dos direitos de uso, fruição e disposição das coisas que lhe pertencem, dentro dos limites da lei e com observância das restrições por ela impostas".

A aceitação deste preceito estará naturalmente dependente da perspectiva que adoptarmos quanto à natureza jurídica dos direitos industriais em geral e do direito de marcas em particular. Naturalmente que a aceitarmos o direito de marca, como um direito de propriedade, então teremos de concordar com a posição assumida. Se pelo contrário, considerarmos que o direito de marca, nada tem de ver com um direito de propriedade, pese embora as remissões feitas pelo legislador nos artigos 257.º do CPI 95 (artigo 316.º do novo código) e 1303.º, n.º 2 do Código Civil, então não poderemos aceitar esta conclusão.

Não pretendendo entrar neste aspecto jurídico na medida em que o mesmo foge ao tema do nosso estudo, sempre poderemos responder a esta questão com uma outra questão – Existia no âmbito do direito de marcas, alguma disposição legal que proibisse este tipo de práticas?

É porque não tem sentido procurar punir algo, quando esse algo não é considerado ilícito pela nossa legislação. O legislador português teve a possibilidade de sancionar esse tipo de condutas, bastaria para isso ter transposto para o nosso direito de marcas, o conteúdo do artigo 5.º, n.º 2 da Directiva. Ao não fazê-lo, o legislador português não quis atribuir ao titular de uma marca de prestígio esse direito, pelo que não considerou ilícito, o uso na vida comercial, feito por terceiro, sem consentimento do titular, de um sinal idêntico ou semelhante ao de uma marca de prestígio, desde que para produtos ou serviços distintos.

---

[69] Certamente que o autor pretendia referir o artigo 211.º do Código da Propriedade Industrial de 1940, que tem correspondência no artigo 316.º do CPI (artigo 257.º do CPI 95), até porque o seu livro de 1997 sobre Propriedade Industrial, teve como base o artigo publicado em 1987 na CJ, ano XII, Tomo II, pp. 21 ss e onde na pág. 26, o autor faz referência ao artigo 211.º, mas do CPI da altura, por mero lapso, em 1997, não terá sido feita a actualização do preceito em causa, hoje consagrado no artigo 316.º (artigo 257.º do CPI 95).

Não colocamos em causa o facto de essas práticas poderem afectar, do ponto de vista económico, as *empresas* titulares dessas marcas de prestígio. O facto é que de ponto de vista jurídico essa tutela, em Portugal, não lhes foi concedida no CPI 95. Por outro lado e, perfilhando a posição daqueles que consideram que os direitos industriais não são direitos de propriedade, não nos parece possível recorrer aos mecanismos de defesa assegurados para a propriedade em geral.

Um direito de marca é fortemente limitado ao âmbito da actividade comercial, entre outros, pelo princípio da especialidade, o que significa que a mesma marca poderá ser utilizada por vários operadores económicos, por vezes, mesmo para produtos ou serviços idênticos ou afins, por exemplo, caso se verifique uma situação de preclusão por tolerância (artigo 267.º do CPI – artigo 215.º do CPI 95). As remissões feitas pelos artigos 316.º do CPI (artigo 215.º do CPI 95) e 1303.º, n.º 2 do Código Civil, não devem ser interpretadas, no sentido de equiparar o regime da propriedade em geral aos direitos industriais, na medida em que a natureza dos direitos é substancialmente diferente, mas sim no sentido de permitir aos titulares dos direitos industriais, enquanto direitos exclusivos, de se socorrerem dos mecanismos legais de defesa que são concedidos a todos os direitos absolutos, dos quais, o direito de propriedade surge como paradigma[70].

A transposição do artigo 5.º, n.º 2 da Directiva para o artigo 323.º alínea e) do novo código, veio acentuar de modo indiscutível, a protecção jurídica da função publicitária da marca, não se limitando agora esta protecção apenas aos casos de oposição à concessão do registo ou do pedido de anulabilidade do mesmo, mas que se alarga igualmente, aos casos de uso na vida comercial por parte de terceiros, sem o consentimento do titular da marca de prestígio. Diga-se que esta protecção e como não poderia deixar de ser, visa apenas as marcas de prestígio, que por certo, pertencem às *grandes* empresas.

Diga-se ainda que no artigo 323.º alínea e) do CPI, a expressão *justo motivo*, está presente, à semelhança do que acontece com o artigo 5.º, n.º 2 da Directiva, o que nos permitirá defender que, pese embora a supressão da mesma expressão do artigo 242.º do CPI, a mesma deverá ser tida em conta, aquando da aplicação do preceito.

Inegável, é contudo o facto, de a função publicitária das marcas estar hoje com uma maior dimensão do que tinha no CPI 95. É verdade que se

---

[70] OLIVEIRA ASCENSÃO, *Direito Comercial – Direito Industrial*, cit. pág. 395.

encontra limitada às marcas de prestígio e aos casos previstos nos artigos 242.º e 323.º alínea e) do CPI, mas não deixa de ser verdade, que a tendência, por força da pressão que será feita pelas *grandes empresas*, será para aumentar esse âmbito.

Ignora-se assim que a finalidade essencial das marcas é a finalidade distintiva e que, enquanto sinal distintivo, as marcas pretendem proteger o público destinatário, evitando que o mesmo incorra numa situação de risco de confusão. A protecção de função publicitária das marcas, não visa em primeiro lugar, a protecção do público destinatário, mas sim, do próprio titular da marca, que apenas por mera coincidência, no caso das marcas de prestígio, são as *grandes empresas*.

5. Conclusões

I – Estamos neste momento em condições de enunciar as conclusões a que chegámos após esta breve reflexão sobre alguns aspectos relacionados com o Direito de Marcas.

Parece-nos evidente que o entendimento clássico originário se encontra totalmente ultrapassado. De facto, a marca já não é garantia certificativa de que o produto ou o serviço marcado provêm de uma única e mesma fonte produtiva. Realidades como a transmissão autónoma da marca, o contrato de licença de exploração da marca ou a marca de grupo, colocaram em causa, o conteúdo do entendimento clássico originário sobre a função distintiva da marca.

Os próprios autores do entendimento clássico compreenderam essa situação, procurando redimensionar o mesmo, no sentido de o compatibilizar com as novas realidades, tentando englobar na noção de fonte produtiva, não só a *empresa* de origem, mas toda a *empresa*, que com aquela, mantivesse um qualquer vínculo jurídico.

A função distintiva da marca, tal como era vista pelo entendimento clássico, está hoje ultrapassada.

É verdade que a marca desempenha uma função distintiva e que é essa função que justifica o facto de o direito de marca ser um direito exclusivo e tendencialmente perpétuo. As marcas servem para distinguir produtos ou serviços, é esta natureza que nos permite diferenciar a marca de outros sinais distintivos. Contudo a função distintiva terá de ser analisada numa óptica distinta face ao entendimento clássico originário ou redimensionado. A função distintiva da marca, no nosso entender, deverá ser vista numa dupla vertente, ou com uma bi-funcionalidade. Por um lado, a marca distingue o produto ou o serviço marcado de outros produtos ou serviços idênticos ou afins, do ponto de vista formal ou extrínseco.

Por outro lado, a marca continua a desempenhar uma função de indicação de proveniência do mesmo, ainda que não de uma forma absoluta, ou seja, a marca não pode garantir que o bem marcado provém da mesma e única fonte produtiva.

Mas a marca, auxilia na determinação dessa fonte produtiva, ainda que não a concretize. A verdade contudo é que ao olharmos para dois produtos idênticos, aos quais foram apostas marcas diferentes, de certo que associaríamos os produtos ou os serviços em causa, a fontes produtivas distintas.

Tendo perdido parte do conteúdo que no passado assumiu, a verdade é que a função distintiva da marca permanece, como sendo a única que justifica o facto de o direito de marca ser um direito exclusivo e tendencialmente perpétuo, apesar de já não poder garantir que os produtos ou serviços marcados sejam provenientes de uma única e mesma fonte produtiva.

II – Importa contudo reforçar, que não concordamos com a definição que é dada, quer na Directiva, quer no nosso CPI, relativamente aos sinais susceptíveis de constituir uma marca. Efectivamente, uma marca é um sinal que tem de possuir capacidade para distinguir um produto ou um serviço, de outros idênticos ou afins, independentemente de os produtos ou dos serviços, serem provenientes da mesma *empresa* ou de *empresas* distintas. Pelo que entendemos que a referência que é feita na lei, à distinção dos produtos ou serviços de uma *empresa* dos de outras *empresas*, é desnecessária.

Por outro lado, pensamos que a referência a *empresas*, também não é a mais feliz. Uma *empresa*, não é uma realidade dotada nem de personalidade nem de capacidade jurídica. A lei, em diversas situações, imputa ao titular do direito de marca, uma série de direitos e uma série de deveres, que consubstanciam, o conteúdo do próprio direito de marca. Não nos parece por isso rigoroso, do ponto de vista jurídico, fazer imputar esses direitos e deveres, a uma realidade, que não é dotada de personalidade nem de capacidade jurídica. Perfilhamos por isso a posição daqueles que defendem ser preferível, a substituição da expressão *empresa*, pela expressão *pessoa* (jurídica).

III – Ao falarmos da função distintiva dissemos que a mesma se encontrava relacionada com o princípio da especialidade. Este princípio consiste num elemento que delimita o âmbito e a extensão do direito de marca, enquanto direito exclusivo.

Diz-nos o mesmo, que o direito de marca é um direito, que atribui ao seu titular, o exclusivo, de utilizar um determinado sinal. Contudo, este direito é na sua extensão limitado, entre outros, pelo princípio da especialidade, ou seja, o titular do direito de marca, goza do uso exclusivo do sinal, na vida comercial, para os produtos ou serviços para os quais foi registado. No conteúdo do seu direito, encontra-se a faculdade de o mesmo se opor à concessão do registo, ou de proibir o uso, de sinal idêntico ou semelhante, para produtos ou serviços idênticos ou afins, na medida em que se poderá gerar um risco de confusão junto do público destinatário, com a consequente indução em erro, pelo que não estaria assegurada a finalidade essencial das marcas.

Este princípio proíbe deste modo que possam existir situações de contrafacção, usurpação e imitação do sinal registado enquanto marca. Estas situações, em particular, a situação de imitação, obrigam-nos a tentar estabelecer critérios, que nos permitam concretizar, em que consiste a semelhança entre sinais, a afinidade entre produtos ou serviços e em que se traduz o risco de confusão que compreende o risco de associação. Como tivemos oportunidade de constatar, nem sempre a nossa jurisprudência adoptou de modo uniforme esses critérios, tendo dado lugar, a decisões contraditórias.

Concluímos igualmente, que o princípio da especialidade, expressa, com todo o rigor, a protecção da função distintiva, porquanto existe uma preocupação em tutelar e impedir que se crie junto do público consumidor, qualquer risco de confusão ou de associação, face à identidade ou semelhança entre sinais, que são apostos em produtos ou serviços idênticos ou afins.

IV – Tivemos igualmente oportunidade de analisar o regime excepcional que a Directiva consagra às marcas de prestígio. Sentimos necessidade de fazer um breve apanhado histórico, relativamente à tutela jurídica que era concedida a estas marcas antes da Directiva. Dissemos que a Directiva, veio consagrar uma tutela excepcional às marcas de prestígio, na medida em que mesma iria para além do princípio da especialidade.

Essa tutela excepcional teria de ser distinguida em duas vertentes. Por um lado, na faculdade que é concedida ao titular da marca de prestígio de se poder opor à concessão do registo, ou em requerer a anulabilidade deste, para sinal idêntico ou semelhante ao seu, mesmo que para produtos ou serviços que não fossem idênticos ou afins. Esta tutela excepcional, fundamenta-se não só na necessidade de protecção da capacidade distintiva do sinal de prestígio, impedindo que se gere, junto dos consumidores, um risco de confusão quanto à fonte produtiva dos mesmos, mas fundamenta-se ainda, no prejuízo que poderá resultar, quer na capacidade distintiva da marca, em virtude da sua banalização por uso generalizado em vários sectores, quer no prejuízo que poderá resultar para o prestígio da marca renomada, afectando deste modo, a capacidade publicitária ou sugestiva da mesma.

Ora nestes casos, constatamos uma protecção da função publicitária das marcas de prestígio, independentemente, da função distintiva. Portugal procedeu à transposição deste preceito da Directiva no artigo 242.º do CPI (não será demais reforçar a nossa surpresa face à redacção dada ao preceito, no qual foi suprimida a expressão *justo motivo*, como factor impeditivo para aplicação do mesmo, face à redacção que era dada ao artigo 191.º do CPI 95).

É inegável que o artigo 242.º do CPI (que corresponde à transposição do artigo 4.º, n.º 3 e 4.º alínea a) da Directiva) consagra uma protecção às marcas de prestígio, que vai para além do princípio da especialidade. Nesse preceito encontra-se protegida a função publicitária ou sugestiva dessas marcas, impedindo que um terceiro se possa aproveitar da mesma para promover os seus próprios produtos ou serviços, ou que possa prejudicar a capacidade distintiva ou o prestígio da marca mais conhecida.

Neste aspecto em concreto, o nosso legislador, consagrou uma tutela legal à função publicitária das marcas, de modo autónomo, ainda que limitada às marcas de prestígio e em termos de oposição à concessão do registo ou de requerer a anulabilidade do mesmo.

Em contrapartida, o legislador português e em nosso entender, muito bem, não tinha procedido à transposição do artigo 5.º, n.º 2 da Directiva, que consagra a tutela das marcas de prestígio, com os mesmos fundamentos que enunciámos a propósito da oposição à concessão do registo, por parte do titular desse género de marcas, mas concedendo-lhe a faculdade de proibir ou consentir (seria preferível dizer contratualizar) que terceiros, possam usar, sinal idêntico ou semelhante ao seu, para produtos ou serviços não afins. A transposição do preceito em causa para o artigo 323.º alínea e) do novo código, veio alterar esta situação, alargando o âmbito de protecção das marcas de prestígio e da função publicitária das mesmas.

Todas estas conclusões permitem-nos afirmar que o legislador português optou por consagrar, de modo claro e inequívoco, uma protecção jurídica à capacidade publicitária ou sugestiva das marcas de prestígio, dando primazia à tutela dos interesses do titular da marca e ignorando que a finalidade essencial das marcas é distintiva, de modo a evitar que o público destinatário, possa ser induzido em erro.

V – Deste modo e pese embora, a existência de certos aspectos que colocam em causa a protecção da função distintiva da marca, como é o caso do instituto da preclusão por tolerância ou a declaração de consentimento, a verdade é que o nosso ordenamento jurídico continua a admitir protecção jurídica à função distintiva da marca, como sendo aquela que justifica e fundamenta, a perpetuidade do direito, que poderá ser indefinidamente renovável.

Verifica-se uma tutela da função publicitária, limitada às marcas de prestígio, ainda que não limitada à faculdade concedida ao titular da mesma, se opor à concessão do registo ou em requerer a anulabilidade da mesma. Face à redacção dada no novo código, essa protecção alargou-se à possibilidade dos titulares das marcas de prestígio se poderem opor ao uso, feito por terceiro, sem o seu consentimento, de sinal idêntico ou semelhante ao seu, ainda que para produtos ou serviços não afins.

A função distintiva da marca continua assim a merecer uma protecção jurídica de modo autónomo, sendo esta que justifica o facto de o direito de marcas, ser um direito exclusivo e tendencialmente perpétuo. Quanto à função de qualidade da marca e, exceptuando o caso das marcas de certificação, não existe qualquer protecção jurídica, não nos parecendo aceitável falar na sua tutela, nem de forma directa e autónoma, nem de modo derivado.

Quanto à função publicitária ou sugestiva, a mesma encontra-se limitada às marcas de prestígio, tendo o legislador português alargando o âmbito dessa tutela, que hoje não se limita às situações enunciadas no artigo 242.º do CPI, mas igualmente às previstas no artigo 323.º alínea e) do CPI.

Enquanto sinal distintivo de produtos ou serviços, a marca tem uma finalidade essencial, a saber, a finalidade distintiva, tendo como principal preocupação, evitar que se gere junto do público destinatário dos produtos ou dos serviços, um risco de confusão, susceptível de provocar uma indução em erro.

Contudo, vimos assistindo, por força da pressão feita pelas grandes empresas, para quem as marcas representam importantes activos financeiros, a um desvio dessa finalidade essencial. Quando o objectivo de certos preceitos do direito de marcas é em primeira linha, proteger o titular da marca e não o público destinatário, estamos perante desvios à função distintiva da marca.

6. Principais Abreviaturas Utilizadas*

ADPIC	– Acordo sobre os Direitos de Propriedade Intelectual relativos ao Comércio
BMJ	– Boletim do Ministério da Justiça
BPI	– Boletim da Propriedade Industrial
CJ	– Colectânea de Jurisprudência
CJTJ	– Colectânea de Jurisprudência do Tribunal de Justiça das Comunidades
CPI	– Código da Propriedade Industrial, aprovado pelo DL n.º 36/2003, de 5 de Março, no uso da Lei da Autorização Legislativa n.º 17/2002, de 15 de Julho
CPI 95	– Código da Propriedade Industrial, aprovado pelo DL n.º 16/95, de 24 de Janeiro
CUP	– Convenção da União de Paris, de 20 de Março de 1883
Directiva	– Primeira Directiva do Conselho, de 21 de Dezembro de 1988 que harmoniza as legislações dos Estados-membros em matéria do direito de marcas, n.º 89/104/CEE, Jornal Oficial n.º L 40/1, de 11 de Fevereiro de 1989
DL	– Decreto-Lei
RDC	– Rivista del Diritto Commerciale e del Diritto Generale delle Obbligazione (Itália)
RDCiv	– Rivista di Diritto Civile (Itália)
RDI	– Rivista di Diritto Industriale (Itália)
RJC	– Recueil de la Jurisprudence de la Cour (Comunidade Europeia)
RL	– Tribunal da Relação de Lisboa
RLJ	– Revista de Legislação e Jurisprudência
RMC	– Regulamento da Marca Comunitária (n.º 40/94, de 20 de Dezembro de 1993, publicado no Jornal Oficial n.º L 11, de 14 de Janeiro de 1994)
ROA	– Revista da Ordem dos Advogados
STJ	– Supremo Tribunal de Justiça
TCE	– Tratado da Comunidade Europeia
TJCE	– Tribunal de Justiça da Comunidade Europeia

---

* Atendendo à publicação do novo Código da Propriedade Industrial, aprovado pelo Decreto-Lei n.º 36/2003, de 5 de Março, no uso da Lei de Autorização Legislativa, n.º 17//2002, de 15 de Julho, que entrou em vigor no dia 1 de Julho de 2003, procurarei, sempre que considerar relevante, ao citar artigos do CPI (2003), fazer referência aos artigos correspondentes do CPI de 1995, citando-os entre parênteses.

7. Bibliografia**

ABREU, COUTINHO DE – Da Empresarialidade, As empresas no Direito, Colecção Teses – Almedina, Coimbra, 1996.
– Curso de Direito Comercial – Volume I, 3.ª edição, Almedina, Coimbra, 2002.
ALMEIDA, ANTÓNIO FRANCISCO RIBEIRO DE – Denominações Geográficas e Marcas, Direito Industrial – Volume II, Associação Portuguesa de Direito Intelectual, Almedina, Coimbra, 2002.
ANTUNES, JOSÉ ENGRÁCIA – Os Grupos de Sociedades, 2.ª Edição, Almedina, Coimbra, 2002.
ASCARELLI, TULLIO – Teoria della Concorrenza e dei Beni Immateriali, Giuffrè, Milão, 1956.
ASCENSÃO, OLIVEIRA – A Segunda versão do Projecto de Código da Propriedade Industrial, Separata da Revista da Faculdade de Direito da Universidade de Lisboa, 1992.
– Direito Civil – Reais, 5.ª edição, revista e ampliada, Coimbra Editora, 1993.
– Direito Comercial – Volume I (Parte Geral), Lisboa, 1994.
– Direito Comercial – Direito Industrial, Volume II, Lisboa, 1994.
– Concorrência Desleal, Associação Académica da Faculdade de Direito de Lisboa, 1994.
– O Projecto de Código de Propriedade Industrial e a Lei de Autorização Legislativa, Revista da Faculdade de Direito da Universidade de Lisboa, Volume XXXVI, 1995.
– Observações ao Projecto de Alteração ao Código da Propriedade Industrial da CIP e da CCI, Revista da Faculdade de Direito da Universidade de Lisboa, Volume XXXIX – n.º 2, Coimbra Editora, 1998.
– Legislação de Direito Industrial e Concorrência Desleal, Associação Académica da Faculdade de Direito de Lisboa, Lisboa, 2000.
– Parecer sobre a "Proposta de Alteração ao Código da Propriedade Industrial", Revista da Faculdade de Direito da Universidade de Lisboa, Volume XLI, n.º 1, Coimbra Editora, 2000.
– Marca Comunitária e Marca Nacional – Parte II – Portugal, Revista da Faculdade de Direito da Universidade de Lisboa, Volume XLI – n.º 2, Coimbra Editora, 2000.
– A Marca Comunitária, Direito Industrial – volume II, Associação Portuguesa de Direito Industrial, Faculdade de Direito de Lisboa, Almedina, Coimbra, 2002.
– Concorrência Desleal, Almedina, Coimbra, 2002
– Legislação de Direito Industrial e Concorrência Desleal, Associação Académica da Faculdade de Direito de Lisboa, Lisboa, 2003.
BALDI, CESARE – Manuale Pratico di Diritto Industriale, 1916.
BAYLOS CORROZA, HERMENEGILDO – Tratado de Derecho Industrial, 2.ª edição, Civitas, Madrid, 1993.
BENEDETTO, MARIA ANA – Marchio, Enciclopedia del Diritto, XXV, Giuffrè Ed., Milão, 1975, pp. 577.

** Bibliografia citada e consultada para a elaboração do presente estudo.

BENITO SANSO e HILDEGART RONDON DE SANSO – Estudios de Derecho Industrial, Universidad Central de Venezuela, Faculdad de Derecho de Caracas, Volume XXXV, 1965.
BONASI-BENUCCI – In tema di genericità del marchio e di secondary meaning, RDC, 1963--II, pp. 147.
CARDOSO, MARIA BESSONE – A Marca, Relatório do Curso de Mestrado em Direito Penal e Propriedade Industrial no ano lectivo 94/95, Biblioteca da Faculdade de Direito de Lisboa.
CERQUEIRA, JOÃO DA GAMA – Tratado da Propriedade Industrial, Volume II, Tomo II, Parte III, Rio de Janeiro, 1956.
CHAVANNE, ALBERT e BURST, JEAN-JACQUES – Droit de la Propriété Industrielle, 2.ª edição, Dalloz, Paris.
COELHO, PINTO – A protecção da marca notoriamente conhecida no Congresso de Viena da CCI, Coimbra, 1953.
– O problema da protecção da marca quando usada por terceiro para produtos não idênticos nem similares, Coimbra, 1954.
– Lições de Direito Comercial, 1.º volume, 3.ª edição revista, Lisboa, 1957.
– A protecção da marca notória e da marca de reputação excepcional, RLJ, ano 92.º (1959-1960), pp. 3.
CORREIA, FERRER – Lições de Direito Comercial, reprint, Lex, 1994.
CORREIA, FERRER e SERENS, NOGUEIRA – A composição da marca e o requisito do corpo do artigo 78.º e do § único do artigo 201.º do Código da Propriedade Industrial, Revista de Direito e Economia, n.º 16/17/18, 1990/92.
CORREIA, PUPO – Direito Comercial, 6.ª Edição, Universidade Lusíada, Lisboa, 1999.
CRUGNOLA, PAOLA – Richiami di dottrina e giurisprudenza in materia di marchi forti e marchi deboli, RDI, 1984-II, pp. 11.
CRUZ, ANTÓNIO CÔRTE-REAL – O conteúdo e extensão do direito à marca: a marca de grande prestígio, Direito Industrial – Volume I, Associação Portuguesa de Direito Intelectual, Almedina, Coimbra, 2001.
CRUZ, JORGE – Comentários ao Código da Propriedade Industrial, 1995.
CRUZ, JUSTINO – Legislação Industrial, 2.ª edição, Livraria Cruz, 1945.
– Código da Propriedade Industrial, 2.ª edição, Livraria Arnado, Lda, Coimbra, 1985.
DALLOZ – Répertoire de Droit Commercial – Tome IV – Marques de Fabrique de Commerce ou de Service, 1997.
DI CATALDO, VICENZO – I Segni Distintivi – 1.ª Edição, Giuffrè Ed., Milão, 1985.
– Note in tema di comunione di marchio, RDI, 1997-I, pp. 5.
ESCAMEZ, ANA QUIÑONES – Eficacia Internacional de las Nacionalizaciones – Nombre Comercial y Marcas, Editorial Montecorvo, 1988.
FERRO, LUÍS – Marca Comunitária, Almedina, Coimbra, 1999.
FOURGOUX, JEAN-CLAUDE – Droit du Marketing, Dalloz Gestion, 1974.
FRANCESCHELLI, REMO – È proprio vero che il nome Champagne è in Italia di libere appropriazione come marchio a designare qualunque prodotto che non sia vino spumante, RDI, 1989-II, pp. 21.
FRANCESCHELLI, VICENZO – Richiami in tema di marchi forti, marchi deboli e "secondary meaning", RDI, 1986-II, pp. 3.

FRASSI, PAOLA – Riflessioni sul fenomeno della volgarizzazione del marchio, RDI, 1990-I, pp. 403.
GATTI, SERAFINO – Verso un marchio di fraganza o di aroma?, RDC, 1989-I, pp. 651.
GHIDINI, GUSTAVO – Decadenza del marchio per "decettività sopravvenuta", RDI-I, 1993, pp. 211.
GIANDOMENICO, GIOVANNI – Nome Geografico e Marchio d'Impresa, RDC, 1979-I, pp. 360.
GONÇALVES, LUÍS COUTO – Imitação de Marca, Scientia Ivridica, Tomo XLV, n.º 259 a 261, Universidade do Minho, 1996.
 – Função Distintiva da Marca, Colecção Teses, Almedina, 1999.
 – Direito de Marcas, Almedina, Coimbra, 2000.
GOTZEN, MARCEL – Proprietà Industriale e Mercato Comune, RDC, 1958-I, pp. 253.
HAMEL, JOSEPH; LAGARDE, GASTON e JANTTRET, ALFRED – Traité de Droit Commercial, Vol. II, Dalloz, 1966.
JACOBACCI, GUIDO – Problemi del Diritto di Marchio nel mercato unico europeo, RDI, 1989-I, pp. 157.
JURIS CLASSEUR – Commercial – Marques-Dessins, Vol. 1 e 2, Éditions du Juris-Classeur, 2001.
KUR, ANNETTE – Harmonization of the Trade Mark Laws in Europe: Results and Open Questions, RDI, 1996, pp. 227.
LEHMANN, MICHAEL – Il Nuovo Marchio Europeo e Tedesco, RDI, 1995, pp. 267.
 – Rafforzamento della tutela del Marchio attraverso le Norme della Concorrenza Sleale, RDI, 1988-I, pp. 19.
LEVI, ALDO – L'affinità tra prodotti e servizi, RDI, 1995-II, pp. 345.
LIUZZO, LAMBERTO – Problematica del marchio di gruppo, RDI, 1982-I, pp. 415.
MAIA, JOSÉ MOTA – Propriedade Industrial – Comentários e Artigos do Presidente do Instituto Nacional da Propriedade Industrial, INPI, 1994.
MANSANI, LUIGI – Marchi Olfattivi, RDI, 1996-I, pp. 262.
MARASÀ, GIORGIO – La circolazione del marchio, RDCiv., 1996, pp. 477.
MARTÍNEZ, SOARES – Economia Política, 6.ª edição, Almedina, Coimbra, 1995.
MENDES, EVARISTO – Marcas: Presunção do § 1.º do artigo 74.º do Código da Propriedade Industrial – matéria de facto e de direito, Revista de Direito e Economia, Universidade de Coimbra, 1986.
MENDES, OEHEN – Breve Apreciação e Desenvolvimento do Direito Industrial em Portugal no último decénio, Actas de Derecho Industrial, n.º 8, 1982.
MENESINI, VITTORIO – Ancora a proposito del c.d. marchio "celebre" ovvero del ricorrente tentativa di construire una "super" protezione di tale marchio rispetto al marchio "normale", RDC, 1984-II, pp. 137.
 – Sulla forza ou debolleza dei marchi costituiti da lettere dell'alfabeto: alternativa necessaria o falso problema, RDC, 1984-II, pp. 159.
MOREIRA, ADRIANO – Ciência Política, Almedina, Coimbra, 2001.
 – Teoria das Relações Internacionais, 4.ª edição, Almedina, Coimbra, 2002.
NETO, ABÍLIO e CORREIA, PUPO – Propriedade Industrial – Legislação Anotada, Livraria Petrony, Lisboa, 1982.
OLAVO, CARLOS – Propriedade Industrial – Noções Fundamentais, CJ 1987, Tomo II, pp. 21.

- Propriedade Industrial, Almedina, Coimbra, 1997.
- Marca Registada em Nome Próprio por Agente ou Representante, ROA, 1999-II, pp.565.
- Contrato de licença de exploração de marca, Direito Industrial, Volume I, Associação Portuguesa de Direito Intelectual, Almedina, Coimbra, 2001.
- Importações Paralelas e Esgotamento de Direitos de Propriedade Industrial: Questões e Perspectivas, ROA, 2001-III, pp.1413.

PARECER DA CÂMARA CORPORATIVA, Assembleia Nacional, 1937.

PEREIRA, JOSÉ LEÃO – Código da Propriedade Industrial – Legislação Complementar e Comunitária, SPB, 1996.

PEROT-MOREL – Les difficutés relatives aux Marques de Forme et à quelques types particuliers de marque dans la cadre communautaire, RDI, 1996-I, pp. 247.

PERUGINI, MARIA ROBERTA – Il marchio di forma: Dall'esclusione della forma utile od ornamentale, al criterio del "Valore Sostanziale", RDI, 1992-I, pp. 9.
- Esaurimento Comunitario e Territorialità del Diritto di Marchio: l'epilogo annunciato della doutrina Hag, RDI, 1992-II, pp. 190.

PETTITI, PRISCILLA – Da Direttiva CEE sul Ravvicinamento della Legislazioni degli Stati Membri in materia di Marchi d'Impresa: Spunti per Alcune Riflessioni sulla normativa italiana, RDC, 1991-I, pp. 331.

PINA, DAVID – Direitos de Propriedade Industrial e Direito Comunitário – Tentativas de conciliação e harmonização, Teses da Faculdade de Direito da Universidade de Lisboa, Área do Direito das Comunidades Europeias, 1990.

RAMELLA, AGUSTÍN – Tratado de la Propiedad Industrial, Tomo II, Madrid, 1913.

RAVÀ, TITO – Diritto Industriale – Azienda – Segni Distintivi – Concorrenza, Volume I, 2.ª Edição, Torino, 1981.

RODRIGUEZ-CANO, RODRIGO BERCOVITZ – Comentários à la Ley de Propriedad Intelectual, 1989.

ROVELLI, ROBERTO – La Concorrenza Sleale ed i beni immateriali di diritto industriale, Editrice Torinese, 1967.

ROTONDI, MARIO – Diritto Industriale, 4.ª edição, Milão, 1942.

ROTONDI, MARIO e VANZETTI, ADRIANO – Progetto de una legge uniforme per la tutela dei marchi di fabrica, RDC, 1962-I, pp. 380.

ROUBIER, PAUL – Le Droit de la Proprieté Industrielle, volume II, Éditions du Rucueil Sirey, Paris, 1954.

ROVERATI, FABIO – Il concetto di secondary meaning e la sua compatibilità con la legislazione italiana in materia di marchi, RDC, 1988-II, pp. 403.

SANTONI, GIUSEPPE – Parole, Figure o segni di uso generale e capacità distintiva del marchio, RDC, 1983-I, pp. 69.

SEIA, ARAGÃO – *Arrendamento Urbano*, 6.ª edição, Almedina, Coimbra, 2002.

SENA, GIUSEPPE – Veridicità e Decettività del Marchio, RDI, 1993-I, pp. 331.
- Brevi Note sulla Funzione del Marchio, RDI, 1989-I, pp. 5.

SERENS, NOGUEIRA – A "vulgarização" da Marca na Directiva, Separata do número especial do Boletim da Faculdade de Direito de Coimbra – "Estudos em Homenagem ao Professor Doutor António de Arruda Ferrer Correia, Coimbra, 1995.

SILVA, PEDRO SOUSA E – Direito Comunitário e Propriedade Industrial, Stvdia Ivridica 17, Boletim da Faculdade de Direito de Coimbra, 1996.

- O Princípio da Especialidade das Marcas, ROA, 1998-I, pp. 386.
SIMÕES, MANUEL DA SILVA – Marcas Comerciais e Industriais, Síntese de Divulgação Jurídica, Lisboa.
SORDELLI, LUIGI – Denominazioni di origine ed Indicazioni di Provenienza, RDI, 1982-I, pp. 5.
– Significato e Finalità delle Direttiva CEE sul ravvicinamento delle legislazioni degli Stati Membri in materia di marchi registrati n.º 89/104, RDI, 1989-I, pp. 14.
VANZETTI, ADRIANO – Cessione del marchio, RDC, 1959-I, pp. 385.
– Funzione e natura giuridica del marchio, RDC, 1961-I, pág. 16.
– I diversi livelli di tutela delle forme ornamentali e funzionali, RDI, 1994-I, pp. 319.
– La funzione del marchio in un regime di libere cessione, RDI, 1998-I, pp. 71.
VERITA, STEFANO – Uso in Funzione Descrittiva della Denominazione di Origine e Tutela Assoluta del Marchio, RDI, 1988-II, pp. 257.
VILAÇA, JOSÉ LUÍS e GORJÃO-HENRIQUES, MIGUEL – Tratado de Amesterdão, 3.ª edição, 5.ª reimpressão, Almedina, Coimbra, 2002.

A RESPONSABILIDADE CIVIL E OUTROS MEIOS DE REAÇÃO CIVIL À VIOLAÇÃO DA MARCA NO DIREITO PORTUGUÊS E BRASILEIRO

por Dr. PAULO R. ROQUE A. KHOURI[1]

SUMÁRIO:
1.0. Introdução. 2.0. Uma breve nota sobre a natureza do interesse protegido. 3.0. O problema da cópia e da contrafação. 4.0. A reação civil da responsabilidade civil e suas funções. 5.0. A reação civil da punição civil. 6.0. A reação civil do enriquecimento sem causa. 7.0. O nexo causal, a responsabilidade e o enriquecimento. 8.0. Uma indagação sobre a culpa. 9.0. Os danos materiais na violação da marca e a dificuldade da prova; 9.1. Dos danos materiais presumidos; 9.2. Os danos morais e seu fundamento; 9.2.1. A jurisprudencia brasileira sobre o dano moral na violação da marca; 9.2.2 O direito a marca e o direito da personalidade. 10.0. Conclusão.

1.0. Introdução

Os atos de concorrência desleal, antes objeto de proteção exclusiva do direito penal, hoje também são protegidos civilmente através de vários meios de reação civil, principalmente, via instituto da responsabilidade civil. O direito a marca, delimita o objeto deste trabalho, porque, invariavelmente, é a vítima mais fácil das violações praticadas pelo mercado. Dados da Associação Brasileira de Propriedade Industrial revelam que a violação de marcas, no mercado brasileiro, cresceu 1100% no período de

---

[1] Relatório de Mestrado da Faculdade de Direito da Universidade de Lisboa, ano letivo 2002/2003, apresentado na Disciplina de Direito Industrial, sob a regência do Professor Doutor OLIVEIRA ASCENSÃO.

1985 a 1995[2]. Tal justifica o aumento das atenções e torno da proteção efetiva da marca, que caminha para assumir, no mercado, a posição do mais valioso ativo da empresa.

O instituto da responsabilidade civil constitui, então, em um importante meio de reação civil na defesa dos interesses econômicos do lesado e, também do regular funcionamento do mercado.

Entretanto, no domínio da responsabilidade civil, a dificuldade da prova do dano decorrente da violação do direito industrial tem desafiado a dogmática, a jurisprudência e o próprio legislador.

Afinal, como mensurar num mercado de milhões de consumidores, qual foi o dano material sofrido pelo titular do direito industrial, cujo produto é igualmente consumido por milhares de pessoas?

Os lucros obtidos pelo lesante podem ser transferidos ao lesado na forma de reparação de danos? E se a lesão ao direito não redundou em prejuízo algum para o lesante, como acionar o instituto da responsabilidade civil?

Questão controversa também é identificar a real natureza dos critérios indicados no ordenamento brasileiro e na proposta de diretiva da União Européia para a fixação da "indenização" diante da violação dos direitos industriais. Neste sentido, assume particular relevância o estudo desses critérios. Se, afinal, decorrem mesmo do instituto de responsabilidade civil; se tem seu campo de atuação abrangido pelo *enriquecimento sem causa* ou se tratam mesmo de uma punição civil. Aliás, importar saber ainda se o instituto do enriquecimento sem causa estará apto a socorrer os titulares das marcas principalmente no direito português, quando não seja possível a demonstração de qualquer prejuízo por parte do lesado. Quem, afinal, deve ser o destinatário da vantagem econômica obtida através da exploração ilícita da marca alheia?

Haverá também um dano moral decorrente da violação da marca? Alguns julgados brasileiros estão outorgando a proteção ao titular da marca, inclusive, quanto aos danos não patrimoniais.

No curso deste trabalho, que não tem e nem pode querer ter a pretensão de ser uma dissertação de mestrado, mas tão somente um relatório, com os limites que lhe são próprios, estar-se-á buscando dialogar com as questões aqui suscitadas. É o que tentaremos fazer a seguir.

---

[2] Cf. DANTAS, Alberto da Silva. *A presunção de dano em casos de uso indevido da marca*. In Jus Navegandi edição n.° 60 – tamanho 166 Kb .07.2000.

2.0. Uma breve nota sobre a natureza do interesse protegido

O direito à marca situa-se dentro do direito industrial[3], que a protege, enquanto criação, na qualidade de um bem intelectual. Como todos direitos industriais, como a patente, o modelo de utilidade, os desenhos industriais, a marca, garante ao seu titular, o direito de explorá-la economicamente, com exclusividade. Por influência da revolução francesa, as criações intelectuais não foram mais admitidas juridicamente como privilégios[4], vez que, perante o princípio da igualdade toda forma de privilégio deveria ser banida, e passaram a ser protegidas, enquanto "propriedades imateriais".

Esse direito subjetivo, privativo do autor da criação intelectual, tem natureza de direito real, enfim, de propriedade? Não obstante, a lei brasileira e a lei portuguesa, a qualifiquem como propriedade intelectual, a marca, como de resto todo direito industrial, não revela em si uma propriedade.

Oliveira Ascensão[5] opõe-se a qualquer qualificação de propriedade dos direitos industriais.Não resta dúvida que a marca é um bem econômico. Bem esse, que permite a sua exploração exclusiva pelo seu titular. Entretanto, ao contrário da propriedade, a marca não está sujeito ao domínio exclusivo de seu titular. O público também a utiliza e, pela sua própria natureza, deve utilizá-la, o que implica, quase sempre, na sua boa aceitação. Fato importantíssimo para o empresário, titular da marca, e atua como incrementador dos seus negócio. Ou seja, nas palavras de Oliveira Ascen-

---

[3] A doutrina qualifica os direitos industriais como direitos privativos, que visam proteger as criações intelectuais. Teriam, portanto, natureza subjetiva de direitos subjetivos, Cf. CARLOS OLAVO, In *Concorrência Desleal e Direito Industrial,* p. 72, Almedina, Coimbra, 1997, 72.

[4] Cf. DI BLASI, GABRIEL et. Alli. *Forense,* Rio de Janeiro, 2002 No Brasil, ainda Colônia, em 1752, foi concedido o monopólio de 10 anos para a exploração de uma máquina de descascar arroz. O texto do privilégio dizia:"*Os concessionários instalarão nos distritos em que desejarem aproveitar o privilégio tantas máquinas que sejam necessárias para assegurar seu monopólio num prazo de dez léguas.*" Ob. cit. p. 7. O Brasil, na sua primeira Carta Constitucional, de 1824, protegia expressamente a invenção: art. 179, XXVI:
"Os inventores terão propriedade de suas descobertas ou das produções. A lei lhes assegurará um privilégio exclusivo e temporário ou lhes remunerará em ressarcimento da perda que hajam que sofrer pela vulgarização.". No final do século XIX, o Brasil seria um dos 14 signatários da *União de Paris,* o primeiro grande Tratado Internacional a cuidar da proteção da propriedade intelectual.

[5] ASCENSÃO, José de Oliveira. *Direitos Reais.* Almedina, Coimbra, 1978. p. 105.

são, um "direito que não outorga sobre a obra poderes diversos que cabem a qualquer pessoa não pode ser um direito real"[6].

A marca, como todos direitos industriais, e ao contrário da propriedade, têm proteção temporária, ou seja, a sua exploração está vinculada ao seu prazo de validade fixado nas respectivas legislações. Embora, dentro dos direitos industriais, albergue, no caso da marca, a exceção de permitir a renovação, findo o prazo de validade, o fato é que, deixando o seu titular de proceder à renovação, a marca caduca, e, por conseguinte, ele não poderá invocar qualquer proteção.

Portanto, a proteção à marca não decorre de ser ela uma propriedade, mas sim um direito exclusivo do seu titular à exploração econômica. Ao proteger a marca, o legislador não está protegendo propriamente uma propriedade intelectual, mas privilegiando uma atividade econômica da empresa.[7] Tanto assim que esse direito não pode ser invocado diante do não uso da marca. Evidente que esse direito só poderia ser atribuído a seu titular até como forma de prestigiar e estimular a criação intelectual, de fundamental importância para o desenvolvimento da sociedade. A proteção desses direitos acaba por estar intimamente relacionada não apenas com o interesse econômico exclusivo de seu titular (na medida que os utiliza e explora como uma vantagem mercadológica que lhe é assegurada), mas também com o próprio funcionamento normal do mercado. Daí que a sua violação insere-se também nos domínios da concorrência desleal.

Neste sentido, interessa sobremaneira uma eficiente intervenção estatal, quando esteja em causa o não respeito a esses direitos. O Estado, modernamente, intervém, como faz o Código da Propriedade Industrial de Portugal e, no Brasil, a Lei 9279/96, no campo penal, tipificando as condutas de violação à marca e aos demais direitos industriais, como crimes de concorrência desleal.

No campo cível, a proteção se dá, precipuamente, no domínio da responsabilidade civil, onde se busca sancionar a violação do direito do titular com a reparação dos danos decorrentes de tal. Os tratamentos dos direitos brasileiro e português, no campo de domínio de violação da marca, tendo em vista o tema deste trabalho, será tratado mais adiante.

---

[6] ASCENSÃO, José de Oliveira. *A Tipicidade dos Direitos Reais*, Lisboa, 1968. p. 236.
[7] ASCENSÃO, José de Oliveira. *Direito Comercial – Direito Industrial*, Vol. II, Lisboa, 1988. p. 174.

3.0. O problema da cópia e da contrafação

É evidente que os empresários estão no mercado à procura de consumidores para os seus bens e serviços. Não raro, o sucesso de um empresário consiste em tirar a clientela de seu concorrente, através dos simples expedientes normais de mercado. É o que se denomina de concorrência leal, que é, inclusive, desejada e alimentada pela sociedade. Neste contexto dos expedientes normais de mercado, situam-se a prática de preços, a qualidade dos bens, o tempo de estabelecimento, e a própria marca.

A marca traduz-se, essencialmente, em um ou mais elementos característicos de identificação que leva o público consumidor a distinguir entre produtos da mesma categoria e fazer sua opção. Conforme anota Oliveira Ascensão, a marca, não obstante a presença marcante da função distintiva, comporta ainda duas outras funções: a função sugestiva ou angariadora de clientela e a função de garantia.[8] Só a marca, em regra, justificaria o porquê de um consumidor comprar uma caneta por 50 dólares, quando ele pode adquirir no mercado canetas abaixo de 1 dólar.

Como sinal suficientemente característico, que adere ao produto, duas são as formas mais comuns de violação da marca: a imitação, consistente em uma cópia semelhante, que pode levar o público a confundir produtos; e a contrafação, consistente em uma mera reprodução não autorizada.

Esses dois casos clássicos estão freqüentemente desafiando a proteção ao titular do seu direito à marca.

Imagine se o fabricante de canetas de 1 dólar passe a fazer cópia das canetas de 50 dólares e vendê-las no mercado, como valendo 50 dólares. O consumidor, não tendo como não cair em confusão, acaba por adquirir também as canetas copiadas ao preço da ordinal.

Tanto a cópia, como a contrafação são susceptíveis de tirar do detentor da marca uma de suas principais conquistas econômicas decorrentes da exploração da marca: a clientela.

É que quase sempre a contrafação e a cópia acabam por desviar clientela do titular da marca. Se a cópia ou a contrafação importam em desvio de clientela, obviamente, que se traduzem em perdas econômicas ao seu titular, ao mesmo tempo em que atribuem ao infrator um benefício econômico ilícito. Não é por outro motivo que essa violação constitui no tipo penal da concorrência desleal.

---

[8] Ob. cit. *Direito Comercial – Direito Industrial*, Vol. II, Lisboa, 1988. p. 142.

Há casos, porém, que o contrafrator ou o imitador acabam por banalizar a marca. Neste caso, não há o mero desvio de clientela, mas a sua perda. Por conta da banalização, os potenciais adquirentes simplesmente abandonam o produto. Aqui, voltando ao exemplo das canetas, é como se o contrafrator, ao invés de vender o produto a 50 dólares, que é o preço vendido pelo detentor da marca, acaba por vendê-la a 1 dólar em pequenas bancas nas calçadas, enquanto que a original só é vendida em centros comerciais mais requintados. Neste caso, num primeiro momento, ele não estaria desviando clientela das canetas de 50 dólares, porque se pode dizer que os clientes cativos ou em potencial dessas canetas, sequer, fazem compras nessas bancas. Entretanto, ao verem milhares de pessoas utilizando um produto, como antes não se via, simplesmente, podem optar por não adequai-lo mais. Neste sentido, a banalização da marca, em um segundo momento, acabaria não por desviar clientela, mas por suprimi-la. Na perspectiva do titular da marca, no entanto, o resultado econômico é o mesmo: ele simplesmente deixou de vender as canetas como as vendia anteriormente ao momento da infração.

Em todos casos acima apontados, a infração da marca tem aptidão para produzir um prejuízo econômico, ao menos, em potencial, para o seu titular e a possibilidade de aumento de ganhos, de forma ilícita, por parte do infrator. A aptidão à produção do dano, por si só, não é suficiente para o acionamento do instituto da responsabilidade civil. É preciso que ocorra junto com a violação do direito o próprio dano. Daí decorre a possibilidade de haver violação da marca que não possa estar coberta pela responsabilidade civil justamente por conta da ausência de comprovação do dano. No decorrer deste trabalho voltaremos a essas questões.

4.0. A reação civil da responsabilidade civil e suas funções

Evidente que se a violação de um direito pode constituir-se em um prejuízo econômico, a sanção penal, por si, já não será suficiente, posto que embora esta seja uma resposta da sociedade como um todo, que repele a conduta tipificada; na perspectiva da vítima ou do titular do direito violado é preciso que ela seja reconduzida à situação patrimonial anterior ao momento da violação. Esta função só pode ser desempenhada pela responsabilidade civil, ou seja, a função de reparar danos.

Discute-se se a responsabilidade civil teria uma função meramente reparadora ou se ela exerce uma função punitiva.

Antunes Varela[9], sem deixar de atribuir à responsabilidade civil uma função essencialmente reparadora, admite para o instituto também uma função secundária, que seria justamente a punitiva. Esta função estaria presente na perda de patrimônio que é imposta ao lesante, em favor do lesado. Ao perder patrimônio para satisfazer a reparação do dano injustamente causado ao lesado evidente que o lesante se empobrece. Este empobrecimento, parece-me constituir claramente numa sanção, uma pena mesmo.

Pessoa Jorge[10] na mesma linha de argumentação acima também sustenta para a responsabilidade civil função precipuamente reparadora e, secundariamente, punitiva. Entretanto, quando se trate de ato ilícito, que também constitua crime, Pessoa Jorge[11] defende que, neste caso, se sobressai a função punitiva. É que, aqui, o julgador, conforme o Código Civil Português, está autorizado a impor uma indenização de acordo com a gravidade da conduta do lesante. O Código Civil Brasileiro também leva em autoriza a consideração em torno da conduta do lesante para fixar a indenização, mas não restringe tal possibilidade ao fato de o ilícito ser também ilícito penal.

Tenho que, quando se trata de danos materiais, na verdade, a responsabilidade civil desempenha uma função reparadora e também uma função punitiva, independentemente do ilícito civil configurar também um ilícito penal. Essas duas funções não se excluem e nem uma tem primazia sobre a outra. Elas estão presentes em todas as condenações decorrentes do instituto da responsabilidade civil; por vezes, uma está mais flagrante que a outra, ora menos flagrante, mas o certo é que elas estão sempre presentes.

É que ao atribuir à responsabilidade civil uma função essencialmente reparadora, a doutrina, invariavelmente, tem como ponto de partida a perspectiva do lesado. Evidente que para o lesado, se o dano é material, o que interessa é ser reintegrado patrimonialmente à situação anterior. Se assim não fosse estaria se empobrecendo injustificadamente. Não é justo que ele suporte o prejuízo de um dano a que não deu causa; pelo contrário, foi provocado injustamente por outrem e é este tem o dever de reparar o dano injusto a que deu causa.

---

[9] VARELA, João de Matos Antunes. *Das Obrigações em Geral*, vol. I, 7.ª Edição, Almedina, Coimbra, 1991. p. 534.
[10] JORGE, Fernando Sândis Pessoa. *Ensaio Sobre os Pressupostos da Responsabilidade Civil*. Almedina, Coimbra, 1995. p. 49.
[11] *Ob. cit.*, p. 50.

Entretanto, parece-me que a questão da responsabilidade civil tem de ser avaliada também da perspectiva do lesante. É desta perspectiva, de alguém que terá de desfazer de seu patrimônio (na forma de um pagamento em dinheiro) para entregá-lo a outrem, que sobressai a função punitiva da responsabilidade civil. Quase sempre a reparação do dano não se traduz em simplesmente restituição do que indevidamente foi subtraído do lesado mais os frutos (como é o caso de responsabilidade civil por roubo ou furto), onde a condenação (a de restituir o equivalente) em nada empobrece ao lesante. Entretanto, na maioria dos casos, o patrimônio de onde se retira a indenização, não tem nenhuma origem vinculada ao ilícito, foi ganho, aliás, licitamente. E por que tem de tirar do patrimônio do lesante para dar ao lesado? Exatamente porque causou ao lesado um dano injusto; fosse o dano justo, seu patrimônio manter-se-ia intocável. Imagine-se o mesmo dano fosse causado por um terremoto, quem, em regra, deve suportá-lo? O próprio lesado. A solução só muda, quando o dano foi causado injustamente. E aí alguém tem de responder por este prejuízo, ou seja, punido e a punição vai recair naturalmente, em regra, sobre o autor do ilícito.

É que precisamos ter como ponto de partida não apenas a perspectiva do lesado, mas também do lesante. É atuando sobre ele que o instituto da responsabilidade civil vai desestimular condutas violadoras de direitos, como que prevenindo novos ilícitos.

A função punitiva avulta ainda mais quando se está diante da responsabilidade civil por danos não patrimoniais ou morais[12]. Aqui, como não há como reintegrar o lesado ao *status quo* anterior ao momento da lesão, sequer, pode se falar em reparação do dano. A doutrina fala em compensação do dano. O valor que o lesado recebe porque não pode reparar o

---

[12] A existência de danos patrimoniais e não patrimoniais não se avalia a partir da natureza dos bens envolvidos. Pode ocorrer que de um bem essencialmente patrimonial, como a celebração de um contrato, decorra um dano não patrimonial ou moral, se, v.g., for atacada a honra do contratante, colocando injustamente como um mal pagador no mercado. O contrário também é possível: ao atacar um bem não patrimonial, pode suceder um dano patrimonial. Conforme chama a atenção PASCUAL MARTINEZ ESPIN, in *El Daño Moral Contractual em la Ley de Propriedade Intelectual,* Madrid, Thecnos, p. 44 em matéria de responsabilidade civil, discute-se não a natureza do bem envolvido, mas a natureza do bem afetado, se patrimonial ou não patrimonial. Se todo dano patrimonial é suscetível, em princípio de indenização, nem todo dano não patrimonial será suscetível de receber a mesma resposta, conforme se verá mais adiante. "...el dano podrá ser consecuencia de la lesión de um bien no patrimonial, pero cuando tenga consecuencias patrimoniales será um dano patrimonial." Ob. cit. p. 44.

dano que é, em si, insuscetível de reparação, serve tão somente para compensá-lo quanto à violação de um direito de personalidade.

Veja que aqui, na perspectiva do lesado, a função reparadora deixa de existir, cedendo à função compensatória. Na perspectiva do lesante, ele vai ser obrigado a sacrificar parte do seu patrimônio para satisfazer à compensação da vítima. Essa perda de patrimônio, resultado de seu esforço, não tem qualquer contrapartida. É realmente uma punição que recebe, tal qual na reparação do dano material, por ter, injustamente, causado um dano a outrem.

A função punitiva, como sustentado anteriormente, ela atende, menos ao interesse individual do lesado, e mais à sociedade, como um todo. Não resta dúvida que a função punitiva age em sintonia com a prevenção de condutas, desestimulando-as na sociedade.Se previne, não previne o dano em relação ao lesado em si, que se encontra em desvantagem, tendo em vista que já sofreu dano que não deveria ter sofrido, mas tem o poder preventivo de fato com relação às outras pessoas, que têm a justa expectativa de que o Estado esteja a protegê-las contra a ocorrência de danos injustos.

5.0. A reação civil da punição civil

A prova do dano é um dos tormentos da responsabilidade civil. Indeniza-se o dano experimentando. Na ausência da demonstração do dano, ainda que o ato ilícito seja extremamente grave, não haveria espaço para o instituto da responsabilidade civil, ainda que com uma feição mais punitiva. O mesmo sucede tanto em relação à responsabilidade civil por danos materiais como por danos não patrimoniais. Isto porque sem dano, não há que falar em indenização, que poderia, neste caso, gerar um enriquecimento indevido do lesado às custa dos lesante.

É diante desta dificuldade da prova que ganha espaço um outro instituto: o da pena civil ou punição civil.[13]

---

[13] Cf. LOURENÇO, Paula Meira. Tese de Dissertação de Mestrado. *Função Punitiva da Responsabilidade Civil*. Faculdade de Direito da Universidade de Lisboa, p. 391 fevereiro de 2003: "Esta punição distingue-se de todas aquelas que temos vindo a analisar, porquanto não se encontra escondida pelo véu indemnizatório (indemnização-punição), não é um múltiplo de dano (p. ex. o montante punitivo que corresponde ao triplo da indemnização) e não visa, em simultâneo, compensar o lesado e punir o agente (compensação punitiva)."

Não existe o dano, mas o Estado, mesmo assim, diante da gravidade da violação do direito tutelado, por questão de política legislativa, quer impor ao lesante uma sanção. Em regra poderia fazê-lo, através do Direito Penal, mas pode julgar que o recurso ao Direito Penal não é, por si, suficiente para atingir de forma efetiva seus fins com a proteção daquele direito violado. Daí que impõe uma sanção pecuniária, de efeitos puramente civis, uma punição civil mesmo, que não se confunde com as multas do processo penal, com vistas a reprimir e ao mesmo tempo prevenir condutas.

Através do instituto da pena civil, pune-se o lesante com a obrigação deste de pagar, em favor do lesado, uma certa soma em dinheiro ou em qualquer outro bem economicamente apreciável. A punição do lesante tem como pressuposto a ofensa culposa ou dolosa a um direito do lesado. Não se exige que desta ofensa resulte qualquer dano, enriquecimento do lesante ou empobrecimento do lesado, exige-se tão somente a violação culposa ou dolosa de um direito[14].

As penas civis ou multas só podem ser impostas diretamente pela Lei, em matéria de violação dos direitos industriais. Esta pena civil que cuidamos aqui não é precisamente a mesma cláusula penal que decorre da celebração dos contratos, onde as parte livremente a podem fixar para o caso de inadimplemento. A cláusula penal tem, como o próprio nome diz, uma função punitiva, mas ao contrário da pena civil estabelecida por lei, ela apresenta também uma função indenizatória. Isto porque ela pode representar uma antecipação ou mesmo limitação do valor das perdas e danos a serem experimentadas pelo lesado em caso de inadimplemento culposo do contrato. Entretanto, a cláusula penal será devida mesmo quando não haja qualquer prejuízo decorrente do inadimplemento contratual. Neste último caso, entendo que ela se aproxima mais da pena civil, porque sua função punitiva é a única que sobrevive a qualquer conseqüência do inadimplemento culposo.[15]

---

[14] Cf. ASCENSÃO, José de Oliveira. In *Responsabilidade Civil e Pena na Tutela do Direito de Autor*. Revista Interamericana de Direito Intelectual. São Paulo, Vol. I, n.º 2, 1978.
Neste mesmo sentido PINTO MONTEIRO, In *Cláusula Penal e Indemnização*. Almedina, Coimbra, 1998. p. 683: "Não basta, porém, que a pena se torne exigível, que ela haja sido aceite validamente e venha a ocorrer a situação por si prevenida. O devedor só incorre na pena quando tenha procedido com culpa."
[15] Neste sentido ver PINTO MONTEIRO, *ob. cit.*, p. 757/760.

O instituto da pena civil é hoje amplamente utilizado pelo legislador, que o estabelece diretamente para sancionar inúmeras violações de direito. Antes de mesmo chegar a conclusão deste trabalho, é possível enxergar vários traços na lei de propriedade industrial brasileira, em matéria de reação civil à violação da marca, compatíveis com esse instituto.[16]

No direito brasileiro, um exemplo clássico de punição civil estabelecida pelo legislador é a multa de 40% imposta ao empregador incidente sobre o valor Fundo de Garantia por Tempo de Serviço, no caso de demissão do empregado sem justa causa.

6.0. A reação civil do enriquecimento sem causa

Os ordenamentos jurídicos brasileiro e português têm disposições específicas sobre o enriquecimento sem causa.[17] Evidente que uma ordem jurídica que se pretenda justa, não pode tolerar o enriquecimento injustificado ou sem justa causa. Embora as regras do direito e a moral nem sempre são coincidentes, uma vez que ambas são de naturezas diversas, a vedação do enriquecimento sem causa é um imperativo também ético de qualquer ordenamento jurídico moderno.

O instituto do enriquecimento sem causa deve ser acionado sempre que haja o preenchimento das três condições: existência de um enriqueci-

---

[16] A proposta de Diretiva COM (2003) 46 final da Comissão da Comunidade Européia sobre medidas e procedimentos para proteção da propriedade intelectual também caminha no sentido de estabelecer punições civis em favor do titular do direito violado. A proposta de Diretiva estabelece no seu artigo 17, *a*, a possibilidade do lesante ser condenado ao pagamento do dobro do valor dos royalties pela exploração indevida do direito intelectual de outrem. Da mesma forma, o lesado poderá optar por receber uma indenização onde comprove os lucros cessantes; para este efeito, impropriamente ao meu ver, a proposta de diretiva manda que seja incluído nos prejuízos todos os benefícios obtidos pelo lesante. Tenho que, neste particular, o órgão comunitário está conjugando o instituto da responsabilidade civil, quando fala de prejuízo efetivo, com o instituto da punição, quando manda incluir todo o lucro obtido pelo lesante. O artigo 20 estabelece outra punição ao permitir o confisco de bens e instrumentos utilizados pelo violador, bem como a possibilidade de encerramento do estabelecimento.

[17] Código Civil Português. Art. 473.º 1. Aquele que, sem causa justificativa, enriquecer à custa de outrem é obrigado a restituir aquilo com que injustamente se locupletou."
Código Civil Brasileiro. Art. 884. "Aquele que, sem justa causa, se enriquecer à custa de outrem, será obrigado a restituir o indevidamente auferido, feita a atualização dos valores imobiliários."

mento; esse enriquecimento seja obtido à custa de outrem e, por fim, o enriquecimento ser obtido sem qualquer causa jurídica. Se no instituto da responsabilidade civil, busca-se remover o dano da esfera patrimonial do lesado para a esfera do lesante; no enriquecimento sem causa, o que se busca é a remoção do enriquecimento do patrimônio do lesante (enriquecido) para o patrimônio do lesado (empobrecido).[18]

Menezes Leitão[19] vê no artigo 473, I do Código Civil Português, que tem redação semelhante ao do artigo 884 do Código Civil Brasileiro, verdadeira cláusula geral, que contém, em si o princípio nuclear da vedação do enriquecimento sem causa. Como toda cláusula geral é ao interprete que caberá valorar todos os critérios abertos nela presentes, o do enriquecimento injusto e o que não poderia ser causa de um enriquecimento.

Não se exige, portanto, consoante a moderna doutrina[20], que o enriquecimento do lesante importe em prejuízo direto do lesado. Basta que o enriquecimento seja obtido à custa de outrem, sem que este tenha que demonstrar em si qualquer prejuízo. O que exige-se é que o enriquecimento tenha como ponto de contacto o direito de outrem (do empobrecido) e não o direito do próprio enriquecido. Sem que tenha havido enriquecimento do lesante, ainda que haja violação de direito, o instituto do enriquecimento sem causa não poderá ser acionado.[21] Menezes Leitão sustenta tese diversa no sentido de que mesmo que o lesante não tenha obtido qualquer vantagem com a violação, uma vez que se trata de enriquecimento por intervenção de bem alheio, a medida da restituição deve ser o valor que o lesado cobraria pela exploração.[22] Ainda que não seja possível perceber,

---

[18] Cf. COELHO, Francisco Manoel Pereira. *O Enriquecimento e o Dano*. Almedina. Coimbra, 1999. p. 37.

[19] In *Direitos das Obrigações*, Vol. I, 2.ª Edição, Almedina, Coimbra, 2002, p. 380.

[20] Cf. FRANCISCO MANUEL PEREIRA COELHO. *O Enriquecimento e o Dano*. Almedina, Coimbra, 1999, p. 40. "...ser sem causa o enriquecimento de A só pode justificar que este seja removido de seu patrimônio, mas não justifica que ele seja restituído precisamente a B. Assim como, na responsabilidade civil, é o "fato constitutivo de responsabilidade" que explica e justifica que o dano do lesado seja transferido ou deslocado para o patrimônio do responsável, assim no enriquecimento sem causa é a circunstância de o enriquecimento ter sido obtido à "custa" do empobrecido...que explica e justifica que o enriquecimento seja transferido ou deslocado ou deslocado precisamente para o patrimônio do empobrecido."

[21] Cf. GALVÃO TELLES, *Direito das Obrigações*, 7.ª Edição, Coimbra Editora, 1997, p. 202. O autor fala em um duplo limite: a restituição não pode exceder o valor do enriquecimento, nem do empobrecimento. Daí que sem enriquecimento não há como acionar o instituto.

[22] *Ob. cit.*, p. 439.

nesta hipótese levantada, propriamente a figura do enriquecimento, mas sim de uma punição, a solução defendida não tem como ultrapassar o óbice do artigo 479.°, 2. do Código Civil Português, que de forma imperativa estabelece que a *"obrigação de restituir não pode exceder a medida do locupletamento"*. Ora, se o lesante não obteve qualquer ganho com a violação, não há o que restituir. Ainda que o Código Civil Brasileiro não tenha dispositivo semelhante, a exigência do enriquecimento concreto e não simplesmente abstrato é da própria essência do instituto.

Os dois ordenamentos impõem uma restrição clara, para o acionamento do instituto da vedação do enriquecimento sem causa: a subsidiariedade.

Segundo os artigos 474.°[23] do Código Civil Português, e 884 do Código Civil Brasileiro, o instituto só poderá ser acionado se a lei não conferir ao lesado "outros meios" para a restituição ou "indenização".

Não haverá assim, então, lugar para acionar o instituto, todas as vezes que haja um dano material ou imaterial que tenha como causa direta uma conduta ilícita de outrem. É que, nesse caso, presentes os três elementos: conduta, dano e nexo causal (que será objeto de consideração posteriormente), os dois ordenamentos já dispõem de instituto próprio para solução do conflito: a cláusula geral da responsabilidade civil. Neste caso, o instituto age no sentido de reconduzir o lesado na situação patrimonial anterior ao momento da lesão do direito.

Até porque, nos domínios da responsabilidade civil, não se pode dizer que haja enriquecimento do lesante com o dano por ele perpetrado. Como aqui já enfocado, o dano por ele perpetrado, quase sempre, não traduz-se em qualquer vantagem econômica para seu patrimônio.

No campo específico da violação da marca, caberia indagar, entretanto, se o instituto da vedação do enriquecimento sem causa deveria ser acionado quando o benefício auferido pelo lesante não possa ser enquadrado como um "dano patrimonial"? Parece-me que, no caso do direito brasileiro, como há regra específica tanto de responsabilidade civil, como de estabelecimento de punição civil, para os casos de violação da marca, conforme adiante se verá, adiantando já uma conclusão, não haveria como justificar o acionamento do instituto do enriquecimento sem causa.

---

[23] Código Civil Português: Não há lugar à restituição por enriquecimento, quando a lei facultar ao empobrecido outro meio de ser indemnizado ou restituído, negar o direito à restituição ou atribuir outros efeitos ao enriquecimento"

Código Civil Brasileiro: "Não caberá a restituição por enriquecimento, se a lei conferir ao lesado outros meios para se ressarcir do prejuízo sofrido."

Em se tratando do direito português, embora não haja no Código da Propriedade Industrial, um dispositivo que cuide da responsabilidade civil pela violação dos direitos industriais, essa violação, quando ocasione um dano, continua a ter um meio de reação civil no próprio instituto da responsabilidade, consagrado no Código Civil Português. Daí poder-se-ia perguntar se para outras hipóteses, onde tenha havido um benefício do lesante, sem que haja qualquer prejuízo do lesado, se aquele benefício pode ser resgatado (entregue) ao lesado, acionando-se o instituto do enriquecimento sem causa.

Ab initio, importa afirmar que, neste caso, como não há regra expressa que albergue a questão em comento, a subsidiariedade do instituto do enriquecimento sem causa não encontra qualquer obstáculo para atuar. Até porque há uma pergunta incomoda para quem busca uma resposta para o tema, no contexto do diálogo aqui desenvolvido: é justo que o lesante fique com todo o lucro que tenha como causa direta a exploração indevida de um direito de outrem? Ora, se o direito à marca é um direito privativo, exclusivo, o benefício obtido ilicitamente à custa da exploração deste direito, é certo que não pode lhe pertencer.[24] Esse benefício só pode ser atribuído ao seu titular. É evidente que aqui ocorre o enriquecimento por intervenção em bem alheio e todo o resultado desta intervenção deve ser restituído ao seu titular.

Perante o Direito Português, tenho que, na ausência de demonstração de um dano decorrente da violação do direito à marca, se, por ventura, o lesante tiver auferido qualquer lucro com essa violação, esse lucro, enriquecimento mesmo, deve ser entregue ao lesado. Entretanto, advirta-se que não há, diante do ordenamento português, impor-se ao lesante qualquer outra condenação para além do lucro ilicitamente auferido.Obrigá-lo a pagar royalties ou valor de uma licença não pode decorrer da aplicação desse instituto, porque, conforme adiante se verá, essas quantias serão devidas mesmo que o lesante não tenha auferido qualquer benefício com a violação do direito industrial é mesmo uma punição civil, que, conforme o entendimento anteriormente defendido aqui, exige para a sua aplicação a previsão legal.

---

[24] Cf. LEITÃO, Luis Manoel Telles de Menezes. *O Enriquecimento sem Causa no Direito Civil*. Centro de Estudos Fiscais. Lisboa, 1996. p. 740.

7.0. O nexo causal, a responsabilidade e o enriquecimento

O instituto da responsabilidade civil pode prescindir da culpa, como nos casos de responsabilidade objetiva, mas jamais poderá dispensar a existência do dano, bem como, em regra, outro elemento deverá estar sempre presente: o nexo causal.

Não há lugar no instituto da responsabilidade civil para indenizar todo e qualquer prejuízo experimentado pelo lesado, mas tão somente aqueles que guardam um relação de causalidade com a conduta do lesante. Em outras palavras, constatada a conduta culposa e a presença de prejuízos, é preciso identificar quais deles, se todos eles, nenhum deles, ou apenas se partes deles têm, realmente como causa, a conduta do lesado.

E que prejuízo pode ser considerado como causa da conduta do lesado? A doutrina luso-brasileira a esse respeito, majoritariamente, defende que o nexo de causalidade deve ser aquele apto, adequado, por si, para produzir o dano.[25]

No caso específico do presente trabalho em tela, importaria também indagar se os benefícios auferidos pelo lesante da marca podem ser considerados como danos diretos e imediatos decorrentes da violação do direito?

Ora, como questionado anteriormente, o ponto de partida consiste em saber se os benefícios auferidos enquadram-se dentro do conceito de dano, o que será objeto de apreciação a seguir. Apenas ao considerar esses benefícios como um dano do lesado, que se poderia pesquisar se eles estariam dentro do nexo causal. Ora, se não são propriamente danos, não há que se falar em nexo causal e, por conseguinte, no instituto da responsabilidade civil. É, nesta ausência do nexo causal, que chama-se a atenção para a possibilidade da intervenção do instituto do enriquecimento sem causa, que, conforme dito anteriormente, atua subsidiariamente. Se ao invés de um dano em si, o que existe é um benefício do lesante obtido às custa do

---

[25] MENEZES LEITÃO, *ob. cit.*, p. 325, PESSOA JORGE, *ob. cit.*, p.192, sustentam que o C.C. português teria adotado, conforme disposição do seu artigo 563, a teoria da causalidade adequada, segundo a qual só os danos diretos e imediatos decorrentes do ato ilícito devem ser indenizados. Por essa teoria, ficariam excluídos da indenização os danos indiretos, que o ato ilícito, por si só, não teria como produzi-los. A partir da leitura do artigo 403 do novo Código Civil Brasileiro (de redação semelhante ao artigo 1060 do antigo Código) sobre responsabilidade contratual: "...as perdas e danos só incluem os prejuízos efetivos e os lucros cessantes por *efeito dela direto e imediato*...", No mesmo sentido SÉRGIO CAVALIERI, In *Programa de Responsabilidade Civil*, 2.ª edição, Malheiros, São Paulo, 1999.

direito à marca do lesado, o instituto do enriquecimento pode fazer remover esse benefício (enriquecimento) na sua exata medida e restituí-lo ao lesado.

8.0. Uma indagação sobre a culpa

Diante da dificuldade da prova do dano, viu-se que o legislador buscou algumas saídas a fim de colocar o lesado numa posição mais confortável na defesa do seu direito.

Mas, afinal, o que dizer da culpa? Ela é prescindível?

A lei portuguesa afasta qualquer entendimento no sentido se admitir uma responsabilidade objetiva no ilícito civil concorrencial. Só a lei pode impor a responsabilidade sem culpa.

Na lei portuguesa, como dito anteriormente, não há tratamento específico para o ilícito civil concorrencial; a lei tipifica apenas os crimes de concorrência desleal, que só são puníveis a título de dolo, não de culpa. Como anota o professor Oliveira Ascensão, a ausência de dolo não impede a reação civil, vez que o fato fica sob o comando do ato ilícito do artigo 483 do Código Civil Português.[26]

Entretanto, no domínio da responsabilidade civil, a mera conduta culposa, uma negligência, enfim, associada ao dano, é suficiente para caracterizar o ilícito civil concorrencial.[27] Tal implica dizer que, mesmo quando, na ausência de dolo, a conduta não seja punida criminalmente, o lesante poderá ser condenado civilmente à reparação do dano, se provada, evidentemente, uma conduta culposa.

A lei brasileira também admite o mesmo entendimento. O crime de concorrência desleal exige a conduta dolosa para sua punição. Ainda que o legislador brasileiro tenha criado normas específicas sobre o ilícito civil concorrencial, não se pode depreender da lei, que os citados dispositivos

---

[26] Art. 483.º 1. Aquele que, com dolo ou mera culpa, violar ilicitamente o direito de outrem ou qualquer disposição legal destinada a proteger interesses alheios fica obrigado a indemnizar o lesado pelos danos resultantes da violação. 2. Só existe obrigação de indemnizar independentemente de culpa nos casos especificados na lei.

[27] Conforme SILVA, Paula Costa e; *Meios de Reacção Civil à Concorrência Desleal... constante da obra: Concorrência Desleal*, Almedina, Coimbra, 1997: "No caso de concorrência desleal haverá que perguntar se a origem do dever de reparar se reconduziria a um acto ilícito ou lícito. E a resposta parece-nos imediata: subjacente à existência de uma situação de concorrência desleal está sempre um acto objetivamente ilícito." *Ob. cit.*, p. 113.

serão acionados, mesmo quando não haja a demonstração de qualquer conduta culposa por parte do "lesante".

Neste caso, temos de recorrer ao comando do artigo 927[28] do novo Código Civil, que impõe a exigência de norma expressa para a responsabilidade sem culpa. É verdade que a parte final desse dispositivo nos dá uma norma aberta ao dispor que ela também será a regra todas as vezes que o risco quanto ao dano é inerente à atividade do lesante. Ora, não se consegue conceber uma atividade, cujo exercício rotineiro, coloque sempre em risco o direito industrial de outrem. Daí não haver como enquadrar a questão em tela na 2ª parte do citado dispositivo.

Nos dois ordenamentos[29], parece-me que o aplicador está autorizado a avaliar a gravidade da conduta, ou seja, da própria culpa, negligência ou imprudência, para graduar o *quantum* "indenizatório', bem como para estabelecer o *quantum* da punição, por aplicação analógica do artigo 927 do novo Código Civil Brasileiro.

O critério da gravidade da culpa não pode ser dispensado pelo intérprete, porque, conforme se verá adiante, ante a falta de uma reparação em si do dano, invariavelmente, o objetivo parece-me claro no sentido de punir também pecuniariamente condutas lesivas a leal concorrência. Ora, se objetivo não é só propriamente reparar, mas punir, não há critério de maior justiça a ser considerado para esse fim, ou seja, para imposição de uma justa punição, que não o da gravidade da culpa.

O aplicador haverá de considerar para a imposição da indenização (ou neste caso, a "pena") a gradação da conduta culposa. Quanto maior a gravidade da conduta, maior tenderia ser a "indenização", quando mais leve a conduta menor tenderia ser a "indenização"; o mesmo pode-se dizer em relação *quantum* punitivo.

---

[28] Aquele que, por ato ilícito (arts. 186 e 187), causar dano a outrem, fica obrigado a repará-lo. Parágrafo único. Haverá obrigação de reparar o dano independentemente de culpa, nos casos previstos em lei, ou quando a atividade normalmente desenvolvida pelo autor do dano implicar, por sua natureza, riscos para os direitos de outrem."

[29] Código Civil Brasileiro. Art. 944. A indenização mede-se pela extensão do dano. Parágrafo único. Se houver excessiva desproporção entre a gravidade de sua culpa e o dano, o juiz poderá reduzir, eqüitativamente, a indenização.

Código Civil Português. Art. 494.º Quando a responsabilidade se fundar na mera culpa, poderá a indemnização ser fixada, eqüitativamente, em montante inferior ao que corresponderia aos danos causados, desde que o grau de culpabilidade, a situação econômica deste e do lesado e as demais circunstâncias o justifiquem."

Mas se o direito à marca foi explorado por outrem, que obteve um benefício econômico com a mesma, sem que, entretanto, tenha havido qualquer culpa daquele? Como sustentado aqui, inviável se mostra, ante a ausência da conduta culposa, a imposição de qualquer indenização, nesse caso. Por outro lado, voltamos à pergunta anterior quando do diálogo com o instituto do enriquecimento sem causa: esse enriquecimento deve pertencer a quem?

Ora, parece-me que esse enriquecimento, não obstante a ausência de culpa por parte do enriquecido, é desprovido de uma justa causa que o ampare e legitime. Em princípio, apenas o titular do direito indevidamente explorado tem o privilégio de sua exploração econômica. É mesmo um direito privativo, que outorga uma justa causa ao seu titular para a obtenção de vantagens a partir de sua exploração econômica. A ausência de culpa por parte do que se beneficiou indevidamente com a exploração da marca alheia não pode transmudar-se em justificativa da licitude desse enriquecimento. Aqui, por conta da manifesta insuficiência do acionamento do instituto da responsabilidade civil para esse fim, subsidiariamente, então, só pode atuar o instituto do enriquecimento sem causa. Não se pode olvidar que a proteção efetiva dos direitos industriais atua também no sentido de incrementar o desenvolvimento da sócio-econômico. Sem essa proteção efetiva o titular poderia se sentir desmotivado em realizar os investimentos tão necessários à obtenção daqueles direitos, com o que a sociedade perderia ainda mais.

9.0. Os danos materiais na violação da marca e a dificuldade da prova

Como salientado linhas atrás, a prova do dano é uma das grandes dificuldades, que têm de ser vencidas pelo autor da pretensão indenizatória. Ele, em regra, precisa demonstrá-lo à exaustão, sob pena de ver seu pleito negado.

O dano material concretiza-se nos danos emergentes e nos lucros cessantes. Os danos emergentes representam todo o prejuízo imediato suportado pelo lesado face à violação de seu direito; o lucro cessante representaria já um dano que se concretiza no futuro, ou seja, todo o benefício econômico, que lesado normalmente teria, e que deixou de tê-lo por conta da lesão.

Na violação da marca, em tese, os danos emergentes e os lucros cessantes também poderiam se fazer presentes.

Conforme anotado anteriormente, classicamente, fala-se na existência potencial de dois danos: o desvio de clientela e a perda de clientela. São danos que poderiam, perfeitamente, ser enquadrados nas duas categorias acima.

O desvio de clientela e a perda da mesma podem implicar até na ruína econômica do titular da marca. Entretanto, voltamos a questão anterior. É preciso prová-los para fazer valer o instituto da responsabilidade civil. E aqui, reside, a maior dificuldade reconhecida de forma uníssona pela doutrina não só com relação à marca, em si, mas relativa a toda "propriedade" industrial:: *"..são muito grandes as dificuldades quando se trata de provar o dano derivado do acto de concorrência desleal. Ao ponto de Emmerich considerar essa prova quase impossível."*[30]

No desvio de clientela o que importa não é o desvio em si. Até porque não se pode falar juridicamente que o clientela seja um direito do titular da marca. O que vai importar é a aferição dano emergente ou o lucro cessante da violação da marca. Se esses danos efetivamente ocorreram implica que houve uma queda na comercialização desse produto ou serviço, que traduz-se, afinal na perda ou desvio de clientela. Entretanto, objetivamente não se tem de prova desvio de clientela, mas prejuízo econômico, seja na forma de lucro cessante ou de danos emergentes. Na verdade o desvio é o efeito potencial da violação da marca. Pode ocorrer ou não. Tudo, ao final, resume-se à demonstração do prejuízo. O dano não se mensura, aliás, pela perda da clientela; quantos clientes foram efetivamente desviados por conta da violação e qual o montante do valor gasto por cada um na aquisição do produto com a marca violada. Será que a simples queda no faturamento da empresa do titular nos daria esse indicativo de forma objetiva? Seria um mero indício, não uma prova concreta do prejuízo, porque, no mercado, os negócios estão sujeitos a oscilações. A própria conjuntura econômica desfavorável poderia ser a causa da queda no faturamento, não o ato de concorrência desleal, em si.

Em Portugal, o legislador não traz nenhum previsão específica para a responsabilidade civil decorrente de violação da "propriedade"industrial. O respaldo legal é o do artigo 483.º do Código Civil.

Na Alemanha, a jurisprudência hoje consagra a figura do "dano presumido', ou seja, basta a prova de que o ato tem um potencial lesivo de desvio de clientela, para que se imponha a obrigação de indenizar.

---

[30] ASCENSÃO, José de Oliveira. *Ob. Cit.*, p. 300.

Alguns ordenamentos, entretanto, têm respondido de forma bem objetiva à essa dificuldade.

É o caso das legislações espanhola e brasileira. Na Espanha, o legislador atribui ao lesado a faculdade de optar entre o dano realmente sofrido e o benefício obtido pelo lesante.[31]

No Brasil, a Lei 9279/96 preceitua no artigo 208 que "A indenização será determinada pelos benefícios que o prejudicado teria auferido se a violação não tivesse ocorrido."

No preceito acima, fica claro que deve demonstrar qual prejuízo ou o benefício que lesado deixou de ter em função da violação.

Aqui, parece-me claro a necessidade de demonstração do dano, quando nos depararíamos com todas as dificuldades decorrentes da prova anteriormente levantadas.

Entretanto, mais adiante, no artigo 210, o legislador parece que pretendeu atribuir ao interprete outros critérios para impor a "indenização" sob a rubrica de "lucros cessantes.".

Diz o artigo 210:

Os lucros cessantes serão determinados pelo critério mais favorável ao prejudicado, dentre os seguintes: – os benefícios que o prejudicado teria auferido se a violação não tivesse ocorrido; ou

II – os benefícios que foram auferidos pelo autor da violação do direito; ou

III – a remuneração que o autor da violação teria pago ao titular do direito violado pela concessão de uma licença que lhe permitisse legalmente explorar o bem.

Inicialmente, parece-me absolutamente equivocada a menção do legislador aos lucros cessantes. Com exceção do critério estabelecido no inciso I, que repete o constante do artigo 208, nenhum dos novos "critérios" ali indicados está tratando propriamente de lucro cessante.

É evidente que o benefício obtido pelo autor com a violação da marca não traduz propriamente em perda por parte do titular da marca. Imagine o fato de o lesante comercializar o produto em uma região onde o titular da marca jamais levou o seu produto. E mais: e se não houver qualquer queda no faturamento do titular da marca; e se ele, pelo contrário, tiver faturando mais no período?

---

[31] Lei espanhola de proteção à propriedade intelectual (Lei 22/87 – art. 25) e lei de proteção da marca (lei n.º 32/88 – art. 38).

Da mesma forma, não constitui lucro cessante ou dano a "*remuneração que o autor da violação teria pago ao titular do direito violado*". E se a marca nunca esteve a venda ou sujeita a concessão para exploração? Como falar em prejuízo? Simplesmente aqui o *quantum* eventualmente fixado em uma ação "indenizatória"não estaria fazendo a parte retornar ao status quo patrimonial anterior ao momento da lesão, como é própria da função reparatória, simplesmente porque a sua situação patrimonial não foi alterada.

Aqui, já adiantando uma das conclusões deste estudo, os incisos II e III do artigo 210, na verdade, estão tratando do instituto da punição civil, embora a norma fale em "indenização". A punição 'escolhida' seria aquela que economicamente fosse mais favorável ao titular do direito violado: ou os benefícios auferidos pelo lesante ou o valor dos royalties pela concessão de eventual licença. Poderá o lesado, entretanto, optar por demonstrar o benefício que teria auferido se a violação não tivesse ocorrido. Aqui, nesta opção, como dito anteriormente, a questão relaciona-se propriamente com os lucros cessantes da responsabilidade civil.

9.1. *Dos danos materiais presumidos*

Diante de tantos critérios eleitos pelo legislador, o lesado está praticamente dispensado de provar o dano. Poderá, inclusive, obter uma "indenização" superior ao dano que efetivamente teria sofrido. O próprio texto legal manda aplicar o "critério mais favorável" ao lesado. Tal implica que, mesmo que tenha sofrido um prejuízo, ele poderá optar por, sequer, invocá-lo, pleiteando de imediato ou o valor dos royalties ou toda a renda obtida pelo lesante.

No direito português, a jurisprudência sobre a indenização por conta de atos de violação da marca ainda muita tímida. Entretanto, em um dos mais importantes julgados até aqui sobre a violação dos direitos industriais, o Supremo Tribunal de Justiça[32], não obstante a tenha admitido,

---

[32] Em um dos poucos pronunciamentos da justiça portuguesa sobre a violação do direito industrial de patente (não propriamente sobre violação da marca), o SUPREMO TRIBUNAL DE JUSTIÇA, no julgamento do recurso n.º 217/99 de 22.04.99, negou a indenização ao fundamento de ausência de dano, porque a patente, sequer, não havia ainda sido colocada no mercado. Por outro lado, mandou a lesada restituir ao titular da patente o benefício auferido com a comercialização do bem violador da patente. "I.Tendo a ré fabricado, sem autorização do autor, máquinas industriais, objecto de patente de invenção deste que não pôs

negou-se à condenação do pagamento de qualquer indenização ante a ausência de prova do dano. A jurisprudência portuguesa caminha no sentido de não reconhecer, em matéria de violação dos direitos industriais, qualquer espécie de dano presumido, ao contrário do que vem ocorrendo na jurisprudência brasileira. No Brasil, o STJ[33] ao julgar a contrafação de uma marca de sabão condenou o contrafator a uma "indenização" equivalente a 5% do rendimento obtido com o produto.

É fato que a lei elege um dano presumido, quando fala do benefício que o titular da marca teria auferido se a violação não tivesse ocorrido[34]. Entretanto, nas outras duas situações, não há, sequer, dano presumido, porque o lucro auferido pelo contrafator pode não configurar como dano ou lucro cessante do titular da marca. Da mesma forma, o arbitramento do valor do valor de uma concessão para exploração da marca não enquadra-se dentro do conceito de dano. Ou seja, dos três critérios para aferição do "lucro cessante", apenas o primeiro trataria propriamente de lucro cessante e mesmo assim na modalidade de lucro cessante presumido. Os outros dois

---

no mercado seu invento, não são descortináveis para este último prejuízos daquela atividade. II. Sendo óbvia a ausência de danos patrimoniais, óbvio também é o injustificado enriquecimento à custa do inventor. ... IV – A medida de restituição não é dada pelo bem obtido na comercialização mas sim pelo que alguma doutrina chama de valor objectivo do bem, o valor que, normalmente, o titular da patente receberia pela concessão de sua autorização. V. A esse valor acresceria, com cobertura do artigo 480.° do CC, juros legais desde a citação.". Tenho que a solução final da acórdão embora correta ao negar a existência de dano, acabou, na verdade, não por acionar o instituto do enriquecimento sem causa, mas na verdade, da punição civil,; o que conforme anteriormente enfatizado padece de falta de previsão legal.

[33] RESP n.° 101.059 – RJ, D.J. de 07/04/97, Relator Min. RUY ROSADO DE AGUIAR, 4.ª Turma: I – Reconhecido o fato de que a ré industrializava e comercializava o produto 'Sabão da Costa', marca registrada da autora, que também fabricava e vendia o mesmo produto, deve-se admitir conseqüentemente a existência de dano, pois a concorrência desleal significou uma diminuição do mercado. II – *Restabelecimento da sentença, na parte em que deferiu a indenização de 5 % sobre o valor de venda do produto, nos cinco anos anteriores ao ajuizamento da ação, ficando relegada para a liquidação a simples apuração desse valor.*

[34] Anteriormente à vigência da lei 9279/96 os tribunais brasileiros eram mais resistentes à concessão de qualquer "indenização"ao titular do direito industrial, exigindo prova inequívoca do dano. Veja a propósito este julgado do TJRJ de 28/04/92: «Os *danos fora de previsão ao pé da lei hão de resultar comprovados,* nesse teor não se aplicando presunção analógica. *Não se indenizam danos hipotéticos,* meramente estimatórios *sem um mínimo* de *comprovação concreta,* não aleatória, *mormente quando se aprega dano moral sem projeção patrimonial."*

critérios não dizem respeito a um dano, em si, ainda que potencial. Sua natureza é absolutamente diversa da de um dano.

Aqui tem-se, verdadeiramente, uma pena civil, que aproxima da responsabilidade civil subjetiva, ao exigir a culpa do lesado para seu acionamento, mas dela se afasta ao prescindir da existência de qualquer dano econômico para sua aplicação.[35]

Ao apreciar situação semelhante, constante da lei de direito autoral brasileira, onde os artigos 122 e 123 do antigo diploma, lei 5988/73, mandava entregar ao autor toda a renda obtida com a venda de exemplares contrafeitos, Oliveira Ascensão chegou a conclusão que tal se tratava não de responsabilidade civil, mas de pena civil.

No direito português, não obstante a existência de qualquer norma expressa no sentido da Lei 9279/96, Paula Costa e Silva[36] defende que possa adotar aqui o critério de condenar o contrafator a pagar ao titular da marca o valor de uma licença pela exploração da marca.

Vê-se que Costa e Silva entende tratar-se de que o valor da licença seria um prejuízo do titular da marca. Conforme aqui defendido, não se pode conceber que exista um prejuízo que não gerou dano na esfera patrimonial do lesado. A solução proposta parece-me aproximar de uma defesa dogmática do instituto da pena civil. Entretanto, como sustentar a imposição de uma pena pecuniária sem previsão legal? Não vejo tratar-se de uma lacuna da lei portuguesa, mas o estabelecimento ou não de penas, inclusive, a civil, é claramente uma opção de política legislativa, que não pode ser desprezada.

A opção do legislador português parece ter sido até o momento de retirar do ilícito concorrencial qualquer pena que não seja a criminal. Aqui não há que se falar em uma função punitiva autônoma da responsabilidade civil, porque ela, como visto anteriormente, esta sempre acompanhada ou de uma função reparatória ou de uma função compensatória e nenhuma dessas funções existe e concretiza-se sem a presença de um dano.

---

[35] ASCENSÃO, José de Oliveira. *Direito Autoral.* 2.ª Edição, Renovar, Rio de Janeiro, 1997. "Quanto a nós, trata-se de uma pena civil. As penas não são unicamente criminais. Há penas disciplinares, e há também penas civis. A finalidade é reagir sempre contra uma infração, impondo ao transgressor um castigo que contém implícita uma reprovação." *Ob. cit.*, p. 552.

[36] "O prejuízo é pelo menos igual ao valor de uma eventual licença de fabrico." In *Meios de Reacção Civil à Concorrência Desleal...* constante da obra: *Concorrência Desleal*, Almedina, Coimbra, 1997. *Ob. cit.* p. 119....

9.2. Os danos morais e seu fundamento

Hoje absolutamente superada qualquer tese contrária a indenizabilidade dos danos morais ou dos danos não patrimoniais[37]. Depois de terem sido objeto de uma construção doutrinária e jurisprudencial no século passado, hoje a maioria das legislações já consagra expressamente a indenização do dano moral,[38] embora alguns ordenamentos[39] restrinjam os casos de indenizabilidade.

Mas o que configuraria propriamente o dano moral ou não patrimonial. Os dois ordenamentos deixaram para o interprete essa tarefa. A lei portuguesa dá um critério ao interprete ao dizer que não é qualquer dano não patrimonial que será indenizado, apenas aqueles que "pela sua gravidade, mereçam a tutela do direito."

Então importaria identificar que danos não patrimoniais graves que devam efetivamente ser tratados como danos morais.

Hoje pode-se dizer que a doutrina identifica na ofensa injusta aos direitos da personalidade[40] a justificativa para a existência do dano moral ou

---

[37] A doutrina espanhola também refere-se ao dano moral como dano pessoal. Esse dano corresponderia a toda a lesão que afeta o patrimônio ideal da pessoa: a sua personalidade. Cf. ALBALADEJO, Manuel. *Curso de Derecho Civil Espanõl II. Derecho de Obligaciones.* Barcelona, Bosch, 1984, p. 315.

[38] Código Civil Brasileiro. Art. 186. Aquele que, por ação ou omissão voluntária, negligência ou imprudência, violar direito e causar dano a outrem, ainda que exclusivamente moral, comete ato ilícito.

Código Civil Português. Art. 496.° 1. Na fixação de indemnização deve atender-se aos danos não patrimoniais que, pela sua gravidade, mereçam a tutela do direito.

[39] A Itália e a Alemanha não existem qualquer cláusula geral sobre a indenizabilidade do dano moral. Reservaram para a autorização expressa da lei as violações dos direitos da personalidade que autorizam a indenização do dano moral. Na Alemanha não se admite também dano moral por incumprimento contratual, cf. DIAS, Pedro Branquinho Ferreira Dias. *O Dano Moral na Doutrina e na Jurisprudência.* Almedina, Coimbra, 2001.

[40] "Segundo Capelo de Souza, o direito da personalidade é recente. Assistiu a uma evolução a partir de Santo Agostinho, dos Franciscanos e que, encontrou no renascimento, ambiente propício para sua consolidação. ... assistiu-se a uma maior subjetivação do relacionamento jurídico, percutida pelo agostianismo e pelo franciscanismo, cabendo ao renascentismo e ao jusracionalismo iluminista consolidá-lo. "...Traduziu no crescentemente reconhecimento do homem como origem e fundamento da ordenação social e já não como mero destinatário...O que permitiu a conseqüente consolidação dos direitos inatos, de direitos fundamentais e de direitos subjetivos, bem como o fortalecimento de garantias dos direitos subjetivos, oponíveis quer face aos particulares quer face ao Estado..." In *O Direito Geral de Personalidade,* Almedina, Coimbra, 1995, p. 92.

não patrimonial indenizável[41]. Esse seria uma dano grave que mereceria uma resposta do instituto da responsabilidade civil. Entretanto, como adverte Espin, nem todo bem extrapatrimonial é um bem da personalidade.

Mas observa-se que não há na lei portuguesa nem na lei brasileira uma indicação taxativa de todos os direitos da personalidade.

O Código Civil Português, no seu artigo 70, 1, "protege os indivíduos contra qualquer ofensa ilícita ou ameaça de ofensa à sua personalidade física ou moral." O Código Civil Brasileiro, no seu artigo 12, também nos dá um preceito genérico de defesa do direito da personalidade: Pode se exigir que cesse a ameaça, ou a lesão, a direito de personalidade, e reclamar perdas e danos, sem prejuízo de outras sanções previstas em lei."

Os dispositivos dos dois ordenamentos, verdadeiras clausulas gerais de proteção aos direitos da personalidade, contém um objetivo comum: sancionar qualquer ameaça ou lesão a esses direitos.

Embora na lei portuguesa haja a menção expressa e em número mais alargado aos direitos da personalidade, como o direito à imagem, à intimidade, cartas missivas confidenciais, eles estão presente no núcleo dos comandos dos artigos 11 e 12, que referem-se genericamente a "direitos da personalidade". Ou seja, os direitos da personalidade não estão identificados "numerus clausus"e sim "numerus apertus".

Evidente que não podemos chegar ao que seja então um dano moral ou um dano não patrimonial "indenizável" se não recorrermos ao que venha ser os direitos da personalidade.

Oliveira Ascensão identifica o direito da personalidade como o que decorre de uma exigência da personalidade humana, sendo a projeção desta nos seus vários aspectos indispensáveis à sua existência, como a vida, a integridade física, a honra, a liberdade. Esses aspectos " são apontados como os bens mais preciosos de cada um. Não há motivo nenhum para negar que esses bens sejam o objeto do direito da personalidade."[42]

---

[41] ESPIN, Pascual Martinez, *El Daño Moral Contractual em la Ley de Propriedad Intelectual*, Madrid, Tecnos... "...el dano moral recae sobre bienes jurídicos extrapatrimoniales; pero no sobre todo bien extrapatrimonial, sino solo sobre los bienes o derechos de la personalidad....", *ob. cit.*, p. 32.

[42] ASCENSÃO, José de Oliveira. *Direito Civil. Teoria Geral*, Vol. 1, 2.ª Edição, Coimbra Editora, 2000, p. 90. O Autor faz três classificações desses direitos: 1) à personalidade, relativo "ao patrimônio básico coconstitutivo da personalidade", a vida, a integridade física, a liberdade de locomoção, a honra, a imagem, o nom, 2) Direitos à conservação da personalidade. Segundo o autor tem uma natureza mais defensiva, protegendo a pessoa contra "intromissões exteriores", aqui representado pela inviolabilidade de domi-

Mas nem todos os direitos da pessoa, ou direitos pessoais são direitos da personalidade. Estes, como defende Oliveira Ascensão, são direitos pessoais, e vão apresentar, invariavelmente um conteúdo ético, essencial para sua valoração, ao passo que os direitos pessoais nem sempre tem esse conteúdo, são mais amplos, alargados, como o direito ao voto, de propriedade etc.

Esses direitos, como bens não patrimoniais da personalidade humana, são irrenunciáveis, intransmissíveis, imprescritíveis e, em regra, indisponíveis.

São bens que estão fora do comércio, não tem valor econômico. Veja que tal a relevância da proteção desses mais variados aspectos da personalidade humana que a ofensa a eles, mesmo as decorrentes de mera culpa, invariavelmente, são tipificadas como crimes, recebendo, na maioria das vezes, as penas mais elevadas.

Hoje, da proteção desses mesmos direitos ocupa-se também o instituto da responsabilidade civil. É a violação desses direitos que vai gerar o dano moral. Uma violação, por si só, desses direitos, dada a essencialidade dos mesmos para a personalidade humana, já é condição suficiente para reconhecer a gravidade do dano não patrimonial a merecer uma resposta na forma de "indenização".

Aqui, a responsabilidade civil, embora conserve a função punitiva, como dito anteriormente, não tem como ter uma função reparatória;. Esta cede à função compensatória. O valor que o lesado recebe, por conta mesmo da natureza do direito violado, insuscetível de avaliação econômica, e, portanto, de operar o retorno do lesado ao status quo anterior ao momento da ofensa, serve para compensar, amenizar mesmo a violação sofrida. Entretanto, aqui, o dano não deixou de existir. Ele apenas é incapaz de ser mensurado economicamente de forma a reparar globalmente a lesão experimentada, motivo pelo qual não se lhe repara, apenas se compensa-o com um valor em "dinheiro".

---

cílio, a intimidade da vida priva, a confidencialidade das cartas missivas; 3) Os direitos à realização da personalidade: como o homem não é um "projeto acabado", precisa se aperfeiçoar e para tal precisa das várias liberdades, liberdades de manifestação do pensamento, liberdade de participação; liberdade de criação. "Só em liberdade o homem pode desenvolver sua personalidade." *Ob. cit.*, p. 108/109.

9.2.1. *A jurisprudencia brasileira sobre o dano moral na violação da marca*[43]

Alguns julgados dos tribunais brasileiros vem admitindo a indenização por dano moral ao titular da marca.

A fabricante de tênis Reebok, mundialmente conhecida, tem registrado algumas vitórias judiciais neste sentido.

O Tribunal de Justiça do Estado do Rio de Janeiro reconheceu que "*A simples comercialização de produtos contrafeitos caracteriza, obriga à indenização da parte lesada, em materiais e imateriais, neste compreendidos o da imagem...*"[44]

Veja que os julgadores entenderam que a contrafação por si só produziria um dano à imagem.

Aqui, na verdade, não se tem, sequer, como imaginar que a imagem da Reebok fosse afetada por uma contrafação. Recorrendo-se à pesquisa do texto da ementa do Acórdão percebe-se que, sequer, fez-se prova do abalo à imagem da Reebok, simplesmente, a questão fora considerada objetivamente, ou seja, "a simples comercialização de produtos contrafeitos" caracteriza o dano imaterial.

Não se percebe nenhuma linha de sustentação dogmática que possa respaldar o entendimento acima. Não obstante a questão de saber se esse tipo de violação pode ou não constituir dano moral (o que será avaliado mais adiante), parece-me que jamais poder-se-á em casos como esse fugir-se à demonstração do abalo à imagem do titular da marca.

Na procura de mais elementos, que embasariam a condenação acima, recorreu-se ao texto da sentença, que fora confirmada à unanimidade. Na sentença[45], o Juiz tenta justificar com mais detalhes a ocorrência de dano moral.

Quanto ao *pedido em razão do dano moral*, o mesmo *merece acolhida,* eis que o *bom nome* e a *qualidade* que *sempre forma marcas registradas dos tênis Reebok sofreram grande desgaste, causando-lhes danos à imagem,* uma vez que os consumidores que porventura se enganassem certamente passariam a acreditar na baixa qualidade dos calçados de proprie-

---

[43] Não se tem notícia de qualquer julgado na jurisprudência portuguesa sobre a concessão de indenização por danos morais ou não patrimoniais pela violação da marca ou de qualquer direito industrial.

[44] TJRJ, 18.ª Câmara Cível, APCiv. 2414/99, Rel. Des. Jorge Luis Habib.

[45] 24.ª Vara Cível da Comarca do Rio de Janeiro. Proc 98001005896-4, julgado em 16.10.98

dade da primeira Autora, levando a um descrédito em relação ao produto, pouco importando se a empresa vendedora, no caso, a Suplicada, possui uma cadeia de lojas de grande ou pequeno porte, sendo o dano inafastável...

Aqui, o julgador entendeu que o produto, em função da contrafação, poderia ser desacreditado pelo seu público consumidor e que tal configuraria um dano moral. Na verdade, o julgado está se referindo à possibilidade de perda da clientela por banalização da marca. Mas será que aqui estar-se-á indenizando propriamente dano moral. Entretanto, não se exigiu quanto à banalização da marca e, seu conseqüente descrédito, qualquer prova contundente ou indícios veementes. Parece que a mera contrafação agiu como indício suficiente, como que todo ato de contrafação, por si só, abalasse a imagem ou o crédito do produto junto ao seu público consumidor.

É certo o que o Superior Tribunal de Justiça, através da súmula 121[46], admite a possibilidade da pessoa jurídica ser indenizada por danos morais, tendo em vista que seria portadora de uma honra objetiva, consistente no abalo injustificado de a sua credibilidade, de sua imagem, junto ao público consumidor. Essa súmula, na verdade, é que tem servido de ancora para os pleitos de dano moral decorrente de violação da marca. Antes mesmo do Código Civil Português de 1966, Vaz Serra[47] defendia que a "pessoas co-

---

[46] A pessoa juridical pode sofrer dano moral." Obs. Entretanto não foi possível identificar qualquer julgamento no STJ que estive em causa o pleito de danos morais por violação da marca. Anote-se que o STJ tem assumido uma orientação francamente favorável a indenização aos danos morais da pessoa jurídica independentemente da prova de qualquer reflexo econômico patrimonial. Embora o dano moral a pessoa jurídica não seja objeto do presente trabalho, tenho que essa orientação jurisprudencial brasileira alargou sobremaneira a possibilidade de se indenizar um dano não patrimonial Em vários julgados de simples protestos indevido de títulos, o STJ tem condenado o ofensor a indenização de danos morais à pessoa jurídica, sob o argumento de que "O protesto indevido de título gera direito à indenização por dano moral independentemente da prova objetiva do abalo à honra e reputação sofrido pela autora, que se permite, na hipótese,facilmente presumir, gerando direito a ressarcimento respectivo". Nesse caso, na verdade o STJ presume que o protesto, por si só, abala a honra objetiva da pessoa jurídica, dispensando qualquer prova de repercussão econômica desta lesão.

[47] Reparação do dano não patrimonial. In Boletim do Ministério da Justiça, n.º 83, Fevereiro de 1959, p. 70. Lisboa. Para VAZ SERRA essa ofensa sempre resultaria na diminuição do prestígio ou da reputação da pessoa jurídica junto ao público. No mesmo sentido CAPELO DE SOUZA defende a possibilidade de ocorrência de danos não patrimoniais indenizáveis à pessoa jurídica. "...por força do art. 160, I, do Código Civil ou por efeito de disposição legal específica, há seguramente que reconhecer às pessoas colectivas, porquanto,

lectivas podem sofrer danos não patrimoniais: se não podem ter dores físicas ou morais, podem ser atingidos na sua reputação...".

O que tem-se observado, no entanto, quando da aplicação da súmula 121 nos casos de violação da marca não é a indenização do dano moral puro à pessoa jurídica, mas um dano patrimonial indireto que possa lhe ser causado por ataques injustificados ao seu prestígio, a imagem. Abalos esses que devem ser provados e que só terão relevância se forem suscetíveis de lhe causarem alguma perda econômica. Até porque é inconcebível, imaginar, no caso de uma pessoa jurídica, que explore uma marca, cujo fim perseguido é essencialmente econômico, que possa ser protegida, em face de uma "ofensa" que não lhe traduza em nenhum dano econômico. Se essa ofensa não traduz nenhum dano econômico, tenho que ela seria absolutamente irrelevante para o direito. Entendimento contrário implicaria em uma segunda punição civil pelo mesma infração da violação da marca. Veja que o titular da marca já pode recorrer a punição ou para receber os royaltes ou a renda obtida com a violação; não pode haver lugar para uma segunda punição pecuniária pelo mesmo fato.[48]

---

v.g., titulares de valores e motivações pessoais, alguns dos direitos especiais de personalidade...É, desde logo, o caso do direito à identidade pessoal, abarcando o direito ao nome e a outros sinais jurídicos recognitivos e distintivos. Também a honra, o decoro, o bom nome e o crédito das pessoas colectivas...o direito à liberdade de acção consentânea com seus fins estatutários, o direito à liberdade de expressão do seu pensamento colectivo, o direito à liberdade de associação. Por tudo isto, sempre que estejam em causa bens juscivilisticamente tutelados, as pessoas jurídicas ilicitamente ofendidas podem exigir indenização civil, v.g., por danos não patrimoniais..." O Direito Geral de Personalidade, Coimbra Editora, Coimbra, 1995, p. 597/598/599.

[48] A lei 9279/96 depois de consagrar o direito amplo de indenização pela violação do direito industrial, criou mais um dispositivo, o art. 209, onde diz que "– Fica ressalvado ao prejudicado o direito de haver perdas e danos em ressarcimento de prejuízos causados por atos de violação de direitos de propriedade industrial e atos de concorrência desleal não previstos nesta Lei, *tendentes a prejudicar a reputação ou os negócios alheios,* a criar confusão entre estabelecimentos comerciais, industriais ou prestadores de serviço, ou entre os produtos e serviços postos no comércio." Se os atos de concorrência previstos na lei são os dolosos, o legislador na verdade está remetendo toda a matéria atinente a condutas culposas, suscetíveis de causar concorrência desleal, para a clausula geral da responsabilidade civil do Código Civil. Ao tentar qualificar esses atos de concorrência desleal, "tendentes a prejudicar a reputação ou os negócios alheios" está se referindo a possibilidade deste ato causar concorrência desleal, logo um dano econômico.

9.2.2 O direito a marca e o direito da personalidade

Voltamos à questão: afinal, a violação da marca poderá constituir em um dano não patrimonial, moral?

Inicialmente, como ponto de partida, impõe-se identificar se o direito a marca constituiria um direito a personalidade. Só uma resposta afirmativa a essa questão poderia conduzir à possibilidade de se indenizar moralmente o titular da marca. Ainda que haja um reconhecimento à pessoa jurídica de um direito especial de personalidade, principalmente, no que toca a proteção de sua reputação e imagem junto ao público, esse direito não estará violado quando se está diante de uma ofensa a marca. Não se está apenas pela violação a impedir que a pessoa jurídica realize seus fins para que foi constituída. A marca está aderida ao produto ou serviço, embora possa ser violada, esta violação, não coloca em risco, por si só, nenhum dos direitos especiais de personalidade conferidos à pessoa jurídica. Se a pessoa jurídica correr o risco de existir, por conta da violação, aí não se estará diante de um dano moral, mas de um dano patrimonial indireto ou verdadeiro dano patrimonial.[49]

O direito a marca, como de resto todos direitos industriais, são direitos pessoais, que atribui uma vantagem ao seu titular.[50] A vantagem da exploração econômica exclusiva. Mas daí entender esse direito como um direito da personalidade, parece-me absolutamente sem qualquer ancora legal.[51] A proteção perde o seu fundamento e banaliza-se o direito da personalidade e, por conseguinte, o dano moral.

---

[49] A proposta de Diretiva da *COM (2003) 46 final* da Comissão da Comunidade Européia, na parte final da alínea *b* do artigo 17 manda também incluir a reparabilidade do dano moral decorrente da violação dos direitos de propriedade intelectual. Tendo em vista o entendimento aqui sustentado, esse dano moral só pode ser objeto de condenação se importou em indiretamente em um dano patrimonial. Não há como concedê-lo puramente como se concede às pessoas naturais; é preciso, neste campo, a demonstração de um prejuízo patrimonial indireto.

[50] Ascensão, José de Olveira. *Direito Civil. Teoria Geral*. Vol. 1. p. 78, Coimbra Editora, 2000. Para o autor "os direitos pessoais se reconduzem a monopólios puros e simples, como nalguns direitos intelectuais, em que não há razão para uma cobertura particular fundada em considerações éticas."

[51] O novo Código Civil Brasileiro, no seu artigo 52, manda aplicar "às pessoas jurídicas, no que couber, a proteção dos direitos da personalidade." Este preceito tem origem no amplo reconhecimento jurisprudencial, conforme anteriormente anotado, quanto ao fato de a pessoa jurídica sofrer dano moral. Entretanto, penso que a orientação do STJ não esgota sua interpretação, e não se pode retirar dele nenhuma conclusão de que a pessoa

Ora, como poderá constituir esse direito sobre um bem imaterial, que não guarda, em si, a proteção de nenhuma aspecto essencial da personalidade humana, como um direito de personalidade.

Até porque se os direitos da personalidade em regra são irrenunciáveis, intransmissíveis e imprescritíveis, o direito à marca é um direito patrimonial disponível como outro qualquer, podendo ser objeto de transação, renúncia e, portanto, sujeito a prescrição.

Na julgado anteriormente tratado fica claro que não se está "indenizando"propriamente dano moral. O fato de o julgado reportar a um descrédito pela violação da marca, que poderia redundar em perda de clientela, mostra que o que está sendo indenizado, ainda que forma potencial, é esse fato potencialmente danoso, não o ataque ao prestígio, a "honra" em si do titular da marca. Na jurisprudência espanhola, onde o "dano moral", nessas situações é admitido, a doutrina[52] chama atenção que, na verdade, o que está se indenizando é um dano patrimonial indirecto.

10.0. Conclusão

O desenvolvimento deste trabalho permite a apresentação das conclusões abaixo:

1) Os benefícios obtidos pelo lesante, bem como eventual valor da licença pela utilização indevida da marca não podem ser enquadrados como prejuízo para efeito da aplicação do instituto da responsabilidade civil. Se a indenização consiste em fazer retornar o lesado ao *status quo* patrimonial ao momento anterior da lesão e esses "danos" não importam em nenhuma afetação do patrimônio do lesado, no momento da lesão, não há como indenizá-los por tal.

---

jurídica possa sofrer autonomamente um dano não patrimonial indenizável. Embora tenha uma reputação junto ao público, que possa ser protegida, na forma, de um "direito especial de personalidade", não vejo como concretizar a proteção dessa reputação autonomamente, sem a produção de qualquer reflexo econômico.

[52] GARCIA, Fernando L. La Veja.Em toda empresa el dano derivado de actos de concurrencia se presenta necesariamente como dano econômico. Su origen puede residir, em principio, em la obstaculizacion o, em su caso, em el ataque al honor o prestigio mercantil (entendidos em sentido amplio), pero el resultado danoso se concreta em um descenso del volume de ventas y, por tanto, de cuota de mercado. Estos son consecuencia directa del descenso de clientela, que se debe, a sua vez e fundamentalmente, a los citados daños obstaculizador y "moral". *Responsabilidade Civil derivada del Ilícito Concurrencial*. Civitas, Madrid, 2001. Ob. cit., p. 270.

2) No mesmo sentido acima, se não pode falar-se em danos com relação ao benefício auferido pelo lesante e o valor de eventual licença pela utilização indevida da marca, da mesma forma não há como sustentar que são, portanto, causa da conduta ilícita de violação da marca. Aqui, então, faltaria o nexo de causalidade, pois as duas situações referidas não são aptas a serem produzidas, por si só, pela conduta ilícita.

3) Inadmissível se mostra, nos direitos brasileiro e português, qualquer indenização por danos morais ou não patrimoniais por conta da violação da marca. O direito à marca ou a defesa do interesse patrimonial do titular na defesa da marca não constitui qualquer direito da personalidade. Os danos morais ou não patrimoniais só são passíveis de existirem quando haja uma ofensa dolosa ou culposa a qualquer dos direitos da personalidade. Por direitos da personalidade devem-se ser entendidos todos aqueles aspectos da pessoa essenciais a sua condição humana, como a vida, a integridade física, a liberdade, a honra, a imagem.

4) Eventual desprestigio ou abalo do nome do produto em função da violação da marca só deve ser indenizada se for suficiente para causar um dano econômico, como perda de clientela ou desvio da mesma, o que em suma são danos materiais. Esse abalo ou desprestigio, como dano patrimonial indireto, não se presume com a simples violação. Necessita ser provado à saciedade.

5) No direito brasileiro, ainda que a jurisprudência admita uma indenização por danos morais à pessoa jurídica sem qualquer prova de prejuízo, deve-se concluir, quando se está diante da violação da marca, que esta indenização assume forma de uma verdadeira punição civil, dada a prescindibilidade do dano. Se alguns dos critérios eleitos pelo legislador já importam em uma punição civil, não haveria como, na seara civil, punir duas vezes o contrafrator pela prática do mesmo ato: a primeira punição decorrente da eleição de critério que leve em conta ou o seu faturamento ou a o valor de licença da marca; e a segunda punição decorrente da condenação de "danos morais".

6) No direito brasileiro e português, uma vez que a violação da marca é suscetível de acarretar danos materiais ao seu titular, a reacção civil a este ato de concorrência desleal ancora-se, fundamentalmente, no instituto da responsabilidade civil. A imposição de penalidades como a condenação do lesante ao pagamento do valor de uma

licença de exploração ou dos benefícios obtidos pelo lesante dependem, sempre, de autorização legal.

7) O fundamento dos critérios eleitos pelo legislador brasileiro nos incisos II e III do artigo 210 para sancionar o lesante da marca não é o da vedação do enriquecimento sem causa. Não obstante o fato de haver norma expressa regulando a violação do direito industrial, o que por si só impediria a aplicação do instituto subsidiário da vedação do enriquecimento sem causa, os citados dispositivos poderão ser aplicados, mesmo na hipótese de o violador da marca não ter obtido qualquer benefício econômico com a mesma, ou seja, ainda que tenha tido prejuízo em seus negócios de contrafação ou cópia.

10) No Direito Português, poderá haverá lugar para a aplicação subsidiária do instituto da vedação do enriquecimento sem causa decorrente da violação da marca, quando não seja possível fazer atuar o instituto da responsabilidade civil. O recurso a esse instituto tem por finalidade remover o enriquecimento do patrimônio do lesante para o patrimônio do lesado, que na qualidade de titular do direito violado é que tinha o monopólio de sua exploração econômica. Neste caso, há mesmo um enriquecimento injustificado do lesante que deve ser removido. Entretanto, não como fazer o instituto atuar quando o lesante não tenha obtido qualquer vantagem econômica com a intervenção em direito alheio. Impor-lhe, aqui, a obrigação de pagar royaltes ou uma remuneração pelo uso importa na aplicação de uma punição civil, que, por ora, carece de previsão legal para este fim no direito português.

11) No direito brasileiro, não haverá como fazer atuar o instituto do enriquecimento sem causa, que é subsidiário, tendo em vista que o legislador disciplinou os efeitos relativos à violação da marca e dos demais direitos industriais, seja em relação ao acionamento da responsabilidade civil, seja em relação à pena civil.

12) Entretanto, advirta-se que a aplicação da pena pecuniária só será possível se demonstrada a conduta dolosa ou culposa do "lesante". Na ausência de culpa, a aplicação da punição não tem lugar no ordenamento jurídico brasileiro.

13) Não obstante a determinação que seja eleito o critério que melhor atenda economicamente aos interesses do titular do direito, em casos de culpa, o magistrado não estará dispensado de graduar a conduta para impor a punição. Neste caso, ele deverá recorrer, analogicamente, a autorização do artigo 944 do novo Código Civil, que

manda reduzir a "indenização' em caso de desproporção entre a gravidade da conduta e o "dano".

BIBLIOGRAFIA

ALBALADEJO, Manuel. Curso de Derecho Civil Espanõl II. Derecho de Obligaciones. Barcelona, Bosch, 1984
ASCENSÃO, José de Oliveira. Direitos Reais. P. 105, Almedina, Coimbra, 1978
_____. A Tipicidade dos Direitos Reais, p. 236, Lisboa, 1968
_____. Direito Comercial – Direito Industrial, Vol. II, Lisboa, 1988.
_____.In Responsabilidade Civil e Pena na Tutela do Direito de Autor. Revista Interamericana de Direito Intelectual. São Paulo, Vol. I, n.º 2, 1978
_____. Direito Autoral. 2.ª Edição, Renovar, Rio de Janeiro, 1997
_____. Direito Civil. Teoria Geral, Vol. 1, 2.ª Edição, Coimbra Editora, 2000
COELHO, Francisco Manoel Pereira. O Enriquecimento e o Dano. Almedina. Coimbra, 1999.
CAVALIERI FILHO, Sérgio. In Programa de Responsabilidade Civil, 2ª edição, Malheiros, São Paulo, 1999
COLECTÂNEA DE JURISPRUDENCIA – ACORDÃOS DO SUPREMO TRIBUNAL DE JUSTIÇA. Associação de Solidariedade Social, Ano VII, Tomo II, p. 58/60, Coimbra.
DANTAS, Alberto da Silva. A presunção de dano em casos de uso indevido da marca. In Jus Navegandi edição n.º 60 – tamanho 166 Kb .07.2000
DI BIASI, Gabriel et. Alli. Forense, Rio de Janeiro, 2002
DIAS, Pedro Branquinho Ferreira Dias. O Dano Moral na Doutrina e na Jurisprudência. Almedina, Coimbra, 2001
ESPIN, Pascual Martinez, in El Daño Moral Contractual em la Ley de Propriedade Intelectual, Madrid, Thecnos
FURTADO, Lucas Rocha. Sistema de Propriedade Industrial no Direito Brasileiro, Brasília Jurídica, 1996
GARCIA, Fernando L. La Veja. Responsabilidade Civil Derivada Del Ilícito Concurrencial. Civitas, Madrid, 2001
JORGE, Fernando Pessoa; Ensaio Sobre os Pressupostos da Responsabilidade Civil. Almedina, Coimbra, 1995
LEITÃO, Luis Manuel Teles de Menezes.. O Enriquecimento sem Causa no Direito Civil. Centro de Estudos Fiscais. Lisboa, 1996
_____. Direito das Obrigações. 2.ª edição, Almedina, Coimbra, 2002
LOURENÇO, Paula Meira. Função Punitiva da Responsabilidade Civil. Tese de Mestrado. Faculdade de Direito da Universidade de Lisboa, fevereiro de 2003
MONTEIRO, Antonio Pinto, In Cláusula Penal e Indemnização.Almedina, Coimbra, 1998
OLAVO, Carlos. In Concorrência Desleal e Direito Industrial, p. 72, Almedina, Coimbra, 1997, 72

SERRA, Adriano Vaz. Reparação do dano não patrimonial. In Boletim do Ministério da Justiça, n.º 83, Fevereiro de 1959, p. 70

SILVA, Paula Costa e; Meios de Reacção Civil à Concorrência Desleal, In Concorrência Desleal, Almedina, Coimbra, 1997

SOUZA, Capelo. O Direito Geral de Personalidade, Almedina, Coimbra, 1995

TELLES, Inocêncio Galvão. Direito das Obrigações, 7.ª Edição, Coimbra Editora, 1997

VARELA, João de Matos Antunes. Das Obrigações em Geral. Vol. I, 7.ª Edição, Almedina, Coimbra, 1991.

ÍNDICE

Mercadorias em Contrafacção e Violações de Direitos Industriais — *José Marques Vidal* 7

The System of Trademark Protection in the Case Law of the European Court of Justice — An Attempt at Interpretation — *Paul Lange* 21

Actividad Inventiva y Doctrina de los Equivalentes — *Jose Antonio Gomez Segade* . 41

Liberdade e Exclusivo na Constituição — *José Joaquim Gomes Canotilho* 57

A Nova Disciplina das Invalidades dos Direitos Industriais — *Luís Alberto de Carvalho Fernandes* 73

Invenções Biotecnológicas (3.ª Sessão – 21.11.2002) — *Augusto Lopes Cardoso* ... 129

Introdução ao Direito Industrial — *Carlos Olavo* 155

Propriedade Intelectual, Exclusivos e Interesse Público — *J. P. Remédio Marques* 199

Publicidade Comparativa e Concorrência Desleal — *Adelaide Menezes Leitão* 237

Direito da Publicidade e Concorrência Desleal — Um estudo sobre as práticas comerciais desleais — *Adelaide Menezes Leitão* 267

Métodos de Venda a Retalho fora do Estabelecimento: Regulamentação Jurídica e Protecção do Consumidor — *Carolina Cunha* 285

Os Novos Modelos de Utilidade — *Pedro Sousa e Silva* 331

A «Protecção Prévia» dos Desenhos ou Modelos no Novo Código da Propriedade Industrial — *Pedro Sousa e Silva* 343

O Logótipo — Um Novo Sinal Distintivo do Comércio (Parte I) — *Nuno Aureliano* 357

A Função da Marca e o Princípio da Especialidade — *Luís Miguel Pedro Domingues* 447

A Responsabilidade Civil e Outros Meios de Reação Civil à Violação da Marca no Direito Português e Brasileiro — *Paulo R. Roque A. Khouri* 497